AKAL

Diseño interior y cubierta: RAG

Título original:
A Concise History of Chile. 2ⁿᵈ Edition

1.ª edición, 1998
2.ª edición, 2018

© William F. Sater y Simon Collier, 2004

Publicado originalmente por Cambridge University Press, 1996, 2004

© Ediciones Akal, S. A., 2018
para lengua española
Sector Foresta, 1
28760 Tres Cantos
Madrid – España
Tel.: 918 061 996
Fax: 918 044 028
www.akal.com

ISBN: 978-84-460-4530-4

Depósito legal: M-207-2019

Impreso en España

Historia de Chile
1808-2017
2.ª edición

WILLIAM F. SATER
SIMON COLLIER

★

Traducción de la primera edición de Milena Grass,
con la actualización de la segunda edición
de Herminia Bevia Villalba

akal
ARGENTINA / ESPAÑA / MÉXICO

Prefacio a la segunda edición

Para la segunda edición de este libro, titulado originalmente *Historia de Chile 1808-1994* (Cambridge, 1996), hemos añadido dos nuevos capítulos finales que, en un rápido vistazo, tienen en cuenta los acontecimientos a partir de 1990. Además, hemos realizado algunas revisiones menores en el resto del texto para corregir unos cuantos errores en los hechos y poner la crónica al día. Nuestro objetivo es presentar un informe general de la historia de Chile como nación-Estado independiente para los lectores no chilenos, aunque deseamos que también sea de provecho para los que sí lo son. Creemos firmemente que la tarea principal al escribir la historia de Chile corresponde a estos. No obstante, también pensamos que a veces es posible dirigir desde afuera una mirada nueva al cambiante panorama chileno y, con suerte, esperamos que nuestro esfuerzo haya valido la pena. Como extranjeros nunca podremos atribuirnos el conocimiento íntimo de su sociedad y su cultura con el que crecen los chilenos, pero ambos hemos tenido una dilatada conexión personal con el país, que se remonta a la presidencia del inolvidable Jorge Alessandri. Confiamos en que este libro exprese nuestro gran cariño por Chile y los chilenos. Los dos hemos disfrutado enormemente del indudable encanto de Chile, su paisaje, su literatura, su música y el conocido talante de su gente, no menos que de sus admirables vinos: en opinión de nuestras fosas nasales, el mejor de las Américas. Nuestras vidas se han visto enriquecidas, y en ocasiones frustradas, por las virtudes y los fracasos chilenos. Esperamos transmitir al lector algo de todo esto.

Al escribir el libro buscábamos combinar una narrativa básica de los acontecimientos políticos (teniendo presente la observación de A. J. P. Taylor de que la primera obligación del historiador es «responder a la pregunta que hacen los niños: "¿Y qué pasó luego?"»)[1] con la des-

---

[1] A. J. P. Taylor, *A Personal History*, Londres, Coronet Books, 1984, p. 301.

cripción, a grandes rasgos, de las tendencias económicas y sociales que han moldeado la vida chilena y constituyen la base de la «trama» visible. A nuestra perspectiva general (e indudablemente incompleta) de la economía y la sociedad de mediados del siglo XIX (capítulo 4) y del siglo XX (capítulo 10) se añade un resumen del llamado periodo parlamentario (sección en el capítulo 7) y del final del siglo XX (sección en el capítulo 14). En los capítulos 7, 10 y 14 se incluyen tres breves apartados sobre la «cultura» en diferentes fases. Somos muy conscientes de todo lo que nos hemos visto obligados a dejar fuera. Hay mucho más sobre lo que podíamos hablar, sobre todo acerca de la enorme producción anónima de ese intangible e incuantificable atributo del «carácter nacional». Por otra parte, si bien el capítulo 15 también contiene información sobre cultura, este se enfoca más en el desarrollo económico y político de Chile. Es evidente que surge del prolongado aislamiento chileno en la época colonial, durante la cual los chilenos, miembros distintivos de la gran familia hispanoamericana, concibieron su propio modo de hacer las cosas, su propia forma idiosincrática del idioma español, su característico y muy desarrollado sentido del humor. Poco se puede ocupar de ello un libro de historia de este tipo, que tiene que tratar en primer lugar sobre lo que podríamos denominar básicamente el *desempeño nacional*. Estamos convencidos de que en ese asunto los chilenos tienen mucho de lo que estar orgullosos. A pesar de los contratiempos, algunos serios y prolongados, su historia a lo largo de los dos últimos siglos ha sido en general de progreso y mejora. Del mismo modo, no deseamos presentar una versión idealizada o «whig» del pasado de Chile. Nuestro deber como historiadores es contar la verdad tal como la vemos, con sus imperfecciones.

Las notas a pie de página en esta obra se limitan a (1) fuentes de las citas, excepto cuando son tan conocidas que carece de sentido mencionarlas; (2) referencias a hechos inusuales que podrían necesitarlas; y (3) detalles menores cuya explicación o elaboración no figura en el texto principal. Ofrecemos una bibliografía ampliada y una lista de acrónimos e iniciales, que abundan sobremanera en nuestra era de sopa de letras.

AGRADECIMIENTOS

Nuestra mayor deuda es con el difunto Harold Blakemore. Tenía que haber sido el tercer autor. Su muerte (20 de febrero de 1991) fue un duro golpe para nosotros dos. Otras muchas personas podrían decir lo mismo, también en Chile. Aunque el destino negó a Harold su parte en la redacción de este libro, no es pequeña su influencia en él. Hasta el momento de su fallecimiento, comentó en detalle todos los capítulos en el primer borrador (aproximadamente la mitad del texto final) y la obra se benefició enormemente de muchas de sus ideas y sugerencias.

Queremos dar las gracias a los numerosos amigos de Chile y de otras partes que nos aconsejaron (incluso aunque sólo fuera generando ideas) o que nos ayudaron y respaldaron en otros aspectos, en algunos casos durante años. En particular, expresamos nuestra gratitud a Patricia Arancibia y Christon Archer (Calgary, Canadá), al difunto Mario Bronfman, su viuda Nana, sus hijos y sus respectivas esposas, a Eduardo Cavieres, Ricardo Couyoumdjian, Baldomero Estrada, Patricio Estellé (director del Archivo Nacional en el momento de su tristemente prematura muerte en 1975), Cristián Gazmuri, a los difuntos Mario Góngora y Gonzalo Izquierdo, a Iván Jaksic (Mishawaka, Indiana), a los difuntos Álvaro Jara y Rolando Mellafe, a Gonzalo Mendoza (antiguo cónsul general de Chile en Los Ángeles) y su mujer Verónica, al difunto Claudio Orego Vicuña (cuya muerte demasiado temprana en 1982 fue una gran pérdida para la política chilena), a Luis Ortega, al difunto Dr. Arturo Prat E. y su viuda Elena Walker Martínes, a Jaime y Linda Rodríguez (Los Ángeles), a Sol Serrano, al difunto Richard Southern (cuya comprensión de Chile era única entre los académicos angloparlantes), al difunto Juan Uribe-Echevarría, a Michael Varley (rector de la Wenlock School de Santiago) y a Sergio Villalobos R. (cuya tenacidad intelectual ha sido una inspiración constante para nosotros). Fue un privilegio conocer a Ricardo Donoso, Guillermo Feliú Cruz y Eugenio Pereira Salas −eruditos chilenos de una generación extinguida− que nos aportaron, involuntariamente, un gran incentivo. Nuestro agradecimiento más caluroso también para los colaboradores equipos de la Biblioteca Nacional de Chile (en especial a las Salas Medina y Matta Vial, y las secciones de prensa y microfilm), donde ambos pasamos partes nada desdeñables de nuestra vida adulta, así como, lejos de Chile, al personal de la Albert Sloman

Library (University of Essex) y la Jean & Alexander Heard Library (Vanderbilt University). Simon Collier agradece a la Universidad Católica de Valparaíso y la Pontificia Universidad Católica de Chile (Santiago) su generosa hospitalidad como profesor visitante en 1994 y 2002. Norma Antillón (Center for Latin American & Iberian Studies, Vanderbilt University) aportó su mirada de lince a la preparación final del manuscrito original. Por último, los dos estamos muy agradecidos a los dos lectores anónimos de Cambridge University Press por sus valiosos comentarios, y a Frank Smith (director de publicaciones sobre Ciencias Sociales de CUP) por embaucarnos para hacer esta segunda versión de nuestra obra.

Los autores dan las gracias a Faber and Faber Ltd. de Londres por la autorización para citar dos líneas del poema clásico de W. H. Auden «Carta a lord Byron», publicado por primera vez en W. H. Auden y Louis MacNeice, *Letters from Iceland* (Londres, 1937).

S. C.

Nashville, Tennessee

POSDATA

Lamentablemente, Simon Collier sucumbió inesperadamente al cáncer en febrero de 2003. Simon amaba el buen vino y el tango, pero amaba aún más Chile. Su pérdida es una tragedia personal para mí, para sus colegas de Vanderbilt, en particular para los profesores Michael Bess, Marshall Eakin y Jane Lander, así como para sus muchos amigos en Chile, Gran Bretaña y Estados Unidos. Finalmente, deseo nuevamente mostrar mi reconocimiento, con enorme gratitud, a Iván Jaksic, cuya buena voluntad y sabiduría mejoraron este volumen.

W. F. S.
Beverly Hills, California
Junio de 2018

Nota geográfica

Quienquiera que eche una mirada al mapa del hemisferio sur quedará impresionado por la forma inusual de la República de Chile: «Quizá la nación [...] peor ubicada y estructurada del planeta». Este veredicto del escritor argentino Ezequiel Martínez Estrada[1] es, sin duda, exagerado. Sin embargo, no se puede negar que el país, con sus 4.200 kilómetros de longitud y un promedio de 140 kilómetros de anchura, es indiscutiblemente «una larga y angosta faja de tierra», como los mismos chilenos suelen decir. De qué manera la faja llegó a ser tan larga es parte de la historia revelada en este libro.

En términos de área, con sus 756.946 km², Chile no es mucho más grande que Francia o Tejas, pero, a diferencia de ellas, se extiende a lo largo de unos 38° de latitud: su punto más austral, la isla de Hornos, se encuentra exactamente en el paralelo 56° S. Además, una parte de Chile entra dentro de los trópicos y otra constituye el territorio continental más cercano a la helada extensión de la Antártida, una fracción de la cual es reclamada por Chile. Abarcar tal amplitud en el rango de latitudes da lugar a una gran variedad de climas. En el clima desértico del norte, la lluvia es escasa. Santiago, la capital, goza de lo que suele llamarse un «clima mediterráneo». En el sur, la humedad alcanza proporciones inglesas o irlandesas. La parte más austral de Chile se asemeja a la ventosa Nueva Zelanda. Áridos desiertos, valles-oasis, tranquilos y verdes pastizales, selvas tropicales, lagos rodeados de montañas, helados glaciares, rocosos archipiélagos: es impresionante la diversidad del paisaje, el cual, en sí mismo, suele ser un deleite para la vista.

A veces, los geógrafos dividen el territorio chileno en zonas, segmentando el mapa siguiendo los paralelos: el Chile desértico, el Chile mediterráneo, el Chile forestal, etc. En este libro hemos evitado esa

---

[1] *Radiografía de la pampa*, Buenos Aires, ⁸1976, p. 81.

terminología, aunque sí aparecen ciertas expresiones de uso común: Norte Grande, Norte Chico, Valle Central, Sur, Extremo Sur. Todas las zonas comparten una misma configuración física fundamental, aunque a veces disfrazada. Hacia el este, la línea del horizonte aparece siempre dominada por la gigantesca cordillera de los Andes, cuya cumbre más alta, el Aconcagua (7.000 metros), se alza en la frontera chileno-argentina a menos de 160 kilómetros de Santiago. Hacia el oeste está el océano, por supuesto: entre las motas de tierra que contiene se incluye la isla de Pascua, el pie de Chile en la Polinesia (anexionada espontáneamente por un oficial naval en 1888), a cinco horas de avión del continente suramericano. Inmediatamente antes de la costa y a lo largo de gran parte del país (aunque no de todo el país), se eleva la cordillera de la Costa. Es mucho más baja que la cadena principal de los Andes; a pesar de ello, alcanza en algunas partes (cerca de Santiago, por ejemplo) alturas de más de 1.800 metros. La agreste cordillera de Nahuelbuta, nombre que esta cadena secundaria recibe al sur de Concepción, es un poco más baja. Alrededor de los 42° de latitud Sur, a unos 1.000 kilómetros al sur de Santiago, el cordón costero se hunde en el mar, para volver a emerger más al sur formando islas, como Chiloé. Entre ambas cordilleras se produce una depresión poco profunda. En el Norte Chico, la depresión se ve interrumpida por cerros y valles formados por los ríos. En el Norte Grande se trata más bien de una ondulada plataforma que conecta el cordón costero (que aquí se eleva desde el océano en enormes riscos) con la cordillera principal. Entre Santiago (33° de latitud Sur) y Puerto Montt (42° de latitud Sur), sin embargo, una serie ininterrumpida de cuencas entre las montañas forman el llamado Valle Central, cuya mitad septentrional (los aproximadamente 480 kilómetros que unen Santiago y Concepción) ha constituido el verdadero corazón del territorio chileno por más de cuatro siglos. Se puede decir que el Sur comienza a la altura de Concepción y el Extremo Sur, un poco más allá de Chiloé.

Los primeros europeos que se vieron y escucharon en alguna parte de lo que ahora es Chile fueron Fernando de Magallanes y los miembros de su expedición, alguno de los cuales completarían luego el primer viaje en barco alrededor del globo. Entre octubre y noviembre de 1520, tres barcos de Magallanes se abrieron paso a través del estrecho que ahora lleva su nombre (una distancia de 574 kilómetros) y alcanzaron el océano que Magallanes decidió llamar Pacífico (abri-

Nota geográfica

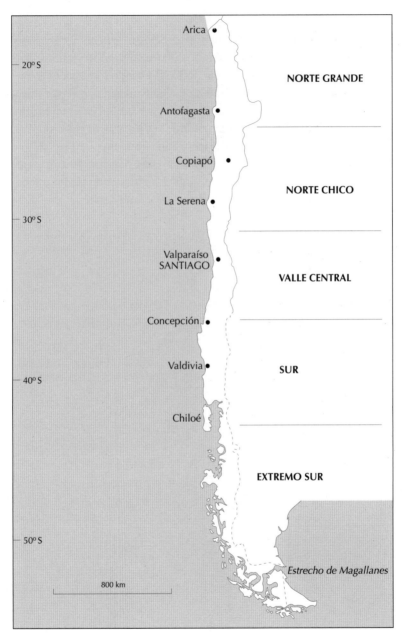

NORTE GRANDE

NORTE CHICO

VALLE CENTRAL

SUR

EXTREMO SUR

Arica

20° S

Antofagasta

Copiapó

La Serena

30° S

Valparaíso
SANTIAGO

Concepción

Valdivia

40° S

Chiloé

50° S

800 km

Estrecho de Magallanes

Mapa 1. Nota geográfica.

gando la esperanza de una travesía en calma). Este hecho, sea cual sea su interés intrínseco, no tiene ninguna conexión real con la historia de Chile. No fue hasta que Francisco Pizarro conquistó el Imperio inca del Perú a comienzos de la década de 1530, cuando los españoles (que entonces arrasaban con el continente recién bautizado como americano con la más ruda y espectacular invasión jamás vista en el territorio) organizaron su primera incursión a Chile (1536), una expedición dirigida por Diego de Almagro, el principal lugarteniente de Pizarro. Tras explorar parte del Valle Central, los hombres de Almagro tuvieron que emprender la retirada hacia el Perú. En 1540, los conquistadores españoles volvieron a Chile. Esta vez llegaron para quedarse.

Primera parte
Nacimiento de una nación-Estado
1800-1830

Establecida por los conquistadores españoles en la década de 1540, la Capitanía general de Chile se convirtió en una pequeña y desatendida colonia agraria situada al extremo del Imperio americano de España, cuyo aislamiento marcó lo que, tras dos siglos y medio, sería una cultura nacional con características propias, aunque todavía en ciernes. La conformación de grandes latifundios estratificó verticalmente la sociedad colonial: trabajadores pobres, en su mayoría mestizos, dominados por una clase alta cuya composición se vio modificada por la inmigración del siglo XVIII, gran parte de ella vasca (capítulo 1). Las guerras de Independencia dieron nacimiento a la nación-Estado chilena: sus soldados y marineros jugaron un papel clave en la emancipación contra el Virreinato del Perú. La preocupación de los primeros líderes de la nueva nación por establecer un orden político satisfactorio culminó con la amplia consolidación de los políticos conservadores en la década de 1830. Como resultado, la nación ostentó un récord de continuidad institucional poco habitual en la América hispana del siglo XIX, agitada por continuos levantamientos (capítulos 2 y 3).

GOBIERNOS

1817-1823	General Bernardo O'Higgins
1823-1826	General Ramón Freire
1827-1829	General Francisco Antonio Pinto
1829-1830	Junta
1830	Francisco Ruiz Tagle
1830-1831	José Tomás Ovalle
1831	Fernando Errázuriz
1831-1841	General Joaquín Prieto

1

Las bases coloniales, 1540-1810

El reino de Chile, sin contradicción el más fértil de la América
y el más adecuado para la humana felicidad,
es el más miserable de los dominios españoles.

Manuel de Salas, 1796.

«Esta tierra es tal que, para poder vivir en ella y perpetuarse, no la hay mejor en el mundo», escribió Pedro de Valdivia, el conquistador español que en 1540 abrió el camino para la colonización europea de Chile[1]. Es fácil entender que Valdivia y sus hombres, tras haber marchado desde el Perú hacia el sur atravesando un desierto interminable, se hayan solazado en el verde paisaje chileno. Sin embargo, los colonizadores tuvieron que pagar un alto precio para disfrutar de ese panorama: el aislamiento del resto del mundo, especialmente durante los dos primeros siglos y medio, periodo en que se asentaron las profundas bases de la cultura y el carácter nacional del Chile moderno. En efecto, la clave para comprender las características específicas de Chile se encuentra precisamente en su prolongado aislamiento (posteriormente paliado en la segunda mitad del siglo xix por la llegada de los barcos de vapor y más tarde por los aviones de las líneas aéreas comerciales en la segunda mitad de siglo xx).

Exceptuando Filipinas, Chile era la más remota de las posesiones españolas. Cuando, en marzo de 1796, una flotilla hizo su entrada en la bahía de Talcahuano, al sur de Chile, tras un viaje de 95 días desde Cádiz, se consideró que esta travesía había sido excepcionalmente rápida. Antes de que se empezara a usar la ruta del cabo de Hornos, en la década de 1740, el viaje era mucho más largo (vía Panamá o Buenos Aires). Por

---

[1] Al emperador Carlos V, 4 de septiembre de 1545, J. T. Medina (ed.), *Cartas de Pedro de Valdivia*, Santiago, Fondo Histórico y Bibliográfico José Toribio Medina, 1953, p. 42.

otra parte, el aislamiento de Chile no era sólo cuestión de distancia desde la metrópoli imperial. Incluso dentro de América del Sur, la «larga y angosta faja de tierra» estaba aislada: separada del Virreinato del Perú al norte por cientos de kilómetros de inhóspito desierto, y de las pampas del río de la Plata al este por la imponente cordillera de los Andes; al oeste, el más vasto de los océanos del mundo representaba una temible extensión que no debía ser navegada intrépidamente, sino circundada con prudencia, aunque en 1574 el capitán de navío Juan Fernández, en un viaje desde Perú, se arriesgó más lejos de la costa y descubrió las islas que ahora llevan su nombre (a casi 700 kilómetros del litoral). Más tarde, Fernández descubrió cómo sacar partido de los sistemas de viento para reducir el tiempo de navegación entre Chile y Perú.

Al sur, no obstante, los hombres –y no la naturaleza– fijaron las fronteras de la nueva colonia española. A la larga, los invasores fueron repelidos por los habitantes indígenas, cuyas tierras habían venido a conquistar. Nunca se sabrá con certeza la población nativa de Chile en 1540: Rolando Mellafe la estima razonablemente entre 800.000 y 1.200.000 personas. Sin embargo, estos americanos nativos no conformaban una sola nación, aunque la mayoría compartiera un idioma común. En el Valle Central, más al norte, los picunches habían sido asimilados desde un comienzo por el gran Imperio inca del Perú, pero el dominio total de los incas se detenía en el río Maipó (pese a que lo ejercían, más tenuemente, al menos hasta el río Maule, a unos 250 kilómetros más al sur). Al sur del Maule, zona más densamente poblada, los mapuches y otros grupos habían repelido al ejército inca. Estos pueblos se encontraban en una etapa protoagrícola y convivían agrupados en comunidades bastante dispersas y poco organizadas, cuya unidad básica era la familia extendida. No estaban concentrados en pueblos, ni mucho menos en ciudades, y tampoco poseían los tesoros que habían despertado las ansias de riqueza fácil de los soldados de Cortés y de Pizarro en México y en Perú.

Los españoles designaron a los pueblos nativos del sur de Chile con el nombre de araucanos. Sus proezas militares (comenzaron a utilizar muy pronto el caballo y se convirtieron en excelentes soldados de caballería) fueron elogiadas por Alonso de Ercilla, el soldado-poeta, cuyo poema épico sobre la conquista, *La Araucana* (3 partes, 1569-1589), fue la primera obra literaria que atrajo la atención de Europa sobre Chile. Gracias al talento poético de Ercilla, Caupolicán y Lautaro, los dos jefes araucanos más destacados de la época, fueron recordados a través de los tiempos y conocidos mucho más allá de las fronteras chilenas. Aún en la actualidad, algunos niños chilenos reciben en el bautismo sus nombres y los de otros héroes araucanos, como Galvarino y Tucapel (a las chicas chilenas se las llamaba a veces Fresia, un nombre «araucano» inventado casi con seguridad por Ercilla). Dichos nombres son mucho más identificables hoy que los de los gobernadores españoles que dominaron Chile tras la muerte de Pedro de Valdivia a manos de los mapuches en diciembre de 1553.

La principal preocupación de los sucesores inmediatos de Valdivia fue la guerra, en una colonia no sólo desbordada numéricamente sino muy extensa. Iniciada en diciembre de 1598, la gran ofensiva araucana fijó los límites definitivos del Chile colonial, clausuró el paso a la irrigada mitad sur del Valle Central y obligó a los españoles a abandonar (en 1604) sus principales asentamientos, sus «siete ciudades» al sur del río Biobío. El último en evacuarse fue Osorno, en marzo de 1604. Desde entonces, el sinuoso curso del Biobío (un clásico río histórico, se podría decir) se convirtió en la Frontera estable, aunque a veces sangrienta, entre la Araucanía no conquistada e independiente y la colonia española más al norte. En efecto, la «indómita Araucanía» se constituyó en un territorio aparte (reconocido a regañadientes por España como tal), que perduró aun después de que concluyera el dominio español.

La colonia chilena nunca fue tan importante, en términos estratégicos o económicos, como para que el gobierno español considerara la posibilidad de una invasión a gran escala del territorio al otro lado de la región del Biobío. Desde comienzos del siglo XVII, un pequeño ejército permanente (algo bastante inusual para el Imperio español) quedó estacionado en el sur con el fin de patrullar la Frontera, repeliendo los ataques indígenas (malones) y organizando a su vez sus propias y provechosas incursiones en territorio indígena (malocas). Con el tiempo, Chile se ganó la reputación de ser «el Flandes del Nuevo Mundo...», como el cronista jesuita señaló en la década de 1640, «el palenque y estacada del más conocido valor en la América, así de parte del español en su conquista, como del araucano en su resistencia»[2]. Esta cita es algo hiperbólica. La intensidad de la guerra

---

[2] A. de Ovalle, *Histórica relación del Reyno de Chile,* Walter Hanisch SJ (ed.), Editorial Universitaria, 1974, p. 101.

en la Frontera disminuyó durante el siglo XVII y aún más durante el siglo XVIII. Un comercio fronterizo estable se había desarrollado: los mapuches aportaban ganado, caballos y ponchos (entre otras cosas) a cambio de herramientas de metal, vino y diversos artículos manufacturados provenientes de Europa. Misioneros (jesuitas y más tarde franciscanos) intentaron ganarse los corazones y las mentes de los araucanos con gran persistencia pero poco éxito.

EL DESARROLLO DE LA SOCIEDAD RURAL

Si bien los amerindios que habitaban al sur del Biobío conservaron su independencia, los del norte ocuparon un lugar estrictamente subordinado en la sociedad colonial. No sabemos cuántos consiguieron cruzar la frontera hacia la libertad. Los que se quedaron ocuparon su lugar en el desarrollo del modelo de sociedad colonial, un papel estrictamente subordinado. Los conquistadores, arrogantes y seguros de sí mismos, eran los defensores de un imperio que se acercaba rápidamente a su apogeo. Los conquistadores no tuvieron nunca ni la menor duda de que su ocupación les confería derechos sobre las tierras y los pueblos conquistados. Los lugartenientes de Valdivia y sus sucesores aspiraban a una forma de vida señorial. Su hispanidad les hacía preferir la vida urbana: de ahí los núcleos urbanos que formaban el patrón de la colonización española, como en todas partes en América, y la enorme importancia que dieron a la fundación de municipios, estableciéndolos con toda la ceremonia prescrita, instaurando los primeros cabildos (consejos municipales) y trazando el plano urbano en manzanas cuya propiedad luego se repartían entre ellos. Santiago, la capital de la nueva colonia chilena, fue fundada por Valdivia precisamente con todos estos elementos el día 12 de febrero de 1541, al extremo norte del Valle Central, en las entonces boscosas riberas del río Mapocho a los pies de una colina que los nativos llamaban Huelén y los conquistadores cerro Santa Lucía. Las otras dos ciudades principales de la colonia fueron fundadas poco después: La Serena (diciembre de 1543), a unos 480 kilómetros al norte, en el país semidesierto de lo que ahora conocemos como Norte Chico, y Concepción (marzo de 1550), al sur, en las costas de la bahía de Talcahuano, cerca de la Frontera.

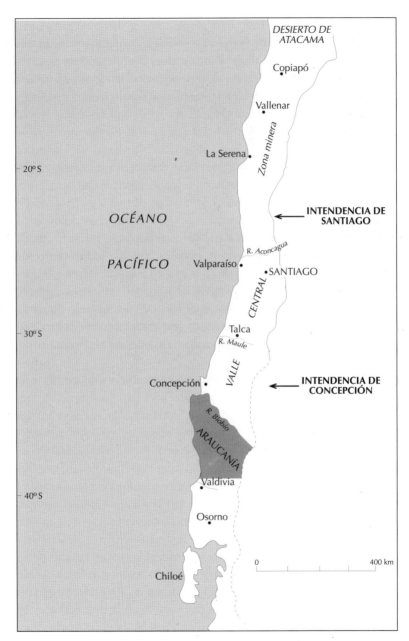

Mapa 2. Chile tardocolonial.

Para los conquistadores, tan urgente como la fundación de ciudades fue la movilización de la fuerza de trabajo amerindia. Al igual que todos sus congéneres, Valdivia asignó nativos a sus seguidores a través de lo que se conocería en todo el Imperio como «encomiendas»: cada *encomendero* (poseedor de una encomienda) debía, en teoría, civilizar y cristianizar a sus nativos, a cambio de lo cual (y esto no era en teoría) ellos debían pagarle un tributo o trabajar para él. En un comienzo, el trabajo consistió principalmente en lavar oro en los ríos. Durante el siglo XVI se lavaron (y más tarde se extrajeron en las minas) respetables cantidades de ese material precioso en Chile, pero muchos yacimientos se agotaron al poco tiempo (y otros se perdieron a partir de 1599) obligando a los colonos a recurrir a la agricultura y, especialmente, a la ganadería como principal fuente de sustento. Así se iniciaría uno de los procesos fundamentales en la historia chilena: la formación de grandes latifundios administrados por una elite terrateniente y explotados por una población rural semiservil, tema vital en el desarrollo de la cultura y del carácter nacional chilenos. Tal como Mario Góngora ha señalado con justa razón: «las configuraciones llamadas "coloniales" [...] son estructuras de base, que subyacen en todo el acontecer del periodo "nacional"»[3].

La tenencia de grandes predios no se estableció de un día para otro. Sus orígenes se encuentran, sin duda, en las concesiones de tierras *(mercedes de tierras)* otorgadas por Valdivia y sus sucesores. A los ojos del gobierno español, no existía conexión alguna entre una merced de tierra y las encomiendas, técnicamente una *merced de personas*. A los ojos de los conquistadores de Chile, es muy posible que esta distinción se haya perdido, ya que las encomiendas fueron incorporadas a los enormes latifundios señoriales. Nuestra imagen no es ni por asomo clara. Lo que sí *está* claro es que el efecto que tuvieron las encomiendas en la población nativa, tanto en Chile como en otras áreas del Imperio español, fue casi catastrófico. A ello se unieron las consecuencias de las enfermedades del Viejo Mundo (contra las cuales los nativos no tenían defensas innatas), que sí fueron totalmente catastróficas. Al norte de la Araucanía, la sociedad indígena se desintegró rápidamente. A finales del siglo XVI, la población de amerindios en Chile disminuyó rápidamente

---

[3] «Vagabundaje y sociedad fronteriza en Chile (siglos XVII a XIX)», *Cuadernos del Centro de Estudios socio-económicos* 2 (1968), p. 29.

en el norte (y también, en la medida que conocemos, en el sur) del Biobío, probablemente alrededor del 80 por 100.

Un tercer factor que afectó al destino de los nativos en la colonia española fue el mestizaje, que dio origen al nuevo componente de la población: los mestizos. Dada la casi total ausencia de mujeres europeas en la primera etapa del periodo colonial, este fenómeno era inevitable. Algunos conquistadores se jactaban ciertamente de sus logros en este aspecto. El caso más pintoresco es el del mítico Francisco de Aguirre, el conquistador de Norte Chico (y una gran parte de lo que hoy es el noroeste de Argentina), que reconoció a unos 50 hijos. La Iglesia censuró a Aguirre por su hiperactiva conducta sexual y sus opiniones claramente heterodoxas. Una de las muchas tesis heréticas, de las que se le exigió que se retractase en una ceremonia en La Plata (actual Sucre, Bolivia) en abril de 1569, era que «el servicio que prestaba a Dios engendrando mestizos superaba con creces el pecado así cometido»[4]. Cualquiera que consulte hoy la guía telefónica de Norte Chico encontrará unos cuantos Aguirre.

En Chile, el mestizaje continuó durante varias generaciones, aunque sus efectos ya se percibían claramente mucho antes de finalizar la etapa colonial. A finales del siglo XVIII, pocas comunidades amerindias sobrevivían al norte del Biobío y aquellas que lo hacían ya no eran nativas al 100 por 100 en términos genéticos o culturales. El nuevo elemento mestizo, en continua expansión, se convirtió en el componente predominante de la población chilena, que en 1800 alcanzaba unas 700.000 personas. Los registros bautismales muestran que, en esa fecha, no sólo habían disminuido notoriamente los nombres amerindios, sino también que los mestizos se estaban haciendo pasar en gran medida (o los estaban haciendo pasar) por españoles. Aquí, en este remoto rincón de un Imperio español donde las castas tenían gran importancia, se desarrolló una población relativamente homogénea en la que sólo una vaga división étnica tenía importancia: la división entre la mayoría mestiza predominante (español-amerindio) y la clase alta más claramente europea formada por los criollos (americanos nacidos de españoles) y los peninsulares (españoles de España). La cultura de la clase alta era fundamentalmente española, mientras que la

[4] L. Silva Lezaeta, *El conquistador Francisco de Aguirre,* Sanatiago, Fondo Histórico y Bibliográfico J. T. Medina, 1953, pp. 376-377.

23

influencia indígena dejó su huella en los deportes populares, las supersticiones, el régimen alimentario y el vocabulario (todo lo cual contribuyó a formar el carácter nacional chileno).

La disminución en el número de nativos disponibles para las encomiendas dio origen, a su debido tiempo, a diversos métodos alternativos para movilizar la fuerza de trabajo. Uno de ellos fue la esclavitud de los mapuches capturados en la guerra de la Frontera (una práctica legal antes de que el rey Felipe III lo legalizara en 1608). Durante todo el siglo XVII se emplearon esclavos del sur (la práctica fue abolida, sobre el papel, en 1674). Las guarniciones de la Frontera veían la venta de los amerindios capturados como una gratificación por derecho propio. Los indios huarpe entregados como encomiendas en Cuyo (región transandina que formó parte de Chile hasta 1778) también fueron reclutados como mano de obra forzosa. La esclavitud africana, de la que dependía más el Imperio español en el lejano norte, no tuvo gran relevancia: la pobreza de la colonia impidió su desarrollo a gran escala. En el siglo XVIII, miles de esclavos atravesaron Chile en su camino de Buenos Aires a Perú, pero se quedaron relativamente pocos. En 1800, había entre 10.000 y 20.000 negros y mulatos en la colonia: unos 5.000 eran esclavos y muchos de ellos realizaban labores domésticas.

Durante el siglo XVII, la ganadería fue la base de la economía chilena, aunque el mercado para sus productos era muy limitado. Localmente, había que abastecer a las pequeñas guarniciones de la Frontera, sin olvidar los duros e hirsutos caballos por los que Chile se hizo pronto famoso. Asimismo, un modesto comercio intercolonial se estableció con el Virreinato del Perú. Además de la «opulenta Lima», la floreciente ciudad del Potosí, con sus minas de plata, actuó como un imán económico para la parte más austral de América del Sur. Los mineros de Potosí satisficieron en parte su insaciable demanda de mulas con animales provenientes del Valle Central: las mulas enviadas en largos convoyes a la gran feria anual de Salta. No obstante, los principales productos chilenos durante el periodo fueron el cuero (usado, entre otras cosas, para hacer calzado), el *charqui* (tasajo) y el sebo (empleado fundamentalmente para fabricar velas y jabón). La descripción común del siglo XVII chileno como el «siglo del sebo y el cuero» no es una exageración.

La ganadería, especialmente, determinó la forma definitiva que tomarían las grandes propiedades de los colonizadores: la estancia, como era normalmente denominada en esta fase temprana. Las necesidades impuestas por la cría de ganado dieron su fisonomía natural a los latifundios: una porción de tierra en el Valle Central (el núcleo de cada propiedad solía estar situado allí) y pastos en la irrigada zona entre la costa y la cordillera de Los Andes. Aunque aún no existe ningún registro detallado sobre la conformación de las estancias, es evidente que, a mediados del siglo XVII, se produjo cierta tendencia a la concentración, que se vio reforzada poco después por el auge de un nuevo producto chileno, el trigo, cuyo comercio con el Perú tuvo un auge importante. En Perú, el cultivo del trigo se vio seriamente afectado en 1687 por un terremoto y luego por las plagas. Una vez introducido en el mercado peruano, el trigo chileno (más barato y de mejor calidad) no perdió nunca su popularidad. Con el aumento de la población mestiza y su preferencia por los alimentos europeos con respecto a los nativos, la demanda interna también creció. Los latifundios chilenos se dedicaron entonces al cultivo de los cereales de manera preferente y, desde ese momento, se los denominó «haciendas» (la alternativa más común para este término, «fundo», sólo comenzó a usarse más tarde). Sin embargo, no debemos exagerar la magnitud del comercio del trigo. Aunque, en Perú, este llegó a ser considerado vital: el virrey afirmó en 1736 que «sin Chile no existiría Lima», escribió a Viceroy en 1736[5]. La producción de mediados y finales del siglo XVIII fue modesta en comparación con las cifras alcanzadas cien años después. Para los estándares del siglo XIX, sólo se araba una extensión relativamente pequeña de acres. En sus orígenes, todos los latifundios dejaban gran parte de la tierra en barbecho durante todo el año; sin embargo, el cultivo fue suficiente para mantener un comercio razonable y darle al Valle Central su conformación social fundamental, que conservó hasta bien entrado el siglo XX.

Con la sostenida disminución de las encomiendas (que sobrevivieron sobre todo en áreas periféricas como el norte o la isla de Chiloé, hasta ser finalmente abolidas en 1791 por el gobernador Ambrosio O'Higgins), los terratenientes tuvieron que buscar otra fuente de mano de obra fiable. Durante el periodo ganadero, solía ser ventajoso permitir a familias de españoles pobres (algunas veces veteranos) o mestizos que se instalaran en las tierras como arrendatarios, a cambio

---

[5] Citado por D. Barros Arana, *Historia general de Chile,* 16 vols., Santiago, Rafael Jover Editor, 1884-1902, vol. VI, p. 74.

de servicios tales como vigilar el ganado, protegerlo de los ladrones y participar en la reunión del ganado mayor y su matanza anual. Este tipo de contratos a corto plazo («arriendos» o «préstamos», como se los llamó) se convirtieron gradualmente en acuerdos más permanentes en los que los arrendatarios, a cambio de sus pequeñas parcelas y de otras gratificaciones, se comprometían a trabajar durante todo el año en las labores de la hacienda (una necesidad evidente dada la expansión del cultivo de trigo). Las oportunidades para esa gente se redujeron en todos los casos. La abierta camaradería militar de las décadas de la conquista se vio reemplazada por un orden más conscientemente jerárquico en el que la mejor tierra ya se encontraba en manos de la elite colonial. El cultivo de los cereales, el mestizaje y la jerarquía social iban de la mano.

Con el tiempo, los arrendatarios de las haciendas se constituyeron en una clase rural bien definida: los «inquilinos». El uso chileno particular de este término español común se fue difundiendo durante la segunda mitad del siglo xviii. En efecto, los inquilinatos se hicieron hereditarios. Con la expansión de la agricultura, los terratenientes, los hacendados, impusieron exigencias cada vez más pesadas a estos trabajadores-propietarios y su condición original se vio cada vez más disminuida. En la década de 1830, Charles Darwin observó esta situación y le impactó, por su carácter «feudal», aunque los inquilinos no estaban atados legalmente a la tierra como sí lo estaban los siervos europeos. Tras adquirir caballos (símbolos de alto estatus social), estos inquilinos y otros campesinos agricultores fueron conocidos, además, como «huasos» (lo que se convertiría en el estereotipo rural típico, evocado por escritores y músicos, y que tuvo su efecto en el estilo de vida de los propios hacendados). Durante 200 años, el área donde los huasos eran más comunes estaba situada entre Santiago y el río Maule: en 1842, el escritor José Joaquín Vallejo describió Colchagua como «nuestra provincia cosaca»[6].

Hacia 1800, la institución del inquilinato constituía un rasgo fundamental de la sociedad rural en el Valle Central. No obstante, ni durante la colonia ni después, la hacienda o el inquilinato fueron universales. Abundaban las propiedades más pequeñas, algunas de ellas meras

[6] J. J. de Vallejo, *Obras de don José Joaquín Vallejo,* Santiago, Imp. Barcelona, 1911, p. 140.

parcelas de subsistencia. Estas parecen haber tenido diferentes orígenes: la simple ocupación, las mercedes de tierra más pequeñas otorgadas durante la conquista, las concesiones de tierras municipales para peones con méritos especiales y la subdivisión de propiedades de mayor tamaño, práctica común bajo la ley española. Las parcelas de menor tamaño más prósperas se encontraban en las áreas próximas a mercados urbanos como Santiago (por ejemplo, el valle del Aconcagua). En las inmediaciones de las ciudades era común, asimismo, la presencia de pequeñas granjas conocidas como «chacras» (de un término quechua). Aunque muchas de estas eran propiedad de los hacendados, parece ser que también existió una economía campesina semiindependiente y modestamente floreciente que abastecía de carne y verduras a los municipios y sumaba su producción de trigo al comercio de exportación. A la larga, este potencial campesinado independiente se vio muy reducido por el creciente predominio de la hacienda.

La hacienda se convirtió en una de las instituciones chilenas más estables y permanentes, e imprimió huellas duraderas en la psicología nacional. Es difícil decir cuántas haciendas había en torno a 1800: no existe un registro catastral chileno que nos sirva de ayuda. Arnold Bauer calcula aproximadamente unos 500 predios de más de 1.000 hectáreas (2.470 acres) en la región central entre Santiago y Concepción. De estos, quizá algo menos de la mitad se destinaban al mercado del trigo. Algunos eran enormes y se extendían desde las estribaciones andinas, a lo largo del valle, hasta la franja costera. En muchos sentidos, cada hacienda constituía una comunidad autónoma, que producía sus propios alimentos, tejía sus propias ropas rústicas, organizaba sus propias fiestas campesinas, que no eran infrecuentes, dado el alto número de días festivos del año. Dado que el campo del Valle Central contó con pocos villorrios de estilo europeo, los nuevos municipios fundados en la década de 1740 no llegaban a serlo demasiado, con la posible excepción de Talca; la hacienda se constituyó en el núcleo social natural. En determinados periodos del año, los hacendados recurrían a la mano de obra estacional de peones provenientes de otras áreas. Siempre hubo muchos más peones que trabajo. Fuera de las haciendas, de hecho, la vida para los pobres que habitaban la zona rural era evidentemente precaria. Durante todo el siglo XVIII (y gran parte del siglo XIX), una gran «población flotante» de peones y vagabundos deambulaba por el Valle Central procurándose la subsistencia, ocupando a veces tierras abandonadas, dedicándose otras a pequeños robos, al cuatrerismo o el bandidaje. El número de estas personas fue un problema recurrente para las autoridades durante la segunda mitad del siglo XVIII y una preocupación expresada con frecuencia a lo largo del siglo XIX. Pero con la mayor parte de la mejor tierra ocupada ya por haciendas, con limitadas oportunidades de convertirse en un inquilino o en un campesino agricultor próspero y, sin contar con «fronteras» que colonizar, el peón estaba obligado a vagar. En ocasiones se considera un rasgo distintivo del carácter nacional chileno la querencia por vagabundear por el mundo. De ser cierto, sus raíces bien podrían estar ahí. Los peones que se vieron atraídos por el trabajo ocasional de las ciudades fueron conocidos como «rotos», término que luego se aplicó a la clase urbana más baja. Así nació otro estereotipo chileno: el roto, como el huaso, ha llegado a ser visto (e idealizado) con el tiempo como la supuesta encarnación de ciertos rasgos perennes del carácter chileno (jovialidad, poca previsión, un fuerte instinto para el juego, una habilidad casi milagrosa para improvisar).

Hacia 1800, el campo chileno clásico había adoptado su forma más clara (aunque no en todos los aspectos su posterior apariencia, ya que el actualmente ubicuo álamo fue introducido a finales de la época colonial) en la zona ubicada entre el valle del Aconcagua y el río Maule. Esta zona estaba a corta distancia de Santiago y Valparaíso, el diminuto puerto por el que circulaba la mayor parte del comercio exterior de la colonia. Allí vivía la mayor parte de los aproximadamente 700.000 chilenos. Al alejarse de este centro en cualquier dirección, las regiones mostraban una configuración socioeconómica cada vez más diferente. Una de dichas regiones era la que se encontraba entre el río Maule y la Frontera: allí, el valor económico de las grandes haciendas era más limitado, exceptuando las que tenían fácil acceso desde Concepción. Además de ser la ciudad fuerte de la Frontera, Concepción representaba el núcleo de una economía regional menor donde el trigo se embarcaba desde Talcahuano directamente hacia el mercado peruano.

Debemos señalar, además, que la Frontera siguió existiendo hasta el final de la colonia. El ejército permanente se fue reduciendo de manera progresiva: tras la reorganización efectuada por el gobernador Agustín Jáuregui en 1778, su contingente se fijó en 1.500 hombres. Las defensas fronterizas fueron mantenidas o reconstruidas. La sombría y gris fortaleza trapezoidal de Nacimiento (en la confluencia de los ríos Biobío y Vergara) aún se alza como un recordatorio de la presencia del Imperio español en su frontera más distante. Visto bajo los lluviosos cielos tan habituales en el sur, transmite una atmósfera singular, aunque su aspecto queda de alguna manera enturbiado por el añadido en 1975 de una antiestética balaustrada de ladrillo en las murallas.

La frecuencia de los ataques araucanos disminuyó a finales del periodo colonial (siendo las ofensivas de 1723, 1766 y 1769-1770 las más serias del siglo XVIII). Las relaciones entre el Chile español y el territorio amerindio fueron confiadas a oficiales especialmente designados, los llamados *comisarios de naciones,* y sus subordinados, los *capitanes de amigos.* También hubo tratos regulares entre los oficiales coloniales *(parlamentos)* y los mapuches, el primero de los cuales se llevó a cabo en 1641. A finales del periodo colonial, se calcula que debía de haber unos 150.000 araucanos. Su forma de vida había cambiado, especialmente debido al floreciente comercio fronterizo antes mencionado. (Probablemente, la interrupción de este comercio incitó a los mapuches a buscar acuerdos de paz en 1723.) Al sur del río Biobío, la agricultura y la ganadería se fueron extendiendo cada vez más. Si bien en la Araucanía no se desarrolló ningún Estado centralizado, parece ser que algunos caciques llegaron a ejercer su autoridad sobre ciertas regiones particulares, aunque los cuatro *butalmapus,* o «provincias» representadas en las conversaciones, tal vez existían más en la mente española que en la realidad. A mediados del siglo XVIII, los araucanos habían avanzado más allá de Los Andes hasta los llanos del río de la Plata, donde solían atacar los aislados asentamientos españoles situados en los límites de la pampa, jugando así un importante papel en los primeros años de la historia tanto de Argentina como de Chile.

En 1800 aún sobrevivían tres minúsculos enclaves del Imperio español ubicados al sur del territorio de la Araucanía. Dos tuvieron una larga duración: el minúsculo asentamiento de Valdivia y Chiloé, con una población aproximada de 25.000 personas que vivían en condiciones miserables. Valdivia, perdida en la ofensiva mapuche de 1599, fue refundada y fortificada en la década de 1640, poco después de que una expedición de corsarios holandeses hiciera su aparición por esas latitudes alterando la paz. En 1767, Chiloé pasó a depender directamente del Virreinato del Perú. En la mayoría de los aspectos la isla era el pariente pobre de una colonia pobre: los chilotes, que libraban una batalla constante contra su selva impenetrable y estaban sometidos a las exacciones de los mercaderes limeños carentes de escrúpulos, ocupaban una posición particularmente miserable. Casi al final de la colonia, el gobernador general Ambrosio O'Higgins organizó el reasentamiento de Osorno (1796), mostrando así un renovado interés oficial por un área que los gobernadores del siglo xix habrían de tomar aún más en serio.

Minería, manufactura y comercio

Hasta ahora nos hemos centrado principalmente en el Valle Central. En el extremo norte de la colonia (área que ahora se conoce como Norte Chico), la población era ostensiblemente menos numerosa. Las tierras semidesérticas de la zona limitaron la agricultura a unos pocos valles–oasis. El siglo xviii asistió a un crecimiento limitado en esta zona escasamente poblada. Entre 1763 y 1813, su población se duplicó (de 30.000 a 60.000 personas) gracias a su auge como zona minera especializada. La frontera efectiva de Chile se desplazó entonces a Copiapó, que en 1744 había entrado en la categoría de ciudad. Aunque en el Valle Central, área de importancia decisiva, también existieran minas, fue el norte el que esta vez impuso el ritmo. La minería del oro, que sumaba entre el 60 y el 70 por 100 de toda la producción mineral, encabezaba la lista; la extracción aumentó nueve veces en el siglo xviii y mantuvo un promedio de 3.000 kilos al año en la primera década del siglo xix. (Entre 1800 y 1820 Chile representaba casi una sexta parte del abastecimiento mundial.) La minería de la plata también experimentó un desarrollo sostenido, aunque tuvo que sufrir las dificultades producidas por la irregularidad en el suministro de mercurio, elemento vital para la separación de la plata del mineral metalífero en el proceso conocido como «patio», común en las colonias españolas desde el siglo xvi. En el norte también se extraía cobre, utilizado para fabricar utensilios domésticos y para la artillería. El gobierno imperial cursaba las órdenes a través del gobernador, una práctica que en ocasiones llevaba al acaparamiento especulativo por parte de los comerciantes.

Al igual que en el caso de la agricultura y de la ganadería, es importante no sobredimensionar la envergadura de la minería. Su creciente papel comercial justificó la creación (en 1787) de un Tribunal de Minas inspirado en el de México. En términos monetarios, la producción alcanzó una cifra de entre uno y dos millones de pesos al año a finales del periodo colonial, suma que no era enorme. Tomando el periodo colonial en su globalidad, la producción de metales preciosos en Chile alcanzó solamente el 3 por 100 del total de la América española.

En el Norte Chico abundaban los minerales de alta ley, para cuya explotación bastaban los métodos técnicos más simples, algunos de los cuales fueron ingeniosos: el *trapiche,* mortero de mineral para oro y plata, parece haber sido una innovación local. (En otra parte de la América española la palabra significa azúcar-molido.) En cuanto a las minas, estas eran numerosas (varios cientos), pequeñas, poco profundas y de corta vida: la excavación de pozos o bocaminas fue escasa. Por lo general, se agrupaban en lo que se llamó «minerales» (que llegaron a ser aproximadamente ochenta), y varios minerales muy cercanos constituían un distrito minero reconocido. Un clásico ejemplo de lo anterior fue Copiapó, «la más brillante mansión del reino mineral», como dijera Juan Egaña con una nota de exageración[7]. Egaña, secretario del tribunal minero, intentó enumerar todas las minas chilenas, pero su lista no está completa.

En este periodo, las minas eran explotadas en su mayoría por individuos o pequeñas compañías que contaban con la ayuda de algunos trabajadores, los *barreteros,* que excavaban el mineral, y por los *apires,* que lo sacaban de la mina. También fueron comunes diversas operaciones marginales de variada índole. Entre ellas, la más difundida fue el llamado sistema de «pirquén», en el que un *pirquinero* trabajaba una sección de la mina, o incluso toda una mina, por su propia cuenta pagando al dueño de la mina en cuestión una renta o derecho. De hecho, es probable que durante el siglo XVIII la mayor parte de la explotación minera en el norte se realizase de esta manera. Este esquema particular (pequeñas y numerosas empresas, tecnología simple, actividad marginal) seguiría siendo fundamental incluso durante el siglo XIX, cuando se expandió enormemente la escala de explotación.

En cierta medida, la minería era la única «industria» en el Chile colonial. Por lo que se refiere a la manufactura, no debemos ignorar el

---

[7] J. Egaña, *Informe anual que presenta la secretaría de este Real Tribunal [...] Año de 1803,* Santiago, Sociedad Nacional de Minería, 1894, p. 5.

volumen alcanzado por la industria nacional en el campo: los tejidos, la cerámica y la carpintería. Dado que sólo la pequeña clase alta criolla y peninsular podía permitirse el lujo de adquirir mercancías importadas de Europa, los tejedores, ceramistas y carpinteros locales tuvieron que satisfacer la mayor parte de las necesidades de la colonia. En el Valle Central existieron pocas y pequeñas curtidurías. En varios puntos a lo largo de la costa se construían barcos (en su mayor parte resultado de una artesanía más bien a pequeña escala en 1800). En los pueblos era posible encontrar a los habituales artesanos y maestros, aunque evidentemente no se destacaban por su calidad: «Herreros toscos, plateros sin gusto, carpinteros sin principios, albañiles sin arquitectura, pintores sin dibujo, sastres imitadores, zapateros tramposos...», este es el tan citado veredicto que Manuel de Salas emitió en la década de 1790 sobre la «caterva de artesanos»[8] de la colonia. En el ámbito de la población urbana, el artesanado, aunque pequeño y de poca formación, debe ser incluido en cualquier retrato de la vida colonial. Permaneció en el siglo XIX, de hecho mucho más adelante, porque Chile es todavía un lugar donde son comunes los pequeños talleres.

Los principales puntales del comercio exterior chileno, como ya hemos indicado, eran la agricultura y (a fines del periodo colonial) la minería. El patrón del comercio había sido sencillo, y muy poco ventajoso para Chile, en el siglo XVII. El sistema mercantilista del Imperio español, cuidadosamente regulado, prescribía el monopolio de un solo puerto en España (Sevilla y más tarde Cádiz), convoyes transatlánticos anuales y un selecto número de puertos con el monopolio en el continente americano. Todo el comercio hacia y desde Chile tenía que ser canalizado a través del istmo de Panamá y del Perú. Como es fácil imaginar, el coste de importar mercancías de España era muy alto. Además, el poderoso interés mercantil de Lima, con su Consulado al frente (juzgado de comercio y organismo encargado de su fomento), tuvo un efecto decisivo en los intereses comerciales por Chile –mucho más débiles–. La dependencia de Chile en el virreinato en este punto era extrema.

En este sentido, el siglo XVIII trajo notables cambios. Las reformas de los Borbones (de la década de 1720 en adelante) ampliaron los

---

[8] *Escritos de don Manuel de Salas y documentos relativos a él y a su familia,* 3 vols., Santiago, Imp. Cervantes, 1910-1914, vol. I, p. 171.

horizontes comerciales de Chile, al tiempo que restringieron considerablemente el absoluto dominio peruano. Desde 1740, se permitió que los barcos utilizaran la ruta directa desde España por el cabo de Hornos y el creciente comercio de Chile con las vecinas provincias del río de la Plata (elevadas al rango de virreinatos en 1776) fue legalizado. Los memorables decretos emitidos por el rey Carlos III (febrero y octubre de 1778) para liberalizar el comercio tan sólo confirmaron la dirección que estaban tomando los sucesos. Por su parte, el Consulado limeño se resintió fuertemente de todos estos cambios, pues le preocupaba especialmente el ascenso de Buenos Aires como foco comercial «siempre peligroso para el Perú», como se afirmó en 1774[9]. De hecho, mientras la influencia general de Lima se veía muy reducida, su comercio se benefició mucho de las reformas borbónicas.

Hacia 1800, el comercio externo chileno se diversificó cada vez más. La mayoría de los comerciantes importantes eran «peninsulares», españoles recién llegados de la metrópoli: unos 40 comerciantes que formaban la elite mercantil, asentados la mayoría en Santiago y unos cuantos en Concepción. Las relaciones comerciales con España seguían siendo las más importantes. Aunque España mantenía su puesto como único mercado para el trigo y el sebo chilenos, Perú comenzó a enviar a Chile a su vez productos tropicales (especialmente azúcar), puesto que ahora las mercancías europeas estaban llegando directamente desde España a esa colonia. La principal exportación desde el Río de la Plata a Chile era la *yerba mate* (té paraguayo), cuya infusión era la bebida no alcohólica más popular en la colonia, común todavía en Chile, aunque menos que en Argentina. Así, el antiguo «dominio» peruano se había ido limitando progresivamente a la ventaja que daba a Lima el importante comercio del trigo: los peruanos poseían la mayoría de los 25 o 30 barcos que servían para el comercio entre las colonias. Esta situación producía una manifiesta insatisfacción entre los chilenos, que provocó varias y violentas disputas y afectó a la manera en que los criollos chilenos veían el mundo exterior (a su temor y respeto por Perú, en particular). No obstante, en términos prácticos, todas las reformas comerciales del siglo XVIII brindaron a Chile cada vez mayor independencia respecto del Perú. La creación de una Casa de La Moneda en Santiago

---

[9] Citado en M. Kossok, *El virreynato del Río de la Plata,* Buenos Aires, Futuro, 1959, p. 68.

(1750) y la fundación de un Consulado separado del de Lima (1796) culminaron este proceso.

Los historiadores liberales del siglo xix a veces culpan al «odioso monopolio español» por limitar el comercio colonial chileno. Investigaciones más recientes realizadas por Sergio Villalobos y otros han ido cuestionando este planteamiento. Más allá de la liberalización borbónica, una serie de concesiones a corto plazo (para compensar el desajuste del comercio en tiempos de guerra) permitieron a los comerciantes chilenos negociar con las embarcaciones de las potencias aliadas o neutrales, con algunas colonias extranjeras e, incluso, bajo determinadas circunstancias, con ciertos países extranjeros. Un comerciante chileno llegó a planear comprar mercancías en la lejana Suecia[10]. Por otra parte, hay que recordar que, desde 1796, España estuvo casi permanentemente en guerra, y que tales concesiones estaban muy lejos de ser meras formalidades.

Además del comercio legal, existía también el contrabando, que a veces debió de ser considerable, aunque, por razones obvias, sea imposible de cuantificar. Durante las primeras dos décadas del siglo xviii (cuando la nueva dinastía borbónica relajó brevemente las restricciones) llegaban en gran número barcos franceses hasta las costas chilenas y peruanas, y unos cuantos comerciantes franceses se establecieron en la Capitanía general (entre ellos un tal Guillaume Pinochet, de Bretaña). A finales del siglo xviii, navíos británicos y norteamericanos surcaban con regularidad las aguas chilenas: Eugenio Pereira Salas, en un conocido estudio, identificó al menos 257 barcos contando sólo los de Estados Unidos entre 1788 y 1810[11]. Parece seguro que este contrabando era un negocio altamente organizado. El infortunado *Scorpion*, un barco inglés cuya brutal captura por las autoridades en septiembre de 1808 desató un famoso escándalo en Chile, realizaba su tercer viaje a la costa. Según las declaraciones de los marineros detenidos, sus propietarios tenían contactos locales de confianza y estaban bien informados de la situación del mercado.

El verdadero problema del comercio de la etapa final del periodo colonial, además, no tenía tanto que ver con la oferta como con la

[10] S. Villalobos R., *El comercio y la crisis colonial,* Santiago, Universidad de Chile, 1968, p. 209.
[11] E. Pereira Salas, *Buques norteamericanos en Chile a fines de la era colonial,* Santiago, Universidad de Chile, 1936.

demanda y, en este sentido, el «odioso monopolio español» era mucho menos culpable que la estructura social de la colonia. Dada la pobreza general, el mercado interno se saturó rápidamente. Como resultado, la elite mercantil quiso restringir, no expandir, el flujo comercial. A diferencia del nuevo Virreinato del Río de la Plata, Chile no estaba bien situado para aprovechar las reformas borbónicas. No había un gran flujo comercial *a través de* la colonia y, aparte del trigo, tampoco existían bienes que produjeran grandes entradas de capital desde el mercado externo. El déficit anual, inevitablemente, fue cubierto por embarques de metal o monedas, práctica que provocó en Chile cierta fuga de circulante. La falta de moneda menuda, en particular, constituyó una queja constante hasta bien entrado el siglo XX, un mal económico menor de larga duración.

LA ELITE COLONIAL Y SU ASENTAMIENTO URBANO

Casi desde el comienzo, una pequeña clase alta de criollos y españoles ocupó su lugar a la cabeza de esta aislada colonia agraria. En las primeras décadas, los conquistadores y sus seguidores se destacaron como grupo dominante gracias a su origen europeo y al poder que ejercían. Las distinciones sociales en el grupo conquistador probablemente eran difusas y poco claras. Posteriormente, en la medida en que se consolidaron las grandes propiedades, la línea divisoria entre la clase terrateniente dominante y todas las demás se hizo mucho más marcada. A mediados del siglo XVII, un típico chileno de clase alta tenía una encomienda, una estancia y una chacra. Solía vivir parte del tiempo en Santiago, quizá servía un periodo o dos en el cabildo (consejo municipal) y posiblemente ocupaba algún tipo de cargo público. Tampoco se trataba siempre de un tipo así, como lo muestra el caso de Catalina de los Ríos Lisperguer, más conocida por su apodo de *La Quintrala*. Esta sádica y posible asesina, propietaria del valle de la Ligua en el siglo XVII (una imagen de fuerte carácter femenino, cabe señalar), se convertiría en una de las leyendas chilenas más perdurables.

La composición de esta elite colonial cambió ostensiblemente durante el siglo XVIII. Como resultado del aumento de las oportunidades comerciales, miles de españoles inmigraron a la colonia (unos 24.000 entre 1700 y 1810). Aproximadamente la mitad de estos provenían del País Vasco o Navarra, de ahí la célebre observación de Miguel de Unamuno de que las dos grandes creaciones de los vascos eran la Compañía de Jesús y la República de Chile. Los inmigrantes con más éxito ganaron el suficiente dinero (generalmente en el comercio) como para comprar haciendas y ocupar un lugar entre la clase alta. Muchas familias criollas más antiguas (los Carrera, los Cerda, los Covarrubias, los Irarrázaval, los Ovalle y los Toro, entre otros) conservaron su posición, pero otras cedieron su puesto a los recién llegados. De esta manera, nació lo que se llamó la «aristocracia castellanovasca», tan destacada en los libros de historia chilenos. Si bien la mayor parte de estas familias provenía efectivamente del norte o centro de España, otras regiones ibéricas también estaban representadas, a las que había que sumar una pequeña gota de sangre extranjera. A pesar de que a los extranjeros les estaba prohibido establecerse en el Imperio español (con la excepción de los católicos irlandeses, algunos de los cuales aparecen en la última etapa colonial de Chile como oficiales del ejército y comerciantes), unos pocos lograron echar raíces en la colonia. Varias familias portuguesas, unas cuantas francesas y una o dos italianas también formaban parte de la clase alta a finales del siglo XVIII, época en la cual podemos estimar que más de 300 familias constituían la elite colonial. Sus apellidos son ampliamente citados en la historia posterior del país. Uno de estos apellidos (Errázurriz) estaba entre los de los candidatos presidenciales de 1989.

No vamos a entrar ahora en si existieron verdaderas tradiciones aristocráticas en el mundo occidental fuera de Europa. La imagen que la elite colonial tenía de sí misma era aristocrática, sin ninguna duda. Había varias formas de reforzar esta sensación. Para los criollos más ricos, los símbolos de alcurnia más codiciados eran la creación de *mayorazgos* (estrictos vínculos de propiedad de la tierra a través de sucesivas generaciones en el interior de la familia) y la obtención de títulos de nobleza. Dado que se trataba de una colonia pobre, en 1800, Chile sólo contaba con 17 mayorazgos y no más de 12 títulos (7 marqueses y 5 condes); muchos títulos y mayorazgos coincidían. (En este periodo, Lima tenía 40 familias con título; la arribista colonia de Cuba tenía más de 20 en 1796.) Para aquellos que no podían aspirar a un título, pertenecer a una de las grandes órdenes españolas de caballería (Santiago, Calatrava, Alcántara y Montesa) podía llegar a ser una alternativa. Mayor número de personas obtuvo nombramientos en las milicias coloniales, que se reorganizaron (y se volvieron más decorativas) bajo el gobierno borbónico. Al igual que en otras regiones del Imperio español, la clase alta tenía un férreo sentido de la genealogía. Muchas de las familias más importantes contaban con vastas ramificaciones, siendo el caso más célebre, sin duda, el del clan Larraín, cuyo fundador vasco llegó a Chile en la década de 1680. Hacia 1800, la familia se había dividido en dos ramas principales: una estaba liderada por un marqués que ostentaba un mayorazgo; la otra, si bien menos próspera, era tan grande que se hizo conocida como la casa «otomana» o «de los ochocientos». Los Larraín (con sus vínculos con otras familias de notables, como los Errázuriz y los Vicuña) aparecerían y reaparecerían en la escena política de la Independencia. La comprensión de estos entramados familiares es indisociable de cualquier apreciación del curso de la historia chilena.

En términos económicos y sociales, esta elite colonial ejerció durante la colonia un dominio que nunca llegó a ser desafiado. Su influencia política fue necesariamente un poco menos directa, dada la política española de excluir a las familias criollas del gobierno. Sin embargo, parece ser que algunas familias criollas de finales del siglo XVIII lograron formar alianzas matrimoniales con funcionarios civiles u oficiales militares bien ubicados, y ya en 1800 varios criollos ocupaban buenas posiciones. El estudio de Jacques Barbier acerca de ese periodo indica que siempre hubo «estrechos vínculos entre la elite local y los cuadros administrativos»[12]. Los gobernadores más eficientes del siglo XVIII eran aquellos que trabajaban con, en lugar de contra, la elite criolla.

¿Cómo de ricos eran los criollos más ricos? En términos generales, la elite criolla fue claramente menos próspera que sus semejantes en los grandes virreinatos. En 1796, un visitante español hizo una lista de los siete hombres en Chile cuyos ingresos «pasan de cien mil pesos con exceso», junto con otros 20 que percibían ingresos de alrededor de 100.000 pesos (aproximadamente 25.000 libras o 100.000 dólares). Esta lista era incompleta[13]. La agricultura no dejaba grandes ganancias, salvo a unos pocos. En 1796, Manuel de Salas indicó que el

---

[12] *Reform and Politics in Bourbon Chile, 1755-1796,* Ottawa, University of Otawa Press, 1980, p. 192.

[13] J. R. Couyoumdjian, «Los magnates chilenos del siglo XVIII», *Revista Chilena de Historia y Geografía* 136 (1968), pp. 315-322.

campo estaba «lleno de personas que, llevando un nombre ilustre» vivían amargadas por las penurias económicas[14]. Si bien resulta difícil hacerse una idea global de los ingresos de la clase alta, esto es definitivamente más complejo cuando se trata de los salarios que percibían los situados más abajo en la escala social. En el campo, los salarios en dinero eran raros. En Santiago, un carpintero podía ganar entre 200 y 300 pesos en un buen año; un albañil, un poco más.

Aunque valoraba la propiedad rural, la elite colonial prefería el asentamiento urbano. Los gobernadores del siglo XVIII estaban interesados en crear nuevos municipios y ofrecían incentivos a los criollos para instalarse allí. Algunas de las conocidas ciudades modernas del Valle Central (Talca, San Fernando, Rancagua, Curicó) fueron fundadas por el gobernador Manso de Velasco a comienzos de la década de 1740; otras (Linares, Parral) lo fueron en la década de 1790. Entre ellas, ninguna llegaba a ser más que unas pocas calles cubiertas de polvo o de barro, según la estación del año. Prácticamente todas las ciudades principales de Chile correspondían a pueblos según los patrones urbanos europeos. Valparaíso, el puerto principal, memorablemente saqueado por Francis Drake en 1578, era un pequeño conjunto de casas y destartalados almacenes en una playa desangelada. En 1800, su población pudo haber excedido las 4.000 personas. La Serena (foco de vida en el norte) era algo mayor y más parecida a una pequeña ciudad con su propia atmósfera. Debido a su papel militar y sus vínculos directos con Perú y España, la segunda ciudad de la colonia, Concepción, destruida por el terremoto de 1751 y reconstruida en una nueva ubicación junto al Biobío, se veía a sí misma, en forma no del todo convincente, como la rival de Santiago.

De hecho, en 1800, sólo la capital era lo que podría llamarse una verdadera ciudad. La mayoría de sus casas de una planta estaban hechas de adobe. Su población ese año se aproximaba a las 30.000 personas (2.000 casas, 179 bloques). Algunas de sus calles estaban adoquinadas. A finales del periodo colonial, se realizaron unas pocas obras para embellecerla: en 1765, se alzó sobre El Mapocho un imponente puente de piedra con 11 arcos, el puente de Cal-y-Canto. El Mapocho estuvo seco durante la mayor parte del año, de ahí el popular dicho colonial: «Vender el puente o comprar un río». (El puente fue demolido en 1888

---

[14] *Escritos de don Manuel de Salas*, cit., vol. I, p. 155

como parte de las mejoras urbanas del presidente Balmaceda.) En otras épocas, el río podía producir desastrosas inundaciones, como aún lo hace cada cierto tiempo: en 1804, se construyó un muro de contención que corría a lo largo de 30 cuadras por una de sus riberas. La pobreza de Chile, así como los terremotos (el peor de Santiago se produjo en mayo de 1647), impedían que surgiera una arquitectura algo más sofisticada; no obstante, hacia 1800, la capital se vio dotada con algunos edificios respetables. El más notable, sin duda, fue la Casa de La Moneda (más simplemente «La Moneda»), un hermoso palacio austeramente neoclásico que, desde 1805, albergó la ceca colonial y, desde 1846, la Presidencia de la República. El arquitecto italiano, Joaquín Toesca, también dejó su marca en la ciudad con la catedral (que durante mucho tiempo permaneció inacabada) y edificios públicos (uno existe todavía) en el lado norte de la principal plaza, la plaza de Armas.

Si bien Chile se encontraba aislada del mundo, las ciudades coloniales estaban aisladas, además, unas de otras en varios sentidos. Muy escasos eran los caminos que merecieran dicho nombre. El gobernador Ambrosio O'Higgins construyó una carretera adecuada de Santiago a Valparaíso, aunque el capitán George Vancouver, que la vio (mientras estaba siendo terminada) en su visita en 1795, quedó sorprendido por lo poco que se usaba. El viaje por tierra de Santiago a Concepción era trabajoso: ocho días a Talca, y otros ocho días de allí a Concepción[15]. Hasta la llegada del ferrocarril, la forma más fácil para viajar hacia el norte o el sur del país era por barco. (En el caso de las provincias del Norte, esta situación se mantuvo hasta el siglo XX.) Sin embargo, durante la última etapa colonial, el número de viajeros habituales de clase alta era en todo caso muy pequeño.

Los horizontes de la clase alta criolla, por ende, eran estrechos. La colonia no contaba con una imprenta propiamente dicha y, como resultado, no había periódicos, ni siquiera parecidos a los limitados ejemplares que se publicaban en Lima o en Buenos Aires. Aunque en 1802 se abrió un pequeño teatro en Santiago, la mayor parte de la vida social se veía reducida a las *soirées* y tertulias organizadas por las familias más ricas. Las veladas musicales y los bailes (fandangos y boleros en esta época *precueca*) eran animados, a fines del siglo XVIII, por flautas, clarinetes e incluso algunos pianos importados. Los hijos varones de la clase alta reci-

---

[15] D. Barros Arana, *Historia general de Chile,* cit., vol. VII, p. 406.

bían su educación superior en la Real Universidad de San Felipe, abierta en 1758. Entre 1758 y 1813, esta formó a 1.837 estudiantes y otorgó 299 doctorados (incluidos 128 en Derecho, 106 en Teología y 5 en Medicina). La Academia de San Luis, creada en 1797 gracias a la iniciativa de Manuel de Salas para impartir una educación más técnica, no prosperó. El sopor de la escena urbana rara vez se veía interrumpido, y sólo por las festividades públicas (llegadas y partidas de gobernadores, natalicios, enlaces nupciales y defunciones en la familia real) o también por los numerosos días de fiesta de la Iglesia católica. Estos eran abundantes, siendo el más celebrado el de Santiago (23-25 de julio), santo del cual, después de todo, la ciudad tomaba su nombre español.

IGLESIA Y ESTADO

La Iglesia católica, tan importante en el esquema del ceremonial público, era un elemento obligado de la vida en los tiempos coloniales, al menos en las ciudades: en el campo, los oficios religiosos del clero eran mucho más intermitentes. Los dos obispados de Chile, Santiago y Concepción, dependían del Perú y databan de comienzos del asentamiento español (1561 y 1603, respectivamente). En 1800, el clero secular de la diócesis de Santiago contaba 220 personas; en Concepción, unas 90. También había alrededor de 1.000 religiosos, distribuidos en las cinco órdenes principales (franciscanos, agustinos, dominicos, mercedarios y hospitalarios de San Juan de Dios). La Iglesia jugaba un papel activo en la educación y dirigía los seis hospitales de la colonia. Sin embargo, no poseía grandes extensiones de terreno. La única orden religiosa que alguna vez poseyó cierta cantidad de tierras se destacaba por su ausencia en 1800. Al igual que en otras regiones del Imperio español, la Sociedad de Jesús (presente en Chile desde 1593) se constituyó desde los comienzos como la orden más poderosa: poseía y trabajaba más de 50 propiedades, las únicas farmacias de Chile, talleres que producían artículos de vidrio, cerámica y textiles, e, incluso, un pequeño astillero en la desembocadura del río Maule. Dicen que el mejor vino del periodo procedía de sus viñedos. Esta imponente función económica, junto con sus opiniones supuestamente ultramontanas, la llevaron finalmente a su ruina: en 1767, la orden fue expulsada abruptamente del Imperio español. De los 400 jesuitas deportados de Chile por el gobernador Guill y Gonzaga, el 50 por 100 eran sacerdotes, y el 75 por 100, criollos. Quizá este haya sido el acontecimiento aislado más grave que debió de vivir el Chile del siglo XVIII. «¿Recuerda la expulsión de los jesuitas?» era una pregunta que hacían los que realizaron el censo en 1854 para intentar establecer la cifra de centenarios en el país. Además de dejar un importante vacío en la educación, la expulsión colocó en el mercado un buen número de haciendas bien administradas. Estas fueron reasignadas por un comité, desde 1771 en adelante, y muchas de ellas pasaron a manos de la «aristocracia castellano-vasca».

Más allá de su función religiosa, la Iglesia también constituyó un hito en el panorama de la autoridad colonial. El gobierno vio, en la jerarquía y el clero, agentes del Estado, que inculcaban debidamente la lealtad y la obediencia al lejano monarca. La mayoría de los chilenos, consciente o inconscientemente, aceptó el sistema de gobierno jerárquico en cuya cima dominaba el rey. Dentro de este sistema, Chile era una capitanía general, una provincia menor en el interior del enorme Imperio del rey. Su subordinación administrativa al Virreinato del Perú nunca tuvo mucha importancia (el virrey sólo podía intervenir en «casos muy serios de gran importancia») y fue abandonada formalmente en 1798. La colonia era regida por un gobernador y (desde 1609) por una Audiencia, cuyo presidente era el propio gobernador. (De hecho, era comúnmente conocido por el título de presidente.) Por debajo del gobernador y la Audiencia, una serie de corregidores presidían los distritos locales de variado tamaño en que estuvo dividida la colonia hasta que se produjeron los cambios administrativos de la década de 1780.

Las reformas del rey Carlos III no afectaron, en lo esencial, el sistema autoritario y jerárquico; de hecho, habían sido concebidas conscientemente para fortalecerlo. En 1786-1787, siguiendo ahora el modelo borbónico estándar, Chile fue reorganizado en dos Intendencias, Santiago y Concepción (con el río Maule como frontera), y 22 jurisdicciones menores (14 para Santiago, ocho para Concepción) conocidas como partidos, cada uno gobernado por un subdelegado. El mismo gobernador se convirtió en el superior de los dos intendentes. Estas medidas probablemente reforzaron el orgullo local de Concepción, sembrando la semilla del regionalismo que germinaría brevemente al inicio de la época republicana. El nuevo sistema no operó durante el suficiente tiempo como para permitirnos evaluar sus méritos. Tampoco resulta fácil estimar la calidad del gobierno durante los últimos años del periodo colonial. Podemos señalar que la mayoría de los gobernadores de dicho periodo obtuvieron luego el rango de virrey en Perú o en el Río de la Plata, un signo plausible de capacidad profesional. Uno de los más laboriosos de estos gobernadores, el irlandés Ambrosio O'Higgins, dejó huellas muy concretas en Chile, llegando incluso a honrar, con verdadera vena irlandesa, su lejano terruño natal bautizando la nueva ciudad norteña como Vallenar: nombre españolizado de Ballinary (condado de Sligo).

La estructura autoritaria del Imperio no permitió el desarrollo de una tradición de debate y disentimiento políticos (aún menos el inconformismo religioso) como la que se encuentra en la mayoría de las colonias británicas. Y, aunque los criollos fueron excluidos de los estratos más altos de gobierno, no les faltó su propio foro: el cabildo. A finales del siglo XVIII, el cabildo de Santiago, por razones obvias el más importante de Chile, consistía en 12 regidores permanentes, un secretario y un procurador. No había elementos de elección popular: las consejerías, como muchos otros cargos en el Imperio, eran vendidas y compradas cuando surgían vacantes. La tradición, sin embargo, asignaba al cabildo un papel importante en momentos críticos, cuando podía convocar a cabildo abierto, asamblea general de los principales ciudadanos. En periodos normales, las instituciones regulares de gobierno sobrepasaban con mucho cualquier influencia que un cabildo pudiera llegar a ejercer.

Por su parte, los criollos también encontraron los medios para expresar su descontento. La introducción de un Estanco (monopolio estatal del tabaco) en 1753, creado para financiar las guarniciones de la Frontera, provocó una ola de agitación, que se recrudeció 13 años después. Los intentos del gobierno por reunir dinero mediante nuevos impuestos (en 1776) y por otros medios (1781 y 1805) también desencadenaron momentos de tensión entre los criollos y el gobernador[16]. Parece que la crisis (si es eso lo que fue) de 1776 fue potencial-

<hr />

[16] El Estanco se convirtió en la mayor fuente de ingresos para la Capitanía general. Los impuestos coloniales incluían gravámenes a los metales, derechos aduaneros *(almojarifazgos)*, diversos tipos de impuestos a las ventas *(alcabalas)* y peajes por el uso de puentes y caminos. También se recolectaba (por decirlo así) un diezmo en beneficio de la Iglesia. La mayoría de los impuestos coloniales fueron abolidos o reemplazados en las décadas posteriores a la independencia.

mente muy grave. Todo esto produjo serias quejas, pero no puso en peligro la estructura política absolutista del Imperio.

No obstante, había un problema latente más grave: el deseo criollo de acceder a estratos administrativos más altos. Esto se dejaba sentir en los intentos esporádicos que los criollos realizaban para impedir que los españoles ocuparan cargos provinciales en las órdenes religiosas y para mantenerlos fuera del cabildo de Santiago. A pesar de tales señales, las relaciones entre los criollos y los españoles parecen haber sido muy armoniosas en términos globales. Sin embargo, a finales del siglo XVIII, la conciencia criolla de los defectos de la sociedad colonial se fue haciendo cada vez más aguda. Los criollos educados e ilustrados (aunque no había muchos) pusieron al descubierto en una serie de escritos los males económicos y sociales que percibían a su alrededor: el gran número de vagabundos y mendigos, los problemas del comercio, el retraso en la educación. Jamás se mostraron tímidos en el momento de solicitar la reforma. Todas estas discusiones estaban arraigadas en la creencia optimista sobre el potencial de la colonia. «Chile podría ser el emporio de la Tierra», escribió en 1808 Anselmo de la Cruz, secretario del nuevo Consulado y excepcional defensor de un comercio más libre[17]. No es difícil detectar aquí el desarrollo de un tibio protonacionalismo, reflejado en algunos escritos del periodo, así como en las hermosas descripciones de Chile compiladas por algunos de los exiliados jesuitas, especialmente el gran Juan Ignacio Molina, para quien su tierra natal era «el jardín de Sudamérica». Durante todo su largo exilio italiano, Molina nunca dejó de expresar (en vano) sus deseos «de volver a la patria... y de morir entre los míos»[18]. No se cumplió su deseo.

¿UNA NACIONALIDAD INCIPIENTE?

¿Pero *quiénes* eran los «míos» del padre Molina? ¿Qué impulsaba su elocuente identificación con la tierra que había perdido? Tenemos que preguntarnos hasta qué punto el aislamiento colonial de Chile, combi-

[17] Miguel Cruchaga Tocornal, *Estudio sobre la organización económica y la hacienda pública de Chile,* Santiago, Gutenberg, 2 vols., 1878-1881, vol. I, p. 343.
[18] Charles E. Ronan SJ y Walter Hanisch SJ (eds.), *Epistolario de Juan Ignacio Molina SJ*, Santiago, Editorial Universitaria, 1979, p. 218.

nado con la mezcla étnica resultante de la conquista, significó la gradual formación de una nacionalidad distintiva en la América española. De momento, el término «nacionalidad» no era demasiado aplicable. No podemos argumentar que ya en el siglo XVIII existiera un sentido desarrollado y profundamente arraigado de pertenencia a la nación chilena (ciertamente no en sentido político). Habría que preguntarse si quienes vivían en las haciendas o quienes eran los habitantes más pobres de las ciudades coloniales tenían algún sentido definido de identidad «chilena». La vena patriótica en la propaganda de la revolución independentista y la creación moderadamente sistemática de una tradición nacional que se produjo en la primera etapa de la República pertenecían al futuro. Sin embargo, consciente o inconscientemente, cierta nacionalidad chilena había empezado a surgir *ya* en tiempos de la colonia y debemos tomarla en cuenta, aunque sea con prudencia.

Se puede objetar que la aguda estratificación social del periodo (por no mencionar la posterior) impide siquiera sugerir que existiera una incipiente cultura «nacional». Podemos argumentar, no obstante, que el sentido de jerarquía social era en sí mismo un componente importante de la incipiente cultura nacional. Ciertos patrones de deferencia y esnobismo quedaron profundamente engarzados en la vida chilena del periodo colonial, patrones que han comenzado a desintegrarse en los últimos tiempos y que, posiblemente (como veremos), fueron evocados de manera inconsciente durante el régimen militar de las décadas de 1970 y 1980.

Concentrémonos, no obstante, en dos asuntos básicos cuya importancia es innegable para cualquier cultura: la comida y el idioma. El hombre puede o no ser lo que come, pero lo que come es ciertamente parte vital de su cultura. Y nada es más fundamental para una cultura que el propio idioma. En lo que se refiere a la comida, sabemos al menos que el padre Molina estaba interesado en el tema: era un cocinero entusiasta y dejó numerosas recetas entre sus papeles privados.

Aunque, obviamente, el desarrollo de una cocina propiamente chilena se tomó su tiempo (el primer libro de cocina verdaderamente chileno, de tan sólo 29 páginas, fue publicado en 1851), sus principales componentes ya estaban presentes en el siglo XVI. Los españoles introdujeron cultivos y ganado europeos, al mismo tiempo que incluían alimentos nativos americanos en su dieta. De esta original combinación surgió todo lo que después daría a la cocina chilena su carácter especial. Aunque quizá sean pocos los que consideren la tradición culinaria del país como la mejor del mundo, siempre ha contado con sus exquisiteces. Si bien el trigo y otros cultivos del Viejo Mundo se extendieron rápidamente en el Valle Central tras la conquista, los conquistadores no tardaron en adoptar algunos alimentos locales, como el maíz, la patata y el omnipresente poroto. La misma palabra poroto, del quechua *purutu*, fue largo tiempo desdeñada por los puristas, que preferían la más española frijol. Sin embargo, no se puede menospreciar: la expresión «Tan americano como una tarta de manzana», tiene su contrapartida, de uso frecuente, en «Es más chileno que los porotos». Del gran océano provenían el pescado (la corvina, el congrio y otros) y los mariscos, que siguen siendo sin lugar a dudas el recuerdo gastronómico más permanente que de Chile se lleva el visitante moderno; sin olvidar el cochayuyo (alga), rápidamente asimilada por quienes ya se habían instalado en el siglo XVI, y aún fácil de encontrar (en particular durante un paseo el domingo por la tarde por la carretera costera al norte de Viña del Mar).

El maíz, las patatas y los porotos se volvieron tan fundamentales en el régimen alimentario de los criollos como lo habían sido para los mapuches. Han sido esenciales desde entonces, lo mismo que el empleo de grasa animal en la cocina. Al mismo tiempo, a los platos españoles se fueron incorporando gradualmente ingredientes locales: es el caso de la clásica cazuela chilena, por ejemplo, que evolucionó de la olla podrida (cocido) española, y de la empanada, que en Chile se rellena con carne picada y cebollas. Durante mucho tiempo, la carne de vacuno solía ser consumida seca, en forma de charqui, que se había convertido en la base de platos antiguos populares, como el charquicán y el valdiviano. Un condimento habitual para muchos de estos platos era, y sigue siendo, el ají. La escasez y el alto precio del azúcar hicieron que los amantes de los dulces tuvieran que esperar a la aparición de los postres; sin embargo, la pastelería se desarrolló finalmente en el siglo XVII (a menudo a manos de monjas) y siempre hubo abundantes frutas, tanto importadas como nacionales, incluida la frutilla nativa chilena *(Fragaria chilensis),* que después fue llevada a Europa y cultivada en Versalles. Desde los primeros años de asentamiento se produjo vino en Chile, con vides de las variedades país y moscatel, a las que, más tarde, se agregó la chicha (proveniente del jugo fermentado de uvas, manzanas o frutillas). Los excesos con el vino y la chicha fueron normales tanto en los tiempos de la colonia como en los periodos posteriores de la historia chilena. Entre otras bebidas se encontraban también el mate (té paraguayo), que se hizo popular a finales del siglo XVII, y el chocolate (para quienes podían permitirse este lujo), que apareció en el siglo XVIII.

La obra de Eugenio Pereira Salas y de otros nos proporciona una buena descripción de los diversos platos que se sabe fueron creados y comidos por los criollos y mestizos más prósperos. Mucho menos se sabe de los hábitos alimentarios de los pobres en el ámbito urbano o en el rural, cuya alimentación era más monótona y menos variada que la de los adinerados. Los datos que se conservan indican que el maíz, el trigo, las patatas, los porotos y (a veces) el charqui formaban la mezcla habitual. Además, hay que destacar que, durante el periodo colonial y en el caso de los más pudientes, la periodicidad de las comidas seguía un modelo esencialmente español: un almuerzo temprano, una comida a la una y una cena no más allá de las 18:30. También se tomaba un refrigerio alrededor de las 11 de la mañana (*las once,* comparable al inglés «elevenses»). Durante el siglo XIX, de una manera que no ha sido documentada adecuadamente, se estableció el sistema de comidas chileno moderno: desayuno, almuerzo a la una y comida al final de la tarde (muy tarde, de hecho, para los estándares norteamericanos o británicos). Uno de los cambios más misteriosos (aunque era lógico) fue que «las once» se movieron a la tarde, para coincidir (y de alguna manera parecerse) con el *afternoon tea,* la «hora del té» inglesa.

Si pasamos de lo que la gente comía a lo que hablaba, queda claro que los principales rasgos distintivos del idioma español chileno ya estaban bien definidos a finales de la colonia. El español chileno ha sido reconocido como una de las cinco variantes principales del idioma español en las Américas. Los lingüistas modernos, de hecho, clasifican a Chile como un «área dialectal» por derecho propio. El dialecto en cuestión no siempre ha tenido buena fama. El gran gramático y erudito Andrés Bello se manifestó duramente en contra del habla atolondrada y mutilada que escuchó a su alrededor cuando se instaló en el país en 1829. En la década de 1870, Zorobabel Rodríguez escribió: «La incorrección con que en Chile se habla y escribe la lengua española es un mal tan generalmente reconocido como justamente deplorado»[19]. Des-

---

[19] *Diccionario de chilenismos,* Santiago, Imp. El Independiente, 1875, p. vii.

de esa época, la educación ha hecho mucho por mejorar el nivel gramatical y ortográfico del lenguaje escrito (aunque hemos visto *sigario* escrito en escaparates chilenos), pero la pronunciación característica y las diversas peculiaridades sintácticas (y de vocabulario) chilenas han sobrevivido y (felizmente) no muestran signos de desaparecer.

El español chileno comparte muchos rasgos con otras formas americanas, en las cuales la influencia andaluza ha sido especialmente fuerte. La influencia mapuche en el acento y la entonación no parece demasiado importante, excepto posiblemente en el sur. Como en otras regiones de América, la *c* y *z* suaves se convirtieron en *[s]*; la *ll* no es más que una *[y]*, carente de su sonido más líquido castellano, aunque a veces se acerca al característico *[zh]* rioplatense. El uso como segunda persona del singular de *vos* en vez de tú (universal en los montes de Argentina y Uruguay, también en Costa Rica y muy extendido entre los menos instruidos en toda Sudamérica) tendió a declinar en épocas recientes en Chile. Los visitantes del Chile de hoy, acostumbrados a los estrictos cánones del español de Castilla, notarán la entonación más bien musical, la desaparición de la *s* en los plurales (y su virtual desaparición antes de las consonantes), el marcado pasaje gradual que se da a la vocal *e* después de la *g* o la *j* y el tan particular sonido de *[tr]* (muy escuchado también en Costa Rica). Esto se aprecia vívidamente cuando un chileno se enfrenta al trabalenguas *tres tristes tigres trigo trillado tragaron en un trigal.*

El rico vocabulario local (y no menos una amplia jerga) incluye elementos del mapuche (poncho, pichanga, etc.), y del quechua (papa, palta, etc.), así como muchos otros préstamos del inglés, del francés o del alemán. Nos estamos adelantando a la historia, porque la mayoría de los préstamos de otros idiomas europeos (un ejemplo muy conocido es *gásfiter,* del inglés «gas-fitter», que significa fontanero) se produjeron obviamente a partir de la época colonial, cuando la mezcla en el léxico era exclusivamente español-mapuche. También debemos señalar aquí que los chilenos tienden a emplear más diminutivos (y también más aumentativos) que otros hispanohablantes. Y, si bien es difícil medir tales cosas, la tendencia chilena a utilizar un lenguaje soez quizá sea la más pronunciada de todo el mundo hispanohablante. Los sustantivos *huevón* y *huevada* (y el verbo correspondiente, *huevear*) −a menudo considerados groseros en otras partes− tienen un uso tan extendido que han perdido gran parte de la fuerza que originalmente poseían. El gran lingüista chileno Rodolfo Oroz, al notar a mediados del siglo xx que estos términos eran universales entre los pobres de la ciudad, sugirió que incluso habían penetrado en «ciertos sectores de la clase media»[20]. Esto nos parece un ejemplo de eufemismo chileno.

Sería interesante esbozar algunas generalizaciones sobre la psicología de ese incipiente carácter nacional chileno, pero hasta ahora pocos académicos se han preocupado seriamente del tema. Ciertos aspectos (el humor chileno, por ejemplo, el más agudo de América Latina) encierran grandes dificultades para su análisis. Rolando Mellafe ha sugerido que los periódicos desastres naturales, especialmente los terremotos, han marcado la mentalidad de los chilenos. Mellafe cuenta 282 desastres entre 1520 y 1906: 100 terremotos, 46 inundaciones importantes, 50 sequías, 82 epidemias y 4 plagas de insectos devoradores de plantas y árboles[21]. Visitantes modernos de Chile tan distintos como Albert Camus y Stephen Clissold especularon también en ese sentido. El gran escritor francés, durante una breve visita en 1949, detectó «una psicología de la inestabilidad» que probablemente era producto de los terremotos y que llevaba, según él, a cierta propensión a los juegos de azar[22]. Los chilenos, o muchos de ellos en cualquier caso, *nacen* jugadores. El inglés Clissold, un antiguo residente inglés del mismo periodo, se preguntó retóricamente: «¿No es acaso toda la vida un juego de azar [...] para quienes viven en una tierra donde fuertes terremotos pueden arrebatarles de un momento a otro todas sus posesiones mundanas e incluso la vida misma?»[23]. Es una buena pregunta.

Si bien no podemos extendernos mucho con estos temas, podemos argumentar que vale la pena investigarlos y merecen integrarse en el registro general histórico más concienzudamente de lo que lo han sido hasta ahora. Y seguramente lo serán.

---

[20] *La lengua castellana en Chile,* Santiago, Universidad de Chile, 1966, p. 403.

[21] *Historia social de Chile y América,* Santiago, Editorial Universitaria, 1986, pp. 279-288. Para una lista de desastres más reciente −735 en total entre 1541 y 1992 (260 incendios, 136 epidemias y hambrunas, 166 terremotos y erupciones volcánicas, 173 inundaciones y sequías)−, véase R. Urrutia de Hazbún y C. Lanza Lazcano, *Catástrofes en Chile 1541-1992,* Santiago, La Noria, 1993. No todos los desastres catalogados impresionan al lector como desastres mayores.

[22] *American Journals,* Londres, Abacus, 1990, p. 132.

[23] *Chilean Scrapbook,* Londres, Cresset Press, 1952, p. 143.

Reformadores y revolucionarios

Sin importar lo aislada y remota que fuera la Capitanía general de Chile, esta no podía permanecer totalmente al margen de las nuevas tendencias internacionales, en particular de las críticas liberales que se alzaban en Europa contra la monarquía absoluta y el principio de la dependencia colonial. Unos cuantos criollos se familiarizaron con la literatura de la Ilustración europea. La exitosa rebelión de las 13 colonias inglesas en América del Norte no pasó inadvertida. Al cabo de pocos años, algunos celosos americanos, imbuidos de un patriotismo revolucionario, distribuyeron traducciones de la *Declaración de Independencia* o de la nueva Constitución federal a través de viajes que realizaban los balleneros o los contrabandistas por la costa chilena. La Revolución francesa también dejó su huella en el pensamiento de algunos criollos. Sin embargo, cualquiera que haya sido el impacto que estas nuevas ideas y grandes acontecimientos hayan tenido en otras regiones del Imperio español, ningún historiador ha sido capaz de demostrar convincentemente la existencia de serias conspiraciones criollas contra el orden establecido en Chile. A lo más a que se puede llegar en este terreno es al caso de un excéntrico cura, fray Clemente Morán de Coquimbo, cuyas declaraciones en favor de la Revolución francesa le valieron el confinamiento en el monasterio de Santo Domingo en Santiago y la muerte en la oscuridad (octubre de 1800). Nadie se lo tomó muy en serio.

A finales del periodo colonial, sin embargo, ya había indiscutiblemente en Chile un puñado de convencidos separatistas. Bernardo Riquelme, el hijo bastardo del gobernador O'Higgins, enviado a Inglaterra para recibir allí parte de su educación (y el primer chileno en estudiar allí), asimiló los ideales revolucionarios nada menos que de boca del inagotable conspirador venezolano Francisco de Miranda, el más grande de todos los reconocidos «precursores» de la independencia de España. Esto no impidió que Riquelme, al volver a Chile para heredar una propiedad de 26.000 hectáreas en la Frontera, intentara (infructuosamente) asumir el marquesado y la baronía de su famoso padre, así como su apellido. Sin embargo, no olvidó las enseñanzas de Miranda. Los criollos más ilustrados de la época, hombres como Manuel de Salas y Juan Egaña, fueron poderosos defensores de la reforma económica e incluso social e impulsaron prácticos programas, en la mejor tradición de la Ilustración. Sus escritos pueden verse, retrospectivamente, como ejemplos del protonacionalismo ya mencionado. La mayoría de los criollos de espíritu reformador (como sus colegas en España) eran «neomercantilistas» que veían como agente del cambio a la monarquía imperial, y no a alguna hipotética revolución nacional que podía no ocurrir nunca. Los líderes de la sociedad criolla siguieron, a distancia (y con un retraso de tres o cuatro meses), los tumultuosos acontecimientos de la Europa revolucionaria y napoleónica, acontecimientos en los que rápidamente se vio involucrada la propia España. Estos desaprobaban manifiestamente el régimen del Terror que reinaba en Francia: «el mayor escándalo que han visto los siglos», escribió el poseedor de un mayorazgo, José Antonio de Rojas[24], posiblemente un separatista encubierto y sin duda un escéptico ilustrado que había visitado Europa y traído consigo libros prohibidos. Los criollos enviaron donaciones para contribuir a la guerra española (127.988 pesos entre 1793 y 1806), pero el gran mundo europeo, con sus pesadas legiones, sus naves, sus Bonapartes y Pitts, parecía tranquilizadoramente distante. Y de hecho lo estaba.

En 1806-1807, sin embargo, ese mundo se acercó de manera apabullante: una expedición británica proveniente de Sudáfrica capturó repentinamente Buenos Aires. Si bien fue repelida por una fuerza criolla reclutada con presteza, los británicos volvieron con fuerza y tomaron Montevideo, sólo para retirarse del río de la Plata tras un segundo asalto infructuoso a Buenos Aires. Estos serios acontecimientos en una provincia vecina tocaron la fibra del patriotismo imperial en el corazón de los criollos chilenos. La mayor parte de ellos estaban seguros de que el principal peligro provenía del enemigo tradicional del Imperio español: Inglaterra. Tales temores, sin duda incrementados por recuerdos ancestrales de audaces incursiones en la costa chilena de lobos de mar ingleses en los siglos XVI y XVII, estaban perfectamente justificados: una expedición británica a Chile, de hecho, había sido planeada y enviada, pero había tenido que desviarse debido a las torpes operaciones en el río de la Plata. Por un irónico revés del destino, Gran Bretaña pronto tendría que ir en ayuda de la propia España, en las terribles circunstancias de 1808. Como resultado del sorpresivo giro que tomaron los acontecimientos, la remota y aislada Capitanía general de Chile se convirtió en una nación independiente cuya historia es el tema de nuestro libro.

[24] Citado en J. Eyzaguirre, *Ideario y ruta de la emancipación chilena,* Santiago, Editorial Universitaria, 1957, p. 76.

2
La Independencia, 1808-1830

¡O vivir con honor o morir con gloria!

Bernardo O'Higgins, 1813.

La llegada de la independencia de la Capitanía general (y de la mayor parte del resto de la América española) fue una consecuencia directa del gran trastorno provocado por las guerras napoleónicas en Europa. En mayo de 1808, tras obligar a abdicar al rey español Carlos IV, Napoleón destituyó y desterró al nuevo rey, Fernando VII, y colocó a su propio hermano José en el trono de España. Los españoles se alzaron en una feroz resistencia contra el rey intruso y contra los ejércitos franceses que llegaban en gran número a su país. En lo que quedaba de la España libre, el ejercicio de la autoridad pasó espontáneamente a una serie de juntas locales, como la Junta Central de Cádiz, que se convirtió en el verdadero gobierno, aunque a comienzos de 1810 fue reemplazada por un Consejo de Regencia. Los liberales españoles (los primeros políticos del mundo en llevar tan honorable nombre) aprovecharon la oportunidad para darse una Constitución (1812) que transformaba a España en una monarquía constitucional. Estos extraordinarios cambios políticos quedaron eclipsados por la cambiante fortuna de la guerra peninsular, cuando las guerrillas españolas y sus recién descubiertos aliados británicos comenzaron a expulsar a los franceses de España, tarea completada en 1814.

Las noticias de estos sucesos propagaron la consternación en la América española. La noticia de que Fernando VII había sido destronado llegó a Chile en septiembre de 1808. La reacción inmediata fue de intensa y ferviente lealtad a la madre patria. Una vez más, los criollos enviaron donaciones para ayudar a la guerra; los jóvenes de alcurnia de Santiago (Francisco Antonio Pinto, un futuro presidente de Chile) lucían imágenes de Fernando VII en sus sombreros. A medida que pasaban los meses, sin embargo, este espíritu de lealtad cambió. Puesto que la propaganda liberal española apuntaba a una nueva y más equitativa relación entre metrópolis y colonias, con la misma España en grave peligro de extinción a manos de Napoleón, algunos criollos comenzaron a sopesar si no sería deseable tomar el control de los asuntos de la colonia. Aunque era un pensamiento novedoso, ganó terreno rápidamente.

La presión en este sentido provenía de tres fuentes principales. Los criollos instruidos que ya antes habían promovido la reforma económica y social sentían ahora que este cambio podía lograrse mejor a través de la creación de un gobierno chileno autónomo, aunque siempre en el interior del Imperio español. Un mayor número, quizá, veía el régimen nacional como un medio para obtener más fácilmente el tan deseado acceso a los cargos públicos. (Parece que los Larraín de la rama de «Los Ochocientos» lo entendieron muy pronto.) Y también estaba ese ínfimo puñado de separatistas y revolucionarios a ultranza para los cuales las dificultades de España eran la oportunidad para Chile. Para el gobernador y la Audiencia, de más está decirlo, incluso la más leve de estas proposiciones sonaba a subversión. A la luz de los acontecimientos, el gobernador de la época, Francisco Antonio García Carrasco, resultó un imprudente, incapaz de enfrentarse a la creciente ola de aspiraciones criollas. En abril de 1810, la Capitanía general de Venezuela se convirtió en la primera colonia española que derrocaba a su gobernador e instauraba una Junta criolla. Un mes después, entre turbulentas escenas multitudinarias, Buenos Aires hizo lo mismo. Estas noticias de los vecinos causaron una fuerte impresión en la opinión pública criolla de Santiago.

LOS PRIMEROS GOBIERNOS CRIOLLOS

Como en otras capitales hispanoamericanas, el cabildo desempeñó el papel principal en la configuración del emergente programa criollo. En mayo de 1810, el arresto de tres prominentes criollos por orden de García Carrasco, bajo el cargo de sospecha de conspiración, abrió una lucha a tres bandos entre el cabildo, el gobernador y la Audiencia. La tensión llegó a su punto máximo cuando dos de los tres hombres fueron deportados al Perú. Para apaciguar una peligrosa protesta pública, la Audiencia destituyó rápidamente a García Carrasco, nombrando en su lugar al acaudalado criollo octogenario Mateo de Toro Zambrano, conde de la Conquista. Gracias a esta maniobra, el cabildo sólo se salvó por corto tiempo. Con la aceptación del nuevo gobernador, llamó a un cabildo abierto para evaluar la crisis de la corona. Dicha asamblea, a la que asistieron unos 400 de los ciudadanos más importantes, fue realizada en el edificio del Consulado el 18 de septiembre de 1810. El joven e inteligente procurador del cabildo, José Miguel Infante, analizó los precedentes legales de una Junta criolla y la atestada sala estalló en gritos de «¡Junta queremos!». De esta manera, se eligió una Junta (con seis hombres presididos por el mismo conde de la Conquista) que debía defender y preservar a Chile para el «desgraciado monarca» Fernando VII, y gobernar la colonia hasta que se pudiera convocar un Congreso en Santiago. El 18 de septiembre, el *dieciocho,* se convirtió en el día de la fiesta nacional desde 1811 y ha permanecido así desde entonces.

Por lo que sabemos, las declaraciones de lealtad a Fernando VII de la Junta eran en su mayoría sinceras. La cauta autonomía de septiembre de 1810 podía transformarse fácilmente en una postura más radical. Por su mera existencia (y no menos por su decisión de convocar un Congreso), la Junta marcó una ruptura decisiva con el pasado. Su miembro más activo, el abogado Juan Martínez de Rozas, era sin duda un separatista. Bajo su influencia, el nuevo gobierno creó discretamente las bases para un pequeño ejército. Los acontecimientos en otras regiones pronto recordaron a los chilenos que sus destinos estaban unidos a un drama mucho mayor: en el desolado altiplano peruano, los soldados de las nuevas Provincias Unidas del Río de la Plata (Argentina) estaban luchando ahora contra el Virreinato del Perú, donde no se desarrolló la iniciativa criolla en 1810. La línea de batalla entre los «patriotas» criollos y los españoles (o proespañoles) «realistas» se extendía ahora por todo el continente. Los 400 hombres que la Junta ofreció a Buenos Aires constituyeron un claro gesto de solidaridad. Que la lucha en ciernes podía ser sangrienta, se hizo evidente también en un abortado levantamiento realista en Santiago (abril de 1811), que se cobró más de 50 víctimas. Su caudillo español, el coronel Tomás de Figueroa, fue llevado ante un pelotón de fusilamiento. La Audiencia, que se tomó pocas molestias para ocultar su hostilidad hacia la Junta, se disolvió bruscamente.

La opinión pública criolla, sin embargo, aún no estaba preparada para moverse tan rápido como lo deseaban Rojas y otros radicales. Cuando el prometido Congreso (elegido por los diversos cabildos) se reunió en Santiago en julio de 1811, había quedado compuesto en su mayoría por moderados más bien cautos. Rojas se retiró a Concepción disgustado. Los irrefrenables reformistas de Santiago, dirigidos por «Los Ochocientos» Larraín, establecieron entonces un desafortunado precedente cuando recurrieron al apoyo de los militares para su causa, con la ayuda de un impetuoso y joven oficial, José Miguel Carrera, recién llegado de la guerra en España. Sin demora, se realizó una purga en el Congreso. Sin embargo, la naturaleza apasionada de Carrera no lo predisponía para aceptar un papel subalterno y, menos aún, ante los Larraín. Dos meses después (el 15 de noviembre de 1811), se colocó a sí mismo a la cabeza de una nueva Junta y disolvió sin más el Congreso. Los primeros meses de 1812 fueron testigos de la lucha entre Carrera y el aún desafiante Rojas en Concepción. Finalmente, Rojas fue depuesto y desterrado (julio de 1812). Por el momento al menos, Chile estaba bajo el gobierno de un solo señor: un caudillo.

A la postre, los escritores habrían de describir a Carrera como la gran figura romántica de la revolución criolla. Su padre había sido un miembro de la primer Junta y la familia era una de las más antiguas. Carrera era un joven atractivo y elegante de indudable popularidad y ardor reformista. Bajo su égida, la reforma aceleró su ritmo. Las doctrinas revolucionarias fueron apareciendo en las páginas de *La Aurora de Chile,* el primer periódico chileno, impreso en una prensa recientemente importada y editado por el clérigo radical fray Camilo Henríquez. La ceremoniosa recepción a Joel R. Poinsett como cónsul de Estados Unidos y la creación de una bandera «nacional» distintiva (amarilla, azul y blanca), muestran lo lejos que se encontraban ahora los líderes criollos del lealismo de 1810. Sin embargo, Carrera no hizo mucho más que declarar la Independencia. Su breve *Constitución provisoria* (octubre de 1812) aún mostraba cierta lealtad formal a Fernando VII. Difícilmente podía ignorar la hostilidad generalizada que las nuevas ideas despertaban. Incluso entre los criollos, el sentimiento realista todavía era fuerte y el clan Larraín, con sus numerosos contactos y vinculaciones, se le oponía desde el interior mismo del campo patriota, una división en las filas revolucionarias que muy pronto tendría consecuencias trascendentales. Si bien los primeros gobiernos patriotas habían descubierto el fervor reformista, aún les quedaba por descubrir la importancia vital de la unidad.

LAS GUERRAS DE INDEPENDENCIA

Muy pronto, el incipiente Estado chileno se vio puesto a prueba. El virrey del Perú, José Fernando Abascal, el más acérrimo y tenaz defensor de la causa española en Sudamérica, no podía seguir tolerando la evidente subversión de Chile. A comienzos de 1813, envió una pequeña fuerza operante bajo el mando del general de Brigada Antonio Pareja a Chiloé y Valdivia, cuyas guarniciones seguían siendo fieles a España. En cuestión de semanas, Pareja había reclutado un ejército de 2.000 hombres y ganado el control de gran parte de la provincia de Concepción. Comenzaron así una serie de guerras en las que, en gran medida, peleaban chilenos contra chilenos; sólo después, las fuerzas regulares españolas entraron a jugar un papel real. Hasta entonces la estrategia del virrey se centraba en el sur –fiel al rey– como base de sus operaciones.

Al enterarse de la invasión de Pareja, Carrera dejó el gobierno en manos de una nueva Junta y se dirigió inmediatamente hacia el sur, a Talca, para reunir a las fuerzas patriotas. La campaña inicial dejó en evidencia la desorganización tanto de los patriotas como de los realistas. Ambos ejércitos estuvieron constantemente plagados de deserciones, algo que continuó sucediendo durante toda la guerra. El éxito de estos últimos en Yerbas Buenas (abril de 1813), la primera acción que superó una mera escaramuza, fue seguido por la intrascendente batalla de San Carlos. Mortalmente enfermo de neumonía, Pareja decidió concentrar sus fuerzas en Chillán y pasar allí el invierno. Los patriotas sitiaron la ciudad, pero no lograron vencer al enemigo. La guerra pronto se estancó.

Sin embargo, a pesar de todo, sí se trataba de una guerra y sus efectos en la revolución criolla eran predecibles. Ahora, a los criollos les resultaba más difícil permanecer neutrales: el choque entre patriotas y realistas quedó totalmente al descubierto. Sus familias a veces se encontraban divididas: mientras que Los Ochocientos de Larraín eran fervientes patriotas, la otra rama de la familia no lo era. La mayoría de los españoles, aunque no todos, eran leales al rey. El comienzo de la guerra ciertamente contribuyó a reforzar la posición de los líderes patriotas en Santiago. Asimismo, la labor de Henríquez y de otros editores (destacan entre ellos Bernardo de Vera y el guatemalteco de origen Antonio José de Irisarri) contribuyó considerablemente a la difusión de la ideología revolucionaria. Además, la creación de un nuevo Instituto Nacional (para la educación secundaria y superior) y de una nueva Biblioteca Nacional fue signo elocuente de que el impulso reformador no cedía.

Con el paso del tiempo, la nueva Junta (influida por los Larraín) empezó a criticar cada vez con mayor dureza los fracasos de Carrera en Chillán. En octubre de 1813, la Junta se trasladó a Talca y, poco después, nombró a Bernardo O'Higgins para suceder a Carrera como comandante en jefe. Antiguo aliado de Rojas, O'Higgins había peleado con valentía en la primera campaña, pero su ascenso, al cual Carrera se opuso brevemente, sólo aumentó las divisiones en las filas patriotas. El cambio de mando (1 de febrero de 1814) se produjo justo a tiempo. Una segunda fuerza operante realista, bajo las órdenes del general de Brigada Gabino Gainza, marchaba hacia el norte. El pánico golpeó a la Junta, que huyó de Talca. El ejército de Gainza avanzó rápidamente rumbo norte hacia el Maule, pero las enardecidas tropas de O'Higgins, victoriosas en las acciones de El Quilo y Membrillar, detuvieron su avance hacia Santiago. En estas circunstancias, un oficial naval inglés, el capitán James Hillyar, con el evidente apoyo del virrey del Perú, se ofreció para mediar entre ambos bandos. El acuerdo resultante, el Tratado de Lircay (3 de mayo de 1814), garantizaba cierto grado de autonomía chilena dentro del Imperio español, pero entre otras concesiones los patriotas aceptaron sacrificar la nueva bandera nacional.

Con gran parte del sur todavía bajo el control de los realistas, la última cosa que los patriotas necesitaban era la discrepancia. El enfrentamiento entre Carreras y Larraínes era más amargo que nunca. No obstante, Carrera, brevemente encarcelado por los realistas, logró escapar, volvió a Santiago y derrocó el gobierno (julio de 1814). O'Higgins repudió el nuevo régimen y se produjeron algunos encuentros esporádicos entre los dos ejércitos patriotas rivales. Mientras, llegó la noticia de que el virrey había rechazado el Tratado de Lircay y que una tercera expedición, bajo el mando del general Mariano Osorio, avanzaba hacia Santiago. La reconciliación con Carrera llegó demasiado tarde. O'Higgins decidió detenerse en Rancagua (80 kilómetros al sur de la capital) y ofrecer allí una desesperada resistencia. Fue una defensa feroz y heroica (1 y 2 de octubre de 1814), pero inútil: los refuerzos de Carrera no llegaron y O'Higgins tuvo que abrirse camino en retirada. Al ver desintegrados los ejércitos patriotas, el pánico se apoderó de la capital. O'Higgins, Carrera y unos 2.000 hombres huyeron por los altos pasos andinos para refugiarse en Argentina. Osorio entró triunfante en Santiago con el aplauso de la multitud y la gratitud de la mayoría de los criollos (entre ellos todos los que disponían de títulos y la mayoría de los que ostentaban mayorazgos) leales al rey.

Sin ser un hombre vengativo, Osorio se vio obligado a tomar severas medidas en Chile. El rey Fernando VII, ya restituido en su trono, estaba decidido a borrar todas las huellas que quedaban del liberalismo en España y en América. Alrededor de 1816, la causa patriota estaba en ruinas por doquier excepto en las provincias del río de la Plata. En Chile, la mayoría de las reformas patriotas de 1810-1814 habían sido eliminadas: el Instituto Nacional y la Biblioteca Nacional también habían desaparecido; la Audiencia fue restaurada. Tanto el propio Osorio como su sucesor, mucho más vengativo, Francisco Casimiro Marcó del Pont, lucharon tenazmente por erradicar el respaldo patriota. Unos 40 prominentes criollos fueron desterrados al archipiélago de Juan Fernández, donde vivieron miserablemente en cuevas; otros fueron encarcelados, desterrados de Santiago, obligados a pagar préstamos forzosos, despojados de sus propiedades. El asesinato brutal de unos cuantos prisioneros patriotas a manos de los soldados españoles del Regimiento Talavera fue un episodio particularmente lamentable de este infeliz periodo.

La represiva «reconquista» española de Chile transformó los corazones y las mentes de los criollos. Para la mayoría de ellos, la Independencia parecía ahora la única posibilidad práctica. El legendario Manuel Rodríguez, un joven abogado que había sido secretario de Carrera, organizó una escurridiza banda guerrillera, ejemplo imitado por otros, aunque Rodríguez es hasta hoy el arquetipo de guerrillero para los chilenos. Las principales esperanzas de los patriotas, sin embargo, estaban puestas al otro lado de los Andes, donde el gobernador de Cuyo, el general José de San Martín, planeaba desde hacía tiempo utilizar un Chile liberado como base para el asalto marítimo al Virreinato del Perú —clave para expulsar a España de Sudamérica—. La llegada a Mendoza de numerosos refugiados chilenos en 1814 dio a San

Martín algunos nuevos aliados valiosos: O'Higgins, en particular, se convirtió en su íntimo amigo. A comienzos de 1817, el Ejército de los Andes de San Martín (más de 4.000 hombres) estaba listo para emprender su misión liberadora. Si bien este ejército estaba compuesto mayoritariamente por argentinos, también contaba con un contingente de chilenos exiliados y O'Higgins estaba al mando de una de sus divisiones.

El cruce del ejército de San Martín por los desolados y gélidos pasos de los Andes fue una suprema hazaña de guerra que es evocada de continuo. Distraídos por la acción de la guerrilla, los realistas fueron sorprendidos. En la batalla de Chacabuco (12 de febrero de 1817), O'Higgins le dio la victoria a los patriotas y despejó el camino a Santiago, donde una asamblea de hombres ilustres ofreció el gobierno a San Martín. Sin embargo, este se encontraba decidido a atacar al Perú y declinó el ofrecimiento. La única alternativa era O'Higgins, quien, por ende, fue elegido director supremo del Estado de Chile. Desde sus comienzos, el nuevo régimen se sumergió en los esfuerzos por continuar la guerra. Nueve días después de Chacabuco, O'Higgins decretó la creación de una Academia militar y, a fin de año, el nuevo ejército de Chile (cerca de 4.800 hombres) era más numeroso que el Ejército de los Andes. Los realistas, mientras tanto, se habían fortificado inexpugnablemente en la península de Talcahuano y no podían ser expulsados. El sucesor de Abascal como virrey del Perú ordenó entonces al general Osorio que dirigiera otra expedición contra Chile. Su llegada a Talcahuano fue la señal para una nueva y poderosa ofensiva realista. En señal de desafío, y mientras replegaba a sus soldados una vez más hacia el norte, O'Higgins dio el tan aplazado paso de proclamar la Independencia de «el territorio continental de Chile y sus islas adyacentes» (febrero de 1818).

Durante unas pocas y tensas semanas, nada pudo parecer menos adecuado. En Cancha Rayada, cerca de Talca, los realistas cayeron de noche sobre los patriotas (el 19 de marzo de 1818); O'Higgins fue herido gravemente. En Santiago reinaba la confusión: algunos patriotas incluso huyeron por segunda vez cruzando las montañas hacia Mendoza. Sin embargo, San Martín logró reagrupar sus maltrechas tropas y, el 5 de abril de 1818, le infligió una derrota devastadora a Osorio en los llanos de Maipó, a las afueras de Santiago. Al final de la batalla tuvo lugar uno de esos incidentes que quedan grabados para la posteridad en la imaginación. Creyendo que aún no estaba decidido el asunto, O'Higgins, herido, cabalgó hasta el escenario con refuerzos. «¡Gloria al salvador de Chile!» exclamó abrazando a San Martín. Sobrecogido por la emoción, el gran argentino replicó: «¡Chile no olvidará nunca el nombre del ilustre inválido que hoy se presentó en el campo de batalla!». Este fue el «abrazo de Maipó», jamás olvidado por los chilenos.

Maipó fue un golpe devastador para el Imperio español. No obstante, la resistencia realista continuó en el sur, donde la causa fue asumida por un excepcional jefe guerrillero, el cruel y licencioso Vicente Benavides. Sus bandas depredadoras andaban por doquier, con lo cual se organizó una pequeña guerra de ataques sorpresa, emboscadas, saqueos y quema de haciendas, junto con frecuentes atrocidades. Todo esto devastó aún más la provincia de Concepción, que ya había sido víctima de la táctica de tierra quemada por parte tanto del ejército patriota como del realista. Finalmente, Benavides fue capturado mientras intentaba escapar a Perú. Fue ahorcado, descolgado y despedazado (febrero de 1822). La «guerra a muerte», como se la había llamado, cedió lentamente, pero no sin dejar como secuela un difundido pillaje. Las revueltas continuaron largo tiempo en el sur.

Después de Maipó, O'Higgins y San Martín volcaron sus esfuerzos en la prometida liberación del Perú. Se organizó una pequeña escuadra naval chilena: su primer comandante, Manuel Blanco Escalada, cedió su puesto a finales de 1818 a una figura no menos importante, lord Thomas Cochrane, uno de los más famosos y audaces capitanes navales británicos de la época quien, alejado de su querida Armada Real por un gobierno reaccionario, había sido reclutado por el nuevo agente chileno en Londres. Cochrane rápidamente trabó una cordial amistad con O'Higgins y una aversión igualmente cordial hacia San Martín. En 1819, estuvo al frente de la escuadra en dos incursiones que le dieron a Chile control sobre el mar; y su sorprendente captura de la ciudad de Valdivia, entonces en manos de los realistas (enero de 1820), llenó de alegría los corazones patriotas. Ahora sólo la isla de Chiloé permanecía bajo dominio español.

Supuestamente, la emancipación del Perú debía ser una empresa mancomunada entre Chile y Argentina: en enero de 1819 los dos estados firmaron una solemne alianza. Sin embargo, con la sombra de la guerra civil al acecho en las provincias del río de la Plata, recayó sobre Chile organizar y financiar (y en gran medida reunir las tropas de) la *expedición libertadora*. Los remanentes del Ejército de los Andes se fusionaron con el nuevo ejército chileno. La expedición zarpó de Valparaíso en agosto de 1820; contaba con unos 4.500 soldados, 16 barcos de transporte de tropas y 7 buques de guerra. Al verlos dejar la bahía, O'Higgins quizá presintió que este era su mejor momento; ciertamente nadie podía negarle a su gobierno todo el crédito que necesitaba. Como era inevitable, observó el resto de la guerra desde lejos. En julio de 1821 San Martín entró en Lima, declaró la independencia de Perú y fue aclamado como Protector del nuevo Estado. Pero con los realistas controlando todavía gran parte del interior peruano, su triunfo no fue completo. En julio de 1822 navegó hacia el norte, hasta Guayaquil, para encontrarse con Simón Bolívar, cuyas brillantes campañas habían liberado recientemente Venezuela y Nueva Granada del dominio español. Tras esa famosa entrevista, San Martín, en un gesto que ha sido interpretado de diferentes maneras, eligió retirarse a la vida privada, dejando que Bolívar y su ejército colombiano terminasen de liberar Perú. Chile no jugó un papel realmente significativo en las campañas posteriores, en las que Simón Bolívar y su ejército colombiano liberaron Perú y Bolivia (el antiguo Alto Perú) –aunque algunos soldados chilenos pelearon en Ayacucho (diciembre de 1824)–, la gran batalla final.

La heroica infancia de la nación chilena había llegado a su fin. Sin embargo, el mundo exterior demoró todavía varios años reconocer el nuevo Estado de Chile. Los primeros países que lo reconocieron diplomáticamente fueron potencias menores, como Portugal (agosto de 1821) y Estados Unidos (marzo de 1822). En términos prácticos, la actitud de Gran Bretaña y Francia tuvo mayor importancia. Ni Antonio José de Irisarri ni Mariano Egaña, enviados chilenos a Europa (1819-1824 y 1824-1826, respectivamente) lograron nada en este sentido. En 1824, los británicos enviaron cónsules a los nuevos Estados americanos españoles y, en 1825, reconocieron a México, Colombia y Argentina, pero no a Chile. En las cancillerías europeas, las dudas sobre la estabilidad política del país habrían de persistir aún durante algunos años. Francia otorgó su reconocimiento en septiembre de 1830; Gran Bretaña lo hizo efectivo en julio de 1831, aunque el cónsul británico en Santiago sólo ocupó el cargo de encargado de Negocios durante otros diez años. España nunca pudo hacerse a la idea de haber perdido su antigua colonia hasta la firma de un tratado en abril de 1844. A estas alturas, gran parte del resto de Europa reconoció la existencia de la nueva nación-Estado chilena tanto en la teoría como en la práctica.

EL LEGADO DE LA REVOLUCIÓN

En asuntos de creencias políticas, y quizás aún más de esperanza política, la Independencia marcó la cesura más profunda en la historia chilena. Es posible que el carácter nacional chileno se haya formado durante el periodo colonial; sin embargo, la nación moderna como tal data precisamente de la revolución criolla. Los hábitos de los chilenos en términos de *conducta* política se verían influidos en las generaciones futuras por las actitudes y prácticas heredadas del pasado colonial; no obstante, el marco de las *ideas* políticas ahora se había transformado radicalmente. La tradicional lealtad criolla a la monarquía absoluta desapareció, junto con el principio de la subordinación colonial. Con la derrota de España, el realismo dejó de ser una opción política válida. Tampoco lo era la forma local de monarquía constitucional que muchos defendían como un posible marco de gobierno. En la América española había quienes pensaban que este podía ser el remedio para los problemas de los nuevos Estados. El más eminente de los monárquicos, San Martín, incluso envió una misión a Europa en un vano intento de encontrar un príncipe apropiado para gobernar Perú. O'Higgins, hábilmente, sacó a Chile de esos proyectos, que de todos modos quedaron en nada. Chile sería así una república (como todas las antiguas colonias españolas; el intento de Agustín de Iturbide de establecer un «imperio» en México duró poco), aunque la palabra «república» no se incluyó en una Constitución chilena hasta 1823.

El nuevo panorama político criollo estaba formado por las doctrinas habituales del liberalismo, derivadas de la Ilustración y de la Revolución norteamericana, y por la poderosa fusión del liberalismo y del nacionalismo que constituyó el regalo de doble filo que la Revolución francesa dio al mundo. Dichas ideas fueron sin duda mal entendidas por la inmensa mayoría, pero este nuevo marco de discurso transformó las actitudes de políticos y escritores. Todos los chilenos involucrados en la vida pública proclamaban ahora su creencia en los derechos del hombre («derechos naturales e imprescriptibles: igualdad, libertad, seguridad y propiedad», como rezaba la Constitución de 1822), en un gobierno representativo, en la división de los poderes del Estado, en la igualdad ante la ley y en la virtud republicana. Por ende, la principal preocupación de los políticos chilenos durante el resto del siglo –y aún después– sería cuán lejos y cuán rápido debían ser llevados a la práctica todos estos principios.

El nacionalismo también fue un elemento clave en este nuevo panorama. Es cierto que, durante las guerras de Independencia, los planes de una unión o confederación hispanoamericana fueron discutidos ocasionalmente. O'Higgins expresó una vez la esperanza en que Chile, Perú y Argentina pudieran formar algún día una «gran confederación similar a la de los Estados Unidos»[1]. Tal acuerdo nunca fue ni remotamente probable. Los chilenos adoptaron a toda prisa los símbolos externos de una nacionalidad propia. La bandera nacional, en su forma revisada (roja, blanca y azul), que conocemos hoy, ondeó por primera vez en las ceremonias de la Independencia de 1818. Las palabras fueron escritas en 1819 y la música un año más tarde, aunque la letra fue luego sustituida: tras la reconciliación diplomática de Chile y España en 1844, los enérgicos sentimientos antiespañoles del primer texto resultaban embarazosos. El nuevo escudo nacional pasó por varias versiones antes de asumir su forma final en 1834, con el conocido cóndor, el huemul[2] y el lema nacional, añadido en 1910: «Por la razón o la fuerza». Lo mismo estaba ocurriendo en toda la América española; el sueño de unión, aunque frecuentemente invocado, no dejaba de ser un sueño.

Los sueños fueron importantes en este periodo revolucionario. Un nuevo estilo de apasionadas actitudes públicas entró en juego. Toda la herencia española era condenada ahora vehementemente como reaccionaria y oscurantista por los editores criollos: a los españoles se les llamaba constantemente «sarracenos» o «godos», apodos recordados por mucho tiempo e incluso a veces revividos. Gran Bretaña, Francia y los Estados Unidos se convirtieron en el modelo para medir el progreso chileno; el concepto mismo de progreso fue un componente importante en la mística revolucionaria. *Pero, ¿cuál era la mejor*

---

[1] S. Collier, *Ideas and Politics of Chilean Independence 1808-1833*, Cambridge, Cambridge University Press, 1967, p. 218.

[2] *Huemul*: tipo de venado que se encuentra en Chile y otros países andinos de Sudamérica.

forma de garantizar el progreso? En general, los nuevos políticos de la década de 1820 creían que la legislación era eficaz en sí misma: buenas leyes –y, en particular, una buena constitución–, obrarían maravillas de forma automática. La nueva ola de fervor patriótico estaba marcada por una clara señal de utópico optimismo: el futuro nacional, se pensaba, tenía asegurado un destino luminoso. Ciertos elementos del pasado, también, eran gloriosos –como la historia de los araucanos y su larga lucha contra el imperialismo español–. «¿Qué son los semidioses de la Antigüedad al lado de nuestros araucanos?»[3]. Era una lástima que la Frontera aún se mantuviera inamovible en su lugar y que los mapuches, invocando los tratados en los parlamentos coloniales, hubieran tendido a apoyar a los realistas durante la guerra.

La distancia entre los hechos y la fantasía no se limitaba a la manera en que los criollos idealizaban ahora a los araucanos. Dada la estructura social chilena, con su pequeña y cohesionada clase alta y su enorme masa de pobres analfabetos en los campos, necesariamente iba a ser difícil introducir la utopía liberal de la noche a la mañana. (Francia o Inglaterra, e incluso Estados Unidos, no eran tan liberales y democráticos como a algunos ideólogos chilenos les gustaba pensar.) Las leyes electorales del periodo muestran este hecho: el derecho a voto sólo favorecía a un segmento muy estrecho de la población. Por tanto, los beneficios políticos de la Independencia quedaron restringidos en gran medida a la clase alta. En este sentido, la revolución fue una revolución conservadora que no iba acompañada de drásticos cambios en la sociedad.

Resulta muy difícil decir de qué manera esto podría haber sido diferente. La estabilidad del campo y la falta de castas étnicas claramente definidas dejaron poco espacio al tipo de tensiones y revueltas que se produjeron, por ejemplo, en México –una sociedad más rica y compleja– tras 1810. La abolición final de la esclavitud (julio de 1823) fue un gesto noble de José Miguel Infante y marcó su mejor momento, aunque sólo había unos 4.000 esclavos (Chile no era Perú y menos todavía Brasil). Los esfuerzos para finalizar con la condición diferenciada de los amerindios (por medio de varias leyes) tampoco tuvieron resultados prácticos. Había muy pocas comunidades indígenas al nor-

---

[3] *La Clave* 22, 11 de octubre de 1827. Si no se indica lo contrario, los periódicos y revistas citadas en notas han sido (o son) publicadas en Santiago.

te de la Frontera que los rapaces terratenientes pudieran desposeer. A este respecto, Chile fue muy diferente del Ecuador, del Perú o de Bolivia. Tratando de conseguir la igualdad ante la ley, O'Higgins abolió los signos externos y visibles de la aristocracia: el despliegue público de escudos de armas y de títulos de nobleza (marzo y septiembre de 1817). Sin embargo, su intento de eliminar los mayorazgos (junio de 1818) se vio frustrado. Treinta años más tarde, estos fueron abolidos sin controversia ni mayores comentarios.

Las guerras de Independencia permitieron a algunos individuos, gracias a sus proezas militares, ascender en la escala social. Los esnobs criollos de Santiago pueden haber despreciado «al huacho Riquelme», pero si Bernardo O'Higgins hubiera dejado familia, esta hubiera sido socialmente muy respetada. De forma similar, las revoluciones suelen dar cabida a aventureros que en tiempos más tranquilos permanecen en la oscuridad. Algunos de los liberales de la década de 1820 pueden verse bajo esta luz, prestando una contribución menor al radicalismo social. Sin embargo, la «aristocracia castellano-vasca» de finales de la colonia se instaló firmemente como la clase gobernante de la nueva República; su posición se había visto fortalecida por la revolución.

Por ende, y a pesar de los cambios ideológicos, los principales hitos sociales de los tiempos de la colonia seguían siendo tan conspicuos como siempre. También la Iglesia había conservado su influencia tradicional: su naturaleza oficial figuraba por escrito en las constituciones del periodo. En realidad, la lealtad flagrantemente realista de la jerarquía y del clero (con excepciones tales como Camilo Henríquez) hizo que las relaciones entre la Iglesia y el Estado se vieran algo entorpecidas tras la Independencia. El obispo de Santiago, Rodríguez Zorrilla, fue destituido dos veces: por O'Higgins en 1817 y de nuevo en 1824. Por su parte, la Iglesia no aceptó que el nuevo Estado chileno heredara el *Patronato,* el antiguo poder supervisor imperial. Una misión papal a Chile (1824), encabezada por fray Giovanni Muzi, trató de negociar esta cuestión sin éxito: el futuro del Patronato quedó en suspenso. El secretario de esta misión, fray Giovanni Mastai-Ferretti se convertiría después en el papa Pío IX y no olvidó jamás los paisajes y sonidos de Chile, como contarían luego muchos visitantes chilenos de Roma. En la década de 1820, asimismo, el gobierno interfirió en las órdenes religiosas y confiscó sus escasas propiedades. Dejando de lado estos episodios, el poder implícito de la Iglesia se conservó prácticamente intacto tras la revolución, algo que los visitantes de confesión protestante de Chile advirtieron con desaprobación.

El hecho de que llegaran visitantes protestantes al país simboliza uno de los cambios de mayor alcance producidos por la Independencia: el fin de las restricciones comerciales coloniales. En enero de 1811, se abrieron cuatro puertos para el comercio extranjero. A finales de la década de 1820, más de 200 barcos anclaban anualmente en Valparaíso (más de cuatro veces la cantidad vista en 1810). Navíos británicos, franceses, norteamericanos y otros extranjeros reemplazaron rápidamente a sus competidores españoles y peruanos; también aumentaron los navíos chilenos, comprados a los extranjeros o construidos en los modestos astilleros de Nueva Bilbao (rebautizada Constitución en 1828) o Talcahuano. Con la abrupta caída del comercio transandino anteriormente significativo, el mar pasó a ser más que nunca la carretera de Chile hacia el mundo exterior, y ahora esa carretera llevaba a todas direcciones. Como resultado, los países marítimos del Atlántico Norte, encabezados por Gran Bretaña, cobraron una importancia en el comercio chileno que nunca más decaería.

El volumen del comercio exterior de Chile prácticamente se duplicó entre 1810 y mediados de la década de 1830. Este aumento del potencial comercial tenía diversas implicaciones para los diferentes sectores de la economía chilena. La agricultura se había visto gravemente afectada por las guerras. La provincia de Concepción, en particular, no logró recuperarse de verdad hasta después de la década de 1830: había sufrido el espantoso terremoto que tanto impresionó a Charles Darwin, así como una serie de epidemias de viruela un poco después. (En 1840 un ministro del Interior señaló públicamente el lento ritmo de la recuperación en el sur.) Las guerras de Independencia alteraron la tradicional exportación de grano al Perú, y los mercados alternativos (Argentina, Brasil, Uruguay) no constituían un sustituto real. La creciente demanda de provisiones para los barcos anclados en Valparaíso y otros puertos, junto con un alza general en el precio de los productos del campo, hicieron aumentar el volumen de las exportaciones agrícolas en la década de 1830, pero sólo modestamente.

Las minas del norte se vieron menos afectadas por la guerra. De hecho, florecieron en este nuevo clima comercial. Ayudada por los nuevos hallazgos en Agua Amarga, cerca de Vallenar (1811), y Arqueros, cerca de Coquimbo (1825), la producción de plata probablemente se duplicó entre 1810 y 1830. Persistía el contrabando (para evadir las restricciones oficiales sobre la exportación de moneda) y es difícil estimar una cifra exacta: quizá 100 toneladas métricas por año a finales de la década de 1820. El cobre, cuya demanda internacional aumentaba progresivamente, también se explotaba en una escala mucho mayor que antes y, durante algunos años, gran parte de la producción fue enviada a la India británica y a China. En Londres se formaron tres compañías para explotar esta evidente bonanza minera. Sin embargo, sus ingenieros y máquinas no se adaptaron bien a las condiciones del Norte Chico, donde los métodos mineros chilenos tradicionales resultaron mucho más eficaces. Sólo sobrevivió una de las tres compañías, que consiguió recuperar su fortuna en años posteriores.

El cónsul británico recién llegado, que se presentó en 1825, describió el comercio de Chile en términos generales como «estable y provechoso»[4]. Una primera racha de importaciones alcanzó su máximo esplendor en 1820-1821, pero el limitado mercado chileno se saturó al cabo de poco tiempo. A mediados de la década de 1820, las importaciones llegaron casi al doble de las de 1810 y, en la década de 1830, volvieron a aumentar. La comunidad comercial, concentrada en un Valparaíso de veloz crecimiento (sede de las principales oficinas de aduanas desde 1820), se volvió marcadamente cosmopolita: la abrupta partida de los comerciantes españoles brindó nuevas oportunidades tanto a los extranjeros como a los propios chilenos. Estos últimos comenzaron muy pronto a destacarse. Entre ellos cabe mencionar a Felipe Santiago del Solar, protegido de O'Higgins, que ganó el contrato para aprovisionar la expedición peruana, o a Diego Antonio Barros, padre del gran historiador de Chile, y también al bien establecido Agustín de Eyzaguirre, que en 1819 creó la primera verdadera compañía naviera chilena para despachar embarques de cobre a Calcuta. Los nuevos comerciantes extranjeros tenían menos influencias políticas y familiares, pero sus contactos con el mundo comercial del Atlántico Norte eran mejores y eso les dio cierta ventaja sobre los competidores locales. Dichos extranjeros habían llegado, bien como comerciantes particulares, bien como representantes de casas comerciales de ultra-

---

[4] C. R. Nugent to George Canning, 17 marzo de 1825. R. A. Humphreys (ed.), *British Consular Reports on the trade and Politics of Latin America 1824-1826,* Camden 3.ª serie, vol. LXIII, Londres, Royal Historical Society, 1940, p. 933.

mar. Un ejemplo clásico en este sentido fue el de Anthony Gibbs & Sons, firma inglesa que abrió una sucursal en Valparaíso en 1822. Los extranjeros no siempre se salían con la suya: estaban a mucha distancia de casa, era fácil que se equivocasen al juzgar el mercado y vendían su mercancía en base a un arriesgado depósito. Quienes presentaron batalla lograron granjearse el respeto local. John James Barnard, primer presidente de la asociación de comerciantes ingleses de Valparaíso (1819), fue consultado por el gobierno en asuntos comerciales. Joshua Waddington, llegado a Chile en 1818, pronto se convirtió en un hombre importante, director de una de las mayores casas comerciales y propietario de las mejores tierras del valle del Aconcagua. Su hijo Guillermo fue el primer ministro chileno con apellido inglés (1852).

En ocasiones, los comerciantes chilenos veían esta influencia extranjera con alarma, e incluso se quejaban a veces a través del ya no muy influyente Consulado. Otros criollos adoptaron la estrategia de asociarse con los recién llegados, como en el caso de la compañía de larga trayectoria de Juan Antonio Sata María y George Lyon. En ocasiones, por supuesto, los mismos extranjeros se asentaron de forma permanente en Chile y fundaron dinastías chilenas. El caso más célebre fue el de uno de los primeros en llegar, George Edwards, quien se instaló en el Norte Chico en 1807. Sus propias empresas de negocios no fueron nunca muy prósperas, pero uno de sus nietos llegó a ser el hombre más rico de Chile.

Dada la hegemonía global de Gran Bretaña, la presencia británica en la joven nación chilena no resulta sorprendente. Durante los siguientes 90 años, los buques de guerra de la Escuadra Sudamericana de la Armada Real solían permanecer estacionados en Valparaíso. Sus comandantes mantenían en general buenas relaciones con las autoridades chilenas. Sin embargo, las nuevas influencias en juego en la vida chilena (especialmente de la clase alta) no fueron exclusivamente británicas ni exclusivamente comerciales. Francia comenzaba a ejercer su dominio cultural, especialmente a través de material de lectura importado. Algunos de los nuevos edificios de Valparaíso (cuya población llegó a unas 20.000 personas en 1830) reflejaron estilos arquitectónicos extranjeros. Las mujeres de la clase alta adoptaron algunas modas europeas; mientras que, tanto entre los hombres como entre las mujeres, el té comenzó a reemplazar al tradicional mate como bebida popular. Los extranjeros también jugaron un papel importante en las limitadas mejoras educacionales y culturales de la época; algunos de ellos se unieron en 1828 para crear una Sociedad Filarmónica en Santiago, precursora de otras notables sociedades de este tipo. Una deliciosa importación de la década de 1820, que no debía nada a los europeos, fue un baile conocido al principio como zamacueca y más tarde simplemente como cueca. Procedía de Perú: por la razón que sea, a los chilenos les llegó al corazón y finalmente lo convirtieron en su baile nacional.

Puesto que los ingresos aduaneros eran cada vez más importantes, los gobiernos patriotas se fueron interesando progresivamente en desarrollar el comercio. El decreto de 1811 impuso el equivalente a un arancel aduanero del 30 por 100 *ad valorem* sobre la mayoría de los artículos importados. O'Higgins elevó considerablemente esta tasa en 1817, 1818 y 1822, pero la tendencia general de los aranceles aduaneros durante el periodo en términos globales fue a la baja, si bien los gobiernos también trataron de proteger la actividad económica interna. De todas maneras, el neomercantilismo colonial proporcionaba un marco inevitable para las ideas económicas. Aunque se prohibió a los extranjeros entrar en el comercio detallista, esto no quedó más que en papel mojado tanto en Valparaíso como, en un grado menor, en Santiago. Asimismo fueron excluidos del *cabotaje,* aunque esto tampoco fue llevado realmente a la práctica. El impulso proteccionista, aunque fuerte, tenía que llegar a un equilibrio con las necesidades del Estado de captar ingresos en una época de desajustes administrativos.

El dilema fue resuelto por las mismas guerras. Aquí, los logros de O'Higgins fueron poco menos que heroicos. A través de una serie de planes de emergencia (incluida la incautación de los activos realistas y el equivalente a créditos forzosos), elevó los ingresos públicos a volúmenes que no volverían a alcanzar en los siguientes 15 años (2,3 millones de pesos en 1818 y lo mismo en 1822). Incluso logró mantener la deuda pública dentro de unos límites razonables. En 1822, a través del agente chileno Antonio José de Irisarri, O'Higgins contrajo también un préstamo de un millón de libras esterlinas en Londres. De forma inmediata, parte de este dinero (sólo 675.000 libras en capital efectivo) fue prestado a su vez al recientemente independizado Perú, un gesto de solidaridad que no significó más que inconvenientes para Chile, en un momento en que ya tenía suficientes problemas a raíz del préstamo londinense. Con la caída de los ingresos aduaneros, producto de una disminución en el comercio, al gobierno le fue imposible cancelar la deuda. A cambio de un contrato, transfirió el Estanco (el lucrativo monopolio estatal del tabaco) a una casa comercial de Valparaíso dirigida por Diego Portales y José Manuel Cea con el compromiso contractual de que se hiciera cargo del pago. No obstante, esto no surtió efecto: Portales y Cea debieron emplear violentos métodos para hacer cumplir el monopolio, con lo cual se granjearon la hostilidad de un amplio sector; y tampoco fueron capaces de realizar los pagos correspondientes. En septiembre de 1826, el contrato fue rescindido abruptamente. El asunto del Estanco se convirtió en una de las cuestiones más estruendosas de la década. El agraviado Portales se volvió a la política. Tenía mucho en que pensar.

EN BUSCA DEL ORDEN POLÍTICO, 1817-1830

En la década de 1820, las esperanzas despertadas por la Independencia se vieron brutalmente frustradas por episodios de confusión y derramamiento de sangre en toda la América española. La experiencia de Chile en ese periodo fue bastante suave. El primer gobierno nuevo, la Dictadura Suprema de Bernardo O'Higgins, duró seis años. «Si alguna vez existió un buen patriota y un hombre honesto, ese fue O'Higgins»[5], escribió un inglés poco letrado pero elocuente que servía en la nueva Armada chilena. No obstante, otros no compartían esta opinión y verían en él más bien a alguien con falta de agallas. A la vista de las rencillas patriotas de 1810-1814, O'Higgins consideró que Chile requería un periodo de régimen firme –autoritario, pero no arbitrario–. (El Senado, designado por la breve Constitución provisional de 1818, fue capaz de cuestionar las acciones del director supremo.) En este sentido, O'Higgins fue un dictador reticente. Asimismo, parece haberse interesado genuinamente en mejorar la fortuna de sus iguales y también de los pobres. «Si no van a ser felices por sus propios esfuerzos», profirió una vez, «lo serán por la fuerza. ¡Por Dios!, serán felices»[6]. Obviamente, casi por rutina, O'Higgins restableció el Instituto Nacional y la Biblio-

---

[5] J. Miers, *Travels in Chile and La Plata*, 2 vols., Londres, Baldwin, Craddock and Joy, 1826, vol. II, pp. 36-37.

[6] John Spry a John Thomas, 13 de enero de 1824. Archivo Nacional, Santiago: *Archivo Vicuña Mackenna*, vol. 88, ff. 80-81 (documentos de O'Higgins).

teca Nacional. Al igual que su padre, el virrey, O'Higgins tenía un fuerte carácter práctico. Él mismo trazó los planos (en 1818) de una nueva avenida principal flanqueada por álamos en Santiago y, durante su régimen, se terminó de construir el Canal del Maipó (San Carlos), un antiguo proyecto colonial de irrigación para las zonas oriente y sur de Santiago. Sus aguas todavía desembocan en el Mapocho.

Mientras continuó la guerra, la clase alta aceptó y aplaudió el régimen autoritario de O'Higgins. Después de 1820, sin embargo, se volvió más inquieta. El conjunto de medidas antiaristocráticas de O'Higgins resultaron sin duda irritantes. La naturaleza personal del régimen impidió una mayor participación de la clase alta en el gobierno. La elite de Santiago nunca llegó a considerar que este terrateniente de la Frontera fuera realmente uno de los suyos. Algunas de las medidas de O'Higgins con respecto a la Iglesia (el permiso otorgado para un cementerio extranjero protestante, la prohibición de dar sepultura en las iglesias, la interferencia con la disciplina eclesiástica) provocaron una predecible intranquilidad. También hubo otras quejas específicas. En los primeros años del régimen, se sospechaba de los vínculos que O'Higgins sostenía con Argentina; sin duda, era miembro de la oscura «Logia Lautaro», sociedad secreta semimasónica fundada por San Martín. También se le culpó del violento fin que sufrieron algunos de sus principales adversarios. Los hermanos Carrera, Juan José y Luis, camino a Chile para fomentar la rebelión, fueron asesinados a tiros en Mendoza, en abril de 1818. De hecho, O'Higgins pidió clemencia, pero demasiado tarde. El antiguo jefe guerrillero Manuel Rodríguez —de espíritu turbulento y que en una ocasión, según se cuenta, le dijo a O'Higgins: «Si yo fuese un dirigente y no pudiera encontrar a nadie para iniciar una revuelta en mi contra, la desataría yo mismo»— fue asesinado seis semanas más tarde, tras haber dirigido una rencilla de más. El archienemigo de O'Higgins, José Miguel Carrera, sobrevivió todavía un tiempo. Nunca volvió a Chile y se sumergió con feroz abandono en la guerra provincial que entonces ardía en Argentina. También él, a la postre, fue capturado y asesinado, como sus hermanos en Mendoza (en septiembre de 1821).

Tras cinco años en el poder, O'Higgins decidió introducir una Constitución de gran envergadura. Redactada principalmente por un ministro suyo muy impopular, José Antonio Rodríguez Aldea, esta incluía —sin ningún tacto— cláusulas que permitían a O'Higgins permanecer en su cargo por otros diez años. Para la clase alta, esto era inaceptable. Un grave terremoto en Valparaíso (noviembre de 1822), brindó al clero la oportunidad de denunciar las herejías foráneas que, evidentemente, eran la causa de la catástrofe y que habían sido favorecidas de manera flagrante por el director supremo. No obstante, el golpe final al régimen se lo dio el general Ramón Freire, intendente de Concepción. Él había tenido que soportar el peso de la perniciosa «guerra a muerte» y su provincia seguía postrada tras nueve años de guerra y de pillaje. El pronunciamiento de Freire contra «el monstruoso feto» de la nueva Constitución (noviembre de 1822), fue la señal para que una provincia de más al norte, Coquimbo, hiciera lo mismo. (Lord Cochrane, entonces a punto de dejar Chile, rechazó ser involucrado en el conflicto.) La inevitable conspiración pronto prendió en Santiago. El 28 de enero de 1823, en una de las escenas más clásicas de la historia chilena, O'Higgins aceptó renunciar. Seis meses después, un buque de guerra británico lo llevó al exilio en Perú. Nunca volvió a Chile. En 1824 acompañó a Simón Bolívar durante la campaña final por la independencia peruana, pero no recibió una orden. Pasó gran parte de los años que le quedaban en Montalván (una propiedad en el valle de Cañete que le fue concedida por Perú), para morir en Lima en octubre de 1842. Sus restos no fueron traídos de vuelta a Santiago hasta 1869, donde descansaron largo tiempo en un sarcófago de mármol bajo los altos árboles del cementerio general que él mismo había fundado. (En 1979 se trasladó la tumba a un mausoleo nuevo y bastante feo en la plaza principal.) Para los chilenos, sigue y seguirá siendo el *Libertador,* el padre de la patria, el supremo héroe nacional.

El sucesor de O'Higgins como director supremo fue, inevitablemente, el victorioso Freire. «Su semblante», escribió un clérigo inglés que lo conoció al poco tiempo, «demuestra gran bondad y benevolencia»[7]. Es cierto, Freire era un soldado tolerante, de espíritu liberal y deseoso de agradar a los pendencieros políticos que lo rodeaban, cuyas disputas se veían aumentadas por el auge de una floreciente tradición que incentivaba el periodismo polémico: entre 1823 y 1830 se imprimieron más de cien periódicos (muchos de ellos, muy efímeros). El nuevo

---

[7] [H. Salvin], *Journal written on board of His Majesty's Ship Cambridge from January 1824 to May 1827,* Newcastle, E. Walker, 1829, p. 130.

clima también permitió el libre juego del sectarismo en la pequeña clase política. Por el momento, los autodenominados *liberales* estaban en el centro; sus opositores conservadores tendían a permanecer (con ciertas excepciones) en los extremos.

Durante unos cuantos años, Chile pasó tranquilamente de un experimento político a otro. El primero y más improbable de estos fue la Constitución de 1823. Su autor, Juan Egaña, fue uno de los dos o tres intelectuales criollos más cultivados de la época. Probablemente había leído (y escrito) mucho más. Su conservadurismo moralista (basado en una admiración extrema por las antiguas Grecia y Roma, los incas y la China imperial) representa una nota algo discordante en una época de un creciente liberalismo. La Constitución era demasiado compleja para aplicarse en Chile (o en cualquier otra parte), pero ni el Congreso que la revocó (diciembre de 1824) ni su sucesora del año siguiente (boicoteada por Concepción y Coquimbo) contribuyeron con algo original en la búsqueda de nuevas instituciones. En octubre de 1825, Freire disolvió por la fuerza lo que quedaba del Congreso y partió a liberar la isla de Chiloé, de la que había sido expulsado el año anterior por un hábil jefe realista, el coronel Antonio de Quintanilla. Los patriotas tuvieron éxito esta vez: en enero de 1826 Quintanilla se rindió y las últimas fuerzas españolas en suelo chileno finalmente también lo hicieron.

Cuando Freire volvió victorioso, los políticos liberales habían abrazado una nueva moda. El hombre del momento era José Miguel Infante, obsesionado ahora con la idea del federalismo. Bajo su influencia, el Congreso Constituyente de 1826 creó en las provincias[8] asambleas elegidas y debatió el borrador de una constitución federal. El momento no era precisamente el más ideal para tales cambios radicales. Intermitentes desórdenes locales y una creciente falta de disciplina en el ejército se habían combinado para entonces, creando una atmósfera de incertidumbre. La hostilidad del Congreso hacia el poder ejecutivo (considerada un deber sagrado por los liberales) se encontraba en su punto álgido. Ninguno de los dos sucesores de Freire como presidente (el título de director supremo ya no se usaba) pudo

---

[8] Además de Santiago y Concepción (las intendencias coloniales) y Coquimbo (primera provincia «nueva», 1811), el gobierno creó cinco provincias adicionales en enero de 1826: Aconcagua, Colchagua, Maule, Valdivia y Chiloé. Después se establecieron alrededor de una docena más, como resultado de la expansión y de la subdivisión territorial.

soportar la presión. En enero de 1827 el coronel Enrique Campino, cabecilla del más escandaloso motín de ese agitado periodo, entró a caballo en el Congreso con el objetivo de meter miedo a los diputados, muchos de los cuales se asustaron debidamente. El general Freire retornó al poder para restablecer una semblanza de orden.

Para entonces, ya estaba claro (para los políticos al menos) que se necesitaba otro Congreso Constituyente –el cuarto en cinco años–. Con la ayuda de un distinguido liberal español, José Joaquín de Mora, vio la luz una nueva Constitución (agosto de 1828), un elegante documento admirado durante mucho tiempo después por los liberales chilenos. Esta mantenía las asambleas provinciales inspiradas en el federalismo, pocas de las cuales realmente estaban en funcionamiento. El general Francisco Antonio Pinto, el nuevo presidente, era un hombre generoso y filosófico, deseoso de consolidar un régimen liberal estable. Junto con un prominente conservador, Francisco Ruiz Tagle, como ministro de Hacienda, y con el apoyo del general Joaquín Prieto, comandante de la decisiva guarnición de Concepción, sus posibilidades parecían excelentes. Desgraciadamente para Pinto, los mismos liberales (los *pipiolos,* como se les apodó) seguían siendo presa del sectarismo, mientras que el fiasco federalista había endurecido la oposición conservadora.

De hecho, la amargura partidista mostró signos de estar perdiendo el control –tal como iba a ocurrir en diversas ocasiones futuras en la historia de la República–. La retórica antiaristocrática y anticlerical de algunos pipiolos ofendió a los conservadores de espíritu tradicional (*pelucones,* como los llamaban los liberales). Los seguidores del exiliado O'Higgins (el general Prieto incluido) soñaban con el restablecimiento de un régimen autoritario y sin duda estaban molestos por la solemne repatriación de los restos de los hermanos Carrera (junio de 1828). La oposición más feroz, sin embargo, provenía de un tercer grupo, los llamados *estanqueros,* políticos asociados con el desafortunado contrato del Estanco y dirigidos por Diego Portales. Su estridente y simple demanda era un gobierno más fuerte y el fin del desorden. Los pelucones, los o'higginistas y los estanqueros, por igual, estaban deseosos por arrancar la delicada flor del liberalismo. El sector más numeroso y respetable de la clase alta se decantaba claramente por un enfoque menos arriesgado en asuntos de gobierno.

El presidente Pinto no tenía las agallas suficientes para la lucha que sabía se avecinaba y renunció a su cargo. El pretexto para el inevitable enfrentamiento final surgió en septiembre de 1829 con una irregularidad en la elección del vicepresidente en un Congreso dominado por los liberales. En Concepción, el general Prieto ordenó a su ejército marchar al norte. En Santiago, el régimen liberal se desintegró gradualmente en medio de la confusión. A mediados de diciembre, el ejército liberal (constitucional) se enfrentó en una batalla poco decisiva a las tropas de Prieto en Ochagavía, a unos pocos kilómetros de Santiago. Esto dio como resultado una tregua y al general Freire se le propuso tomar el mando de ambos ejércitos. El trato tuvo corta duración. En enero de 1830, resentido por el creciente control del gobierno ejercido por los conservadores, Freire rompió con Prieto y reunió el ejército liberal en Valparaíso. Fue una decisión fatal, puesto que los conservadores rápidamente consolidaron su autoridad en el poder. Su *Congreso de plenipotenciarios,* convocado de manera muy apresurada, anuló todos los actos del Congreso de 1829; el pelucón Francisco Ruiz Tagle se convirtió en presidente; y, el 6 de abril de 1830, Diego Portales, cuya suerte se jugaba junto con la del ejército conservador que se acercaba a Santiago, se hizo cargo de dos de los tres ministerios, instaurándose así como la figura más poderosa del nuevo régimen.

Once días después, no lejos de la confluencia de los ríos Lircay y Claro, cerca de Talca, el ejército de Freire, con unos 1.700 hombres, sucumbió ante la fuerza superior de Prieto. Unos 200 hombres murieron en acción. Sólo retrospectivamente, por supuesto, puede considerarse Lircay como una de las batallas realmente decisivas de la historia chilena. Pero eso aún estaba por verse. Habían de transcurrir más de 30 años antes de que los derrotados liberales volvieran siquiera parcialmente al poder en un Chile que, para entonces, era bastante diferente.

3

El nuevo orden conservador, 1830-1841

> *Si un día [...] tomé un palo para dar tranquilidad al país, fue sólo para que los jodidos y las putas de Santiago me dejaran trabajar en paz.*

> Diego Portales, 1831.

La coalición conservadora que llegó al poder en 1830 fue la primera de las tres alianzas políticas sucesivas que gobernaron Chile en las seis décadas siguientes. Sus 27 años en el poder asentaron las bases de una tradición de estabilidad política única en la América española del siglo XIX, donde ejércitos amotinados, dictaduras caudillistas, revoluciones palaciegas y guerras civiles eran constantes y habituales. Gracias a esta tradición, Chile gozaría de lo que Tulio Halperín describe como «un prestigio político sin rival entre las repúblicas hispanoamericanas»[1].

No había nada que garantizara lo anterior. La inusual tradición chilena fue creada por hombres, no por dioses. Sin embargo, la excolonia poseía, sin duda, algunas ventajas intrínsecas a la hora de consolidar una nación-Estado viable, a riesgo de volver a cruzar un terreno ya recorrido, las cuales vale la pena recordar aquí. El Chile poscolonial era un territorio compacto y gobernable, con una distancia máxima de 1.200 kilómetros entre el último asentamiento al norte y la Frontera araucana a lo largo del río Biobío, y con la mayor parte de su población concentrada en el Valle Central, al norte. Los asentamientos de más al sur, cerca de Valdivia y en la isla de Chiloé, eran tan sólo apéndices de la nueva República, sin mayor importancia, al igual que la colonia penal establecida en el estrecho de Magallanes después de 1843, en parte para hacer valer el derecho chileno en esa zona. Todas las constituciones, desde 1822 en adelante, han mencionado el cabo de Hornos como extremo sur del país.

---

[1] *The Aftermath of Independence in Spanish America,* Nueva York, Harper and Row, 1973, p. 14.

En 1830, había alrededor de un millón de chilenos. Durante los 40 años siguientes, la población se duplicó: el cuarto censo nacional (1875) arrojó un total de 2.075.971 personas; esto muestra que no era demasiado grande, aunque sí, en ciertos sentidos, homogénea. Pocos amerindios —si es que había alguno— lograron sobrevivir en comunidades separadas al norte del territorio araucano. El débil ingrediente negromulato en la población desapareció del todo al cabo de pocas décadas tras abolirse la esclavitud. Por ende, Chile era esencialmente un territorio donde la pequeña clase alta criolla coexistía con la gran masa de pobres trabajadores, en su mayoría mestizos y campesinos. Durante el siglo XX, los pobres que habitaban el campo siguieron constituyendo un gran sector pasivo tanto en la sociedad como en la política. Esta estructura social simple no se vio complicada por agudas divisiones de intereses económicos en el interior de la clase alta. Tampoco la diversidad regional tenía mucha importancia para los estándares de Colombia, Argentina o México. Las provincias más remotas al norte y al sur pueden haberse sentido un poco abandonadas por Santiago (y los sentimientos regionalistas eran fuertes en la época), pero no tenían cómo contrapesar la hegemonía de la capital y de las riquezas de la zona central del país. Lo anterior quedaría claramente expuesto por las dos rebeliones armadas de la década de 1850. Concepción, cuya ventaja militar fue vital para derrocar a O'Higgins en 1823 y a los liberales en 1829-1830, no fue capaz de repetir ese ejercicio en 1851. En forma similar, las rebeliones del norte en 1851 y en 1859, a pesar de su breve éxito, no avanzaron ante un gobierno firme.

¿Necesitamos aún más hipótesis que expliquen la notable tranquilidad con que Chile se estabilizó después de 1830? Quizá, no. Sin duda, la tan admirada «idiosincrasia» nacional en términos de orden y política (generalmente) civilizada provino, en parte, de un legado geográfico y social adecuado. Pero también tuvo que ser creada; y lo fue. Como siempre, el factor humano era vital.

DIEGO PORTALES

Sin duda hay buenas razones para considerar a Diego Portales (quien contaba con treinta y siete años en 1830) como la figura clave del nuevo orden conservador. A la postre, Portales fue transformado por sus admiradores en lo que un escritor de la década de 1870 (quizá haciéndose eco de la famosa línea en *Romeo y Julieta*) llamó un «semidiós de nuestra mitología o nuestra idolatría política»[2]. Los especialistas modernos reaccionaron contra este tipo de semideificación. Portales no era un semidiós. Su fuerte carácter –a ratos sarcástico, neurótico, encantador y dominante– era demasiado fascinantemente humano. Hijo de un distinguido patriota y primo del jefe de la familia Larraín, su vocación personal estaba en el comercio: las cartas que nos ha legado reflejan una vívida imagen de las preocupaciones cotidianas de un comerciante de Valparaíso de las décadas de 1820 y 1830. Lejos de sus negocios, se dedicaba con entusiasmo a cultivar una alegre sociabilidad, le gustaba tocar la guitarra y la compañía de las mujeres. Su rostro público era muy diferente: el sarcástico hedonista se convertía en el austero servidor del Estado. Sus ideas políticas eran simples. «Un gobierno fuerte, centralizador, cuyos miembros sean verdaderos modelos de virtud y patriotismo» –tal era el ideal que esbozó a su socio comercial Cea en marzo de 1822–[3]. Portales no tenía una opinión demasiado favorable de la elite castellano-vasca a la cual pertenecía. «Nadie», se quejó una vez, «quiere vivir sin el apoyo del elefante blanco del gobierno»[4]. No obstante, la única clase disponible para la tarea de gobernar la República eran las «familias de rango».

Una vez que Portales se convirtió en ministro (a cargo de los Ministerios de Gobierno y Relaciones, y Guerra y Marina), ya nadie pudo interponerse en su camino. Incluso antes de asumir el cargo, logró la destitución del primer presidente pelucón, Francisco Ruiz Tagle (primo suyo y excesivamente conciliador), en favor de José Tomás Ovalle, de carácter más dócil. Cuando el coronel (más tarde general) José María de la Cruz, veterano de Chacabuco y Maipó, demostró ser demasiado independiente como nuevo ministro de Guerra y Marina, Portales lo apartó. La intempestiva muerte del presidente Ovalle en marzo de 1831 (una nueva ciudad en Norte Chico recibió su nombre) brindó al ministro una oportunidad para neutralizar a los todavía esperanzados o'higginistas llevando a uno de ellos, el general Prieto, a la presidencia.

---

[2] J. Arteaga Alemparte, «Los candidatos en candelero» [1876], en Ricardo Donoso (ed.), *«Diógenes» y otros escritos,* Santiago, Imp. Roma, 1956, p. 408.

[3] Carta de marzo de 1822. E. de la Cruz y G. Feliú Cruz (eds.), *Epistolario de don Diego Portales,* 3 vols., Santiago, Dirección General de Prisiones, 1937, vol. I, p. 177.

[4] A Antonio Garfias, 10 de diciembre de 1831. Cruz y Feliú Cruz, cit., vol. I, p. 353.

Historia de Chile

En agosto de 1831, después de 16 meses en el cargo, Portales renunció al Ministerio de Gobierno (conservando el de Guerra y Marina durante un año más) y se retiró a Valparaíso, donde permaneció, actuando como gobernador del puerto, hasta 1834, en que se trasladó al campo para probar suerte en la agricultura. No obstante, siguió siendo sin duda alguna la figura más poderosa del país. En abril de 1832, insatisfecho con el ministro de Gobierno de turno, hizo algunas maniobras para colocar en el cargo a un antiguo amigo, Joaquín Tocornal. «Portales a un millón de habitantes», escribió amargamente un o'higginista, «los tiene metidos en su zapato»[5]. Su aversión a ocupar altos cargos (como distintivo de poder) parece haber sido bastante genuina. Con sólo haberlo pedido, podría haber ocupado la Presidencia, pero nunca lo hizo. Esto mismo probablemente contribuyó a inhibir el desarrollo de una verdadera tradición caudillista en Chile. Lo hiciese o no, semejante tradición nunca arraigó realmente.

Los efectos de un gobierno firme fueron inequívocos después de abril de 1830. Uno de los primeros actos de Portales como ministro fue destituir a 136 oficiales del Ejército que habían apoyado a Freire en la guerra civil. El nombre del expresidente Pinto fue maliciosamente añadido a la lista pocas semanas después. Este duro trato a los militares no tenía precedentes. La persecución de los pipiolos estuvo a partir de entonces a la orden del día. La prensa liberal pronto desapareció, aunque *El Mercurio,* el periódico de Valparaíso fundado en 1827, sobrevivió (no por última vez) gracias a que supo adaptarse a las circunstancias. Las inevitables conspiraciones liberales (alimentadas algunas por los oficiales del Ejército destituidos) fueron arrancadas de raíz rápidamente; y sus cabecillas, castigados. El gobierno desplegó una dura actitud contra el crimen y realizó renovados esfuerzos para suprimir el pillaje, todavía muy común en el sur. En 1832, en las montañas próximas a Chillán, el general Manuel Bulnes dio finalmente caza a los temibles hermanos bandoleros Juan Antonio y Pablo Pincheira, cuyos asaltos inspiraban terror desde mediados de la década de 1920. Mientras tanto, los políticos conservadores de Santiago se dedicaban a construir su propio sistema político, notable por su duración.

[5] Ramón Mariano de Aris a Bernardo O'Higgins, 9 de diciembre de 1832. B. Vicuña Mackenna, *D. Diego Portales,* Santiago, Pacífico, ³1974, p. 86.

El nuevo orden político conservador

En su época (e incluso mucho después) los conservadores fueron acusados de haber organizado una «reacción colonial», de haber destruido la esperanzada revolución iniciada en 1810. El mismo Portales veía a Chile como una tierra donde «el orden social» era mantenido por «el peso de la noche»[6] –con lo cual parecía referirse a la tradición y a la inercia–. La República tenía que encontrar un nuevo marco de legitimidad. El respeto por la autoridad, debilitado por los trastornos de la Independencia, debía volver a convertirse en hábito –en otra de sus gráficas frases, Portales lo describió como «el principal resorte de la máquina»[7]–. Era imposible volver a la monarquía. Lo que se necesitaba, por tanto, era una fusión del autoritarismo colonial con las formas externas del constitucionalismo republicano. Tal sistema, sostenía el propio Portales, sería capaz de liberalizarse a sí mismo a la larga. En esto tenía razón.

Las instituciones formales del nuevo régimen quedaron establecidas en la Constitución de 1833. En la primavera de 1831, se convocó una gran Convención Constituyente con el fin de reformar la Constitución de 1828. Tras confiarle la tarea a un pequeño comité, revisó varios borradores alternativos cuando se volvió a reunir en octubre de 1832. (Parece que el mismo Portales no se interesó por el asunto.) El más influyente de estos fue entregado por Mariano Egaña, hijo de Juan Egaña, un corpulento pelucón conocido como *lord Callampa,* si bien sus ideas muy extremas, incluida la reeligibilidad indefinida del presidente y un Senado hereditario, fueron rechazadas. Uno de los consultados acerca de la versión final fue Andrés Bello, el eminente erudito venezolano que se había instalado en Chile en 1829. La nueva Constitución entró en vigencia en mayo de 1833. No fue enmendada en absoluto durante 38 años; hasta que en 1891 se produjo una cesura en su funcionamiento regular.

La Constitución era fuertemente presidencialista. El presidente (elegido indirectamente) podía gobernar por dos periodos consecutivos de cinco años cada uno –esto llevó en la práctica a cuatro gobiernos «decenales», de 1831 a 1871–. Los poderes presidenciales sobre el gabinete, el poder judicial, la administración pública y las fuerzas armadas eran muy amplios. Los gabinetes del siglo XIX eran pequeños, con

---

[6] A Joaquín Tocornal, 16 de julio de 1832. Cruz y Feliú Cruz, cit., vol. II, p. 228.
[7] A Garfias, 14 de mayo 1832. Cruz y Feliú Cruz, cit., vol. II, p. 203.

Ministerios de Interior-Relaciones Exteriores, Hacienda, Guerra-Marina y Justicia-Instrucción Pública-Culto entre 1837 y 1871, cuando se creó un Ministerio de Relaciones Exteriores por separado. El poder ejecutivo también estaba dotado de importantes poderes de emergencia: el Congreso podía votar las «facultades extraordinarias», con lo cual suspendía efectivamente las libertades constitucionales y civiles, y, si el Congreso estaba en receso (lo que ocurría durante la mayor parte del año), el presidente podía decretar «estados de sitio» en provincias específicas, lo cual estaba sujeto a posterior aprobación del Congreso (nunca denegado). Tales poderes de emergencia estuvieron en vigencia durante aproximadamente un tercio del periodo entre 1833 y 1861.

En términos formales, el control que el poder ejecutivo ejercía sobre el poder legislativo fue sustancial, pero de ninguna manera absoluto. El veto presidencial podía ser revocado, en teoría, por una mayoría de dos tercios del Senado y de la Cámara de Diputados. El Congreso también tenía poder para votar las «leyes periódicas» al estilo inglés: aprobación del presupuesto (anualmente), y de los impuestos y la dotación militar (cada 18 meses). En teoría, por ende, un Congreso hostil (una perspectiva improbable, por razones que señalaremos) podía negarle los fondos al presidente. Se intentó en su momento, pero sin consecuencias polémicas antes de la crisis de 1890. Estos poderes, a la larga, dieron origen a toda una reinterpretación «parlamentaria» de la Constitución, como veremos. Sin embargo, hasta las décadas de 1860 y 1870, excepto un puñado de sesiones memorables por su agitación, la vida parlamentaria fue más bien moderada y a menudo aburrida, con sesiones breves y a veces sin que se reuniera siquiera el quórum mínimo. El Congreso no se reunió durante el año 1838. La «anemia parlamentaria» de este periodo fue bastante real.

La Constitución de 1833 era claramente centralista. Atrás habían quedado las asambleas provinciales de 1828 inspiradas en el federalismo. El intendente provincial, designado por el presidente, quedaba definido ahora como su «agente natural e inmediato» (una expresión mantenida en las constituciones de 1925 y 1980). Las intendencias provinciales actuaban en muchos sentidos como el nexo con la administración local. Los intendentes y sus subdelegados y gobernadores (los términos coloniales continuaron siendo utilizados) subalternos tenían poderes de veto absoluto sobre los consejos municipales elegidos. Así, la hegemonía de Santiago se vio reforzada, a costa de la iniciativa local.

El nuevo orden conservador no radicaba exclusivamente en la Constitución de 1833. Quizá dependía aún más de ciertas técnicas y métodos políticos bien probados. La represión lisa y llana (y no sólo durante los periodos de facultades extraordinarias) fue un tema recurrente durante 30 años. De acuerdo con los cánones más avanzados de nuestra época, dicha represión no fue excesivamente dura. La pena de muerte se aplicaba generalmente en algunos casos (por ejemplo, en los motines militares) en que la oposición había recurrido a la violencia y, por lo general, sólo fueron fusilados algunos cabecillas. La prisión, el exilio interno («relegación») o el destierro fueron las penas más comunes para la disidencia activa. Tras el motín de junio de 1837, en un momento de gran peligro para el régimen, fueron ejecutados 10 hombres, 16 desterrados a Juan Fernández, otros fueron deportados y degradados. (Justo después del motín el intendente de Aconcagua ejecutó a 11 militares rebeldes, pero este cruel episodio, mucho tiempo recordado, no era lo típico.) Los adversarios del régimen aceptaron a veces el exilio voluntario, dejándole una garantía al gobierno –una especie de acuerdo entre caballeros.

La inquietud e indisciplina militares de la década de 1820 no eran de buen agüero para la estabilidad nacional. Portales emprendió una seria reorganización de la Guardia Nacional (también conocida como Guardia Cívica), con 25.000 hombres a mediados de 1831. El número se duplicó más adelante. El mismo Portales fue un puntilloso comandante de batallón en Santiago y Valparaíso. Los oficiales de la Guardia pertenecían a la clase alta; mientras los soldados rasos eran reclutados entre los artesanos, los comerciantes ocasionales y otras personas de condición modesta. Portales consideró sus ejercicios dominicales periódicos como medidas «moralizantes». El argentino Domingo Sarmiento, en sus escritos de finales de la década de 1840, sugería (lo que resulta interesante) que la Guardia Nacional había «servido poderosamente para crear la nacionalidad chilena»[8]. Los cívicos representaban un verosímil contrapeso para el muy pequeño ejército regular (rara vez fueron más de 3.000 antes de la guerra del Pacífico) y, en dos ocasiones (junio de 1837 y abril de 1851), ayudaron a salvar al gobierno del derrocamiento. Además, tenían una última función de extrema importancia: una función electoral.

---

[8] «De las instituciones militares en Chile», *La Crónica* 38, 14 de octubre de 1849.

He aquí uno de los secretos de la estabilidad chilena del siglo XIX, la «intervención» electoral: las elecciones estaban totalmente arregladas por el poder ejecutivo. Este rasgo particular del nuevo orden conservador duró mucho más que la hegemonía del propio Partido Conservador. Las dos combinaciones gobernantes que siguieron no fueron menos hábiles en estas artes de la manipulación. Precisamente un presidente liberal, ante la pregunta que le planteara un ministro conservador en 1871 respecto de si Chile tendría alguna vez elecciones «reales», respondió: «Nunca [...]. Es que usted mira las cosas de Tejas arriba»[9]. Y otro presidente liberal escribió en 1885: «Se me ha llamado interventor. Lo soy [...], porque quiero un Parlamento eficiente, disciplinado, que colabore en los afanes del bien público del gobierno»[10]. Durante los 60 años que siguieron a 1830, el presidente, para usar un término común en la década de 1860, fue el *Gran Elector*.

Su «electorado» era muy pequeño. La ley electoral de 1833 establecía que los votantes debían tener propiedades para estar habilitados como tales, pero también admitía a los maestros y a los artesanos, muchos de los cuales, como hemos observado, servían en las milicias[11]. El saber leer y escribir era otro requisito más, pero esta regla no se aplicó (en gran medida para abultar los votos gubernamentales) hasta comienzos de la década de 1840. En las elecciones parlamentarias de 1846 se emitieron unos 24.000 votos. Dieciocho años después (1864), el total fue en realidad 2.000 votos más bajo. A mediados de la década de los setenta, alrededor de 80.000 hombres tenían derecho a votar, aunque sólo unos 30.000 lo hicieron en 1876. Dudamos que la *psefología* retrospectiva pueda decirnos mucho acerca de la sociología electoral del siglo XIX chileno: resulta casi imposible estimar qué proporción de las cifras aquí citadas era fraudulenta.

Un completo catálogo de los diversos tipos de intervención sería interminable —si bien pintoresco—. El sistema se prestaba para los abu-

---

[9] A. Cifuentes, *Memorias*, 2 vols., Santiago, Nascimento, 1936, vol. II, pp. 69-70.

[10] Domingo Santa María a Pedro Pablo Figueroa, 8 de septiembre de 1885. F. A. Encina y L. Castedo, *Resumen de la historia de Chile,* 3 vols., Santiago, Zig-Zag, vol. III, [8]1970, p. 1987.

[11] En la provincia de Santiago estaban cualificados para votar quienes poseían una propiedad por un valor mínimo de 1.000 pesos, un capital de trabajo de 2.000 pesos o una renta comercial o artesanal de 200 pesos al año. En otras provincias se aplicaban escalas más bajas. La edad para votar era de 21 años para los hombres casados y de 25 para los solteros. Las mujeres, por supuesto, no tenían derecho al voto.

sos en cualquiera de sus etapas. Los votantes se registraban a finales del año previo a la elección y recibían certificados de registro conocidos como «calificaciones». Dichas calificaciones debían ser presentadas en las mesas de votación en cada distrito en el momento de la elección (marzo para las elecciones parlamentarias y junio para las presidenciales). La votación se realizaba en dos días, dándole tiempo al gobierno para tomar medidas correctivas cuando fuera necesario. La estrategia fundamental tanto para el gobierno como para la oposición (cuando entraba en la pelea) consistía en amasar la mayor cantidad de calificaciones posible. Naturalmente, se esperaba que los empleados del gobierno votasen de la manera correcta. Los comandantes de la Guardia Nacional a veces «se hacían cargo» de los certificados de sus hombres hasta el día de la votación, cuando los cívicos marchaban a las urnas para cumplir con su deber republicano. La Guardia Nacional representaba así un importante factor en cada elección. Esto explica en gran medida los esfuerzos periódicos de la oposición por influir (en ocasiones mediante hojas informativas hechas a la medida) o movilizar a los maestros y a los artesanos. Sin embargo, existían muchos otros medios (suplantar a una persona, intimidación, arresto temporal, soborno) para impedir que los votantes de la oposición emitieran sus votos. Cuando pudo hacerlo, la oposición respondió de la misma manera. En las elecciones más animadas, se compraban y vendían calificaciones con fervor comercial, cuyo valor en el mercado subía o bajaba según el día.

Por otra parte, no todas las elecciones presentaban una competencia real. En siete de las 11 elecciones parlamentarias entre 1833 y 1864, la oposición se abstuvo o bien apenas se molestó en pelear. Previamente a cada elección, las listas de candidatos oficiales del gobierno eran despachadas a los intendentes, quienes esperaban movilizar a sus subalternos. Cómo lo hacían variaba de un lugar a otro. En Valdivia, en 1850, el ministro del Interior fue informado de que era normal que el intendente visitara a sus subordinados, «que [...] los saluden con demostraciones de aprecio, les estrechen la mano con cariño, les brinden un cigarro y los conviden a tomar una copa de vino... Esto les gusta mucho, ya que normalmente beben chicha[12]».

---

[12] Juan Miguel Riesco a Antonio Varas, 20 de noviembre de 1850. *Correspondencia de Antonio Varas*, 5 vols., Santiago, Editorial Universitaria, 1918-1929, vol. III, p. 245.

Generar votos era un aspecto vital del trabajo del intendente. En 1849, Manuel Blanco Encalada, entonces intendente de Valparaíso, permitió a los guardias nacionales que votaran como quisieran. La oposición ganó. Como resultado, Blanco Encalada fue vilipendiado en la prensa gubernamental. Sin embargo, los intendentes a veces podían llegar demasiado lejos en el sentido contrario. Ocasionalmente, las elecciones no eran admitidas en el Congreso. Cuando (también en 1849) el intendente de Colchagua, Domingo Santa María, interpretó las instrucciones del presidente de ganar la elección «a todo trance» en términos demasiado entusiásticos, el hecho fue aprovechado por sus enemigos como un pretexto para destituirlo. Treinta años después se convertiría en el presidente liberal cuyos puntos de vista sobre los congresos disciplinados ya se citaron.

Dado que el Senado era elegido a partir de una sola lista nacional por un colegio electoral, en la práctica, los esfuerzos de la oposición tuvieron que centrarse en la Cámara de Diputados, elegida directamente. En este caso, gracias a un arduo trabajo y a la influencia local, era posible obtener la elección de unos pocos diputados, aunque hasta la década de 1860 nunca llegaron a ser más que unos pocos e, incluso después de esa década, nunca fue una mayoría. Hay que agregar, sin embargo, que el *Gran Elector* se tomaba la molestia de buscar parlamentarios aptos. Aún no era incompatible ejercer un cargo público y ser miembro del Congreso; algunos de los más competentes servidores públicos tomaron así parte en la legislación. Andrés Bello, por ejemplo, sirvió durante tres legislaturas (27 años) en el Senado.

Además de sus métodos más ajustados a la realidad, el régimen conservador de la década de 1830 también consiguió el apoyo de la Iglesia. «Usted cree en Dios», se dice que dijo Portales a Mariano Egaña (en algunas versiones, Juan), «yo creo en los curas». El limitado anticlericalismo de la década de 1820 fue reparado: las propiedades fueron restituidas a las órdenes religiosas (o se les pagó una compensación por ellas), en septiembre de 1830. Desde agosto de 1832, el presidente y el gabinete nuevamente asistieron a importantes ceremonias religiosas y, para ciertos festivales, la Guardia Nacional se prestaba a extender la bandera nacional chilena sobre la tierra, como una alfombra para el sacerdote que consagraba la hostia sagrada. El presidente Prieto, hombre piadoso, se tomó esto muy en serio. Su sucesor no lo hizo y muchas de estas prácticas fueron abandonadas sin mayores objeciones en la década de 1840. Portales también estableció la censura para el teatro y los libros importados: una de sus primeras víctimas fue la novela de Madame de Staël. Los censores del libro fueron fuertemente criticados por Andrés Bello, y esto rápidamente se convirtió en papel mojado, aunque el comité correspondiente siguió existiendo hasta 1878.

Con posterioridad, el gobierno tomó algunas medidas para normalizar la condición eclesiástica todavía algo anómala de Chile, y le propuso al papa la creación de una nueva Archidiócesis de Santiago, independiente del Perú, junto con dos nuevas sedes (Coquimbo y Chiloé). El primer arzobispo de Santiago, Manuel Vicuña, fue nombrado en 1841. Por el momento, el tan mentado asunto del Patronato fue soslayado discretamente con simples fórmulas de procedimientos. Mientras tanto, la Iglesia y el Estado encontraron un *modus vivendi* ventajoso para ambos, que perduró hasta la década de 1850. Y puede explicar bien la ausencia de una faceta clerical distintiva en el pensamiento conservador, como la que tuvo antes del realineamiento político de 1857-1858.

El nuevo orden político conservador claramente tuvo un aspecto más duro. Durante tres décadas, se operó con un espíritu definitivamente autoritario, que despertó mucha animadversión en prácticamente todas las fuerzas vivas de la nación. Se trataba fundamentalmente de una creación pragmática. Ciertamente, algo contribuyeron los reaccionarios doctrinarios como Mariano Egaña, pero los conservadores más inteligentes parecen haber adoptado un enfoque más instintivo de su papel. En 1845 apareció en el periódico *El Orden* una limpia expresión, casi *burkeana,* del enfoque conservador básico:

> Hay en las naciones ciertos hábitos, ciertas preocupaciones, ciertos hechos a los que se tiene mucho apego, y que sólo la acción lenta y gradual de la civilización puede hacer desaparecer. Si se las quiere arrancar por la fuerza, puede sobrevenir una reacción peligrosa [...]. La mano conservadora no toca estas circunstancias sino con prudencia [...]. Por eso es que ningún abuso, ninguna preocupación, que parezca que ha hecho parte del bien común será destruida o desaparecerá sino cuando la generalidad esté convencida de ello[13].

---

[13] *El Orden,* 26 de octubre de 1845.

Esto puede leerse fácilmente, por supuesto, como una racionalización de ciertos intereses creados. (¿No se puede sospechar lo mismo
de muchas tradiciones de la filosofía conservadora?) Aun así, mostraba
sin lugar a dudas la fisonomía instintiva de los pelucones. En términos
políticos, también hay que reconocer que el sistema conservador se
adaptó, al final, lo suficientemente bien como para que el país entrara
en una etapa mucho más liberal (y Liberal). Veremos cómo pasó esto
en el capítulo 5.

EL FORTALECIMIENTO ECONÓMICO

Junto con el nuevo orden político de la década de 1830, se produjo una consolidación de las finanzas y políticas económicas del país.
La figura clave en este caso fue el amigo de Portales, también comerciante, Manuel Rengifo (ministro de Hacienda entre 1830-1835,
1841-1844). Es fácil exagerar su importancia; en cierta medida se apoyó en los cambios administrativos efectuados en la menospreciada
década de 1820. No obstante, siguió siendo el ministro de Finanzas
más importante de la precoz República. Portales lo apodó «Don Proyectos». Los principales objetivos de Rengifo eran equilibrar el presupuesto y estabilizar la política comercial. Desde agosto de 1830, todos
los pagos públicos fueron canalizados a través del Ministerio de Hacienda. Con la ayuda de un inmigrante español conservador, Victorino Garrido (un español que se había instalado en Chile y se volvió
más *pelucón* que los *pelucones*), Rengifo redujo la administración pública, disminuyendo los gastos aproximadamente en un sexto. (Fue Rengifo quien redujo el ejército de 3.500 a 2.800 efectivos; le habría
gustado que hubiesen sido 1.000.)
Su principal reforma tributaria consistió en reemplazar la «alcabala del viento» (un impuesto sobre los productos agrícolas que databa de
tiempos de la colonia) por un impuesto directo del 3 por 100 sobre los
predios agrícolas y sus beneficios. (En la práctica, muchas haciendas
estaban infravaloradas; los propietarios podían burlar con facilidad a los
inexpertos tasadores.) En parte gracias al aumento de los ingresos por
concepto de aranceles aduaneros, el presupuesto ya había sido equilibrado en 1839 (año en que dichos ingresos alcanzaron 2,3 millones de
pesos). Rengifo también redujo a la mitad la deuda pública interna,

ofreciendo generosos términos para su registro, pagando las letras del gobierno (emitidas con prodigalidad en la década de 1820) y creando un fondo de amortización. El pago de la deuda externa (el préstamo de Londres de 1822) tendría que esperar a que Rengifo retomara el cargo en la década de 1840. Por ahora, Chile estaba primero.

La filosofía comercial de Rengifo era más liberal que neomercantilista e instintivamente estaba a favor de la expansión del comercio. La legislación comercial de 1834 confirmó la tendencia a la baja de los impuestos, después de los experimentos de alzarlos impulsados años atrás por O'Higgins. El sistema *ad valorem* global fue reemplazado por impuestos flexibles a las importaciones: los artículos que competían con ciertos productos chilenos pagaban la tasa más alta (35 por 100), pero la cantidad promedio rondaba el 25 por 100. Los impuestos sobre el trigo importado dependían de una escala fluctuante determinada por el mercado. La mayor parte de los impuestos a las exportaciones fueron eliminados, excepto el 4 por 100 sobre el trigo y el 6 por 100 sobre los minerales. El estímulo más importante para el comercio, no obstante, consistió en normalizar una innovación que todos los gobiernos desde 1813 habían tratado de instaurar: el almacén fiscal público o franco, donde los comerciantes podían almacenar sus mercancías en Valparaíso a bajo costo, para importarla o reexportarla cuando el mercado fuera favorable. En opinión de Rengifo (y de Portales), Valparaíso debía convertirse en un puerto dominante en el Pacífico. El periodo de almacenamiento permitido se extendió de tres a seis años en 1833. Rengifo se aseguró de que hubiera suficiente espacio en los almacenes fiscales para satisfacer la demanda (también estableció un programa de construcción) y de que los almacenes contaran con una supervisión adecuada. Estas medidas dieron muy buenos resultados en términos de capitalizar las ventajas geográficas de Valparaíso para los barcos que entraban o salían del Pacífico vía cabo de Hornos. De hecho, la ciudad se convirtió en ese periodo en el centro neurálgico de un vasto mercado regional que incluía Bolivia, Perú y Ecuador. A mediados de la década de 1830, alrededor del 60 por 100 de las importaciones al Perú pasaban por los almacenes fiscales de Valparaíso.

La expansión del propio comercio exterior de Chile en la década de 1830 (ya en 1840 alcanzaba un valor tres veces mayor que en 1810) no se debió exclusivamente a los incentivos de Rengifo. En mayo de

1832, el leñador Juan Godoy descubrió un nuevo yacimiento de plata impresionante en Chañarcillo, cerca de Copiapó; así nació la veta más espectacular de la historia chilena. «Por muchos años» –predijo José Joaquín Vallejo en 1842, (momento en el cual Chañarcillo ya había cedido 12 millones de pesos) «uno de los más sólidos fundamentos de la riqueza de esta República»[14]–. La creciente bonanza de la plata y del cobre confirmó al Norte Chico como la clásica zona minera de Chile del siglo XIX y, con ello, su población comenzó a crecer a un ritmo más acelerado que el de la del resto del país. Esto creó un nuevo mercado para la agricultura del Valle Central, que alrededor de 1840 contribuía sólo con el 25 por 100 de las exportaciones chilenas. Desde entonces, la minería marcaría la pauta económica del país.

A comienzos de la década de 1840, 300 barcos recalaban en Valparaíso cada año. La importante ley de octubre de 1835 confirmó el monopolio chileno del *cabotaje,* que durante la década de 1830 correspondía a cerca de la mitad del tráfico dentro y fuera de los puertos. Una ley posterior (julio de 1836) trató de aumentar el número de marinos chilenos en los navíos registrados en Chile. Aunque la flota mercante casi duplicó su tamaño en la década siguiente a la ley de Rengifo (61 barcos en 1835, 101 en 1844), muchos barcos extranjeros simplemente se cambiaron a la bandera chilena para entrar en el comercio, mientras el número de capitanes británicos a bordo de las embarcaciones costeras fue objeto de muchos comentarios en la época. El mito de una Marina mercante chilena fuerte invocado por Rengifo, apenas aguantaba un minucioso escrutinio. Sin embargo, independientemente de su composición, la flota mercante jugaba un papel vital en el comercio chileno.

Un capítulo «transpacífico» poco considerado y también bastante breve, en la historia comercial de Valparaíso merece ser mencionado aquí. Desde mediados de la década de 1820, varios comerciantes (en su mayoría extranjeros) habían estado embarcando perlas y madreperlas desde Tahití y otras islas del Pacífico central hacia Valparaíso (en su mayor parte para reexportarlas a Francia, lo que tuvo pintorescas consecuencias). El peso chileno («plata de pájaro», como se lo conocía, por el cóndor del reverso) se convirtió en una de las mone-

[14] «Mineral de Chañarcillo», *Obras de don José Joaquín Vallejo,* A. Edwards (ed.), Santiago, Imp. Barcelona, 1911, p. 67.

das que circulaban en las islas polinésicas (cuando Robert Louis Stevenson compró su tierra en Samoa en 1890, el precio era en pesos chilenos); las acacias y los algarrobos de Chile echaron raíces en lejanos y diversos puntos de todo el Pacífico. En la década de 1830, embarques de trigo chileno eran enviados a Nueva Gales del Sur, principalmente en barcos británicos –un ensayo para las exportaciones mucho más sustanciales que se producirían en la década de 1850. Doscientos o trescientos peones chilenos fueron a Australia como trabajadores no remunerados. También esto fue un pequeño anticipo de una migración más significativa un siglo después: en la década de 1970 la comunidad chilena en Australia llegaba a cientos de miles de personas.

A pesar de la ampliación gradual del comercio, el hecho más imponente de la vida del Chile de la década de 1830 fue su pobreza. Incluso en el interior de la clase alta, la riqueza familiar no era de ninguna manera digna de mención. A Charles Darwin se le dijo a mediados de 1830 que «unos pocos grandes terratenientes» tenían ingresos anuales que fluctuaban entre las 5.000 y las 10.000 libras esterlinas (entre 25.000 y 50.000 pesos). Él también percibió que la «desigualdad de fortunas» era mayor en Chile que en Argentina. Los chilenos que aún recordaban los días de la colonia (Juan Egaña murió en 1836, Manuel de Salas en 1841, José Miguel Infante en 1844) no encontraban nada que fuera excepcionalmente extraño en el Chile de Portales y Rengifo. Los signos de una nueva vida eran más evidentes en Valparaíso (donde antes de 1842 se publicaba el único diario); aun así, los extranjeros a menudo consideraban que el puerto era ruinoso y desagradable; sus días de gloria aún estaban por venir. Santiago había crecido en tamaño (a mediados de la década de 1830 contaba con unos 70.000 habitantes), pero al margen de las mejoras de O'Higgins aún tenía el aspecto de la capital de finales de la colonia. Las comunicaciones en el interior del país seguían siendo difíciles, aunque la carretera de Santiago a Valparaíso estaba más transitada que antes. Sólo dos correos al mes unían Santiago y Concepción. En 1834, se introdujeron cuatro correos mensuales a Coquimbo, señal de la nueva importancia de la zona minera. En 1832, cuando una epidemia de escarlatina golpeó la capital, no se encontraron más de nueve doctores competentes para combatirla; cuatro eran británicos. En cuanto a la vida literaria, no había prácticamente nada que pudiera recibir ese nombre. La Universidad de San Felipe había quedado tan desfallecida después de la independencia, que el gobierno simplemente la abolió (en abril de 1839), a pesar de las protestas de sus claramente infrautilizados profesores.

Nadie era más consciente de la pobreza de Chile que el propio Rengifo. Su clásico informe ministerial de 1834 no sólo resumía su punto de vista acerca de la situación económica, sino que también exponía lúcidamente la visión económica de la nueva clase gobernante chilena. Las guerras de Independencia, según Rengifo, habían hundido a Chile en «una languidez espantosa», de la cual sólo se podría salir mediante la expansión comercial. Él veía dos maneras en que el gobierno podía promover el desarrollo: primero, «aquellas leyes que remuevan los estorbos impeditivos de la industria; las que protegen la propiedad y su libre uso» y, segundo, «las leyes que regulen con moderación y discernimiento los impuestos». Por «industria», Rengifo entendía el trabajo en general. Señaló a Valparaíso, «convertido por la liberalidad de las leyes en el principal y más vasto mercado del Pacífico». No obstante, Valparaíso, a pesar de su agitada vida, era sólo uno de los rostros de Chile en la década de 1830. La perspicacia (y limitaciones) de la visión de Rengifo se hace más evidente cuando se refiere a la cuestión agraria.

> Entre los obstáculos que detienen el desarrollo de nuestra industria, podemos enumerar la acumulación de muchos terrenos en pocas manos. Una grande heredad no llega a cultivarse toda, ni puede cultivarse bien [...] Las haciendas de campo demasiado extensas no rinden el producto que, subdivididas, deben dar, y [...] la nación pierde cuantiosas rentas por efecto de esta desproporcionada distribución de la tierra. Sin embargo, presérvenos el Cielo de empeñarnos en cortar el mal recurriendo a medidas coactivas con detrimento al libre uso de la propiedad. Cualquiera que sea la intervención del poder público en los actos del interés privado en lugar de adelantar menoscabaría la creación de la riqueza pública.

Las opiniones de Don Proyectos sobre la eficacia del comercio y la santidad de la propiedad no se vieron seriamente desafiadas en el siglo XIX. Llevaba 120 años muerto cuando se aplicaron por primera vez «medidas coactivas» a las haciendas.

La guerra contra la Confederación Peruano-boliviana

El primer signo de seria deslealtad política después de 1833 provino, no de los derrotados liberales (cuyas conspiraciones fueron fácilmente suprimidas), sino de los disidentes conservadores. Los así llamados «filopólitas» (el nombre provenía de su periódico *El Philopolita,* 1835) eran un grupo cuyo núcleo estaba formado por los estanqueros Diego José Benavente y Manuel José Gandarillas, antiguos liberales, junto con Manuel Rengifo y la poderosa familia de los Errázuriz («los litres», como Portales llamó a la familia, aludiendo al árbol bajo cuya sombra se dice que nada crece). El primer mandato del presidente Prieto debía terminar en 1836 y Rengifo esperaba sucederlo. Los *filópitas* eran especialmente hostiles al ministro del Interior, Joaquín Tocornal, de mentalidad clerical. Prieto se ofendió por su tono anticlerical y al final aceptó. El 21 de septiembre de 1835 Rengifo llegó a su despacho y se enteró de que Portales estaba de nuevo en el gabinete que Rengifo había abandonado; los sueños de los filopólitas se desvanecieron y Prieto fue reelegido prácticamente sin ningún revuelo.

El segundo ministerio de Portales se vio absorbido en gran medida por el franco deterioro de las relaciones entre Chile y Perú. Había varios contenciosos sobre el tapete. Perú no había pagado el préstamo chileno (parte del préstamo de Londres que Chile no había devuelto) y tampoco miraba con buenos ojos las peticiones chilenas de que reembolsara los costos de la expedición de 1820-1821. En 1832, el gobierno chileno duplicó el arancel aduanero sobre el azúcar importado del Perú, como represalia por un nuevo impuesto peruano sobre el trigo chileno. Perú respondió imponiendo una sobretasa en las mercaderías foráneas que llegaban de los almacenes fiscales francos de Valparaíso. Este golpe a la hegemonía comercial de Valparaíso incitó a Portales a comentar que Chile podía verse obligado a «ir [...] sobre ellos con un ejército»[15]. En 1835, la guerra de los aranceles aduaneros concluyó gracias a un tratado, pero esta reconciliación se vio ensombrecida de inmediato por el acontecer político. Durante 1836, el mariscal Andrés Santa Cruz, el ambicioso presidente de Bolivia, formó una nueva Confederación peruano-boliviana nombrándose a sí mismo como su protector. Chile se veía enfrentado ahora a un vecino norteño poten-

---

[15] A Garfias, 30 de agosto de 1832. Cruz y Feliú Cruz, cit., vol. II, p. 272.

cialmente poderoso. Probablemente, a la mayoría de los chilenos esto les resultaba indiferente, pero no a Portales.

El sentido patriótico de Portales era muy pronunciado. A veces decía que quería que Chile se convirtiera en la Inglaterra del Pacífico[16]. En sus negociaciones con los cónsules extranjeros con respecto a las demandas surgidas en la guerra civil de 1829-1830, siempre fue cortés pero firme. «Somos pobres, pero somos nación», dijo al cónsul francés La Forest, cuya casa había sido atacada[17]. La xenofobia popular (mostrada en leves pero desagradables formas en 1829-1830) no alcanzó a la clase alta, pero Portales era consciente de ella: en 1833, cuando era gobernador de Valparaíso, permitió que el comandante de un barco ballenero norteamericano, el demente capitán Paddock, fuera a la horca por asesinato múltiple, a pesar de las peticiones de clemencia de los comerciantes extranjeros. «Hagamos justicia a los extranjeros, démosles toda la hospitalidad que sea posible, pero nunca hasta colocarlos sobre los chilenos»[18].

Estos problemas pronto alcanzaron un punto álgido. En julio de 1836, el exiliado general Freire dirigió una pequeña expedición a Chile desde Perú, en un infructuoso intento por derrocar el régimen conservador. Freire fue capturado, procesado y desterrado a Australia, pero Portales consideró que la complicidad peruana en esta expedición constituía un *casus belli* suficiente. Al mando de Victoriano Garrido, dos barcos chilenos zarparon rumbo norte y capturaron tres navíos peruanos en el Callao. Santa Cruz inmediatamente arrestó al representante diplomático de Chile en Lima. Garrido y el protector elaboraron un precipitado acuerdo, pero Portales lo consideró inaceptable. A continuación, Mariano Egaña, dotado con poderes plenipotenciarios, fue enviado al Perú con un ultimátum en el que exigía la disolución de la Confederación. Como era predecible, este fue rechazado, así que Egaña declaró la guerra y zarpó de vuelta. Ante el inminente conflicto, Portales tomó una postura despiadadamente simple: «La

---

[16] En el uso popular, la frase cambió a «los ingleses de Sudamérica». En sus momentos de mayor extravagancia, Portales habló de entregar Chile en préstamo a Inglaterra por unos cuantos años, como un medio para mejorar el país. Vicuña Mackenna, *D. Diego Portales,* cit., p. 199.

[17] Citado en M. Barros, *Historia diplomática de Chile, 1541-1938,* Barcelona, 1970, p. 98.

[18] A Tocornal, 16 de enero de 1832. Cruz y Feliú Cruz, cit., vol. I, p. 393.

Confederación debe desaparecer para siempre [...]. Debemos dominar para siempre en el Pacífico»[19].

Al parecer, la guerra había sido muy impopular en Chile en sus inicios. El reclutamiento obligatorio de los soldados despertó mucha animosidad. Inevitablemente, la oposición trató de capitalizar el descontento. El régimen recurrió una vez más a las facultades extraordinarias, esta vez de naturaleza casi absoluta, medidas que reflejaban la vehemencia del carácter de Portales, así como el peligro de las conspiraciones. Todos los exiliados que volvieran a Chile sin autorización serían fusilados en 24 horas. Una «ley de cortes marciales permanentes» (febrero 1837) ejercía de justicia sumaria sin apelación. Sus principales víctimas fueron tres liberales (dos de ellos importantes terratenientes) ajusticiados en Curicó el 7 de abril de 1837 por orden de Antonio José de Irisarri, entonces intendente de Colchagua. Una represión tan drástica alimentó las llamas de la conspiración. La red de conspiradores se centró entonces en torno al coronel José Antonio Vidaurre, conocido alborotador de la década de 1820, ahora comandante del Batallón Maipú (al que pronto se adjudicó estatus de regimiento) y hombre de confianza de Portales. Llamado a Santiago para responder a ciertas acusaciones de deslealtad inquietantes, se dice que Vidaurre le respondió a Portales: «Cuando yo le haga revolución, su señoría será el primero en saberlo»[20]. Esta historia parece sospechosamente clara.

A comienzos de junio de 1837, mientras la fuerza expedicionaria se constituía en Valparaíso, Portales decidió inspeccionar el Regimiento Maipú (como había pasado a llamarse) en sus cuarteles de Quillota. Fue un viaje adornado después con rasgos legendarios: la tradición mantuvo mucho tiempo que dos ángeles intentaron en vano detener a los caballos tirando del carruaje del ministro. Allí fue tomado prisionero, puesto entre rejas y obligado a acompañar al ahora amotinado regimiento de Vidaurre en su avance hacia Valparaíso, donde daría el golpe final. Los defensores del puerto (liderados, irónicamente, por el primo de Vidaurre, el coronel Juan Vidaurre, fueron autorizados más tarde a añadir la palabra «Leal» a su apellido) rechazaron a los rebeldes sin dificultad. Pero demasiado tarde para salvar a

---

[19] A Manuel Blanco Encalada, 10 de septiembre de 1836. Cruz y Feliú Cruz, cit., vol. III, pp. 453-454.

[20] Vicuña Mackenna, *D. Diego Portales,* cit., p. 372.

Portales. En las primeras horas del 6 de junio, cerca del cerro Barón, en las afueras de Valparaíso, el «ministro omnipotente» fue sacado de su carruaje y muerto de 35 bayonetazos. Un modesto obelisco señala hoy el lugar, en una tranquila zona de los suburbios situada en un alto, sobre el amplio recodo de la bahía.

La revuelta fue sofocada; sus líderes, capturados y ejecutados; y la cabeza de Vidaurre, exhibida en un pico en Quillota. El funeral de Estado de imponente solemnidad que se le rindió a Portales en Santiago (su corazón fue reclamado por Valparaíso) causó evidentemente profunda impresión. «El orden chileno», dijo un acongojado Tocornal, ministro del Interior una vez más, triunfó «en las alturas del Barón como triunfó en el Gólgota la religión de Jesucristo». Sea cual sea la opinión que uno tenga acerca de este paralelismo, estaba en lo cierto; el nuevo orden conservador de alguna manera *había salido fortalecido*. Por otra parte, como señaló el periódico *El Mercurio* seis meses después, «el crimen horrendo [...] aumentó la popularidad de la guerra»[21]. Sin embargo, no todos los chilenos estaban de acuerdo en que la muerte de Portales había sido un absoluto desastre. «Él era [...] un hombre extraordinario [...] y la patria fue su ídolo», escribió el magistrado encargado de recoger los efectos personales del difunto, «pero se iba ya corrompiendo poco a poco, y, a mi ver, sin advertirlo él mismo»[22]. Quienes lo recordaban en vida fueron sorprendentemente discretos en sus homenajes durante muchos años. Sólo bastantes años después (desde la década de 1850) comenzó a desarrollarse un verdadero culto a su persona. La reacción chilena a los «hombres fuertes» en política siempre ha sido ambigua; sólo son admirados cuando están muertos y enterrados, y a menudo por las razones equivocadas.

La fuerza expedicionaria zarpó finalmente en septiembre de 1837: un ejército de 2.800 hombres al mando de Manuel Blanco Encalada. A mediados de octubre, ocupó la ciudad de Arequipa en la zona sur del Perú. Este fue un movimiento equivocado. Santa Cruz, sin embargo, acorraló a los chilenos y obligó a Blanco Encalada (después de un encuentro en el pueblo de Paucarpata) a firmar un tratado que garan-

[21] *El Mercurio* (Valparaíso) 2, 727, 2 de enero de 1838.
[22] J. A. Álvarez a Manuel Montt, 12 de junio de 1837. *Revista Chilena de Historia y Geografía* 27, (1917), p. 197. Queremos expresar nuestro agradecimiento a Sergio Villalobos R. por darnos a conocer esta fascinante carta.

tizaba tanto la retirada de la expedición como el reconocimiento de la Confederación. A mediados de diciembre, el ejército chileno estaba de vuelta a casa, salvo los caballos, vendidos a Santa Cruz, un detalle que provocó mucha indignación. El gobierno rechazó de inmediato el tratado De Paucarpata; Blanco Encalada fue sometido a una corte marcial y exonerado con un solo voto de diferencia. Mucha de la culpa del pacto con Santa Cruz fue adjudicada a Antonio José de Irisarri, que había acompañado a la expedición como consejero de Blanco Encalada. Astutamente, nunca regresó a Chile.

Para entonces, la guerra había llamado la atención de las grandes potencias. Portales mismo tenía esperanzas de que la ofensiva chilena pudiera ser «un ejemplo que nos hiciese más fuertes a los ojos de las naciones europeas»[23]. La parcialidad de Francia y Gran Bretaña hacia la Confederación resultó muy evidente durante toda la guerra. La Inglaterra del Atlántico se formó una muy mala opinión de la que aspiraba a ser la Inglaterra del Pacífico. El cónsul británico en Santiago presionó para un armisticio y para que Chile aceptara la mediación británica. Una de sus reuniones con el gobierno (diciembre de 1837) parece haber sido más bien violenta: el cónsul habría amenazado con bombardear Valparaíso e incluso al artero Tocornal, perdiendo su compostura habitual. En 1838, molesto ante la negativa de Chile a acordar la paz, el gobierno británico amenazó con intervenir para terminar con la guerra, pero no lo hizo.

Una segunda expedición chilena, mucho mayor, era preparada ahora y fue puesta bajo el mando del general Manuel Bulnes, con el general José María de la Cruz como jefe de la misma. A algunos de los oficiales destituidos en 1830 se les permitió volver a las filas. Una pequeña escuadra naval, al mando del capitán Roberto Simpson, tomó la ofensiva en el mar y ganó la única batalla naval de la guerra (Casma, 12 de enero de 1839). Por su parte, la expedición (5.400 hombres) dejó Chile en julio de 1838. El general Orbegoso, presidente del Estado Norperuano (una de las tres subdivisiones de la Confederación), eligió este momento para romper con Santa Cruz y, con el fin de subrayar su independencia, exigió la retirada de los chilenos a su llegada al Perú. Bulnes rechazó los ataques de Orbegoso y ocupó Lima. Los chilenos, sin embargo, no lograron capturar la vital fortale-

---

[23] A Ventura Lavalle, 20 de mayo de 1837. Cruz y Feliú Cruz, cit., vol. III, pp. 503-504.

za del Callao y el insalubre clima mermó sus filas. Dos meses y medio después, Bulnes y Cruz retiraron sus ejércitos hacia el Callejón de Huaylas, un majestuoso valle andino hacia el lejano norte. Tras volver a ocupar Lima, Santa Cruz se lanzó en una feroz persecución. El 6 de enero de 1839, sus hombres atacaron la división de Bulnes mientras cruzaba el río Buin. En medio de la lluvia, el granizo y los truenos, los chilenos salvaron el día y continuaron su marcha. No obstante, su posición se encontraba ahora en franco peligro. Superados en número por el enemigo y con escasas provisiones, la expedición rápidamente tuvo que tomar la decisión de rendirse o luchar. Bulnes decidió luchar. Contra todas las probabilidades y gracias a una arriesgada carga de caballería, la batalla de Yungay (20 de enero de 1839) resultó un triunfo avasallador para Chile. De los 9.000 soldados que se encontraron en el campo de batalla, alrededor de 2.000 resultaron muertos. Santa Cruz huyó a Ecuador[24], y la Confederación, tal como Portales había deseado, desapareció para siempre de la escena americana.

La victoria en esta guerra aumentó sin duda el prestigio internacional de Chile y también reforzó la hegemonía comercial de Valparaíso. Las finanzas del país soportaron la carga con extraordinaria facilidad. También parece probable que la guerra contribuyera a consolidar el creciente sentido de nacionalidad chilena; aunque esto es algo difícil de evaluar. Sin duda, la victoria dio a muchos chilenos comunes, especialmente en las ciudades, la posibilidad de respirar el embriagador aire de la euforia patriótica. Una de las canciones chilenas más populares fue escrita en honor al triunfo de Bulnes. (La letra era de Ramón Rengifo, hermano de Manuel.)

> Cantemos la gloria
> del triunfo marcial
> que el pueblo chileno
> obtuvo en Yungay.

---

[24] En 1843, Santa Cruz trató de volver a Bolivia, pero fue arrestado en el sur del Perú. Chile quedó a cargo de este famoso cautivo. En mayo de 1844 fue instalado con ciertas comodidades en Chillán, bajo la vigilancia del coronel Benjamín Viel, oficial de origen francés, con quien discutía incesantemente (quizá recordando a Napoleón y sir Hudson Lowe). Dos años después se le permitió partir a Europa, donde murió en 1865.

La reputación de los generales Bulnes y Cruz brilló con creciente lustre, mientras las baladas y los espectáculos de marionetas conmemoraron durante mucho tiempo las proezas de dos figuras menos eminentes pero indiscutiblemente populares: el héroe de Buin, el subteniente Juan Felipe Colipí (hijo de uno de los caciques amigos de la Araucanía) y la hermosa y menuda Candelaria Pérez, la «sargento Candelaria», que se había unido al ejército en Lima y había peleado valientemente en Yungay.

El gran desfile de la victoria que se realizó en Santiago en diciembre de 1839 fue la celebración popular más espléndida desde la Independencia. Ahora el gobierno se sentía políticamente capaz de adoptar una actitud más laxa con respecto a la oposición. El mismo Bulnes pidió la rehabilitación de todos los oficiales destituidos en 1830. Uno o dos breves y débiles espasmos de agitación liberal no lograron provocar esta vez la opresiva acción del gobierno. En marzo de 1840, algunos diputados de la oposición lograron llegar al Congreso. Todos los ojos se volvieron entonces (de una forma que sería una constante absoluta en la historia chilena desde ese día hasta hoy) a la inminente elección presidencial. Joaquín Tocornal, cuyos ocho años en el cargo le otorgaron la ascendencia en el liderazgo conservador que mantendría hasta su muerte en 1865, deseaba la Presidencia. Pero ni siquiera él pudo anteponerse a los deseos del presidente Prieto, quien creía que la popularidad de Bulnes, el «héroe sin par», podría convertirse en una ventaja para el régimen. La oposición liberal sugirió al expresidente Francisco Antonio Pinto. Con el fin de evitar cualquier posible alianza entre Tocornal y Pinto, el gobierno se acercó a los líderes liberales y les ofreció una elección en regla y futuras políticas conciliatorias. La feliz coincidencia del compromiso de Bulnes con la hija mayor de Pinto, Enriqueta, selló este acuerdo entre caballeros. (*Fue* una coincidencia; se casaron por amor, no por política.) El triunfo de Bulnes en las urnas fue bastante más predecible que su victoria en Yungay. El 18 de septiembre de 1841 comenzó su primer mandato con una amnistía general, como si quisiera mostrar que el nuevo orden conservador, puesto a prueba por la guerra, ahora estaba garantizado por la paz. La ilusión duró casi toda la década siguiente.

Segunda parte
El auge de una República
1830-1880

Al tiempo que se consolidaba como nación-Estado, Chile disfrutó tanto de una significativa expansión comercial como, finalmente, del desarrollo de una tradición política de clase alta tolerante. Las exportaciones de cobre, plata y trigo enriquecieron a la clase alta y permitieron que la República creciera e iniciara la modernización, aunque los cambios en su estructura social tradicional habrían de irse produciendo lentamente. En el extranjero, Chile llegó a ser considerado como la «república moderna» de Sudamérica, opinión ampliamente compartida por los propios chilenos instruidos (capítulo 4). La hegemonía conservadora de sus comienzos daría paso, tras algunas disputas memorables a mediados de siglo y acompañada siempre por el fuerte régimen presidencial, a un modelo político dominado por los liberales que incluía la competencia entre cuatro partidos principales, prefigurando el papel vital que los partidos políticos cobrarían en el futuro. En la década de 1870, tras una grave crisis económica, Chile obtuvo la victoria sobre Perú y Bolivia en la Guerra del Pacífico (capítulos 5 y 6).

Gobiernos

1831-1841	General Joaquín Prieto
1841-1851	General Manuel Bulnes
1851-1861	Manuel Montt
1861-1871	José Joaquín Pérez
1871-1876	Federico Errázuriz
1876-1881	Aníbal Pinto[1]
1881-1886	Domingo Santa María

---

[1] Hijo del presidente de 1827-1829.

4
Tiempo de progreso, 1830-1870

Se grita que Chile es de Sudamérica la república modelo.
¡Cómo serán las demás!

El *Copiapino* 3021, 5 de junio de 1858.

Bulnes fue el segundo presidente que gobernó durante diez años seguidos. Dos más lo siguieron: Manuel Montt (1851-1861) y José Joaquín Pérez (1861-1871). En ese periodo, la paz fue amenazada en dos ocasiones por la rebelión armada, pero durante la mayor parte del tiempo, como veremos en el capítulo 5, prevaleció la calma y el país disfrutó de una notable expansión económica. Los barcos de vapor aparecieron en los puertos, las líneas ferroviarias fueron avanzando a través del desierto y del Valle Central, los cables del telégrafo unieron los pueblos, se fundaron bancos y sociedades comanditarias, y las ciudades fueron mejoradas. Los chilenos instruidos veían todo esto como signos de una época de progreso. Este concepto clave en el siglo xix fue totalmente asimilado por los caudillos y creadores de opinión del país. El periódico diario de mayor tirada de Santiago se llamó *El Progreso:* durante más de cien años, este sería el título más popular para los periódicos chilenos que se iban creando[1]. En retrospectiva, el periodo de la primera República puede verse también como un ciclo económico positivo, en tanto que los productos de las minas y de las haciendas salían al mundo exterior. La crisis de la década de 1870 puso fin a esta etapa de expansión basada en la exportación.

---

[1] El catálogo de fichas de la colección de periódicos de la Biblioteca Nacional (Santiago) presenta alrededor de 110 publicaciones con este título.

POLÍTICA Y PRÁCTICA GUBERNAMENTALES

Los principales puntos en que se había hecho hincapié para lograr el afianzamiento económico en la década de 1830 fueron mantenidos prácticamente por todos los ministros de Hacienda del periodo siguiente. Estos no sólo vieron el comercio como el motor del avance económico (y como la principal fuente de ingresos), sino que también, por usar una expresión moderna, eran «conservadores en la fiscalidad» y buscaron con fe el equilibrio presupuestario. Las generaciones venideras de chilenos se preguntarían si una estrategia diferente habría producido una mayor independencia económica o bien un mayor crecimiento equilibrado. Resulta bastante difícil ver qué tipo de enfoque alternativo habría funcionado. ¿La autarquía al estilo paraguayo, por ejemplo, habría mejorado realmente la suerte de los chilenos con menos recursos? (Hizo poco por los pobres paraguayos.) La «liga comercial» de las naciones de América Latina sugerida por el conservador Antonio García Reyes en 1844 quizá hubiera sido una táctica más promisoria, pero difícilmente podría haber sido promovida sólo por Chile[2]. Los gobernantes del país no contaban con herramientas realmente eficaces para sacar adelante sus políticas: la contabilidad por partida doble, por ejemplo, no fue introducida en la administración pública sino en la década de 1880. Por otra parte, sus puntos de vista se veían influidos inevitablemente por los intereses de sus propias clases. Los propietarios de las minas y los hacendados se encontraban favorecidos por las decisiones económicas del gobierno, lo cual no quiere decir que esas decisiones en sí mismas fueran descabelladas. Asociar el país con la creciente oleada de comercio internacional bien podría haber sido la única estrategia capaz de producir resultados, fueran estos los que fueran.

Eso no implicaba una carrera precipitada hacia el libre comercio. Después de la Independencia, el impulso liberalizador en la política económica se hizo muy evidente, a pesar de lo cual el Estado siguió mostrando un claro interés por estimular o proteger la actividad económica interna: el legado «neomercantilista» era fuerte. Así, el Estado se encargó de tender vías ferroviarias y construir caminos y puertos, y

---

[2] García Reyes a la Cámara de Diputados, 20 de diciembre de 1844. V. Letelier (ed.), *Sesiones de los cuerpos legislativos de la República de Chile,* 37 vols., Santiago, Imp. Cervantes, 1887-1908, vol. XXIV, p. 663.

de desarrollar el exiguo sistema educacional. Sus esfuerzos no fueron sobrehumanos, pero tampoco despreciables. La estructura tributaria (el símbolo más visible de la política económica en esos días) estaba más cerca del pragmatismo que de un liberalismo o de un proteccionismo doctrinarios. Las ideas del libre mercado, es cierto, estuvieron bastante en boga entre los intelectuales desde la década de 1850. En 1857, *El Mercurio* las describió incluso como «doctrina nacional», señalando que en Chile (a diferencia de Inglaterra) «todo el mundo estaba a favor del buen principio»[3]. El economista francés Jean-Gustave Courcelle-Seneuil, quien vivió en Chile (y asesoró al gobierno) entre 1855 y 1863, educó a toda una generación de teóricos de la economía del libre comercio, incluidos Miguel Cruchaga Montt y el talentoso conservador Zorobabel Rodríguez. Esto no quiere decir, sin embargo, que las ideas teóricas hayan tenido tanta importancia para quienes diseñaban las diferentes políticas como las cuestiones prácticas. Cuando en 1852, la Cámara de Diputados alegó que los impuestos a las exportaciones de minerales (retenidos a lo largo de este periodo, para enfado de los mineros) eran poco modernos y «antieconómicos», el ministro del Interior, Antonio Varas, respondió: «Ojalá pudieran dejarse libres de todo gravamen los productos de la industria nacional; mas [...] una cosa es escribir un libro, y otra cosa es aplicar las doctrinas del libro al gobierno de un Estado»[4].

El Reglamento de Aduanas de Rengifo (1834) sintetizaba lo que sería la política habitual de los siguientes gobiernos. Hubo varios ajustes posteriores en la estructura original. Su propio segundo Reglamento (1842) tuvo el efecto de bajar los aranceles. En 1851, más de 100 artículos quedaron totalmente exentos de impuestos (la mayor parte de las materias primas y la maquinaria que podía ser útil en la minería o en la industria manufacturera). Trece años después, sin embargo, un nuevo ministro de Hacienda, Alejandro Reyes, llevó a cabo una reforma global que fue mucho más lejos. Reyes tenía algo de liberalizador doctrinario: estableció un impuesto *ad valorem* básico del 25 por 100 y eliminó todas las exenciones de impuestos exceptuando 29 artículos, aunque la maquinaria (ahora gravada con un 15 por 100) podía ser importada libre de impuestos mediante una autorización

---

[3] *El Mercurio* 9.142, 26 de diciembre de 1857.
[4] Cámara de Diputados, 24 de septiembre de 1852.

especial. La nueva ley también terminó con el monopolio interno en el comercio costero. A este Reglamento de Aduanas de 1864 se lo suele considerar como la marca de la pleamar en la liberalización del siglo XIX y no ha tenido buena prensa. En cualquier caso, el nuevo Reglamento de Aduanas de 1872 presentaba un aspecto más familiar, con una lista más larga de artículos exentos (incluidas máquinas, aunque, y ello es raro, muchas piezas industriales y materias primas todavía estaban sujetas a un impuesto del 15 por 100). Como la mayoría de las leyes tributarias del periodo, esta última combinaba las ventajas fiscales con la atención de los intereses locales.

El crecimiento del comercio, en el que había depositadas tantas esperanzas, demostró ser muy satisfactorio. El número de barcos que recalaban en los puertos chilenos aumentó a cerca de 4.000 al año en 1870, más de diez veces la cantidad de 1840. El volumen del comercio exterior se multiplicó por cinco con respecto a la cifra que había alcanzado entre mediados de la década de 1840 y mediados de la década de 1870 (de unos 15 a unos 75 millones de pesos al año)[5]. Hasta alrededor de 1860, las importaciones superaban por poco las exportaciones; durante la década de 1860, las exportaciones pasaron levemente adelante. Esta expansión comercial no fue continua. A finales de la década de 1850, se produjo una seria recesión, provocada por dos malas cosechas, la pérdida de los mercados de ultramar para el trigo y la harina, y la menguante producción de plata –todo ello agravado por la recesión internacional de 1857. La crisis chilena de finales de la década de 1850 llevó a algunas famosas bancarrotas, pero fue pronto superada y el crecimiento retomó su curso en la década de 1860. Hubo otros momentos, sobre todo desde finales de la década de 1840 a mediados de la de 1850 y desde finales de los sesenta a mediados de los setenta, en los que la expansión del comercio fue de hecho muy rápida y el país experimentó una situación de bonanza.

Como resultado, el gobierno confiaba en que podía contar con una fuente de ingresos generalmente contundente: los impuestos. De hecho, estos aumentaron desde unos 3 millones de pesos a comienzos de la década de 1840 a más de 16 millones en 1875. Antes del final de

---

[5] El peso equivalía aproximadamente a 45 centavos antiguos (18,75 centavos nuevos) en plata fina, o lo mismo respecto del dólar norteamericano; conservó su valor, con leves fluctuaciones, durante todo el periodo.

la década de 1850, los ministros de Finanzas no habían tenido problemas para equilibrar el presupuesto. Tras 1860, los gastos comenzaron a superar el crecimiento comercial y se hizo más difícil cubrirlos con las fuentes «ordinarias» (es decir, autorizadas legislativamente). La tributación interna disminuyó en proporción a los ingresos del Estado; hubo una marcada renuencia a imponer impuestos sobre las propiedades o la renta (por ende, las tasas tributarias internas decayeron en este periodo); y, aunque ahora el Estado ganaba gracias a algunos de sus propios servicios (por ejemplo, los ferrocarriles), ya no era posible equilibrar las cuentas sin recurrir a los préstamos. Entre 1861 y 1879, se contrajeron diez importantes préstamos internos por una cantidad superior a los 21 millones de pesos. En 1858, Chile pidió su primer préstamo externo en 36 años (a Barings de Londres); entre 1861 y 1879, otra media docena, sumando más de 40 millones de pesos[6]. Dada la estricta política de mantener los pagos al día, en la década de 1870, las finanzas públicas comenzaron a parecer menos sólidas.

Una de las razones para lo anterior era que las obligaciones del Estado estaban aumentando progresivamente. La administración pública (todavía minúscula para los estándares posteriores) se había duplicado entre mediados de la década de 1840 y la década de 1870 de sólo 1.500 a 3.000 funcionarios. (La segunda mayor partida del presupuesto, las fuerzas armadas, se mantuvo, como hemos visto, a un nivel en general bajo.) Los nuevos requerimientos al erario público incluían la educación, la construcción de ferrocarriles y los buques de guerra (a comienzos de la década de 1870). A pesar de haber sido tan agudo en la década de 1870, el crecimiento comercial ya no era suficiente para sustentar la nueva magnitud de las operaciones del gobierno —especialmente desde que la clase gobernante chilena comenzó a mostrar poca inclinación a autoimponerse gravámenes.

La economía de exportación: minería y agricultura

Desde el punto de vista del comercio exterior, la gallina de los huevos de oro era la minería. La economía de exportación habría tenido un

---

[6] L. M. Ortega, *Change and Crisis in Chile's Economy and Society, 1865-1879*, Universidad de Londres, tesis doctoral, 1979, p. 357.

aspecto muy diferente de no haber existido las provincias norteñas de Coquimbo y Atacama (la última, creada en 1843). Como vimos en el capítulo 1, los principales metales de la época colonial eran el oro, la plata y el cobre. La producción anual de oro en la década de 1870 (unos 270 kilogramos) era sólo una cuarta parte de lo que había sido 50 años antes. Eso no importaba: había un montón de plata y de cobre. ¿Cuánto se extraía en realidad? Las cifras sólo pueden ser aproximadas: la exportación clandestina es imposible de cuantificar. Las minas del Norte Chico, según Pierre Vayssière, aumentaron la producción anual de plata de Chile de 33.000 kilos en la década de 1830 a más de 123.000 kilos en la de 1870; mientras que la producción anual de cobre pasó de alrededor de 14.000 toneladas métricas en la década de 1840 a unas 46.000 en la de 1870[7] –momento en el cual Chile solía cubrir por lo general entre el 30 y el 50 por 100 de la demanda mundial de ese metal–. Desde la década de 1840, un alto porcentaje de cobre era exportado en forma de *Chili bars,* fundidas localmente.

La minería atrajo a gran cantidad de trabajadores, comerciantes, especuladores y prospectores. Muchos chilenos de clase alta (por no mencionar a otros) se sentían impulsados a probar suerte con la esperanza de hacer una fortuna rápida. Se ha argumentado incluso que la minería, con sus repentinas ganancias y pérdidas, era de algún modo particularmente atrayente para la psicología chilena. Pero, sea como fuere, la apasionada búsqueda de nuevas fuentes de riqueza era una constante en el norte. Los *cateadores* (buscadores de minas) se multiplicaban entre los áridos cerros y en los desiertos inhabitados, llamados «despoblados», entre Copiapó y la frontera boliviana, donde ello fuera posible. (En 1866, se fijó la frontera en los 24° de latitud Sur, en forma más bien casual, pero Bolivia no reconocería más tarde el tratado.) Ninguno de los descubrimientos realizados entre 1840 y 1875 pudo igualar a Chañarcillo. El descubrimiento de plata en 1848 en Tres Puntas, al norte de Copiapó, fue el más famoso de mediados del siglo; hubo un montón de hallazgos menores. La última «fiebre de la plata» realmente importante del periodo, la cual provocó la migración de miles de personas (muchas de ellas de Norte Chico), ocurrió a comienzos de la década de 1870 en Caracoles, en la frontera con Bolivia.

---

[7] P. Vayssière, *Un siècle de capitalisme minier au Chili 1830-1930,* París, 1980, CNRS, pp. 110-115.

Caracoles[8] produjo alrededor de 1.000 toneladas métricas de plata en sus primeros diez años y luego decayó.

Los historiadores chilenos hicieron un desmedido elogio de varios buscadores mineros del siglo XIX: Diego de Almeida, por ejemplo, o José Antonio Moreno, cuyas búsquedas fueron ciertamente extensas y obsesivas. La mayoría de los cateadores provenían de un medio modesto (originalmente leñadores, quizá, o arrieros) y sus descubrimientos eran intuitivos, sin base en una experiencia geológica. No todos los felices hallazgos, sin embargo, eran producto de una vasta exploración; a veces, también las minas conocidas daban sorpresas. José Tomás Urmeneta (presentamos aquí el caso más espectacular de todos) trabajó una mina improductiva en Tamaya, cerca de Ovalle (en la provincia de Coquimbo), durante 18 miserables años antes de encontrar (octubre de 1852) la veta de cobre más rica jamás descubierta en el Norte Chico. «El loco del burro», como lo conocían en la zona, se convirtió rápidamente en un millonario, que se unió a las filas del puñado de hombres cuyas familias disfrutaban de las mayores fortunas de los primeros años de la República.

A pesar del enorme aumento en la producción, muchos rasgos del sistema minero de finales de la colonia siguieron vigentes durante todo el siglo XIX: empresas individuales o familiares, tecnología simple, actividad marginal de corto plazo ejemplificada por el antiguo sistema del pirquén. Alrededor de la década de 1860, sin embargo, algunas de las mayores empresas ya habían adoptado tecnología más reciente. Urmeneta lo hizo en Tamaya Minas (una de sus bocaminas alcanzaba los dos kilómetros de extensión), al igual que José Ramón Ovalle en Carrizal Alto. Alrededor del 30 por 100 del cobre producido a mediados de la década de 1870 provenía de estos dos distritos. Ambos fueron casos excepcionales; la gran mayoría de las minas seguían siendo pequeñas (o poco profundas) y dependían más del trabajo de los barreteros y apires (o, en casos más raros, de la tracción animal) que de las máquinas de vapor. A comienzos de la década de 1870, según un informe (probablemente incompleto), tan sólo una mina en el Norte Chico —de un total de 23— usaba máquinas de vapor[9].

---

[8] También se le dio este nombre por la gran cantidad de fósiles marinos que se encuentran en la zona.

[9] L. R. Pederson, *The Mining Industry of the Norte Chico, Chile*, Evanston, Ill., Northwestern University, 1966, pp. 191-192.

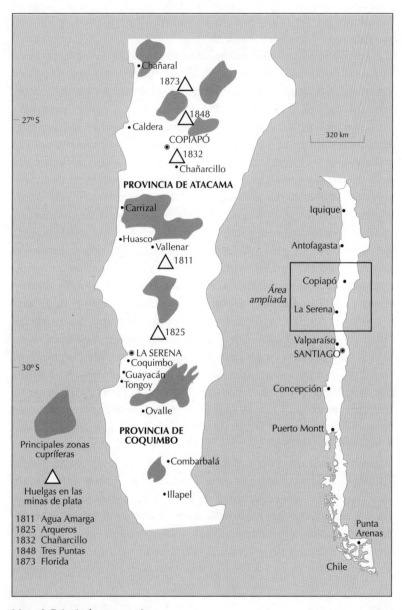

Mapa 3. Principales zonas mineras.

Los mayores cambios técnicos se produjeron en el tratamiento más que en la extracción. En el caso de la plata, el viejo proceso colonial del «patio» fue ampliamente desplazado por el llamado «método del cobre», una variante del «barril de amalgama» corriente en Europa. El nuevo sistema aún requería grandes cantidades de mercurio por lo que, a finales de siglo, fue reemplazado por el proceso de «amalgamado Kröhnke», más eficiente. En la fundición de cobre, la innovación más vital fue la introducción de los hornos «de reverbero» por el empresario Charles Lambert, un emprendedor muy exitoso de origen alsaciano que se instaló en Chile en 1825, alrededor de 1830. En Chile, el método fue conocido como el «sistema inglés» (había sido utilizado durante mucho tiempo en Swansea, Gales del Sur, en esa época la capital mundial de la fundición de cobre y un puerto al cual se enviaban grandes cantidades de mineral chileno). Desde finales de la década de 1840, debido en parte a una tarifa de cambio británica (1842) que reducía la ventaja de Swansea, y en parte a que la distancia tenía un efecto negativo en el transporte a granel del mineral, se instalaron varias fundiciones chilenas a gran escala: en Guayacán (bahía de La Herradura, Colimbo) y Tongoy, al norte, ambos parte en la década de 1860 del imperio de Urmeneta; en Lirquén y Lota, al sur. A partir de entonces, se envió aún más cobre al extranjero, ya fuera en forma de lingotes puros, ya en forma de matas semiprocesadas, con un contenido de cobre de alrededor del 50 por 100 (cerca de un 30 por 100 de las exportaciones totales entre los años 1855 y 1875). Las grandes fundiciones del norte y del sur fueron las primeras compañías industriales del país.

Como sucede tan a menudo con la industrialización, hubo que pagar un precio. Las nuevas fundiciones de cobre, grandes o pequeñas, requerían constantes suministros de combustible. Aquellas fundiciones ubicadas en la zona minera rápidamente agotaron los escasos recursos madereros del norte. A largo plazo, esto produjo un importante desequilibrio ecológico y el desierto aceleró su avance hacia el sur. En la década de 1870 al menos algunas personas eran conscientes de esto. La alternativa para la madera era el carbón, cuyos depósitos se encontraban cerca de Concepción (en la bahía de Talcahuano y especialmente en el golfo de Arauco). Estos depósitos fueron explotados más o menos sistemáticamente desde la década de 1840; en 1852, Matías Cousiño, un empresario tan famoso como Urmeneta, inició la operación minera en Lota. A mediados de la década de 1870, había más de 6.000 mineros del carbón en el sur: la compañía Lota tuvo el primer sistema telefónico interno de Chile. Así nacía una nueva industria. Su producción era modesta con respecto a la norma europea, pero, a pesar de su vulnerabilidad a la competencia del carbón galés importado, Chile terminó por aumentar la suya, en parte gracias a que se había descubierto que una mezcla de carbón nacional e importado funcionaba bien en las fundiciones del norte. Las fundiciones del sur, por su parte, fueron cobrando cada vez más importancia hacia finales de siglo, en gran medida por su proximidad a las minas de carbón.

En esta etapa, la mayoría de los empresarios mineros eran chilenos, muchos provenientes de familias ya establecidas en el Norte Chico: el poderoso clan Gallo, fundado por un inmigrante genovés del siglo XIX, y otras dinastías del norte, como los Goyenechea, los Matta y los Montt. Miguel Gallo, uno de los grandes beneficiarios de Chañarcillo, parece que fue el primer millonario chileno; murió en 1842. También les fue bien a una serie de extranjeros (sobre todo británicos y argentinos). Una o dos empresas cupríferas estaban en manos inglesas. Los mineros de más éxito solían reinvertir sus ganancias en nuevas minas, pero también compraban haciendas en el Valle Central y mansiones en Santiago. La mayoría de los empresarios eran más modestos y dependían de un grupo de intermediarios conocidos como «habilitadores», que les daban crédito y equipos a cambio de mineral o una participación en las ganancias de la mina en cuestión. Como demostró Eduardo Cavieres, las casas de importación y exportación de Valparaíso estaban muy vinculadas al negocio de la «habilitación», con una compleja y entreverada red de intereses en toda la zona minera. El «habilitador» más espectacular fue Agustín Edwards, hijo del primer Edwards en Chile. En la década de 1860, gracias a numerosas y lucrativas especulaciones, Edwards se había convertido en uno de los capitalistas más ricos de Chile. En 1871-1872 dio un golpe que quedaría por mucho tiempo en la memoria: almacenó tanto metal como pudo, hizo que el precio mundial del cobre subiera en un 50 por 100 en ocho meses y logró una ganancia personal estimada en 1,5 millones de pesos.

A pesar de la importancia que la minería revestía para la economía de exportación, relativamente pocos chilenos trabajaban en ella. En la década de 1860, alrededor del 80 por 100 de la población vivía en el campo, dominado por la hacienda. Ser dueño de una hacienda (o *fundo,* como se le fue llamando cada vez más) era para entonces el emblema más claro de pertenencia a la elite nacional. Los registros tributarios de 1854 muestran que unos 850 terratenientes recibían cerca del 60 por 100 de todas las ganancias agrícolas de Chile central. Al menos el 75 por 100 de toda la tierra agrícola estaba ocupada por las haciendas, la mayor parte de las cuales incluía grandes extensiones de tierra en barbecho de un año a otro. El campo contaba con un gran excedente de fuerza laboral, así como de tierra en desuso en el interior de las haciendas, en caso de que algún día llegaran a ser necesarias. No lo fueron hasta alrededor de 1850.

El principal problema de los hacendados chilenos en la década de 1840 seguía siendo la falta de mercados. El restablecido comercio de cereales con Perú no era demasiado grande. Alrededor de 1850, sin embargo, las perspectivas para las haciendas mejoraron sustancialmente, a la vez que surgieron de pronto nuevas oportunidades. La primera de estas fue, por las noticias que llegaron a Valparaíso en agosto de 1848, el descubrimiento de oro en California. En su calidad de único país en la costa del Pacífico con una importante producción de trigo, Chile podía satisfacer las necesidades de alimentos de la creciente población de la fiebre del oro. Los hacendados y los comerciantes aceptaron el desafío. Las exportaciones de trigo y harina a California aumentaron de 6.000 quintales métricos en 1848 a una cantidad máxima de cerca de 500.000 en 1850. Para satisfacer la demanda de harina, aparecieron de la noche a la mañana varios molinos de tecnología moderna cerca de Tomé (bahía de Talcahuano) y a lo largo del río Maule, donde el joven, rico y políticamente ambicioso comerciante de granos Juan Antonio Pando instaló su molino «La Unión», el mayor visto nunca en Chile. A comienzos de la década de 1870, había alrededor de 130 modernos molinos en Chile.

Aquí se impone una breve digresión, ya que el episodio californiano iba a ser importante en la memoria colectiva chilena, gracias en parte a los esfuerzos literarios de Benjamín Vicuña Mackenna y Vicente Pérez Rosales. Además del impulso que significó para las haciendas, la fiebre del oro de California impulsó un considerable éxodo: chilenos de todo tipo se dirigieron en gran número hacia el norte para probar suerte –y no sólo hombres, ya que una buena cantidad de chilenas también partieron, buscadoras de oro en un sentido algo diferente–. En el momento de mayor auge de la fiebre, había miles de chilenos en California. Algunos de ellos se hicieron ricos y nunca regresaron a su país; como siempre, a la mayoría le fue bastante mal. Los chilenos pronto sufrieron la discriminación e incluso el violento ataque de los norteamericanos, tanto en los yacimientos de oro como en San Francisco. Algunos se situaron al margen de la ley, como fue supuestamente el caso del famoso bandido chileno Joaquín Murieta, idealizado por posteriores generaciones como símbolo de la resistencia latina frente a la arrogancia anglosajona: un mito no menoscabado por el hecho de que Murieta, si es que existió, probablemente fuera mexicano. La leyenda revivió con fuerza en 1967 gracias a la hermosa cantata de Pablo Neruda y Sergio Ortega *Fulgor y muerte de Joaquín Murieta*.

Hay otro efecto de California que cabe mencionar aquí. Tantos fueron los barcos chilenos que se vieron atraídos por la Puerta Dorada (como acababa de ser bautizada) que el gobierno se vio obligado a permitir el acceso temporal de los navíos extranjeros al hasta entonces restringido comercio costero, un presagio de la Ley Reyes de 1864. Podría señalarse aquí que el destino de la marina mercante chilena en realidad no tuvo que ver con las decisiones de 1849 y 1864. En la década de 1850, esta creció sustancialmente. Durante la breve guerra de Chile con España en 1865-1866 (que describiremos en el capítulo 5), no obstante, los navíos chilenos simplemente cambiaron banderas para evitar problemas con los buques de guerra españoles. Sólo en 1885, el tonelaje chileno alcanzó nuevamente el volumen de mediados de la década de 1860. En 1922, por avanzar un poco, el comercio costero se convirtió de nuevo en monopolio nacional.

El rápido auge de las exportaciones a California fue efímero. Alrededor de 1855, los nuevos 33 Estados de la Unión eran autosuficientes en trigo y harina (e incluso los exportaban). Una segunda fiebre del oro vino a rescatar a los hacendados chilenos con los descubrimientos de Bendigo y Ballarat, en Victoria, en 1851. Las granjas australianas quedaron inactivas cuando los hombres se fueron a excavar. Una vez más, barcos cargados con trigo y harina se abrieron paso por las aguas del Pacífico. Las exportaciones chilenas a Australia alcanzaron su punto máximo en 1855 (con ganancias de casi 2,7 millones de pesos); luego, disminuyeron de golpe. California se estaba repitiendo: dos o tres años de grandes ganancias, seguidos por un repentino cierre del mercado –un factor importante en la recesión de finales de la década de 1850.

Sin embargo, este no fue el fin de la historia. A partir de mediados de la década de 1860, durante diez años más o menos, las haciendas chilenas lograron colocar en el mercado inglés grandes cantidades de trigo y cebada. Las exportaciones llegaron a 2 millones de quintales métricos en 1874. Este crecimiento algo sorprendente fue producto de los altos precios mundiales y las mejoras en los embarques marítimos, como también del hecho de que el grano chileno, proveniente del hemisferio sur, llegaba a Inglaterra antes que las cosechas del norte. Estas ventajas se perdieron cuando los productores a gran escala (por ejemplo, el medio-oeste americano) sacaron a Chile del mercado internacional. En 1878, el periódico londinense *The Economist* dejó de publicar el precio del trigo chileno.

La clave para los sucesivos auges de las exportaciones agrícolas de mediados de siglo fue la ubicación de Chile en el Pacífico sur y la capacidad disponible en el campo. La agricultura pudo responder ante el estímulo de los mercados en expansión, sin alterar significativamente la forma en que se hacían las cosas en Chile. «Los hacendados chilenos», como señaló Arnold Bauer, «produjeron para la exportación simplemente extendiendo el sistema ya existente»[10]. Sin embargo *sí* se produjeron ciertos cambios: especialmente las nuevas obras de irrigación, con la construcción de embalses (como el lago de 157 hectáreas de Catapilco en la década de los cincuenta) y canales, algunos de los cuales fueron muy largos: sesenta kilómetros en el caso del de Joshua Waddington en el valle del Aconcagua (construido en la década de 1840), 120 kilómetros (con tres túneles y un acueducto) el más espectacular canal de las Mercedes, promovido a mediados de la década de los cincuenta por varios hacendados (incluido el entonces presidente Manuel Montt), y cuya construcción duró 30 años. En este periodo también se hicieron esfuerzos por mejorar la ganadería importando animales del extranjero, y por introducir nuevos cultivos, como el arroz. Al comienzo los resultados fueron modestos; sin embargo, hay algunos éxitos que merecen ser destacados. La introducción de las abejas italianas en la década de 1840 transformó (de hecho, prácticamente creó) la apicultura chilena, permitiéndole al país alcanzar rápidamente el autoabastecimiento de miel. Los chilenos habían bebido sus propios vinos ásperos desde el siglo XVI (Silvestre Ochagavía suele ser considerado el pionero), pero desde la década de 1850, varios terratenientes

---

[10] A. J. Bauer, *Chilean Rural Society. From Spanish Conquest to 1930,* Londres, Cambridge University Press, 1975, p. 70.

plantaron vides francesas por primera vez. El aislamiento chileno implicó que sobrevivieron a la plaga de filoxera, que había comenzado a devastar los viñedos europeos en la década de 1860. Se descubrió que las uvas de las variedades *pinot* y *cabernet* se daban particularmente bien en el suelo y la luz del Valle Central. Este fue el origen de una espléndida tradición que con el tiempo produciría algunos de los mejores vinos del hemisferio occidental, los únicos en el mundo, en opinión de algunos, que conservan el verdadero gusto francés anterior a la filoxera.

Por supuesto, el gobierno no sólo se limitó a estar aparentemente de acuerdo con el desarrollo agrícola. Desde la década de 1840, mantuvo en Santiago una granja modelo y una estación experimental, la Quinta Normal de Agricultura. Asimismo, la Sociedad Nacional de Agricultura (SNA) –fundada dos veces (1838 y 1855) antes de su establecimiento definitivo en 1869– trató de impulsar algunas mejoras: no se convertiría en el grupo de presión de los terratenientes como tal hasta comienzos del siglo XX. Algunos agricultores progresistas lucharon con fuerza por innovar, pero claramente se trataba de una minoría. Dejando a un lado los planes de irrigación, las grandes inversiones de capital en la agricultura fueron algo inusual. Durante el auge de las exportaciones, el área cultivada se triplicó (quizá incluso se cuadruplicó); la cantidad de haciendas aumentó, dado que algunas de las enormes propiedades de otros tiempos fueron subdivididas (esto aún era muy posible); el *inquilinaje* se expandió con el establecimiento de nuevas familias en las haciendas; se desarrollaron nuevas formas de aparcería, especialmente en la cordillera de la Costa. Pero nada de esto significó cambios realmente profundos. Los métodos agrícolas siguieron siendo tradicionales. Hubo poca mecanización, especialmente en comparación con la vecina Argentina; hasta la década de 1930, los bueyes seguían siendo un elemento universal en el campo chileno. El mundo rural patriarcal (para muchos el auténtico Chile), el mundo del patrón y del inquilino, se vio más fortalecido que debilitado por la economía de exportación.

LOS SIGNOS EXTERNOS Y VISIBLES DEL PROGRESO

El símbolo de progreso que más rápidamente quedó en evidencia fue la revolución del transporte que acompañó a la expansión del comercio de ultramar para la que fue una condición indispensable. En la década de 1830, Chile todavía se encontraba a más de tres meses de Europa en barco de vela. En 1840, dos vapores de ruedas de 700 toneladas, el *Chile* y El *Perú,* llegaron desde Inglaterra para inaugurar las salidas regulares entre Valparaíso y El Callao. El hombre responsable de esta innovación, el notable empresario norteamericano William Wheelwright, había organizado recientemente la Pacific Steam Navigation Company (PSNC), una línea británica cuyos barcos de pasajeros serían un panorama familiar en la costa chilena hasta la década de 1960. Desde mediados de la década de 1840, cuando la PSNC[11] extendió sus itinerarios hasta Panamá (con buenas conexiones), por fin fue posible llegar a Europa en menos de cuarenta días. En 1868, se iniciaron los viajes directos de Valparaíso a Liverpool vía estrecho de Magallanes. Otras compañías europeas (y, de manera más modesta, chilenas) pronto entraron a competir con la poderosa PSNC, cuyo tonelaje en 1874 igualaba al de la armada norteamericana. Los barcos de vapor aún no habían eclipsado a los buques de vela, todavía mucho más usados para cargas a granel. De hecho, despuntaba la gran era final de la vela, con sus hermosos clíperes y bricbarcas de cuatro palos.

Obviamente, el vapor revolucionó también el transporte por tierra. La primera vía férrea chilena (con 80 kilómetros era la línea más importante de América Latina) fue tendida en 1851 para unir Copiapó con el puerto de Caldera. Fue construida por el ubicuo Wheelwright y financiada por un grupo de ricos mineros y comerciantes, incluida la formidable y políticamente combativa doña Candelaria Goyenechea (viuda de Miguel Gallo), Agustín Edwards, Matías Cousiño, miembros de los Subercaseaux, las dinastías Ossa y Montt. Después se extendió hacia el interior de la zona minera, donde otras líneas ferroviarias se le sumaron a su debido tiempo. La vital línea de 183 kilómetros entre Santiago y Valparaíso, cuyos trabajos comenzaron en octubre de 1852, era originalmente una empresa mixta (mitad gubernamental, mitad privada). Cuando en 1858 surgieron dificultades tanto con la ruta como con los accionistas, el gobierno compró las acciones privadas. La línea de vía ancha de 183 kilómetros quedó concluida en 1863, con la última sección (128 kilómetros) construida

---

[11] Las famosas iniciales dieron origen a varias bromas que persistieron en el tiempo, por ejemplo: *Pésimas Son Nuestras Comidas* y *Pasajeros Ser Nunca Contentos.*

a velocidad de vértigo por otro norteamericano excepcional, Henry Meiggs. Una tercera vía ferroviaria importante comenzó a ser tendida desde el Valle Central hacia el sur a finales de la década de 1850; este Ferrocarril del Sur fue otra empresa mixta posteriormente tomada en manos del Estado (1873). En agosto de 1862 circuló el primer tren a San Fernando, a 140 kilómetros al sur de la capital. Una línea de ferrocarril entre Talcahuano y Chillán (que debía unirse a la del Valle Central) fue construida entre 1869 y 1874. A mediados de la década de 1870, Chile contaba con una red de ferrocarriles de cerca de 1.600 kilómetros, más de la mitad propiedad del Estado.

El Estado también jugó un papel importante en el desarrollo de la telegrafía, la tercera innovación clásica del siglo XIX. En 1852 se instaló un telégrafo entre Santiago y Valparaíso, nuevamente una empresa del sorprendente Wheelwright, por cuyos múltiples servicios a Chile se le erigió una estatua en Valparaíso (1877), muy justamente, ya que antes había promovido allí la iluminación por gas y la traída de aguas. Este primer telégrafo pertenecía a una compañía privada, aunque apoyada por subsidios estatales; el gobierno se hizo cargo de la principal responsabilidad: crear una red nacional como parte de un servicio postal totalmente organizado. El sencillo principio de Rowland Hill se hizo efectivo en Chile en 1856; dos años después, los chilenos remitían 662.998 cartas[12]. Alrededor de 1876, las 48 oficinas de telégrafo del Estado, con una red de 2.500 kilómetros, cubrían el país a todo lo largo. Las conexiones internacionales fueron impulsadas por la iniciativa privada. Santiago y Buenos Aires estaban unidas por una línea tendida a través de los Andes por los hermanos chilenos Juan y Mateo Clark (1872). Dos años después, cuando se tendió el cable submarino al Brasil, Chile quedó comunicado en forma directa con el Viejo Mundo. El 6 de agosto de 1874, por primera vez, *El Mercurio* publicó noticias europeas llegadas directamente de Europa. (En 1838 el mismo periódico había divulgado la historia de la coronación de la reina Victoria, más de cuatro meses después de que se produjese.) Una oficina *Havas Reuter,* verdadero símbolo de esta primera «revolución informática», fue abierta en Valparaíso en 1875.

¿En qué medida los sucesivos auges en las exportaciones produjeron un desarrollo en la economía interna chilena? Obviamente, es una

---

[12] *El Araucano* 2.092, 23 de julio de 1859.

cuestión fundamental. Con una minería y una agricultura tan dominantes, parecería quedar poco espacio para la industria manufacturera. Es evidente que la industrialización *per se* no fue una prioridad para los gobiernos chilenos hasta mucho más tarde. Antes de la década de 1850, al menos, la manufactura local siguió siendo predominantemente artesanal. En el campo, como señaló el experto francés Gay, el campesino tenía «que ser a la vez su tejedor, su sastre, su carpintero, su albañil, etc.»[13]. La importación de algodones ingleses marcó alguna diferencia en este sentido, aunque el censo de 1854 todavía contaba 9.000 tejedores en las provincias de Santiago y Valparaíso. La economía de exportación, no obstante, reunió las fundiciones de cobre y los molinos harineros, y la expansión del mercado interno brindó claras oportunidades a los industriales en ciernes, muchos de ellos inmigrantes emprendedores. Sus esfuerzos marcaron los modestos comienzos de la industrialización chilena.

Según las detalladas investigaciones de Luis Ortega, el Chile de mediados de la década de 1870 contaba con unos 120 establecimientos industriales —«industrial» en el sentido de que todos usaban la energía del vapor, pagaban salarios en dinero y empleaban a más de diez trabajadores—. Las fundiciones de Guayacán y Lota, por supuesto, tenían varios cientos de hombres cada una. Las plantas que fabricaban alimentos y bebidas incluían la refinería de azúcar de Viña del Mar (abierta, con asistencia del presidente, en 1873) y cierta cantidad de modernas industrias cerveceras: Carlos Andwandter fabricaba la mejor cerveza de la época en Valdivia. También estaban en funcionamiento algunas fábricas de textiles, una planta papelera (en Limache) y al menos diez talleres tipográficos mecanizados. A mediados de la década de 1860, comenzaron a fabricarse, en Lota y Coronel, ladrillos refractarios para las fundiciones. No obstante, el caso más impresionante fue el de la pequeña industria metalúrgica e ingenieril: plantas productoras de maquinaria, repuestos, equipos militares y material rodante para los ferrocarriles. Una empresa estatal de corta duración pero que vale la pena mencionar, la Fundición Nacional, instalada en 1865-1866 en Limache, fabricó luego productos como máquinas de vapor, bombas de vapor, calderas de locomotoras, la hélice de un barco de vapor, campanas y arados. La fundición se cerró en 1874, en parte porque competía con las plantas

---

[13] C. Gay, *La agricultura chilena,* 2 vols., Santiago, ICIRA, 1973, vol. I, p. 159.

privadas, admisión de que esta avanzada rama de la industria estaba dejando su impronta en Chile. Uno o dos intelectuales contemplaban la llegada de la industria con inquietud: Andrés Bello sugirió en una ocasión que sus sentimientos al respecto eran los de Goldsmith en *La aldea abandonada*. (Pero, ¿dónde estaba el equivalente chileno de la «dulce Auburn»?) Otros, que miraban hacia delante en lugar de hacia atrás, empezaban a preguntarse si la industria podría ser un medio de reducir la dependencia de las exportaciones.

El ritmo de expansión de la actividad económica naturalmente se vio reflejado en las prácticas monetarias y comerciales. Las monedas de oro, plata y cobre (convertidas al sistema decimal a comienzos de la década de 1850) que, hasta 1860, eran la única oferta de pago legal, nunca fueron suficientes para satisfacer las demandas de un comercio creciente; además, solía ocurrir que, en épocas de recesión, el país se quedara completamente sin divisas, como a finales de la década de 1850. La escasez de monedas de baja denominación fue crónica. Los empleadores a veces usaban «fichas» como monedas no oficiales, como las emitidas por José Tomás Urmeneta, de elegante diseño. La principal fuente de crédito antes de la década de 1850 eran los prestamistas privados (capitalistas como el personaje ficticio de Blest Gana, *Don Dámaso Encina*) o las casas comerciales de Valparaíso. Una de las primeras empresas bancarias, montada por Antonio Arcos en 1849, fue un fracaso, en parte por la desconfianza que producía su propia persona (era un español conocido por sus turbias transacciones durante el régimen de O'Higgins), en parte porque los comerciantes de Valparaíso querían el negocio para ellos. Los primeros bancos permanentes con emisión fiduciaria, el Banco de Ossa y el Banco de Valparaíso, se crearon a mediados de la década de 1850. Una Ley general de bancos (bastante liberal) entró en vigencia en 1860. Quince años después, había al menos 11 bancos en Chile, con un capital efectivo de más de 22 millones de pesos. Mientras tanto, la Caja de Crédito Hipotecario (un banco hipotecario de tierras fundado en 1856) había canalizado un nuevo flujo de créditos para el campo –en realidad, para los hacendados.

La organización comercial también cambió después de 1850. Lo más notable fue la aparición de las sociedades anónimas, reguladas por una ley de 1854. Las primeras sociedades anónimas fueron las compañías de ferrocarriles. A finales de la década de 1870, se habían constituido al menos 200 de estas empresas –principalmente en la minería, la banca, los seguros (la primera compañía chilena data de 1853), los ferrocarriles y los servicios públicos–. Este patrón corporativo emergente ilustra ciertas peculiaridades del floreciente capitalismo chileno. Mientras que relativamente poco capital iba a parar a la agricultura o a la industria manufacturera, las empresas mineras especulativas ejercían una atracción poderosa. La bonanza de Caracoles impulsó la formación de 27 nuevas compañías en octubre de 1872. Sin duda, «La fiebre de Caracoles» provocó una locura especulativa sin precedentes, una burbuja que estalló muy pronto.

En la década de 1870, la minería incluía un nuevo negocio que pronto sería tremendamente importante en la historia de Chile. Los yacimientos de salitre, de gran demanda en Europa como fertilizante, habían sido explotados en la provincia desértica peruana de Tarapacá. Aquí había involucrados grandes capitales chilenos, expansionistas antes que nada: en 1871-1872, el 25 por 100 de toda la producción de salitre de Tarapacá era controlada por chilenos. En el litoral boliviano, más al sur, los chilenos fueron aún más avasalladoramente conspicuos. Las minas de plata de Caracoles eran explotadas prácticamente en su totalidad por chilenos. Los yacimientos de salitre en el desierto de Atacama fueron abiertos a mediados de la década de 1860 por los empresarios chilenos José Santos Ossa y Francisco Puelma, quienes obtuvieron generosas concesiones de Mariano Melgarejo, el dictador de Bolivia en ese momento. La Chimba, una aldea sin importancia, se transformó de pronto en la nueva y floreciente ciudad de Antofagasta, de población chilena casi por entero. A mediados de la década de 1870, la empresa original de Ossa-Puelma se había transformado en una poderosa corporación chileno-británica (de hecho, principalmente chilena): la Compañía de Salitres y Ferrocarril de Antofagasta. Sus accionistas incluían a prominentes políticos chilenos.

El vínculo con el capitalismo chileno era el floreciente puerto de Valparaíso, con su bosque de mástiles en la bahía, su Aduana bellamente estucada y sus almacenes fiscales. Allí, en el corazón de una cosmopolita comunidad comercial, varias docenas de casas de importación y exportación se habían situado en la imponente cima de la economía de exportación. La empresa típica era la casa de comisiones, cuyo interés principal era sacar provecho de las comisiones sobre las importaciones y las exportaciones, pero que también ejercía poderosas influencias tanto en los mineros como en los hacendados. En este negocio, los extranjeros fueron particularmente prominentes, con los ingleses a la cabeza —representantes de lo que se ha llamado (parafraseando a Philip Curtin) «la última verdadera diáspora [comercial] a gran escala antes del advenimiento de las modernas corporaciones multinacionales»[14].

A comienzos de la República, lo que podríamos llamar la «conexión británica» resultó fundamental para Chile: entre un 30 y un 60 por 100 de todas las exportaciones iban a Gran Bretaña y de un 30 a un 50 por 100 de todas las importaciones a Chile provenían de allí. (Las importaciones de Francia también alcanzaron altos niveles, un reflejo de los gustos de las clases altas.) Las inversiones directas británicas del periodo se limitaban principalmente a bonos del gobierno, aunque no deberíamos ignorar las inversiones regulares realizadas en firmas comerciales británicas. En el más amplio sentido, por supuesto, la posición hegemónica de Gran Bretaña en el sistema de comercio internacional del siglo XIX influyó en el desarrollo general de la economía de exportación de Chile *por el simple hecho de estar allí*. Los barcos de vapor, los telégrafos, los ferrocarriles y las sociedades comanditarias, cada uno de ellos participó en el establecimiento de los sólidos vínculos de Chile con un mercado mundial en franca expansión. La decisión de seguir este camino, para bien o para mal, fue una decisión chilena. Pudo ser un modo de eludir opciones más graves, pero ¿quién puede asegurarlo?

LOS PROGRESIVOS CAMBIOS EN LA SOCIEDAD

La mayoría de los chilenos instruidos a comienzos de la década de 1870, mirando retrospectivamente los 40 años anteriores más o menos, estaban convencidos de que su país había logrado una mejor posición social. Y así era en algunos aspectos, pero ¿qué efecto tuvo la expansión económica en la sociedad chilena en su conjunto? Incuestionablemente, su impacto fue desigual. Los principales beneficiarios del progreso eran claramente la clase alta y quienes estaban vinculados con la expansión del comercio; menos evidente resulta el beneficio que sacaron los chilenos más pobres. En la década de 1850, tras el primer auge de

---

[14] E. Cavieres, *Comercio chileno y comerciantes ingleses 1820-1880,* Valparaíso, Universidad Católica de Valparíso, Instituto de Historia, 1988, p. 227.

las exportaciones, algunos chilenos de clase alta pudieron vivir en forma muy opulenta. Tomemos, por ejemplo, a Emeterio Goyenechea (dueño de minas, comerciante y terrateniente) quien, en octubre de 1856, dio el banquete más espectacular que se haya visto en Santiago: 800 invitados, juegos de agua, efectos especiales de iluminación, dos bandas de la Guardia Nacional de turno −le *tout Santiago* estaba allí: «hombres de Estado, ricos capitalistas, literatos, *leones*, dandis...». El festejo de Goyenechea fue la comidilla esa semana, mientras un contencioso político, el «caso del sacristán» (al que llegaremos en el capítulo 5), justo estaba alcanzando su tenso clímax[15].

Los ricos se hicieron más ricos −mucho más ricos que sus predecesores coloniales−. Como dijo Vicuña Mackenna, «no había mineros millonarios antes de Chañarcillo, ni hacendados semimillonarios antes de California»[16]. Lo más probable es que una famosa y a menudo citada lista de 59 millonarios (la mayor fortuna alcanzaba los 16 millones de pesos) publicada en *El Mercurio* en 1882 haya estado incompleta. Su compilador (quizá Vicuña Mackenna) señaló reveladoramente: «Si hubiese de tomarse en cuenta los que tienen doscientos pesos para arriba, sería cuestión de llenar todo nuestro diario».

La clase alta del Chile del siglo XIX era esencialmente lo que Claudio Gay llamó una «aristocracia del dinero, ya por derecho hereditario, ya por haber hallado en el comercio una fortuna, o ya también por haberla adquirido mayor aún en la explotación de las minas»[17]. Las familias más antiguas, sin duda, continuaban enorgulleciéndose de su linaje colonial: «Tal vez hay pocos países que nos aventajen en añejas tendencias aristocráticas», afirmaba un escritor en 1859[18]. No obstante, los nuevos magnates de la minería o de la banca no tenían dificultades para entrar en la alta sociedad. La clase alta chilena no consideraba que la minería o el comercio fuera socialmente degradante. Como resultado, los mineros y los comerciantes que, en otras partes, podrían haber constituido una *bourgeoisie conquérante* fueron totalmente asimilados a la elite nacional, aunque obviamente la modificaron en el proceso, al igual que la inmigración vasca había modificado la elite

---

[15] *El Ferrocarril* 253 y 255, 17 y 20 de octubre de 1856.
[16] «Los millonarios de Chile viejo», *El Mercurio* 16.547, 26 de abril de 1882.
[17] *La agricultura chilena,* cit., vol. I, p. 102.
[18] *El Ferrocarril* 1.173, 6 de octubre de 1859. Obviamente no había estado en Inglaterra.

de finales de la colonia. Los intereses económicos de la clase alta se solapaban y, a menudo, se entrelazaban: los mineros se convertían en terratenientes, los terratenientes invertían en las minas. La tradición de la tenencia de la tierra, en particular, confirió un alto grado de coherencia a este grupo social dominante.

Induciría a error sugerir que la clase alta era totalmente homogénea. Posiblemente su división interna más significativa se daba entre Santiago y las provincias. Los sentimientos encontrados de un provinciano que visitaba la capital por primera vez se hallan bien descritos en ciertos pasajes literarios de la época. Y siempre había familias de la clase alta empobrecidas y aferradas a su condición con patética tenacidad. Sin embargo, la mayoría de las personas que pertenecían a este estrato privilegiado compartían ciertos valores comunes: un sentido de superioridad social, una visión a menudo despectiva de las clases bajas, un fuerte apego a la tenencia de la tierra y, no menos, un reconocimiento de los derechos familiares (por ejemplo, la familia extendida). Los lazos familiares entrecruzaban la clase alta, desempeñando un papel vital en los negocios y la vida social −y en la política−. En los cien años posteriores a 1830, el extraordinariamente amplio clan de los Errázuriz dio a la República tres presidentes (cierto es que uno provisional), un arzobispo y más de 50 congresistas.

Los ingresos de la clase más alta sin duda impulsaban un consumo evidente: la fiesta del señor Goyenechea fue un buen ejemplo. El acumular riquezas, según un visitante norteamericano, tenía como «gran objetivo de la vida trasladarse a la capital, despilfarrar en costosos muebles, carruajes y una vida espléndida»[19]. Había una gran demanda de artículos de lujo importados. Gracias a los barcos de vapor, los viajes al extranjero se volvieron mucho más fáciles: la generación nacida alrededor de 1830 (una generación notable) fue la primera en realizar largos viajes a Europa a cualquier coste. El exilio político, como en la década de 1850, podía combinarse a veces con un *Grand Tour*. Inevitablemente, los viajeros traían nuevas modas e ideas. Las influencias foráneas continuaron modificando el estilo de vida de la clase alta. Inglaterra parece haber marcado la pauta en lo que se refiere a la vestimenta masculina (se volvieron obligatorios el frac o la levita) y a los

---

[19] G. B. Merwin, *Three Years in Chile*, Carbondale, Ill., Southern Illinois University Press, 1966, p. 63.

deportes (las convenciones del *turf* británico, por ejemplo, sustituye-
ron a las tradicionales carreras de caballos chilenas, al menos en Santiago, a finales de la década de los sesenta). La costumbre de tomar té
continuó avanzando a expensas del mate. El Club de la Unión, el club
para caballeros de Santiago fundado en 1864, imitó los modelos de
Londres. Por su parte, Francia quizá constituyó una fuente aún mayor
de nuevas modas −en los vestidos de las mujeres, los muebles, el gusto
literario, la retórica política y la práctica religiosa (en la Iglesia católica)−. La europeización del gusto ayuda a explicar la liberalización
política que se produjo después de 1861. Y también puede haber ampliado la brecha psicológica entre los ricos y los pobres, cuya forma de
vida siguió siendo más tradicional.

La diferencia de clases, de más está decirlo, era inevitable. En los
nuevos barcos de vapor, por ejemplo, los sirvientes pagaban la mitad
de la tarifa; los «peones y jornaleros», un cuarto de la tarifa por un
pasaje en el puente[20]. En el campo, el patrón o su mayordomo esperaban, y en su mayoría recibían, un trato deferente por parte de los inquilinos y de los peones. Sin embargo, el efecto demostrativo de las
costumbres de una cambiante clase alta sin duda se filtró a otras clases.
Entre la clase alta (la «gente» o la «gente decente») y los pobres trabajadores (el «pueblo»), se fue desarrollando a ojos vista un definido estrato social intermedio, si bien algo misceláneo, como resultado de la
expansión económica. Los propietarios de pequeños negocios y campos, los dependientes de las casas comerciales y los funcionarios de las
oficinas gubernamentales, los ingenieros extranjeros, los oficiales militares de menor rango −estos y otros formaron esa clase media emer-
gente−. Los términos *snob* y de «medio pelo» fueron utilizados por la
clase alta para describir a las capas medias de la época −denominación
que se siguió utilizando hasta bien entrado el siglo xx−. El «medio
pelo», se afirmaba en 1872, «forma una casta aparte: no fraterniza con
el pueblo, a quien llama desdeñosamente *rotos,* y la sociedad no la
admite en su seno»[21]. El estilo de vida del medio pelo era una versión
menor del de la clase alta: quienes pertenecían a esta última fumaban
cigarros importados, mientras los de la primera consumían productos

---

[20] *Almanaque nacional para el año 1854,* 1854, p. 43.
[21] R. S. Tornero, *Chile Ilustrado,* Valparaíso, Libr. i Ajencias del Mercurio, 1872,
p. 465.

locales. (Ambas clases eran adictas al tabaco, aún hoy menos desaprobado en Chile que en los neopuritanos Estados Unidos.) La franja más alta de este estrato medio incluía, por cierto, a arribistas frustrados, que anhelaban el nivel de vida de la clase alta. A fines de la década de 1850, habían formado un tipo identificable: los *siúticos,* neologismo (de derivación incierta) atribuido a José Victorino Lastarria.

En la ciudad, los artesanos, los maestros y los comerciantes formaron otro grupo social identificable —al cual los chilenos instruidos se referían como la «clase obrera»—. Evidentemente, estos deseaban distinguirse de los pobres trabajadores: «llamar *rotos* a los artesanos es una injuria», afirmaba una hoja de propaganda de 1845[22]. Aquí también se dejó sentir la influencia de los estilos de vida de la clase alta —algo percibido por la mirada extremadamente perspicaz del teniente Gilliss, visitante estadounidense, quien observó a los «artesanos y tenderos» de Santiago:

> En público, los vestidos finos son una pasión en ellos, y un extranjero difícilmente sospecharía que el hombre con que se encuentra, vestido con una fina capa de velarte y que escolta a una mujer ataviada con sedas y joyas, no ocupa un rango más alto en la escala social que el de un hojalatero, un carpintero o un tendero, cuyos recursos podrían guardarse en su totalidad en una caja de cinco pies cuadrados. Pueden recorrer cualquier distancia para obtener ropas y muebles finos, o para asistir al teatro en las vacaciones, y, sin embargo, viven constantemente en la más absoluta incomodidad[23].

La inundación de productos importados tras la Independencia no sacó a los artesanos del negocio. Sin duda, estos sufrieron las consecuencias de la política comercial: ¡en septiembre de 1861, una delegación de artesanos pidió al nuevo presidente un impuesto inmediato del 70 por 100 en todos los productos manufacturados importados![24]. De hecho, sin embargo, los ingresos de los ricos y la incipiente clase media permitieron al artesanado expandirse e incluso compartir (modestamente) la nueva prosperidad. Su participación en ciertos episo-

---

[22] *El Artesano del Orden,* 16 de noviembre de 1845.
[23] J. M. Gilliss, *The United States Naval Astronomical Expedition to the Southern Hemisphere during the years 1849-1850-1851-1852,* vol. I, Chile, Washington DC, Imp. A.O.P. Nicholson, 1855, p. 219.
[24] *La Discusión* 247, 11 de septiembre de 1861.

dios políticos (1845-1846, 1850-1851) fue sobresaliente –aunque reflejó un papel subalterno–. Desde la década de 1850, en una línea de desarrollo algo diferente, comenzaron a formarse varias mutualidades, para dar mayor seguridad a los artesanos y a los maestros. El carpintero, constructor y arquitecto autodidacto Fermín Vivaceta, hijo de una lavandera viuda, tuvo mucho que ver en el impulso dado a estas sociedades (creó la primera en 1826); a finales de la década de 1880 ya se habían registrado legalmente alrededor de 40 de ellas.

Los efectos de la expansión económica en el pueblo –«el confuso laberinto de las masas», para usar una frase de 1845[25]– fueron evidentemente menos positivos que para los grupos sociales mejor situados. En el campo, como hemos señalado en el capítulo 1, existía una clara distinción entre los inquilinos de las haciendas, un campesinado incipientemente independiente y la población de peones «flotante». Las exacciones de los hacendados y de los comerciantes, el enrolamiento obligatorio en el Ejército, las nuevas restricciones oficiales –todo ello parece hacer reducido el alcance del cultivo y del comercio de los campesinos independientes a comienzos de la República–. A medida que se fueron sucediendo los distintos auges de las exportaciones, el inquilinato mismo se vio más presionado por el aumento en el trabajo de mano de obra que se les exigía. Esto no alteró especialmente la forma de vida primitiva de los inquilinos: su alojamiento era rudimentario, sus bucólicas diversiones burdas y sus oportunidades de mejora personal muy limitadas. En muchos sentidos, el inquilino era el elemento más estable en el campo. Las haciendas podían cambiar de propietarios; las familias de inquilinos solían permanecer de generación en generación.

Los peones rurales eran otra cuestión: endurecidos y degradados por una subocupación y por una pobreza crónicas, eran los más afectados cuando las malas cosechas producían hambrunas locales, como sucedió en la región de Chillán a finales de la década de 1830. Algunos seguían siendo vagabundos, que sobrevivían del robo de ganado y otras cosas. Resulta complicado interpretar la información sobre los salarios de los campesinos en este periodo (se pagaba a menudo en especie), pero la demanda de fuerza laboral extra, producto del auge de las exportaciones, podría haber producido un leve aumento global en los salarios rurales (según Bauer, 20-25 centavos al día era común en la década de

---

[25] *Gaceta del Comercio* (Valparaíso) 1.175, 21 de noviembre de 1845.

1840; 25-30 al día, en la década de 1870). Con la expansión del cultivo de cereales, algunos peones se instalaron en las haciendas como trabajadores residentes; otros se mudaron a las áreas más pobres de las ciudades, aumentando así las filas de los *rotos*, los obreros urbanos, que con frecuencia también probaban suerte como comerciantes de poca monta.

Tal como en los tiempos de la colonia, la sola falta de trabajo estable significaba que los peones (tanto rurales como urbanos) se veían obligados a deambular en busca de su subsistencia. Las clases instruidas los estereotiparon como irresponsables y poco previsores; no obstante, cuando había trabajo, eran trabajadores realmente constantes. La expansión de la zona minera en el norte fue una buena salida para ellos. Es probable que la cifra de trabajadores mineros haya llegado incluso a 30.000 hombres alrededor de 1870, cuando muchos de ellos se trasladaron a Caracoles. La tasa salarial de las minas era mayor que la del campo. Según el teniente Gilliss, un barretero ganaba 25 pesos al mes en 1850; un apiri, alrededor de la mitad. Los campos mineros aislados y destartalados eran socialmente más inestables que el campo. La disciplina era dura. El robo de metales (*cangalla,* como se la conocía) era universal, pero significaba por lo menos una azotaina si se era descubierto. Cuando los campamentos, de manera muy ocasional, explotaban en espasmos de violencia, gatillada por el alcohol, la agitación política del exterior a veces prendía en ellos. En octubre de 1851, mientras la guerra civil asolaba más al sur, los trabajadores de Chañarcillo saquearon su campamento, la pequeña «ciudad» de Juan Godoy. Después, el subdelegado local escribió al intendente de Atacama:

> El origen del motín [...] parece indudable que sus autores tuvieron en vista cosa de política; pero en su estupidez no vieron que la canalla de que debían valerse en el momento del desorden no les sería ponerles freno para contenerles del robo y el pillaje que naturalmente debía entregarse esa masa bruta que no tiene aspiraciones de ningún género[26].

Aun así, en las minas se produjeron algunos incipientes movimientos de toma de conciencia de clase más definidos. En 1865, cuando los jefes

---

[26] Carta del 3 de noviembre de 1851. Archivos del Ministerio del Interior: *Intendencia de Atacama,* vol. 86.

de Chañarcillo impusieron un nuevo conjunto de reglas que implicaban una bajaba en los salarios, los trabajadores organizaron (y ganaron) lo que parece haber sido la primera huelga verdadera en la zona minera.

Con el primer programa de construcción de caminos instituido en la década de 1840 surgieron nuevas oportunidades al menos para algunos peones. Unos 700 obreros fueron empleados en la carretera Chillán-Tomé, que según se decía era el proyecto más importante del periodo, planteado a mediados de la década de 1850 para acelerar el transporte del trigo a los molinos de Tomé. La construcción del ferrocarril requirió cuadrillas mucho mayores. El empresario norteamericano Henry Meiggs, por ejemplo, tenía a 8.000 hombres trabajando para él en la línea Santiago-Valparaíso. Fue uno de esos extranjeros que reconoció los méritos de los trabajadores chilenos, como lo dejó claro en un banquete inaugural en Llay Llay en octubre de 1863: «Yo los he tratado, es verdad», señaló, «como hombres, y no como perros, como es costumbre... [Yo] preferiría trabajar con 500 obreros chilenos a trabajar con 1.000 irlandeses»[27]. Al final de la década de 1860, Meiggs se embarcó en una serie de ambiciosas empresas de construcción de ferrocarriles para el gobierno peruano. Entonces, recurrió a Chile para contratar la fuerza laboral que requería. En los siguientes años, unos 25.000 peones se dirigieron al norte. A mediados de 1871, esta evidente emigración de fuerza laboral (por no mencionar violentas refriegas en Perú en las que tuvieron un papel destacado los chilenos) había provocado preocupación pública. Los terratenientes se quejaban de «escasez de brazos». Sin embargo, hay pocas pruebas de que los salarios de los peones aumentaran o de que la producción de cereal decayera durante ese periodo. En el Congreso y en la prensa se discutió la posibilidad de imponer restricciones a la emigración. Sin embargo, no se impusieron normas de control: en los años venideros, los peones chilenos siguieron yéndose al extranjero, algunos para trabajar en el abortado proyecto del canal de Panamá de Ferdinand de Lesseps; otros (muchos más) en busca de un futuro agrícola más prometedor al otro lado de las montañas, en una Argentina floreciente. El episodio peruano, sin embargo, parece que centró más que antes la atención de los chilenos educados en la mano de obra pobre.

---

[27] R. Rivera Jofré, *Reseña histórica del ferrocarril entre Santiago y Valparaíso*, Santiago, Imp. de Ferrocarriles del Estado, ²1963, pp. 121-122.

Extranjeros y nativos

¿Qué hacer para mejorar la condición de los pobres? En términos de debate público, sólo se descubren tenues destellos de una «cuestión social» antes de la década de 1870. El sagaz Santiago Arcos (hijo rebelde del aspirante a banquero) tenía una solución: dividir las haciendas y darle a cada chileno una porción de tierra. Era bien conocido que Arcos era un revolucionario salvaje (aunque encantador) que merecía ser (y lo fue a su debido tiempo) encerrado. La mayoría de la clase alta chilena instruidos optó por una opción menos revolucionaria: la mejor manera para «moralizar» los órdenes inferiores era traer inmigrantes europeos: «una falange de emigrados pacíficos, de colonos laboriosos», escribió Marcial González en 1848, «trae en sus costumbres más civilización que los mejores libros, más riquezas que mil naves cargadas de manufacturas»[28]. Los inmigrantes, en general, fueron cálidamente recibidos. El censo de 1854 contó alrededor de 20.000 extranjeros (tres cuartos de ellos bachilleres) en Chile –más de la mitad argentinos, junto con cerca de 2.000 británicos, más de 1.600 franceses y alrededor de 700 norteamericanos. Veintiún años después, otro censo arrojó un total de unos 25.000 extranjeros –incluidos 4.000 británicos, 3.000 franceses y 900 norteamericanos; la cantidad de argentinos había disminuido–. Entre las colonias extranjeras, los británicos eran quizá los mejor organizados, especialmente en Valparaíso, donde tenían su barrio predilecto, el Cerro Alegre, sus propias escuelas y periódicos, su propia sociedad de beneficencia (1854) y, a comienzos de la década de 1860, algo absolutamente imprescindible: un club de *cricket*.

La influencia de los extranjeros era totalmente desproporcionada con respecto a su número. Los norteamericanos instalaron los nuevos molinos harineros; los norteamericanos y los británicos trabajaron en la construcción de los ferrocarriles y, luego, manejaron a menudo las locomotoras. Los inmigrantes establecieron muchas de las empresas industriales de las décadas de 1860 y 1870. Los europeos también trabajaron como artesanos, maestros y comerciantes, especialmente en el comercio a gran escala. (Treinta y seis de los sastres registrados en 1854 eran franceses; además, había 133 carpinteros ingleses en Chile ese año.)

---

[28] *La Europa y la América o la emigración europea en sus relaciones con el engrandecimiento de las repúblicas americanas,* 1848, p. 18.

Los británicos y otros ocuparon puestos como ingenieros, mecánicos y trabajadores de las minas en las provincias del norte y en los yacimientos carboníferos del sur. Resulta imposible decir cuántos extranjeros se quedaron en Chile (y se convirtieron en chilenos) y cuántos volvieron a casa. Lo cierto es que dejaron una huella indeleble en el país, fundando muchos de ellos dinastías y ampliando el grupo de apellidos no hispanos, tanto entre la clase alta (que alcanzaron deprisa relativamente pocos inmigrantes) como la pequeña clase media. También hay que señalar aquí que el gobierno contrató algunos expertos extranjeros para realizar tareas científicas: el francés Claudio Gay, compilador de un estudio del país en treinta volúmenes (1844-1871), y Amado Pissis, quien dibujó los mapas de la República desde los 28° 10' de latitud Sur hasta los 41° 58' de latitud Sur (lo cual le llevó más de 20 años), son dos ejemplos famosos. El papel de los extranjeros en la educación, la medicina y las artes fue notable en la primera República.

Aunque la proyectada inmigración europea a gran escala no se materializó (no había sitio para ella en el Valle Central atestado de haciendas), los esfuerzos de un inmigrante alemán, Bernardo Philippi, y del formidable Vicente Pérez Rosales sí tuvieron éxito: durante la década de 1850 se produjo una pequeña inmigración alemana en las boscosas tierras escasamente pobladas cercanas a Valdivia y en el lago Llanquihue, al sur del territorio araucano. Los 3.000 alemanes que se encontraban allí en 1860 limpiaron los bosques, abrieron caminos y establecieron lo que Jean-Pierre Blancpain llamó una «microsociedad pionera». Su presencia dejó un sello distintivo en las provincias del sur, que todavía permanece. «Seremos chilenos honrosos y laboriosos», dijo Carlos Andwandter, quien llegó en el primer gran grupo (1850)[29]. Y así resultó, desde esa época hasta la fecha.

Ahora que los ferrocarriles presionaban hacia la Frontera desde el norte, la Araucanía se enfrentaba a la amenaza mortal de sus tradicionales adversarios blancos, los *huincas*. Hasta la década de 1850, los gobiernos chilenos siguieron la vieja política colonial hacia los mapuches: el ejército vigilaba la frontera y el gobierno subvencionaba a caciques con los que estaban en buenos términos, como Lorenzo Colipí (muerto en 1838). El auge de las exportaciones agrícolas perturbó el equili-

---

[29] V. Pérez Rosales, *Recuerdos del pasado, Santiago,* Establecimientos Gráficos Ballcels, ⁴1929, p. 424.

brio que por tanto tiempo se había mantenido en la Frontera: obligó a los colonos a avanzar al sur del Biobío (al menos 14.000 alrededor de 1858). En 1858 se creó la nueva provincia de Arauco (que en teoría cubría toda la Araucanía). Durante la guerra civil de 1859, los líderes rebeldes incitaron a los mapuches a asaltar los nuevos asentamientos más allá del Biobío. Un hombre de la Frontera, el coronel Cornelio Saavedra (intendente de Arauco, 1857-1859), propuso entonces la ocupación gradual del territorio araucano desplazando la frontera oficial hacia el sur por etapas y estableciendo nuevos cordones de fuertes.

Este tema volvió a llamar la atención debido a un episodio curioso y semicómico que ocurrió poco después. Orélie-Antoine de Tounens, un oscuro pero persuasivo aventurero francés, entró en la Araucanía, se ganó la confianza de varios caciques y proclamó que, desde entonces, el territorio sería el Reino de la Araucanía y la Patagonia, con él mismo como monarca. El reinado de Orélie-Antoine I fue tristemente corto. Traicionado por el ejército chileno, fue repatriado a Francia como un loco[30]. Inmediatamente después de este episodio, Saavedra recibió la orden de organizar la invasión final de la Araucanía (huinca).

Esta llevó más de 20 años. En sus comienzos, se crearon nuevos asentamientos fortificados, como Mulchén y Angol (1862), convertido el último en una bulliciosa ciudad fronteriza de 7.000 habitantes en 1873. La primera nueva línea de la frontera, a lo largo del río Malleco, fue afianzada finalmente en 1868, fecha para la cual ya se habían construido fuertes hacia la costa. Hasta entonces, el avance huinca no se había visto afectado por mayores problemas, pero los araucanos, dirigidos por el activo cacique Quilapán, montaron el inevitable contraataque. Los asaltos mapuches y las razias revanchistas de los chilenos se alternaron hasta 1871. Todo esto permitió a los araucanos seguir conservando una considerable franja de tierra. Sólo en 1878 (Saavedra era por entonces ministro de la Guerra) se estableció un cordón de fuertes más al sur, a lo largo del río Traiguén. Los avances posteriores fueron demorados por el comienzo de la guerra del Pacífico, después

---

[30] Orélie-Antoine volvió a la Araucanía en 1869; se le puso precio a su cabeza y prudentemente se retiró. Un tercer intento (1874) fue cortado de raíz por las autoridades argentinas. En una cuarta ocasión (1876), el hombre que quería ser rey partió hacia su reino perdido, sólo para enfermar en Buenos Aires. Sus sucesores designados en Francia (él fue soltero) continuaron la dinastía hasta el siglo xx, rindiendo honores y condecoraciones a cualquiera que se tomara la molestia de coleccionarlos.

de la cual se enviaron tropas al sur para terminar el trabajo. La ofensiva mapuche final (noviembre de 1881) fue aplastada rápidamente. El
ferrocarril y el telégrafo habían cumplido su misión. Con la refunda-
ción de Villarrica (una de las siete «ciudades» situadas al otro lado de
la región del Biobío perdidas tras la ofensiva mapuche de 1598) en
enero de 1883, la larga saga de la independencia araucana finalmente
llegaba a su fin.

Entre tanto, los colonos llegaban en grandes cantidades al nuevo
territorio. La poco escrupulosa apropiación de la tierra a costa de los
mapuches era algo predecible en esta «nueva frontera» y siguió siendo
así en las siguientes décadas, a pesar de los esfuerzos del gobierno por
regular la compra de tierra amerindia a través de las leyes malamente
puestas en vigor en 1866 y 1874. A la larga, los propios mapuches recibieron 475.000 hectáreas, de ninguna manera suficientes para toda la
comunidad. Entre quienes explotaron la nueva frontera con gran provecho estaba José Bunster, un hombre de origen anglo-chileno que
vio destruido su negocio maderero en las revueltas de 1859. Desde
mediados de la década de 1860, Bunster creó aserraderos en el sur y
comenzó el cultivo de cereales a gran escala. Su apodo, «el rey de la
Araucanía», estaba más cerca de la realidad que el título nobiliario reclamado por el pobre y frustrado Orélie-Antoine. Las realidades (para
los ahora empobrecidos mapuches, realidades muy duras) serían mas
importantes que los sueños a medida que la «civilización» extinguía un
modo de vida que muchos peones del Valle Central habrían envidiado.

CIUDADES Y CULTURA

El contraste más impactante de comienzos de la República se
daba entre la ciudad y el campo chilenos. La *civilización,* ese término
tan usado en las discusiones de la «cuestión araucana», era más evidente en las ciudades que en ninguna otra parte. De hecho, en realidad
con este término nos referimos solamente a dos ciudades, Santiago y
Valparaíso, cuyas poblaciones en 1875 eran de 150.000 y 100.000
habitantes, respectivamente. Otras ciudades chilenas experimentaron
un crecimiento mucho más lento y pocas tenían algo que ofrecer en
términos de vida cívica o atracciones arquitectónicas. Copiapó era la
capital de una rica provincia minera, pero a pesar de algunas mejoras

en torno a 1850 (el alumbrado de gas, una agradable alameda, unas cuantas calles pavimentadas y su nuevo teatro) no impresionaba mayormente a sus visitantes. Concepción, devastada en febrero de 1835 por un terremoto, todavía tenía un aspecto bastante ruinoso diez años después; el *boom* del trigo tendría en la ciudad un futuro efecto estimulante. Chillán y Talca eran las únicas ciudades verdaderas del Valle Central. En 1875, ninguno de los lugares mencionados contaba con más de 20.000 habitantes.

Valparaíso, «la fachada, el pórtico de nuestra República», como se la describía en 1849[31], solía ser el primer lugar de Chile (y a veces el único) que veían los extranjeros. Todos los marinos del mundo pasaban por allí: Valparaíso se había alojado en la imaginación de la distante Europa.

A ship from Valparaíso came,
And in the bay her sails were furled.
She brought the wonder of her name
And tidings from a sunnier world[32].

En términos de sus ventajas como puerto, Valparaíso distaba mucho de ser ideal. Un fuerte viento del norte podía arrojar los barcos unos contra otros o hacia la orilla. Tras una fuerte lluvia, un lodo espeso corría desde los barrancos que horadaban los cerros circundantes. A pesar de tales inconvenientes, la ciudad progresaba. Un teatro decente, periódicos todos los días, alumbrado de gas, un verdadero cuerpo de bomberos (el primero de Chile) –Valparaíso tuvo todas estas cosas antes que Santiago–. En la estrecha franja de tierra más cerca del puerto, con sus altos (para los estándares chilenos) edificios, las calles llegaron a tener una impronta vagamente británica, que contrastaba con la atmósfera mucho más chilena del sector del Almendral a lo largo de la costa, al norte. (Aún más al norte, el pueblo de Viña del Mar empezó a mostrar en la década de 1870 signos de su futuro desarrollo como centro turístico junto al océano.) Tras un bombardeo extranjero en 1866 (véase capítulo 5), se realizaron cuantiosas obras de reconstrucción. Francisco

---

[31] Francisco de Paula Taforó, Cámara de Diputados, 4 de julio de 1849.
[32] Oliver St. John Gogarty, «The Ship». «De Valparaíso un barco llegó / y en la bahía sus velas recogió / La maravilla de su nombre trajo / Y nuevas de un más soleado lugar.» *[N. de la T.]*.

Echaurren, el práctico intendente de 1870-1876, impulsó otras mejoras, incluidos algunos urinarios públicos (llamados *echaurrinas*). Quienes habían conocido el Valparaíso de tiempos de Portales, encontraron una ciudad mucho más hermosa 40 años después.

Antes de 1850, la capital misma aún tenía un aspecto esencialmente colonial. El científico inmigrante polaco Ignacio Domeyko quedó impresionado en 1840 por la «imagen de orden y tranquilidad» que mostraban sus bajas casas de adobe de un piso, con sus ventanas con barrotes y sus patios cerrados[33]. El campo todavía llegaba hasta la ciudad: a comienzos de la década de 1840, a sólo una manzana de La Moneda, había una lechería a la cual llegaban diariamente 30 o 40 vacas. La muchedumbre urbana, nos dice Gilliss, incluía:

> [...] los peones del campo, con cestas y canastos con aves de corral, frutas y vegetales; los panaderos y las lecheras, con enormes recipientes parecidos a troncos colgando a cada lado de una mula o gruesas latas de aluminio distribuidas de la misma manera; [...] vendedores de agua que distribuían a las familias su suministro diario de las turbias fuentes; [...] una recua de mulas amarradas o una serie de carros que venían justo entrando del puerto [...][34].

Durante las décadas de 1830 y 1840 no surgieron nuevos edificios públicos dignos de mención. El caudal de nuevas riquezas alteró rápidamente esta imagen. Los primeros faroles de gas de la ciudad comenzaron a arder en 1857; los tranvías tirados por caballos empezaron a correr ese año, también, sumándose a los 4.500 coches y carruajes, aproximadamente, que ya estaban en circulación. A finales de la década de 1860, parte del centro de la ciudad contaba con cañerías de agua potable. Los esfuerzos por dotar a la capital con un cuerpo de bomberos similar al de Valparaíso fueron infructuosos hasta que se produjo un espantoso incendio en la iglesia de la Compañía (diciembre de 1863) donde perecieron 2.000 creyentes. Inmediatamente después de este impresionante holocausto, se formó una compañía de bomberos voluntarios: en los años futuros, las compañías de bomberos se convirtieron en instituciones sociales muy respetadas.

---

[33] *Mis viajes,* 2 vols., Santiago, Editorial Universitaria, 1978, vol. I, p. 494.
[34] Gilliss, *op. cit.,* p. 177.

Un signo más visible de cambio fue la fiebre de la construcción que comenzó después de 1850, cuando las familias ricas se construyeron nuevas mansiones al estilo europeo. Varios edificios públicos notables datan de este periodo: el Teatro Municipal (1853-1857), inaugurado con una presentación del *Hernani* de Verdi; la Universidad (1863-1874); y, el más imponente de todos, el espléndido nuevo Congreso (1857-1876). El Teatro se quemó hasta los cimientos en 1870 (la primera vez que un bombero murió en acto de servicio), pero fue reconstruido de inmediato. Algunos arquitectos franceses, como Claude-François Brunet Debaines (discípulo de Garnier quien fundó la escuela chilena de arquitectura en 1849) y Lucien Hénault, estuvieron a cargo de las obras, aunque fueron muy hábilmente secundados por chilenos, como Fermín Vivaceta, entre cuyos muchos trabajos se cuenta la torre de la iglesia de San Francisco, la más antigua de Santiago y el Mercado central (todavía en pie), que fue uno de los primeros ejemplos de la arquitectura en hierro.

Los contemporáneos estaban muy impresionados por todos estos cambios. Cuando Domingo Sarmiento volvió a visitar Santiago en 1864, tras nueve años de ausencia, se quedó sin habla: «¡Qué transformación! ¡Cuántos palacios! ¡Qué majestad y belleza arquitectónicas!»[35]. Sin duda, el mayor esfuerzo por mejorar la capital ocurrió a comienzos de la década de 1870, bajo la dinámica dirección de Benjamín Vicuña Mackenna. Ningún individuo tuvo jamás mayor impacto en la capital –con nuevas avenidas, la pavimentación de las calles, un hermoso parque público (el Parque Cousiño, desde 1972 Parque O'Higgins) y, lo más famoso de todo, la transformación del cerro Santa Lucía, hasta entonces un feo y rocoso cerro, en la más deliciosa de las extravagancias urbanas. Vicuña Mackenna mismo recibió sepultura allí en 1886.

Aunque en la década de 1870, el diplomático británico Horace Rumbold quedó anonadado, por «el aire general de desahogo y opulencia aristocráticas» de Santiago[36], también percibió el duro contraste entre el elegante sector central y las áreas más pobres en sus márgenes. La expansión física de Santiago no estaba limitada a los nuevos barrios

---

[35] A José Posse, 20 de mayo de 1864. A. W. Bunkley, *The Life of Sarmiento,* Princeton, Princenton University Press, 1952, p. 413.

[36] *Further Recollections of a Diplomatist,* Londres, Cornell University Library, 1903, p. 22.

como Yungay y Matadero: los ranchos de los pobres y, después, los conventillos (viviendas unifamiliares agrupadas en filas a cada lado de un patio) se expandieron en diversas direcciones desde el corazón histórico de la ciudad. La mayoría de los ranchos fueron sacados del centro de la ciudad a fines de la década de 1860; el plan de Vicuña Mackenna que finalmente nunca se llevó a cabo tenía por objeto crear un «camino de cintura» que separara la ciudad propiamente dicha del «aduar africano» (en sus palabras) que la rodeaba. Tales medidas ni siquiera comenzaron a atacar el problema. Además, el alquiler de la propiedad a los pobres era un negocio excelente para los ricos.

El crecimiento de la población en Santiago parece haber traído consigo el deterioro de la salud pública. Las tasas de mortalidad eran muy altas. La mortalidad infantil, en particular, era impresionante: probablemente sólo la mitad de los niños nacidos en este periodo alcanzaron la edad adulta. Las acequias de la ciudad eran poco menos que alcantarillas abiertas. En 1852, un periódico de provincia llamó la atención sobre los hábitos menos civilizados de los santiaguinos: «A todas horas del día se ven hasta en los sitios más concurridos gentes con sus carnes desnudas haciendo sus necesidades»[37]. La tuberculosis y la sífilis (nada sorprendente, dada la extendida prostitución) eran muy comunes; algunas epidemias de tifus se produjeron a mediados de la década de 1860 y, nuevamente, a mediados de la década de 1870; hubo brotes de viruela en 1862-1863, 1868 y 1872-1873. En la década de 1870 comenzó a difundirse el concepto de higiene pública (estaba tomando forma una profesión médica respetable), pero el cuidado hospitalario para los pobres siguió siendo grotescamente inadecuado; en 1875 no había más que alrededor de 1.000 camas para una población de 150.000 personas. En cualquier caso, formaba parte de la cultura urbana un arraigado temor a los hospitales (un fenómeno universal antes de la llegada de la medicina moderna). La cuestión ni siquiera se planteaba en el campo.

Con tantos pobres en la ciudad, ¿no tenía miedo la elite de Santiago a los desórdenes urbanos? Este es un punto debatible. Durante los periodos de tensión política hubo revueltas ocasionales. En 1839 un aeronauta norteamericano no pudo efectuar su prometido ascenso; la airada multitud en la plaza de Armas tuvo que ser dispersada por

---

[37] *El Copiapino* 1.362, 23 de julio de 1852.

la caballería. En general, la capital contaba con una vigilancia policial tan adecuada como mal pagada (y más bien ruda) a cargo de cuerpos de día, los *vigilantes,* y nocturnos, los *serenos,* cuyas tareas incluían cantar la hora y (hasta 1843) hacer una invocación a la Virgen María. En esa época, ya se conocía a los policías popularmente como «pacos», apodo que llevan hasta hoy. No contamos con estudios detallados de las conductas delictivas: los ladrones parecen haber sido muy comunes, los asesinatos quizá un poco menos. La pena capital era llevada a cabo por un pelotón de fusilamiento; las ejecuciones, no muy frecuentes, contaban con mucho público. A mediados de la década de 1840, se construyó una nueva Penitenciaría para reemplazar las espantosas cajas con ruedas usadas (desde 1836) para albergar a ciertos criminales y trasladarlos a las obras de mantenimiento de las carreteras. La nueva prisión resultó inadecuada –razón por la cual aumentó la colonia penal del estrecho de Magallanes.

Un rasgo importante de la vida urbana fue el crecimiento de la prensa. *El Mercurio* (fundado en Valparaíso en 1827, diario desde 1829) era ahora el orgulloso decano de la prensa chilena, con su edición especial para Santiago (en la década de 1850) y sus suplementos «del Vapor» (en parte en inglés) para ser distribuidos por la costa hasta Panamá. En diciembre de 1860, publicó su ejemplar número 10.000. Incluso en esa primera etapa, *El Mercurio* tendía a ser considerado como el único periódico calificado para pronunciarse sobre el destino nacional. Santiago tuvo que esperar su primer diario hasta 1842 y, a mediados de la década de 1850, se había quedado nuevamente sin ninguno. La carencia fue llenada por *El Ferrocarril* (después de 1855), distinguido periódico que se publicó hasta 1911 (su nombre denota la obsesión del momento). La década de 1860 vio nacer otros diarios de buena calidad: *El Independiente* (1864-1891, conservador) y *La República* (1866–1876, liberal). El tamaño de las páginas se hizo monstruosamente grande, como saben muchos historiadores que han tenido que manejarlas. Las revistas de la época tendían a una vida más bien corta; la de mayor duración fue la *Revista Católica* clerical militante (desde 1843). El *Correo Literario* (1858) fue la primera revista chilena con historietas políticas[38]. Poco se sabe de la tirada exacta de

---

[38] Realizado por Antonio Smith, hijo de padre escocés y madre chilena, quien después se ganaría una respetable reputación como pintor.

estos medios; de hecho, el gobierno subvencionó unos cuantos en las décadas de 1840 y 1850.

Los periódicos y las revistas suponen lectores. ¿Qué avance experimentó la alfabetización en la primera República? Según el censo, el alfabetismo pasó de un 13,5 por 100 en 1854 a un 23 por 100 en 1875; este aumento sin duda reflejaba una mejora gradual de la educación. Esta había sido una obsesión particular del presidente Montt: durante su mandato, la cantidad de escuelas primarias aumentó de 571 a 911 (648 de las cuales eran escuelas estatales). Asimismo se establecieron las escuelas «normales» (en 1842 para los hombres y en 1854 para las mujeres). La Ley de Montt de 1860 garantizaba la educación primaria gratuita (no obligatoria pero abierta a todos) y siguió en vigencia hasta 1920. En 1875, alrededor de una sexta parte de los grupos de edad correspondientes estaban recibiendo algún tipo de instrucción primaria. La educación secundaria, por su parte, fue expandida por la fundación de liceos estatales (llamados a veces «institutos»), unos 27 en 1879 (dos de ellos para niñas), y a la proliferación de colegios privados: algunos administrados por órdenes religiosas; otros, como el Mackay School de Valparaíso (1857), por las comunidades extranjeras. Hasta cierto punto, la práctica educacional se vio influida por Ignacio Domeyko en 1843: él promovió una educación general y humanista, en lugar de la formación estrecha y orientada profesionalmente que constituía el ideal de la clase alta chilena. Sus ideas se aplicaron por primera vez en el ahora venerable Instituto Nacional. Es opinión popular que esta orgullosa creación de los fundadores de la nación educó a tres cuartas partes de los líderes chilenos entre 1830 y 1891.

En la década de 1840, el Instituto era el único lugar en Chile donde se podía obtener educación superior laica (en la práctica, principalmente formación profesional). La Universidad de San Felipe, de tiempos de la colonia, fue reemplazada entonces por la nueva Universidad de Chile, inaugurada en una solemne ceremonia en septiembre de 1843. Su primer rector, Andrés Bello, era en esa época el intelectual más eminente de América Latina. Poeta, gramático[39], educador, filósofo, jurista, divul-

---

[39] En 1844, Bello convenció a la Universidad de que adoptara y patrocinara una reforma global de la ortografía del español. Esta medida era demasiado radical para que pudiera prender, pero dos rasgos específicos ([i] en vez de [y] y [j] en vez de la [g] suave) pasaron a formar parte del uso común en Chile y no fueron abandonados hasta alrededor de 1910.

gador científico, servidor público incansable, virtualmente modeló la tradición intelectual de su país adoptivo y escribió por sí solo y en un trabajo de más de 20 años su Código Civil, adoptado formalmente en 1855. El modelo de la Universidad era el Instituto de Francia. En un comienzo, por ende, era un cuerpo deliberativo y supervisor, encargado de supervisar todo el sistema educativo. Sólo tras la muerte de Bello (1865), la Universidad formó a sus propios estudiantes en sus propias dependencias. A pesar del inmenso prestigio de figuras como Bello y Domeyko, su labor reflejaba con precisión las prioridades educativas de la clase alta: de los 859 grados (licenciado y bachiller) aprobados entre 1843 y 1857, al menos 556 fueron en Leyes (65 por 100); 104 en Medicina; sólo 14 en Matemáticas y Ciencias Físicas. Un decreto de febrero de 1877 estableció un precedente sumamente importante al admitir a las mujeres en cursos profesionales y, por ende, en la Universidad. Las mujeres no se beneficiaron gran cosa hasta el sigo XX.

Los logros culturales de comienzos de la República no fueron impresionantes, aunque una Escuela de Bellas Artes (1849) y un Conservatorio (1850) ayudaron a asentar las bases de logros futuros, y los pintores en ciernes aprovecharon la estancia en Chile del bávaro Johann Mauritz Rugendas y del francés Raymond Quinsac Monvoisin. La ópera italiana importada, cuyo reinado duró mucho tiempo, era del gusto de la clase alta; las compañías de zarzuela españolas también empezaron a visitar Chile a finales de la década de 1850. En lo que se refiere a las letras, hay que mencionar el llamado «movimiento de 1842» para señalar el comienzo de una literatura nacional chilena. Mientras Lastarria y otros abogaban por el romanticismo francés, el enfoque esencialmente neoclásico de Andrés Bello fue una influencia por lo menos tan significativa como la de aquellos en los escritores que se destacaban en la época –los mejores escritos de la década de 1840 son los deliciosos artículos costumbristas de José Joaquín Vallejo (*Jotabeche*), el larra chileno, y los poemas de Salvador Sanfuentes. La figura literaria más destacada de la época, sin embargo, fue un novelista, Alberto Blest Gana, admirador de Balzac y de Stendhal. Las novelas de su juventud (escribió más en la vejez) incluyen la aún popular *Martín Rivas* (1862), un retrato bien trazado del Santiago de 1850. Su héroe es una especie de Julian Sorel chileno.

El rasgo más interesante del panorama cultural emergente fue el papel preponderante que tuvo la historia como disciplina. En este caso, la influencia capital de Bello (en favor de una cuidadosa investigación y un método narrativo) «marcó por un siglo el carácter de la historiografía chilena», como señala[40] Sergio Villalobos. El resultado inmediato fue una brillante generación de historiadores, especialmente Miguel Luis Amunátegui, Benjamín Vicuña Mackenna y el gran Diego Barros Arana. La intensidad de Vicuña Mackenna contrasta con la sobriedad de Barros Arana. Todos ellos estaban sólidamente establecidos en la década de 1870.

¿Podríamos aventurarnos a decir que el entusiasmo por la historia promovió un sentimiento nacional? No es fácil evaluar hasta qué punto el sentido de *chilenidad* había penetrado en la población general, especialmente en la población rural, ni siquiera alrededor de la década de 1870. El inquilino, se afirmaba en 1861, «no designa jamás su nacionalidad con el título de chileno, sino con el nombre de la hacienda a que pertenece»[41]. La gente del campo todavía solía usar el término «Chile» para referirse a Santiago, algo con lo que aún bromean los ejecutivos de clase media chilenos destinados fuera de la capital. Puede ser que el patriotismo se hubiera ido filtrando lentamente en las haciendas durante las primeras décadas después de la Independencia. No tenemos modo de asegurarlo. En las ciudades, por el contrario, los sentimientos patrióticos parecen haber sido compartidos por todas las clases. Además, eran impulsados hasta cierto punto por el gobierno: las nuevas (e inventadas) tradiciones de Chile fueron puntillosamente observadas, especialmente a mediados de septiembre, cuando las fiestas nacionales eran celebradas con alegría y alcohol. Las fiestas patrias eran innegablemente populares. En las estatuas que empezaban a adornar la capital –Freire (1856), Carrera (1858), Portales (1860) y O'Higgins (1872)– se podían apreciar conmemoraciones más visibles de la historia de la nación. Habría otras muchas más adelante.

Este sentimiento patriótico, señalado con frecuencia por los políticos y por otros, puede apreciarse echando una rapidísima mirada a los discursos y editoriales de periódicos de la época. A menudo estaban teñidos de orgullo: «nuestro pecado capital», como se sugirió en 1878[42].

---

[40] S. Villalobos R., *Historia del pueblo chileno,* Santiago, Editorial Universitaria, vol. I, 1980, p. 16.
[41] «Atropos», «El inquilino en Chile», *Revista del Pacífico* V (1861), p. 102.
[42] Rafael Vial a Antonio Varas, 17 de diciembre de 1878. *Revista chilena de historia y geografía* 29 (1918), p. 344.

La estabilidad política y el evidente progreso material parecían un amplio motivo para la autocongratulación. «¡Chilenos!», apostrofaba un periódico en 1858, «¡Los de ánimo incontrastable! ¡Raza de privilegio en la América española!»[43]. De hecho, la idea de Chile como una República modelo, ejemplo para sus turbulentos vecinos, se fue extendiendo cada vez más en los círculos instruidos. El uso de esta atractiva consigna fue suficientemente común como para que se la denunciara en 1861 como «una manía [...], una pretensión bastante quijotesca»[44]. Quijotesca o no, era sin duda pretenciosa. La última colonia española se había convertido en una pequeña pero orgullosa nación.

---

[43] *La Actualidad* 34, 11 de marzo de 1858.
[44] *La Discusión* 77, 22 de febrero de 1861.

5
El impulso liberal, 1841-1876

«Sin embargo», repuso don Dámaso, «todo ciudadano debe ocuparse de la cosa pública, y los derechos de los pueblos son sagrados». Don Dámaso, que [...] era opositor aquel día, dijo con gran énfasis esta frase, que acababa de leer en un diario liberal.

Alberto Blest Gana, *Martín Rivas* (1862).

BULNES Y EL RESURGIMIENTO DEL LIBERALISMO

Era poco probable que el nuevo orden conservador sobreviviera sin sufrir cambios. A mediados de siglo, una feroz y a veces sangrienta batalla se libró entre los defensores del estilo autoritario y quienes favorecían un enfoque más liberal y tolerante. A la larga, el impulso liberal resultó irresistible. Aunque los liberales tardaron casi 40 años, desde la muerte de Portales, en desplazar finalmente como partido a los conservadores en la conducción del gobierno. Obviamente, no eran los mismos liberales que habían sido excluidos del poder en 1830.

Después de 1841, el conciliador enfoque del presidente Bulnes, que mantuvo durante la mayor parte de su década en el puesto, dio excelentes resultados. Con el tolerante pelucón Ramón Luis Irarrázaval a cargo de los ministerios del Interior y de Relaciones Exteriores, el liberalismo, como fuerza política coherente, estuvo a punto de ser aniquilado por la amabilidad. Muchos liberales prominentes (expresidente Pinto, entre otros) se reconciliaron con el régimen. Aunque hubo algunas rachas ocasionales de agitación en medio de la tranquilidad general. En 1844, el joven y romántico estudiante Francisco Bilbao escandalizó a la clase política con sus exaltados ataques a la sociedad chilena y a la Iglesia publicados en las páginas del periódico mensual *El Crepúsculo*. Ejemplares del ofensivo artículo fueron recopiladas y quemadas (en privado, por miedo a los disturbios). El mismo Bilbao fue multado y expulsado del Instituto Nacional; pronto se marchó al extranjero.

Las demostraciones juveniles en favor de este exaltado populista difícilmente constituyeron una revuelta. Y tan sólo unas pocas semanas después, de hecho, el presidente Bulnes consideró que podía ausentarse de Santiago por casi seis meses, en parte por motivos de salud y (como la mayoría supuso) para encargarse de sus propiedades en el sur[1]. Irarrázaval se quedó como vicepresidente (es decir, actuando como presidente), mientras el Ministerio del Interior era asumido por Manuel Montt, la nueva esperanza de los conservadores más duros e inflexibles. Montt tenía una reputación de línea dura que se había visto muy fortalecida en los meses algo agitados previos a la reelección de Bulnes, cuando ciertos liberales, que no se podían resignar (especialmente Pedro Félix Vicuña y el coronel Pedro Godoy), movilizaron algunas fuerzas contra el gobierno, incluido el artesanado. Los desórdenes callejeros en Santiago (septiembre de 1845) fueron suficientes para unir a la clase política junto a Bulnes en una Sociedad del Orden, constituida precipitadamente y creada para hacer propaganda en favor del gobierno. Vicuña y sus aliados respondieron formando la Sociedad Demócrata, para sí mismos, y la Sociedad Caupolicán, algo más sombría, para los artesanos, de los cuales poco o nada se sabe.

En marzo de 1846, reaccionando de manera desmedida ante algunas confusas proclamas revolucionarias que aparecieron en una modesta gacetilla publicada con escasos recursos (difundidas por el tipógrafo Santiago Ramos), el gobierno impuso el estado de sitio y arrestó a algunos liberales, incluido Vicuña. Estos hechos coincidieron con las elecciones parlamentarias. En Valparaíso (donde Vicuña era candidato), estalló una seria reyerta, que costó la vida al menos a 20 personas. La propaganda conservadora naturalmente capitalizó esta deplorable situación de anarquía. Como era de esperar, Bulnes fue reelegido presidente sin oposición. Por su parte, el Congreso aprobó rápidamente una nueva Ley de prensa muy severa. Ahora los liberales veían a Montt, el arquitecto de este ataque represivo menor, como su adversario más formidable. Lo era.

Por un tiempo, los buenos sentimientos volvieron. Bulnes designó a su primo Manuel Camilo Vial como sustituto de Montt. Ambicioso

---

[1] Mientras se encontraba en Lima con la fuerza expedicionaria, Bulnes compró en 1839 Las Canteras, propiedad de Bernardo O'Higgins.

y de mal carácter, pero también tolerante, el nuevo ministro del Interior disfrutó de un tranquilo mandato durante sus dos primeros años en la cartera. No obstante, esta evidente inclinación a acumular cargos pronto provocó hostilidades en el interior del Partido Conservador. Cuando se supo que la lista de candidatos de Vial para las elecciones parlamentarias de 1849 omitía a varios de los pelucones que se le oponían, las críticas se transformaron en agitación activa. A pesar de que el gobierno desplegó sus mejores esfuerzos, cuatro de los conservadores rebeldes fueron elegidos para la nueva legislatura.

Es posible que Vial abusara de la paciencia de su primo. Por razones poco claras, Bulnes decidió de pronto pedirle la renuncia a Vial. (Efectivamente, se retiró de la política.) El nuevo gabinete (junio 1849) incluyó a dos populares disidentes, Manuel Antonio Tocornal (hijo de Joaquín) y Antonio García Reyes. El Congreso recién elegido, evidentemente, contaba con muchas personas que apoyaban a Vial y tomó una posición de gran recelo con respecto al nuevo gabinete. En las filas de esta mayoría vialista, comenzó a formarse gradualmente una nueva oposición liberal, que se autodesignó por un tiempo como Partido Progresista. El curso que estaban tomando los acontecimientos quizá era difícil de impedir. La generación más joven, la primera en haber crecido bajo el régimen conservador, se fue acercando cada vez más a las ideas emergentes, con particular entusiasmo por la revolución francesa de 1848 –a la cual el presidente Bulnes rindió tributo cuando inauguró el Congreso ese año–. En otras circunstancias, los apreciados Tocornal y García Reyes habrían podido contener la nueva tendencia política en las filas conservadoras. Sin embargo, las circunstancias de su nombramiento lo hacían imposible.

El hombre del momento para los progresistas era José Victorino Lastarria, el destacado editor liberal de la época. Las sesiones parlamentarias de 1849 constituyeron en cierto sentido su mejor momento. Lastarria tenía un toque de vanidad –«lo tengo y lo luzco», dijo sobre su propio talento–, pero era un parlamentario eficaz. En agosto de 1849, ya con mayor confianza, la oposición propuso un candidato presidencial para 1851: el mayor Ramón Errázuriz, cuya respetabilidad contrapesaba sus antecedentes liberales definitivamente poco convincentes. Un Club de la Reforma de corta vida, formado en octubre de 1849, fue otro signo de renacimiento liberal, aunque en el Congreso la falange vialista empezaba a ceder a medida que se dejaban sentir las presiones ministeriales. En enero de 1850, la oposición recurrió a la última arma parlamentaria que le quedaba: trató de demorar la aprobación del presupuesto en la Cámara de Diputados. El encuentro entre Lastarria y Montt, personificaciones respectivas de la libertad y la autoridad, marcó un hito en la historia de la competencia retórica. Un solo voto impidió que se aprobara la moción.

La biografía de Lastarria muestra un buen recuento de los triunfos y las derrotas de la época y su fracaso en términos de inyectarle una coherencia organizativa e ideológica al resurgente Partido Radical. Sin embargo, también había quienes estaban decididos a ampliar la campaña contra el régimen conservador. La Sociedad de la Igualdad, fundada en marzo de 1850 por Santiago Arcos y Francisco Bilbao (testigo de algunos de los hechos de 1848 en París), se destaca como una empresa inusual en un periodo de políticas de clase alta. Creada para hacer extensiva la educación a la «clase trabajadora» (por ejemplo, el artesanado), la Sociedad rápidamente cerró filas con la oposición, asumiendo una actitud verdaderamente hostil contra las supuestas aspiraciones presidenciales de Manuel Montt. La candidatura de Montt no era aún de ninguna manera segura, pero las marchas y demostraciones de la Sociedad de la Igualdad y el lenguaje radical de su propaganda la hicieron mucho más plausible. Tanto Bilbao como Arcos estaban cautivados por los relatos de la Revolución francesa. «Libertad, igualdad, fraternidad» se convirtió en el lema de la sociedad, «ciudadano» era la manera preferida de dirigirse a las personas. Sus líderes adoptaron apodos de la década de 1790: Bilbao era «Vergniaud» (lo que resultaba apropiado porque era un buen orador), Arcos (con menor adecuación) era «Marat».

En abril de 1850, Tocornal y García Reyes dejaron el gabinete, y Bulnes designó a Antonio Varas como ministro del Interior. En gran medida, Varas era el protegido de Montt y la designación fue interpretada correctamente por la oposición como un endurecimiento de la posición del gobierno. Cada semana traía consigo un nuevo elemento de agitación. El 19 de agosto, una reunión de la Sociedad de la Igualdad fue atacada por hombres con palos, algunos de ellos agentes de la policía; el número de miembros de la Sociedad se triplicó en cinco días. En un incidente famoso, un igualitario le escupió a la cara al intendente de Santiago, por lo que fue enviado a prisión durante seis meses. Tales acontecimientos escandalizaron a la soñolienta sociedad de la capital y le dieron a Montt la candidatura conservadora, a pesar de las reservas de los pelucones, más conciliadores. A comienzos de noviembre, los igualitarios locales de San Felipe tomaron brevemente la ciudad. El gobierno declaró el tan esperado estado de sitio, arrestó y exilió a varios liberales bien conocidos (incluido Lastarria) y disolvió la Sociedad, que desapareció prácticamente sin ninguna protesta. Cuando regresó de su breve estancia en el extranjero, en febrero de 1851, Lastarria pensó que la oposición se había desintegrado por completo.

Su rescate provino, inesperadamente, de las provincias del sur, que se habían mantenido lejos de la excitación política de Santiago. En febrero de 1851, los ciudadanos más importantes de Concepción proclamaron al general José María de la Cruz, su popular intendente desde 1846, como candidato presidencial. Cruz era conservador y, además, primo de Bulnes. A pesar de estos inconvenientes, los liberales se deshicieron del pobre Ramón Errázuriz e hicieron suya la candidatura. Los más impetuosos entre ellos también hicieron esfuerzos por sobornar a los militares. El día de Pascua de Resurrección (20 de abril), el batallón Valdivia hizo un vano intento de tomar el cuartel de artillería a los pies del Cerro Santa Lucía. Al alba, las noticias despertaron a Bulnes, quien montó en su caballo y se dirigió a reprimir el motín. El coronel Pedro Urriola, líder de la revuelta, fue asesinado. Al final de la batalla, 200 hombres yacían muertos. «Una mañana terrible», escribió Antonio Varas.

Con la imposición de otro estado de sitio, el general Cruz fue convocado a Santiago. Recibió embarazosos despliegues de público respaldo. Las elecciones, realizadas poco después, arrojaron una predecible mayoría para Montt —excepto en el sur—. La oposición publicó un manifiesto que detallaba los abusos electorales, aunque no hay pruebas de que estos hubieran sido más flagrantes que de costumbre. Cuando Cruz regresó al sur a finales de julio, los ojos de la capital se volvieron nerviosos hacia las provincias. Cuando Montt tomó el mando el 18 de septiembre, La Serena también se había alzado. Al día siguiente, cuando el nuevo presidente iba camino del habitual desfile militar, un mensajero entró al galope en la ciudad con la noticia de que Concepción se había alzado en favor del general Cruz. A pocas horas de haber asumido la presidencia, Bulnes se encontraba camino del sur para defender el régimen conservador, en peligro mortal en esas horas.

La rebelión de La Serena (7 de septiembre de 1851) había sido preparada por los liberales locales. Rápidamente se les unieron los liberales que venían escapando de Santiago, entre ellos José Miguel Carrera (hijo del famoso caudillo patriota), quien asumió el mando como intendente rebelde de la provincia de Coquimbo. Otro fue el joven Benjamín Vicuña Mackenna, cuyo padre, el incontenible *pipiolo* Pedro Félix Vicuña, era ahora la mano derecha del general Cruz en Concepción. No obstante, más allá de las revueltas menores que pudieran surgir en el norte, el verdadero peligro estaba en el sur. El general Cruz era una figura nacional, un héroe de la guerra de 1836-1839 a quien sólo Bulnes aventajaba. Las guarniciones de Concepción y la Frontera contaban con soldados y milicianos endurecidos –y Cruz, hombre de la Frontera con experiencia sabía cómo neutralizar a los mapuches en la retaguardia.

Una de las primeras acciones de los rebeldes, tanto en el norte como en el sur, fue capturar dos pequeños vapores, uno de ellos de propiedad británica, con la intención de mantener el contacto entre las dos alas de la revolución. Con el consentimiento del gobierno, la escuadra naval británica recuperó ambos barcos e impuso un bloqueo marítimo a Coquimbo. (Stephen Sullivan, ministro británico y sobrino de lord Palmerston, era un ferviente defensor de Montt.) Los rebeldes estaban furiosos con los británicos: «¡Si estos infames gringos nos saltean la mar, nosotros debemos degollarlos en la tierra!»[2], clamó Pedro Félix Vicuña, brazo derecho de Cruz –quien, después del motín del 20 de abril, no dudó en buscar amparo a bordo de un buque de guerra británico. Aún se enfadaron más con Montt por haber tolerado la interferencia extranjera en una disputa chilena.

A comienzos de noviembre, Bulnes avanzó al río Ñuble. El primer encuentro entre los dos ejércitos, en Monte de Urra (19 de noviembre), probablemente favoreció a Cruz. La batalla decisiva de esta campaña se peleó el 8 de diciembre cerca de la confluencia de los ríos Maule y Loncomilla. Fue una lucha sombría y feroz, en la cual murieron alrededor de 1.800 soldados. *¿Quién ganó?* Esto es algo que se discute desde entonces. Lo que está claro es que cuando Bulnes emprendió los preparativos para proseguir la acción pocos días después de la batalla de Loncomilla, Cruz se rindió. Una razón plausible para ello puede haber sido que estuviera preocupado por el enorme aumento de la actividad

---

[2] A. Edwards, *Cuatro presidentes de Chile,* 2 vols., vol. I, Valparaíso, Imp. Universo, 1932, p. 82.

guerrillera no oficial y el pillaje en el sur. El tratado de Purapel, que ambos primos firmaron el 14 de diciembre, estaba redactado en términos honorables: a los soldados rebeldes se les permitió volver a unirse al Ejército nacional sin que sus rangos (y pensiones) se vieran afectados. Bulnes también le prometió a Cruz que trataría de conseguir una amnistía general, que Montt se negó a conceder.

Mientras tanto, las tropas bajo el mando del coronel Juan Vidaurre Leal y de Victorino Garrido habían sitiado La Serena. La obstinada resistencia, largo tiempo recordada como heroica, de la ciudad terminó el 31 de diciembre. Otra rebelión en favor de Cruz estalló de pronto en Copiapó (despojado de tropas que se dirigieron al sur, a La Serena): su líder era Bernardino Barahona, comerciante de Huasco, y uno de sus tenientes era «un Pinochet de Aconcagua»[3]. Su momento de gloria fue breve. Garrido pronto ahogó este último acceso de rebelión. Luego, en enero de 1852, llegaron a Valparaíso noticias de un horroroso motín en la colonia penal del estrecho de Magallanes, donde el sádico teniente Miguel José Cambiaso había impuesto un sanguinario reino del terror en el pequeño asentamiento, claramente a nombre de Cruz. Cambiaso y otros siete hombres fueron ejecutados en Valparaíso en abril de 1852. Los liberales, indignados por otras cacerías tras la guerra civil, se abstuvieron de incluir sus nombres en las listas de mártires de la opresión.

De todas las crisis que había debido afrontar en diez años en el poder, la de 1851 fue la que el régimen conservador manejó con menos habilidad. Sin embargo, el gobierno capeó el temporal. Habiendo demostrado tan sangrientamente sus ansias de gobernar, Manuel Montt quedó al mando de la República, sin cuestionamientos por el momento.

Montt y la defección conservadora

Los enemigos de Manuel Montt (y tenía muchos) habían admitido siempre y libremente su excepcional inteligencia y su ejemplar laboriosidad. Sus ideales, sin embargo, eran intransigentes e inflexibles. Nunca se preguntó si la tradición autoritaria (en la que había sido personalmente educado por el mismo Portales) seguía siendo adecua-

---

[3] R. Hernández, *Juan Godoy o el descubrimiento de Chañarcillo,* 2 vols., Valparaíso, Imp. Victoria, 1932, vol. I, p. 183.

da para el Chile de la década de 1850. Era un hombre de pocas palabras, excepcionalmente poco emocional y seco. Como nos cuenta su gran amigo Sarmiento, había quien creía seriamente que Montt jamás se había reído en su vida. «Pura cabeza sin corazón», era el veredicto privado de Bulnes. Inseparablemente vinculado al nombre de Montt (han estado juntos en su monumento de Santiago desde 1904) se encuentra el de Antonio Varas, su ministro del Interior de 1851 a 1856 y nuevamente en 1860-1861. Varas compartió el enfoque autoritario del presidente, pero tenía una naturaleza definitivamente más apasionada, que quizá sirvió de complemento al gélido autocontrol de Montt.

La administración de Montt comenzó destacando públicamente su interés por el progreso material. El ferrocarril y el telégrafo serían los principales instrumentos de la civilización. «Habéis querido ponerme», dijo Montt en un banquete en septiembre de 1851, «a la cabeza de una falange de obreros, para que [...] construyamos la paz y [...] la prosperidad. ¡Dios sea con los trabajadores!»[4]. El auge comercial que se mantuvo durante su primer periodo facilitó, quizá, que la clase política olvidara sus recientes desacuerdos. El propio Montt puede haber usado este énfasis en los «intereses materiales» como un medio para distraer a los chilenos de las preocupaciones políticas. De haber sido así, su táctica falló. De hecho, la década de Montt fue decisiva en la reformulación del paisaje político: eclipsando todos los demás acontecimientos de la década de 1850, se produjo la repentina defección de gran parte (probablemente la mayoría) del Partido Conservador. Inesperadamente, la Iglesia católica suministró el pretexto para esta gran deserción.

Desde 1830, el gobierno había considerado a la Iglesia como un factor insignificante dentro de la política: en la práctica, el Estado había conservado el Patronato. En 1845, el ambicioso Rafael Valentín Valdivieso se convirtió en obispo de Santiago. Con ello, un profundo ánimo de militancia ultramontana se difundió a través de toda la jerarquía eclesiástica y del clero alentada por el activo Valdivieso en persona. Una poderosa fracción del Partido Conservador siempre había estado fuertemente vinculada a la Iglesia y Montt tenía esto en mente en 1851 cuando designó al devoto Fernando Lazcano como miembro de su gabinete. Lazcano ocupó brevemente el cargo: su es-

---

[4] *La Tribuna,* 9 de septiembre de 1851.

fuerzo por imponer un régimen exclusivamente clerical en el Instituto Nacional provocó un abierto motín entre los estudiantes. Dos años
después, durante la discusión de la readmisión de los jesuitas en Chile,
se abrió una brecha difícil de franquear entre el Senado, reducto del
conservadurismo tradicional, y la Cámara de Diputados, donde pre-
dominaban los seguidores de Varas. (La postura religiosa de Varas era
sospechosa para los ortodoxos.) A finales del primer periodo de
Montt, aparentemente tranquilo, se había producido una honda fisura
en el Partido Conservador.

Un incidente trivial que se transformó en una importante cuestión política agrandó la fisura hasta un punto irreparable. En un juicio
sobre el despido de un joven sacristán, dos canónigos de la catedral de
Santiago, en desacuerdo con sus superiores, apelaron a la Corte Suprema. Era un procedimiento permitido por el Patronato, pero desaprobado por Valdivieso, por las opiniones ultramontanas y por el mismo papado. La Corte Suprema ratificó la apelación. Valdivieso se
opuso al fallo y fue amenazado con el destierro. Montt se mantuvo
firme de parte de la Corte Suprema. La opinión pública se puso cie-
gamente de parte del clero. Devotas señoras de la alta sociedad afirmaron que se colgarían de las ruedas del carruaje que llevara a Valdivieso
al exilio. Al margen de esta amenaza se produjo un incidente más serio: un grupo de liberales (entre ellos Federico Errázuriz, sobrino del
obispo) comenzó a tramar un *coup de main* confiados en la simpatía
pública por el prelado litigante. Rápidamente se llegó a un acuerdo; el
obispo y los canónicos se retractaron, pero el daño ya estaba hecho.

Los conservadores tenían otros motivos para estar desencantados. La
negativa de Montt de otorgar una amnistía tras 1851 fue considerada
innecesariamente dura. Nunca sería perdonado por los conservadores
del sur. Por otra parte, al elegir los funcionarios públicos, Montt y Varas
estaban más interesados en el pedigrí de la clase alta que en sus méritos,
lo que molestó a muchas familias peluconas. Los «nuevos hombres»
cuyas carreras fueron así promocionadas formarían después una brillante generación política, pero en la década de 1850 era innegablemente
nuevos y en algunos casos desconocidos. Así, la perspectiva de una presidencia de Varas en 1861 fue claramente mal recibida. Para muchos
conservadores, la actitud severamente *regalista* del presidente en la
«cuestión del sacristán» fue la gota que rebasó el vaso. Pronto se hizo
evidente que se estaba preparando una gran defección conservadora.

Esta se hizo pública por primera vez en las sesiones parlamentarias de 1857, cuando el Senado de pronto insistió en aprobar una Ley de amnistía –neutralizada rápidamente por las enmiendas de Montt–. Muy pronto quedó en evidencia que los pelucones disidentes se estaban alineando informalmente con los liberales, cuyos dirigentes (liderados con habilidad por Federico Errázuriz y Domingo Santa María) estaban prestos a obtener algunas ventajas de este golpe de suerte. Fuera de los cerrados círculos políticos, la opinión pública estaba anonadada, como se aprecia en una «conversación imaginaria» impresa en esa época:

> —Hola, ilustre. ¿Qué hay de nuevo?
> —¡Chit! El partido pelucón se ha vuelto liberal.
> —¡Magnífico!
> —No, no, no es así: es el partido liberal el que se ha vuelto pelucón.
> —¡Hombre! No lo entiendo.
> —Ni yo tampoco[5].

Montt, sin embargo, sí lo entendía. La embrionaria alianza liberal-conservadora recurrió a la vieja táctica de enero de 1850 y trató a continuación de demorar la aprobación del presupuesto, para obligar así a Montt a cambiar su gabinete. El presidente consideró que esto era un uso ilegítimo de los poderes del Senado y consideró seriamente renunciar: Varas redactó al menos cuatro borradores de un mensaje de dimisión. Al final, Jerónimo Urmeneta, hermano del millonario de las minas, estuvo de acuerdo en formar un nuevo ministerio que incluyera a dos liberales (octubre de 1857). Sin embargo, tras inevitables desavenencias con Montt, los liberales renunciaron y las esperanzas de un acuerdo entre el gobierno y la oposición se vieron frustradas una vez más.

El 29 de diciembre de 1857, un manifiesto anunció la creación de un nuevo Partido Nacional para apoyar al gobierno en las próximas elecciones. Hasta entonces, a pesar de su animadversión por Montt, los liberales y los conservadores que habían desertado no se habían aglutinado en torno a una alianza formal. La vital reunión ocurrió en la chacra de Ramón Subercaseaux en enero de 1858: los conservadores iban liderados por el astuto veterano Joaquín Tocornal (cuyo hijo Manuel Antonio también tuvo un papel destacado en la deserción); y

---

[5] *El Mercurio* (Valparaíso), 29 de agosto de 1857.

los liberales, representados por Federico Errázuriz, Domingo Santa María y Ángel Custodio Gallo. La nueva alianza, rápidamente bautizada como Fusión Liberal Conservadora, fue despreciada por los seguidores de Montt como artificial e inestable. Durante los próximos 15 años al menos no sería ni lo uno ni lo otro. Como observó en una ocasión Edward Gibbon, «el espíritu de partido, pese a ser pernicioso o absurdo, es un principio de unión y a la vez de disensión».

Así quedaba trazado el campo de batalla. La Fusión afirmaba que representaba a la «opinión pública». Probablemente es cierto que la mayoría de la clase política se oponía ahora a Montt, sin descartar la discreta influencia del clero. Los nacionales conservaron una parte de la clase alta y atrajeron el apoyo de los nuevos magnates de la minería y el comercio –«aristócratas de barreta», como los llamó el político Ambrosio Montt–. En términos electorales, los nacionales controlaban la maquinaria del Estado. A pesar de ello, la Fusión ganó al menos 15 escaños en la nueva Cámara. Las sesiones de 1858 fueron tan agitadas como las de 1849. La oposición trató una vez más de obstruir la aprobación del presupuesto: esta vez, la Cámara simplemente votó para terminar con el debate, a raíz de lo cual los diputados de la Fusión se retiraron (19-20 de noviembre de 1858). Fuera del Congreso, la agitación, que ahora comenzaba a asumir algunos de los rasgos de 1850, no mostró signos de disminuir. La prensa se deshizo en una cruda invectiva contra Montt. En octubre de ese año, apareció un cometa, –para muchos «un maligno mensajero de próximas desgracias»[6].

Algunos asuntos fueron sacados a la luz por un grupo de jóvenes liberales reunidos en torno a una gaceta radical, *La Asamblea Constituyente*, cuyo tema más contundente era la necesidad de una inmediata reforma constitucional. El 12 de diciembre de 1858 cinco de esos hombres (Ángel Custodio Gallo, Benjamín Vicuña Mackenna, Isidoro Errázuriz, los hermanos Guillermo y Manuel Antonio Matta) citaron una llamada «asamblea constituyente» en un salón de conciertos en Santiago. La reunión fue disuelta por soldados. Más de 150 reformistas fueron a prisión con una actitud desafiante. Una vez más, el gobierno declaró el estado de sitio y cerró varios periódicos (incluido *El Mercurio*). Por segunda vez en ocho años, Chile estaba a un paso de la revolución armada.

---

[6] *El Mercurio* (Valparaíso), 16 de octubre de 1858.

Esta vez no se produjo una defección en el sur como en 1851; el Ejército siguió siendo leal a Montt. Por ende, el «comité revolucionario» de la Fusión (Errázuriz y Santa María eran miembros clave) tuvo que improvisar sus propias fuerzas. No tuvieron mucho éxito en ninguna parte. En Santiago, un débil motín se agotó de inmediato. En Valparaíso, un intento más serio fue reprimido rápidamente. San Felipe, también en armas, fue saqueado cruelmente por tropas del gobierno: el joven abogado Abdón Cifuentes perdió su primera levita en la refriega. En Talca (el episodio más largo), los rebeldes soportaron días de bombardeos antes de capitular. En el campo, la guerrilla organizada por algunos hacendados de la Fusión (las *montoneras*) tuvieron algunos logros. José Miguel Carrera volvió a la lucha encabezando las más exitosas. Pero a comienzos de mayo habían sido dispersadas en su totalidad. Más al sur, los insurgentes capturaron brevemente Tomé y Talcahuano y organizaron un infructuoso ataque a Concepción, mientras otra fuerza rebelde de la Frontera marchaba rumbo a Chillán: su derrota en la batalla de Maipón (12 de abril de 1859) marcó el final de la guerra en el sur.

A mediados de marzo de 1859, el Ejército nacional contaba con más de 5.000 hombres. El gobierno desterró a varios de sus adversarios más peligrosos: en marzo un capitán de navío británico recibió 3.000 pesos por abandonar a los hermanos Matta, Ángel Custodio Gallo y Benjamín Vicuña MacKenna en Inglaterra, un error teniendo en cuenta el talento literario de los mismos. Otro grupo de rebeldes, de camino al estrecho de Magallanes, secuestró el barco (el *Olga*) y lo desvió rumbo al Perú. Dos de ellos volvieron a Chile para unirse a la única fuerza insurgente que parecía tener alguna posibilidad de derrotar a Montt, el «Ejército constituyente», de Pedro León Gallo, que había tomado el control de la zona minera y estaba preparando un ataque mucho más serio del que se podía llevar a cabo más al sur.

En 1851, los magnates mineros de Atacama se contaban entre los partidarios más fuertes de Montt. Sin embargo, el poderoso clan Gallo (primos de Montt por matrimonio) había peleado contra el presidente y había abrazado una forma radical de liberalismo. En los días 5 y 6 de enero de 1859, los rebeldes tomaron Copiapó y aclamaron a Pedro León Gallo (hermano de Ángel Custodio) como intendente de Atacama. El milagro de sus improvisaciones en las semanas siguientes fue legendario: reclutó un ejército de 1.000 hombres, fabricó armas (incluidas piezas de artillería), acuñó «pesos constituyentes» (altamente valorados por los numismáticos modernos); todo esto seguido por una agotadora marcha a través del desierto, la victoria sobre las fuerzas del gobierno en Los Loros (14 de marzo de 1859) y una entrada triunfal en La Serena. Gallo fue obsequiado allí con una bandeja de figuritas dulces de sus oficiales; no se recuerda si se los comió o no. Los líderes de la Fusión en Santiago estaban menos eufóricos: se sentían avergonzados por la retórica radical del movimiento del norte y ambivalentes acerca de su éxito.

Montt confió el ajuste de cuentas final con Gallo al general Juan Vidaurre Leal y a una división de 3.000 soldados. Los constituyentes hicieron su última parada en las laderas del Cerro Grande, una colina un poco al sur de La Serena. Descendieron de allí a la derrota (29 de abril de 1859), Gallo y muchos de sus seguidores huyeron por las montañas a Argentina. Los graciosos de Santiago crearon un anagrama con su nombre: *No llegó al poder.* El norte pronto estuvo pacificado. En uno de los muchos desórdenes menores tras el fin de la guerra, el general Vidaurre Leal perdió la vida el 18 de septiembre en Valparaíso.

El gran número de acciones menores en esta guerra civil, así como la reticencia del gobierno, hace difícil estimar las pérdidas humanas. En Cerro Grande, la mayor batalla, el gobierno perdió alrededor de 100 hombres entre muertos y heridos[7], y el Ejército constituyente presumiblemente más. En las acciones urbanas, los peores encuentros ocurrieron en Talca y Concepción. Numerosas sentencias de muerte fueron aprobadas durante la consiguiente represión, pero relativamente pocas se llevaron a cabo; poco después, la oposición afirmó que se habían producido 31 ejecuciones en 1859. Como en el pasado, muchos fueron enviados (o simplemente se fueron) al exilio. Es imposible decir cuántos chilenos perdieron la vida en las dos guerras civiles de la presidencia de Montt. Nos atrevemos a estimar que el total alcanzó probablemente unas 4.000 personas. Pudieron haber sido muchos menos.

LA FUSIÓN LIBERAL CONSERVADORA

A la victoria de Montt en la guerra, le siguió la derrota en la paz. Cientos de chilenos estaban ahora en el exilio; sus familias anhelaban

[7] F. Ruz Trujillo, *Rafael Sotomayor Baeza. El organizador de la victoria,* Santiago, Andrés Bello, 1980, p. 76.

el fin de las desavenencias. Discretamente, los dirigentes de la Fusión hicieron saber a Montt que aún no había conquistado la «opinión». Era evidente que la «opinión» experimentaba un cambio radical. La crisis comercial de finales de la década de 1850 estaba alcanzando su cima. El sentimiento de ansiedad y descontento generalizados era evidente, puesto que la oposición había comenzado a vislumbrar la sorprendente perspectiva de tener a Antonio Varas en La Moneda. ¿Acaso el futuro inevitable de Chile eran mayores trastornos y rebeliones?

A comienzos de 1860, Jerónimo Urmeneta renunció al Ministerio del Interior. En su momento de mayor necesidad, Montt se dirigió a Antonio Varas (abril de 1860). El ministro del Interior, por reglas implícitas de la política, no podía preparar su propia candidatura presidencial. Por ende, la decisión de Varas fue considerada correctamente como una renuncia a sus aspiraciones personales. Se le brindaron efusivos tributos por su falta de egoísmo. «El espíritu de Washington ha llamado a la puerta [...] del señor Varas», declaró el periódico *El Ferrocarril*[8]. El mismo Varas continuó imperturbable con sus asuntos. Llevando la tradición autoritaria al extremo, introdujo una nueva «ley de responsabilidad civil», una severa medida que exigía que los rebeldes políticos compensasen económicamente a las víctimas de rebeliones. Nunca tuvo que ser aplicada y fue derogada en 1865.

El Partido Nacional, sin embargo, insistió en mantener la candidatura de Varas. La oposición sospechaba que era una estratagema, pero la decisión de Varas era genuina, como dejó claro ante los líderes del Partido Nacional en enero de 1861. La Fusión pronto se dio cuenta de que se estaba produciendo una revolución silenciosa en la política: Montt ya no podía mantener la tradición autoritaria por más tiempo. En este marco, el Partido Nacional optó para la presidencia por José Joaquín Pérez, un patricio mayor y tolerante. Se supone que dijo: «Caballeros, la jovencita que me ofrecen es muy linda, pero un poco coqueta. Lo pensaré». Y lo pensó, pero no mucho tiempo. Fue elegido sin oposición y con la abstención de la Fusión. En los banquetes que celebraron el traspaso del mando (18 de septiembre de 1861), habló elocuentemente de su anhelo por una reconciliación nacional y de «un gobierno de todos y para todos», fuera lo que fuera lo que hubiera querido decir con ello.

---

[8] 20 de abril de 1860.

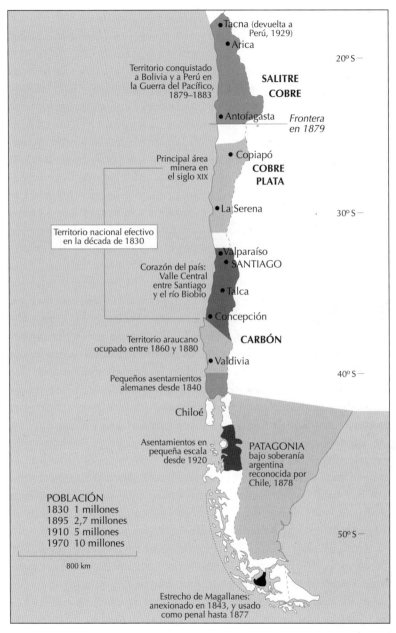

Tacna (devuelta a Perú, 1929)
Arica

20° S —

SALITRE
COBRE

Territorio conquistado
a Bolivia y a Perú en
la Guerra del Pacífico,
1879–1883

Antofagasta   *Frontera en 1879*

Copiapó

Principal área
minera en
el siglo XIX

COBRE
PLATA

La Serena

30° S —

Territorio nacional efectivo
en la década de 1830

Valparaíso
SANTIAGO

Corazón del país:
Valle Central
entre Santiago
y el río Biobío

Talca

Concepción

CARBÓN

Territorio araucano
ocupado entre 1860 y 1880

Valdivia

40° S —

Pequeños asentamientos
alemanes desde 1840

Chiloé

Asentamientos en
pequeña escala
desde 1920

PATAGONIA
bajo soberanía
argentina
reconocida por
Chile, 1878

POBLACIÓN
1830 1 millones
1895 2,7 millones
1910 5 millones
1970 10 millones

800 km

50° S —

Estrecho de Magallanes:
anexionado en 1843, y usado
como penal hasta 1877

Mapa 4. Chile: expansión territorial.

Sí quería decir una cosa. Tan sólo un mes después de haber tomado el cargo de presidente, Pérez introdujo una Ley de amnistía global. Los exiliados comenzaron a volver poco a poco a casa. Desde el punto de vista de la Fusión, no obstante, la revolución silenciosa no sería completa hasta que el gabinete y el Congreso estuvieran bajo control. Como es natural, el primer gabinete de Pérez presentaba cierto tinte nacional y él no tenía prisa por modificar dicha situación: nunca tuvo mucha prisa por hacer nada, como los políticos descubrieron rápidamente. No obstante, la insistente presión de la Fusión pronto produjo los resultados deseados. En julio de 1862, entre escenas de delirante entusiasmo público, Pérez dio el paso decisivo y designó un gabinete cuyos miembros pertenecían en su mayoría a la Fusión, con Manuel Antonio Tocornal a cargo de la cartera del Interior y Lastarria, en Finanzas (aunque fue reemplazado por Domingo Santa María, un político más astuto).

Los acontecimientos de 1861 marcaron una importante línea divisoria en la historia política chilena. Las generaciones siguientes considerarían con mayor generosidad a Montt y Varas, pero la clase política como un todo vio su alejamiento del cargo con evidente alivio. El estilo del nuevo presidente era muy distinto. Su tolerancia podía provenir, como se dijo en la época, de una suprema indiferencia. José Manuel Balmaceda lo describió como «ebrio de indolencia». Sin embargo, estas cualidades eran precisamente las que se necesitaban para producir un estado de calma tras las turbulencias de la década anterior. Los admiradores de un gobierno fuerte a menudo presentaron a este patricio mayor bajo una perspectiva más bien pobre. No obstante, él merece tanto crédito como cualquier otro de los presidentes del siglo XIX por haber consolidado la idiosincrasia nacional de una política civilizada. Abdón Cifuentes lo describió como «uno de los más hábiles gobernantes que ha tenido Chile»[9].

Con el Congreso aún en manos de los nacionales, el ministerio de Tocornal se vio obstaculizado con los mismos medios que la propia Fusión había usado contra Montt. Todo lo que el ministerio tenía que hacer, sin embargo, era esperar las elecciones de 1864, en que los habituales procesos intervencionistas arrojaron una buena mayoría para la Fusión. Los nacionales desplazados (conocidos ahora como *monttva-*

---

[9] A. Cifuentes, *Memorias,* 2 vols., cit., vol. I, p. 66.

ristas) ya no estaban solos en la oposición. El ala radical del liberalismo, cuya divergencia de la corriente principal del movimiento había quedado en evidencia en la rebelión de 1858 y en la «revolución constituyente» de Pedro León Gallo, rechazó por principio la alianza liberal-conservadora. A estos liberales «rojos» o «radicales», pronto se les llamaría simplemente «radicales». La provincia de Atacama (donde se formó la primera asamblea radical en diciembre de 1863) era el principal reducto del nuevo partido. Los radicales emitieron opiniones inflexiblemente liberal-demócratas, aumentadas luego por una nota de ferviente anticlericalismo. Esto se debía en parte a un estrecho vínculo entre el radicalismo y la masonería, otro hito notable de esos años: en abril de 1862, los masones chilenos formaron su propia Gran Logia independiente. Ese fue el comienzo de una de las influencias subterráneas más profundas en la política. La cantidad de logias creció de diez en 1872 a más de cien en la década de 1950.

Mientras esto ocurría, el curso inmediato de la política se vio interrumpido por una inesperada crisis internacional. En abril de 1864, una escuadra naval española tomó repentinamente las islas Chincha, en la costa peruana y ricas en guano, en represalia por el supuesto maltrato de los españoles. Hubo un resurgir instantáneo del sentimiento antiespañol en Chile: *El Ferrocarril* sacó incluso una edición dominical para expresar su indignación. Tocornal, a quien no se consideraba lo suficientemente celoso en este plano, fue reemplazado como ministro del Interior por Álvaro Covarrubias. Aunque Chile se declaró neutral en el conflicto, a los buques de guerra españoles se les negó el derecho a cargar carbón en los puertos chilenos. El ministro español en Chile, Santiago Tavira, agraviado por las demostraciones hostiles, exigió un desagravio. Rápidamente se llegó a un acuerdo, pero Tavira no había considerado al comandante de la escuadra española, almirante José Manuel Pareja, hijo del general de Brigada Pareja, que había muerto en Chillán en 1813. El almirante, con la autorización de España, exigió más «explicaciones» por parte de Chile y un saludo de 21 cañonazos. Ante este ultimátum, sólo podía haber una respuesta. El 25 de septiembre de 1865, la República de Chile declaró la guerra al Reino de España.

Ninguno de los lados tenía esperanzas reales de ganar; en realidad de perder. Chile rápidamente encontró aliados (Perú, Bolivia, Ecuador); Pareja, ninguno. Su escuadra era más fuerte que la minúscula armada chilena; pero no lo suficientemente fuerte para mantener un bloqueo eficiente. El 26 de noviembre de 1865, la corbeta chilena *Esmeralda* (bajo el mando del capitán Juan Williams Rebolledo) capturó el cañonero español *Covadonga*, tras 20 minutos de cañonazos. La humillación fue excesiva para el almirante Pareja, que se suicidó. En la batalla de Abtao (7 de febrero de 1866), una pequeña flotilla chileno-peruana derrotó a dos fragatas españolas. El sucesor de Pareja, almirante Casto Méndez Núñez, decidió castigar a Chile bombardeando un Valparaíso desprotegido. La comunidad comerciante solicitó a los buques de guerra extranjeros anclados en la bahía que intervinieran, pero sin ningún resultado. El embajador británico, William Taylour Thomson, respondió a una delegación de airados comerciantes británicos que «los intereses generales de Inglaterra» tenían más importancia que «los de una parte de su comercio»[10]. El sábado de Pascua de Resurrección (31 de marzo de 1866), los ciudadanos de Valparaíso se retiraron a las laderas de los cerros adyacentes para ver el bombardeo español, que duró tres horas. Se habían disparado más de 2.500 tiros. Enormes columnas de humo se alzaban de las devastadas edificaciones, que incluían los depósitos aduaneros. Las pérdidas comerciales, según *El Mercurio*, totalizaron casi 15 millones de pesos.

El bombardeo de Valparaíso fue condenado en todo el mundo como lo que era, un infame ultraje. Marcó para Chile el final de esta extraña guerra menor. Aún habría de pasar algún tiempo antes de que la diplomacia apaciguara formalmente el conflicto. Perú y España firmaron un tratado de paz en París en 1879. Chile y España hicieron lo mismo en Lima en 1883 —cerca de donde Chile tendría que pelear su próxima guerra.

«Desde hoy han desaparecido los partidos», dijo Manuel Montt al comenzar la guerra española. Esto no fue nunca realmente cierto: la oposición radical-nacional nunca se reprimió de criticar la conducción de la guerra. Sin embargo, no cabía la posibilidad de que el benevolente Pérez pudiera perder la reelección en 1866 como ya era tradicional. Las candidaturas del general Bulnes (por los monttvaristas) y de Ángel Custodio Gallo (por los radicales) ni siquiera requirieron una campaña demasiado esforzada y las elecciones parlamentarias de 1867

---

[10] W. C. Davis, *The Last Conquistadores. The Spanish Intervention in Perú and Chile 1863-1866,* Athens, Ga., University of Georgia Press, 1950, p. 301.

predeciblemente fortalecieron a la Fusión. Pese a la tranquilidad general, las emociones despertadas por la presidencia de Montt no fueron olvidadas en absoluto, como puso de manifiesto el episodio político más escandaloso de la década de 1860: la destitución de la Corte Suprema. Montt era entonces su presidente. Se trató simplemente de una búsqueda de venganza. Pérez desaprobó la jugada, al igual que otros líderes políticos, pero la mayoría de la Fusión en la Cámara votó a favor y en septiembre de 1868 el caso fue remitido al Senado. Las pasiones públicas se desataron. Los mejores panfletistas del momento (Martín Palma y Zorobabel Rodríguez entre ellos) desplegaron su talento con energía. El Senado rechazó los cargos en mayo de 1869.

A finales de la década de 1860, el tema de la reforma constitucional alcanzó finalmente el primer lugar en la agenda política. En 1865, justo antes de la guerra, se había producido un largo debate sobre el artículo 5, que daba a los católicos el derecho exclusivo del culto público, aunque en la práctica las autoridades generalmente habían hecho la vista gorda ante las iglesias en su mayoría protestantes y extranjeras de Valparaíso. En vez de una enmienda constitucional, el Congreso aprobó una «ley interpretativa», declarando en efecto la tolerancia religiosa oficial. Los debates sobre el artículo 5 pueden verse como un ensayo general para otras discusiones más amplias sobre la reforma constitucional. El Congreso de 1867-1870 declaró que unos 34 artículos eran en principio «reformables». De acuerdo con la Constitución de 1833, sólo la próxima legislatura podía tomar la decisión de hacer una enmienda. Por ende, las elecciones de 1870 adquirieron especial importancia.

La ola reformista se dejaba sentir con fuerza. La Fusión quería la reforma, mientras la oposición mostraba un evidente interés por poner sobre el tapete la libertad electoral. En 1868-1869, muchos jóvenes monttvaristas se unieron a los radicales y liberales independientes para formar una red de Clubes de la Reforma en Santiago y en las provincias, con una Convención nacional en septiembre de 1869. El programa reformista favorecía la libertad electoral, franquicias más amplias, «el principio de la libertad industrial» y una reducción general del poder presidencial. Aquí, en efecto, estaba la principal agenda para la próxima fase de la política chilena.

Las disputadas elecciones de 1870 fueron probablemente las menos «intervenidas» que el país había visto hasta entonces y la oposición

consiguió 40 escaños en la Cámara. El nuevo Congreso estaba constituido por uno de los grupos más brillantes de parlamentarios en la
historia chilena, incluidos cinco futuros presidentes. Los soberbios di-
bujos de los congresistas realizados por los hermanos Arteaga Alemparte para *Los constituyentes* de 1870, un verdadero clásico político, les
retratan de manera vívida. Había muchas esperanzas puestas en este
Congreso «constituyente» de 1870-1873, pero se cumplieron más
bien pocas. La única enmienda constitucional que logró aprobarse
(aunque era importante) fue la prohibición de la reelección presidencial inmediata. La seguidilla de administraciones «por decenios» llegaba así a su fin.

Ahora la cuestión principal era una vez más la sucesión presidencial. La muerte en 1867 de Manuel Antonio Tocornal, el conservador
con las mejores perspectivas, despejó el camino para el ambicioso liberal, Federico Errázuriz. Sus relaciones con el obispo Valdivieso y su
calculada amistad con los conservadores le dio cierta ventaja respecto
de los otros contendientes. La oposición (nacionales, radicales, liberales disidentes) eligieron al magnate minero José Tomás Urmeneta.
Ambos bandos realizaron modestas convenciones de nominación. Durante la elección misma, el gobierno fortificó ostensiblemente las
guarniciones cercanas a las propiedades de Urmeneta. Como era de
esperar, Errázuriz ganó con una amplia mayoría (226-58) en el colegio electoral. Algunos seguidores de Urmeneta le urgieron a organizar una revuelta armada. Pero los radicales Manuel Antonio Matta y
Ángel Custodio Gallo rechazaron esta idea.

La «nueva política»

El ministro británico Horace Rumbold recordaría luego a Federico Errázuriz como «un espécimen de la clase patricia chilena muy
honorable [...] con un carácter esencialmente despótico»[11]. A diferencia
de su predecesor, Errázuriz fue un presidente activo, tan resuelto en el
poder como lo había sido en su oposición implacable a Montt. Aunque
su cercanía a los conservadores le había ayudado a conseguir el cargo,
no estaba destinado a disfrutar de su apoyo por mucho tiempo, ya que

[11] H. Rumbold, *Further Recollections of a Diplomatist,* cit., p. 32.

las contradicciones internas de la Fusión finalmente se estaban haciendo patentes. La cuestión que dividió a los conservadores y a los liberales fue la «libertad de instrucción» (incluidos los exámenes) en los numerosos colegios privados del país, muchos de los cuales eran católicos. Esto fue un anatema para los liberales, los nacionales y los radicales, quienes querían que todos los exámenes siguieran bajo la supervisión del Instituto Nacional y de la Universidad de Chile. El decreto de la «libertad de exámenes» aprobado en enero de 1872 por Abdón Cifuentes, el ministro conservador a cargo de Educación, provocó una tensión inmediata entre los liberales y los conservadores y la fuerte oposición de Diego Barros Arana, el eminente (y anticlerical) historiador que dirigía el Instituto Nacional. Los desórdenes estudiantiles en el Instituto y el despido de Diego Barros Arana produjeron apasionados debates en el Congreso. Todos estos sonados acontecimientos provocaron la renuncia de Cifuentes (julio de 1873), la retirada de los conservadores que se unieron a la oposición y la desintegración de la Fusión.

La ruptura era inevitable. La relación de los conservadores con el clero se había fortalecido durante la década de 1860 y un choque con las crecientes fuerzas del anticlericalismo tenía que ocurrir tarde o temprano. De hecho, lo que suelen llamarse las «cuestiones teológicas» comenzaron a asumir una importancia poco habitual en política precisamente debido a esta coyuntura. Las cuestiones tenían menos que ver con la teología que con la frontera misma entre las esferas civil y eclesiástica. Dos contenciosos a comienzos de la década de 1870 las convirtieron en el centro de todas las miradas. La negativa de la Iglesia (sobre una base ostensiblemente moral) a casar a un político menor y a enterrar a un popular veterano de la época de la Independencia indicaron la necesidad de una Ley de matrimonio civil y de contar con lugares separados para los no católicos en los cementerios públicos (un cambio decretado en diciembre de 1871). La aprobación del nuevo Código Penal (1874) provocó brotes de pasión pía e impía, con enfrentamientos a puñetazos tanto dentro como fuera del Congreso. La reforma judicial paralela (que abolía los procedimientos usados en la «cuestión del sacristán») también enfureció a los conservadores, pero en este caso el gobierno había discutido la ley de antemano con el Vaticano, socavando así todos sus argumentos.

Ahora que se encontraban en la oposición, los conservadores tenían gran interés en la reforma constitucional. No es de sorprender

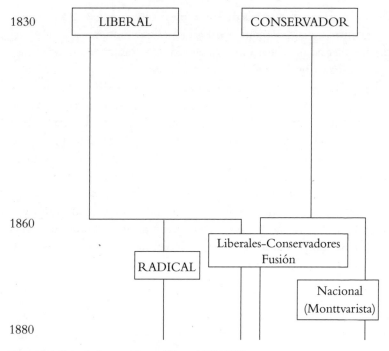

Figura 5.1. Principales partidos políticos, 1830-1880.

que el Congreso de 1873-1876 aprobara toda una serie de enmiendas. Estas incluían la elección directa del Senado, el derecho de asociación (no mencionado en la Constitución de 1833), la modificación de los poderes de emergencia y la introducción de «incompatibilidades limitadas», es decir, la exclusión de ciertas clases de funcionarios públicos del Congreso. Tales cambios supusieron un golpe para el poder presidencial, aunque en modo alguno una derrota. Para muchos políticos, sin embargo, la reforma electoral era un tema aún más importante. ¿No debía de ampliarse esta franquicia? ¿No debía de liberarse Chile del humillante espectáculo de las elecciones «arregladas»? Los prolongados debates de 1872-1874 produjeron cambios importantes en este sentido. El tema de las calificaciones fue transferido entonces de las municipalidades a las Juntas de mayores contribuyentes, comités locales supuestamente más independientes. Aun así, los esfuerzos de los reformadores por lograr el voto acumulativo (una forma primitiva de representación proporcional) para todo tipo de elecciones se encontraron con la obstinada resistencia de Errázuriz. Luego, en septiembre de 1874, Eulogio Altamirano, su leal ministro del Interior, llegó repentinamente a una avenencia que permitía el voto acumulativo en las elecciones para la Cámara de Diputados. La nueva Ley electoral, la más significativa desde 1833, hizo que la única condición para votar fuera saber leer y escribir (aunque sólo los hombres).

Mientras el Congreso debatía estas reformas, Errázuriz organizaba una nueva coalición de gobierno después de la desintegración de la Fusión. Aunque podía confiar en un sólido contingente parlamentario de liberales (los «liberales de gobierno» como llegaron a ser conocidos), también necesitaba encontrar otros aliados. Dado que un nuevo acercamiento a los conservadores era impensable, dicho apoyo sólo podía venir de las filas de los radicales y de los liberales disidentes. Este acuerdo decisivo se llevó a cabo en una reunión secreta entre el presidente y el «patriarca» radical Manuel Antonio Matta. La nueva alianza liberal-radical quedó formalizada a mediados de 1875 con la designación de José Alonso como ministro de Relaciones Exteriores; él sería el primer radical en entrar al gabinete. Para entonces estaba claro que se había producido un giro político comparable al de 1861-1862. De hecho, el esquema político consolidaba así la forma básica que habría de tener hasta la crisis de 1891.

Debemos detenernos aquí en los cambios que sufría el esquema político. La interacción de los partidos políticos se había vuelto mucho más importante que antes. Los «partidos» seguían sin ser más que conjuntos no demasiado cohesionados de políticos de clase alta y sus clientelas. Ni su identidad parlamentaria ni su identidad nacional estaban muy claras. Cuando, en octubre de 1876, el diputado radical y conocido masón Dr. Ramón Allende Padín (abuelo del presidente Salvador Allende) propuso que los parlamentarios deberían votar automáticamente según la línea del Partido, la idea fue ampliamente repudiada. Los partidos no contaban con una organización nacional formal. Y, aunque los radicales contaban con una creciente red de asambleas locales —que llegaban a más de 40 a fines de la década de 1880—, estas no estaban coordinadas centralmente. Ningún partido había realizado convenciones nacionales hasta diciembre de 1878, cuando los conservadores se reunieron en Santiago. No obstante, los partidos constituían un punto de referencia esencial en toda conversación política —como también lo eran sus conocidas divisiones internas—. Algunos conservadores (los llamados *pechoños*) aceptaron el liderazgo de la Iglesia; otros (los más prominentes) prefirieron una postura católica más independiente. Los radicales sufrieron una defección tras el acuerdo Errázuriz-Matta: los hermanos Gallo lo desaprobaban. A mediados de la década de 1870, el Partido Nacional consistía principalmente en los seguidores de Antonio Varas, cuyas ideas se iban haciendo cada vez más liberales con los años; muchos monttvaristas jóvenes se habían pasado (a través de los Clubes de la Reforma) a las crecientes filas liberales. Lo más importante fue que los propios liberales se dividieron entre una mayoría que apoyaba al gobierno y una minoría heterogénea e impredecible. La nueva concertación de gobierno centrada en los liberales era menos estable que sus dos predecesoras.

Las diferencias ideológicas entre los partidos eran más aparentes que reales. En la década de 1870, casi todos los políticos chilenos podían haber dicho «¡Ahora somos todos liberales!». La idea de que la Constitución de 1833 era «parlamentaria» más que presidencialista iba ganando cada vez más terreno. (La enmienda constitucional de 1871 fue obviamente el primer paso importante en esa dirección.) La práctica parlamentaria reflejaba una tendencia creciente (y lo reflejaría aún más bajo el sucesor de Errázuriz) a un mayor uso de la interpelación (incorporada por primera vez en el reglamento vigente de la Cámara en 1846 por iniciativa de Manuel Antonio Tocornal) y, en menor medida, del voto de desconfianza formal. Una interpelación tenía prioridad sobre otros asuntos y podía extenderse a lo largo de varias sesiones.

El poder del presidente sobre el Congreso, como hemos visto, descansaba a fin de cuentas en su manipulación de las elecciones. Aunque esto no disminuyó después de 1874, sí se hizo más difícil. La cantidad de asientos en competencia era cada vez mayor y, en consecuencia, el poder ejecutivo tuvo que recurrir a formas más amplias de fraude, intimidación y violencia –todas evidentemente expuestas en el Congreso y en la prensa–. Se consideraba cada vez más que la intervención electoral era un resabio arcaico que no cuadraba con la liberalización general que se estaba produciendo. A comienzos de 1875, el político en ascenso José Manuel Balmaceda (uno de los jóvenes monttvaristas que se había pasado al campo liberal) publicó un conjunto de elocuentes artículos sobre este tema. Algo menos públicamente, el oficial naval Arturo Prat, que entonces cursaba estudios para obtener un grado en leyes, eligió como tema de tesis las maneras en que podía hacerse que la Ley de 1874 funcionara realmente.

Por el momento, tales esperanzas eran vanas. La elección presidencial de 1876 mostró, muy claramente, las limitaciones precisas de la «nueva política». A comienzos de 1875, Benjamín Vicuña Mackenna, hasta ahora intendente de Santiago, decidió hacer campaña para la presidencia. Vicuña MacKenna acumula algunos méritos para ser considerado el chileno más destacado de su siglo. Ya hemos mencionado su papel como revolucionario en 1851 y 1858. Además de todo esto, fue un prolífico y lírico historiador. Evidentemente creía que si apelaba con decisión a la democracia, la «opinión» le haría ganar. Las giras que realizó en su campaña y sus incandescentes discursos despertaron una corriente de excitación electoral sin precedentes en Chile.

Si la nación (o más bien la mucho más pequeña «nación política») estaba lista o no para este tipo de política es algo que no podemos decir. Errázuriz no lo estaba. Su opción recayó en Aníbal Pinto, el algo insípido hijo del presidente liberal de la década de 1820 y yerno del recientemente fallecido general Cruz. Errázuriz, fiel a la forma, preparó el terreno con sumo cuidado, haciendo proposiciones conciliatorias a los nacionales y neutralizando una candidatura liberal alternativa (la del historiador Miguel Luis Amunátegui), montando una elaborada convención para sellar la nominación de Pinto. A esta convención de la Alianza Liberal, que él llamó la «convención de los notables», Vicuña Mackenna respondió con su propia «convención del pueblo», un gesto menos útil electoralmente que la alianza tácita que hizo con los conservadores.

Sin embargo, grandes fuerzas estaban contra él. Las elecciones parlamentarias (marzo de 1876) fueron «intervenidas» tan flagrantemente como siempre. Acosado por los problemas con sus propios partidarios «liberal-demócratas» y sus aliados conservadores, Vicuña Mackenna se retiró de la competencia desigual pocos días antes de la votación. Luego, se dice, algunos oficiales del ejército se le acercaron ofreciéndole organizar un golpe de Estado para él. «Ningún gobierno impuesto por la fuerza de las armas», se dice que replicó este verdadero gran chileno, «puede ser grato al corazón del pueblo»[12]. Aníbal Pinto fue nombrado presidente el 18 de septiembre de 1876. Errázuriz, que describió la elección como su «última batalla», murió menos de un año después a la edad de cincuenta y dos años.

---

[12] E. Orrego Vicuña, *Vicuña Mackenna, vida y trabajos,* Santiago, Zig-Zag, ³1951, pp. 331-332.

6
La crisis y la guerra, 1876-1883

*El señor Pinto asumirá las riendas del gobierno en un momento especialmente crítico para
la historia de su país, una época de grave depresión comercial y en que varias cuestiones
sociales y financieras exigen rápida solución, y con el prestigio de la administración previa
como rival. El país esperará mucho de él –más, probablemente, que lo que se hará– [...].*

The Chilian Times, 2 de septiembre de 1876.

CRISIS ECONÓMICA

Durante los primeros meses de gobierno del presidente Pinto, el
precio mundial del cobre cayó en un 20 por 100; y las exportaciones
de cobre chileno, en un 16 por 100. Las exportaciones de plata no
alcanzaron un tercio de su volumen de 1874. Desgraciadamente, el
clima se volvió extremado: entre 1876 y 1878, las tierras de cultivo del
país sufrieron algunos meses de sequía separados por lluvias excesivamente generosas. En 1877, la tasa normal de precipitaciones se triplicó y la lluvia barrió los caminos, sumergió líneas ferroviarias y destruyó ganado y plantaciones. En 1878, las exportaciones de trigo y
harina habían disminuido en más de un 30 por 100 con respecto a las
de 1873. Alrededor de 300.000 trabajadores quedaron en paro, el ritmo de los negocios disminuyó y el precio de los alimentos subió.

Desde que los chilenos (como los americanos y los británicos de
1980 y 1990) habían dejado de controlar sus ansias por obtener artículos importados, el déficit comercial aumentó y, por consiguiente,
hubo que exportar dinero en cantidades récord. A la larga, los desastrosos efectos combinados de una economía de exportación asolada,
una recesión comercial y la fuga de capitales debilitaron las instituciones financieras del país. Algunos de los defectos de la legislación bancaria quedaron ahora en evidencia. Puesto que la ley permitía a los

bancos pedir prestado por encima de sus activos, los banqueros habían invertido en una serie de empresas sumamente especulativas (incluida una para convertir el cobre en oro) que no resistían un examen más frío. En octubre de 1877 el Thomas Bank se hundió. Nueve meses más tarde, en julio de 1878, se notificó al presidente Pinto que todos los bancos, excepto uno, carecían de fondos para cubrir los depósitos.

La perspectiva de que los clientes asediaran los bancos convenció de que era tiempo de actuar incluso a quienes apoyaban más obstinadamente el *laissez-faire*. En julio de 1878, el Congreso aprobó una medida que obligaba a los ciudadanos a aceptar los billetes emitidos por los bancos privados como pago por las deudas. Las instituciones financieras ya no estaban sujetas a convertir en oro o plata los billetes bancarios impresos de forma privada. Las personas no tuvieron más opción que aceptar la nueva ley: algunos de los bancos ya no tenían dinero en sus arcas. Gustase o no, era la única solución. El papel moneda era el único medio de preservar lo poco que habían dejado intacto las veleidades meteorológicas y la economía internacional.

La llamada «Ley de inconvertibilidad» salvó los bancos, pero no ayudó al gobierno. La baja en las exportaciones y en las importaciones redujo sustancialmente los ingresos del Estado. Anhelando solucionar el déficit presupuestario, Pinto impuso un aumento del 10 por 100 a todos los impuestos a las importaciones. También redujo de raíz el presupuesto de la nación, disminuyendo la cantidad de funcionarios públicos, varando buques de la Armada y desmantelando numerosas unidades del Ejército y de la Guardia Nacional. Sin embargo, la crisis exigía claramente soluciones más radicales. Debido al cierre de las minas y el aumento de las tierras en barbecho, los desempleados inundaron las ciudades en busca de trabajo. Las ciudades no fueron capaces de absorberlos. La Iglesia y varias organizaciones de caridad abrieron comedores populares *(ollas de pobre)*, pero esto sólo brindaba una ayuda temporal. La situación llegó a tal punto de desolación que un periódico declaró que la única forma en que los hombres podían evitar morirse de hambre era convertirse en «ladrones; y las mujeres decentes, en prostitutas»[1]. Unos 50.000 chilenos emigraron, mientras pandillas de campesinos desempleados atacaban los fundos y, en las ciudades, los asaltos se convertían en algo habitual. Todas las señales apuntaban a una crisis social incipiente y muchos de los comentarios

---

[1] *Mefistófeles*, 20 de abril de 1878.

advertían sutilmente sobre una posible rebelión, encabezada por frustrados obreros y campesinos o por la embrionaria clase media urbana.

La reacción inicial del Congreso ante la crisis –sin duda la peor desde la Independencia– fue tratar sus síntomas más que sus causas fundamentales; por ejemplo, autorizó que se azotara a los ladrones, como un elemento de disuasión para los criminales en potencia. Pero la amenaza del látigo no intimidaba a los muertos de hambre. Algunos observadores sociales más reflexivos sugirieron que el Estado debía fomentar la industria manufacturera para generar empleos, reduciendo así las tensiones sociales; la industria disminuiría la vulnerabilidad chilena ante los caprichos del clima y liberaría la economía de ser un «vasallo de los mercados extranjeros»[2].

En julio de 1878, en respuesta a lo que parecía un aumento de la presión proteccionista, el Congreso aprobó un código arancelario revisado. Como resultado, los productos y artículos importados suntuarios que competían con los productos nacionales pagarían un impuesto del 35 por 100; mientras las herramientas, las máquinas y los productos industriales necesarios para el desarrollo de la economía pagarían sólo un 15 por 100. Los artículos que no caían en ninguna de las dos categorías pagarían ya un gravamen del 25 por 100, ya un impuesto específico relativo al valor. El Congreso, no obstante, fue aún más lejos y aprobó una medida más revolucionaria: la herencia, un impuesto a los regalos y a las propiedades. Aunque era una reforma progresista (afectaba sólo a los ricos), la herencia no podía resolver el dilema económico del país. A finales de 1878, el gobierno propuso la llamada mobiliaria, un impuesto sobre los ingresos y el capital de inversión que, al igual que la herencia, recayó sobre los más acaudalados. Sin embargo, el Congreso rechazó esta propuesta: «los capitalistas pueden volver a respirar libremente», comentó *The Chilian Times*[3].

La aprobación de la nueva legislación aduanera y de la herencia representó un giro significativo en la política fiscal. Desde entonces, el Estado podría intervenir con más autoridad para proteger las industrias locales y gravar con impuestos a los ricos. Quedaba por ver, sin embargo, si estas dos medidas particulares proporcionarían los ingresos que el gobierno necesitaba.

---

[2] *Industria Chilena,* 16 de octubre de 1876.
[3] *The Chilian Times* (Valparaíso), 31 de agosto de 1878.

CRISIS INTERNACIONAL

Asolado por problemas económicos cada vez más graves, Chile se vio también envuelto en una serie de confrontaciones políticas, una de las cuales, al menos, iba a tener repercusiones económicas cruciales. Los primeros presagios de la inminente crisis internacional provinieron de Bolivia. Los principales problemas eran dos: el primero tenía que ver con la delimitación de la frontera y el segundo, con el estatus de aquellos chilenos, principalmente mineros, que vivían en el litoral boliviano. Dado que esta corría a través del desierto de Atacama, uno de los más secos del mundo, ninguno de los dos países parecía haberse preocupado excesivamente por la ubicación exacta de la frontera. El descubrimiento de plata, guano y, finalmente, salitre dio un enorme valor a Atacama. De pronto, ambas naciones luchaban con fuerza por controlar el desierto que antes habían despreciado. En 1874, tras una serie de graves disputas que casi degeneró en una guerra, la frontera quedó fijada en los 24° de latitud Sur. Para llegar a este acuerdo, Chile desistió de exigir una parte del desierto. A cambio, Bolivia prometió no subir los impuestos de la Compañía de Salitres y Ferrocarril de Antofagasta, la mayor compañía salitrera que operaba (como se señaló en el capítulo 4) en Atacama.

Bolivia no era el único enemigo potencial de Chile. Durante la década de 1870, el gobierno argentino, que había amansado a sus díscolos caudillos provinciales, lanzó campañas para «pacificar» a sus pueblos indígenas. Este empuje en el interior llevó a los argentinos a un inoportuno contacto con los chilenos, que se habían ido infiltrando en la Patagonia, despoblada en su mayor parte, y por supuesto estaban en el estrecho de Magallanes desde 1843. Exigió que Chile reconociera su soberanía sobre ambas áreas. La mayoría de la opinión chilena parecía estar a favor de ceder la Patagonia, pero perder el control del estrecho expondría al país al peligro de un ataque naval argentino y le cortaría el acceso al Atlántico. El gobierno se vio fuertemente presionado por la prensa para que rechazara las demandas argentinas.

Pinto comisionó al historiador Diego Barros Arana para que negociara el acuerdo; sin embargo, la elección no fue la más acertada. Cuando Barros Arana violó sus instrucciones, acordando ceder la Patagonia y entregarle a Argentina el control parcial del estrecho, estallaron en Santiago una serie de desórdenes callejeros. De pronto, la guerra parecía inminente, pero Pinto aceptó la fórmula propuesta por el cónsul general de Argentina (con poderes plenipotenciarios dados por Buenos Aires) y, en diciembre de 1878, ambos países firmaron el tratado de Fierro-Sarratea: este posponía la discusión sobre la soberanía para más adelante, pero permitía el control conjunto de Argentina y Chile en el estrecho. Si bien Pinto logró evitar una guerra, su manejo de la crisis con Argentina dañó aún más su reputación ya un tanto inestable. La oposición comenzó a mostrarlo como un presidente débil y pusilánime que se había sometido a Buenos Aires.

Los problemas de Pinto pronto se vieron aumentados por un recrudecimiento de las desavenencias con Bolivia. En diciembre de 1878, el dictador boliviano Hilarión Daza, un sargento casi analfabeto que se había abierto camino hasta la presidencia a tiros, elevó los impuestos a la Compañía de Salitre y Ferrocarril de Antofagasta. Esto violaba claramente el acuerdo de 1874, pero Daza esperaba que Chile «arriase de nuevo» su bandera como hizo con Argentina»[4]. Si La Moneda se negaba, invocaría un tratado secreto firmado en febrero de 1873, en que Perú prometía ayudar a Bolivia si se declaraba la guerra con Chile. La combinación de una flota peruana nada desdeñable con los ejércitos aliados, concluía Daza, le otorgaría una fácil victoria.

Pinto contaba con un margen muy estrecho para negociar. Los accionistas de la Compañía de Salitre sobornaron a algunos periódicos que exigieron estridentemente que el gobierno hiciera cumplir las obligaciones del tratado. Los políticos de la oposición, que utilizaron la disputa fronteriza con Bolivia como tema durante la campaña electoral al Congreso de 1879, previnieron a Pinto y a sus seguidores liberales de que no se rindieran ante el dictador boliviano. Tanto los inescrupulosos políticos como la prensa nacionalista organizaron manifestaciones en Santiago y Valparaíso para alentar el belicoso estado de ánimo nacional. Esta táctica dio resultado. Inflamado por el patriótico derramamiento de sangre, el público, que ya había demostrado una evidente disposición a la lucha durante la crisis argentina, amplificó las demandas de los «halcones». Viendo una multitud patriótica que desfilaba frente a su casa, Antonio Varas, entonces ministro del Interior por un breve periodo, dijo al presidente: «Ahora tenemos que ocupar toda Antofagasta o nos matan a ti y a mí»[5].

---

[4] H. Daza a S. Zapata, 6 de febrero de 1879, en P. Ahumada Moreno (ed.), *La Guerra del Pacífico*, 9 vols., Valparaíso, Imp. del Progreso, 1884-1890, vol. I, p. 93.

[5] Citado en M. Barros, *Historia diplomática de Chile,* cit., p. 332.

En febrero de 1879, Pinto dio instrucciones al Ejército de que capturara tanto Antofagasta como el territorio cedido a Bolivia según el tratado de 1874. Pinto se habría contentado con llegar a Antofagasta, pero no podía hacerlo: tanto la prensa como la oposición exigieron que ordenara al Ejército marchar más al norte de la antigua frontera para proteger las posiciones chilenas. Pinto se negó, creyendo quizá que Daza aceptaría volver al *statu quo* anterior. Daza no lo hizo: dos semanas después de la ocupación chilena de Antofagasta, Bolivia declaró la guerra.

Pinto, como otros políticos chilenos, conocía desde hacía años la alianza «secreta» peruano-boliviana; sin embargo, tenía la esperanza de que Lima se mantuviera al margen del conflicto. Por un tiempo, esto pareció probable: el presidente peruano Manuel Prado se ofreció como mediador. No obstante, mientras tanto, los peruanos pusieron a punto su Marina y su Ejército —acciones que la prensa chilena no dejó pasar inadvertidas—. El presidente trabajó laboriosamente para evitar el conflicto, ofreciendo a Perú incluso concesiones económicas a cambio de su neutralidad, pero la opinión pública lo presionaba y finalmente tuvo que exigir que el Estado peruano dijera abiertamente si planeaba cumplir el tratado de 1873. Cuando llegó la respuesta, afirmativa, Chile declaró la guerra a Bolivia y a Perú en abril de 1879.

Pinto tenía buenas razones para dudar antes de meter a Chile en una guerra con sus vecinos del norte. Años de restricciones presupuestarias habían privado al Ejército del 20 por 100 de sus hombres; la Marina había sacado del servicio activo los buques de guerra; la Guardia Nacional había sido disminuida en más de un 60 por 100. Los soldados chilenos fueron llamados a luchar contra dos enemigos cuyas fuerzas armadas superaban en dos a uno las suyas. Equipados con armas anticuadas (que planteaban un mayor peligro para el usuario que el potencial objetivo), sin cuerpo médico ni de suministros, y en una guerra lejos de la zona de mayor importancia de su país sin líneas decentes de comunicación. Para darle el triunfo a Chile, el control del mar era esencial: esta sería la única manera de permitirle al Ejército atacar al enemigo en su propia tierra natal. Sin él, Chile quedaba expuesto a la invasión, al bloqueo o al bombardeo (como lo había demostrado España en 1866). La Marina peruana (Bolivia no tenía ninguno) contaba con dos acorazados y con navíos de apoyo; la flota chilena incluía dos acorazados, pero, al igual que la mayoría de sus buques, estaban en malas condiciones. Las perspectivas inmediatas no eran exactamente prometedoras.

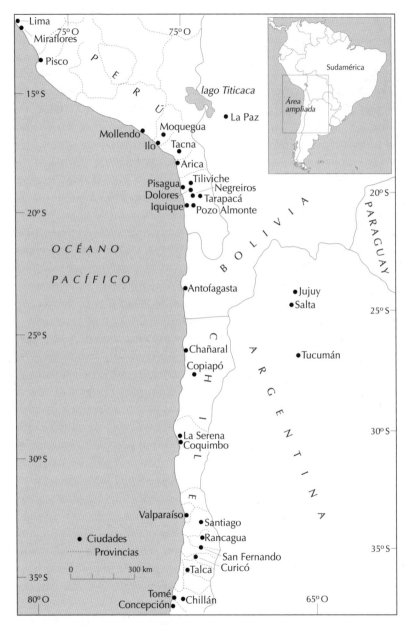

Mapa 5. Perú-Bolivia-Chile, enero de 1879.

La Guerra del Pacífico

Con la esperanza de ganar la supremacía marítima, Pinto pidió al comandante de la Marina, el almirante Juan Williams Rebolledo, que atacara la flota enemiga en su base de El Callao. Williams se negó. En vez de ello, bloqueó Iquique, el puerto a través del cual Perú exportaba el salitre (su principal fuente de ingresos), en la creencia de que el presidente peruano tendría que ordenar a su flota que se dirigiese al sur o bien enfrentarse a la ruina económica. De esta forma, la escuadra chilena se quedó perdiendo el tiempo en el puerto de Iquique, a la espera del ataque peruano. La opinión pública se cansó pronto de la pasiva espera de Williams y exigió que atacara al enemigo. Deseoso de aumentar su popularidad (Williams tenía esperanzas de presentarse como candidato para la presidencia en 1881), el almirante finalmente decidió atacar a los acorazados peruanos, el *Huáscar* y el *Independencia,* mientras estaban anclados en El Callao. Sin informar a La Moneda, zarpó hacia el norte, dejando dos barcos de madera, el *Esmeralda* y el *Covadonga,* a cargo del bloqueo en Iquique.

La expedición fue un fiasco: los buques peruanos ya habían zarpado cuando llegó la escuadra chilena. (La evidencia indica que Williams eligió atacar El Callao sabiendo muy bien que los acorazados ya habían partido.) Al volver finalmente a Iquique, el almirante se enteró de que la flota peruana había aprovechado su ausencia para romper el bloqueo. El almirante peruano Miguel Grau no sólo había reforzado Iquique con éxito, sino que también había hundido el *Esmeralda* en el primer combate naval memorable de la guerra (el 21 de mayo de 1879). El combate naval de Iquique entregó a Chile su máximo héroe de la guerra: el capitán Arturo Prat, cuya muerte en un intento desesperado por abordar el *Huáscar* se convirtió en un impecable símbolo de sacrificio patriótico y cumplimiento del deber para el país. El único punto de luz en medio de este desastre provino de la persecución en alta mar del *Covadonga,* en la que el capitán del *Independencia* hizo encallar su nave, con lo cual la fuerza naval peruana real quedaba reducida prácticamente a la mitad.

Williams no aprovechó esta ventaja inmerecida y se recluyó en su cabina, cuidando un ego maltratado y una enfermedad imaginaria. El gobierno deseaba desesperadamente destituirle, pero los aliados del almirante en el Partido Conservador lograron evitar las represalias contra su potencial futuro candidato. Durante el invierno de 1879, mientras tanto, Chile continuó sufriendo reveses navales: en julio, los peruanos capturaron un transporte de tropas con un gran cargamento, el *Rímac,* lo que provocó masivos desórdenes callejeros en Santiago. El almirante Grau aterrorizó con éxito los puertos del norte, mientras otro buque de guerra peruano, el *Unión,* amenazaba las líneas de abastecimiento chilenas a través del estrecho de Magallanes. Finalmente, en agosto de 1879, y nuevamente sin informar al gobierno, Williams rompió el bloqueo de Iquique. Esta vez, ni siquiera los más ardientes defensores de Williams pudieron protegerlo. Fue reemplazado por el almirante Galvarino Riveros, quien zarpó inmediatamente para rehabilitar sus buques. En octubre, la flota chilena atrapó a Grau en Punta Angamos. Tras un brutal intercambio de cañonazos (en el que Grau pereció), los chilenos capturaron el *Huáscar.* Fue conducido con posterioridad a la base naval de Talcahuano, donde aún se puede ver.

Chile se había hecho así con el control de la ruta marítima y había despejado la vía hacia el norte. No obstante, si bien la Marina estaba lista, el Ejército no lo estaba. Su comandante, el general Justo Arteaga (74 años), no poseía las capacidades físicas ni mentales para organizar una expedición al Perú. Como Williams, Arteaga contaba con la protección de aliados políticos y parecía estar más allá del castigo. Por fortuna, en un raro momento de lucidez, renunció antes de que pudiera causar demasiado daño. Su sucesor, Erasmo Escala, resultó ser sólo un poco más eficaz. Ferviente católico (a menudo ordenaba a sus tropas asistir a las ceremonias religiosas) de estrechas relaciones con el Partido Conservador, el nuevo comandante parecía dotado de un temperamento incapaz de trabajar con cualquiera que desafiara su autoridad o cuestionara su juicio. Sin embargo, por razones políticas, Pinto no podía permitirse reemplazarlo, pero ordenó a los políticos civiles Rafael Sotomayor (nacional) y José Francisco Vergara (radical) que asistieran (e implícitamente que supervisaran) a Escala, especialmente para proveerlo de apoyo logístico.

En noviembre de 1879, las tropas de Escala desembarcaron en Pisagua, provincia peruana de Tarapacá. El asalto, mientras tuvo éxito, se hizo no sin fallos: un error de navegación hizo que la flota se desviase y el oficial a cargo de la invasión convirtió el desembarco en una chapuza. Pero los chilenos se comportaron como el paradigma de la virtud militar en comparación con sus oponentes. Los aliados habían planeado un contraataque en el que Daza tenía que golpear desde el norte mientras el general peruano Juan Buendía lo hacía desde el sur, aplastando así a la expedición chilena entre ambos ejércitos aliados. El plan falló estrepitosamente. La incompetencia de Daza (ya ampliamente demostrada) diezmó a sus unidades a medida que avanzaban desde La Paz hacia la costa; los soldados simplemente desertaban. En vez de avanzar a través del desierto hacia el sur (lo que resultaba dificultoso), el dictador boliviano ordenó a sus hombres que retrocedieran a su base en Arica. Buendía, sin saber de la defección de Daza, continuó hacia el norte, ignorando todos estos hechos. Escala mantuvo la mirada atenta al norte, asumiendo que un ataque provendría de ese sector. Con el fin de asegurarse una provisión segura de agua para la expedición, Rafael Sotomayor ordenó a su colega Vergara (que ahora servía como oficial activo) que capturara el oasis de Dolores. Vergara ya había cumplido esta misión cuando una de sus patrullas, al reconocer el área, se topó con la guardia de avanzada del ejército de Buendía.

El sorprendido comandante chileno, coronel Emilio Sotomayor, logró posicionar a sus hombres en el aledaño cerro San Francisco antes de que el enemigo atacara. El hábil uso de la artillería y una gran entereza dieron el triunfo a los chilenos (19 de noviembre de 1879). Los soldados bolivianos, desalentados y sedientos, huyeron al altiplano. Los peruanos se retiraron al pueblo de Tarapacá. En vez de perseguir a sus exhaustos oponentes, Escala ordenó a sus hombres que asistieran a una misa de acción de gracias. Tras cumplir con sus obligaciones religiosas, algunos días después, una fuerza militar al mando de Vergara avanzó hacia Tarapacá. Esta vez fueron los peruanos quienes hicieron huir a los chilenos, infligiéndoles serias bajas (incluidos más de 500 muertos) en una batalla especialmente sangrienta (27 de noviembre). A pesar de esta victoria, el Perú abandonó entonces la provincia de Tarapacá, lo que permitió a los chilenos ocupar Iquique y las tierras del interior ricas en salitre.

El éxito en la campaña de Tarapacá no terminó con los altercados: Escala había caído bajo el influjo de una camarilla de edecanes conservadores, quienes le aseguraron que podría convertir sus triunfos militares en una candidatura presidencial. Con frecuencia, había discutido con Sotomayor (que cada vez ejercía mayor mando militar) y con cualquiera que pusiera en duda su genio militar. En marzo de 1880, aparentemente para destacar su importancia en el gobierno,

Escala amenazó con renunciar. Para su gran sorpresa, Pinto reconoció el truco y aceptó la renuncia.

Bajo el mando del nuevo comandante, general Manuel Baquedano, Chile se lanzó a la tercera campaña norteña en febrero de 1880, desembarcando a sus soldados en Ilo con la intención de capturar la provincia de Tacna. Sin contraataque peruano a la vista y recordando la ineptitud de Escala, Pinto ordenó a Baquedano con cierta renuencia que avanzara tierra adentro. Baquedano tuvo que superar graves problemas de abastecimiento, pero rápidamente capturó Moquegua y derrotó a los peruanos en la batalla de Los Ángeles (22 de marzo). A pesar de su éxito, el inicio de la campaña no fue muy brillante: durante un ataque por sorpresa, una unidad se extravió y tuvo que preguntar la dirección a los habitantes locales.

Deseoso ahora de capturar Arica, puerto de Tacna y punto estratégico de vital importancia, Baquedano avanzó con sus hombres por tierra, viaje que se cobró varias vidas. Aproximadamente un mes después, los chilenos llegaron a Campo de la Alianza, posición peruana fortificada en las afueras de Tacna. Aunque Vergara (Sotomayor había muerto de forma repentina) urgió a Baquedano para que rebasara el flanco por el punto de resistencia, el general insistió en un asalto frontal. Los soldados de Baquedano triunfaron (26 de mayo), pero pagaron un precio muy alto: tres de cada diez soldados chilenos fueron muertos (cerca de 500) o heridos (alrededor de 1.600). A pesar del gran número de bajas, el ejército siguió rumbo a Arica y capturó el fortificado Morro, la roca similar a Gibraltar que se alza, como todavía lo hace, sobre el puerto, en uno de los asaltos más rápidos y heroicos de la guerra (6 de julio): de principio a fin, la toma duró 55 minutos y alrededor de 120 chilenos murieron en el ataque.

La victoria en la campaña de Tacna produjo encontradas reacciones en Chile. Una vez que se supo el coste en vidas que había tenido la táctica de almádena de Baquedano, la opinión pública se enfureció. De hecho, uno de los periodistas estaba tan impresionado que sugirió que en Santiago se hicieran «danzas macabras» más que un baile de victoria para celebrar el triunfo en Tacna[6]. La indignación pública se vio exacerbada por las noticias de que los peruanos habían hundido otros dos barcos, el *Loa* y el *Covadonga* (julio-septiembre 1880). La

---

[6] *Las Novedades,* 4 de noviembre de 1880.

presión para que se atacara Lima se hizo entonces irresistible. Satisfacer dicha demanda resultaba difícil. La mayor parte de los suministros del ejército estaban agotados: los civiles, como Vergara, tuvieron que trabajar duro para encontrar hombres y equipos y los medios de transporte para una expedición a la nueva zona de batalla. Gracias a unos esfuerzos prodigiosos, las tropas de Baquedano ya estaban listas en enero de 1881 para atacar la capital peruana. Al igual que durante la campaña de Tacna, Vergara sugirió que Baquedano tratara de rebasar el flanco de las defensas peruanas para minimizar las bajas, lo que al mismo tiempo permitiría a Baquedano capturar la ciudad. El general, aparentemente un discípulo de la escuela de tácticas militares del *élan vital*, desechó este consejo. Como señaló después un admirador, sólo el asalto frontal permitiría a los chilenos demostrar su virilidad.

El 13 de enero de 1881, las tropas de Baquedano demostraron debidamente su virilidad rompiendo las posiciones peruanas en Chorrillos. Mientras algunos de los vencedores limpiaban bolsas de resistencia, otros se entretenían saqueando la localidad y aterrorizando a sus habitantes. Dos días después, los chilenos atacaron y derrotaron las defensas peruanas en Miraflores en una segunda y cruenta batalla. Las bajas chilenas en estas dos batallas sumaron por lo menos 1.300 muertos y 4.000 heridos; las pérdidas peruanas fueron aún mayores. Al final de la jornada, el gobierno peruano había huido y las primeras unidades chilenas (una de ellas compuesta por policías de Santiago) entraron en la misma Lima. Por tercera vez en 60 años, la antigua capital virreinal estaba a los pies del ejército chileno.

La caída de Lima no puso fin a la guerra. Chile exigió la cesión de Tarapacá, Arica y Tacna como indemnización de guerra y como parachoques en el caso de que Perú decidiera organizar una revancha. Nicolás Piérola, quien había reemplazado al presidente Prado en 1879 y ahora había trasladado su gobierno a las montañas, se negó a ceder un milímetro. Como Juárez en México, prometió librar una guerra de desgaste para expulsar al ejército ocupante. Puede que los chilenos desdeñasen a Piérola como un loco grandilocuente, pero estaban en una posición poco cómoda: difícilmente podían salir del Perú sin un tratado de paz, pero tampoco podían lograr un tratado de paz sin convencer o coartar al gobierno peruano para que aceptara sus demandas. Francisco García Calderón, el desafortunado abogado que se convirtió en el presidente del Perú controlado por Chile en febrero de 1881, era tan terco como Piérola (aún a la cabeza de *su* gobierno) con respecto a las concesiones territoriales.

Mientras el gobierno chileno intentó forzar el asentamiento, la resistencia peruana se hizo más fuerte. Bandas de guerrilleros, los *montoneros,* bajo el liderazgo de oficiales veteranos, como Andrés Cáceres, acosaron y atacaron al ejército de ocupación. Con la esperanza de aplastar a esas guerrillas, se envió una expedición de castigo al interior de Perú. Cada vez más chilenos comenzaban a temer que su gran victoria militar estuviera destinada a lograrse de forma pírrica.

Un factor que complicaba la situación era el papel de Estados Unidos que, antes (en octubre de 1880), había intentado mediar entre los países beligerantes[7]. El secretario de Estado norteamericano, James G. Blaine, deseaba usar la Guerra del Pacífico para reducir lo que él veía como imperialismo británico, al mismo tiempo que para extender la versión norteamericana. Blaine decidió que tenía más posibilidades de lograr estos objetivos si apoyaba la negativa de García Calderón de ceder territorio. El gobierno chileno se cansó finalmente de este juego y encarceló a García Calderón, acción que enfureció a Blaine. Por un breve lapso, llegó a parecer posible incluso que los Estados Unidos y Chile iniciaran una guerra. La crisis concluyó con el asesinato del presidente James A. Garfield (septiembre de 1881). El nuevo presidente, Chester A. Arthur, reemplazó a Blaine por Frederick Frelinghuysen, quien rápidamente abandonó la truculenta política exterior de su predecesor. A partir de ahí, Estados Unidos no se opuso a las demandas territoriales chilenas.

A pesar de que la situación diplomática había mejorado, la situación militar de Chile no iba por el mismo camino. A comienzos de 1882, el gobierno mandó una nueva expedición al altiplano peruano. A la deriva en un medio ambiente hostil, sin provisiones y bajo el ataque constante de los guerrilleros, esta fracasó completamente en sus intentos de pacificar el interior. Tras meses de errar infructuosamente por las montañas, se ordenó a las tropas que se retiraran hacia la costa. Cuando lo estaban haciendo, Cáceres asestó su golpe más devastador. En la batalla de La Concepción (9 de julio de 1882), los peruanos ani-

---

[7] En las cancillerías europeas se habló de la intervención de los grandes poderes para concluir la guerra, pero el canciller alemán Bismarck neutralizó eficazmente tales sugerencias.

quilaron a todo un destacamento de 77 chilenos, asesinando no sólo a los soldados, sino también mutilando sus restos.

El desastre de La Concepción recordó a los chilenos que sus soldados todavía estaban envueltos en una cruenta guerra. La prensa cuestionaba cada vez más las razones para que los jóvenes chilenos tuvieran que morir en lugares que se podrían haber dejado solos «sin comprometer en absoluto la causa de Chile»[8]. ¿Por qué, se preguntaban otros, la nación derramaba su sangre y gastaba sus tesoros en una guerra que amenazaba con convertirse en un «cáncer para la prosperidad del país»?[9]. Como concluyó un periódico de provincias: «el asunto es hacer la paz, sea a tuertas o a derechas»[10].

Un numeroso grupo de prominentes peruanos también estaba cansado de la guerra. Uno de ellos, Miguel Iglesias, estableció su propio gobierno (con el apoyo chileno) en Cajamarca y pareció inclinado a negociar. Si bien estaba dispuesto a entregar Tarapacá, se negaba a ceder Tacna. El gobierno de Santiago, deseoso de liberar la nación del marasmo diplomático, mantuvo sus demandas respecto de Tarapacá, pero propuso ocupar Tacna y Arica por diez años, tras lo cual un plebiscito determinaría la soberanía final del territorio. Aunque Iglesias aceptó estos términos, Cáceres no lo hizo y seguía en libertad. Otra expedición chilena marchó hacia el interior para darle caza. Después de meses de azarosas maniobras, los chilenos lo derrotaron finalmente en la batalla de Huamachucho (10 de julio de 1883). Con Cáceres fuera de juego, Iglesias firmó el 20 de octubre, como correspondía, el Tratado de paz de Ancón. Nueve días más tarde, las tropas chilenas ocuparon el último reducto de la resistencia montonera, la bella ciudad de Arequipa.

Formalmente, Bolivia se mantenía beligerante, aunque no había tomado parte en la guerra desde la campaña de Tarapacá. El Tratado de Ancón, sin embargo, persuadió incluso a los bolivianos más belicosos para buscar la paz. Aunque vencida, la nación había obtenido términos generosos: la «tregua indefinida» firmada en abril de 1884 otorgaba a Chile sólo el derecho de ocupación temporal del litoral boliviano. El armisticio con Bolivia marcó el final de la Guerra del Pacífico, casi cinco años exactos después de haber comenzado.

---

[8] *El Independiente,* 30 de abril de 1882.
[9] *El Mercurio* (Valparaíso), 26 de julio de 1882.
[10] *El Correo de Quillota,* Quillota, 28 de septiembre de 1882.

Hay que señalar que la captura chilena de Lima en enero de 1881, produjo un fortuito beneficio diplomático. Con Perú fuera de la guerra, Argentina malamente podía imponer sus demandas sobre el estrecho de Magallanes. Chile y Argentina firmaron un tratado (julio de 1881) que confirmaba tanto la soberanía argentina en la Patagonia como el control chileno del estrecho de Magallanes. Además, ambas naciones acordaron desmilitarizar el canal y Argentina se comprometió a no bloquear la entrada a las bocas del estrecho.

SOLDADOS Y CIVILES

Los apologistas de los aliados derrotados han descrito a Chile como la Prusia del Pacífico –una nación depredadora en busca de cualquier excusa para empezar una guerra con sus desafortunados vecinos–. El puro sentido común indica otra cosa. En 1879, las fuerzas armadas chilenas eran pequeñas en tamaño, pobres en pertrechos y, debido a que muchos oficiales debían su alto rango a relaciones políticas, deficientes en su comando. La incompetencia de Williams y de Escala obligó al gobierno a tomar un papel activo en la conducción de la guerra y proveer apoyo logístico. Algunos soldados profesionales pidieron ayuda a sus aliados políticos para que los protegieran de los intentos del gobierno de hacerse cargo de la dirección militar. Esta intervención política, aislando a los oficiales ineficientes, prolongó la guerra.

La sociedad militar y la sociedad civil a menudo se enfrentaron durante el conflicto. Los oficiales resentían la libertad de la prensa, particularmente cuando se la usaba para describir su conducta en un lenguaje poco halagador. En San Felipe, por ejemplo, algunos subalternos resentidos destruyeron la oficina de un periódico como venganza por un editorial crítico. Baquedano hizo encarcelar a periodistas por ridiculizar sus competencias. Un incidente más extraordinario ocurrió en 1882, cuando el almirante Patricio Lynch, entonces gobernador militar de Lima, afirmó (en efecto) que él estaba por encima de la ley y redujo arbitrariamente los derechos civiles de un coronel chileno. La Corte Suprema chilena no se dejó impresionar por los argumentos de Lynch y lo invalidó.

La Guerra del Pacífico obligó al Ejército a entrar en las vidas de los civiles como no se había visto nunca. Cuando los reclutamientos voluntarios fueron disminuyendo gradualmente, las fuerzas armadas tuvieron que recurrir a patrullas de reclutamiento. A pesar de que era claramente ilegal, los funcionarios públicos toleraban (e incluso en algunos casos fomentaban) tales actividades ilegales siempre y cuando los reclutadores se limitaran a acosar a los borrachos del pueblo, a los delincuentes menores o a los vagabundos. A la larga, sin embargo, los militares comenzaron a capturar a campesinos, artesanos y mineros respetables. «Es una curiosa ilustración de la igualdad democrática y la libertad republicana», señaló un periodista, «obligar a Juan, que no tiene un centavo, a pelear en defensa de la propiedad de Pedro, mientras este último se niega a alzar el brazo, porque no es tan pobre como su compatriota»[11]. La población masculina del país vivía con el temor a los reclutadores: los agricultores se negaron a llevar la producción al mercado; los carboneros se quedaron en casa; los jóvenes, los enfermos, incluso los ancianos, todos se convirtieron en objetivos. En un caso, su aparición hizo que un grupo de inquilinos se lanzara a un río para evitar la captura. Esto no fue solamente un fenómeno rural. Un diputado informó de que había visto soldados armados perseguir a un hombre en una calle de Santiago, tirarlo al suelo y conducirlo a latigazos hasta el cuartel local.

Si algunos chilenos protestaban contra estas actividades, quienes no tenían que servir aplaudían el reclutamiento a la fuerza. De hecho, un diputado particularmente patriota ofreció enviar a todos sus inquilinos a la guerra. Ocasionalmente, los hacendados se oponían, pero no porque no estuvieran de acuerdo con la conscripción, sino simplemente porque no querían ver disminuidas sus reservas de mano de obra. En otra ocasión, algunos terratenientes locales decidieron entre ellos quién debería quedarse y quién debería servir; el periódico local los felicitó por su buen criterio, observando que tales acciones protegían las libertades civiles.

Una vez conscripto, un soldado debía aceptar una dura disciplina y soportar condiciones de vida miserables. Los oficiales y los suboficiales repartían más golpes que comida. Las raciones eran míseras: sequetes, charqui, cebollas. El sistema de suministros de los militares pronto no dio abasto, obligando a los soldados a complementar las raciones con alimentos comprados con su propio dinero. La paga de

---

[11] *The Chilian Times* (Valparaíso), 5 de abril de 1879.

los soldados no sólo era baja, sino que los hombres a menudo no recibían su dinero porque el departamento de pagos funcionaba, en el mejor de los casos, irregularmente. La vida en las guarniciones ofrecía sólo un poco más de comodidad que en el campo: aisladas en pueblos de provincia, las tropas eran presa fácil de los codiciosos almaceneros que aguaban su licor y les estafaban siempre.

El soldado chileno sufría casi tanto a manos de su propio gobierno como a manos del enemigo. Dado que el Ejército había eliminado hacía tiempo su cuerpo médico, los militares no podían cuidar a los heridos o a los enfermos. Si bien los civiles podían satisfacer la necesidad de cirujanos y equipos, no podían compensar la incompetencia y falta de previsión de los militares. El general Escala no se preocupó de llevar ambulancias cuando atacó Pisagua. En lugar de ser tratados en hospitales de campaña en Perú, los heridos solían ser enviados de vuelta a Chile, a veces en el puente de los cargueros. Como resultado, muchos soldados llegaron a casa muertos o con heridas gangrenadas. Hasta que las protestas obligaron a cambiar esta situación, los funcionarios del gobierno insistían en que los heridos de guerra pagaran por su propia atención médica; los militares también dejaban de pagarle al soldado su salario y sus asignaciones familiares mientras estuviera hospitalizado. Los muertos en servicio recibían aproximadamente la misma veneración con que se trataba a los leprosos medievales, algunos eran arrojados desnudos en las tumbas con una prisa indecente. Este estado de cosas se volvió tan vergonzoso que una asociación de obreros de Valparaíso comenzó a enviar delegados para que acompañasen cada cadáver hasta el lugar de su descanso final.

A los lisiados y a las familias de quienes morían en la guerra no les iba mucho mejor. Los herederos de los oficiales recibían alguna protección, pero inicialmente el gobierno no tenía previsto pagar pensiones a las familias de los hombres reclutados. El gobierno sólo resolvió tardíamente el problema cuando las bajas empezaron a incrementarse a finales de 1879. Su gratitud fue claramente mezquina. La madre de un soldado raso muerto en la batalla, por ejemplo, recibía tres pesos al mes. Aún peor, las leyes de pensiones excluían a los herederos de los soldados que hubieran muerto por causas naturales o accidentes. Dado que sucumbían más soldados por los bacilos que por las balas, difícilmente se podía culpar al Congreso por despilfarrar el dinero de los contribuyentes. No hay que sorprenderse entonces si muchos de quienes hacían el servicio militar despreciaban con sorna su retribución apodándola el «pago de Chile».

ECONOMÍA Y SOCIEDAD DURANTE LA GUERRA

La Guerra del Pacífico fue la experiencia nacional más significativa para Chile desde la Independencia. ¿Cuáles fueron sus efectos en la economía y en la sociedad del país? Su impacto en la agricultura, en la minería y en la industria manufacturera obviamente variaron según los casos. En el campo, los hacendados criticaban «una escasez de brazos», pero lo venían haciendo desde mucho antes de 1879. Incluso si la guerra *efectivamente* hubiera sacado a los hombres de los campos, no podemos afirmar que esto haya afectado negativamente la producción. En 1880, cuando el ejército era ya muy grande, se produjo un ligero aumento de la tierra cultivada. Las cosechas de 1880 fueron generosas. La producción disminuyó en 1881 y en 1883 –tras la caída de Lima y el comienzo de la desmovilización–. Por ende, la ausencia de los trabajadores rurales que se encontraban en el Ejército no causó serios daños en la agricultura. Algunos hacendados aparentemente compraron o arrendaron maquinaria agrícola; otros contrataron mujeres o usaron prisioneros de guerra.

Los cambios que se produjeron en el campo durante esos años parecen haber tenido poco que ver con la guerra. En septiembre de 1880, el Congreso finalmente abolió el Estanco (una medida de la que se había hablado durante años), que indudablemente estimulaba la producción interna de tabaco. Lo anterior parece haber producido cierta diversificación de los cultivos. Ninguna de estas cosas alteró profundamente los métodos de trabajo tradicionales o el lugar que los hacendados ocupaban en el campo o en la amplia sociedad.

Las exportaciones de cobre disminuyeron durante la guerra, pero, una vez más, es difícil atribuirlo a la misma. Sin duda, los mineros fueron arrastrados al Ejército y muchos fueron atraídos a las provincias conquistadas del norte y a la industria salitrera que empezaba a florecer, pero las causas reales de la caída de la minería del cobre se debieron no tanto a la escasez de mano de obra como a factores «estructurales»: incapacidad para usar tecnología punta; la pobre calidad del mineral metalífero restante; la continua bajada en picado de los pre-

La crisis y la guerra, 1876-1883

cios mundiales; la competencia extranjera. Sólo las minas más eficientes prosperaron; el resto simplemente cerró. De hecho, alrededor de 1884, la Sociedad de Minería se preguntaba abiertamente si las minas de cobre chilenas sobrevivirían. La producción de plata también bajó en 1879 y 1880, afectada por una disminución en la demanda internacional y por la competencia extranjera, aunque volvió a aumentar a comienzos de la década de 1880, cuando se produjo una discreta racha de nuevas inversiones en el Norte Chico.

Aunque muchas de las pequeñas plantas manufactureras chilenas habían sufrido con la depresión de la década de 1870, algunas lograron sobrevivir. Sólo unas pocas (la fundición de Carlos Klein en Rancagua, por ejemplo) pudieron brindar su apoyo logístico al Ejército y a la Marina. El país importaba la mayor parte de sus armamentos y municiones del extranjero, sobre todo después de que estallase el arsenal del Ejército en marzo de 1880, y si bien las plantas textiles y las confeccionadoras de zapatos se dedicaron a hacer uniformes y botas, nunca fueron capaces de equipar a todo el Ejército y la Marina. En un comienzo, la guerra afectó negativamente a la industria, produciéndose el cierre de varias plantas en 1879, en la medida en que los trabajadores se alistaban en el Ejército. Lo que es más, dado que los soldados ganaban menos que los trabajadores civiles, el poder de compra decayó, con sus inevitables efectos en la demanda. Después de 1881, sin embargo, la cantidad de plantas volvió a aumentar, así como los tipos de productos: alimentos, zapatos, golosinas, jabón, sacos, ropa.

Este repunte de la producción industrial puede atribuirse más bien a factores generales que a la guerra. Las ciudades chilenas, por ejemplo, se desarrollaron radicalmente entre 1875 y 1885 –la población de Santiago aumentó aproximadamente en un 50 por 100 (a 190.000 personas)–. Antofagasta, Iquique, Valparaíso y Concepción-Talcahuano, todas crecieron. No sólo se produjo un auge en la construcción, sino que varias municipalidades emprendieron la realización de mejoras. Mientras tanto, el propio gobierno se embarcó en un programa de construcción de carreteras y ferrocarriles. Todos estos proyectos estimularon la economía mediante el consumo de mercancías producidas localmente y la oferta de empleo generada. Las provincias del norte recién anexionadas también abrieron un nuevo mercado para los productos del Valle Central. Un último factor fue la protección arancelaria establecida por el gobierno. Además de imponer impuestos aduaneros más altos, las autoridades exigieron su pago en metálico. El papel moneda sólo era aceptable si el importador pagaba la diferencia de valor entre el papel peso y el peso fuerte. La diferencia misma fluctuaba, pero en algunos meses el recargo equivalía al 40 por 100. Esto, sumado a los impuestos de importación habituales, significaba a veces un impuesto efectivo del 75 por 100 sobre los artículos importados.

El reclutamiento parece haber afectado mucho más a la vida social de Chile que a su economía. La ausencia de hombres jóvenes que persiguieran ardientemente a las muchachas en el tradicional paseo de la tarde dio a los observadores la impresión de que las pequeñas ciudades se habían convertido en desiertos sociales. A juzgar por la tasa de nacimientos, sin embargo, aún quedaban suficientes jóvenes. Hubo quienes dieron la bienvenida a la guerra, pues el reclutamiento forzado de la población criminal terminó con la ola delictiva de finales de la década de 1870. Inversamente, el tratado de paz y la desmovilización trajeron un renovado aumento del crimen. Las madres con ambiciones sociales también lamentaban el retorno de la paz, que las privaba de la oportunidad de casar a sus hijas con oficiales solteros que fueran buenos partidos.

La lucha contra Bolivia y Perú no fue en ningún sentido una guerra total. El reclutamiento no afectó a la «gente decente». No hubo racionamientos. Los pobres sufrieron durante la guerra porque eran pobres, no porque no hubiera nada que comprar. Los esquemas sociales se mantuvieron más o menos intactos. Tal como las aves migratorias, los más acomodados aún partían en grandes bandadas a la costa o a las montañas para pasar allí el verano; y mantenían la rutina social en Santiago en el invierno. Durante los años de la guerra, las temporadas de la ópera fueron algo insípidas, pero la cantidad de bailes de máscaras y de fiestas no decayó. De hecho, si algo se intensificó fue el ritmo social: organizar fiestas se convirtió en una actividad patriótica, que elevaba la moral y distraía de los rigores de la guerra.

Las clases más bajas, mientras tanto, continuaron divirtiéndose con sus maneras tradicionales en las chinganas o en las peleas de gallos, en los azotamientos, en las ejecuciones y en las fiestas religiosas. Las victorias militares también aliviaban la monotonía: orgullosos ciudadanos hacían estallar tanta pólvora para celebrar los triunfos de Chile como los soldados para lograrlos. Los habitantes de las ciudades probablemente sufrieron más inconvenientes que los de las zonas rurales. Tras la guerra, sin embargo, muchos inquilinos aparentemente se negaron a volver a las haciendas, cambiando la tiranía del terrateniente por una existencia precaria en la ciudad. Producto de la crisis de la «inconvertibilidad» de 1878, el país literalmente se quedó sin circulante en los primeros meses de la guerra. Hasta que el gobierno comenzó a imprimir papel y a acuñar monedas (la acuñación fue postergada cuando se hundió el barco que traía la nueva maquinaria), los ciudadanos no contaban con los medios para comprar alimentos. Los ricos, por supuesto, podían conseguir crédito; los menos acaudalados a menudo tenían que dejar en el almacén todo el dinero en efectivo que tenían y salir de allí. Algunas tiendas imprimían *fichas*, vales que luego empleaban como cambio. Algunas tiendas y compañías imprimían fichas de cartón o metal para pagar a sus trabajadores. Algunos almaceneros inescrupulosos usaban el sistema para engañar a los pobres imponiendo descuentos a las fichas emitidas por sus competidores. Incluso después de que el gobierno comenzase a producir nueva moneda, muchas fichas siguieron en circulación, algunas en un estado tan asqueroso que la gente las manipulaba con temor.

Los precios de los alimentos aumentaron durante la guerra. Un periódico estimó que en 1881, el precio de la harina había subido en un 14 por 100; el del azúcar, en un 20 por 100; y el del café, el té y la ropa, en un 75 por 100. El precio de la carne (incluido el charqui), el queso y el sebo aumentó en un 50 por 100. Esta ola inflacionaria puede atribuirse al aumento del volumen de circulante, a las demandas del Ejército y también a las malas condiciones climáticas. No sólo aumentaron los costes, sino que hubo numerosas quejas en la prensa sobre los tenderos que adulteraban leche, aceite y café, robaban en el peso o vendían carne de cerdo plagada de parásitos.

La vida urbana no sólo era más cara que antes, sino también más desagradable. Como señalamos en el capítulo 4, a finales de la década de 1870, la expansión de Santiago y otras ciudades había traído consigo el deterioro de la salud pública, especialmente por el aumento de los conventillos —«cuchitriles desprovistos de cualquier comodidad [...] donde las leyes de la salud y la decencia eran completamente ignoradas», según un periódico de habla inglesa de 1876[12]—, año que fue testigo de otra mortal epidemia de viruela. En 1881, se produjo otro brote que causó consternación. Estas epidemias ponían en jaque las

---

[12] *The Chilian Times* (Valparaíso), 29 de enero de 1876.

instalaciones médicas del país. En varias ciudades se construyeron a toda velocidad lazaretos, en los que morían la mayoría de las víctimas de la epidemia de viruela. Los habitantes de las ciudades se acostumbraron a la visión de los remolques abiertos que trasladaban los cadáveres (con las extremidades a menudo a la vista) a los cementerios. El gobierno lanzó programas de vacunación desde 1876, pero estos encontraron a veces resistencias políticas. Una nefasta combinación de liberales y conservadores se opuso a toda legislación que hiciese obligatoria la vacunación. «Los estragos de la viruela no son nada», afirmó un diputado, «en comparación de los que produce esa otra plaga que se designa con el nombre de autoritarismo»[13]. Los mismos políticos se opusieron también a los esfuerzos del gobierno por regular la prostitución, sobre la base de que se restringía así la libertad de comercio.

Guerra y política fiscal

Mientras el efecto de la Guerra del Pacífico fue limitado, alteró sustancialmente el sistema fiscal del país. Tal como hemos visto, los gobiernos del siglo xix contaban con los aranceles aduaneros, especialmente con los impuestos a la importación, para financiar sus actividades. Durante el periodo 1870-1875, por ejemplo, el canon sobre las importaciones produjo casi la mitad de todos los ingresos ordinarios. Los ingresos restantes provenían del Estanco, la alcabala, las patentes y el agrícola, impuesto a la propiedad de tierras instaurado por Rengifo en la década de 1830. Dado que estos gravámenes no lograban financiar al gobierno en tiempos de paz, es poco probable que pudieran financiar el esfuerzo que significaba la guerra durante la crisis económica de los años de la década de 1870. La Moneda obviamente tuvo que encontrar nuevas fuentes de ingresos. El fracaso a la hora de lograrlo significaba la probable derrota en la guerra.

En mayo de 1879, desesperado, el Congreso aprobó la mobiliaria, impuesto a la renta que había rechazado el año anterior. Este nuevo impuesto, sin embargo, no podía sufragar el costo de la guerra. El gobierno ofreció a los bancos concesiones tributarias a cambio de un préstamo de 6 millones de pesos. Los bancos, obviamente, no tenían para

---

[13] *Cámara de Diputados,* 18 de julio de 1882, p. 271.

prestar sino los billetes impresos privadamente, que habían precipitado la «inconvertibilidad» en primer lugar. Con las reservas en metálico
del gobierno prácticamente agotadas, Pinto autorizó la impresión de
papel moneda, que la gente no tenía otra opción que aceptar.

Aunque las generaciones posteriores deploraron esta acción, en su
época, las reacciones fueron menos condenatorias. A los banqueros les
desagradaba aprovecharse de los deudores y restringir el crédito a las
pequeñas camarillas. Muchos vieron el papel moneda como una forma de liberar al país de las manos de los codiciosos banqueros. Algunos legisladores, sin embargo, exigieron cautela. El radical, Enrique
Mac-Iver, asimiló el papel moneda al mercurio que se usaba para
curar la sífilis: en pequeña cantidad podía ser saludable, pero demasiado podía matar al paciente. Sin embargo, habiendo descubierto este
nuevo recurso económico, La Moneda solía buscar la aprobación del
Congreso para imprimir dinero que financiase el esfuerzo de guerra.

Incluso el gobierno reconoció que no podía emitir billetes indefinidamente sin encontrar alguna manera de compensarlos. La salvación estaba a mano: la conquista del litoral boliviano y Tarapacá había
dado a Chile el monopolio de la producción mundial de salitre. Una
de las primeras acciones del comandante chileno a cargo de la ocupación de Tarapacá fue obligar a reabrir las oficinas salitreras y a que
produjeran nuevamente; y produjeron: en 1883, más de 7.000 hombres trabajaban en las salitreras (comparados con los 2.000 de 1880).
Las exportaciones se duplicaron (llegando a 589.000 toneladas) en el
mismo periodo de tres años. Así, parecía probable que el nuevo impuesto a las exportaciones establecido en septiembre de 1879 (1,60
dólares por quintal) garantizara un copioso flujo de ingresos.

Aunque La Moneda pudiera gravar las salitreras, estas no eran
suyas. Las empresas del salitre de Tarapacá pertenecían al gobierno
peruano, que las había nacionalizado en 1875. A cambio de los títulos
de propiedad, las autoridades peruanas habían emitido escrituras fi-
deicomisarias que devengaban intereses o «certificados». El gobierno
chileno tenía dos alternativas: podía asumir la responsabilidad de la
deuda del salitre peruano[14] y convertirse así en propietario de las salitreras, o bien podía negarse a liquidar la deuda peruana y reconocer a

---

[14] Perú había obtenido préstamos gracias al respaldo de sus posesiones salitreras
en Tarapacá y sus acreedores extranjeros presionaban por un acuerdo.

los dueños de certificados como legítimos propietarios de las empresas. La cuestión fue estudiada por dos comités legislativos en 1880-1881. Ambos rechazaron la idea de la propiedad estatal. En junio de 1881, el Congreso otorgó el título a cualquiera que pudiera demostrar la propiedad del 75 por 100 de cada certificado. (Exigía, además, un depósito en efectivo.) Al año siguiente, el gobierno remató las salitreras que no habían sido reclamadas por sus nuevos dueños. Estas medidas permitieron a los empresarios controlar lo que entonces se había convertido en la principal fuente de ingresos para el Estado chileno. Los extranjeros (especialmente los ingleses), al igual que los chilenos, aprovecharon la oportunidad con alacridad. Entre ellos cabe destacar a John Thomas North, el «rey del salitre», nacido en Yorkshire, cuyos espectaculares haberes personales en Tarapacá pronto causarían preocupación en Chile (y sospechas en la ciudad de Londres).

Aunque las decisiones de 1881 fueron muy criticadas después, parecen haber sido lo suficientemente apropiadas en su momento. La opinión pública concedía al Estado un derecho limitado a intervenir en la economía (por ejemplo fomentando la manufactura), pero la posesión por parte del gobierno de los medios de producción era vista como algo inaceptable. Además, el elevado costo de los certificados del salitre también detuvo a quienes podrían haber estado de acuerdo con la propiedad estatal. Se estimaba que Chile debería asumir una deuda en torno a 4 millones de libras, una enorme suma para un país empantanado todavía en la guerra. Por otra parte, el retorno de la propiedad a manos privadas liberó a La Moneda de una carga fiscal y burocrática inmensa, mientras que la creación de un impuesto de exportación al salitre prometía cierta bonanza fiscal. Tal como señaló el presidente Santa María, primer gran beneficiario de la nueva política: «Dejen que trabajen libremente los gringos en el salitre; yo los espero en la puerta»[15].

POLÍTICA Y LA GUERRA

Se suele señalar un contraste entre la continuidad institucional de Chile durante la guerra y los trastornos políticos que ocurrieron tanto en Bolivia como en Perú. Es indudable, sin embargo, que el sistema

---

[15] A. Alessandri, *Revolución de 1891,* Santiago, Nascimiento, 1950, p. 204.

político chileno tuvo que soportar con un gran esfuerzo la depresión de la década de 1870 y el aumento de la agresividad parlamentaria, como hemos descrito en el capítulo 5. Como ya se señaló, la discusión sobre los límites con Argentina provocó manifestaciones callejeras antigubernamentales en 1878, que amenazaron con volver a producirse en 1879. El episodio más peligroso ocurrió tras la captura del *Rímac,* cuando se emplearon tropas para reprimir a los manifestantes. Si Chile hubiera sufrido otro serio revés militar poco después, Pinto podría haber corrido la misma suerte que sus colegas boliviano y peruano, Daza y Prado.

Al nivel de Congreso, el estallido de las hostilidades no acabó con las rencillas partidarias. En vez de declarar una tregua política para servir a los intereses de la guerra, la Cámara de Diputados se pasó los primeros y cruciales meses de 1879 discutiendo sobre las elecciones parlamentarias. El Partido Conservador introdujo constantemente votos de censura con la esperanza de hacer caer y levantar gabinetes. Tales luchas intestinas en el poder legislativo se repitieron durante la guerra. En 1881, un grupo de diputados trató de cortar los fondos para esta, como una forma de presionar a Pinto para que reorganizara su gabinete. El futuro defensor del privilegio ejecutivo, José Manuel Balmaceda, introdujo una moción (septiembre de 1880) para censurar a los ministros de Pinto sobre la base de su desacuerdo con la política de guerra y expresó también la inusual opinión de que los miembros del gabinete debían reflejar la composición política del poder legislativo. La moción de Balmaceda no prosperó y molestó seriamente a algunos de sus colegas, pero fue un signo elocuente del creciente empuje «parlamentario» en la política chilena. El discreto Pinto no tenía el tipo de personalidad que le pudiera permitir controlar a sus críticos legisladores. Con buenos modales, humilde, discreto, un hombre de honor, carecía del interés de sus predecesores (o sus sucesores) en dirigir la intervención electoral.

A medida que el mandato de Pinto llegaba a su fin, el Partido Conservador creyó que podía volver a ganar La Moneda para sí. Con la esperanza de capitalizar su reputación militar como el vencedor de Lima, los conservadores designaron a Manuel Baquedano candidato presidencial. La campaña del general giraba en torno al tema de su credibilidad personal. Baquedano admitió con orgullo que virtualmente no sabía nada sobre las instituciones civiles y legales de Chile. Afirmó ser absolutamente apolítico –no partisano, de visión olímpica, por encima de una multitud enloquecida–. No obstante, Manuel Baquedano no era Manuel Bulnes. Y era 1881, no 1841. Los políticos, cuya participación en la guerra había hecho posible la victoria en términos reales, no estaban dispuestos a renunciar al poder para dejarlo en manos de los tricornios.

Domingo Santa María, ministro del Interior de Pinto en 1879-1880, no buscaba la presidencia, pero la candidatura de Baquedano lo convenció de hacer lo contrario. A Santa María no le gustaba el general y su oposición al «candidato de la espada» le granjeó el apoyo de los liberales y nacionales del gobierno y de una fuerte facción radical. Baquedano, por su parte, atrajo a liberales y radicales disidentes y seguidores de Vicuña MacKenna, que, como los conservadores, habían quedado fuera de los gabinetes de Pinto. Santa María concentró su ataque en la inexperiencia política del general. Quienes recordaban los sangrientos triunfos de Tacna y Lima argumentaron que un oficial que había derrochado las vidas de los jóvenes de la nación no merecía la presidencia. Su inexperiencia política, afirmaban quienes lo criticaban, podía llevarlo a asumir poderes dictatoriales o a fiarse en forma demasiado contundente en el consejo de los conservadores. Sin ninguna restricción impuesta por las buenas maneras (o leyes antidifamación estrictas), la prensa atacó personalmente a Baquedano describiéndole como un loco y burlándose de su forma de hablar: tenía un desafortunado problema de dicción. Consciente de que iba a perder y enojado por el vulgar abuso de la prensa, el general se rindió ante la lucha desigual y renunció. La elección de Santa María, por ende, fue una conclusión prevista y este asumió el mando en septiembre de 1881.

La Guerra del Pacífico puso a prueba a Chile. El intenso partidismo político del Congreso protegió a los oficiales incompetentes; sus estériles debates sobre las malas prácticas electorales y sus frívolas mociones de censura consumieron el tiempo de los ministros –tiempo que habrían podido aprovechar para proseguir la guerra en forma más expedita–. Sin embargo, a pesar de todas las presiones, el sistema político aún funcionaba. Las elecciones, aunque estuvieran arregladas, se llevaron a cabo según lo programado. La Moneda no silenció las críticas de la prensa o del Congreso. Se seguía disfrutando y abusando de la libertad de expresión y de reunión. Estos eran logros valiosos y demostraban, asimismo, cuánto había cambiado el país desde la primera guerra contra la Confederación peruano-boliviana. Y resultaba evidente que había cambiado sustancialmente también en otras áreas. El sentido de superioridad chileno, ya bien desarrollado, se vio aumentado por la victoria. Un nuevo conjunto de héroes ocupó su lugar en el panteón nacional[16]. No obstante, lo más importante de todo fue que la guerra le había dado al país un nuevo territorio cuyas ricas reservas de salitre prometían una fuente constante y abundante de ingresos. El futuro parecía aún más brillante.

---

[16] Sin embargo, pocos héroes de guerra, con la importante excepción de Arturo Prat y las víctimas de La Concepción, parecen haberse alojado de manera tan permanente en la imaginación chilena como los héroes de las guerras de Independencia.

Tercera parte
La era del salitre
1880-1930

Tras la victoria en la Guerra del Pacífico, se produjo en Chile, gracias a la guerra civil de 1891, el triunfo de las ideas «parlamentarias» sobre el presidencialismo. La política de las tres décadas siguientes se apoyó en un nuevo periodo de crecimiento basado en las exportaciones, gracias al enorme volumen que alcanzó el comercio de salitre, acompañado de una inevitable diversificación social, cuyos principales síntomas fueron el surgimiento de la clase media (si bien todavía pequeña) y un movimiento obrero militante. La llamada República Parlamentaria no logró solucionar los nuevos dilemas sociales del periodo (capítulo 7). El fracaso marcó también la primera presidencia, que luego sería reformadora, del carismático Arturo Alessandri. Entre 1924 y 1932, el país debió sufrir la intervención militar y el régimen autoritario, lo que produjo una leve disminución en el predominio oligárquico dentro de la política. En la década de 1930, Alessandri restauró la tradición chilena de la continuidad institucional, pero en un paisaje político diferente. El desarrollo impulsado por las exportaciones, mientras tanto, se vio frenado por el auge del salitre sintético tras la Primera Guerra Mundial y por la Depresión de 1929, que llevó a una mayor intervención estatal en la economía (capítulo 8).

GOBIERNOS

1881-1886	Domingo Santa María
1886-1891	José Manuel Balmaceda
1891	Junta
1891-1896	Almirante Jorge Montt
1896-1901	Federico Errázuriz[1]
1901-1906	Germán Riesco

---

[1] Hijo del presidente de 1871-1876.

1906-1910   Pedro Montt[2]
1910-1915   Ramón Barros Luco
1915-1920   Juan Luis Sanfuentes
1920-[1925] Arturo Alessandri
1924-1925   Juntas Militares
1925-1927   Emiliano Figueroa Larraín
1927-1931   General Carlos Ibáñez
1931-1932   Juan Esteban Montero
1932   Gobiernos breves (República socialista)
1932-1938   Arturo Alessandri

[2] Hijo del presidente de 1851-1861.

7
El periodo parlamentario, 1882-1920

SANTA MARÍA Y BALMACEDA

Además de negociar el fin de la guerra del Pacífico, el presidente Santa María también tuvo que lidiar con un poder legislativo cada vez más hostil. En esa época, los miembros del Congreso estaban sumamente entusiasmados con las ideas «parlamentarias»: disminución del poder ejecutivo, control parlamentario de los ministerios y elecciones libres. Santa María deseaba obtener el poder presidencial y esto sólo podía lograrlo a través de una burda intervención electoral, la cual ya había sido muy evidente en la votación de 1882, marcada por la violencia y el soborno: «por cada votante independiente», afirmaba el periódico La Época, «hay dos o más que venden su voto»[1]. Otra posibilidad era darle a sus reacios partidarios liberales un útil enemigo externo. El presidente mismo era contrario a lo que llamó «prejuicios medievales» e intentó reducir el papel de la Iglesia, todavía poderosa en la vida chilena. El programa de su presidencia quedó sellado con el estallido de un conflicto con el papado mismo. A la muerte del arzobispo Valdivieso en 1878, el gobierno de Pinto propuso que fuera reemplazado por el sacerdote liberal Francisco de Paula Taforó. Cuan-

---

[1] La Época, 19 de abril de 1882.

do, en 1882, un delegado apostólico (monseñor Celestino del Frate) aconsejó al papa León XIII que rechazara a Taforó, Santa María envió su documentación de vuelta al delegado y con ello se suspendieron las relaciones entre Chile y la Santa Sede. La reacción entre los católicos chilenos fue feroz, al igual que en el interior del Partido Conservador.

Santa María decidió, con el respaldo de la mayoría del Congreso, promulgar (como estaba previsto) lo que consideraba una legislación laica largo tiempo aplazada, y le quitaron entonces a la Iglesia el monopolio de los matrimonios y el registro de los nacimientos, los matrimonios y las muertes. Estas dos proposiciones se convirtieron en leyes en enero y julio de 1884, respectivamente. Por su parte, la Ley que secularizó todos los cementerios públicos (agosto de 1883) resultó mucho más polémica. La Iglesia, que previamente había extendido su bendición a tales cementerios, ahora los execró. Las escenas a menudo macabras y grotescas que resultaron de ello (los católicos a veces sacaban en secreto los cadáveres para enterrarlos ilegalmente en las iglesias, mientras ataúdes llenos de piedras eran enterrados en los cementerios) fueron recordadas en Chile durante mucho tiempo. Durante esos años estalló una suerte de «guerra religiosa». Existe una historia posiblemente apócrifa de una señora de sociedad que le dijo a Santa María que no seguiría rezando el rosario porque hacerlo significaba repetir su nombre —el de Santa María—. Tomando en cuenta la atmósfera que prevalecía en la época, la historia parece bastante creíble.

Ni siquiera la cruzada anticlerical podía pacificar un Congreso cada vez más militante. Las elecciones de 1885 fueron manipuladas una vez más con mucha violencia. Como resultado, las relaciones entre el ejecutivo y la oposición parlamentaria en los años 1884-1886 fueron de las más amargas del siglo. Santa María estaba decidido a asegurar la sucesión presidencial para su leal ministro del Interior (abril 1882-septiembre 1885), José Manuel Balmaceda, y la elección de junio de 1886, como informó el embajador británico, vio «gran desorden y no pocas pérdidas en vidas por el uso libre que se le dio a revólveres, cuchillos y piedras. En una mesa (de votación), seis personas fueron asesinadas; y treinta, heridas»[2]. Una fuerza destructora había sido desatada y no podía ser detenida. El candidato de la oposición José Francisco Vergara (respalda-

---

[2] Ministro Fraser a lord Rosebery, 19 de junio de 1886. Public Record Office, Londres: *FO 16/242*, n.º 47, diplomático.

do por liberales disidentes y su propio Partido Radical) se retiró de la competencia. El 18 de septiembre de 1886, Balmaceda, que acababa de cumplir cuarenta y seis años, tomó el mando como presidente.

Nadie podría haber estado mejor preparado. La iniciación política de Balmaceda había tenido lugar en los clubes reformistas de finales de la década de 1860; como hemos visto, había sido un elocuente crítico de la intervención electoral y los abusos presidenciales. Balmaceda era un oligarca entre oligarcas. Su personalidad dirigente, sus dotes retóricas y sus grandes capacidades no fueron discutidas por sus oponentes. Además, el nuevo presidente restableció inmediatamente las relaciones con el Vaticano (y ocupó el cargo vacante de arzobispo con el estimado Mariano Casanova), lo cual apaciguó considerablemente la «guerra religiosa». Los augurios parecían prometer una presidencia notable.

El objetivo de Balmaceda, como lo anunció desde un comienzo, era reunir a «la familia liberal», como la llamó, y convertir en realidad su propia y creativa imagen de una mejora nacional. Fue esto lo que diferenció a Balmaceda de sus inmediatos predecesores (e inmediatos sucesores) y le convirtió en una fuente de inspiración para las futuras generaciones. Había concebido la idea de invertir la nueva riqueza del salitre en obras públicas a gran escala, en mejoras educativas y (algo que se pasa a veces por alto) en la modernización militar y naval. En 1887, se creó un nuevo Ministerio de Obras Públicas; el cual, en 1890, absorbió más de un tercio del presupuesto de la nación. Nuevas escuelas, nuevos edificios de gobierno, la primera sección del ferrocarril transandino, el dique seco de Talcahuano, la canalización del río Mapocho, el largo puente sobre el río Biobío, el viaducto del Malleco: Balmaceda dejaría una huella innegable en Chile. El programa de obras públicas, no obstante, también conllevaba peligros políticos. Había políticos que sentían que no debía tener prioridad sobre un retorno al dinero en metálico. Y, lo que era más grave, con el enorme aumento del patronazgo presidencial, creció el temor de un predominio del ejecutivo, al tiempo que iniciaba una confusa lucha por obtener trabajos y contratos, algo que se veía exacerbado por las pugnas políticas del momento. Y estas se volvían más encarnizadas por meses.

En este sentido, la elevada concepción que Balmaceda tenía del papel presidencial se fue encontrando con la creciente determinación de los partidos de someter tanto al gabinete como a la presidencia.

Balmaceda comenzó con dos ministerios liberal-nacionales (la fórmula de Santa María) e integró a algunos liberales disidentes en un tercer ministerio, pero su limitada intervención en las elecciones de marzo de 1888, que también desató la ira de los conservadores, pronto destruyó esta prometedora coalición. El cuarto gabinete (abril de 1888) estaba formado sólo por liberales «del gobierno», lo que le granjeó la hostilidad del ahora excluido Partido Nacional, que, al ampliar sus bases (noviembre de 1888), trajo algunos meses de estabilidad. Sin embargo, a estas alturas, la oposición parlamentaria, más fuerte que nunca, se había vuelto muy suspicaz con respecto a Enrique Salvador Sanfuentes (ministro de Hacienda y Obras Públicas en 1888-1889), a quien Balmaceda había elegido como heredero de la presidencia. La propia impaciencia de Balmaceda con las críticas y el obstruccionismo hacía difícil un compromiso. Atrapado por sus propios programas de progreso visionarios, Balmaceda pareció poco inclinado a politiquear a la manera de un Errázuriz o un Santa María.

En parte para fortalecer su posición en la nación en general, el presidente había comenzado a visitar las provincias. En febrero de 1889 viajó al sur, hasta Los Ángeles, para inspeccionar algunas de sus preciadas obras públicas. En marzo navegó hacia el norte en el buque de guerra *Amazonas* para ver con sus propios ojos la ahora floreciente zona salitrera. En una cena en Iquique, el 7 de marzo, habló con cierto detenimiento acerca del futuro de esa industria. Aludió a los riesgos de un monopolio extranjero (al tiempo que denunciaba los monopolios en general), pidió a los capitalistas chilenos que aceptasen el desafío y expresó su esperanza de que algún día todos los ferrocarriles chilenos fuesen de propiedad estatal. De hecho, Balmaceda estaba seriamente preocupado por el modo en que los amplios intereses en Tarapacá del «rey del salitre» inglés, John Thomas North, estaban cerca de constituir algo parecido a un Estado dentro del Estado. El gobierno quería socavar el monopolio de transporte del que gozaba en la provincia la Nitrate Railways Company de North. (Resultó que North estaba de visita en Chile en ese momento: él y Balmaceda se encontraron en tres ocasiones en marzo y abril de 1890.)

Estas excursiones a las provincias tuvieron pocas consecuencias en los políticos de Santiago. A mediados de 1889, Balmaceda había perdido la mayoría en el Senado. Una combinación de dos grupos de liberales de la oposición con los nacionales y los radicales («el cuadri-

látero») amenazaba ahora con quitarle también la Cámara de Diputados, pero rápidamente los tentó con un nuevo gabinete, el octavo de
Balmaceda. Este duró apenas dos semanas (octubre-noviembre de
1889). Desde entonces y gracias a la ayuda de otra defección en las
filas de los liberales del gobierno, la oposición contó con la mayoría
en ambas cámaras del Congreso. A esas alturas, prácticamente toda la
popularidad inicial de Balmaceda había desaparecido. La oposición
contaba con el apoyo avasallador de la clase política como un todo y,
durante 1890, la sensación de crisis inminente se hizo cada vez más
fuerte. En cierto sentido, era una repetición de 1858, sólo que con
diferentes personajes y a una escala mucho mayor.

A comienzos de 1890, el presidente intentó acercarse a los conservadores, sin éxito. De hecho, a los conservadores, que vieron esto
como un acceso desde su desierto político, les hacía felices sumarse a
la coalición contra Balmaceda. Su próxima jugada fue sacar a Sanfuentes de la candidatura presidencial poniéndolo en el cargo de ministro del Interior (30 de mayo). Esto no apaciguó a la oposición:
cuando el Congreso se reunió en junio, censuró al nuevo ministro y
votó por atrasar la aprobación de la nueva Ley de contribuciones «pe-
riódica». Ningún impuesto podía ser cobrado, ni se podía pagar a
funcionario público alguno. Delegaciones de políticos veteranos y del
nuevo Partido Democrático pidieron a Balmaceda que transigiese, pero
descubrieron que su disposición era inflexible.

Por si esto fuera poco, el presidente también debió enfrentarse a
la primera ola de huelgas (la primera seria en la historia chilena), que
paralizó el puerto de Iquique y se extendió por la pampa salitrera
hasta Valparaíso, Concepción y las minas de carbón en Lota. En la
pampa salitrera, varias pulperías fueron saqueadas; en Valparaíso, estallaron desórdenes callejeros. En aquellos lugares donde la fuerza laboral
sublevada no pudo ser contenida a través del fraude (los empleadores
aceptaban los términos y luego no los respetaban), fue reprimida por
los soldados y la policía. La refriega más sangrienta tuvo lugar en Valparaíso, donde al menos 50 personas fueron muertas. La alarma que se
extendió a la clase alta de toda la nación, no se tradujo, sin embargo,
en apoyo a Balmaceda.

El arzobispo Casanova ofreció entonces su mediación y, por poco
tiempo, pareció que el acuerdo resultante podría mantenerse: el Congreso aprobó la Ley de contribuciones y, el 7 de agosto, Balmaceda

nombró un nuevo gabinete bajo Belisario Prats, y le dio libertad de acción. La tregua, si es eso lo que era, no duró. Ocho semanas después, Prats se resignó. Balmaceda nombró su decimotercer (y último) gabinete, que incluyó al afable Claudio Vicuña (como ministro del Interior) y al completamente poco afable Domingo Godoy, un antiguo juez de lo penal que detestaba más a la oposición que a los criminales que había tenido que sentenciar en alguna ocasión.

Los mítines y manifestaciones habían sido constantes todo el año, y también habían sido sonados y virulentos los ataques a Balmaceda en la prensa, predominantemente hostil. Con el ministerio Vicuña-Godoy, la atmósfera se volvió bastante más tensa y amenazadora. Tanto Balmaceda como la oposición temían que la situación se resolviera de manera violenta (la dictadura, un golpe de Estado, la rebelión armada) e hicieron planes de acuerdo a ello. Balmaceda, por su parte, estaba obcecadamente determinado a mantener la tradición presidencial. El Congreso y los partidos (Nacional, Conservador y Radical, y los diversos grupos liberales opositores) estaban todos decididos por igual a hacer prevalecer sus ideas sobre un gobierno parlamentario y la libertad electoral. En muchos aspectos, Balmaceda tenía más visión de futuro que sus adversarios: intuía, certeramente, que un régimen parlamentario le sentaría bien a Chile. Pero sus propuestas (junio 1890) para la reforma constitucional (delimitación más clara de los poderes ejecutivo y legislativo, autonomía local, mandato presidencial de seis años) cayeron en oídos sordos en la agitada atmósfera imperante.

En diciembre, Balmaceda viajó al sur para inaugurar las obras del dique seco de Talcahuano. En Concepción, fue el blanco de una demostración extremadamente hostil. En las calles de Santiago, a su regreso, «estalló una tempestad formidable de pitazos ensordecedores, seguida de un chivateo infernal de insultos e injurias contra el presidente. Balmaceda palideció...»[3]. Sólo unos pocos días después, un ataque al Club Conservador en Santiago perpetrado por agentes municipales arrojó la primera muerte de un conflicto cuyas razones eran puramente políticas. El funeral de la joven víctima, Ignacio Ossa, fue otra enorme manifestación contra el gobierno.

Con toda la inexorabilidad de una tragedia griega, los hechos se desarrollaron rápidamente hacia su predecible fin. El Congreso, cerra-

---

[3] A. Alessandri, *Revolución de 1891,* cit., p. 73.

do desde octubre, se negó a aprobar el presupuesto para 1891. El primer día del nuevo año, Balmaceda emitió un manifiesto, donde rechazaba la presión del Congreso y anunciaba que, durante 1891, mantendría en vigencia las «leyes esenciales» aprobadas para 1890. Declaró: «Ni como chileno ni como jefe de Estado ni como hombre de principios podía aceptar el papel político que la coalición parlamentaria pretendía imponerme». El 4 de enero decretó que se renovaría el presupuesto del año anterior. La oposición, por su parte, había hecho sus propios planes. Un comité formado por todos los partidos ya había sondeado a la Marina (que se mostró partidaria) y el Ejército (que no lo era). En los últimos días de diciembre, el conservador Abdón Cifuentes redactó el borrador de un Acta de deposición de Balmaceda. Entre otras cosas, se acusaba al presidente de alta traición y se asignaba al capitán naval Jorge Montt la tarea de ayudar al Congreso a restaurar la Constitución. El documento fue firmado en forma clandestina por 19 senadores y 70 diputados. (El texto no fue publicado hasta varios meses más tarde.) El 7 de enero de 1891, la mayor parte de los buques de guerra de la Marina zarparon de la bahía de Valparaíso, transportando un pequeño número de líderes de la oposición, incluido el presidente de la Cámara de Diputados, Ramón Barros Luco, y Waldo Silva, vicepresidente del Senado. Los políticos de la oposición que quedaban en Santiago se ocultaron.

Ni el decreto de Balmaceda ni el «Acta de deposición» del Congreso fueron en absoluto constitucionales. Como observó una vez Thomas Hobbes: «En materia de gobierno, cuando nada más resulta, los bastos son triunfos»[4]. Por cuarta vez en el siglo XIX, se preparaba una guerra civil chilena: sería la más grave de todas.

LA GUERRA CIVIL DE 1891

En cierto sentido, se trató de una guerra extraña. La Marina estaba de parte del Congreso. La única fuerza real de Balmaceda en el mar

---

[4] «A Dialogue between a Philosopher and a Student of the Common Laws of England», en *The English Works of Thomas Hobbes,* W. Molesworth (ed.), vol. VI, Londres, John Bohn, 1840, p. 122. Queremos expresar nuestro agradecimiento al profesor Paul Sigmund por indicarnos la fuente de esta observación.

adoptaba la forma de dos nuevos torpederos, el *Condell* y el *Lynch*, que se dirigían a Chile al inicio de la guerra. Le darían su única victoria naval: el hundimiento del crucero *Blanco Encalada* frente a Caldera (23 de abril). El Ejército (que había recibido un aumento del 50 por 100 en su paga) permaneció leal a Balmaceda. Sin embargo, el Ejército difícilmente podía atacar a la Marina y la Marina podía hacerle poco daño al Ejército. A la larga, sin duda, los parlamentarios tenían mayores posibilidades: al igual que en las dos guerras de Chile con Perú y Bolivia, el control del mar les dio la ventaja final. La escuadra chilena era poderosa (para los estándares sudamericanos), con dos cruceros y varios navíos más pequeños, pero bien armados. Mostró su poder de inmediato capturando trece buques de vapor. A mediados de enero, el capitán Montt declaró el bloqueo de los puertos del salitre y de Valparaíso, y luego asoló la costa, apoderándose de hombres, armas y provisiones.

El primer éxito parlamentario importante ocurrió el 6 de febrero con la captura de Pisagua. Después, ese mismo mes, en parte gracias a la mediación del almirante británico sir William Hotham, las tropas de Balmaceda se rindieron en Iquique. Finalmente, el 6 de marzo, una sangrienta batalla de cinco horas en Pozo Almonte ganó para los parlamentarios la zona del salitre, incluida Antofagasta, ocupada poco después. Con esta base asegurada, se improvisó rápidamente un gobierno bajo el mando de una Junta formada por el capitán Montt, Ramón Barros Luco y Waldo Silva. Contando con las ricas ganancias de la zona del salitre, esta comenzó a procurarse armas y comenzó la búsqueda de las mismas en el único lugar en que podía hacerlo, el exterior.

Balmaceda, por su parte, necesitaba urgentemente barcos. Los agentes parlamentarios en Francia le impidieron conseguir dos nuevos cruceros. Sus contrapartidas en Estados Unidos eran menos eficaces: aunque desafiaron a las autoridades norteamericanas transportando al sur un cargamento de armas desde San Francisco a bordo del vapor *Itata*, el gobierno estadounidense obligó a la Junta de Iquique a devolverlas. (El evidente apoyo de Estados Unidos a Balmaceda durante la guerra pudo verse reforzado por el recuerdo del intento independentista, sangrientamente frustrado 30 años antes.) Al final, mediante métodos clandestinos, los agentes del Congreso en Europa lograron mandar a Iquique armas para 10.000 hombres. Estas llegaron en julio. Para entonces, la Junta había contratado los servicios del general Emil Körner, reclutado en 1886 en Alemania para modernizar al Ejército chileno. Había discutido con Balmaceda y marchó al norte a bordo de un vapor británico. Lo mismo hicieron varios oficiales desafectos más, al igual que numerosos jóvenes ilusionados con la inminente refriega. La pericia de Körner no tenía precio para el novato Ejército parlamentario.

Mientras tanto, el gobierno de Balmaceda aún controlaba la mayor parte de Chile. Libre de sus oponentes parlamentarios, Balmaceda podía reformular ahora el sistema político de acuerdo con sus propias ideas. En marzo de 1891, una «Convención liberal» designó a Claudio Vicuña candidato presidencial y, en abril, se eligió una Asamblea Constituyente, aunque sin oposición. Al comenzar la asamblea, el presidente dio su propia versión de las causas de la guerra, sin decir nada muy nuevo. El Congreso mismo debatió (a menudo con vigor) asuntos tales como la reforma constitucional, un plan para un banco estatal y otras medidas. Quizá de un modo extraño, dadas las circunstancias, era testimonio de esos conceptos chilenos de legalidad y constitucionalidad que ni siquiera la guerra civil pudo destruir. Los debates habían adquirido un nuevo tono: mucha retórica para atacar los intereses extranjeros, a los banqueros y a la clase alta en general. Balmaceda tenía poco que perder con esa propaganda, y poco que ganar también.

Este Congreso, no obstante, sí fue capaz de lograr una cosa: la renuncia del impopular Domingo Godoy, ministro del Interior de Balmaceda. Su persecución de la oposición había sido implacable: los periódicos opositores fueron cerrados, así como la Universidad (y el Club de la Unión); las haciendas de la oposición fueron atacadas; y los bancos, estrictamente controlados. En mayo, Godoy fue reemplazado por Julio Bañados Espinosa, hombre más idealista. La guerra, sin embargo, creó su propia lógica salvaje. Como la oposición trataba de cortar los cables del telégrafo y alterar el tráfico ferroviario, algunos sangrientos encuentros resultaron inevitables. La ejecución de entre 20 y 30 jóvenes, que apoyaban a los parlamentarios y se habían reunido en la hacienda Lo Cañas, cerca de Santiago (19 y 20 de agosto), fue el peor episodio.

Aun cuando a mediados de agosto el embajador británico informó de que la guerra había sido notable por su «ausencia de acción, acompañada de una extraordinaria actividad de la imaginación»[5], la

---

[5] Ministro Kennedy a lord Salisbury, 17 de agosto de 1891. Public Record Office, Londres: *FO 16/265*.

némesis se acercaba para Balmaceda. Tres días después de su partida, la
Marina desembarcó a un poderoso Ejército congresista de 9.000
hombres al norte de Valparaíso. En dos batallas extremadamente sangrientas (Concón, 21 de agosto, y La Placilla, 28 de agosto), las tropas
de Balmaceda fueron derrotadas. Al darse cuenta de que todo estaba
perdido, Balmaceda transfirió su autoridad, o lo que quedaba de ella,
al general Manuel Baquedano y se refugió en la Legación argentina, a
una manzana de La Moneda. Baquedano fue incapaz de aplacar la
violencia de la multitud en Santiago y las casas de los prominentes
balmacedistas se vieron atacadas y saqueadas, quedando a merced de
otros actos vandálicos. El 31 de agosto, el Ejército congresista entró en
la ciudad y restableció el orden.

Balmaceda era un hombre demasiado orgulloso para rendirse o
huir. Rechazó cualquier posibilidad de exilio. Durante las tres semanas que permaneció en la Legación argentina, escribió cartas de despedida; una de ellas a sus colaboradores Claudio Vicuña y Julio Bañados. Esta fue un «testamento político». En prosa lírica, defendió su
causa y predijo su triunfo final. En la mañana del 19 de septiembre, al
día siguiente de que expirara formalmente su periodo presidencial, se
pegó un tiro en la cabeza.

Habiendo ganado la guerra, a un coste de al menos 6.000 vidas,
los victoriosos parlamentarios tenían que restaurar la Constitución.
En un sentido muy exacto y de acuerdo con las palabras del embajador alemán en Chile, el barón Gutschmidt, ellos eran «las clases que
hasta ahora han gobernado el país»[6]. Y seguirían gobernando Chile
durante otros 30 años.

La República Parlamentaria: aspectos económicos

El periodo entre la guerra civil de 1891 y la década de 1920 suele
llamarse la República Parlamentaria. Nosotros no sugerimos un nombre alternativo; el periodo ciertamente posee una unidad básica, lo cual
es particularmente cierto respecto de la economía. Analizaremos aquí
algunas de sus tendencias principales, teniendo en cuenta que, a fines del

---

[6] Citado en G. Vial, *Historia de Chile 1891-1973*, Santiago, Santillana del Pacífico,
vol. 2, 1982, p. 7.

periodo parlamentario, la economía chilena también se vio afectada por las ondas de choque desencadenadas por la Primera Guerra Mundial.

Agricultura, industria manufacturera, minería cuprífera

Los años posteriores a la guerra del Pacífico fueron años florecientes para la agricultura. El país desarrolló una economía de pastoreo, especialmente con el ganado ovino en el sur y, en particular, en el Extremo Sur. La cría de ovejas también se desarrolló a una escala notable en el sur, en Magallanes, cuya verdadera historia económica comenzó después de la Guerra del Pacífico[7]. Los agricultores también crearon empresas que producían leche y sus subproductos para las ciudades en expansión. Algunas haciendas cultivaron alfalfa y heno, no sólo para alimentar a su propio ganado, sino también para los caballos utilizados en las ciudades. Progresivamente, asimismo, los fabricantes locales comenzaron a convertir las frutas en mermelada; el tabaco, en cigarrillos; los granos, en galletas, cerveza o fideos; y los cueros, en zapatos u otros artículos de cuero –para venderlos en las ciudades o en la zona salitrera del norte.

En otros aspectos, sin embargo, el ímpetu de la agricultura comenzó a trastabillar. La producción de cereales, que había sido un importante componente de la economía exportadora en el siglo XIX, entró en una caída lenta pero cada vez mayor. Entre 1910 y 1920, las cosechas de trigo a veces no aumentaron sustancialmente en relación a las de la década anterior y sólo fueron levemente mayores que las de las dos décadas anteriores. Ocasionalmente, hubo cosechas excelentes, pero, salvo dos excepciones (en 1908 y 1909), las exportaciones de trigo y harina rara vez igualaron su volumen máximo del siglo anterior. Diversos problemas paralizaron a los agricultores que cultivaban cereales en Chile, incluido el inestable clima y el brote periódico de plagas en las plantas. El nuevo estilo agrícola desplazó a los agricultores de trigo de la zona norte del Valle Central, trasladándolos a las tierras menos fértiles del sur. Sin embargo, lo más serio fue la competencia de Australia, Canadá, Estados Unidos, Argentina y Rusia, que inundaron de trigo el mercado

---

[7] Ya en 1877 se habían llevado ovejas desde las islas Malvinas al territorio del estrecho de Magallanes. Un sangriento motín de artilleros en noviembre de ese mismo año motivó que se dejara de usar el asentamiento como colonia penal.

internacional e inevitablemente hicieron bajar los precios. La apertura del Canal de Panamá (que dio a Australia un acceso más fácil al importantísimo mercado británico) aceleró el proceso de declive. Virtualmente expulsados de los mercados del Atlántico Norte, los hacendados chilenos tuvieron que recurrir a las exportaciones a Perú y Bolivia. Ahora Chile sólo se aventuraría ocasionalmente (cuando las cosechas chilenas eran buenas y malas las de las naciones competidoras) en el mercado del Atlántico Norte. Al parecer, los años malos se sucedían con deprimente frecuencia y el país se vio obligado a importar alimentos.

En cierta forma, el problema de fondo de la agricultura era bastante evidente. En 1900, las haciendas todavía abarcaban el 75 por 100 de la tierra y producían alrededor del 66 por 100 de todos los productos agrícolas y la mayor parte de las mercancías destinadas a la exportación. Esta prolongada tendencia histórica no mostró signos de variar durante los primeros años del siglo XX: en 1917, sólo un 0,46 por 100 de todas las propiedades concentraban más de la mitad de toda la tierra útil. Al otro extremo de este espectro, los minifundios también se multiplicaban –cerca del 60 por 100 de todas las propiedades ocupaban menos del 1,5 por 100 de toda la tierra–. Los pobres dividían la tierra en lotes cada vez más pequeños, mientras los ricos, ya fuera a través de la compra o el matrimonio, aumentaban sus posesiones: se podría afirmar plausiblemente que en 1919 «existía en Chile una mayor monopolización de la tierra agrícola que en cualquier otro país del mundo»[8]. Una vez que se adueñaron del mercado interno, los hacendados tenían pocos incentivos para producir.

Si bien la agricultura seguía idéntica a sí misma, la manufactura, no. La República parlamentaria suele ser presentada como una época de flagrante consumismo: los ricos derrochaban su dinero en fruslerías importadas. De hecho, se daban el capricho de tejidos ingleses y perfumes franceses, pero esta no es toda la historia. Mientras las importaciones de bienes de consumo aumentaron en un 250 por 100 entre 1885 y 1910, las compras de maquinaria fabricada en el extranjero aumentó aún más (casi en un 300 por 100) y las de materias primas foráneas creció más de diez veces. Estas cifras dejan en evidencia el hecho de que a la industria manufacturera le iba bastante bien. De hecho, entre 1880 y 1900, la

[8] M. Poblete Troncoso, *El problema de la producción agrícola y la política agraria nacional,* Santiago, Imp. Universitaria, 1919, citado en T. Wright, *Landowners and Reform in Chile,* Urbana, Ill., University of Illinois Press, 1982, p. 125.

producción industrial creció a una tasa anual del 2,1 por 100, la cual aumentó a un 2,9 por 100 en la década siguiente.

La industria manufacturera se expandió en parte para satisfacer la demanda de una creciente población urbana y de la zona del salitre. Sin embargo, tan importante como lo anterior fue la formación de la Sociedad de Fomento Fabril (SOFOFA) por parte de industriales chilenos en 1883. Esta promovía la participación chilena en exposiciones internacionales, auspiciaba los institutos de formación técnica y presionaba al gobierno para que erigiera barreras tributarias con el fin de impulsar a las industrias nacientes. El gobierno respondió. Una Ordenanza de Aduanas reformada (1897) impuso mayores aranceles sobre un rango más amplio de importaciones, a la vez que reducía los gravámenes en las materias primas y la maquinaria. Además, La Moneda estableció impuestos específicos en los artículos que competían con los productos nacionales, mientras que subsidiaba ciertas actividades (el cultivo de remolacha o la producción de ácido sulfúrico) consideradas beneficiosas para el país. En 1915, Chile contaba con 7.800 plantas (en su mayoría muy pequeñas) que empleaban alrededor de 80.000 trabajadores y satisfacían cerca del 80 por 100 de las necesidades de los consumidores internos. Esta expansión industrial, por supuesto, fue desigual: los industriales producían más de la mitad de los alimentos procesados del país, pero satisfacían menos de la mitad de la demanda de zapatos, bebidas, papel, productos químicos o textiles. Las fábricas, que cada vez cobraban más importancia, estaban produciendo ahora acero y bienes capitales, como vagones de tren y barcos.

La Primera Guerra Mundial tuvo un efecto fortalecedor en la industria manufacturera chilena. La falta inicial de barcos, que restringió las exportaciones, también redujo seriamente el flujo de importaciones. Incluso cuando el transporte estuvo disponible de nuevo, los fabricantes locales tenían poca competencia extranjera a la cual temerle, ya que las naciones beligerantes habían orientado sus economías a la producción bélica. Pocos países (con la importante excepción de Estados Unidos) estaban en posición de producir bienes para la exportación. Había otros factores que favorecían a los industriales. En 1916, el Congreso puso en vigor una nueva Ley tributaria (descrita por la Secretaría de Comercio de Estados Unidos como una de los más proteccionistas del continente), que aumentaba los impuestos sobre las mercancías importadas de un 50 a un 80 por 100 y creaba otros impuestos más elevados sobre ciertos artículos específicos –un impuesto del 250 por 100 en la mermelada importada, por ejemplo–. La combinación de aranceles más altos, una competencia extranjera reducida y la inflación del peso (que aumentaba el costo de las importaciones) permitió que las industrias locales prosperaran. En 1918, la producción de las plantas que fabricaban artículos de consumo había aumentado en un 53 por 100. La producción de bienes durables e intermedios aumentó en casi un 59 por 100. Un visitante extranjero de alrededor de 1920 señaló con admiración la amplia variedad de productos chilenos: «Artículos de metal, muebles, fruta seca y en lata; vinos, cerveza, aguas minerales, mantequilla y queso, manteca, velas, jabón, botas y zapatos, harina de trigo, avena Quaker, telas de lana tejida y algodón, cerámica, productos químicos, papel de estraza, botellas y otros utensilios de vidrio, azúcar y tabaco». El mismo visitante señaló también que los astilleros de Valdivia «construían embarcaciones de más de 3.000 toneladas»[9].

La minería del cobre corrió una suerte claramente irregular durante el periodo parlamentario. A mediados de la década de 1880, la mayoría de los yacimientos de cobre más ricos se habían agotado. Para explotar las vetas restantes de mineral de baja ley se habría requerido una nueva inversión sustancial. Los capitalistas chilenos prefirieron invertir su dinero en la nueva industria del salitre, en la que los dividendos eran mayores, y los riesgos menores. De esta manera, una década después del comienzo de la Guerra del Pacífico, la producción de cobre bajó de 46.421.000 a 24.931.000 kilos. En 1911, la participación de Chile en el mercado mundial había caído a menos del 4 por 100.

La tabla de salvación apareció entonces donde menos se la esperaba. En 1904, el norteamericano William Braden introdujo en Chile el proceso de flotación –la tecnología que había permitido prosperar a la industria del cobre estadounidense–. Tras comprar El Teniente, cerca de Rancagua, Braden revolucionó la minería del cobre. En 1908, vendió la mina a la familia Guggenheim, que tres años después compró Chuquicamata, en el desierto de Atacama –que llegó a ser posteriormente la mina a cielo abierto más grande del mundo–. Tras cinco años de trabajos (y 100 millones de dólares de inversión), Chuquicamata comenzó a producir ganancias. Los Guggenheim transfi-

---

[9] L. E. Elliott, *Chile today and tomorrow*, Nueva York, The Macmillan Company, 1922, pp. 228-230.

rieron luego El Teniente y Chuquicamata a la Kennecott Copper Company. Un año después (1916), otra corporación norteamericana, la Anaconda Copper Company comenzó a abrir una tercera gran mina, en Potrerillos, al nordeste de Copiapó. Estas tres grandes minas de propiedad norteamericana, conocidas colectivamente como la «Gran Minería», triplicaron la producción de cobre chileno y su participación en el mercado mundial aumentó del 4,3 al 10 por 100.

Las nuevas minas de cobre dependían de la tecnología moderna más que de la mano de obra. Los campamentos mineros que aún quedaban eran enclaves aislados, que existían en la periferia de la economía local. Aunque pagaban salarios y compraban comida, las compañías norteamericanas enviaban la mayor parte de sus ganancias al extranjero, ya fuera para pagar dividendos o para comprar nueva maquinaria —«las empresas extranjeras [...] no nos dejan sino el hoyo», señaló tristemente un periódico en 1920—[10]. La Primera Guerra Mundial aceleró el crecimiento de la nueva industria cuprífera. Entre 1914 y 1918, la producción casi se triplicó y las exportaciones aumentaron más del doble. Las ventas de cobre en tiempo de guerra ascendieron a 132 millones de pesos oro en 1917, un incremento de más del 400 por cien respecto a los tres años anteriores. Evidentemente, el reactivado negocio del cobre se consolidó y en 1917, el cobre cubría casi el 19 por 100 de las exportaciones del país.

El evidente éxito de las compañías norteamericanas dio origen a reacciones encontradas en Chile. Mientras algunos denunciaban la penetración norteamericana (el libro de Ricardo Latcham *Chuquicamata, Estado yanqui*, 1926, constituye la expresión clásica de este punto de vista), otros desacreditaban estas quejas como «socialismo» o «boxerismo», alabando las condiciones de trabajo en los campamentos mineros y señalando que «[el] genio y el capital americano ha creado [...] esa riqueza que antes no existía, y es justo que el que crea una riqueza la goce»[11].

Salitre

Aunque se reactivó la minería del cobre, con perspectivas de futuro, el comercio del salitre fue el verdadero motor de la economía chilena durante medio siglo. El papel que jugó en la historia del país

---

[10] *El Sur,* Concepción, 22 de abril de 1920.
[11] *El Mercurio,* 7 de noviembre y 19 de diciembre de 1915.

se prestaba a controversias en su época y sigue haciéndolo hasta hoy. No es difícil ver el motivo.

El salitre fue un regalo caído del cielo para la economía chilena y tales regalos muy fácilmente resultan mal administrados (como descubrieron recientemente los británicos con el petróleo del mar del Norte). La literatura sobre el tema suele estar llena de reproches para los intereses extranjeros que controlaron gran parte del negocio. En 1895, a las compañías británicas correspondía alrededor del 60 por 100 de todo el salitre exportado; en 1918, la participación chilena en la industria había aumentado al 60 por 100 de la producción. ¿Habría sido más apropiado para Chile un monopolio del salitre nacionalizado? Con frecuencia este ha sido un escenario contrafactual. Como vimos en el capítulo 6, el gobierno se negó a tomar este camino, en gran medida porque parecía más barato y eficiente permitir que los extranjeros asumieran la tarea de la producción. (Deberíamos anotar de pasada que sus propios ferrocarriles no sólo contaban con un exceso de plantilla, sino que dependían en buena medida de las subvenciones políticas.) Un monopolio nacionalizado posiblemente habría dado más dinero a Chile, pero, dado que no había forma de evaluar cuán eficiente o exitoso habría sido, la pregunta parecía ociosa. En lo que se refiere a lo que sí se *ganaba,* se ha estimado que, en 1924, las salitreras habían generado alrededor de 6.900 millones de pesos oro, alrededor de un tercio de los cuales llegaron a las arcas del gobierno. Los impuestos parecen haber correspondido a alrededor del 50 por 100 de los costes de producción; un 25 por 100 más correspondía a los salarios. Una alta proporción de las ganancias del salitre permanecían así en Chile, aunque nadie puede pretender que se repartieran de manera equitativa.

Hay un segundo escenario contrafactual que parece en cierto modo más plausible. ¿Por qué no usó el Estado ese regalo del cielo que constituían los impuestos para diversificar la economía y darle alternativas para cuando se acabara el auge del salitre? (Una serie de chilenos expresaron sus temores a que una forma sintética de nitrato destruyera la industria, como sucedió con el tiempo.) Tal política hubiera requerido que el Estado mantuviera (y probablemente aumentara) los impuestos sobre la renta, las propiedades y las donaciones. Sin embargo, dado que tales gravámenes recaían principalmente en los más acaudalados, el Congreso prefirió abolirlos en favor de (efectivamente) gravar a los consumidores extranjeros del salitre. Por esta razón es verosímil describir a Chile durante la época del salitre como un tipo de república *rentista*. Además, la parálisis política del régimen parlamentario no favorecía la realización de innovaciones decisivas en la política económica o social. Concebir políticas alternativas no era difícil (de hecho, muy pronto se extendió la sospecha de que las inesperadas ganancias salitreras habían sido mal manejadas), pero resultaba casi imposible, como descubriría a partir de 1920 el presidente Alessandri, llevarlas a la práctica.

Todos estos argumentos resultaban muy remotos en la década de 1880. En ese momento las ventajas parecían superar a los inconvenientes. El crecimiento del comercio del salitre era espectacular. Incluso antes de que hubiera terminado la Guerra del Pacífico, los chilenos y los extranjeros se dirigieron en gran número hacia Antofagasta y Tarapacá para excavar el salitre del poco generoso desierto. El primer paso consistía en llenar de dinamita los hoyos taladrados en la cubierta de la roca calcinada por el sol. Al detonar, los explosivos hacían saltar la capa superficial (la costra) y dejaban expuestos los yacimientos de salitre. Una vez arrancado del desierto, el mineral era cargado en carretas o autorrieles para ser transportado a las refinerías, donde se usaba el proceso Shanks (concebido originalmente para producir carbonato sódico) para extraer el salitre del caliche. El método de refinado demandaba mucha mano de obra. Cuando las chancadoras gigantes de la planta habían pulverizado el caliche sacado a mano, este era vertido en depósitos donde el mineral pulverizado se mezclaba con agua y luego era calentado. El líquido caliente y rico en salitre fluía entonces a una serie de tanques donde el salitre era separado primero del líquido, luego concentrado y finalmente secado. En último lugar, los trabajadores cargaban el salitre en polvo en sacos de arpillera para embarcarlo rumbo a Europa a bordo de los graciosos clípers salitreros, la última gran generación de embarcaciones de vela y algunas de las más espectaculares jamás construidas.

El trabajo en la pampa salitrera era arduo y peligroso: a menudo había que cargar sacos de más de 140 kilos, los mineros tenían que abrirse camino constantemente entre explosiones, desechos que caían y carretas o autorrieles en movimiento. Las refinerías no eran menos peligrosas. Al operar en plantas llenas de vapor o polvo, los trabajadores tenían que evitar caer en las enormes máquinas moledoras o en los depósitos llenos de líquidos hirvientes. La tasa de accidentes era predeciblemente alta. Dada la falta de servicios médicos, la mayoría de los accidentes resultaban fatales o dejaban a las personas inválidas.

Tabla 7.1. La industria del salitre, 1880-1920

	Oficinas	Trabajadores	Producción[a]	Exportación[a]	Precio[b]
1880		2.800	224.000	224.000	47,05
1885		4.600	436.000	436.000	33,68
1890		13.000	1.075.000	1.063.000	23,88
1895	53	22.500	1.308.000	1.238.000	25,92
1900	51	19.700	1.508.000	1.454.000	25,05
1905	90	30.600	1.755.000	1.650.000	36,40
1910	102	43.500	2.465.000	2.336.000	32,93
1915	116	45.500	1.755.000	2.023.000	33,12
1920	101	46.200	2.523.000	2.794.000	49,66

[a] 1.000 toneladas métricas. [b] Dolares EEUU.
Fuente: C. Cariola y O. Sunkel, *Un siglo de historia económica de Chile 1830-1930* (Madrid, Ediciones Cultura Hispánica del Instituto de Cooperación Iberoamericana, 1982), pp. 126-127; T. O'Brien, «Rich Beyond the Dreams of Avarice: The Guggenheim in Chile», *Business History Review* 63 (1989), p. 134; A. Lawrence Stickell, *Migration and Mining: Labor in Northern Chile in the Nitrate Era, 1830-1930* (tesis doctoral inédita, University of Indiana, 1979).

Atraídos por la perspectiva de un trabajo bien remunerado, miles de hombres emigraron desde el Valle Central hacia las salitreras. Entre 1875 y 1907, la población del Norte Grande aumentó de 2.000 a 234.000 personas. Iquique, el principal puerto y centro comercial, se convirtió en la cuarta ciudad más grande de Chile; Antofagasta, en la séptima. Una nueva sociedad surgió en la pampa y en los florecientes puertos, una sociedad marcada por una profunda división de clases. Las elites comerciales de Iquique (incluido un amplio elemento extranjero) se construyeron hermosas casas y se dieron el gusto de gozar de una activa vida social. Los hombres que excavaban el caliche vivían en casuchas, construidas a menudo con trozos de desierto y techos de zinc, que ofrecían poca o ninguna protección contra las conocidas temperaturas extremas del Norte Grande. Sin agua corriente ni sistema de alcantarillas, los mineros y sus familias eran presa fácil de las epidemias o la tuberculosis, enfermedades siempre presentes.

Mientras los gestores de las salitreras gozaban de acceso a manjares importados, la gran masa de mineros del salitre tenía que satisfacer su apetito en las pulperías, almacenes pertenecientes a las compañías salitreras que solían vender productos de mala calidad a precios excesivos. Algunas de las pulperías obtenían enormes beneficios (a veces el 30 por 100), pero a los mineros, aislados en los campamentos, no les quedaba más remedio que abastecerse en ellas. Como muchos mineros recibían su paga en fichas, vales o pagarés, no tenían otra opción que comprar en el almacén de la empresa o vender sus vales, con una fuerte rebaja, a los comerciantes locales. A pesar del trabajo peligroso y las condiciones de vida por lo general miserables, los hombres (a veces los hombres y sus familias) seguían llegando por miles al norte. Por muy sórdida que fuera la vida en las salitreras, era literalmente menos letal que vivir en los conventillos, esas asquerosas y atestadas viviendas de Santiago, Valparaíso y Concepción que, como veremos, mataban, casi literalmente, a sus habitantes.

Tabla 7.2. Exportaciones de salitre, 1913-1920

	Producción	Exportación	Valor[a]
	[1.000 toneladas]		[Pesos de 18d]
1913	2.772	2.738	318,908
1914	2.463	1.846	212,380
1915	1.755	2.023	232,679
1916	2.912	2.980	338,529
1917	3.001	2.776	472,146
1918	2.859	2.919	510,855
1919	1.703	803	127,077[a]
1920	2.524	2.746	535,604[a]

[a] Incluye exportaciones de yodo y nitrato.
Fuente: J. R. Couyoumdjian, *Chile y Gran Bretaña durante la Primera Guerra Mundial y la posguerra, 1912-1921* (Santiago, Andrés Bello, 1986), pp. 271, 274-275; *Sinopsis estadística de la República de Chile* (Santiago, Dirección General de Estadística, 1919), p. 96.

Tabla 7.3. Propiedad de la industria del salitre
(basada en porcentajes de exportaciones)

	1985	1897	1906	1911	1912	1913	1918	1921
Gran Bretaña	59,6	42,4	40,6	25,07	36,95	35,06	36,53	34,49
Chile	12,8	15,6	21,0	31,02	38,53	49,09	60,07	58,71
Alemania	8,0	13,1	19,8	23,79	15,1	15,02	0,063	4,32

Fuente: *El Mercurio* (Valparaíso), 19 de octubre de 1912; Roberto Hernández, *El salite* (Valparaíso, 1930), p. 160; J. R. Couyoumdjian, *Chile y Gran Bretaña durante la Primera Guerra Mundial y la posguerra 1914-1921,* cit., p. 237. Estas cifras se basan en sociedades anónimas. Las titularidades de una empresa y la nacionalidad del titular del *stock* pueden no ser las mismas.

Trabajar en las salitreras también estaba mejor remunerado. Prácticamente todos los trabajadores urbanos chilenos ganaban más que los trabajadores rurales, pero, según consta en un informe del gobierno de 1913, el minero del salitre ganaba en promedio salarios más altos que cualquier otro tipo de trabajador, incluidos los de las plantas metalúrgicas o los de los ferrocarriles del Estado —las elites de la fuerza laboral industrial en ciernes—. Los mineros mejor pagados (a diferencia de la mayoría de los trabajadores de la industria) podían reunir algo de dinero. Recibían casa gratis (sea lo que sea que esto haya significado) y pagaban sustancialmente menos por sus alimentos que los trabajadores urbanos (en ocasiones dos o tres veces menos) —incluso si compraban en las tan denunciadas pulperías—. A veces podían ahorrar lo suficiente como para comprar parcelas de tierra o pequeños negocios cuando emigraban de vuelta al Valle Central.

El salitre era una mercancía especulativa y la salud de la industria dependía de la fortuna económica de los principales clientes de Chile: Alemania (siempre uno de los más importantes compradores), Estados Unidos, Francia y Bélgica. Dado que el salitre era esencial en la producción de explosivos, las condiciones políticas también podían afectar a su precio. De hecho, este variaba erráticamente, cayendo, por ejemplo, de 52 dólares por tonelada en 1894 a 41 dólares en 1898, antes de alzarse a 76 dólares nueve años después. Durante las depresiones económicas, los productores formaron (por primera vez en 1884) las Combinaciones de Productores de Salitre temporales, carteles que limitaban la producción para mantener los precios. Una vez que esto se había logrado, las Combinaciones se disolvían y las compañías continuaban con su habitual rivalidad.

En 1914, sin embargo, la industria del salitre parecía menos estable que antes. Tras años de pagar precios artificialmente altos, los consumidores europeos comenzaron a utilizar fertilizantes alternativos, tales como el sulfato de amonio. Una amenaza aún más grande surgió entonces: en 1913, la planta procesadora Haber-Bosch de Oppau (Ludwigshafen) en Alemania comenzó a producir, lanzando al mercado toneladas de salitre sintético —la peor de todas las pesadillas—. El estallido de la Primera Guerra Mundial, sin embargo, impidió la expansión de este proceso y, por ende, resguardó temporalmente el monopolio del salitre chileno.

Aunque la guerra iba a dar un claro empuje a las salitreras, el impacto de la guerra fue altamente destructivo. El bloqueo naval británico cerró los mercados tradicionales como Alemania y Bélgica, que antes de 1914 recibían más del 25 por 100 de las exportaciones de salitre chileno. Los poderes aliados aún necesitaban salitre para fabricar explosivos, pero no contaban con los barcos para transportarlo a Europa. Enormes cerros de salitre se apilaban en los puertos chilenos. Inevitablemente, la producción se contrajo: entre mediados de 1914 y comienzos de 1915, la producción mensual decayó en más del 66 por 100. Muchas salitreras cerraron, provocando un éxodo en masa de obreros en paro a las ciudades del Valle Central. El gobierno hizo lo que pudo para ayudar, con transporte gratis desde el norte, comedores populares y empleos en obra pública.

A mediados de 1915, la situación mejoró sustancialmente. Los poderes aliados enviaron nuevamente barcos a Chile y el propio gobierno chileno les arrendó algunos de sus transportes navales a compañías privadas. Aunque los costes de traslado por barco eran mucho mayores (de un 700 por 100 a un 800 por 100), las salitreras prosperaron una vez más. Irónicamente, sin embargo, el negocio del salitre produjo una bonanza mucho menor de lo que podría haberse esperado. Los poderes aliados pronto se unieron a los Estados Unidos, creando el *Nitrate of Soda Executive*, una agencia de compras central, que eliminó la competencia entre los países aliados y obligó a los chilenos a bajar los precios, reduciendo tanto las ganancias de las salitreras como los ingresos del gobierno.

La inflación y la política monetaria

El salitre, la política monetaria y la inflación, ya relacionados durante la Guerra del Pacífico, se vieron conectados cada vez más íntimamente en las décadas siguientes. El salitre y la inflación, de hecho, podrían describirse con propiedad como los verdaderos *leitmotivs* de la República Parlamentaria. Durante años, se culpó a la elite terrateniente de la persistencia de la inflación. Según esta perspectiva, los hacendados, la clase gobernante, aumentaron deliberadamente el volumen de circulante para recuperar sus terrenos hipotecados en pesos de papel sin valor. La teoría de la conspiración es evidentemente demasiado parcial. Como ha señalado René Millar, los terratenientes fueron a menudo quienes apoyaron con más vehemencia el patrón oro. A finales de la década de 1870, el gobierno había adoptado el papel moneda porque el país se había quedado literalmente sin metálico; era la única manera de salvar a los bancos. Y, hasta que los ingresos provenientes del salitre comenzaron a enriquecer a La Moneda, el papel moneda financió el gasto de la guerra. Al aumentar el volumen de circulante y reducir las tasas de interés, el enorme flujo de billetes bancarios estimuló la economía e incentivó las inversiones. De esta manera, hubo muchos chilenos, no sólo los terratenientes, que se vieron favorecidos por el peso de papel. Los devotos del «dinero falso» pronto tuvieron más para idolatrar: durante la guerra civil de 1891 Balmaceda emitió otros 20 millones de pesos en billetes fiscales, un aumento del 50 por 100 en el dinero en circulación.

Muchos chilenos argumentaron durante la presidencia de Balmaceda que el gobierno debía usar los nuevos ingresos del salitre para volver al patrón oro. En 1892, el gobierno de Montt fue autorizado para pedir prestado un millón de libras esterlinas con el fin de sacar de circulación diez millones de pesos de papel y comprar oro y plata para convertirlos en metálico. La «conversión» garantizaba la compensación de los pesos de papel a una tasa de 24 centavos, aunque la tasa corriente de la época era de 18 centavos. Los defensores de la conversión, llamados *oreros,* argumentaron que la sola reducción del volumen de circulante subiría el valor internacional del peso. El plan fracasó. Justo cuando el gobierno comenzó a retirar los 10 millones de pesos, se produjo una caída en el valor de los bonos chilenos y del peso. Los inversores extranjeros comenzaron a retirar sus fondos. Y, lo que fue aún peor, los depositantes chilenos asediaron los bancos para retirar *sus* fondos. Los bancos no podían satisfacer todas estas demandas y la perspectiva de un colapso general obligó al gobierno a abandonar sus planes.

A pesar de este revés inicial, hubo un segundo intento. En 1895, el gobierno solicitó un préstamo de 2 millones de libras esterlinas para comprar los pesos de papel, esta vez a una tasa de 18 centavos. Para 1897, se habían incinerado unos 44 millones de pesos de papel, dejando en circulación 15 millones de billetes (12 millones de ellos emitidos por los bancos). De esta manera, Chile volvió al patrón oro. No obstante, la contracción del circulante aumentó el costo de los préstamos. Además, la conversión se realizó en el momento menos apropiado. A mediados de la década de 1890 la disputa fronteriza de Chile con Argentina amenazaba con llevar a ambas naciones a la guerra. La carrera armamentista resultante fue económicamente abrumadora: entre 1894 y 1896 el presupuesto de defensa se disparó de 13 millones de pesos a 48 millones de pesos. Las cosas se complicaron mucho más por el hecho de que las importaciones de bienes de consumo extranjeros habían aumentado mucho desde los años ochenta. Aunque el país disfrutaba de un superávit comercial, el gobierno no podía amasar suficiente oro para pagar tanto los cañones como la mantequilla. (Sólo para financiar los gastos militares hubo que pedir un préstamo de 4 millones de libras esterlinas.) Precisamente en ese momento trastabilló la economía: las cosechas de trigo fueron malas; el precio del cobre y el salitre bajó. Los productores de salitre formaron una Combinación, como era habitual. Esto significó que, justo cuando el gobierno necesitó dinero (para proseguir con la carrera armamentista y la «conversión metálica» al mismo tiempo), su principal fuente de ingresos se contrajo. Se produjo así un nuevo asedio a los bancos; los extranjeros retiraron una vez más sus inversiones. Al gobierno se le acabó literalmente el metálico una vez más y, enfrentado al inminente colapso bancario, abandonó el patrón oro (1898): se inyectaron alrededor de 50 millones de pesos de papel que entraron en circulación.

Pocos lamentaron la muerte del patrón oro. Es bastante fácil ver por qué: al desinflar la moneda (en torno a un 20 por 100), la «conversión» de 1895-1898 elevó tanto el coste de la vida como las tasas de interés. El retorno al papel moneda puso a disposición el capital, protegió a la industria y elevó los precios de las mercancías, beneficiando a los hacendados y a los dueños de las minas. Los acontecimientos posteriores parecieron darle la razón a los papeleros, los defensores del papel moneda. Las tasas de interés bajaron; la industria manufacturera se expandió; el alza de precios del salitre, el cobre y el trigo trajo una renovada prosperidad.

Por desgracia, los buenos tiempos no duraron y la tentación de seguir imprimiendo papel moneda fue irresistible. Durante 1905-1906 el volumen de papel moneda del gobierno aumentó de 55 a 80 millones de pesos; mientras, los financieros, con sus cajas fuertes repletas de dinero, prestaron 360 millones de pesos a alrededor de 230 nuevas compañías. Como en Estados Unidos en la década de 1920, los inversores se apresuraron a adquirir acciones de empresas de cuyos negocios no sabían nada. Los inversores corrieron a comprar acciones en corporaciones sobre cuyos negocios nada sabían. Un hombre ganó 25.000 pesos en acciones que compró y vendió durante un viaje en tren de Santiago a Valparaíso. En 1906, este castillo de naipes se derrumbó –como lo hicieron la mayoría de las nuevas empresas mal concebidas–. Por una terrible coincidencia, un terremoto devastó Valparaíso. El colapso del mercado de acciones y el terremoto espolearon al Congreso para que autorizara la emisión de más millones de pesos de papel. Lo que en 1898 había sido un expediente temporal en 1907 era un hábito. El volumen de circulante alcanzó los 150 millones de pesos de papel ese año: la cantidad se había triplicado desde 1903. Algunos chilenos siguieron en contra del papel moneda. La municipalidad de Limache lo describió como «el más odioso de los expoliadores, ya que se explota con él el hambre de más de cuatro millones de chilenos, que forman la nación más rica del mundo»[12] –opinión compartida por la Cámara de Comercio de Valparaíso–: «El pueblo no quiere ni un peso más de papel; quiere y desea una moneda sana, efectiva, una medida inalterable de los valores»[13]. Lo quisiera «el pueblo» o no, era lo que «el pueblo» tenía. Estas eran las voces que se oían en la selva. El papel monedo llegó a ser el opio de la economía de la República Parlamentaria, una manera fácil de soñar.

Si bien la política monetaria reflejaba un enfoque complaciente, también lo hizo el abandono de las reformas fiscales de 1878-1879. Durante la década de 1880, el Congreso liberó de sus contribuciones a los ricos aboliendo los impuestos sobre la renta, las donaciones y las propiedades–, y prefiriendo depender de los impuestos aduaneros al salitre. Justo después de una década (1879-1889), los impuestos a las exportaciones aumentaron los ingresos habituales del país del 4 al 45 por 100[14]. De hecho, desde finales de la década de 1880 hasta 1930, la industria del salitre generó más de la mitad de todos los ingresos habituales del gobierno.

El hundimiento de los precios del salitre en 1914, aunque temporal, obligó a Chile a reestructurar su política impositiva. El gobierno, enfrentado a la brusca disminución de ingresos, redujo los salarios públicos un 10 por 100 e impuso tasas sobre el alcohol, el tabaco, las donaciones, las fincas y la transferencia de acciones, así como sobre la importación de bórax. La Moneda también renovó el código de Adua-

---

[12] *El Mercurio* (Valparaíso), 2 de agosto de 1907.

[13] *El Mercurio* (Valparaíso), 21 de julio de 1907.

[14] Esta suma excluye los ingresos derivados de los ferrocarriles estatales.

nas, incrementando los gravámenes en las importaciones e imponiendo recargos en tasas ya existentes. No obstante, las medidas provisionales de este tipo fueron de poca ayuda en la emergencia. La situación se volvió tan crítica que, tras años de dilación, el Congreso hizo lo que durante tanto tiempo se consideró impensable: autorizó la tributación de los ingresos, las inversiones de capital y la propiedad. Pero al persistir los déficits presupuestarios, con una desesperada necesidad de ingresos para ofrecer subsidios temporales a la quebrada industria del salitre, la tentación de retornar al papel moneda resultó irresistible.

A corto plazo, el gobierno tuvo que volver a las prensas para rescatar a los bancos, que tenían problemas de nuevo, en parte a causa de su inveterado hábito de prestar más de lo que tenían en sus arcas. El inicio de la guerra precipitó una huida de los bancos, que como de costumbre no podían hacer frente a las demandas de sus depositantes. (Una institución perdió dos tercios de sus depósitos de un día para otro.) Enfrentado a la posibilidad de una crisis generalizada, el gobierno prestó a los bancos aproximadamente 30 millones de pesos. Como resultado directo, la masa monetaria creció hasta los 225 millones de pesos. Cuanto las salitreras abonaron sus subvenciones, el dinero en circulación se contrajo. En 1918, con otro gran déficit en perspectiva, el Congreso autorizó una emisión de bonos por 20 millones de pesos. De hecho, ese año circularon en la economía más de 227 millones de pesos.

Este aumento de circulante no pareció especialmente crítico. La balanza comercial mejoró sustancialmente: las exportaciones excedieron más o menos en siete veces a las importaciones. En 1918, el valor internacional del peso aumentó aproximadamente un 25 por 100, haciendo posible que Chile volviera, sin grandes aspavientos, al codiciado patrón oro.

Las finanzas del país seguían siendo precariamente dependientes de los impuestos a las exportaciones. En 1918-1920, los impuestos directos, que cayeron en su mayor parte sobre la clase alta, oscilaron entre el 3,6 por 100 y el 10 por 100 del total. Los ricos pagaban menos impuestos en el periodo parlamentario que antes, en la década de 1870 y 1880. De esta manera, el colapso salitrero de posguerra obligó al gobierno a crear nuevos impuestos e imponer sobretasas en los antiguos, especialmente en los artículos suntuarios, por un mínimo del 50 por 100. Al descubrir que estos impuestos no podían generar ingresos suficientes, el gobierno pidió un préstamo de 60 millones de dólares. Ni los nuevos impuestos, ni los nuevos préstamos extranjeros pudieron cubrir el déficit. Se emitieron nuevos bonos, que tuvieron el mismo impacto que el papel moneda. Entre 1918 y 1925, la cantidad de papel circulante del gobierno aumentó de 227,6 a 400 millones de pesos.

LA REPÚBLICA PARLAMENTARIA: ASPECTOS SOCIALES

Población, inmigración, cambio social

Se estima que alrededor de 1918 había 3.900.000 chilenos, casi el doble de la población del país al final de la Guerra del Pacífico. Esta cifra puede muy bien subestimar la realidad. Aunque el Registro Civil existía desde mediados de la década de 1880, muchas personas no se preocupaban de inscribir el nacimiento de sus hijos. De manera similar, la gente no siempre hacía uso del nuevo derecho al matrimonio civil. Había varias razones para esto. A la Iglesia le molestó profundamente la pérdida de su monopolio sobre matrimonios y entierros. De hecho, algunos curas atribuyeron la devastadora epidemia de cólera de 1886 a la aprobación de las reformas de Santa María, una típica contribución a la «guerra religiosa» ya extendida. La misma ley sobre matrimonio civil era deficiente: aunque sólo reconocía los matrimonios civiles, no prohibía las uniones sancionadas por la Iglesia, ni exigía (como hace ahora) a todos los que deseasen tener una ceremonia religiosa que contrajesen antes un matrimonio civil. La jerarquía católica, dirigida por el obispo Joaquín Larraín Gandarillas, instó a sus fieles a casarse sólo por la Iglesia y a ignorar así la ley Santa María. En 1897, y entonces sólo a instancias del papado, el clero chileno dio instrucciones a los fieles de efectuar el matrimonio del Estado después de recibir los sacramentos de la Iglesia. En 1905, la tasa de matrimonios había vuelto a ser la que era antes de 1885.

A pesar de esto, la cantidad de nacimientos ilegítimos (que creció en casi un 60 por 100 entre 1848 y 1901) siguió aumentando. De hecho, a comienzos del siglo XX, bastante más de un tercio de todos los niños chilenos (en Santiago, más de la mitad) nacían fuera del vínculo matrimonial. La Iglesia tachaba de «bastardos» a todos los niños nacidos de los matrimonios civiles, opinión que enfurecía en especial a los radicales inflexiblemente anticlericales.

La población nunca aumentó con la suficiente rapidez como para satisfacer la demanda de mano de obra –al menos en la opinión de los hacendados, los fabricantes y los salitreros, quienes solían lamentarse de que había muy pocos hombres dispuestos a trabajar en sus campos, plantas o minas; y muy pocas mujeres dispuestas a ser sirvientas–. Resulta difícil aceptar estas afirmaciones, pues la prensa también se quejaba constantemente de la enorme vagancia y de las hordas de mendigos que atestaban las calles.

La falta de fuerza de trabajo, si es que existió, bien puede haber estado relacionada con el ciclo de repetidos auges de las salitreras. En épocas de clara escasez de mano de obra, sin embargo, hubo frecuentes incentivos para impulsar la inmigración extranjera. A pesar de ello, sólo ciertas nacionalidades eran bienvenidas. Tal como los chilenos habían desalentado antes la inmigración de judíos e italianos, ahora rechazaban a los japoneses, citando las amenazas del peligro amarillo, y a los negros, cuya presencia, decía el político Malaquías Concha, «enerva el vigor físico y deprime el carácter y la inteligencia de los habitantes de un país»[15]. Después cambiarían de opinión con respecto a los italianos (3 por 100 de la población en 1920), pero no sobre los judíos. Debido a típicos estereotipos antisemitas, los escritos pseudocientíficos de Nicolás Palacios y otros, y la credibilidad acordada a los *Protocolos de los Mayores de Sión* (que todavía seguían siendo citados después de la Segunda Guerra Mundial), los judíos nunca fueron realmente bienvenidos como inmigrantes. De hecho, en 1940 algunos chilenos vieron en «la caída de Bolívar, el crimen de los Carreras, el asesinato de Portales, el suicidio de Balmaceda [...] y los problemas actuales de Chile» un complot masónico dirigido por judíos[16].

En un esfuerzo por impulsar la inmigración, el gobierno creó en 1888 la Agencia General de Colonización. En realidad, llegaron relativamente pocos inmigrantes. Por ejemplo, entre 1889 y 1907, sólo 55.000, mientras que, en el mismo periodo, Argentina recibió bastante más de 2 millones. Irónicamente, aunque algunos chilenos se oponían a los proyectos de colonización porque no querían que los inmigrantes

---

[15] Cámara de diputados, 10 de agosto de 1905.

[16] *La Nueva Edad* 36, 7 de enero de 1940. Al parecer, durante la década de 1930, el ministro de Relaciones Exteriores dio órdenes secretas a sus cónsules de que les negaran el visado a los judíos que quisieran radicarse en Chile.

crearan enclaves étnicos, esto es precisamente lo que ocurrió algunas veces. Los eslavos del sur del Imperio austrohúngaro («yugoeslavos») se establecieron con fuerza tanto en el Extremo Sur como en el Norte Grande. En 1907, los peruanos y los bolivianos constituían el 37 por 100 de todos los residentes en Chile nacidos en el extranjero.

La inmigración cambió sólo en forma marginal la sociedad chilena. La mayor parte de los inmigrantes terminaron como jornaleros, aunque algunos se forjaron un lugar en la clase media, que para entonces se encontraba en franco desarrollo. No es difícil dilucidar las razones del crecimiento de la «franja media» de la sociedad. Los requerimientos del comercio internacional y las finanzas creaban un sinnúmero de nuevos puestos en las oficinas; la creciente burocracia fiscal (en 1919, había 27.000 empleados públicos, nueve veces más que en 1880) aumentaba las filas de la nueva clase social en ciernes –como lo hicieron los profesores de escuela, los periodistas y los oficiales de las fuerzas armadas.

Es importante no poner demasiado énfasis en el auge de la clase media. Un ensayista de 1908 aún podía afirmar plausiblemente que la división social más evidente del país se daba entre la clase alta y la clase baja (las dos «separadas [...] por una gran distancia») y que «el rudimento de clase media que comienza a nacer en algunas ciudades y centros industriales» todavía no ha llegado «a formar una categoría apreciable»[17]. Ciertamente, las actitudes propias de la clase media tardaron en tomar forma. La «clase popular» chilena aún aspiraba en su mayor parte a imitar a sus pretendidos superiores sociales, aunque eso resultó menos cierto hacia 1920.

La vida de la clase alta, que siempre había sido buena, se hizo mucho mejor. La «gente decente» abrazó el hedonismo con una devoción casi religiosa. Tantos se dirigían a las playas en verano, que los ferrocarriles no contaban con suficientes trenes para satisfacer la demanda. Los miembros más ricos de la clase alta se instalaban durante largos periodos en Francia, en París o en La Riviera. Se dice que, en 1891, los chilenos en París no pudieron encontrar un salón de baile lo suficientemente grande para todos ellos donde celebrar la caída de Balmaceda, pero esto es sin duda un mito; el París de esa época estaba

---

[17] A. Quezada Acharán, *La cuestión social en Chile,* Santiago, s.e., 1908, pp. 11-12.

lleno de grandes salones de baile[18]. Quienes no podían viajar hacían lo que podían: copiaban las ropas, maneras y costumbres parisinas. Pero la influencia cultural francesa, que aún dominaba entre la clase alta, se veía ahora desafiada desde Alemania, cuyo impacto en el Ejército y el sistema educativo examinaremos pronto.

Los que no tenían la suficiente fortuna como para estar en los rangos más altos de la escala social eran harina de otro costal. Nuestro observador de 1908 los describe severamente:

> [...] seres incultos, que no saben leer ni escribir, y carecen por tanto de cultura intelectual, moral y artística [...], que llevan en gran parte vida nómada sin conocer las ventajas de la familia, y cuya vida material es lastimosa, pues se alimentan y se visten mal, y habitan en viviendas abominables[19].

En el campo, los «seres incultos» incluían a los minifundistas y los ubicuos inquilinos, así como a los igualmente omnipresentes *gañanes.* El inquilino y su familia al menos podían subsistir; no obstante, la máxima aspiración de la clase baja rural formada por los gañanes era sobrevivir. Sin acceso a la tierra o a un trabajo estable, hicieron lo que siempre habían hecho y se trasladaron, esta vez en enormes cantidades, a las salitreras del norte en busca de trabajo; y a las ciudades.

La vida urbana: esplendores y (especialmente) miserias

En 1907, alrededor del 40 por 100 de todos los chilenos vivían en comunidades de más de 2.000 personas. La población de Santiago ese año alcanzó las 332.000 personas; la de Valparaíso, las 162.000; había más de 22 ciudades de más de 10.000 personas (en comparación con las seis de 1865). Dado que la población urbana crecía en forma desigual, el Sur y el Extremo Sur (provincias de Valdivia, Llanquihue y Magallanes), y la zona minera del norte (Tarapacá y Antofagasta) crecieron más rápido que otras áreas del país. Una vez que el auge del salitre llegó a su fin, sin

---

[18] Según R. Subercaseaux, la colonia chilena en París en esa época se estimaba en alrededor de 300 personas: *Memorias de ochenta años*, 2 vols., Santiago, Nascimiento, ²1936, vol. I, p. 447.

[19] Quezada Acharán, *La cuestión social en Chile*, cit., pp. 11-12.

embargo, la pampa del norte perdió gran parte de su población, que se dirigió al sur, especialmente a las ciudades del Valle Central.

En su dimensión física, a pesar de la población creciente, el Santiago de la década de 1910 no era muy diferente de la ciudad que Vicuña MacKenna había presidido hacía 40 años. Aunque el cambio de siglo trajo consigo signos de desarrollo en lo que más tarde serían los barrios más acomodados del área oriental (Providencia se convirtió en una municipalidad independiente en 1897), la capital todavía no se había expandido mucho más allá de su centro histórico. Su eje principal, la arbolada Alameda, se veía flanqueada en su mayor parte (desde la estación Alameda a lo que es hoy la plaza Baquedano) por hermosos locales comerciales y mansiones; las del lado sur mostraban una línea de altura casi uniforme de unos diez metros. La arquitectura pública del periodo, tomando mucho de los estilos franceses, fue especialmente notable: las estaciones de tren Central y Mapocho (1900, 1913), la Biblioteca Nacional (terminada en 1924), el palacio de Bellas Artes (1910), el Club de la Unión (1924). Estos edificios tenían verdadero encanto, sobre todo comparados con los bloques de oficinas del Barrio Cívico, orgullosamente levantado en la década de 1930. En su apariencia externa, el centro de Santiago nunca fue más agradable que a comienzos del siglo XX.

Sin embargo, la apariencia externa rara vez representa toda la historia. En este periodo, la vida urbana era más estimulante que la del campo, pero también era más peligrosa. Las urbes y las ciudades provinciales carecían de sistemas apropiados de agua potable y alcantarillado. La mayor parte de Santiago y Valparaíso no contarían con cañerías de agua hasta después de 1900; las otras urbes tuvieron que esperar una década más. En 1905, el informe de un periódico denunció que en La Serena, por ejemplo, «el agua que sale de la llave es ni más ni menos que barro»[20]. La clase alta parecía casi tan descuidada con respecto a la higiene personal como los pobres. El primer baño (completo, con tina y cañerías para el agua caliente) no apareció en Santiago hasta 1900.

En algunas ciudades, los beneficios de la electricidad llegaron incluso antes que la municipalidad suministrara agua. Santiago comenzó la instalación de alumbrado eléctrico en 1886; Temuco, en 1890; y Valparaíso, una década después. Las ciudades más pequeñas, como

---

[20] *El Mercurio* (Valparaíso), 28 de marzo de 1905.

Lota y Tocopilla, habían tenido acceso a la electricidad antes porque las compañías mineras locales las conectaban a sus generadores privados. El alumbrado a gas perduró en otras ciudades de provincias (como Copiapó) durante muchos años. Santiago electrificó su sistema de tranvías en 1900. Al cabo de tres años, la Chilean Electric Tramway había aumentado a casi 97 kilómetros de tendido y continuó su expansión en los distritos más remotos, cubriendo la mayor parte de la ciudad alrededor de 1910. Algunos de los tranvías eran de dos pisos al estilo británico y el piso superior era conocido como el «imperial».

Quienes inmigraban a la ciudad solían terminar lamentando el haber cambiado la escualidez bucólica del campo por los horrores de los infames conventillos, de los cuales había al menos 2.000 en el Santiago de las décadas de 1900 y 1910. En 1905, *El Mercurio* describió Valparaíso como «infecta, fétida, pestilente, con sus calles cubiertas de una espesa capa de todo que fermenta», y como «un puerto del cual todo hombre que estime en algo su vida debiera huir»[21]. Menos de cuatro años después, el mismo periódico comentó: «El idioma castellano, tan rico como es en palabras, no las tiene suficientemente propias para describir con mediana decencia semejante pocilga»[22]. Todavía en 1920, Santiago no contaba con un suministro de agua potable adecuado. Durante el verano, la gente literalmente no tenía nada que beber. Sólo en 1903, el gobierno comenzó a construir un sistema de alcantarillado para la capital. La basura solía tirarse simplemente a la calle. A veces era recogida y quemada, bañando a los vecinos de la localidad con el olor poco fragante de la incineración de desechos y restos animales. Algunos habitantes de Valparaíso simplemente convirtieron los barrancos de las laderas del puerto en una combinación de letrina y vertedero.

Las condiciones de vida de los pobres en las ciudades eran terribles. Hacinándolos en grupos de hasta ocho personas en un solo cuarto sin ventilación (de cinco por ocho metros), los conventillos se habían convertido en fétidas incubadoras de enfermedades, sus habitantes morían de tuberculosis, enfermedades respiratorias o, en algunos casos, de simple asfixia. En 1906, el Congreso creó el Consejo de Habitaciones de Obreros para garantizar condiciones mínimas de seguridad en las vi-

---

[21] *El Mercurio,* 7 de julio de 1905.
[22] *El Mercurio* (Valparaíso), 18 de marzo de 1909.

viendas existentes y, en caso de necesidad, reemplazar los espacios no seguros. Dicho consejo nunca recibió la financiación adecuada.

Dadas las deplorables condiciones de alojamiento, las enfermedades contagiosas abundaban: la viruela, la difteria, la tos convulsiva, la meningitis y las paperas diezmaban a los habitantes de las ciudades. Y el tifus se convirtió en otro asesino porque, como ya se ha mencionado, casi todas las ciudades carecían de agua corriente o sistemas de saneamiento en 1910. Las epidemias se habían convertido en una de las pocas fuerzas en la vida chilena que no hacían diferencias de clase. El cólera, la fiebre amarilla y la peste bubónica aniquilaron democráticamente a ricos y pobres por igual. Entre 1909 y 1914, más de 100.000 chilenos perecieron al año por enfermedad. La viruela por sí sola mató a 10.000 personas al año. Los hombres sucumbían en mayor número que las mujeres. Los niños de menos de un año constituían entre el 33 y el 40 por 100 de la tasa de mortalidad anual total, algunos por haber sido abandonados (25.000 tan sólo en Santiago entre 1870 y 1910); otros, por infanticidio. Este sombrío panorama de enfermedades y muerte finalmente obligó a los aletargados gobiernos parlamentarios a que iniciaran programas de vacunación de la población. Hoy pensaríamos que resultaba curioso que bastantes ciudadanos se negasen a ser vacunados. Los esfuerzos del gobierno para prevenir el contagio también fracasaron: en Valparaíso, personas encerradas contra su voluntad en hospitales para apestados pidieron con éxito a los tribunales que ordenaran a las autoridades sanitarias que los liberasen de la cuarentena.

No obstante, la enfermedad no era la única amenaza. Los crímenes aún abundaban, no sólo en el campo (donde en ocasiones se pedía ayuda el Ejército) sino también, y sobre todo, en las ciudades. Nadie, ni siquiera las monjas o los policías, escapaban al azote. Los hospitales de Valparaíso admitían tantos pacientes con heridas cortantes que no podían recibir a todos los que estaban meramente enfermos. En 1902, un periódico afirmó que Chile tenía la tasa de homicidios más alta del mundo. Dado que las cárceles ya no lograban controlar a los criminales (se descubrió a un prisionero que falsificaba dinero), los ciudadanos exigieron a las autoridades que revivieran la práctica de azotar a los malhechores. Los criminales parecían tan imbatibles como las enfermedades y, a menudo, hacían que los más pudientes contrataran guardaespaldas.

A pesar de sus diversas amenazas, tanto naturales como producidas por el hombre, la vida urbana aún presentaba más atractivos que la vida en el campo: ópera, obras de teatro y fiestas para los más favorecidos, premios de consolación más modestos para los pobres. Los ricos (y los arribistas) iban a la ópera, a veces más para ser vistos que para escuchar, y aún preferían claramente el repertorio internacional. El compositor de ópera chileno Eliodoro Ortiz de Zárate no tuvo éxito con sus dos óperas, las primeras escritas por un chileno, y representadas en 1895 y 1902. *El Mercurio* llegó a insinuar que estaba tratando de imponer un «arte de medio pelo» entre el público aficionado a la ópera[23]. Los pobres iban en tropel a las cantinas, muchas de ellas ilegales y que parecían dotadas con el don de la ubicuidad. En 1909, Valparaíso tenía aproximadamente 1.500 bares; uno por cada 34 porteños, sin contar a las mujeres –que, según *El Mercurio,* no tomaban[24]– y los niños. El alcoholismo se volvió tan pernicioso (se estima que seis de cada diez trabajadores celebraba religiosamente el «San Lunes» todas las semanas) que justo antes de 1900 se formó la Liga contra el Alcoholismo y, en 1902, el Congreso aprobó una Ley de Alcoholes, que (por primera vez) convertía la embriaguez en una ofensa delictiva. La Liga y la Ley –sin olvidar una vana propuesta legislativa en 1914 para cerrar todos los bares la noche del domingo– estaban destinadas al fracaso, como todos los intentos en este sentido de la historia chilena. (Estos se remontaban a mucho tiempo antes: ya en 1558 el cabildo de Santiago lanzó lo que hoy podríamos considerar una campaña en contra de la bebida.)

El burdel, legal en tanto que tuviera una licencia, era tan ubicuo como el bar. En 1916, Santiago contaba con 543 burdeles legales y con unas 10.000 «casas de tolerancia», que funcionaban fuera de la ley. A pesar de los esfuerzos de la policía y de las autoridades médicas municipales, las enfermedades venéreas eran endémicas, en parte porque la ley no permitía a los municipios regular la ubicación de los burdeles. En 1897 el cirujano general de la Marina chilena informaba de que comandantes de escuadrones navales extranjeros no permitirían a sus hombres moverse libremente en tierra en Talcahuano, Valpa-

---

[23] M. Cánepa G., *La ópera en Chile,* Santiago, Editorial del Pacífico, 1976, pp. 110-112, 137-144.

[24] *El Mercurio* (Valparaíso,) 18 de diciembre de 1906; 15 de junio y 13 de julio de 1909.

raíso o Coquimbo, porque esos puertos se habían convertido en focos de enfermedades venéreas. En 1900, más del 21 por 100 de los niños que morían antes de los seis años eran víctimas de sífilis congénita. Al cabo de diez años, sin embargo, llegó a Chile un remedio para los adultos afectados, el examen del doctor Wasserman y la «bala mágica» del Dr. Ehrlich (Salvarsan 600). Muy pronto aparecieron en la prensa de Valparaíso anuncios a toda página elogiando el Savarsan 600. Semejante publicidad habría sido juzgada escandalosa en Estados Unidos o Gran Bretaña en ese periodo.

Los niños que sobrevivían no llegaban necesariamente a tener una larga vida. Los trabajadores urbanos trabajaban muchas horas, con poca protección contra las lesiones o el desempleo. (La muerte por accidentes industriales alcanzó a más de 2.400 víctimas tan sólo en 1910.) Los trabajadores del ferrocarril, por ejemplo, sufrían una tasa de accidentes que era 25 veces mayor que la de sus colegas en la Alemania imperial. Los obreros estaban obligados a soportar una disciplina draconiana, con frecuencia a manos de caprichosos capataces que imponían multas por infracciones como caer enfermo. Combinada con las pobres condiciones de vida y de trabajo, la tasa de mortalidad era dos veces mayor que la de Europa occidental y, en 1920, la expectativa de vida promedio de los chilenos era de treinta años. Los esfuerzos por mejorar las condiciones de trabajo a través de la legislación solían generar oposición: en 1904, la propuesta de dar a los trabajadores el domingo libre fue interpretada por el parlamentario Eduardo Suárez Mújica como un intento de coartar la libertad tanto de los trabajadores como de los empleadores[25].

Por muy deprimentes que fuesen las condiciones sociales para la mayoría, los chilenos no podían escapar, sin embargo, a los efectos de la tecnología moderna. Entre 1914 y 1918, el uso del teléfono aumentó en un 15 por 100. Ciudades como Chillán y Concepción tendieron líneas telefónicas para comunicarse una con otra. Los teléfonos eran para quienes necesitaban un sistema más expedito que el servicio de correos: en los primeros años del siglo, una carta solía tardar ocho días en llegar de Santiago a Valparaíso (si es que llegaba). El correo desde la capital hasta el Norte Grande solía tomarse tres meses. Como señaló un crítico: «El servicio de correo que tenían los

---

[25] Cámara de Diputados, 26 de noviembre de 1904.

indios primitivos sería mil veces mejor que el actual, implantado en medio de la civilización»[26].

El automóvil hizo su aparición a comienzos de la década de 1900. En 1906, ya había 60 en Santiago. Aquellos chilenos que se lo podían permitir acogieron con entusiasmo la nueva forma de transporte: incluso se construyó un auto localmente, el cual alcanzaba la velocidad de diez kilómetros por hora. A pesar de la relativa falta de calles pavimentadas, los autos se volvieron tan populares que en 1907 el gobierno insistió en regular el tráfico automotor, incluido el otorgamiento de permisos de conducir. Tres años después se impuso un límite de velocidad máxima de 14 km/h. Ninguna de estas innovaciones parecía disminuir la briosa forma en que los chilenos conducían sus automóviles (como sucede todavía a menudo). En 1914 hubo quejas en el Congreso por las laxas normas de circulación. En 1920, se afirmó que los visitantes extranjeros temían cruzar las calles, pues los automóviles aceleraban «como si estuvieran corriendo carreras en una pista especial»[27].

El aeroplano llegó en 1910. Fue una innovación que los militares adoptaron rápidamente, a veces con resultados desastrosos. Algunos de los primeros aviadores militares cayeron directamente en el olvido. Los chilenos aún se describen entre sí como «más perdido que el teniente Bello», una macabra alusión a un piloto que desapareció en las montañas en 1914. Un instructor militar británico de la época, desesperado por la tendencia de los aviadores a realizar paseos no autorizados, describía a sus estudiantes chilenos como «taxistas aéreos». Para ser justos, también hay que decir que un aviador chileno, el teniente Dagoberto Godoy, fue el primer piloto en cruzar la alta cordillera de los Andes por aire (diciembre de 1918) en un Bristol construido en Inglaterra.

El «embrujo alemán»: el Ejército y la educación

Durante el periodo parlamentario, las fuerzas armadas no lo hicieron mucho mejor que el pobre teniente Bello. Es verdad que los instructores alemanes (contratados por primera vez en 1885) realizaron un serio esfuerzo por modernizar el Ejército chileno y, por supuesto, por «prusianizarlo». Portando armas alemanas, vistiendo uni-

---

[26] *El Mercurio* (Valparaíso), 18 de abril de 1908.
[27] *El Mercurio,* 9 de noviembre de 1920.

formes de estilo alemán (incluido el *pickelhaube*, el caso prusiano con pincho) y marchando como alemanes, los soldados chilenos se convirtieron en una copia al carbón de sus colegas prusianos, aunque algo más morenos –según el general Emil Körner–. Körner se había convertido en jefe del Estado Mayor tras la guerra civil de 1891. Entre mediados de la década de 1890 y la Primera Guerra Mundial, unos 130 oficiales chilenos fueron adiestrados en Alemania. Varias docenas de oficiales alemanes (algunos de los cuales se quedaron en Chile) se convirtieron en instructores en la Escuela Militar y la Academia de Guerra, fundada por Balmaceda, donde el principal idioma extranjero que se enseñaba era precisamente el alemán. La Marina, que aún atesoraba sus tradicionales vínculos británicos, sistemáticamente se negó a enseñar alemán a sus cadetes. De cierta manera, por ende, la influencia alemana en el Ejército chileno fue notoria, no sólo en el armamento y en los uniformes, sino también en la música –las espléndidas marchas de Badenweiler, Ferbelin y los Nibelungos (y muchas otras de origen teutónico) aún se mezclan en el repertorio de las bandas militares con las canciones chilenas favoritas como la «Canción de Yungay» y «Al Séptimo de Línea» (esta última, obra probablemente de Gumersindo Ipinza, una marcha tan emocionante como la que más) en los desfiles militares y sobre todo en la espléndida revista durante las fiestas patrias el 19 de septiembre de cada año.

A un nivel más profundo, sin embargo, la prusianización fue más una cuestión de estilo que de sustancia (aunque nunca debería infravalorarse el estilo). El gobierno solía gastar más del 20 por 100 del presupuesto de la nación en los militares, pero, de hecho, las tan mencionadas reformas alemanas del Ejército no lograron echar raíces. La Ley de reclutamiento de 1900, por ejemplo, sólo echaba el lazo a los pobres o a los que no contaban con amistades (que solían ser los mismos). Para algunos de los reclutas, claramente, el servicio militar era una bendición: el Ejército por lo menos proporcionaba a sus conscriptos educación básica y entrenamiento militar. No obstante, dado que el gobierno no había logrado encontrar los medios para movilizar las tropas después que eran licenciadas, al Ejército le resultaba casi imposible llamar a los hombres a defender su bandera. Cuando en 1920 se movilizaron las reservas de la Primera División, sólo respondió un tercio de ella. Los cuerpos de oficiales (a pesar de su entrenamiento prusiano) parecían gastar gran parte de su tiempo tratando de evitar el servicio en el norte, donde la vida era mala y costosa. Servir en la milicia no era una carrera ventajosa: resultaba extremadamente difícil conseguir una promoción y los oficiales se quedaban estancados en el mismo rango y nivel de remuneraciones durante años. Los problemas personales no eran los únicos que asolaban a los militares. El Ejército tardó mucho tiempo en desarrollar sus servicios técnicos y los pocos hombres asignados a transporte, ingenieros y cuerpo de señales poseían un equipamiento inadecuado. Aún confiaban en proveedores civiles para dar de comer a las tropas, hasta cuando estaban de maniobras. Estas deficiencias quedaron dolorosamente en evidencia durante la movilización de 1920 (véase capítulo 8), cuando los hombres llegaron sin pertrechos, con carros sin ruedas y caballos muertos, porque muchos habían sido escaldados hasta la muerte durante el viaje. Todo esto suena claramente poco prusiano.

La suerte de la educación fue significativamente mejor que la del Ejército en la época parlamentaria. Aquí, también, la influencia de Alemania fue notable, no sólo como inspiración fundamental de los principales educadores de la época (el gran Valentín Letelier era el más destacado), sino también como fuente de profesores. Un grupo de ellos fue contratado por el nuevo Instituto Pedagógico de la Universidad de Chile (creación de Letelier), inaugurado en 1888; otros enseñaban en los liceos. No faltaron los desafíos al «embrujo alemán», pero tampoco se puede negar que era intenso ni que desempeñó su papel en un serio intento de reformar y modernizar la educación chilena. El historiador Gonzalo Vial lo describe como «un trabajo de titanes» y no anda desencaminado.

En 1918, había unos 336.000 estudiantes de primaria, casi tres veces más que en 1900. Alrededor de dos quintas partes de la población sabía leer y escribir en 1907 y en 1920, alrededor del 50 por 100 de la población estaba alfabetizada –comparada con aproximadamente un 30 por 100 en 1895–. La cantidad de niños que asistían al colegio siguió aumentando, aunque la mayoría de los inscritos no llegaba a graduarse. Los intentos por hacer que la educación fuera obligatoria fracasaron, en parte debido a que algunos legisladores (sin duda los mismos que se habían opuesto a la vacunación forzosa) consideraron la educación obligatoria como una forma de usurpar los derechos naturales de los padres por parte del Estado. La asistencia al colegio no se volvió obligatoria hasta 1920 e incluso entonces la ley no fue puesta en vigencia con rigor. En lo que se refiere a la educación secundaria, los logros fueron algo menos impresionantes. En 1918, sólo unos 45.000 estudiantes asistían a colegios de secundaria, de los cuales más o menos el 50 por 100 eran privados. Aunque acudían más niños que niñas a la escuela, se produjo un importante aumento en la cifra de estudiantes femeninas durante este periodo.

En 1918, las inscripciones en la Universidad alcanzaban la cifra de 4.000; la mayor parte del aumento en este número se había producido en 1910. La venerable Universidad de Chile ahora tenía competencia. En 1888, la Archidiócesis de Santiago creó la nueva Universidad Católica de Chile, formada para contrapesar el creciente anticlericalismo de la época. Con el tiempo incorporó las ciencias junto a las humanidades y desde entonces ha realizado una contribución destacada a la educación superior. Más al sur, la Universidad de Concepción abrió sus puertas en 1919 –un bastión del secularismo fundado por el filósofo Enrique Molina, su rector durante los 37 años siguientes.

La creciente alfabetización hizo que el periodo parlamentario fuera muy floreciente en lo relativo a la prensa. La prensa provincial, en particular, estaba más desarrollada que hoy: virtualmente todas las ciudades, del tamaño que fueran, publicaban al menos un periódico y, generaLmente, más de uno. La mayor parte de estos periódicos provinciales reflejaban un sesgo particular ya fuera en términos religiosos o políticos. Había publicaciones socialistas en las salitreras y anarquistas en las ciudades, que eran clausuradas de vez en cuando por ofender a los más sensibles. Asimismo aparecieron las revistas ilustradas: *Sucesos* en 1902, *Selecta* en 1909, el notable *Pacífico Magazine* en 1913, y *Zig-Zag,* la revista de mayor duración de Santiago y cuyos dueños, la familia Edwards, también publicaron más de 25 revistas diferentes.

Una ojeada a la cultura: 1880-1920

Las últimas décadas del siglo fueron testigo del gran florecimiento de los historiadores nacidos bajo la égida del gran Andrés Bello. La *Historia general de Chile* de Diego Barros Arana fue publicada, en 16 gruesos volúmenes, entre 1884 y 1902. Barros Arana, el último del gran «triunvirato» del siglo xix, falleció en 1907 y no tuvo un sucesor del mismo calibre. El académico chileno más sobresaliente de este periodo fue José Toribio Medina, hombre con una impresionante variedad de intereses (historia, bibliografía, geografía, numismática, biografía, historia natural) y coleccionista insaciable de libros y manuscritos –que fueron donados (pese a ofertas de las universidades estadounidenses de Harvard y Brown) a la Biblioteca Nacional de Chile a su muerte, en 1930–. La tradición historiográfica del siglo XIX siguió predominando en el Chile del siglo XX, lo que quizá no sea sorprendente a la luz de su fuerza. Aún en la década de 1960, un memorable académico, Ricardo Donoso, seguía cultivando esta antigua veta con distinción; mientras Guillermo Feliú Cruz continuaba la tradición bibliográfica de Medina, con quien, de hecho, había cursado su formación académica.

Las primeras sacudidas del «revisionismo» de los textos históricos no fueron perceptibles hasta finales de la década de 1920 en la obra de Alberto Edwards, admirador de Burke y de Spengler, y de importantes mandatarios chilenos del siglo XIX, como Portales y Montt. El mismo Edwards fue una de las mentes más brillantes de su época y, también, el autor de historias fantásticas y de detectives. Su agente de policía de ficción, Román Calvo, «el Sherlock Holmes chileno», es una creación memorable que merece ser reeditada. Las ideas de Edwards iban a influir en las de Francisco Antonio Encina, el controvertido historiador de mediados del siglo XX, cuyos libros se vendieron en grandes cantidades. Aquí sólo podemos esquematizar brevemente la evolución posterior de esta área del saber. La historia como disciplina se vería algo eclipsada en la década de 1950 y (especialmente) en la década de 1960 con el desarrollo en Chile de las ciencias sociales modernas (y, durante mucho tiempo, más de moda); sin embargo, resurgiría con renovado interés en forma bastante decisiva en las décadas de 1970 y 1980. Como ejemplo de la vitalidad de la actividad profesional de nuestros colegas chilenos a finales del siglo XX, podemos mencionar la diversidad de sus enfoques teóricos y la variedad de temas estudiados, la aparición del moderno género biográfico con la obra a gran escala de Cristián Gazmuri (1998) sobre el primer presidente Eduardo Frei, la apertura de un nuevo y valioso Archivo del Siglo XX y los serios esfuerzos realizados (por el CIDOC de Patricia Arancibia en la Universidad Finis Terrae de Santiago, por ejemplo) para reunir los recuerdos grabados de protagonistas históricos recientes.

Pero estamos yendo muy deprisa y tenemos que volver a centrar el foco en torno a 1900. La mayor alfabetización, junto con la expansión de la educación y el nuevo papel predominante del periodismo como profesión, afectaron a la actividad cultural, que en este punto dejó de ser un coto de clase alta (incluso en el siglo XIX no lo había sido en exclusiva). En efecto, se ha dicho que con el cambio de siglo surgió un nuevo tipo social, el intelectual (el escritor Augusto D'Halmar, que en 1904-1905 dirigió brevemente una colonia «tolstoiana» cerca de Santiago, aunque en realidad no era muy tolstoiana, ha sido considerado a veces como el prototipo de esta nueva raza). Una literatura imaginativa y construida sobre el espléndido ejemplo de Alberto Blest Gana, mostró evidentes signos de vida después de 1900, más o menos. Gran número de escritores serios hicieron suyos los temas «criollos» (rurales, regionales, a veces explícitamente sociales) como una forma de reaccionar contra los modelos europeos que habían predominado en la algo anémica literatura de los primeros tiempos. De cualquier forma, el «criollismo» quizá sea la tendencia cultural *general* más fácilmente identificable desde comienzos de siglo. En las décadas de 1900 y 1910, Baldomero Lillo y Mariano Latorre inventaron, por decirlo así, el cuento chileno, una forma muy cultivada desde entonces; y, en la década de 1920, un novelista realmente notable, Eduardo Barrios, dejó su huella (aunque su obra maestra, *Gran señor y rajadiablos,* se publicó en 1948). Esta novela se sitúa en la línea «criollista», aunque dicha tendencia haya desaparecido en cierta medida alrededor de la década de 1930.

La reputación de los prosistas chilenos en el mundo de habla hispana, sin embargo, ha tenido por lo general una importancia menor que la de sus compatriotas poetas, y esto sin duda es correcto para la primera mitad del siglo XX. Es difícil decir por qué la poesía formó parte tan importante del logro cultural chileno. Quizá, a este respecto, Chile *sí* sea la Inglaterra de Sudamérica. Los ingleses suelen ser vistos como el pueblo más flemático de Europa; no obstante, su tradición de poesía lírica es con diferencia la mejor del mundo occidental. Los chilenos, por su parte, a menudo han sido calificados (correcta o incorrectamente) como el pueblo más flemático de América Latina. ¿Podría ser que en ambos casos la poesía sea una válvula de escape necesaria? ¿Quién sabe? Sea cual sea la razón, la historia chilena es muy clara al respecto. Debemos destacar aquí figuras cuya celebridad es genuina y justificable. Vicente Huidobro publicó sus primeros poemas en 1911, a los dieciocho años; su estética «creacionista» pronto le valdría un lugar reconocido, tanto en Europa como en la América hispana, en el fermento general de la poesía moderna. (Además, era un hombre de firmes, aunque cambiantes, opiniones políticas: en Chile se suele olvidar que fue candidato en las elecciones presidenciales de 1925, donde sacó exactamente 33 votos.) Esos años vieron aumentar también sostenidamente la fama de la joven Lucila Godoy Alcayaga, una profesora de escuela de Vicuña, en el valle de Elqui (allí se alza hoy un museo dedicado a su vida y su obra), cuyos versos comenzaron a causar impresión en la década de 1910. Tomando los nombres de dos de sus poetas favoritos (el italiano Gabriele d'Annunzio y el provenzal Frédéric Mistral), construyó el pseudónimo con el cual sería conocida por la posteridad: Gabriela Mistral, una de las glorias de Chile,

> Presidenta y bienhechora
> de la lengua castellana,

como otra gran figura, Violeta Parra, la describiría a su muerte en 1957. Mistral vivió gran parte de su vida en el extranjero, en el servicio consular, y en 1945 fue la primera latinoamericana en ganar el Premio Nobel de Literatura (y la quinta mujer). Uno de los estudiantes del Liceo de Temuco, donde ella trabajaba como directora en 1920, era el hijo de un empleado ferroviario llamado Neftalí Reyes. Ella le dio a leer a Tólstoi y Dostoievski. De este tipo de encuentros están hechas las leyendas. El muchacho, como es de conocimiento público, también adoptó luego un pseudónimo, tomando el nombre de un escritor checo del cual nada sabía. Muchos años después depositaría una flor en el monumento a Jan Neruda en Praga.

La tendencia «criollista», mencionada en relación con la prosa, también se vio bien reflejada en la pintura. Aquí, dos valiosas figuras cabalgaron sobre los años previos y posteriores a 1900: Pedro Lira, quien suele ser descrito como «el primer maestro chileno» y se ubica en la tradición académica (paisajes románticos, personajes rurales, retratos de personas de la clase alta), y el impresionante Juan Francisco González, diez años menor y un artista singularmente prolífico, quien desarrolló lo que podría llamarse una versión chilena del impresionismo (aunque él rechazaba esta etiqueta). Las fases «Limache» y «Melipilla» de González (la primera de 1888 a 1900, la segunda desde 1920 hasta su muerte con 80 años en 1933) fueron las más creativas. La tendencia «criollista» como tal, sin embargo, fue desarrollada de manera evidente por un grupo de pintores más jóvenes, generalmente conocidos (a la manera convencional hispana) como la «generación de 1913», año en que se establecieron. Hay que señalar que este periodo también vio la primera generación de escultores chilenos de un gran y genuino talento, cuyas aportaciones a la estatuaria de Santiago aún son fáciles de apreciar.

Otro signo del nuevo interés en lo «criollo» y en lo local, fue el esfuerzo que se llevó a cabo en esos años por investigar la poesía folclórica y las tradiciones populares en general (Julio Vicuña Cifuentes y Ramón Laval fueron verdaderos precursores en este sentido). Esfuerzos similares con respecto a la música folclórica tuvieron directa influencia en lo que puede verse como la primera generación de compositores chilenos serios; especialmente Pedro Humberto Allende, el respetado pionero de la música moderna en el país, cuyas primeras obras aparecieron en la década de 1910. La partitura de su concierto para chelo fue aplaudida por Débussy. En la década de 1930, surgieron varias figuras importantes, entre ellas Próspero Bisquertt y Carlos Isamitt, quienes, como Allende, fueron «nacionalistas» musicales, mientras que el miembro más notable del grupo, Domingo Santa Cruz, como su sobrenombre indica («el Hindemith chileno»), asimiló provechosamente las influencias europeas modernas.

Síntomas de la decadencia nacional

La cultura chilena siempre ha tenido algo de sesgo crítico. Cierta cantidad de escritores que aparecieron a comienzos del siglo xx (Baldomero Lillo, Mariano Latorre, Nicomedes Guzmán, Joaquín Edwards Bello, Fernando Santiván) llamaron la atención sobre las miserables condiciones sociales, retratando a menudo en sus escritos al «roto», al minero, al trabajador urbano. En este sentido resulta interesante que algunos intelectuales de esa época comenzaron a opinar sobre el curso reciente de la historia chilena en su totalidad. Apareció entonces lo que a veces se ha dado en llamar una «literatura de la decadencia nacional». El tono de esos escritos fue dado por un notable discurso (publicado poco después) enunciado por el político radical Enrique Mac-Iver en una velada largamente recordada en el club del Ateneo de Santiago (1 de agosto de 1900). «Me parece que no somos felices», dijo, «se nota un malestar que no es de cierta clase de personas ni de ciertas regiones [...] El presente no es satisfactorio, y el porvenir aparece entre sombras». Mac-Iver deploró lo que le parecía una decadencia del espíritu público, que contrastaba con la energía y voluntad de servicio público de los caudillos chilenos anteriores. Según él, la gran riqueza proveniente del salitre había sido «un torrente devastador que [...] arrastró con las virtudes públicas que nos engrandecieron»[28]. Mac-Iver no ofrecía soluciones muy concretas ante la «crisis moral» que bosquejaba con tanta elocuencia y, de hecho, la mayoría de los escritores a quienes dirigió sus palabras eran mejores en el diagnóstico de los males que en la prescripción de las curas.

Sólo podemos analizar la «literatura de la decadencia nacional» de manera resumida: es posible asociar con esta tendencia a un buen número de escritores. Algunas de sus figuras más representativas, como Nicolás Palacios, autor de *Raza chilena* (1904), o Francisco Antonio Encina, apelaron a ideas racistas; aunque diagnosticaron hábilmente lo que antes veíamos como las flaquezas de la clase alta: su complacencia con un consumismo evidente, su claro desinterés por ocupar sus energías en el trabajo industrial o comercial, su desprecio por las clases trabajadoras. La obra más apasionada en esta línea fue *Sinceridad. Chile íntimo en 1910,* escrita por un profesor de colegio de provincias, el «Dr. Julio Valdés Cange» (pseudónimo de Alejandro Venegas), entonces de treinta y nueve años. Había viajado a lo largo y ancho de Chile, recopilando sus impresiones, mientras crecía su enojo ante el estado de su patria bienamada:

> Tenemos ejércitos, buques y fortalezas, ciudades y puertos, teatros e hipódromos, clubes, hoteles, edificios y paseos públicos, monumentos, y [...] magnates opulentos, dueños de verdaderos dominios, que viven en palacios regios [...]; pero no a mucha distancia de los teatros, jardines y residencias señoriales, vive el pueblo, es decir las nueve décimas partes de la población de Chile, sumido en la más espantosa miseria económica, fisiológica y moral, degenerando rápidamente bajo el influjo del trabajo excesivo, la mala alimentación, la falta de hábitos de higiene, la ignorancia extrema, y los vicios más groseros[29].

[28] «Discurso sobre la crisis moral de la República», reimpreso en H. Godoy (ed.), *Estructura social de Chile,* Santiago, Editorial Universitaria, 1971, pp. 283-291.
[29] *Sinceridad,* Santiago, Editorial Universitaria, 1910, p. 250.

Venegas quedó destrozado por las protestas ante este libro. Se retiró pronto y terminó dirigiendo un diario en Santiago y, más tarde, despachando en una verdulería en Maipú. Pero no ha sido olvidado ni es probable que lo vaya a ser.

Muchos de los dardos lanzados por Venegas y otros escritores daban en el blanco. Hay gran cantidad de pruebas que demuestran que la clase alta chilena del periodo parlamentario gastaba sin mesura. Largos viajes a Europa (algunos de ellos, en 1910, aparecen con un costo de más de 20.000 libras esterlinas tan sólo en hoteles); lujosas mansiones en la ciudad y (a veces) en el campo; coches y carruajes y, después, automóviles; un consumo enorme de comida y bebida: para la clase alta, sin duda, esta fue una especie de *Belle Époque,* descrita con mucha propiedad en la novela de Luis Orrego Luco *Casa grande* (1908). Durante la misma época, este estilo de vida no era raro en Europa (uno piensa en la Inglaterra eduardiana) y la clase alta chilena continuó viendo al Viejo Continente como el paradigma del buen gusto y la sabiduría. Hasta cierto punto, esto era inevitable (Europa *era* todavía el centro del mundo), pero la preferencia por lo extranjero frente a lo local, a menudo –demasiado a menudo–, implicaba el desprecio por lo segundo. Una de las mayores virtudes de la literatura de la decadencia fue su fe en los méritos de lo local, en las potencialidades de los chilenos comunes. Afirmaba que, con las medidas adecuadas, ese potencial podía cambiar por completo la decadencia nacional.

Las acusaciones contra la clase alta fueron las acusaciones inevitables contra la República Parlamentaria, última etapa del régimen genuinamente oligárquico en Chile. En este sentido, es importante recordar que los gobiernos no eran totalmente indolentes. Los 30 años posteriores a la caída de Balmaceda vieron la impresionante construcción del ferrocarril «longitudinal» (en 1913 era posible viajar de Iquique a Puerto Montt en tren). Aquí también es útil la evidencia ante nuestros ojos: como ya hemos dicho, nadie que recorra Santiago, ni siquiera ahora, puede dejar de apreciar que fue el último periodo en Chile (hasta la fecha) de arquitectura con un nivel de calidad constante.

Asimismo hay que reconocer que, a pesar de algunos lapsus terribles, la República Parlamentaria resguardó las libertades liberales, hasta tal punto que un historiador moderno, Julio Heise González, aún puede describirla como una «magnífica escuela de civismo para el pueblo chileno»[30]. Mucho se puede decir sobre este asunto. Al mismo tiempo, es difícil estar en desacuerdo con el veredicto de Harold Blakemore sobre los líderes parlamentarios: «serán condenados [...] en su evidente incapacidad no tanto para reconocer una sociedad en transición, ya que la mayoría estaban conscientes de los cambios que estaban ocurriendo, sino para reformar sus instituciones respondiendo a ellos»[31]. Sin duda, un sistema político más fuerte y coherente podría haber sido capaz de legislar con mayor efectividad sobre la «cuestión social». Resulta interesante comparar esta situación con la de Argentina. Durante el mismo periodo, los políticos estaban mucho más polarizados allí que en Chile, sin embargo, la legislación social fue más global. Como señaló Karen Remmer: «En todas las áreas más importantes, las políticas públicas argentinas mostraron mayor apoyo para los grupos menos privilegiados que las políticas chilenas»[32]. Los que diagnosticaban la decadencia nacional probablemente no eran conscientes de esto: habría añadido un punto más a sus argumentos.

El curso de las relaciones internacionales, también, parece confirmar la decadencia de la fortuna chilena. En octubre de 1891, un incidente a la salida del True Blue Saloon en Valparaíso arrojó a una airada multitud contra unos marinos norteamericanos del *USS Baltimore* que disfrutaban de un permiso. Dos murieron; otros fueron golpeados o arrestados. El gobierno norteamericano exigió una disculpa y una compensación. El presidente Benjamin Harrison, enfurecido por un insolente cable del entonces ministro de Relaciones Exteriores, Manuel Antonio Matta, emitió lo que a los chilenos les pareció un ultimátum. Durante unas pocas semanas, la perspectiva de una guerra pareció muy verosímil. No obstante, esta rápidamente se desvaneció. Matta fue reemplazado y el gobierno ofreció sus disculpas y aceptó pagar las reparaciones correspondientes –en lo que un secretario de la legación norteamericana llamó «una carta muy humillante para este orgulloso pueblo»[33]–. El «caso Balti-

---

[30] *Historia de Chile. El periodo parlamentario, 1861-1965*, 2 vols., Santiago, Andrés Bello, 1974-1982, vol. I, p. 271.
[31] L. Bethell (ed.), *Cambridge History of Latin America,* vol. V, Cambridge, Cambridge University Press, 1986, p. 553.
[32] *Party Competition in Argentina and Chile,* Lincoln, Neb., University of Nebraska Press, 1984, p. 205.
[33] J. S. Goldberg, *The Baltimore Affair,* Lincoln, Neb., University of Nebraska Press, 1986, p. 128.

more» enfrió la actitud chilena hacia Estados Unidos, al menos por un tiempo. También dio pie a la perdurable leyenda chilena —es pura y simple leyenda— de que se envió el buque de guerra *Chacabuco* a San Francisco para saludar a la bandera estadounidense, y que un joven y patriótico teniente, Carlos Peña, se mató mientras arriaba la bandera chilena. Es imposible decir cuántos chilenos creyeron esto y durante cuánto tiempo.

Con Argentina, los problemas fueron más serios. En el tratado de 1881 se había acordado que la frontera entre los dos países debía seguir la línea de las más altas cumbres andinas y la divisoria de aguas entre el Atlántico y el Pacífico. A comienzos de la década de 1890, estaba claro que las líneas de cada país no siempre coincidían. El asunto se complicó aún más con las discusiones sobre Puna de Atacama, territorio boliviano ocupado por Chile en la Guerra del Pacífico y que Bolivia le había cedido unilateralmente a Argentina (diciembre de 1895). En abril de 1896, Chile aceptó la concesión sobre la base de que Argentina aceptaría la mediación británica como última palabra en el tema de la frontera. Sin embargo, no se logró avanzar en lo relativo a delinear la frontera y, a mediados de 1898, la fiebre de la guerra se estaba extendiendo tanto en Chile como en Argentina. Ambos países habían entrado abiertamente en una carrera armamentística, ordenando nuevos buques de guerra a los astilleros europeos. (El elevado gasto fue una razón importante para el abandono chileno del estándar del oro ese año.) Los presidentes de Chile y Argentina se alzaron por encima de la belicosidad de la opinión pública y resolvieron el asunto en poco tiempo con un encuentro de plenipotenciarios. Para reforzar simbólicamente el acuerdo, ambos zarparon hacia Punta Arenas para una reunión amistosa (febrero de 1899). Mientras tenía lugar la cena en el crucero argentino Belgrano, las luces se apagaron de pronto. Los presidentes intercambiaron amables cumplidos alusivos a sus respetivas banderas nacionales: «¡El sol de Argentina nos alumbrará!» «¡Y lo mismo hará la estrella de Chile!».

El tan celebrado *abrazo del Estrecho* tuvo pocas consecuencias en los acontecimientos futuros. Los plenipotenciarios, en un encuentro dos meses después, acordaron aceptar la decisión del embajador norteamericano en Buenos Aires, William J. Buchanan, quien entregó la mayor parte de Puna de Atacama a Argentina. Para empeorar aún más las cosas, algunos incidentes menores en la frontera pronto volvieron a encender la fiebre de la guerra en Chile, que ordenó dos nuevos buques de guerra. Lo mismo hizo Argentina. (Sus Marinas eran la sexta y la séptima de mayor tamaño en el mundo en esa época.) Una complicada serie de iniciativas públicas y privadas (de un diputado chileno, un hombre de negocios argentino y los ministerios de Exteriores europeos, así como de La Moneda y la Casa Rosada) lograron finalmente salvar la situación. Los «Pactos de Mayo» (firmados en Santiago el 28 de mayo de 1902) comprometían a las dos naciones a buscar arbitrio en caso de futuras disputas y a limitar el armamento naval. Después, ese mismo año, el rey Eduardo VII emitió su fallo fronterizo: 54.000 kilómetros cuadrados para Chile y 40.000 para Argentina. La crisis había sido superada.

En 1904, se erigió en los Andes una gran estatua del Cristo Redentor, como muestra de la perpetua amistad entre los pueblos chileno y argentino. Ese mismo año (el 20 de octubre de 1904), Chile finalmente firmó un tratado de paz con Bolivia. El precio que tuvo que pagar por la propiedad del antiguo litoral boliviano fue la construcción de un ferrocarril de Arica a La Paz, que entró en funcionamiento en mayo de 1913.

Ni los Pactos de Mayo ni el tratado con Bolivia significaron un triunfo diplomático para Chile. Los términos del acuerdo con Bolivia eran bastante más generosos de lo que los bolivianos habrían creído posible en tiempos de la tregua de 1884. Y la paz perpetua con Argentina quedaba garantizada a costa de limitar formalmente la esfera de influencia chilena al Pacífico.

¿Qué había salido mal? ¿Qué le había pasado a la «república modelo», al país cuyos héroes habían ganado la Guerra del Pacífico? Claramente, los síntomas de la decadencia nacional que ya hemos mencionado tenían una base real. Como hemos visto, el dedo acusador apuntaba, no pocas veces, a la clase alta, a los líderes nacionales. Y ahora tenemos que volcarnos finalmente en el expediente político del periodo parlamentario.

La consolidación del régimen parlamentario

Es importante recordar que las formas típicas de la República Parlamentaria no se consolidaron de un día para otro. Muchas de sus prácticas convencionales tardaron tiempo en cristalizar. Tampoco podemos ignorar algunas de las diferencias entre las presidencias parlamentarias, tan a menudo agrupadas indiscriminadamente y tratadas con amplias generalizaciones. Si no podemos evitar las generalizaciones, al menos podemos intentar que sean adecuadas.

El retorno al gobierno constitucional tras la guerra civil de 1891 fue rápido. Las elecciones parlamentarias se llevaron a cabo en octubre de 1891 y el ya almirante Jorge Montt, líder de la Junta parlamentaria de 1891, ganó la Presidencia sin oposición. No era un político. Y estaba absolutamente dispuesto a darles a los verdaderos políticos un espacio –y ellos estaban absolutamente ansiosos de aprovechar su generosa postura–. Por ende, los partidos se convirtieron en los principales árbitros sobre quién debía estar en el gabinete. El control parlamentario se vio aumentado además por una serie de pequeñas enmiendas constitucionales (1891-1893), una de las cuales (surgida de una iniciativa de 1888) ampliaba la idea de la «incompatibilidad» en forma muy global: desde entonces, ningún funcionario público podría ocupar un puesto en el Congreso y, así, el poder ejecutivo se vio privado de un arma que le había sido muy útil. La más importante nueva ley (un viejo ideal del conservador Manuel José Irarrázaval, que se quedó muy impresionado por el sistema cantonal de Suiza) fue la de la «comuna autónoma» (diciembre de 1891): esta eliminaba la supervisión central de las, aproximadamente, 200 municipalidades chilenas. A las comunas también se les dio el control de las elecciones, con consecuencias que no podemos dejar de señalar brevemente.

Tabla 7.4. Composición de la Cámara de Diputados, 1891-1918

	Lib	Con	Rad	L-d	Nac	Dem
1891	31	40	23	n/a	—	1
1894	27	28	16	22	—	2
1897	28	26	16	22	—	2
1900	31	25	14	22	—	3
1903	27	20	17	27	—	3
1906	16	27	16	20	12	3
1909	15	23	19	15	18	5
1912	23	29	21	27	13	5
1915	20	28	26	21	16	5
1918	29	26	32	15	5	6

Clave: Lib = Liberales; Con = Conservadores; Rad = Radicales; L-d = Liberal-demócratas (balmacedistas); Nac = Nacionales (liberales entre 1891-1903); Dem = Demócratas

La «sagrada unión» entre liberales y conservadores, forjada durante la guerra civil y con la cual comenzó la presidencia de Montt, pronto se acabó. En lo que respecta a los derrotados balmacedistas, su retorno a la vida política no tardó. En un comienzo, para asegurarse, su persecución por parte del nuevo gobierno fue bastante dura. Algunos fueron asesinados. Otros (incluido José Toribio Medina) se exiliaron. La administración pública fue purgada: se suele dar la cifra de 5.000 despidos, aunque parece un poco alta. (El recuperado Club de la Unión expulsó a todos los balmacedistas conocidos.) En 1913 la Cámara de Diputados se negó a autorizar una estatua de Balmaceda, que tuvo que esperar a 1947 para tener su (bastante feo) monumento. Sin embargo, el rencor que había surgido inmediatamente después de la guerra civil, pronto cedió: ya en la Navidad de 1891, hubo una amnistía parcial; dos más le siguieron en 1893 y una amnistía general final se produjo en agosto de 1894. Algunos atentados claramente aficionados fueron prevenidos en sus comienzos: en un claro eco de abril de 1851, no menos de tres de estos (diciembre 1892, abril 1893, febrero 1894) tuvieron como objetivo la captura de los cuarteles de artillería en Santiago. En Talca, mientras tanto, los balmacedistas se organizaron en noviembre de 1893 en un nuevo partido político: el Partido Liberal Democrático (algunos habían defendido «republicano» como lema del partido), que obtuvo un éxito inmediato en las elecciones parlamentarias de marzo de 1894 (cuatro senadores y 22 diputados). Rápidamente se asentaron como reconocidos actores de la escena política. Si hay algo que se pueda decir para diferenciar en adelante al Partido Liberal Democrático de los otros partidos, fueron sus insaciables ansias de ocupar cargos en la administración pública –comprensibles dada la purga de 1891.

A medida que el mandato del almirante Montt llegaba a su fin, la competencia entre los partidos se hizo más intensa. Los partidos Radical, Liberal Demócrata y una parte del Partido Liberal eligieron al doctrinario y anticlerical Vicente Reyes como candidato (enero de 1896). Parte del Partido Liberal, junto con algunos disidentes radicales y liberal-demócratas, acordaron (en abril de ese mismo año) apoyar a Federico Errázuriz Echaurren, hijo del presidente de la década de 1870. Apodado por sus enemigos «Errázuriz el chico» (como una analogía con Napoleón y Napoleón III), no había desarrollado hasta ese momento una carrera política destacada, aunque sí contaba con la vena manipuladora de su padre y comprendía intuitivamente de qué manera estaban cambiando las reglas del juego. Para ganar necesitaba el apoyo conservador. La amenaza de retirarse realizada en una llamada telefónica a Ramón Subercaseaux, prominente conservador, logró su objetivo. Los conservadores aceptaron la «Coalición» con los liberales de Errázuriz. Desde entonces, este término se usaría para designar a las agrupaciones políticas en que estuviera involucrado el Partido Conservador. Aquellas en que no estuviera presente serían conocidas como «Alianza» o «Alianza Liberal». El contrapunto Alianza-Coalición se mantendría como una constante en la política parlamentaria hasta 1920.

La elección de 1896 fue una dura pugna, con asomos de violencia (tres errazuristas fueron asesinados en un mitin en Melipilla) y soborno. La incertidumbre sobre dos votos clave en el colegio electoral dejó la decisión en manos del Congreso. La tensión se elevó por el hecho de que cuatro parientes de Errázuriz (tres hermanos y un primo) se sentaban en el Congreso en ese momento. ¿Les permitirían votar? (Al final lo hicieron tres de ellos.) Se creó un «tribunal de honor» para establecer la validez de los votos electorales: este le dio a Errázuriz una estrecha victoria, que fue debidamente ratificada por el Congreso. Tras la votación, los parlamentarios pro-Reyes realizaron un ostentoso abandono de la sala. Con este comienzo, los augurios para la nueva presidencia no eran buenos. De hecho, aunque Errázuriz cambió 12 veces de gabinete durante su mandato, logró mantener un tono coalicionista en la mayoría de ellos, siendo el más exitoso el gabinete encabezado por el conservador Carlos Walker Martínez (abril 1898-junio 1899).

La presidencia de Errázuriz simplemente confirmó la forma y el fondo del sistema político que se estaba desarrollando. Las dudas sobre su eficacia ya habían sido expresadas. «Duro es confesarlo», escribió Francisco Valdés Vergara en 1894, «pero los hombres que hicimos la revolución con la mejor de las intenciones, hemos causado daños mayores que los bienes prometidos»[34]. El papel de los partidos iba a ser fundamental en el nuevo régimen parlamentario. No hubo grandes fracturas ideológicas que los dividieran, salvo una importante excep-

---

[34] Citado en M. Góngora, *Ensayo histórico sobre la noción de Estado en Chile en los siglos XIX y XX,* Santiago, La Ciudad, 1981, p. 30.

ción: la constante batalla entre el clericalismo y el anticlericalismo. El gran reducto del clericalismo era el Partido Conservador; mientras que el anticlericalismo, extendido en otros partidos, era, en su forma más doctrinaria, la bandera de lucha particular de los radicales, ya que muchos de ellos estaban vinculados a la masonería y, en muchos casos, al libre pensamiento. Las actitudes anticlericales y, de hecho, antirreligiosas se fueron extendiendo cada vez más en la clase alta, especialmente entre los hombres. Las mujeres eran harina de otro costal. (No era raro que la devota esposa de un librepensador pusiera nombres religiosos a sus hijos, como en el caso del niño nacido en 1908 que fue bautizado Salvador Isabelino del Sagrado Corazón de Jesús Allende.) El hecho de que el anticatolicismo también tuviera muchos seguidores entre el pueblo se aprecia en la excitación que despertó el cura renegado Juan José Julio Elizalde –conocido como el «papa Julio»–, cuya cautivante oratoria anticlerical lo implicó en una serie de escándalos menores durante la primera parte del siglo xx y a veces provocaba discusiones en el mismo gabinete.

Esta continuación (a menor escala) de la «guerra religiosa» de tiempos de Santa María significó una serie de problemas en una infinidad de temas, la mayoría más bien triviales. Los radicales (como habían hecho desde su primera conferencia nacional en 1888) siguieron presionando por la separación de Iglesia y Estado. La educación fue un hueso especialmente duro de roer en estas discusiones: mientras los conservadores luchaban por mantener la independencia de las escuelas católicas (y la nueva Universidad Católica), los anticlericales aspiraban con igual celo a que se implantara lo que ellos llamaban el «Estado docente» (la supervisión estatal de todo el sistema educativo). En parte, a esto se debe el extraordinario predominio del Partido Radical en la profesión pedagógica durante la primera mitad del siglo xx. Por lo mismo, la desconfianza de los conservadores fue una de las razones por las cuales el Congreso demoró tanto la legislación sobre la educación primaria obligatoria, no decretada, como ya se ha mencionado, hasta 1920.

Con el cese en la «intervención» del ejecutivo después de 1891, las elecciones constituían ahora una lucha de mayor amplitud y ferocidad, a pesar del limitado número del electorado. Esta vez, los partidos debían manipular el proceso como mejor pudieran. De hecho, lo hacían muy bien. Las municipalidades, que controlaban las elecciones, se convirtieron de inmediato en el blanco de los políticos: emergieron entonces redes de jefes políticos locales, expertos indispensables en arreglar los registros electorales y en producir votos, mientras que, en el campo, los terratenientes hacían pleno uso de sus inquilinos en periodo de elecciones. Aunque una parte del electorado quedaba «cautivo» a través de estos procedimientos, otra parte no lo estaba y los sobornos se volvieron mucho más comunes que en los días de la intervención gubernamental. El precio de los votos seguía el mismo ritmo que la inflación. Algunas notas redactadas por el infatigable liberal Manuel Rivas Vicuña sobre la campaña de la Alianza en 1918, nos muestran la importancia que el dinero había adquirido entonces y cómo los políticos tomaban esto como un hecho.

> Nos encontramos con que el candidato radical de Arauco, asustado ante la caja que aportaba don Francisco Huneeus, conservador, pensaba retirar su candidatura. En un rápido viaje a Santiago, le arreglamos un crédito y lo pusimos nuevamente en campaña [...] Desde Aconcagua, don Luis Claro nos anunció que sin un auxilio extraordinario de fondos no podría afrontar la lucha contra el presidente del Partido Conservador, don Alberto González Errázuriz, que le disputaba la senaduría [...] [Me] sorprendió un llamado urgente de San Fernando. El señor Valderrama no podía resistir la campaña del señor Lyon en Colchagua, y pedía otra ubicación [...] Logramos que el señor Valderrama entregara medio millón de pesos a don Ernesto Barros Jarpa, suma que éste llevaría en una maleta para dar un golpe de sorpresa contra el señor Ariztía en Llanquihue. Las dificultades aumentaban en Cautín; el candidato radical Suárez se retiraba. La situación no era buena para el señor Valderrama en Llanquihue, y el señor Barros Jarpa volvió con la maleta a Cautín, donde se proclamó el señor Valderrama en víspera de la elección[35].

Medio millón de pesos equivalían entonces a unas 22.500 libras esterlinas, o unos 100.000 dólares. En la década de 1910, los políticos que incurrían en grandes gastos fueron apodados *Dreadnoughts* («acorazados de combate»), en honor a los nuevos buques de guerra que se

---

[35] Citado en G. Vial, *Historia de Chile*, cit., vol. I, tomo 2, p. 590.

habían encargado últimamente para la Marina. No sorprende que en 1915 algún ocurrente sugiriera que el gobierno simplemente podría establecer «una casa al por mayor» para la compra y venta de votos en vez de «seguir adelante con la actual farsa»[36].

Si bien el soborno electoral era una constante parlamentaria, también lo era la «corrupción burocrática»: los partidos exigían su cuota de cargos en la creciente administración pública. Los radicales y los liberal-demócratas eran especialmente celosos a este respecto: el precio explícito de la presencia balmacedista en la Coalición de tiempos de Errázuriz fue el 10 por 100 de todos los cargos públicos. Resulta mucho más difícil determinar en qué medida, en las más altas esferas de la política, los parlamentarios y los ministros explotaban su posición para obtener ganancias personales o en los negocios: la creencia de que esto ocurría estaba muy extendida, pero el Congreso generalmente se negaba a investigar casos específicos.

En un ensayo clásico publicado en un antiguo número de *American Political Science Review* (más fácil de entender entonces que ahora), un académico norteamericano comparó al Chile parlamentario con la Inglaterra del siglo XVIII. «Aquí también», escribió, «una aristocracia de cuna y de riqueza detenta el control indiscutible de la vida social y política»[37]. El paralelo es apropiado y atractivo, pero políticamente induce a error. Un ministro del Interior chileno no tenía la autoridad de un primer ministro británico. La duración de los gabinetes ingleses del siglo XVIII se medía en años, la de los ministerios chilenos en meses y, a veces, en semanas. Las divisiones dentro de los partidos eran endémicas; y las mayorías estables en el Congreso, imposibles. Fue esto, más que cualquier otra cosa, lo que convirtió esta composición de gabinetes en un foco de interés tan obsesivo para los políticos parlamentarios. Dada su indisciplina y su tendencia al fraccionamiento[38], el Partido Liberal, a menudo considerado el pivote de la política chilena del periodo, era difícilmente un pivote sólido.

---

[36] *El Mercurio,* 28 de julio de 1915.
[37] P. S. Reinsch, «Parliamentary Government in Chile», *American Political Science Review* III (1908-1909), pp. 507-508.
[38] La principal división interna era entre los «moderados» y los «doctrinarios»; estos últimos eran más anticlericales.

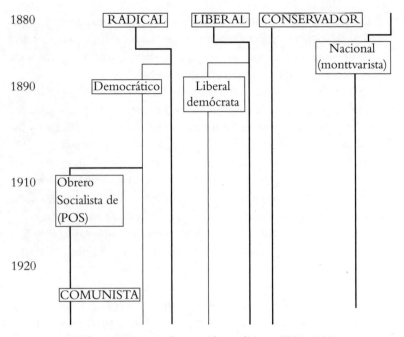

Gráfico 7.1 Principales partidos políticos, 1880-1930.

Federico Errázuriz, el primer presidente chileno que dimitió, murió en julio de 1901, antes de finalizar su mandato y un vicepresidente asumió el cargo. En esta etapa la rueda política giró en la dirección de una nueva alianza, formada a mediados del siglo XX por liberaldemócratas y radicales. La convención de la Alianza de 1901, que debía designar al próximo candidato, no eligió a ninguno de los principales contendientes (Claudio Vicuña, liberal-demócrata, y Fernando Lazcano, liberal moderado), sino a un juez, Germán Riesco. En lo que parece haber sido una elección tranquila, este derrotó fácilmente al candidato de la Coalición, el nacional Pedro Montt.

RIESCO, MONTT Y LA «CUESTIÓN SOCIAL»

El presidente Riesco, cuñado de Errázuriz, era un hombre de carácter recto con una fuerte inclinación por los asuntos domésticos. En cierto sentido, era el presidente parlamentario ideal: alguien que, en una frase que se le suele atribuir, no era «una amenaza para nadie»[39]. Riesco no tenía mucho interés en influir en la composición de los gabinetes; durante sus cinco años de mandato, hubo 17 gabinetes y el péndulo oscilaba entre la Alianza y la Coalición. Entre los líderes de partidos que *estaban* muy interesados en estos asuntos, ninguno más destacado que el jefe de los liberaldemócratas, Juan Luis Sanfuentes (el hermano menor de Enrique Salvador Sanfuentes), uno de los grandes «hacedores de reyes» del periodo parlamentario. A diferencia de muchos otros, era persona de gran influencia y estaba dispuesto a convertirse él mismo en pieza clave, pero su momento no había llegado. Mientras tanto ganó notable ascendencia sobre la elite política y lo que muchos vieron como una influencia excesiva en la administración pública.

A estas alturas, comenzó a producirse cierta intranquilidad creciente entre los círculos políticos por la forma en que se estaba comportando el régimen parlamentario, intranquilidad que a menudo se reflejaba en la prensa. Como comentó cáusticamente *El Mercurio* en 1903: «No es parlamentarismo, ni es un régimen, sino la anarquía más desenfrenada por la dictadura irresponsable de unos 150 congresales»[40]. La idea de un «hombre fuerte», un caudillo que pudiera controlar la inestabilidad ministerial, comenzó a ejercer un atractivo indudable. El hombre obvio para ese papel era Pedro Montt, hijo del siempre recordado «hombre fuerte» de la década de 1850. En 1906, Montt se granjeó el apoyo entusiasta de su propio Partido Nacional, de la mayoría de los liberales, de los radicales e incluso de algunos disidentes conservadores. (Estos eran conocidos como *montanas:* un tal señor Montana vendía joyas falsas en la calle Estado en esa época.) Su victoria en las elecciones fue avasalladora. Sin embargo, las semanas previas al traspaso del mando se vieron marcadas en forma indeleble por una horrenda catástrofe nacional. En la tarde del 16 de agosto de 1906, un violento terremoto sacudió toda la zona central de Chile y casi destruyó Valparaíso, el segundo gran puerto del Pacífico arrasado ese año. Al menos 2.300 personas perdieron la vida. Pasaron meses antes de que la ciudad fuera siquiera parcialmente reconstruida. Para el nuevo go-

---

[39] Lo que realmente dijo fue que la «unificación de los partidos liberales» no era una amenaza; la memoria pública simplificó la frase.
[40] 25 de diciembre de 1903.

bierno, el desastre significó una carga financiera poco bienvenida. También constituyó un golpe del cual Valparaíso nunca logró recuperarse del todo. El segundo golpe, la apertura del canal de Panamá, se produciría ocho años después.

Pedro Montt, en quien se habían puesto muchas esperanzas, no en balde era el hijo de Manuel Montt, fue un hombre honesto, trabajador y no demasiado imaginativo, un ávido lector de obras técnicas, pero no mucho más. En una ocasión un amigo le prestó *Guerra y paz;* le devolvió el libro sin leer. «Más estadístico que estadista», lo calificaron en algún sitio. Su administración fue tan enérgica como lo permitieron los tiempos. Sin embargo, muy pronto él también se vio atrapado en las complejidades partidarias y ministeriales que habían acosado a sus predecesores y no encontró ninguna manera de revertir la situación. Al igual que Errázuriz Echaurren, fue víctima de una salud débil. Por ende, un nuevo intento medianamente serio de la República Parlamentaria por autorregenerarse quedó en nada.

La situación era bastante trágica, pues el gobierno se enfrentaba entonces a dilemas urgentes. La primera década del nuevo siglo estuvo marcada por perturbadores síntomas de intranquilidad social. Obviamente sería ingenuo decir que la «cuestión social», como siempre se la llamó, «emergió» de pronto durante esos años. La brecha entre los ricos y los pobres siempre había existido. La difícil situación de los pobres en las ciudades y en el campo por igual estaba llamando algo la atención desde, al menos, la década de 1870. Lo que agudizó la «cuestión» en la primera década del nuevo siglo fue que los mineros del salitre y los trabajadores urbanos ya no estaban dispuestos a seguir esperando más que sus supuestos superiores remediaran sus problemas. (Hasta Enrique Mac-Iver, con toda su perspicacia, se negó a admitir que *existiera* una «cuestión social» en absoluto.) Hasta 1914, los gobiernos parlamentarios sólo habían aprobado dos leyes referentes a temas sociales: la de febrero de 1906, que creaba el Consejo de Habitaciones Obreras (que Alejandro Venegas denunció como una organización de papel) y una medida que establecía una semana laboral de seis días, lo cual tampoco era obligatorio para todos los trabajadores.

La nueva clase trabajadora, mientras tanto, había empezado a organizarse. Entre los artesanos, las sociedades mutualistas no habían dejado de expandirse constantemente desde la década de 1860: en 1910 había más de 400 organizaciones mutualistas. Con el comienzo del siglo, sin embargo, comenzaron a aparecer sindicatos de trabajadores de aspecto más moderno («sociedades de resistencia») −primero entre los trabajadores metalúrgicos, los empleados ferroviarios, los conductores de tranvías y los tipógrafos−. En diversas ciudades, comenzando por Iquique en 1900, los sindicatos y las sociedades mutualistas se unieron para formar las «mancomunales». Muchos de estos primeros sindicalistas estaban influidos por las ideas anarquistas. (Las traducciones al español de escritos anarquistas eran fácilmente accesibles y en ediciones baratas.) Los empleadores y los políticos podían hablar de «agitadores foráneos», pero el nuevo movimiento laboral surgió en gran medida en el suelo nacional. Sus efectos pronto fueron visibles para todos. Entre 1902 y 1908, un periodo de fuerte crecimiento sindical, hubo alrededor de 200 huelgas, de las que casi la mitad fueron ganadas por los sindicatos involucrados, según el análisis de Peter DeShazo[41], No obstante, el desafío planteado por la huelga general de mayo–junio de 1907 en Santiago y Valparaíso fue un fracaso y el movimiento obrero decayó por un breve periodo.

Los gobiernos parlamentarios trataron de mantenerse al margen de estas luchas entre los trabajadores y los empleadores. Sin embargo, tendieron a considerar los movimientos a gran escala (especialmente si iban acompañados por manifestaciones masivas) como rebeliones incipientes y, a veces, reaccionaron brutalmente ante ellos. En mayo de 1903, los estibadores de la Pacific Steam Navigation Company y otros trabajadores portuarios, en huelga en Valparaíso, trataron de impedir que los «esquiroles» ocuparan sus puestos. Estalló una pelea de considerables dimensiones, la cual fue reprimida por la Marina y el Ejército con la pérdida de un centenar de vidas. En octubre de 1905, le llegó el turno a Santiago. Una reunión de protesta por el elevado precio de la carne (atribuido a un nuevo impuesto sobre las reses argentinas importadas) degeneró en una orgía de saqueos e incendios. Dado que el Ejército se encontraba lejos haciendo maniobras, el orden debió ser restablecido por las 12 compañías de bomberos de la ciudad y unos 300 «guardias blancos» de la clase alta, armados por el gobierno con rifles. Hubo aproximadamente 200 víctimas mortales. En Antofagasta, en febrero de 1906, los marinos se cobraron otro tri-

---

[41] *Urban Workers and Labor Unions in Chile 1902-1927,* Madison, University of Wisconsin Press, 1983, p. 279.

buto en vidas durante una huelga de los empleados ferroviarios. El episodio más terrible ocurrió en Iquique en diciembre de 1907, donde miles de trabajadores del salitre en huelga (y sus familias) convergieron en el puerto en forma sumamente ordenada y digna, buscando alivio para sus males. La ciudad se paralizó. Dos cruceros zarparon rumbo al norte y el comandante militar local, el duro general Roberto Silva Renard, ordenó el ataque (con ametralladoras) en la escuela Santa María, donde los huelguistas habían sido concentrados. La cantidad de muertos sumó varios cientos. El general Silva fue más tarde apuñalado (diciembre 1914), aunque no fatalmente, por un español cuyo hermano había muerto en Iquique.

Sigue siendo objeto de debate si la masacre de Iquique (como a veces se mantiene) ahondó permanentemente la brecha psicológica entre gobernantes y gobernados en Chile. Un comité investigador fue propuesto por el Congreso, pero nunca fue nombrado. Los trabajadores anarquistas evadían la acción política (a diferencia de los sindicatos). Por su parte, quienes compartían enfoques socialistas se mostraban más inclinados (en línea con sus contrapartidas europeas) a insertarse en el sistema político. Dos ínfimos partidos socialistas aparecieron a finales de la década de 1890. El Partido Democrático (fundado en 1887) se fue ganando consistentemente el apoyo del artesanado y, por un tiempo, pareció el hogar natural para los militantes sindicalistas, quienes por unos pocos años constituyeron su ala «avanzada». Entre tales demócratas, ninguno fue más notable que Luis Emilio Recabarren, un tipógrafo nacido en Valparaíso, cuyas incansables actividades organizativas al norte y al sur de Chile (y cuyos contactos con el extranjero) le ganaron una posición única en los inicios del movimiento obrero. En 1906, fue elegido para el Congreso como diputado por Tocopilla: se negó a realizar el juramento oficial y fue excluido. Un diputado (un radical) expresó horror antes sus ideas de «disolución social». Al cabo de algunos años, Recabarren llegó a creer en la necesidad de contar con un partido propio para la clase trabajadora. En junio de 1912, rompió finalmente con los demócratas y formó el nuevo Partido Obrero Socialista, cuyas «seccionales» gradualmente se fueron extendiendo a lo largo del país.

Estos fueron algunos de los portentos sociales que estaban ocurriendo cuando, en septiembre de 1910, los chilenos celebraron el centenario de su Independencia: había transcurrido un siglo desde ese primer *dieciocho*. Pedro Montt había muerto recientemente: hizo un viaje a Europa con la esperanza de encontrar una cura para sus dolencias y murió en una habitación de hotel en Bremen el 16 de agosto de 1910. Para colmo de males, el vicepresidente que debía sucederlo también murió. Recayó entonces en el segundo vicepresidente, Emiliano Figueroa Larraín, presidir las fastuosas ceremonias. Fuegos artificiales, paradas, noches de gala en la ópera, carreras de caballos, el primer avión que sobrevolaba Santiago (un biplano de Voisin), el nuevo palacio de Bellas Artes –las escenas del año del centenario serían recordadas por mucho tiempo–. Sin embargo, ni siquiera el centenario pudo interrumpir el curso de la política parlamentaria. En la convención de la Alianza realizada en septiembre para designar a su candidato, las esperanzas del «promotor de reyes» liberal-demócrata Juan Luis Sanfuentes fueron echadas por tierra por la candidatura rival del dinámico y joven magnate empresarial y financiero Agustín Edwards. Sanfuentes echó por tierra a su vez a Edwards. Hubo que acordar entonces una candidatura compartida y fue designado Ramón Barros Luco, de 75 años de edad. Los conservadores le enviaron inmediatamente una carta de apoyo. Por primera vez desde 1891, un presidente chileno era elegido sin oposición. La «tregua de los partidos» fue muy aplaudida, pero a su modo era un símbolo patente del extraño vacío que se había producido en la política parlamentaria.

La decadencia de la República Parlamentaria

Ramón Barros Luco ocupa un lugar especial en la memoria del pueblo chileno por dos razones. Le dio su nombre a un popular sándwich (ternera y queso), que él pidió en la Confitería Torres, un café en la Alameda; abierto en 1877 y cerrado (tristemente) en 2002. Y también se atribuye a Barros Luco una frase famosa (no viene al caso si lo dijo o no): «Hay dos tipos de problemas: los que se resuelven solos y los que no tienen solución». Había ostentado cargos en el gabinete en diversas ocasiones, de hecho con suficiente frecuencia para que la viuda de Manuel Montt lo apodase «el gato de La Moneda». No se esperaba que este anciano patricio (el chileno de más edad en convertirse en presidente) llevara a cabo grandes iniciativas. Barros Luco tenía un estilo sencillo y solía vérsele por las tardes paseando con su esposa por el parque Cousiño. Fingía (aunque no la sentía) una indiferencia olímpica por la composición del gabinete, pero se negaba a aceptar ministros del partido democrático sobre la base de que carecían de estatus social.

Los cinco años de Barros Luco no fueron tan sólo un periodo en el que se marcó el paso del tiempo. La indignación por la expansión de la corrupción política se hacía cada vez mayor y se movilizó oportunamente una nueva Liga de Acción Cívica, formada por miembros de diversos partidos y que presionó al Congreso para que dictara una reforma. En 1914-1915, se introdujeron cambios en la Ley electoral que impidieron el control electoral de las municipalidades: desde entonces, los registros electorales debían compilarse nuevamente cada nueve años, lo que reducía las posibilidades de que fueran falsificados.

En este punto, las disputas políticas se vieron ensombrecidas por la espantosa catástrofe de la *Gran Guerra* en Europa. Chile, donde las simpatías por los poderes aliados y los Imperios centrales mantuvieron cierto equilibrio, permaneció neutral durante toda la guerra, como hicieron el resto de naciones importantes latinoamericanas (con la notable excepción de Brasil). Los barcos de guerra chilenos (incluido un acorazado) que se estaban construyendo en Inglaterra fueron transferidos temporalmente a la Royal Navy. El país, por supuesto, se encontraba lejos de la batalla, pero en una ocasión, la lucha se acercó peligrosamente. El 1 de noviembre de 1914, a unos sesenta kilómetros mar adentro cerca de Coronel, buques de guerra británicos y alemanes pelearon su primera gran batalla naval (derrota británica con más de 1.500 hombres muertos, que fue vengada ferozmente cinco semanas después en las islas Falkland). Tanto Gran Bretaña como la Alemania imperial violaron la soberanía territorial chilena: en un momento en que no había buques de guerra chilenos en la zona para resguardar las reglas de la neutralidad[42], el crucero ligero alemán *Dresden* fue acorralado (el 14 de marzo de 1915) por los británicos en Más Afuera (archipiélago de Juan Fernández) y fue echado a pique. Los británicos se disculparon; los alemanes, no.

---

[42] Al *Dresden* no se le permitió permanecer más de 24 horas en un puerto neutral y excedió el límite; a los británicos no se les permitió atracar. Uno de los oficiales del *Dresden* que posteriormente escapó del internamiento en Chile (en la isla Quiriquina, bahía de Talcahuano) fue el teniente Wilhelm Canaris, luego almirante y jefe de la Inteligencia alemana durante la Segunda Guerra Mundial. Fue ejecutado por conspirar contra Hitler.

Los lectores de los periódicos chilenos (podemos presumir casi con certeza) encontraban el curso de la guerra mucho más fascinante que el eterno baile de la política parlamentaria, pero el baile siguió imperturbable. Con las elecciones presidenciales de 1915, Juan Luis Sanfuentes se presentó finalmente a la pelea como candidato de la Coalición. El «promotor de reyes» se convirtió en rey. No fue una victoria fácil: entre los electores tenía un margen de un voto a su favor respecto de su rival de la Alianza, pero el Congreso ratificó su posición por 77 votos contra 41. Sanfuentes tuvo al menos un mérito entre los jefes de Estado chilenos. Era, con diferencia, el hombre más alto que había llegado a presidente: en su nombramiento tuvo que agacharse mucho para recibir el fajín presidencial. La Presidencia, diría después, le brindó pocos momentos de placer. La politiquería parlamentaria estaba peor que nunca: Sanfuentes tuvo 17 gabinetes; su duración promedio fue de tres meses y medio. Él mismo favoreció los ministerios de la Coalición y, en su mayoría, los obtuvo hasta las elecciones parlamentarias de 1918, en que la Alianza hizo notables progresos –demasiados para disgusto de Sanfuentes.

La República Parlamentaria se estaba descomponiendo rápidamente. No es preciso caer en el viejo cliché de los historiadores de que la nación «hervía de descontento». La historia nunca es tan simple. Había muchos indicios de que Chile se aproximaba a una coyuntura de cierto tipo. Algunos de estos eran obvios, incluso para los políticos. La convención de la Alianza de 1915, por ejemplo, atrajo más representantes de los principales partidos que nunca antes. «La blusa del artesano, la corbata vistosa del asambleísta radical, el zapato tosco del agricultor, y el bastón recio del agente electoral», como señaló Rivas Vicuña[43] (el veterano radical Enrique Mac-Iver, alterado por la visión de tantos rústicos, no dejaba de murmurar: «¡Esto es una reunión de locos!»), se desplegaron en su máximo esplendor. En las elecciones de 1918, tanto los radicales como el Partido Democrático respaldado por el artesanado consiguieron logros impresionantes. Los radicales se convirtieron en la mayor delegación de la Cámara (con 32 diputados). Parte de su éxito se puede atribuir al hecho de que muchos radicales se veían a sí mismos cada vez más como un partido de la clase media.

---

[43] *Historia política y parlamentaria de Chile,* 3 vols., Santiago, Biblioteca Nacional, 1964, vol. I, p. 550.

La embrionaria clase media estaba lista para mostrar su fuerza. Aunque en 1918-1919 una efímera «Federación de la Clase Media» atrajo cierto número de comentarios, la clase media, claramente heterogénea en su naturaleza, en realidad no podía ser movilizada igual que el movimiento obrero. Después de 1917, los sindicatos gozaron de un rápido crecimiento, con el correspondiente aumento en las huelgas (más de 130 entre 1917 y 1920). En 1919, se creó una división chilena de la organización sindical industrial Industrial Workers of the World (IWW, Trabajadores Industriales del Mundo), la cual cobró especial fuerza en Valparaíso. De mayor importancia a largo plazo fue la Federación de Obreros de Chile (FOCH), organización ampliamente mutualista fundada en 1909 por un abogado conservador. Las antiguas mancomunales del norte, timoneadas con mano experta por Luis Emilio Recabarren y su POS, comenzaron a asumir entonces el control de la FOCH, que en 1919 era de carácter predominantemente socialista (aunque de ninguna manera exclusivamente socialista). A estas alturas, resulta imposible pasar por alto los importantes efectos de la Revolución rusa de 1917 y el triunfo de los bolcheviques. Las repercusiones se dejaron sentir en todo el mundo: en Chile, como en muchos otros lugares, los trabajadores estaban entusiasmados y alentados por estos acontecimientos que marcaron toda una época.

Los trabajadores no estaban totalmente faltos de aliados. También los estudiantes se estaban volviendo cada vez más radicales en sus posturas externas. La FECH (Federación de Estudiantes de Chile, fundada en 1906) no tenía originalmente un tinte muy reformista, aunque se había mostrado capaz de desplegar su militancia en varias ocasiones notables. En 1909, por ejemplo, había forzado la dimisión del director de la Escuela Médica de la Universidad de Chile, y cuatro años más tarde, en un sonado episodio, hizo que un impopular nuncio papal abandonase el país, miembros suyos robaron el capelo de monseñor e hicieron desfilar con él a un burro por la Alameda al día siguiente. Los estudiantes contaron en este asunto con la ayuda de políticos anticlericales del Congreso. A finales de la década de 1910, sin embargo, la FECH apoyó activamente las demandas de la clase trabajadora y expresó su solidaridad con los sindicatos durante una huelga general de un día realizada en Santiago en septiembre de 1919.

Se produjo entonces una causa para las manifestaciones de descontento social: el fin de la Primera Guerra Mundial y la aguda recesión a la que dio paso inmediatamente. Galvanizadas por la crisis, las protestas de la clase trabajadora alcanzaron nuevos hitos: con el fin de reclamar por el elevado precio de los alimentos (se dice que los porotos se habían vuelto «casi un artículo de lujo»[44]), una Asamblea Obrera de Alimentación Nacional, formada rápidamente para representar a la mayoría de las divisiones del trabajo organizado, realizó una enorme manifestación en Santiago en noviembre de 1918, a la cual siguieron reuniones masivas en otras ciudades. El gobierno respondió poniendo en vigencia una nueva Ley de Residencia que permitía a las autoridades deportar a los agitadores extranjeros (unos cuantos lo fueron) e imponiendo (en febrero de 1919) un estado de sitio de dos meses en Santiago y Valparaíso, el primero en 25 años. Sin embargo, quienes protestaban no cejaron y continuaron sosteniendo reuniones masivas. Desde ese momento, el movimiento obrero sería un actor permanente en la escena chilena.

Aún quedaba por ver si el sistema político podía adaptarse con éxito a las presiones sociales que se habían constituido tan claramente después de 1918. Los partidos Radical y Demócrata canalizaban parte del descontento, sin duda, pero todavía se necesitaba algo más. ¿Podía encontrarse un líder que encarnara al mismo tiempo las esperanzas confusas y contradictorias de la clase media y de la clase trabajadora en Chile?

Probablemente nunca (antes de marzo de 1915) se le hubiera ocurrido a Arturo Fortunato Alessandri, un fuerte pero convencional político parlamentario, elegido seis veces como diputado liberal por Curicó, que justamente él podía ser ese líder. En 1915, Alessandri (que entonces tenía cuarenta y siete años) aceptó la designación como candidato para el Senado por Tarapacá. El distrito era claramente un bastión liberal-demócrata inexpugnable, administrado por un caudillo local clásico: Arturo del Río, abogado, empresario, propietario de un periódico y (desde 1909) senador. La campaña inusualmente dinámica de Alessandri estuvo marcada por la violencia (el mismo candidato llevaba una Smith & Wesson), pero también por un indudable brote de entusiasmo popular. Ganó con el 65 por 100 de los votos y, al regresar a Santiago, se le brindó una recepción triunfal. Desde entonces se le conocería para siempre como el «León de Tarapacá». Adquirió este apodo de un periodista-poeta de Iquique que se opuso a la maquinaria de Del Río y así contribuyó a allanar el camino al nuevo león.

---

[44] *El Mercurio,* 15 de octubre de 1920.

El éxito de Alessandri en 1915 lo había transformado en posible presidente. Ahora ya no mantenía en secreto sus anhelos (en marcado contraste con la discreción de la que eran partidarios los aspirantes previos a la presidencia) y los promovió activamente durante un breve discurso como ministro del Interior tras el triunfo de la Alianza en las elecciones parlamentarias de 1918. Los liberales más tradicionales, que habían llegado a alabar el estilo apasionado de Alessandri, se retiraron de la Alianza en noviembre de 1919 para formar su propia Unión Liberal.

De esta manera, en 1920, se realizaron dos convenciones liberales para escoger candidatos. La Unión Liberal (liberales, liberal demócratas y nacionales) nominaron al caballeroso Luis Barros Borgoño, sobrino del gran historiador Diego Barros Arana, en cuya casa se había criado. Los conservadores le brindaron su apoyo y la Coalición recibió un nuevo nombre: la Unión Nacional. La Alianza (liberales, radicales y demócratas) eligió a Alessandri en la segunda votación. Su discurso de aceptación estaba imbuido de un vago ardor reformista. Alessandri advirtió que (a diferencia de Riesco o Barros Luco) él *sí* sería una amenaza —«para los espíritus reaccionarios, para los que resistan a toda reforma justa y necesaria»—. Al día siguiente de su «proclama», la Unión Nacional colocó un aviso en la prensa con el alarmante título de HANNIBAL AD PORTAS, acusando a Alessandri, de forma bastante absurda, de «avanzadas tendencias comunistas». Los antiguos romanos no habrían dado muestras de tal pánico. Este particular Aníbal, a diferencia del verdadero, alcanzó las puertas y las cruzó.

8
El León y la mula, 1920-1938

Todavía soy el León [...], Ibáñez es la mula.

Arturo Alessandri, 1927.

El final de la Primera Guerra Mundial estuvo acompañado por un periodo de perturbación económica y social en muchas partes del mundo. Chile no fue una excepción. La llegada de la paz en la lejana Europa trastocó gravemente la economía chilena y añadió nuevas cargas en un sistema político que ya había demostrado su incapacidad para lidiar con dilemas menos serios. Las dificultades de la posguerra dejaron al descubierto las limitaciones de la economía: sobredependencia en la producción de materias primas, políticas fiscales y monetarias inadecuadas, creciente inercia en la agricultura. Y las necesidades económicas combinadas con los trastornos políticos impulsaron finalmente tanto al Estado como a la economía por nuevos rumbos.

El efecto más terrible del armisticio fue la paralización de las salitreras. El Nitrate of Soda Executive de los aliados copó de pronto el mercado vendiendo sus existencias a muy bajo precio, lo que, a su vez, hizo disminuir los precios. El resultado era totalmente predecible: en 1919 las exportaciones cayeron un 66 por 100 Aunque en 1920 ya habían comenzado a recuperarse, la producción y las exportaciones volvieron a caer en un 50 por 100 al año siguiente. Más de 10.000 mineros y sus familias se dirigieron a Santiago, infectando la ciudad con el virus de la desesperación —y la viruela—. El gobierno respondió como lo había hecho en el pasado, ofreciendo subsidios y comprando el excedente, mientras que las compañías creaban la Asociación de Productores de Salitre de Chile, que impuso cuotas para estabilizar los precios. Como resultado, los precios del salitre y, por ende, el empleo, aumentaron −por un tiempo−.

La producción de cobre también disminuyó en los primeros años de la posguerra, pero en este caso la tendencia principal era al alza: a finales de la década de 1920, la producción de la Gran Minería (responsable del 90 por 100 de todo el cobre producido) alcanzaba las 317.000 toneladas, aproximadamente el 16 por 100 del mercado mundial. Las minas de cobre, además, comenzaban a contribuir cada vez más a la economía chilena. En 1925, el gobierno gravó a las compañías con un impuesto del 6 por 100. Dicho impuesto, junto con otro gravamen, aumentó la tasa tributaria para la minería del cobre al 12 por 100. Además, las nuevas leyes de seguridad social puestas en vigencia también aumentaron las contribuciones reales que las compañías norteamericanas le hacían al gobierno central. El cobre no sólo empezó a reemplazar al salitre como fuente favorita de ingresos de La Moneda, sino que quedaban en Chile más ganancias de la Gran Minería que antes.

Tabla 8.1. Exportaciones de salitre, 1918-1924

	Producción (miles de toneladas)	Exportaciones (miles de toneladas)	Valor (millones de dólares estadounidenses de 1960)
1918	2.859	2.919	312,6
1919	1.703	803	83,6
1920	2.523	2.746	403,5
1921	1.309	1.193	106,4
1922	1.071	1.252	114,2
1923	1.905	2.242	194,0
1924	2.403	2.333	199,8

Fuente: Strickell, *Migration and Mining: Labor in Northern Chile in the Nitrate Era, 1830-1930,* cit., p. 340; Cariola y Sunkel, *Un siglo de historia económica de Chile,* cit., p 127.

La Primera Guerra Mundial significó un impulso que hizo prosperar incluso a los hacendados más indolentes. Tratando de llenar el vacío que las naciones europeas habían dejado al entrar en la guerra, los terratenientes chilenos se apresuraron a cultivar más tierra. Desgraciadamente, la falta de transporte que lastraba a los productores salitreros también impedía que las haciendas mandasen sus productos a Europa. Aún peor, el gobierno, ansioso por prevenir la escasez, restringió las exportaciones de productos alimentarios durante los primeros años de la guerra. Aunque esta prohibición protegía al consumidor perjudicaba al campo, pero no se pudo convencer al gobierno de que rescindiese la medida.

Aprovechando la inercia de la guerra, la producción agrícola aumentó entre 1920 y 1930 más que en la década anterior; la proporción de tierra cultivada subió en más de un 50 por 100. Como siempre, el crecimiento era desigual y a algunos sectores les iba mejor que a otros. La viticultura prosperó: la producción de vino y chicha subió a más del doble en la década de 1920 (a 327.800.000 litros). La ganadería floreció: la cantidad de ganado vacuno aumentó en un 10 por 100 y el ganado bovino, caprino y porcino tuvo un crecimiento aún mayor. Las cosechas básicas también obtuvieron buenos resultados, con significativas alzas, durante esta década, en la producción de cebada (89 por 100), maíz (90 por 100), patatas (50 por 100) y trigo (50 por 100), por tanto tiempo el producto principal. Las sembradoras, trilladoras, segadoras y cosechadoras empezaron a ser utilizadas cada vez más. En 1930, había más de 600 tractores en Chile.

Aun así, el dominio absoluto de los hacendados en el campo chileno parecía todavía tan fuerte que un veterano, el político Malaquías Concha, se lamentaba (en 1921): «No hay libertad posible si la tierra de todo un país pertenece a *un solo individuo o a un limitado número de personas*»[1]. En 1924, una décima parte de todas las propiedades abarcaban más de nueve décimas partes de la tierra. Hay que reconocer que algunas de estas propiedades eran ranchos que contenían terreno montañoso inútil. En el corazón del Valle Central, el 0,45 por 100 del total de las propiedades ocupaban más de la mitad de la superficie (52 por 100). Este sistema de tenencia de la tierra tan poco equitativo parecía resistente a la modernización. Las máquinas cuestan dinero, los inquilinos no. Los terratenientes no tenían por qué temer la competencia: el crecimiento de la población urbana garantizaba un mercado estable para sus productos. Bastaba con un pequeño esfuerzo e incluso pocas inversiones de capital para que las haciendas produjeran ganancias. Sólo después, cuando la intrínseca ineficacia del sistema de haciendas se hizo más obvia, se sintieron obligados los gobiernos chi-

---

[1] *El Mercurio*, 15 de mayo de 1921. En cursivas en el original.

lenos a resolver el problema. La reforma agraria aún no había entrado seriamente en la agenda política.

Habiendo prosperado y florecido durante la guerra, los industriales chilenos buscaban consolidar sus recientes logros. Presionaron a las autoridades para modernizar las carreteras, extender el sistema ferroviario y agrandar los puertos. También persuadieron al gobierno (siempre hambriento de ingresos) para que aumentase los impuestos a las importaciones. En 1921, el Congreso elevó los aranceles de las mercancías importadas en un 50 por 100 y gravó con impuestos especiales (a veces de hasta un 100 por 100) ciertos artículos específicos. La industria manufacturera creció a pasos agigantados entre 1920 y 1928, con aumentos significativos en la producción de textiles (más del 250 por 100), zapatos (140 por 100) y bebidas (120 por 100). De hecho, a finales de la década de 1920, los fabricantes chilenos producían tanta maquinaria como bienes de consumo. Este recién adquirido fondo iba a suministrar una buena base para el país cuando golpeó la Depresión.

En retrospectiva, el periodo parlamentario debería ser llamado con justicia la «edad de oro del endeudamiento». Entre 1891 y 1924, la deuda de La Moneda había aumentado en un 300 por 100[2]. El Congreso había recurrido repetidamente a bancos extranjeros y nacionales para financiar los déficits presupuestarios. Este proceso se intensificó tras la guerra. Entre 1920 y 1922, las deudas externa e interna alcanzaban los 6 millones de libras esterlinas y los 200 millones de pesos, respectivamente. Hipotecar a las futuras generaciones de esta manera podría haber sido razonable si los gastos hubieran beneficiado de alguna forma a la nación, pero una enorme proporción del dinero prestado, a veces el 40 por 100, servía para pagar los salarios y las pensiones de los burócratas. En 1924, el Congreso finalmente aprobó (casi literalmente a punta de sable) un impuesto sobre la Renta, cuyo monto variaba según la profesión o el oficio. Aunque no progresivo, este impuesto incrementó en más de la mitad los impuestos directos como parte de los ingresos del gobierno. En 1925 se aprobó otro impuesto, el Global complementario, que recargaba (en 0,05 por 100-0,70 por 100) los impuestos preexistentes. Al eximir a quienes ganaban menos de 10.000 pesos anuales, esta medida introdujo un vestigio de equidad en el sistema tributario.

---

[2] En el periodo 1870-1891, el aumento sólo había sido de un 60 por 100.

A pesar de los logros de la agricultura y la manufactura (y de la emergencia de la Gran Minería), la economía chilena siguió estando sujeta a la explotación de sus recursos minerales. Esta peligrosa dependencia respecto de los mercados extranjeros quedó en evidencia con especial claridad debido a la aguda recesión que se produjo tras la Primera Guerra Mundial, pese a la recuperación más adelante. Con el trasfondo de una intranquilidad social y un desempleo significativos, el país se enfrentó a su primera gran crisis política del siglo.

El primer periodo presidencial de Alessandri

Arturo Alessandri luchó con gran vigor en la elección presidencial de 1920. Chile era Tarapacá a lo grande. Sus virtudes retóricas eran considerables: ningún político chileno del siglo xx le ha igualado en este aspecto. Fue, sin duda, el político chileno que ha estado más cerca de ser un «líder carismático» (en una cultura chilena refractaria a estas cosas). La magia de su nombre bastó, casi 40 años más tarde, para ayudar a su hijo a conseguir la presidencia chilena. Abundan las historias sobre sus discursos. Era capaz de captar la atención de una multitud como pocos lo han hecho. Uno de sus secretos era la inclusión de expresiones populares cuidadosamente colocadas en sus discursos (como cuando describió la clase alta chilena como «la canalla dorada» o a quienes lo apoyaban como su «querida chusma»). Sus discursos no se leen bien hoy día, si es que alguna vez lo hicieron. Su consigna repetida y muy poco original «El odio nada engendra, sólo el amor es fecundo» parece políticamente vacua, pero claramente emocionaba a quienes la escuchaban. Todo sucedía en el momento preciso. El hombre mismo seguía siendo polémico. Sin embargo, sea cual sea nuestro veredicto, su figura perduró más allá de su propia vida. Winston Churchill dijo una vez en alusión a Joseph Chamberlain que era un hombre que «creaba el clima». Algo parecido podría decirse de Alessandri, el líder electo que conservó el poder por más tiempo en la historia chilena.

Su asalto frontal a la República Parlamentaria generó una excitación sin precedentes. El análisis de René Millar de la elección de 1920 muestra que, mientras las campañas parlamentarias tradicionales seguían su curso, importantes sectores de las clases media y trabajadora «se sintieron fuertemente atraídos por la personalidad de Alessandri y por la orientación de su campaña, hasta el punto de identificarse con él y apoyarlo sin reservas»[3]. En este sentido, la «revuelta del electorado» resultó muy real en 1920. El resultado fue muy estrecho: Alessandri había ganado en el colegio electoral, pero se encontraba levemente atrás en el voto popular. La Unión Nacional estuvo seriamente tentada de cortarle el paso, por las buenas o por las malas. Decidido a no verse despojado de su victoria, Alessandri siguió presionando a través de repetidas manifestaciones masivas, que la Unión Nacional vio como intimidatorias.

Esta extraordinaria elección aún iba a dar más sorpresas. Tres semanas después de la votación, se produjo una movilización general y se enviaron tropas al norte para enfrentarse a un inminente ataque de Bolivia —que nunca se materializó—. La opinión pública bautizó este acontecimiento como «La guerra de don Ladislao» (por el conservador Ladislao Errázuriz, entonces ministro de Guerra). ¿Se trataba de crear una distracción patriótica para la población ya excitada? No está muy claro[4]. La emociones patrióticas estaban desatadas, entrelazadas inevitablemente con la política del momento. Una multitud (incitada por los políticos de la Unión) asaltó la sede en Santiago de la FECH, organización inclinada a la acción pacífica. En Punta Arenas, las actitudes de los trabajadores en contra de la guerra llevaron a atacar y a quemar las sedes del sindicato, con la consiguiente pérdida de 12 vidas.

Alessandri se negó a ser intimidado. Varios políticos (incluido Barros Borgoño) llamaron a mantener la calma. Se invocó el precedente de 1896 y se creó un tribunal de honor para revisar los votos electorales. Mientras estaba reunido, como para añadirle más dramatismo, uno de sus miembros, el veterano liberal Fernando Lazcano, sufrió un ataque cardíaco y murió. (Antes había sido mentor del joven Alessandri, pero en 1920 era su más acérrimo adversario.) A la larga, este declaró que Alessandri tenía «mejor derecho» a ser presidente. El 23 de diciembre, ciñó la banda presidencial en medio de escenas de delirante entusiasmo público.

---

[3] René Millar C., *La elección presidencial de 1920*, Santiago, Editorial Universitaria, 1981, p. 213.

[4] La guarnición de Santiago era en gran parte alessandrista, razón de sobra para trasladarla a otra parte; además, el coronel que sembró la alarma del irredente e imaginario ataque boliviano era también un ferviente partidario de Alessandri. Las memorias de Alessandri muestran que él mismo creyó después que la movilización había sido decretada de buena fe.

Sin embargo, fue un falso amanecer. Los muchos chilenos que habían puesto sus esperanzas en una legislación social y en una reforma constitucional inmediatas (los dos principales temas de Alessandri, reiterados con fuerza en su mensaje ante el Congreso el 1 de junio de 1921) pronto se vieron tristemente decepcionados. Los antiguos usos eran resistentes y los hábitos parlamentarios estaban profundamente arraigados. Alessandri se veía enfrentado al obcecado obstruccionismo de los parlamentarios de la Unión Nacional, especialmente en el Senado, donde los conservadores Ladislao Errázuriz y Rafael Luis Gumucio lideraron enérgicas ofensivas, mientras Manuel Rivas Vicuña fue igual de elocuente en la Cámara. Por otra parte, su propia Alianza Liberal resultó menos coherente y maleable de lo que él hubiera querido. Las reglas parlamentarias no habían cambiado: el presidente tenía poco espacio para maniobrar. A pesar de sus primeros esfuerzos por mantener la continuidad ministerial, se vio obligado a reconstituir sus gabinetes casi tan a menudo como sus predecesores del periodo parlamentario. Las actas del Congreso no eran totalmente negativas: en 1923, se aprobó (en principio) la introducción de un impuesto sobre la Renta. Sin embargo, la legislación social no avanzó. Las leyes laborales presentadas por Alessandri en 1921 quedaron atrapadas rápidamente (estaban hechas para eso) en los complejos procedimientos del Congreso.

Cuando recurrió al electorado, Alessandri obtuvo pocos resultados: en las elecciones de marzo de 1921, la Alianza mejoró su posición en la Cámara de Diputados, pero no logró quebrar el fuerte predominio de la Unión en el Senado. Tres años después, el propio Alessandri rompió la tradición dirigiendo una fuerte campaña en el sur (ningún presidente anterior había hecho campaña estando en el puesto) y recurriendo a ciertos usos del poder ejecutivo que recordaban los días de la «intervención». La Alianza ganó ambas cámaras. Un mapuche entró en la Cámara de Diputados por primera vez en la historia de la nación. Muchos (quizá la mayoría) de los nuevos parlamentarios eran de clase media, que Alessandri había promovido activamente al colocarlos en cargos gubernamentales. Esta aparente ventaja fue socavada por el estrecho margen que le daba la mayoría en el Senado y, lo que es más importante, por las divisiones en el interior de la propia Alianza. Una facción del entonces poderoso Partido Radical (7 senadores y 37 diputados en 1924) se volvió contra el presidente, acusándolo de personalismo. En julio de 1924 el diputado radical Pablo Ramírez hizo un discurso especialmente apasionado sobre este asunto. Como en tiempos de Balmaceda, la principal lucha política parecía limitarse al enfrentamiento de un presidente con miras al futuro y un poder legislativo obstructivo, un Congreso que no sabía o no quería actuar. Para movilizar a sus seguidores, Alessandri retrató la situación con su pico de oro, sin grandes resultados. La euforia de 1920, gradualmente se transformó en desilusión y en frustración. Después de todo, la República Parlamentaria no se había roto. ¿Quién cortaría el nudo gordiano?

Aunque algunos ya se habían desilusionado mucho antes. La fuerza laboral organizada obtuvo poco de él. En un comienzo, es cierto, medió personalmente en una o dos huelgas, obteniendo acuerdos favorables para los trabajadores. Sin embargo, pronto se impacientó con sus demandas y se opuso inflexiblemente a los débiles esfuerzos que se estaban realizando para extender la sindicalización al campo. Los hacendados, por su parte, no tenían dificultades para oponerse a ello (y Alessandri les expresaría públicamente su apoyo en mayo de 1921). Pasarían otros 40 años antes de que las zonas rurales pobres accediesen al escenario político como actores por derecho propio.

Para la clase trabajadora urbana, la situación empeoró después de 1920 por la seria baja que sufrió la industria del salitre. Entre diciembre de 1920 y diciembre de 1921, la producción caía mensualmente (de 222.315 a 75.443 toneladas; las exportaciones, en un 50 por 100). En 1922, habían cerrado 70 oficinas y por lo menos 20.000 trabajadores desempleados se habían ido al sur, donde presionaban al Congreso —«si patriotismo existe en el corazón de los miembros de ese alto cuerpo»— para que aprobaran proyectos de obras públicas[5]. Dadas estas condiciones, fueron reclutados fácilmente por la FOCH y por los seguidores de Recabarren para participar en manifestaciones y reuniones. En la pampa salitrera propiamente dicha, un enfrentamiento entre las tropas y los huelguistas ocurrido en febrero de 1921, en la oficina San Gregorio, dejó más de 40 muertos (uno de ellos el capataz inglés). Este hecho que distanció aún más a la clase trabajadora de la presidencia de Alessandri. Recabarren había sido elegido para el Congreso en 1921 como uno de los dos diputados del POS y continuaba imponiendo su estrategia de acción electoral.

---

[5] *El Mercurio*, 24 de febrero de 1921.

Para entonces, su conversión al marxismo era completa. En enero de 1922, reunido en Rancagua, el POS votó por convertirse en el Partido Comunista de Chile y por postularse como miembro del Comintern. (Recabarren se suicidó en diciembre de 1924.) Así, la FOCH cayó rápidamente bajo el control comunista. La mayor parte de sus fuerzas se encontraban en las minas de carbón en el sur y en los puertos del salitre; y los miembros que pagaban cuotas probablemente no superaran las 20.000 personas. En términos del liderazgo de las huelgas a comienzos de la década de 1920, la FOCH era menos importante que la división chilena de la IWW, que ya se había recuperado de la represión de 1920; y menos activa, especialmente en Valparaíso. Por otra parte, un gran número de otros sindicatos seguían una línea más bien anarco-sindicalista y se negaban a adoptar el énfasis político de Recabarren. (La FECH, la federación estudiantil, también estuvo muy influenciada por el comunismo en esta etapa.) Las diferencias ideológicas, sin embargo, eran sólo uno de los factores que debilitaban la posición de los sindicatos tras el comienzo de sus actividades en 1918-1920. Las asociaciones de empleadores habían crecido sostenidamente desde 1920 y se habían vuelto más agresivas, como demostró el fracaso de la huelga general en Valparaíso en febrero de 1922, respaldada por el sindicato IWW (Trabajadores Industriales del Mundo). En cualquier caso la elevada tasa de desempleo les facilitaba la contratación de «krumiros» (esquiroles).

En la imagen que Alessandri tenía de Chile, la fuerza obrera organizada ciertamente tenía su espacio, pero él insistía en que se introdujera una legislación laboral apropiada que reemplazara la estructura del *laissez-faire* existente. A esas alturas, muchos intelectuales chilenos veían con estupor y asombro estos problemas, aguijoneados por una aguda conciencia del cambio social que se estaba produciendo en Chile y preocupados por los descalabros que había ocasionado en Europa la Primera Guerra Mundial. Así, la intervención del Estado en los asuntos laborales era vista cada vez con mayor beneplácito por la intelectualidad nacional. Mientras tanto, el Congreso seguía con el juego parlamentario como si nada hubiera ocurrido en 1920. Y había claramente un creciente movimiento en favor de algún tipo de reforma constitucional. El 1 de febrero de 1924, los partidos de la Alianza y de la Unión firmaron un acuerdo en favor de cambiar los procedimientos parlamentarios para limitar los votos de censura de la Cámara de Diputados, instituir el cierre de los debates por simple mayoría y evitar el uso de tácticas dilatorias en el caso de la legislación del presupuesto. Los dirigentes de los partidos también estuvieron de acuerdo en introducir una dieta o salario parlamentario (como en el Congreso de Estados Unidos desde su inicio o en la Cámara de los Comunes británica desde 1908): 30.000 pesos para los senadores, 15.000 pesos para los diputados. Para esto se requería una enmienda constitucional: para acelerar las cosas, el gobierno solicitó una «ley interpretativa», del tipo que se había utilizado en 1865 con el tema de la libertad de culto. Este programa perfectamente razonable despertó una fuerte hostilidad pública, en gran medida porque era la única Ley presentada por el acuerdo Unión-Alianza, y dejaba claramente para más adelante la legislación social propuesta por Alessandri.

A medida que el invierno de 1924 llegaba a su fin, la relación entre el presidente y el Congreso seguía en punto muerto. Aun así, esto no constituía una mera repetición de la situación de 1891. El apoyo popular de Alessandri era mucho mayor del que había tenido Balmaceda. Las nuevas fuerzas sociales necesitaban encontrar una manera de entrar en el sistema. ¿Cómo podía romperse el estancamiento? La respuesta surgió con sorprendente rapidez. El nudo gordiano fue roto de pronto por las fuerzas armadas, no por políticos. Fueron ellas más que Alessandri las que finalmente enterraron la República Parlamentaria. En diez extraordinarios días en septiembre de 1924, las fuerzas armadas hicieron, primero, que la presidencia de Alessandri se tambaleara y, luego, la destruyeron, imponiendo un régimen militar en Chile. Las reglas del juego cambiaron de repente, al igual que el juego mismo.

LA INTERVENCIÓN MILITAR Y UNA NUEVA CONSTITUCIÓN

Los oficiales del Ejército tenían clara conciencia de los defectos del gobierno parlamentario, probablemente tan aguda como la de cualquier otro grupo de chilenos. A través de su intermitente labor de contención de los desórdenes urbanos, habían llegado a conocer muy de cerca la «cuestión social». Además, la Ley del servicio militar obligatorio de 1900 los había ido acercando cada vez más a las clases pobres, pues los conscriptos eran siempre en su mayoría trabajadores o campesinos. En 1910, la insatisfacción con la política militar de la República Parlamentaria llevó a un grupo de oficiales a formar una Liga Militar secreta, que pretendía llevar a cabo un golpe de Estado para colocar en La Moneda al historiador Gonzalo Bulnes (que entonces estaba escribiendo su clásico relato sobre la Guerra del Pacífico). Bulnes formaba parte del plan pero luego se negó a seguir con él. Una conspiración más seria, cuyas figuras punteras eran los generales Guillermo Armstrong y Manuel Moore, motivada en parte por el temor exagerado de los militares al «bolchevismo» y a la militancia laboral, había sido detectado por el gobierno en 1919: sesenta oficiales, más o menos, fueron encontrados culpables; cerca de la mitad recibió algún tipo de castigo.

El fracaso de Alessandri para sacar adelante su programa había aumentado las filas de quienes estaban descontentos en el interior del Ejército. En su resentimiento contra el presidente, los políticos de la Unión no dudaron en buscar el apoyo de los oficiales de mayor rango. Se formó entonces otra sociedad secreta: la TEA («Tenacidad, Entusiasmo, Abnegación»), cuyo objetivo final era liberar al país de Alessandri. Los oficiales de rango intermedio e inferior, sin embargo, estaban mucho más interesados en lograr una «reorganización» nacional dirigida con firmeza, que en restaurar el poder de los conservadores. Poco después de la apertura del nuevo Congreso (junio de 1924), algunos grupos formados por estos oficiales comenzaron a reunirse en el Club Militar (en la Alameda), furiosos por la proposición de la dieta parlamentaria. En estas reuniones, se destacaban el efusivo y emocional mayor Marmaduke Grove (subdirector de la Escuela Militar) y el frío y taciturno mayor Carlos Ibáñez (comandante de la Escuela de Caballería). Aún queda mucho por contar con respecto a ambos.

A primeras horas de la noche del 2 de septiembre, un grupo formado por unos 50 oficiales se reunió en la galería del Senado y aplaudió fuertemente a los senadores que estaban hablando contra la Ley de la dieta. Esta escena se repitió la noche siguiente. Cuando el ministro de Guerra les pidió que se retiraran, los oficiales lo hicieron, pero de manera muy desafiante y con un gran estruendo producido por el entrechocar de sus espadas. El 4 de septiembre, el inspector general del Ejército, general Luis Altamirano, informó al gabinete de que el alto mando apoyaba a los oficiales en cuestión. El comandante de la guarnición más importante de Santiago, el general Pedro Pablo Dartnell, informó de que no se adoptarían acciones disciplinarias. Frente a este incipiente motín, Alessandri aceptó recibir a una delegación militar en el palacio al día siguiente. De un día para otro, en la Escuela de Caballería, el mayor Ibáñez y su asistente el capitán Alejandro Lazo redactaron una lista de demandas. A sugerencia del mayor Ibáñez, los oficiales en conflicto expusieron sus demandas: la supresión de la dieta, un impuesto sobre la Renta inmediato, promulgación del Código laboral de Alessandri, mejoras para los militares y la renuncia de tres ministros del gabinete (el ministro de la Guerra entre ellos). Ibáñez también propuso la formación de una Junta Militar y Naval, para velar por los acontecimientos. Todas estas sugerencias fueron aceptadas en una reunión de oficiales en el Club Militar la mañana del viernes 5 de septiembre. El nuevo comité fue después a ver al presidente.

El encuentro de dos horas fue tenso y en ocasiones acalorado. Alessandri se negó a despedir a los tres ministros, pero el gabinete resolvió la cuestión por él renunciando de inmediato. Con poco margen de maniobra en este punto, Alessandri nombró al general Altamirano jefe del nuevo ministerio. Tras el fin de semana, el lunes 8 de septiembre, Altamirano apareció en el Congreso y exigió la aprobación de ocho leyes, incluido el Código laboral de Alessandri. Prácticamente sin siquiera una palabra de protesta, las leyes fueron aprobadas, firmadas y promulgadas, todo en pocas horas. Los acontecimientos rápidamente tomaron un cariz más serio. A pesar de su éxito intimidando a los legisladores para que actuasen, el comité naval–militar anunció que seguiría en pie hasta que se completase la «purificación» administrativa y política. Para Alessandri, que se sentía cautivo de los militares, la posición era intolerable. Renunció a la Presidencia y en torno a las 3 horas del 9 de septiembre se trasladó a la embajada de Estados Unidos por sugerencia del embajador William M. Collier. La tarde del siguiente día, Alessandri subió a un tren especial en la estación de Mapocho para emprender su viaje al exilio, con Italia como último destino. El décimo día de este extraordinario drama –11 de septiembre– una Junta de gobierno formada por el general Altamirano, el almirante Francisco Nef y el general Juan Bennett tomó el mando de la nación.

Con la creación de la Junta, las iniciativas pasaron una vez más a manos de los oficiales de alto rango, que mantenían una estrecha relación con la Unión Nacional. Los futuros reformadores militares sospecharon que se estaba preparando el terreno para una restauración conservadora, que estaría encarnada en la candidatura presidencial del archiconservador Ladislao Errázuriz. La Marina, por su parte, apoyó enérgicamente a la Junta y el comité se disolvió cuando sus oficiales se retiraron del mismo. Sus miembros más activos (Ibáñez y Grove como siempre en primer plano) optaron entonces por la conspiración. Esta decisión se vio fortalecida por el anuncio formal de la candidatura de Errázuriz (8 de enero), que venía acompañada por la demanda de los partidos Radical y Demócrata de que Alessandri volviera. El viernes 23 de enero de 1925, los conspiradores dieron el golpe: las tropas rodearon La Moneda; Altamirano y Nef (Bennett estaba fuera de la ciudad) fueron arrestados y se instaló una nueva Junta, bajo el mando del general Pedro Pablo Dartnell. El Alto Mando naval, sin embargo, escenificó una feroz resistencia frente al nuevo gobierno. Durante dos o tres días hubo una gran tensión, sólo disipada por las señales de indisciplina entre los marineros, la oportuna mediación de Agustín Edwards y la inclusión de un almirante (Carlos Ward) y un civil (Emilio Bello Codesido) en la Junta. El cargo clave de ministro de Guerra fue ocupado por Ibáñez, que entonces era coronel. Se le enviaron telegramas a Alessandri, entonces en Italia, invitándolo a volver y asumir de nuevo la Presidencia.

La segunda Junta, a pesar de haberse comprometido a restaurar la «revolución» traicionada por los oficiales de más alto rango en septiembre de 1924, sabía que su base de poder era especialmente frágil. La Junta superó con éxito la rebelión del Regimiento de infantería de Valdivia (27 de febrero), tras lo cual Ladislao Errázuriz y alrededor de una docena de políticos de la Unión (claramente implicados) fueron enviados al exilio durante dieciocho meses. Enfrentada a estos enemigos, la Junta buscó aliados en otros sectores de la sociedad. Su actitud hacia el mundo laboral, por ejemplo, parecía favorable. Había respondido dándole su apoyo a la masiva huelga de los arrendatarios de los conventillos, que comenzó pocos días después del golpe de Estado del 23 de enero. Una nueva Ley de arrendamiento (13 de febrero de 1925) creó los Tribunales de Vivienda, habilitados para bajar el precio de los arriendos. Los propietarios, sin embargo, lograron modificar la composición de estos tribunales de manera más favorable para ellos. (Esto tuvo el efecto de romper el movimiento huelguista en contra del pago de la renta: los comunistas intentaron buscar nuevos apoyos y los anarquistas continuaron con la resistencia.) Los reformadores militares sólo podían actuar dentro de ciertos límites.

Alessandri volvió a Santiago el 20 de marzo, aclamado por multitudes jubilosas hasta el delirio que lo escoltaron de la Estación Central a La Moneda, desde cuyo balcón los instruyó una vez más sobre la diferencia entre el amor y el odio. Algunos querían rebautizar la Alameda con su hombre y la Junta así lo había decretado. Alessandri sugirió con modestia que si había que vincular algún nombre a la principal avenida de la ciudad este debería ser el de O'Higgins, y así fue cómo tomó la avenida su nombre moderno (pomposamente alargado en 1979). No hace falta decir que Alessandri tenía la mente puesta en temas más importantes. Al darse cuenta de que estaba de vuelta en el poder gracias a la tolerancia militar, prudentemente mantuvo al coronel Ibáñez como ministro de Guerra. Se negó a todas las sugerencias de que el Congreso (disuelto en septiembre de 1924) fuera citado nuevamente, prefiriendo gobernar por decreto y usando esta oportunidad para poner en vigor (entre otras cosas) su largamente anhelando programa para la creación de un Banco Central (25 de agosto de 1925). Aunque deseaba hacer gestos simbólicos que mejoraran sus relaciones con la fuerza laboral organizada (el Primero de mayo pasó a ser un día festivo legal), siguió recurriendo a los antiguos métodos para contener la creciente intranquilidad. En mayo, cuando estallaron algunas huelgas en Tarapacá, la Marina desembarcó sus tropas y masacró salvajemente a los trabajadores del salitre (3 de junio) en la oficina La Coruña. Las víctimas se contaban por cientos.

La prioridad inevitable de Alessandri era la reforma constitucional. El 7 de abril nombró una Gran Comisión Consultiva de 53 miembros (luego aumentó su tamaño a más del doble), que representaba a todos los partidos políticos, incluido el Comunista[6]. Un subcomité más pequeño trabajó en el borrador, que fue presentado ante toda la Comisión el 23 de julio; ante la que habló el propio Alessandri. Los miembros radicales, conservadores y comunistas se opusieron al borrador; las palabras de Alessandri no los disuadieron. El día fue salvado por la

---

[6] La Comisión (con agregados) incluyó 26 radicales, 16 liberales, 14 conservadores, 14 demócratas, 10 liberal demócratas, 6 comunistas y 2 nacionales. Los 30 miembros restantes, más o menos, eran independientes de diversas líneas.

directa intervención del general Mariano Navarrete, el delegado militar, quien expresó cortésmente la opinión del Ejército de que el texto debía ser aprobado. Lo fue. El 3 de agosto se realizó un plebiscito: la participación fue baja (45 por 100), pero el 93 por 100 de quienes se tomaron la molestia de ir a las urnas depositó la papeleta de voto roja, que significaba la aceptación de la nueva Constitución. Fue promulgada, como estaba previsto, en una ceremonia el 18 de septiembre. En noviembre fue elegido un nuevo Congreso.

La Constitución de 1925 no significó una vuelta total al presidencialismo. Sin embargo, sí inclinó la balanza en favor del poder ejecutivo. Ahora el presidente sería elegido cada seis años (por votación popular directa); el Congreso, cada cuatro (con un sistema de representación proporcional). Se eliminaron las leyes «periódicas»: desde entonces, sólo el presupuesto de la nación debía ser aprobado anualmente y, en caso de demora, el presidente tenía el derecho de hacer lo que Balmaceda había hecho el 4 de enero de 1891. Los votos de censura del Congreso (una cuestión de práctica, no de ley) fueron anulados. El derecho previo de los congresistas a validar las credenciales electorales de sus miembros fue ahora transferido a un tribunal independiente. La legislación declarada «urgente» por el presidente debía ser despachada en forma expedita. El procedimiento para realizar enmiendas constitucionales (tan laborioso en el documento de 1833) fue simplificado sustancialmente. Los primeros «decretos transitorios» de la Constitución –entre muchos otros por venir– separaban la Iglesia del Estado. El gobierno aceptaba pagar a la Iglesia un subsidio de 2,5 millones de pesos durante cinco años. Decidido a solucionar definitivamente este antiguo debate, Alessandri había aprovechado su estancia en Roma: logró un acuerdo directamente con el papa Pío XI y los funcionarios del Vaticano. Dicho acuerdo fue aceptado de mala gana por la jerarquía y el clero chilenos. Es difícil pensar que esto haya alterado la posición de la Iglesia en la vida chilena.

La nueva Constitución aumentaba el poder presidencial, pero no afectó ni disminuyó de manera alguna el papel de los partidos políticos. Como veremos, este papel se fortaleció en los años que siguieron. Aquí, el legado de los años parlamentarios era profundo. La competencia entre los partidos se había vuelto algo inseparable del estilo de vida de los chilenos. Los partidos, de hecho, se estaban convirtiendo en «los pilares» fundamentales de la sociedad: sus redes unían Santiago con las provincias, su influencia a menudo se extendía a otras esferas más allá de la política. Una vez que empezó a funcionar debidamente la Constitución de 1925 (a partir de 1932), los partidos la consideraron un marco perfecto para operar.

De momento, sin embargo, no salió bien. Todavía no había quedado atrás la etapa problemática para Chile. El mandato de Alessandri terminaba en diciembre de 1925 y había que elegir un nuevo presidente. El mismo Alessandri se mostraba a favor de que hubiera un solo candidato, posiblemente su amigo liberal Armando Jaramillo. Sin embargo, se produjo una imprevista oleada de apoyo al ministro de Guerra, el coronel Ibáñez, cuyas relaciones con Alessandri se habían vuelto muy tensas. Por supuesto, nadie veía aún cómo esa mutua antipatía eclipsaría las siguientes dos décadas de la historia chilena. A finales de septiembre, Ibáñez recibió una petición firmada por miembros de la mayoría de los partidos, en la que se le instaba a presentarse como candidato a la presidencia. Aceptó la invitación. Dado que esto parecía una candidatura oficial, el gabinete renunció (todos sus miembros excepto Ibáñez). El coronel publicó una carta abierta a Alessandri, negándose de plano a renunciar e insistiendo en que los decretos presidenciales debían llevar en adelante tanto su firma como la del presidente. Esta exigencia, técnicamente legal (dado que Ibáñez era ahora el único ministro en el cargo), sólo podía verse como una provocación deliberada. La respuesta de Alessandri fue inmediata: nombró a su antiguo rival de 1920, Luis Barros Borgoño, como ministro del Interior y vicepresidente, y luego, el 2 de octubre de 1925, renunció a la Presidencia por segunda vez. Pero regresaría.

EL RÉGIMEN DE IBÁÑEZ, 1927-1931

Si Carlos Ibáñez es hasta el día de hoy una figura histórica algo enigmática, la principal razón se debe a que era (a diferencia de su gran rival Alessandri) un hombre de pocas palabras. «Siempre he creído», dijo una vez (sin duda más de una), «que uno debe hablar solamente cuando tiene algo que decir»[7] —filosofía que nunca ganaría mucho apoyo entre los políticos, chilenos o de otras partes—. La ca-

---

[7] L. Correa Prieto, *El presidente Ibáñez*, Santiago, Orbe, 1962, p. 105.

rrera de Ibáñez en el Ejército había sido exitosa y convencional; en la Escuela Militar, se le conocía como «Botas». A diferencia de sus contemporáneos, tenía experiencia en combate: en 1906, partió en prestación de servicios temporal a El Salvador como instructor militar, tomó parte en una breve batalla entre ese país y Guatemala, y fue condecorado por los salvadoreños. Ibáñez estaba orgulloso de esta proeza. En su biografía no había muchos indicios de que probablemente se convertiría en un dirigente nacional. Él mismo diría en repetidas ocasiones que su papel le había sido impuesto por «las circunstancias y mis enemigos». Su conducta después de septiembre de 1924 muestra, sin embargo, que esto probablemente no era toda la verdad.

Tras la segunda renuncia de Alessandri, Ibáñez era el hombre más poderoso de Chile, pero su posición ya no era incontestable. Varios oficiales de alto rango desalentaron su candidatura a la presidencia. *Reculer pour mieux sauter.* Ibáñez entendió este principio a la perfección: era un maestro de la renuncia táctica, que de alguna manera nunca es aceptada. No obstante, él insistió en que los partidos debían encontrar un candidato común. La elección recayó en el liberal-demócrata Emiliano Figueroa Larraín (vicepresidente de 1910), que fue elegido (octubre de 1925) con el 72 por 100 de los votos. Su inesperado contendiente, el Dr. José Santos Salas, un popular ministro de Bienestar Social bajo la segunda Junta, obtuvo un resultado sorprendentemente bueno, respaldado (entre otros) por los comunistas (que contaban con cinco diputados y un senador en el Congreso recién elegido).

Aunque de ninguna manera tenía la personalidad tan insulsa que muchas veces se le quiere achacar, Figueroa Larraín estaba lejos de ser el tradicional presidente de éxito. De todos modos no estaba muy interesado en el puesto. Las luchas internas en el Congreso y los ataques al gobierno una vez más estaban a la orden del día. En estas circunstancias, resultaba inevitable que Ibáñez realizara otras maniobras. En febrero de 1927, se las arregló para ser nombrado ministro del Interior y, poco después, sus esfuerzos por purgar el poder judicial obligaron a Figueroa Larraín a hacerse a un lado (nombrando a Ibáñez vicepresidente) y luego a renunciar. Ibáñez contaba ahora con el apoyo político de casi todos los sectores y, el 23 de mayo de 1927, fue elegido presidente con el 98 por 100 de los votos (con una participación en las urnas del 83 por 100). Justo antes de su toma de posesión el 2 de julio, un nuevo ministro del Interior, el hijo del presidente Balmaceda, Enrique, le pasó el fajín presidencial que le había confiado su padre con la petición de que sólo debía lucirlo un verdadero líder nacional. Ibáñez, dijo Enrique Balmaceda, *era* el líder largo tiempo esperado.

Muchos estuvieron de acuerdo con esta opinión. Al parecer, Ibáñez siempre contó con un gran apoyo público, al menos mientras las condiciones económicas le favorecieron, como ocurrió hasta 1930. Después de los disturbios de 1924-1925 y del claro relajo de los lazos disciplinarios en la sociedad chilena, el atractivo de un «hombre fuerte» era innegable: se hacían paralelos con O'Higgins, Portales y Manuel Montt. El historiador Alberto Edwards, cuyo clásico ensayo *La fronda aristocrática* apareció en 1928, afirmó que el «gran servicio» que Ibáñez le había rendido a Chile descansaba en su «reconstrucción radical del hecho de la autoridad»[8]. El régimen que Ibáñez comenzó a construir en febrero de 1927 era de un autoritarismo incuestionable. El propio Ibáñez no mostraba ningún descontento cuando era descrito como «el Mussolini chileno». Se establecieron restricciones a la prensa. Proliferaron los informantes. Unos 200 políticos (desde conservadores hasta comunistas) fueron «relegados» o expulsados. Alessandri, expulsado en octubre de 1927 (en parte por hacer la observación que hemos empleado como epígrafe para este capítulo), se instalaría con el tiempo en París. Deseoso de extirpar el «comunismo y el anarquismo», Ibáñez ordenó la represión del Partido Comunista (declarado fuera de la Ley en marzo de 1927; muchos de sus dirigentes fueron enviados a Más Afuera); y un violento asalto (incluidos asesinatos) al movimiento obrero, del que no se recuperó hasta la década de 1930, aunque muchos trabajadores se unieron a los «sindicatos legales» ahora auspiciados por el nuevo régimen: en 1930 llegaron a tener 50.000 miembros.

A estas alturas, los políticos se encontraban completamente disciplinados. El Congreso, en un espíritu inusualmente sumiso, delegó muchas de sus prerrogativas en el gabinete, en el que Ibáñez había encontrado un poderoso colaborador: Pablo Ramírez, su tenaz ministro de Hacienda, agresor de Alessandri en 1924. A él se le concedieron

---

[8] *La fronda aristocrática*, Santiago, Pacífico, [7]1972, p. 266.

poderes por decreto en agosto de 1927. (Ramírez era un hombre con sentido del humor: dijo que le gustaría fusilar a todos los terratenientes para animar a sus sucesores a producir más.) A finales de 1929, Ibáñez insistió en que dirigentes de los partidos entregaran una sola lista de candidatos para el Congreso de 1930-1934, haciendo innecesaria de esta manera la elección. Ibáñez aprobó la lista en un centro de baños termales cerca de Chillán, de allí el sobrenombre del nuevo poder legislativo: «el Congreso termal». Sus propios esfuerzos por crear un partido político (el CRAC: Confederación Republicana para la Acción Cívica) no fueron demasiado serios. Pese a su impulso de reformar y reorganizar, a Ibáñez no le atraían los esquemas «corporativistas» defendidos por algunos de sus partidarios.

Con su poder enormemente reforzado, Ibáñez dejó una huella permanente en Chile. En un aspecto la comparación con Balmaceda parece muy apropiada: había puesto en marcha un programa de obras públicas a gran escala. Entre 1928 y 1931, La Moneda invirtió casi 760 millones de pesos en diversos proyectos: canalizaciones, caminos, puentes, barracas, prisiones, pistas de aterrizaje, instalaciones portuarias, 500 kilómetros de ramales para ferrocarriles, la nueva fachada sur de La Moneda, la residencia de verano del presidente en Viña del Mar (Cerro Castillo). La administración pública (que se había expandido mucho a mediados de la década de 1920, cuando la nueva legislación laboral entró en vigor y el Estado empezó a intervenir más activamente en la economía) fue racionalizada y revisada: se creó una nueva Contraloría General (1927) para supervisar la burocracia y la constitucionalidad de las medidas fiscales. Ibáñez también logró poner cierto orden en la enojosa cuestión de los derechos de propiedad en las provincias entre el río Biobío y Puerto Montt, donde las demandas en conflicto entre el Estado, los terratenientes privados y los mapuches llevaban atascadas varias décadas sin esperanzas de solución. Los mapuches eran los afectados: un tercio de las tierras que se les habían asignado habían sido usurpadas. Más al sur, se comenzó con la colonización del desierto territorio de Aysén.

En la esfera diplomática, Ibáñez fue capaz de resolver la antigua disputa por Tacna-Arica, que penaba sobre las relaciones con Perú desde la Guerra del Pacífico. Se había convertido en el equivalente del asunto Schleswig-Holstein del hemisferio occidental. Ibáñez restableció las relaciones diplomáticas con el Perú (suspendidas desde 1910) y, en parte, gracias a los buenos oficios de los Estados Unidos, finalmente logró un acuerdo directo (junio de 1929). Tacna volvía a manos peruanas; Arica permanecía en Chile, que pagaba al Perú 6 millones de dólares. La nueva frontera se trazó satisfactoriamente en 1932.

Ibáñez no descuidó su fuente de poder más evidente. En 1927 emprendió una gran reforma de la policía, uniendo todas las fuerzas locales con el Regimiento de Carabineros (fundado en 1906). Carabineros de Chile, la nueva policía nacional, contaba con 19.000 hombres y altas normas de inteligencia y disciplina; y, con el tiempo, sus miembros llegaron a ser considerados los mejores policías de América Latina. A corto plazo, naturalmente, este era un bastión del régimen de Ibáñez. Sin embargo, es justo señalar también que, durante toda su historia posterior, Carabineros ha mostrado[9] una particular veneración por su fundador. Mientras tanto, el Ejército (27.000 hombres en 1928) fue mantenido bajo estricto control por un leal ministro de Guerra, el general Bartolomé Blanche. Ibáñez mismo no recibió el grado de general hasta 1930. El resentimiento de la Marina, cuyo alto mando fue purgado discretamente, fue suavizado por los seis modernos destructores construidos en Inglaterra que llegaron en 1929. La innovación decisiva de esos años, no obstante, fue la creación de la FACH, la Fuerza Aérea Chilena (marzo de 1930), con aeroplanos y oficiales transferidos de las ya existentes ramas de la aviación militar y naval. Entre las primeras responsabilidades de la FACH cabe señalar la operación de la primera aerolínea del país, la Línea Aeropostal Santiago-Arica (marzo de 1929), conocida desde 1932 como LAN (Línea Aérea Nacional) o LAN-Chile.

El telón de fondo de gran parte del régimen de Ibáñez fue la prosperidad. Las condiciones económicas habían mejorado tanto a mediados de la década de 1920 que más de 40 oficinas salitreras entraron nuevamente en funcionamiento y el empleo en la pampa alcanzó su máximo esplendor (60.000 trabajadores). Esta prosperidad resultó efímera. Los competidores extranjeros, especialmente Alemania, comenzaron a usar el proceso Haber-Bosch para producir amonios sintéticos. Este sustituto del salitre pronto copó el mercado, bajando los precios y reduciendo los beneficios de los productores.

---

[9] Como los lectores de las crónicas de sucesos publicadas en los periódicos chilenos sabrán, *Carabineros* siempre se usa como un sustantivo singular.

Tabla 8.2. Industria salitrera, 1925-1934

	Oficinas	Trabajadores	Producción (toneladas métricas)	Exportaciones (toneladas métricas)	Precio (dólares por tonelada)
1925	96	60.800	2.532.000	2.518.933	44,55
1926	91	38.118	2.016.698	1.668.169	43,12
1927	67	35.778	1.614.084	2.271.482	42,59
1928	69	58.493	3.164.824	2.832.899	37,18
1929	38	44.464	3.233.231	2.896.946	36,78
1930	21	44.100	2.445.834	1.785.728	34,20
1931			1.225.900		28,82
1932	11	8.535	694.496	243.391	22,32
1933	13	8.486	437.655	669.232	18,87
1934	17	14.133	812.368	587.703	18,80

Fuente: A. Lawrence Stickell, *Migration and Mining: Labor in Northern Chile in the Nitrate Era, 1830-1930,* cit., p. 341; S. Ceppi *et al., Chile: 100 años de industria* (Santiago, Sociedad de Fomento Fabril, 1983), p. 174; T. O'Brien, «Rich Beyond the Dream of Avarice: The Guggenheims in Chile», *Business History Review,* 63 (1989), p. 134.

Por un momento pareció que la industria salitrera chilena simplemente podía desaparecer. No obstante, los Guggenheim (involucrados en la industria desde 1916) tenían intereses comprometidos e introdujeron una nueva técnica de refrigerado que aceleraba la extracción del salitre. Puesto que la nueva técnica aumentaba en diez veces la productividad del mineral barato y de baja ley, los Guggenheim confiaban en que así podrían competir con los productos sintéticos. Sin embargo, a pesar de sus innovaciones (que incluían la extracción de yodo y sulfato de sodio) y a sus inversiones por más de 130 millones de dólares, los Guggenheim no lograron revivir las salitreras por mucho tiempo. Debido a los impuestos sobre las exportaciones, los salitres chilenos todavía eran más caros que los sintéticos. Además de esto, el gobierno alemán, ansioso por proteger su floreciente industria química, prohibió la importación de salitre chileno. A finales de la década de 1920, la participación de Chile en el mercado mundial cayó a menos de una cuarta parte.

Con el argumento de que los aranceles de exportación afectaban gravemente a su capacidad de venta, los Guggenheim presionaron al gobierno para que suprimiera el impuesto. Pero el sueño de lograr la prosperidad mediante la reducción de impuestos y la nueva tecnología chocaba con las prioridades de Ibáñez. El dictador veía la industria como una fuente de ingresos y, al mismo tiempo, de empleo. Más que contrincantes, él y los Guggenheim se volvieron socios. En 1931, formaron la Compañía de Salitre de Chile (COSACH). La nueva corporación, propiedad del gobierno en un 50 por 100, debía emitir bonos para adquirir todas las salitreras restantes. Una vez garantizado el monopolio, COSACH procesaría el mineral y comercializaría el salitre refinado. A cambio de eliminar el impuesto a las exportaciones, el gobierno recibiría 80 millones de dólares en un periodo de cuatro años; tras lo cual compartiría las ganancias o las pérdidas de la COSACH. Además, al menos el 80 por 100 de la fuerza de trabajo de la COSACH debía estar constituida por chilenos. La COSACH, que buscaba reconciliar el nacionalismo económico de Ibáñez con la necesidad de beneficios de los Guggenheim, no logró satisfacer a ninguna de las partes. La producción *per cápita* subió sustancialmente durante un tiempo, pero la nueva tecnología que abarataba los costes pronto redujo la fuerza de trabajo que COSACH quería proteger.

A mediados de la década de 1920, el gobierno había recogido el consejo de Edwin Kemmerer, el «Doctor Dinero de los Andes», de revisar los sistemas fiscales y tributarios del país. Kemmerer (profesor de Economía en Princeton) restauró el patrón oro, ayudó a crear el Banco Central y reformó el ineficiente sistema ferroviario. También hizo que el sistema tributario fuera más eficiente y algo más justo, aboliendo numerosas exenciones tributarias y compensando este acto audaz con un nuevo impuesto del 6 por 100 sobre, prácticamente, todos los tipos de actividades económicas y, en especial, con un gravamen del 6 por 100 a las compañías del cobre. La combinación de medidas tónicas de Kemmerer con el retorno a la estabilidad política incentivaron la inversión extranjera. La industria manufacturera siguió creciendo. El salitre parecía sustentar a los suyos; y el cobre, como un signo astrológico, estaba en ascenso, al igual que los ingresos provenientes de los impuestos nacionales. (En 1926 los impuestos internos generaron 215 millones de pesos, aproximadamente la mitad de lo que generaban los derechos arancelarios.)

A pesar de estas mejoras, la aduana seguía siendo el eje del sistema tributario, y ni los aranceles aduaneros ni los nuevos impuestos directos proporcionaron los ingresos necesarios. Al igual que Alessandri y Figueroa Larraín (ambos habían aumentando la deuda del país a 2 millones de libras esterlinas y aproximadamente 70 millones de dólares), Ibáñez solicitó enormes préstamos. Para ser justos hay que decir que no todos los préstamos contraídos por Ibáñez y Pablo Ramírez fueron utilizados para parchear los agujeros en la trama fiscal. Más que sus predecesores (incluso más que Balmaceda), Ibáñez era un nacionalista económico que creía en que el gobierno «resuelva y ejecute, que no postergue la solución de los problemas nacionales»[10]. De ahí los programas de obras públicas y los gastos en infraestructura que ya hemos señalado.

En 1927-1928, Ibáñez fundó dos útiles bancos del desarrollo: la Caja de Crédito Agrario y la Caja de Crédito Minero. Dado que, a diferencia de las haciendas, carecían de explotaciones suficientes, tuvieron tradicionalmente poco acceso al capital. La Caja de Crédito Agrario, sin embargo, aceptaba tierras, cosechas, ganado o equipo como garantía para préstamos a largo plazo y bajo interés, y también suministraba a bajo precio fertilizante, semillas y ganado. La Caja de Crédito Minero, como su contrapartida agrícola, ofrecía fondos para operaciones mineras a pequeña escala. Típico del nacionalismo económico de Ibáñez, favorecía los intereses locales, prestando dinero sólo si el 75 por 100 de la mina en cuestión era propiedad de chilenos. (Los extranjeros solamente podían obtener crédito si habían vivido en Chile más de cinco años, y a condición de que el 75 por 100 de los salarios que pagaban fueran a parar a chilenos.)

El Instituto de Crédito Industrial, creado en 1928, usaba los fondos de pensiones así como dinero del gobierno para estimular la industria manufacturera. Aceptaba equipos de fábrica como garantía y también prestaba dinero a los industriales, ofrecía asesoramiento técnico y financiaba la modernización o expansión de las plantas. Al igual que los bancos agrario y minero, el Instituto obtuvo excelentes resultados, canalizando créditos para el sector metalúrgico así como para las fábricas de muebles, textiles, alimentos y bebidas. En 1928, el Congreso «autorizó» a Ibáñez para aumentar (entre un 35 por 100 y un 50 por 100) los derechos sobre las importaciones que competían

---

[10] P. Bermedo, «Prosperidad económica bajo Carlos Ibáñez», *Historia* 24 (1989), p. 62.

con la producción local. Se le dio poder para reducir los gravámenes sobre las importaciones esenciales, como los medicamentos (hasta un 25 por 100), y sobre los materiales que beneficiaban las industrias metalúrgica, minera o salitrera (hasta un 50 por 100). La Moneda también le permitió otorgar a discreción exenciones tributarias específicas en materias primas o maquinaria extranjera necesarias para la industria nacional.

El aspecto más cuestionable de la gestión económica de Ibáñez fueron que hipotecó el futuro del país. En 1930, Chile le debía a los bancos norteamericanos, ingleses y suizos un total de 62 millones de libras esterlinas (más del doble de la deuda externa de 1920). En el momento en que se solicitaron estos préstamos, sin embargo, la economía parecía absolutamente capaz de soportar la creciente deuda. En 1928-1929, el salitre producía grandes ganancias. Los impuestos internos aportaban alrededor del 30 por 100 de los ingresos del Estado, casi tanto como la aduana. Las políticas fiscales del gobierno, por ende, parecían lógicas: había un presupuesto equilibrado y un excedente comercial; el peso chileno se había estabilizado, al igual que el circulante; las reservas bancarias seguían estando por encima de los niveles mínimos necesarios; y las reservas de oro parecían perfectamente adecuadas.

Ningún gobernante autoritario, sin importar lo exitoso que fuera en producir prosperidad, puede pretender ser inmune a los intentos de derrocarlo. Alessandri, el «rey más allá de las aguas», estaba tras la mayoría de las conspiraciones contra Ibáñez. La primera de ellas fue incubada en un hotel en Calais (enero de 1928), por Alessandri, el coronel Marmaduke Grove (que se había enemistado con Ibáñez) y otros dos oficiales. El «Pacto de Dover», como se lo conoció (debido a que Alessandri, acompañado de otras personas fue visto por un agente chileno en ese puerto inglés pocos días después), provocó la «relegación» a la isla de Pascua de una serie de alessandristas (incluido el hijo de Alessandri, Eduardo), pero no tuvo otras consecuencias. En septiembre de 1930, el coronel Grove, el general Enrique Bravo (uno de los conspiradores de Calais) y otros, volaron en un Fokker trimotor rojo desde San Rafael (Argentina) a Concepción, creyendo que la guarnición se alzaría contra Ibáñez. Esta no lo hizo, y Grove y Bravo pronto se encontraron también en isla de Pascua. Hay que decir que Ibáñez no era ajeno a los planes, completamente ilusorios, orquestados contra él: el caso más célebre fue un intento, muy publicitado, de volar el puente ferroviario de Maipó mientras su tren lo cruzaba (diciembre de 1930).

Al final, el general Ibáñez fue derrotado no por los desalmados complots de Alessandri, sino por el colapso de Wall Street y el comienzo de la Depresión. Sus efectos se dejarían sentir en Chile en la segunda mitad de 1930.

<h3 style="text-align:center">La caída de Ibáñez y los meses de turbulencia</h3>

Al igual que una enfermedad degenerativa, el colapso de la bolsa norteamericana erosionó progresivamente la prosperidad de Chile. A medida que la economía internacional se hundía, lo mismo ocurría con el precio del cobre. Entre 1929 y 1933 la producción de cobre cayó de 317.999 a 163.000 toneladas. Este abrupto descenso, evidentemente doloroso, estuvo acompañado de un desplome en el precio de 17,47 a 7,03 céntimos por libra: el valor de la exportación más lucrativa del país bajó de 111 millones de dólares a 33 millones. Enfrentados a un mercado saturado y una demanda cada vez más escasa, los mineros del cobre aún tuvieron que encajar otro golpe: en 1932 Estados Unidos gravó la importación con 4 céntimos por libra. Entre 1931 y 1933 (como era de esperar) las exportaciones de cobre chileno a Estados Unidos descendieron de 87.000 a 5.000 libras. El mismo precio del cobre bajó a 5,6 céntimos por libra en 1932, antes de empezar a recuperarse lentamente. En forma bastante predecible, las tasas de empleo siguieron las mismas impresionantes espirales descendentes.

La Depresión dio el golpe de gracia a las ya debilitadas salitreras. En 1930-1931, la producción de salitre había llegado prácticamente a la mitad. Desde finales de 1930, alrededor de 29.000 personas dejaron el norte como si fuese una zona apestada. En 1932, la producción de las 11 salitreras restantes (que ahora no empleaban a más de 8.000 trabajadores, donde sólo tres años antes había habido casi 60.000) se redujo a un 20 por 100 del volumen que había alcanzado en 1929. En el mismo periodo, las ventas al extranjero bajaron en más del 90 por 100. En 1932-1933, de hecho, no sólo el volumen total de todas las exportaciones chilenas había caído en un 64 por 100 con respecto a los volúmenes de 1928-1929, sino que su poder adquisitivo había bajado en un impresionante 84 por 100.

Ibáñez no tuvo que hacerle frente a esta crisis de forma inmediata. El dinero de los préstamos externos todavía estaba llegando. Durante algunos meses, los negocios se mantuvieron como siempre. En 1930, de hecho, las importaciones aumentaron. A comienzos de 1931, con sus principales exportaciones postradas y sin los banqueros de Wall Street para que lo socorrieran, el hombre de La Moneda finalmente tuvo que enfrentarse a la realidad. En febrero de 1931 Ibáñez recibió poderes de excepción (que tanto necesitaba) para lidiar con la crisis. Ibáñez y sus consejeros probaron primero con las tradicionales panaceas: reducción de los gastos junto con un aumento de los impuestos a las exportaciones (aproximadamente del 71 por 100). No obstante, sin importar cuán rápida y drásticamente recortara los gastos, Ibáñez no podía cubrir el déficit, que alcanzó el 31 por 100 en 1931. Los pagos de la deuda externa y la compra de productos importados esenciales pronto se tragaron las reservas de oro. Al final, el gobierno no tuvo elección: abandonó el patrón oro y dejó de pagar a sus acreedores extranjeros.

Estas medidas, como los recortes presupuestarios y la subida de impuestos, llegaron demasiado tarde. La situación económica empeoró en una semana. Desesperado, Ibáñez nombró (el 13 de julio de 1931) un «gabinete de salvación nacional» con ministros «independientes»: Pedro Blanquier como ministro de Hacienda y un radical, Juan Esteban Montero, en la cartera de Interior. Montero retiró rápidamente las restricciones a la prensa, con los resultados predecibles. El anuncio de Blanquier del colosal déficit presupuestario causó amplia consternación. Habiendo llegado a la conclusión de que no podían trabajar con Ibáñez, Montero y Blanquier renunciaron. De pronto, la multitud se lanzó a las calles. Los estudiantes de la Universidad de Chile y de la Universidad Católica comenzaron una huelga. Las asociaciones profesionales, partiendo desde los médicos y los abogados, les declararon su solidaridad. Los inevitables desórdenes callejeros fueron controlados duramente por la policía: cerca de una docena de personas fueron asesinadas. El movimiento se volvió incontrolable por primera vez en la historia chilena.

Alberto Edwards (que murió poco después) nos ha dejado una impactante descripción de la última reunión de Ibáñez con sus ministros: «Sí, estoy resuelto, dijo el señor Ibáñez, esto no puede continuar [...] ¿Qué habré hecho para merecer tanto odio? Y sus ojos [...] se humedecieron»[11]. Su petición de partir al extranjero fue rechazada por una Cámara de Diputados repentinamente firme. El gabinete renunció. Ibáñez nombró al presidente del Senado como vicepresidente. A la mañana siguiente (27 de julio de 1931) fue conducido a los Andes, desde donde tomó el tren transandino rumbo al exilio en Argentina. Un día después, el Congreso declaró vacante la Presidencia y nombró vicepresidente a Juan Esteban Montero, a quien se le había encargado apresuradamente la cartera de Interior.

Montero era el hombre del momento. Agradable y honesto, Montero encarnó de alguna manera las esperanzas de muchos de los que querían volver a un verdadero régimen constitucional. Los grupos profesionales, que tanto habían ayudado a la caída de Ibáñez, lo arrastraron rápidamente a la candidatura presidencial respaldada por conservadores, liberales y radicales. Alessandri, que ahora había vuelto con otros exiliados en medio de grandes ovaciones, no se mostró demasiado interesado en un principio, pero pronto aceptó presentar también su candidatura. Con el fin de realizar su campaña, Montero delegó temporalmente la vicepresidencia en su ministro del Interior, Manuel Trucco (20 de agosto de 1931).

Prácticamente de inmediato, Trucco tuvo que enfrentarse a un motín naval[12]. Como una reacción contra las reducciones salariales (anunciadas por el reelegido ministro de Finanzas, Blanquier), los marinos de los buques de guerra estacionados en Coquimbo apresaron a sus oficiales e hicieron una serie de demandas; algunas profesionales, otras semirrevolucionarias. Otros motines se le sumaron: en la base naval de Talcahuano, la escuela de comunicaciones de la Marina en Las Salinas y la base aérea de Quinteros. Todos fueron prontamente reprimidos. La escuadra rebelde permaneció en la bahía de Coquimbo: el 6 de septiembre, un ataque aéreo muy poco efectivo (uno de los aviones atacantes fue derribado) intimidó a los amotinados, que zarparon en sus barcos hacia Valparaíso y se rindieron.

Montero ganó las elecciones con el 64 por 100 de los votos (4 de octubre de 1931), frente al 35 por 100 de Alessandri. Sin embargo, había muy poco que pudiera hacer para aplacar los turbulentos áni-

---

[11] Citado en A. Alessandri, *Recuerdos de Gobierno,* 3 vols., Santiago, Nascimiento, 1967, vol. II, p. 444.

[12] Se dio la coincidencia de que el motín naval británico de Invergordon estalló un par de semanas después.

mos del momento. Poco después de tomar el mando en diciembre, algunos comunistas trataron de tomar los cuarteles de La Esmeralda en Copiapó. Huyeron tras media hora de disparos con la policía. Cuando las noticias llegaron a Vallenar, los carabineros dinamitaron la sede comunista local y sacaron a varios conocidos comunistas de sus casas. En este triste episodio murieron más de 20 personas.

Montero se hizo cargo de un país que después sería descrito por la Liga de las Naciones como la nación más devastada por la Depresión *(World Economic Survey 1923-1933)*. Un nuevo asedio a los bancos había agotado de tal manera el circulante (en agosto de 1931 se había contraído en un 40 por 100) que, por primera vez en décadas, los precios para el consumidor bajaron. Sin embargo, esta bajada de los precios no fue sino una broma cruel para los hombres sin trabajo. El gobierno trató de paliar los efectos del enorme desempleo creando un Comité de Ayuda a los Cesantes, que entregaba alojamiento y comida. También redujo los arriendos y las contribuciones en un 20 por 100 y un 80 por 100, respectivamente. No obstante, el gobierno estaba tan necesitado de ayuda como los ciudadanos. Aunque Chile logró terminar 1931 con un saldo positivo en la balanza comercial, el país seguía sin percibir ingresos, lo que obligó a Montero a pedir prestado al Banco Central.

A pesar de todas las buenas intenciones con que había comenzado, también políticamente, el gobierno de Montero rápidamente pasó por muchos tropiezos, atrapado en la telaraña de las rivalidades subterráneas entre los alessandristas y los ibañistas. Al menos tres complots pro-Ibáñez fueron descubiertos en los primeros meses de 1932; uno de ellos concebido por el ambicioso periodista y antiguo diplomático Carlos Dávila. Era una figura poco conocida, que había sido embajador en Washington con Ibáñez (durante ese tiempo había obtenido un doctorado en Filosofía en la Columbia University de Nueva York). A comienzos de junio de 1932, Dávila y algunos oficiales ibañistas se aliaron con el indómito comodoro del aire Grove (a quien Montero había puesto contra su voluntad al mando de la FACH) y con el abogado socialista Eugenio Matte, cabecilla de otra conspiración y reciente fundador de un pequeño partido socialista, Nueva Acción Política (NAP). Su objetivo era derrocar al gobierno. Esta extraña banda de rebeldes entró en acción el sábado 4 de junio. Aviones de la base de El Bosque, reducto de Grove, sobrevolaron La Moneda atemorizando a los transeúntes y arrojando panfletos sobre la ciudad. Enfrentado a un inminente golpe de Estado, Montero se dirigió a Arturo Alessandri para pedirle consejo. Entonces Alessandri fue a El Bosque y dialogó con Grove. Luego se dijo (Grove) que Alessandri había impulsado la rebelión con las palabras «¡No afloje, coronel!», afirmación que a su vez Alessandri negó. De vuelta en La Moneda, Alessandri le dijo a Montero que no había cómo resistir el golpe. Al caer la noche, un batallón de soldados tomó el palacio de gobierno. Grove, Dávila, Matte, el general ibañista Arturo Puga y otros llegaron en coche y se dirigieron al segundo piso para enfrentarse a Montero y su gabinete reunido. Al darse cuenta de que el Ejército no le defendería, Montero se rindió.

Los victoriosos revolucionarios proclamaron entonces la «República Socialista de Chile» y crearon una Junta formada por el general Arturo Puga, Dávila y Matte. Grove asumió el cargo de ministro de Defensa. En su primera declaración pública, la Junta señaló que «la economía liberal» había fracasado; en adelante, el Estado debería asumir un fuerte papel directivo. En los próximos días, la actividad del nuevo régimen fue frenética: disolvió el Congreso y, entre otras medidas, declaró un cierre bancario de tres días (seguido de estrictos controles en la retirada de dinero), suspendió los desalojos de las propiedades de baja rentabilidad y ordenó que la Caja de Crédito Popular (banco de ahorro y préstamo para las personas de escasos recursos fundado en 1920) devolviera las ropas y herramientas de quienes las hubieran empeñado allí. Fue un momento de «ilusión lírica» para una serie de comités revolucionarios formados a toda prisa, quizá con la esperanza de que se convertirían en sóviets chilenos. Por el mismo motivo, los más acomodados se alarmaron mucho. En su composición inicial, la Junta duró menos de dos semanas. Grove no tenía tiempo para Dávila, Dávila no lo tenía para Grove. Dávila estaba detrás de un juego más complejo: el 13 de junio dimitió de la Junta, pero en menos de tres días, después de que los aviones sobrevolasen el palacio una vez más, los líderes militares le reinstalaron como presidente de una nueva Junta. Grove y Matte fueron desterrados a la isla de Pascua. Al cabo de unos días, se declaró el estado de sitio en todo el país. Se introdujo una estricta censura a la prensa, mientras las estaciones de radio sólo podían transmitir bandos oficiales.

Para entonces, habían cundido los rumores de que se estaba preparando el camino para que el general Ibáñez reasumiera el mando. Ibáñez llegó de incógnito, aunque eso no engañó a nadie, al recién construido aeropuerto de Los Cerrillos en Santiago a bordo de un vuelo regular de PANAGRA procedente de Buenos Aires. El Ejército, como un todo, sin embargo, no estaba preparado para apoyarlo. El 8 de julio, por tanto, Dávila se autodesignó presidente provisional de la República Socialista. Ibáñez volvió a Buenos Aires. Dávila le otorgó poco después, como premio de consolación, el puesto de embajador allí.

Dávila siguió adelante en sus planes de reorganizar la economía chilena estableciendo líneas fuertemente estatalistas: la imagen que él tenía del país comprendía una serie de grandes corporaciones públicas a cargo de la agricultura, la minería, la industria, el transporte y el comercio exterior, coordinadas por un consejo económico nacional (que, de hecho, había creado él). Todo esto era una quimera. Dávila no contaba con ningún apoyo real fuera del Ejército, convertido ahora en el verdadero árbitro de los acontecimientos. Los partidarios de Alessandri tenían su propia agenda Los ibañistas estaban poco dispuestos a perdonar la traición de su héroe en julio. Y, en el febril ambiente de mediados de 1932, no era posible prevenir las conspiraciones militares. El 13 de septiembre, en medio del ya habitual panorama de los aviones que sobrevolaban La Moneda, los «Cien días» de Dávila (y de la República Socialista) llegaron a un abrupto fin: Dávila transfirió la presidencia provisional a su ministro de Interior, el general Bartolomé Blanche, ibañista. Inmediatamente, Blanche llamó a elecciones presidenciales y parlamentarias, programándolas para el 30 de octubre.

Parece que las intenciones del general Blanche eran honestas y bastante claras, pero pronto se vio rodeado por una nube de sospechas. ¿Planeaba hacerse con el poder? ¿Pensaba reinstaurar a Ibáñez? A esas alturas, cada vez más personas anhelaban un gobierno civil. Un siniestro grupo paramilitar, las «milicias republicanas», se habían organizado en Santiago y en otras partes. Los militares se habían vuelto muy impopulares y lo sabían. A fines de septiembre, un grupo de líderes civiles de Antofagasta convenció al comandante militar local de que se pronunciara en favor del gobierno civil. Blanche mandó un destructor a bloquear el puerto de Antofagasta, pero el movimiento prendió en otras provincias, especialmente en Concepción, y la presión fue suficiente para obligar a Blanche a entregar el poder al presidente de la Corte Suprema, Abraham Oyanedel, que asumió el cargo de vicepresidente (2 de octubre) para guiar al país en las inminentes elecciones.

El breve mandato de Blanche dio tiempo para que se organizaran las candidaturas presidenciales. Los radicales, los demócratas y los liberales habían reconstituido una Alianza Liberal y designaron candidato a Arturo Alessandri. Los comunistas (como habían hecho en 1931) propusieron a su líder Elías Lafertte. Los conservadores, los liberal-demócratas y los comunistas también presentaron candidatos. Marmaduke Grove, quien todavía languidecía en isla de Pascua, fue seleccionado por varios grupos socialistas. Cuando llegó el día de la elección (30 de octubre), con los acontecimientos recientes todavía muy frescos en la memoria, los votantes chilenos prefirieron al único candidato cuyo nombre ofrecía una perspectiva de futura estabilidad y de retorno a la normalidad, a pesar de la expresión común de que le amabas o le odiabas, pero nunca le creías. Arturo Alessandri obtuvo el 54 por 100 de los votos populares. Los conservadores y liberales consiguieron cada uno el 12 por 100, Lafertte un mero 1,2 por 100. A pesar de haber vuelto de isla de Pascua el mismo día de las elecciones, el efusivo «don Marma», el «socialista» Grove obtuvo un sorprendente segundo lugar (18 por 100). La República Socialista había fracasado, pero el socialismo, de una u otra forma, se encontraba ya firmemente asentado en la política chilena. Desde entonces, nunca ha dejado de estarlo.

El Congreso recién elegido comenzó sus sesiones el 19 de diciembre de 1932. La víspera de Navidad, tomó el mando Arturo Alessandri, el primer presidente en más de 60 años que comenzaba un segundo mandato.

EL SEGUNDO PERIODO PRESIDENCIAL DE ALESSANDRI, 1932-1938

En un país todavía arrasado por la Depresión, agitado aún políticamente, el mayor logro de Alessandri entre 1932 y 1938 fue restaurar la estabilidad, asentando las bases para cuatro décadas de creciente democracia. Sus métodos (que incluyeron el uso ocasional de los poderes excepcionales) fueron duros, pero efectivos. Un leal ministro de Defensa, Emilio Bello Codesido, y un comandante en jefe completamente profesional, el general Óscar Novoa, se preocuparon de que el Ejército no se involucrara más en política. Como una precaución contra tal intromisión, el propio Alessandri incentivó las llamadas milicias republicanas (unidades paramilitares organizadas secretamente ante la alarma de 1932 y reclutadas entre las clases alta y media). En mayo de 1933 unos 20.000 militares (incluía una unidad motorizada de acción rápida, y hasta disponían de un avión) desfilaron ante el presidente. A mediados de 1936, fueron desmovilizadas y sus armas pasaron al Ejército, de donde muchas de ellas habían provenido originalmente.

Con el retorno a la normalidad, se hizo evidente que los trastornos de 1924-1932 habían cambiado el espectro político. Algunos políticos de clase media (y, cada vez más, de la clase trabajadora) tenían ahora un papel mucho más importante que en el periodo parlamentario. Los conservadores, los radicales y los liberales, todavía muy fuertes, constituían la derecha del nuevo espectro[13]; mientras los radicales representaban un clásico partido de centro que podía inclinarse ya hacia la derecha, ya hacia la izquierda. Porque entonces sí existía ya en Chile una verdadera izquierda, pequeña pero en aumento. En abril de 1933, varios minúsculos grupos de izquierda se unieron para formar el nuevo Partido Socialista de Chile. Sus principales fundadores eran veteranos de la «República Socialista» como Marmaduke Grove y Eugenio Matte. Matte murió en enero de 1934: Grove, el líder real del partido durante los años siguientes, se hizo con su escaño en el Senado (en unas famosas elecciones parciales). Proclamando los principios revolucionarios marxistas (aunque el pintoresco e indómito Grove a menudo se jactaba de no haber leído nunca a Marx), los socialistas se mostraron muy deseosos de entrar en el juego político. Inmediatamente se convirtieron en los rivales del Partido Comunista, que pasaba entonces por un mal momento: lo había debilitado una defección trotskista (la Izquierda Comunista, que en 1936 se unió a los socialistas) y también la política del Comintern, que insistía en una línea exclusivista e intransigente de sus partidos miembros.

Entre los otros grupos que surgieron en la década de 1930, dos merecen ser destacados: el Movimiento Nacional Socialista (fundado en abril de 1932) y la Falange Nacional (partido independiente desde 1938). Esta última fue formada por un grupo de jóvenes conservado-

---

[13] Los términos «derecha» e «izquierda» han sido usados aquí (algo artificialmente) durante la República Parlamentaria. No obstante, para esta época ya estaban totalmente integrados en el discurso político chileno –a menudo (desde la década de 1930 a la de 1950) en plural–, es decir, «las derechas, las izquierdas».

res disidentes inspirados en las encíclicas «sociales» del papado y en el pensamiento del filósofo católico francés Jacques Maritain (seguido con admiración por el joven Eduardo Frei en París en 1934). Los falangistas crecieron después hasta convertirse en el partido más popular de la segunda mitad del siglo xx.

Los *nacistas* no compartieron ese destino. Los nacional-socialistas y su «*Führer* criollo» de impresionante elocuencia, Jorge González von Marées, en parte de origen germano, eran un reflejo local del fascismo que ascendía espectacularmente en Europa. Sus camisas pardas, su estilo paramilitar y sus ansias por verse envueltos en refriegas a veces sangrientas con sus oponentes (generalmente socialistas), les dieron gran notoriedad en el agitado mundo político de la década de 1930. Las peleas callejeras entre los nacistas y los jóvenes socialistas (que también tenían sus «milicias») llevaron a Alessandri a la larga (febrero de 1937) a introducir la Ley de seguridad interior del Estado, singularmente dura y que armaba al gobierno con una amplia batería de nuevos poderes para controlar las reuniones y las publicaciones. Dentro y fuera del Congreso, esta ley encontró una amarga resistencia por parte de los socialistas, los comunistas, los demócratas, muchos radicales y (por supuesto) los nacistas. Aun así, nunca fue revocada; era demasiado útil.

Hay que decir que el mismo Alessandri se sintió en ocasiones tentado de usarla para resolver sus propias rencillas personales. Un hecho notable se produjo en enero de 1938, cuando la policía se incautó de todas las copias del número 285 de la admirable revista satírica *Topaze*, una de las mejores publicaciones satíricas del mundo durante ese siglo. Una viñeta había molestado al presidente. Aunque los tribunales exoneraron al editor y devolvieron las copias, los agentes realizaron un asalto nocturno a la sede y las quemaron. Cándidamente, Alessandri admitió su responsabilidad más tarde. Las garras del León podían ser muy agudas a veces.

Alessandri comenzó su segundo periodo presidencial con un gabinete que incluía a liberales, conservadores, radicales y demócratas. Los liberales y los conservadores, de hecho, fueron el elemento más fundamental en su administración. Sin embargo, los radicales se fueron interesando cada vez más en una alianza con la izquierda y, en abril de 1934, dejaron el gobierno, para volver a él (brevemente) en septiembre de 1936. La retirada radical no complicó a Alessandri en términos electorales (a los partidos del gobierno les fue bien en las elecciones municipales de abril de 1935, las primeras en las que se permitió votar a las mujeres), pero sin duda ayudó a acentuar la línea divisoria entre la derecha y la izquierda, cuyas batallas ideológicas, disputadas en la prensa, en las calles y sobre el suelo del Congreso, eran mucho más serias que las de los píos y los impíos del periodo parlamentario. Hubo varios episodios que hicieron más profunda esta división entre la izquierda y la derecha. Entre junio y julio de 1934, un violento movimiento de protesta protagonizado por unos campesinos que ocupaban ilegalmente algunas viviendas en la provincia de Cautín y que habían sido desalojados (la «rebelión Ranquil») fue reprimido por carabineros, que masacraron por lo menos a cien campesinos. Pocas semanas después, el periódico socialista *La Opinión* fue asaltado. En febrero de 1936, cuando los empleados de ferrocarriles iniciaron una huelga, Alessandri envió al Ejército, cerró el Congreso (que entonces estaba en sesión extraordinaria) y decretó tres meses de estado de sitio.

Estos acontecimientos, que produjeron furor en la opinión pública, encubrían el hecho de que el movimiento obrero no tenía ninguna dificultad para operar dentro del esquema de la legislación promulgada en —y después de— 1924 (eficazmente codificada por Ibáñez en 1931). La cantidad de sindicatos legales (otros sindicatos eran «no legales» en lugar de ilegales) aumentó rápidamente: en 1938, sus miembros superaban las 100.000 personas. Su confederación (1934) pronto se alió con lo poco que quedaba de la FOCH, antiguamente controlada por los comunistas, y juntas formaron una nueva Confederación de Trabajadores de Chile (CTCH). La mayoría de los delegados a su convención de apertura (diciembre de 1936) eran socialistas o comunistas, que competían por el control del movimiento obrero. Mientras el sindicalismo avanzaba en las ciudades, con estrechos lazos con los dos partidos marxistas, los hacendados impidieron sin mucho esfuerzo que se extendiera en el campo: los tenaces desvelos organizativos (asombrosos para el periodo) del diputado trotskista Emilio Zapata lograron relativamente pocos avances.

Por otra parte, la política económica de Alessandri, lentamente modelada por su acerbo pero brillante ministro de Hacienda, Gustavo Ross, estaba sacando a Chile de la depresión. Sin embargo, no hay que atribuirle todo el crédito a Alessandri y a Ross. Los precios mundiales de las materias primas aumentaron a mediados de la década de 1930, revitalizando la industria del cobre, cuya producción aumentó de

103.000 toneladas métricas en 1932 a 413.283 en 1937. Incluso se produjo un momentáneo renacimiento en las pocas salitreras que aún quedaban. En 1933, Alessandri abolió la COSACH, reemplazándola al año siguiente por una nueva Corporación de Ventas de Salitre y Yodo (COVENSA), lo que traspasó al Estado el control efectivo sobre lo que quedaba de la industria, y el 25 por 100 de todos los ingresos.

Alessandri aumentó los impuestos a la industria del cobre de un 12 por 100 a un 18 por 100 y la sometió a un sistema de tasas cambiarias diferenciales. Desde entonces, las compañías estaban obligadas a venderle sus dólares al gobierno a una tasa de cambio oficial artificialmente alta (inicialmente 19, 35 pesos por dólar). El gobierno revendía los dólares luego en el mercado libre. En la medida en que la diferencia entre el mercado oficial y el mercado libre se hacía mayor, el mecanismo actuaba como un impuesto oculto. La combinación de mayores impuestos y diferenciales cambiarios aumentó los ingresos del gobierno provenientes de las minas de cobre en alrededor de un 500 por 100. Atacar a las compañías del cobre no sólo resultó lucrativo sino popular políticamente.

Aunque las circunstancias eran diferentes, Alessandri parecía tan partidario del nacionalismo económico como su archirrival Ibáñez. Aumentó los aranceles aduaneros en un 50 por 100 y luego los duplicó. También impuso una sobretasa en los derechos a las importaciones, efectiva si no se las pagaba en oro; a la larga el arancel llegó a equivaler al 300 por 100. Toda una serie de nuevas estrategias (múltiples controles cambiarios, cuotas, permisos de importación, el racionamiento de las divisas) ayudaron a impulsar y proteger la industria nacional. Los industriales se portaron a la altura de las circunstancias. La cantidad de fábricas aumentó a más del doble; la fuerza de trabajo industrial casi se duplicó. Bien protegidas por altas barreras tributarias, las fábricas chilenas pudieron satisfacer el 97 por 100 de las necesidades de consumo del país, reduciendo así las importaciones. Al igual que antes, los productores de bienes durables e intermedios crecieron más rápidamente, aumentando casi en un 50 por 100; mientras que la producción de las industrias que sólo fabricaban bienes de consumo, en realidad, declinó levemente.

Un mecanismo particularmente eficaz para estimular la economía fue una ley de 1933 que suspendía temporalmente los impuestos sobre todos los proyectos de construcción, siempre y cuando estuvieran terminados a fines de 1935. Con esta medida, el negocio de la construcción se convirtió en uno de los más prósperos de la década de 1930 y, como siempre, el auge de la construcción benefició a todos los negocios relacionados con ella. Para impulsar aún más la actividad en este sector, el gobierno incentivó a los fondos de pensión para que invirtieran en vivienda y, de manera más directa todavía, promovió las obras públicas. La construcción del Barrio Cívico —esas poco inspiradas planchas grises en torno a La Moneda— cambió la cara del corazón de Santiago (si se nos permite la metáfora). Con diferencia, el más popular de estos esfuerzos, sin embargo, fue la construcción de un estadio nacional de fútbol, terminado en 1938, ya que este deporte se había convertido en una de las grandes pasiones del siglo xx para los chilenos.

La agricultura fue el sector más sobresaliente durante los años de la Depresión. Entre 1929 y 1938, la cantidad de tierra cultivada aumentó aproximadamente en un 20 por 100; el valor total de los productos agrícolas, casi en un 10 por 100. La producción de cereales mejoró discretamente, al igual que la producción de cebada, porotos y papas. Las cosechas de maíz decayeron, pero los chilenos se estaban dedicando cada vez más al cultivo del arroz (se multiplicó por cuatro entre 1933 y 1938). En parte se pueden atribuir estos incrementos en la producción al desarrollo de la tecnología. Entre 1930 y 1936, la cantidad de tractores aumentó a más del doble. En lo que se refiere a las exportaciones agrícolas, sin embargo, las cifras siguieron siendo pobres: los hacendados no tenían posibilidades reales de competir con los agricultores de Canadá, Estados Unidos o Australia, que habían saturado el mercado mundial de cereales. Como había solido ser durante décadas, los únicos mercados importantes para los frutos del campo eran las ciudades del mismo Chile, que cada vez eran más grandes. El gobierno, no obstante, no descuidó el sector agrícola. Una nueva Junta de Exportación Agrícola comenzó a operar en 1932 con dos objetivos fundamentales: ayudar a las haciendas y granjas manteniendo niveles de precio mínimos y subsidiar las exportaciones. Alessandri le dio a la Junta poderes para controlar el cultivo, la venta, la importación y la exportación de trigo.

Al tiempo que ayudaba a los agricultores, el gobierno también extendió su mano protectora (pero provisional) hasta el consumidor. La breve República Socialista había creado un Comisariado General de Subsistencia y Precios con autoridad para fijar el precio de los alimentos de primera necesidad. Al mismo tiempo, el gobierno asumió poderes (incluido el derecho de *expropiación*) extensivos virtualmente a cualquier empresa involucrada en la producción, el transporte o la venta de alimentos esenciales, así como a cualquier terreno que estuviera siendo cultivado de manera ineficiente o hubiera sido dejado en barbecho. Podría haberse esperado que Alessandri desmantelara el Comisariado; sin embargo, con un informe de la Liga de las Naciones que indicaba que más del 75 por 100 de todos los chilenos se estaban alimentando de modo deficiente o estaban seriamente desnutridos, La Moneda claramente tenía que tratar de equilibrar las iniquidades, aunque sólo fuera para protegerse políticamente. Por tanto, la administración de Alessandri mantuvo el control de los precios, limitando los ingresos gracias a los alimentos básicos entre un 15 por 100 y un 35 por 100. Puede decirse que, de esta manera, se sacrificaba al campo en pro del trabajador urbano. Sin embargo, Alessandri sentía también un profundo respeto por la elite terrateniente (de la cual, por lo demás, dependía políticamente), que le impedía considerar seriamente una reforma de las haciendas.

Parte de la recuperación de mediados de la década de 1930 puede atribuírsele a la capacidad de Chile para manejar las demandas de sus acreedores internacionales. El gobierno obstinadamente se negó a pagar los intereses que se habían acumulado desde 1931 (cuando, como ya se vio, comenzó la moratoria) hasta 1935. Ross llegó todavía más lejos, comprando los depreciados bonos de Chile a un precio muy bajo. Se gastaron unos 15 millones de pesos para retirar más de 139 millones en bonos, reduciendo así la deuda externa del gobierno en un 31 por 100. Esta táctica no sólo redujo los pagos por conceptos de intereses de Chile, sino que también le ahorró millones al Estado –lo que, evidentemente, impulsó la recuperación.

La forma en que Alessandri manejó la deuda interna fue mucho más torpe. Durante la República Socialista, los préstamos del Banco Central habían aumentado en más del 400 por 100. Alessandri parecía casi igualmente generoso: entre 1932 y 1937, los préstamos del Banco Central aumentaron en un 50 por 100 y los medios de pago totales se duplicaron. Sólo era cuestión de tiempo antes de que la inflación volviera a aparecer. Para cuando Alessandri dejó el cargo, todos los precios habían subido en un 30 por 100.

Sin embargo, los logros de Alessandri y Ross son innegables: en 1937, la producción agrícola y manufacturera había superado los volúmenes de 1929. Además, habían equilibrado el presupuesto reduciendo los gastos y aumentando los impuestos, especialmente los aranceles aduaneros, e imponiendo un nuevo impuesto a la ventas del 5 por 100. El desempleo disminuyó sostenidamente: los hombres que en otro tiempo acudían en tropel a los efímeros proyectos de trabajo para desempleados de la república socialista, ahora eran mano de obra productiva en las fábricas o la construcción. Durante el segundo mandato de Alessandri, en efecto, se llevaron a cabo importantes cambios estructurales. El sector industrial de la nación había crecido y también se había diversificado. Las fábricas no sólo producían más bienes de consumo (comida, bebidas, tabaco, ropa y calzado), sino que también empezaban a fabricar productos durables e intermedios (productos textiles, papeleros, químicos, metálicos y no metálicos). Así, antes incluso de la llegada del Frente Popular, las fábricas locales podían satisfacer el 70 por 100 de la demanda de ese tipo de artículos del país.

A pesar de todo lo anterior, la política, al igual que la competencia entre los partidos, era, más que nunca, parte esencial de la vida chilena. A mediados de la década de 1930, la izquierda, que comenzaba ya a jugar un papel importante y aún peleaba por los votos, dio un paso decisivo. Los comunistas ya habían abandonado su postura intransigente y estaban promoviendo (según la nueva política del Comintern, concebida para combatir el auge del nazismo de Europa) la formación de un «Frente Popular», que reuniera a todos los partidos de izquierda y a los «burgueses progresistas». Los radicales consideraron que esta era la mejor forma de conseguir su anhelada coalición –dominada obviamente por ellos mismos–. Los dirigentes del Partido aceptaron unirse al Frente en junio de 1936, aunque la decisión sólo fue ratificada en la convención nacional del Partido Radical (en una votación cuyo resultado fue 316/138) en mayo de 1937. Los socialistas, por su parte, tuvieron que superar sus pocas simpatías por los radicales y los comunistas, ya que Alessandri les gustaba aún menos. La nueva CTCH también fue incorporada, en gran medida, para reforzar la fuerza electoral del Frente. A pesar de su opaco desempeño en las elecciones parlamentarias de 1937, la nueva alianza se mantuvo unida, los comunistas y los socialistas dejaron su retórica revolucionaria (así como sus programas) en pro de los intereses de una causa mayor. Toda la atención estaba centrada ahora en la elección presidencial de 1938.

Las convenciones para las designaciones de los candidatos del Frente Popular y de la derecha se realizaron en abril de 1938. En la primera de ellas, se necesitaron diez votaciones antes de que el siempre popular Marmaduke Grove (cuyos defensores cantaban «¿Quién manda el buque?: ¡Marmaduke!») se retirara ostentosamente en favor del radical inevitable, Pedro Aguirre Cerda, un afable y recatado abogado, dueño de viñas (de allí su apodo: «Don Tinto»). La convención liberal-conservadora, con igual inevitabilidad, eligió a Gustavo Ross, que había dejado el Ministerio de Finanzas en marzo de 1937 para prepararse para la candidatura presidencial, que ambicionaba por encima de todo. La conducta personal de Ross no le ganó muchos amigos. Alessandri, que siempre soñó con volver a captar a los radicales, realmente no lo quería como sucesor. La oposición detestaba al «ministro del hambre», como lo habían bautizado. Su desprecio por los chilenos de a pie era bien conocido: en junio de 1935, dijo que había que gastar unos pocos millones de pesos para incentivar la «inmigración blanca», una observación que se ganó la condena en el Senado. La derecha lo vio como un posible «hombre fuerte». El pudiente Ross estaba preparado para gastar una fortuna para alcanzar la Presidencia. Su campaña fue conducida con el espíritu de un hombre que afirmaba que «el empobrecimiento de los de arriba no enriquece a los de abajo»[14].

Lo más desconcertante desde el punto de vista del Frente Popular fue la aparición de un tercer contendiente: nada menos que el general Ibáñez, quien había vuelto a Chile en 1937 para gran disgusto de Alessandri. Sus seguidores, organizados en junio de 1938 como la Alianza Popular Libertadora, atrajeron a una buena cantidad de disidentes socialistas y recibieron el apoyo entusiasta de los nacistas de González von Marées, que, de hecho, fue quien le dio más ímpetu a su campaña. Ibáñez era una apuesta incierta, pero su reaparición sirvió para aumentar la tensión a medida que se acercaba el momento de las elecciones.

El ambiente político estaba verdaderamente crispado cuando, el 1 de junio de 1938, Alessandri acudió al Congreso para pronunciar su mensaje anual. Cuando se levantó para hablar, el senador radical Gabriel González Videla, en contra de todo protocolo, intentó interrumpirle. Los conservadores y liberales le pidieron a gritos que se sentase. Los congresistas del Frente Popular se marcharon en protesta. Mientras lo hacían, Gonzáles von Marées (uno de los tres diputados nacistas del Movimiento Nacional-Socialista) disparó su revólver contra el techo. Los dos González fueron reprimidos por la policía que los sacó de la sala.

---

[14] E. Torreblanca, *Ante la próxima elección presidencial*, Santiago, s.e., 1938, p. 42.

Quedaba lo peor. El domingo 4 de septiembre 30.000 seguidores de Ibáñez protagonizaron una impresionante manifestación en Santiago. Aproximadamente a mediodía de la siguiente jornada, grupos de nacistas tomaron la Universidad de Chile y la Caja del Seguro Obligatorio, un alto edificio de oficinas justo frente a La Moneda (alto para las normas de Santiago). Allí, los rebeldes mataron a un carabinero y se atrincheraron en el séptimo piso. En la Universidad, una pieza de artillería hizo estallar las puertas principales y los nacistas (que ya contaban seis muertos) se rindieron. Los 25 sobrevivientes fueron conducidos al edificio de oficinas, donde el grupo del séptimo piso también se rindió pronto. Ambos grupos —61 jóvenes en total— fueron fusilados entonces por carabineros. Muchas personas pensaron que el propio Alessandri había dado la orden para la masacre. No estamos seguros. Es probable que, en el fragor del momento, él dijera algo que fue interpretado de esa manera.

A Alessandri nunca le faltó valor. Dice algo a su favor que incluso en ese momento de encarnizadas pasiones políticas continuase paseando con regularidad por la Alameda acompañado por su gran danés Ulk —puede que la mascota chilena más famosa desde los días del gato de Andrés Bello, Micifú, de nombre poco original[15].

La impactante masacre de los nacistas dio un vuelco final a la campaña electoral, en que la copiosa riqueza de Ross parecía estar ganando terreno respecto del entusiasmo por el Frente Popular. El general Ibáñez, que no había formado parte del intento de golpe de estado, retiró su candidatura presidencial y aconsejó a quienes lo apoyaban que votaran por el Frente Popular —un duro golpe para el odiado rival de Ibáñez, Alessandri—. Eso fue suficiente para inclinar la balanza en favor de Aguirre Cerda. La elección (el 25 de octubre de 1938) resultó una competencia muy reñida que sólo se resolvió al final: de un total del 89 por 100 de los votantes, Aguirre Cerda ganó 222.720 votos (50,2 por 100); Ross, 218.609 (49,3 por 100). Gracias al general Ibáñez y los nacistas, Chile había elegido el único gobierno del Frente Popular fuera de Europa.

Como veremos, la carrera política de Ibáñez aún no había terminado. En lo que respecta a Alessandri, partió nuevamente de viaje a

---

[15] Un nombre muy común para gato en Sudamérica. El cadáver disecado de Ulk está expuesto en el Museo de Historia Natural en la plaza de Armas de Santiago.

Italia, donde le dijo al ministro de Asuntos Exteriores de Mussolini, el conde Ciano, que probablemente «bastante pronto» volvería al poder. Nunca lo hizo. Pero no porque dejara de intentarlo. Nunca se dio por vencido. En el momento de su muerte[16], a la edad de 81 años (24 de agosto de 1950), estaba nuevamente en el Senado y, de más está decirlo, era su presidente. A fin de cuentas, fue un hombre extraordinario.

---

[16] En circunstancias comparables, algunos creen, a las del presidente Félix Faure de Francia en 1899.

Cuarta parte
El desarrollo industrial y el nacimiento de la política de masas

En las décadas entre 1932 y 1964, Chile amplió su tradición democrática, acompañada por la expansión de este derecho político y por la vigorosa competencia de los partidos, con la izquierda marxista ya como un actor establecido. Tras 14 años de predominio del Partido Radical (1938-1952), se produjo la elección del antiguo dictador Ibáñez y, en 1958, la llegada de un gobierno de derechas encabezado por Jorge Alessandri. Desde la década de 1930, el Estado fue tomando cada vez con más vigor las riendas de la economía, en la medida en que el crecimiento basado en las exportaciones era reemplazado por un desarrollo «dirigido hacia el interior»; aunque la exportación de cobre siguió siendo un factor vital para la economía. El impulso de la industrialización arrojó algunos resultados impresionantes en sus comienzos. La innovadora entidad estatal de desarrollo, la CORFO, espoleó dicho avance industrial. El progreso urbano, sin embargo, no iba acompañado del progreso en el campo, dominado por las haciendas. En la década de 1950, el crecimiento económico había disminuido y aumentaba la presión por una reforma «estructural». Quedaba abierto el camino para los partidos con fuertes programas reformadores.

GOBIERNOS

1938-1941	Pedro Aguirre Cerda
1942-1946	Juan Antonio Ríos
1946-1952	Gabriel González Videla
1952-1958	General Carlos Ibáñez
1958-1964	Jorge Alessandri[1]

---

[1] Hijo del presidente de 1920-1925/1932-1938.

9

Los radicales, el general de la esperanza y el hijo del León, 1938-1964

*La crisis política había alcanzado un punto insostenible. La bancarrota económica
y moral, el resultado de un largo periodo de actividad política al servicio
de los privilegios y la codicia de un círculo partidario, había acelerado
en gran medida el proceso de descomposición.*

Presidente Carlos Ibáñez, 1953.

La exitosa restauración de las instituciones llevada a cabo por Arturo Alessandri constituyó quizás el primer paso tras 1932 hacia la ampliación de la tradición democrática chilena. La política misma ya no era propiedad exclusiva de la clase alta tradicional: los mismos partidos cada vez manejaban más sus rivalidades en un marco de política de masas. No hay que subestimar la importancia de esto. A la democracia todavía le quedaba mucho camino por recorrer durante la década de 1930 y de 1940. Dado que las mujeres (hasta 1949) y los iletrados (hasta 1970) no tenían derecho al voto para las elecciones nacionales, el electorado no creció significativamente hasta la década de 1960. Además, la Constitución de 1925 había establecido una representación proporcional y este complejo sistema (creación del belga Victor D'Hondt, a finales del siglo XIX) incentivaba la fragmentación partidaria al tiempo que limitaba las posibilidades de los partidos insurgentes (especialmente los de izquierda) para desafiar el orden existente. Además, el gobierno se negó por mucho tiempo a redistribuir los distritos electorales según los cambios que había experimentado la población. Esto benefició al campo, controlado por la derecha, a expensas de las ciudades, bastiones de la izquierda. La venerable tradición de la compra de votos también persistió hasta bien entrada la década de 1950. De hecho, en la década de 1930 varios políticos radicales defendían la práctica sobre la base de que era la única protección que tenían frente a los fraudes perpetrados por la derecha.

Los partidos conservaban muchos de los rasgos del carácter que habían tenido en el periodo parlamentario, llegando al Congreso (como pensaban algunos) «no por el merecimiento indiscutible de sus hombres, sino exclusivamente por los recursos de que dispone»[1], como un prejuicioso escritor afirmó en 1938. Puede que esto no haya garantizado el *statu quo,* pero sí implicaba que los cambios se podían producir con mucha lentitud en Chile. Hasta que se pusieron en práctica las importantes reformas electorales de 1958 y 1962, los políticos conservadores y liberales controlaron siempre entre el 30 por 100 y el 40 por 100 del voto popular –fundamentalmente gracias a los votos de los inquilinos, que aún podían manipular–. La izquierda, expropiada por el sistema de D'Hondt de la cantidad de asientos que realmente le correspondía, conseguía entre el 15 por 100 y el 28 por 100.

Si los liberales habían actuado como el eje central (muy inestable) de la política durante el régimen parlamentario, este papel recayó ahora en los radicales, que ocuparon finalmente, en las elecciones de 1938, el lugar que les correspondía. Entre la década de 1930 y comienzos de la década de 1960, el partido unitariamente más importante (y, en el verdadero sentido, el más popular) fue el Partido Radical, que combinaba en un delicado equilibrio intereses a menudo en conflicto. Las diferencias ideológicas eran notorias, pero ocultaban (o con frecuencia no lo hacían) un interés subyacente en el desempeño del cargo y la dispensación de apoyo. No es sorprendente que los propios radicales resultaran verdaderos maestros en el clásico juego chileno de formar coaliciones. Su recompensa fueron los 14 años de dominio de los que disfrutaron entre 1938 y 1952. Sin embargo, esta habilidad para maniobrar tenía un alto coste; a la larga, significó el descrédito para el Partido a los ojos de los votantes, que llegaron a considerar los cambios de los radicales como simples esfuerzos para perpetuarse en el mando. A su debido tiempo, esto produjo una «revuelta del electorado» comparable a la de 1920. En 1952, los votantes se volvieron hacia el antiguo dictador, Carlos Ibáñez, y en 1958 hacia el «independiente» Jorge Alessandri, el «hijo del León» –hombres que públicamente se declaraban «por encima» de la política.

---

[1] C. Sáez Morales, *Y así vamos...*, Santiago, Ercilla, 1938, p. 79.

Tabla 9.1. Fuerzas en el Congreso, 1937-1965

	Distribución de escaños en la Cámara de Diputados, 1937-1965						Distribución de escaños en el Senado, 1937-1965					
	Com.	Cons.	F/PDC	Lib.	Rad.	Soc.	Com.	Cons.	F/PDC	Lib.	Rad.	Soc.
1937	6	35	—	35	29	19	1	6	—	6	6	3
1941	16	32	3	22	44	15	2	5	—	4	6	1
1945	15	36	3	34	39	15	3	5	—	7	7	2
1949	—	33	3	35	42	9	—	3	—	6	6	1
1953	—	18	3	23	19	12	—	4	—	5	4	1
1957	—	23	14	32	36	24	—					
1961	16	17	59	28	39	12	4	2	2	5	7	4
1965	18	3	82	7	20	12	2	—	11	—	3	3

Clave: Com= Partido Comunista; Con=Partido Conservador; F/PDC=Falange/Partido Demócrata Cristiano (1957–); Lib=Partido Liberal; Rad=Partido Radical; Soc= Partido Socialista.

Fuente: G. Urzúa Valenzuela, *Diccionario político-institucional de Chile* (Santiago, Jurídica de Chile, 1984), pp. 31, 42, 53, 73, 92, 147, 176.

Tabla 9.2. Desglose de escaños en el Congreso por bloques políticos

	IZQUIERDA Comunista + Socialista	CENTRO		DERECHA Conservador + Liberal
		Rad.	F/PDC	
1937	25	29	——	70
1941	31	44	3	54
1945	30	39	3	70
1949	9	42	3	68
1953	12	19	3	41
1957	24	36	14	56
1961	28	39	59	45
1965	30	20	82	10

Fuente: A. Borón, *La evolución del régimen electoral y su efecto en la representación de los intereses populares: el caso de Chile* (Santiago, Escuela Latinoamericana de Ciencia Política y Administración Pública, 1971), cuadro 3; G. Urzúa Valenzuela, *Diccionario político-institucional de Chile,* cit., pp. 58-61.

PEDRO AGUIRRE CERDA, 1938-1941

De alguna manera, la victoria del Frente Popular que había llevado a los radicales al poder había sido accidental: si los nacistas no se hubieran rebelado, puede que Ross se hubiera abierto camino hasta La Moneda. El Frente era una confederación de elementos a menudo mutuamente excluyentes, unificados más por su odio a la derecha que por algún verdadero objetivo común. Una vez que los defectos inherentes de la alianza quedaron expuestos, esta se desintegró. Sin duda, *don Tinto* debería haberse dado cuenta de que su estrecha victoria electoral difícilmente constituía una base sólida para un gobierno que debía enfrentarse a ciertos cambios. Su programa requería que el Estado estimulara la economía, mejorara la suerte de los trabajadores urbanos y rurales y (al menos en forma implícita) empleara a la creciente clase media en la burocracia. De hecho, la cantidad de miembros de los sindicatos seguía creciendo (como lo hizo la cifra de huelgas y su duración), mientras el número de empleados públicos aumentó casi en un sexto entre 1937 y 1941. Ahora bien, aunque Aguirre Cerda había prometido redistribuir la tierra y crear sindicatos obreros, no se atrevió a mantener su palabra. Don Tinto tenía que garantizar que sus electores urbanos (que, a diferencia de los inquilinos, podían votar libremente y tenían que comprar, no cultivar, su comida) permaneciesen leales. Un ataque serio a las haciendas bien podía elevar el precio de los alimentos de primera necesidad y, con ello, echar por la borda su estrategia económica. El presidente olvidó las promesas que había hecho durante su campaña de llevar la justicia al campo, a cambio de la tolerancia latifundista con respecto a sus programas urbanos y de la industrialización.

De hecho, nada de lo que pudiera hacer aumentaba sus probabilidades de congraciarse con la derecha. El nuevo presidente despertó el mismo odio entre los ricos que Franklin Roosevelt en la clase alta estadounidense. (Los críticos de Roosevelt le detestaban por traicionar a su clase.) Él no pertenecía a la clase alta y (quizá porque era mestizo y físicamente poco atractivo) los chilenos más acaudalados lo despreciaban, aunque en realidad resultara más educado que la mayoría de ellos. Los conservadores le describían como un *roto;* algunos se negaron a estrechar su mano.

Los desaires sociales por sí solos no lograban mucho y los conservadores más obcecados no estaban por encima de la posibilidad de conspirar con los ibañistas y con los oficiales del Ejército contrarios al gobierno para derrocarlo por la fuerza. En agosto de 1939, el general Ariosto Herrera (con el apoyo de Ibáñez) intentó un abortado golpe de Estado. A grandes rasgos, no obstante, los liberales y los conservadores preferían recurrir más bien a su mayoría en el Congreso (67 escaños en la Cámara de Diputados y 23 en el Senado frente a los 65 y 18 del Frente Popular) para impedir el programa legislativo de Aguirre Cerda[2]. Sin embargo, Aguirre Cerda gozó de una buena suerte un poco perversa. En condiciones normales, su intención de que el Estado se involucrara más directamente en la economía habría encontrado una resistencia legislativa insuperable. No obstante, en enero de 1939, un terremoto devastó Chillán y gran parte de la zona entre los ríos Maule y Biobío. Por lo menos 5.600 personas murieron y 70.000 quedaron sin hogar. La necesidad de reconstruir un sur devastado hizo que Aguirre Cerda creara un nuevo organismo fiscal de desarrollo: la CORFO

---

[2] El Centro (agrarios, nacistas, Falange y demócratas) obtuvo 15 diputados y 4 senadores.

(Corporación de Fomento), cuyo fin era supervisar el programa de reconstrucción. Desde un comienzo, la CORFO tuvo a su cargo además un papel a largo plazo: impulsar las fuentes de energía chilenas y promover la industrialización (véase capítulo 10). El Congreso aprobó el nuevo organismo con el más estrecho de los márgenes.

En muchos sentidos, Aguirre Cerda tuvo casi tantos problemas con sus aliados putativos como con sus adversarios. Los socialistas, que encontraban sus reformas demasiado suaves, se disputaban con los comunistas el control del movimiento sindical y el liderazgo de la izquierda. Los socialistas también se enfrentaron con los comunistas, aspirantes ambos a controlar el movimiento sindical y el liderazgo de la izquierda. Tenemos que señalar aquí que la Segunda Guerra Mundial, para entonces en pleno desarrollo, afectó a la política chilena más que la guerra de 1914-1918. El pacto de no agresión de Stalin con Hitler (agosto de 1939) exacerbó la hostilidad entre socialistas y comunistas. Los comunistas siguieron escrupulosamente las directivas de Moscú, denunciando al Frente Popular, incentivando las huelgas y casi revirtiendo su política anterior de la «intransigencia».

Mientras tanto, los socialistas (no por primera vez) sufrieron un cisma interno. El ala izquierda del partido se escindió, bajo el liderazgo de César Godoy, para formar el nuevo Partido Socialista de los Trabajadores (abril de 1940). Esto redujo su votación en bloque en el Congreso en un tercio. También los radicales sufrieron divisiones internas: el ala izquierda del partido se opuso al giro de Aguirre Cerda hacia la derecha; el ala más conservadora, sin consultar al presidente, trató de entablar una alianza con los conservadores y los liberales.

Por último, el Frente Popular se desintegró a comienzos de 1941, cuando los socialistas y el movimiento obrero se retiraron formalmente. Sin embargo, aunque el Frente no sobrevivió, la nueva estructura de las alianzas políticas sí lo hizo: de hecho, el sistema político chileno prácticamente lo exigía. La izquierda y el centro cooperaron en la campaña de las elecciones parlamentarias de 1941; los radicales, los comunistas y otros grupos más pequeños formaron un bloque de votantes; los liberales y los conservadores se aliaron en otro. Los socialistas, privados de la facción de Godoy, fueron solos. La alianza radical-comunista fue provechosa: los radicales obtuvieron 6 asientos en el Senado y 42 en la Cámara de Diputados; los comunistas aumentaron su representación de 1 senador a 4 y de 6 diputados a 16. Los socialistas perdieron 2 asientos: resulta tentador echarle la culpa del cisma al interior del partido, pero el culpable más probable quizá sea el sistema de D'Hondt, que redujo su resultado en 11 escaños mientras otorgaba 14 más a los radicales.

La coalición radical-izquierda, si bien había ganado el 50 por 100 de los votos, se encontraba en una situación precaria. Las actividades del ministro del Interior, Arturo Olavarría Bravo, que (sin inmutarse) extorsionó a la comunidad judía de Santiago y que también sin inmutarse persiguió a la prensa opositora, se enfrentó de tal manera con el ala izquierda del Partido Socialista que se retiró del gobierno. Otra distracción más fue la continua y amarga rivalidad entre los comunistas y los socialistas. No obstante, cuando, en junio de 1941, Hitler invadió la Unión Soviética, la Segunda Guerra Mundial, hasta entonces condenada como una lucha imperialista, se convirtió de pronto en una gran cruzada antifascista donde incluso los socialistas y los radicales encontraban un lugar. De esta manera, los socialistas podían volver a forjar su alianza con los comunistas y los radicales en una continuidad *de facto* del Frente Popular. Todo esto significó más facilidades políticas para Aguirre Cerda, pero estaba ya gravemente enfermo de tuberculosis y dimitió a mediados de noviembre de 1941. Falleció al cabo de 15 días.

Murió decepcionado. Retrospectivamente, se aprecia que el gobierno de Aguirre Cerda contribuyó de manera esencial al destino de Chile: integró los partidos marxistas en el sistema político; construyó escuelas y viviendas de bajo coste; incentivó la formación de asentamientos agrícolas e incluso redistribuyó algunas tierras; y, en especial, creó la CORFO. Aun así, el propio Aguirre Cerda parecía menos que satisfecho con su desempeño:

> Le prometimos al pueblo sacarlo de la miseria, elevar su nivel social, económico y moral. Aparte de la acción inteligente y constructiva de unos cuantos de mis ministros, hemos perdido aquí el tiempo con largos debates y discusiones, sin llegar nunca a las soluciones prácticas y efectivas de los grandes problemas. Me embarga el alma una profunda pena, porque me imagino que el pueblo, al que tanto amo, pudiera pensar que lo he engañado[3].

---

[3] A. Olavarría Bravo, *Chile entre dos Alessandri*, 4 vols., Santiago, Nascimiento, 1962-1965, vol. I, p. 555.

Aguirre Cerda tenía buenas razones para sentir esta desesperanza. Con el fin de lograr *algunos* cambios, tuvo que ceder ante el poder tradicional y aplacó a los hacendados abandonando su reforma agraria; se congració con los industriales otorgándoles el monopolio de la base industrial del país; recompensó a la clase media urbana dándole trabajo en la floreciente burocracia, y les garantizó beneficios de seguridad social y salarios desproporcionadamente más altos que los de los pobres. En resumen, todos excepto los más necesitados compartieron la bonanza. Estas concesiones sirvieron para perpetuar (y en algunos casos agravar) los males estructurales de la sociedad chilena. Pero pocos chilenos pudieron percatarse de todo ello en esos momentos.

Juan Antonio Ríos, 1942-1946

La carrera por el poder que se produjo tras la muerte de Aguirre Cerda reveló la fragilidad de la memoria política chilena. A pesar de su primera dictadura y de su propensión a la conspiración (como mencionamos, sufrió el fallido levantamiento del general Herrera en 1939), Carlos Ibáñez emergió como uno de los principales contendientes por la presidencia vacante. Su oponente más poderoso era Juan Antonio Ríos, terrateniente del ala conservadora de los radicales. Aunque los radicales lo habían expulsado (por colaborar con el régimen de Ibáñez), logró derrotar a un adversario más liberal y ganó la designación por su partido. Prometió un gobierno que representaría a todos los chilenos.

Es probable que el poco carismático Ríos no mereciese ganar las elecciones de febrero de 1942. Pero gracias a la sensación de que votar por Ibáñez era votar por el fascismo y al anhelo público de creer la propaganda en la cual Ríos se autoproclamaba el «soldado de la libertad»[4], triunfó con el 55,7 por 100 de los votos (febrero de 1942). Su coalición, la Alianza Democrática, al igual que la de Aguirre Cerda, estaba formada por componentes sumamente inestables: radicales, comunistas, socialistas, liberales alessandristas. Y también, al igual que la de Aguirre Cerda, una vez que hubo desaparecido su objetivo común (en este caso, el odio por Ibáñez), la débil alianza se desintegró.

---

[4] Citado en L. Palma Zúñiga, *Historia del Partido Radical*, Santiago, Andrés Bello, 1967, p. 226.

El presidente Ríos intentó honradamente cumplir la promesa de su campaña. El primer gabinete del presidente Ríos (de «Unidad Nacional») estaba formado por cinco radicales, tres socialistas, dos liberales y dos demócratas. Al cabo de seis meses de gobierno, se disolvió. A continuación (octubre de 1942), Ríos recurrió a un gabinete de la «Alianza Democrática» (radicales, socialistas, demócratas e independientes), pero este también entró en crisis cuando el presidente se negó a romper las relaciones diplomáticas con el Eje. Los radicales, divididos por sus propias luchas intestinas, se mostraron poco cooperadores. Por desgracia, Ríos no pudo compensar las defecciones de la derecha con el apoyo político de la izquierda: los socialistas lo atacaron por ser demasiado conservador y se retiraron del gobierno a comienzos de 1943. La situación política se tornó desagradablemente parecida a la del régimen parlamentario. En junio de 1943, Ríos nombró a un gabinete «administrativo» no partidista, sustituyéndolo tres meses después por una fórmula radical-liberal-independiente. En ese momento, se encontraba cada vez más presionado por el Ejército (al borde de la rebelión, según un informe diplomático) y por sus colegas políticos. En 1944, el Partido Radical exigió que cortara relaciones con la España franquista, reconociera a la Unión Soviética, expulsara a los liberales del gobierno y formara un gabinete que fuera exclusivamente radical o que reflejara la composición de la Alianza Democrática. Cuando Ríos se negó, el Partido Radical expulsó a todos los miembros que sirvieran en su gobierno. Ríos se había así convertido, por el momento, en un presidente sin partido. En noviembre de 1944, nombró un segundo gabinete «administrativo».

Dado el nivel de lucha política interna, no sorprende que la oposición haya obtenido buenos resultados en las elecciones parlamentarias de 1945. Los partidos Liberal y Conservador, que acusaban a Ríos de corrupción y de ser demasiado tolerante con el comunismo, ganaron el 41 por 100 de los votos, lo cual se tradujo en 20 asientos en el Senado y 69 en la Cámara de Diputados. Los radicales sufrieron un moderado revés, mientras los comunistas y (especialmente) los socialistas salieron mucho peor.

La debacle electoral de la izquierda complicó la situación política de Ríos. Tras dos intentos abortados, logró formar (mayo de 1945) un gabinete que reunía a radicales, demócratas, la Falange y Socialistas Auténticos (seguidores de Marmaduke Grove) autoexcluidos de la principal corriente socialista. Esta mezcla incompatible aún no le daba la mayoría en la Cámara Baja. Para colmo de males, se le sumaron otros problemas rápidamente. El fin de la Segunda Guerra Mundial significó el retorno de los comunistas al campo antigubernamental, una posición que parecía agradarles.

Un cáncer terminal obligó a Ríos a renunciar a la Presidencia en enero de 1946. Durante lo que quedaba del año, Alfredo Duhalde, radical derechista, ofició como vicepresidente. Su mandato no fue de ninguna manera tranquilo. Capitalizando su poder en los sindicatos, los comunistas dirigieron una ola de huelgas. Una demostración en la plaza Bulnes de Santiago (enero de 1946) se tornó violenta, dejando muchos heridos y algunos muertos. (Uno de los fallecidos fue la comunista de 18 años Ramona Parra.) En protesta contra la brutalidad de la policía, varios ministros del gabinete (incluidos algunos radicales) renunciaron, debilitando el gobierno provisional. La muerte de Juan Antonio Ríos (junio de 1946) en su villa a los pies de la Cordillera, obligó al país a realizar su segunda elección presidencial en cinco años.

Aunque un crítico describió algo más tarde el gobierno de Ríos «sin dirección», al presidente como «una nulidad» y a sus asesores como «hermafroditas políticos»[5], sin embargo, también es posible ofrecer una visión más generosa. Ríos puso en marcha planes para construir la primera fábrica de acero del país, organizó la industria del petróleo y creó el monopolio eléctrico. Y, poniendo a Chile en el campo aliado (en enero de 1943 se produjo la ruptura de relaciones con el Eje), le garantizó a su país un lugar en las Naciones Unidas[6]. Ríos fue también el primer presidente chileno que visitó los Estados Unidos (en octubre de 1945). Sin embargo, como hemos visto, estaba acosado políticamente, al igual que le sucedió a Aguirre Cerda, por la indisciplina de partido y constantes luchas internas. Su objetivo, afirmó una vez, era «un gobierno de izquierda, pero de una izquierda de orden, de tranquilidad y respeto para todos los derechos ciudadanos

---

[5] Ó. Bermúdez, *El drama político de Chile*, Santiago, Tegualda, 1947, pp. 143-144.
[6] Chile anunció un estado de guerra con Japón en febrero de 1945 e, inmediatamente después, firmó la Declaración de los Estados Unidos; sin embargo, nunca le declaró la guerra realmente a Alemania. Argentina (al menos cinco semanas antes del suicidio de Hitler) les declaró la guerra a Japón y a Alemania «como el aliado de Japón».

legítimos»[7]. Esta valiosa meta estaba muy por encima de su alcance, incluso aunque hubiera logrado crear una base política estable, lo cual jamás fue ni siquiera remotamente probable.

GABRIEL GONZÁLEZ VIDELA, 1946-1952

Cuatro hombres se ofrecieron para reemplazar al desafortunado Ríos: Gabriel González Videla, candidato de los radicales y los comunistas; el Dr. Eduardo Cruz Coke, por el Partido Conservador y su facción desprendida, la Falange; Bernardo Ibáñez (sin relación con el general), designado por los socialistas; y Fernando Alessandri, hijo de don Arturo, respaldado por el Partido Liberal junto con algunos grupos escindidos de los partidos más importantes, como el Partido Radical Democrático (integrado por disidentes radicales como Arturo Olavarría Bravo), el Partido Socialista Auténtico, el viejo Partido Demócrata (en situación terminal), así como pequeños partidos, como el Partido Fuerza Laboral Agraria, recién formado y que pronto se independizaría, aunque brevemente.

González Videla (de cuarenta y siete años en la fecha), hombre del ala izquierda del Partido Radical, había sido embajador de Aguirre Cerda en Francia en los días del Frente Popular. Su clara posición izquierdista era tan contraria para muchos de sus compañeros radicales que se abstuvieron de votar en la convención para la designación y se retiraron cuando ganó González Videla, formando el Partido Radical Democrático. Su defección no perjudicó realmente a González Videla, cuya estrategia electoral era reclutar el apoyo siempre útil de los comunistas.

Los comunistas, por su parte, se esforzaron mucho en la campaña. En la «proclamación» de González Videla como candidato, el poeta Pablo Neruda (senador comunista) contribuyó con una emotiva balada:

En el norte el obrero del cobre,
en el sur el obrero del riel,
de uno a otro confín de la patria,
el pueblo lo llama Gabriel.

---

[7] Citado en Palma Zúñiga, *Historia del Partido Radical,* cit., p. 228.

Quizá por primera vez en una elección presidencial, había otro candidato fuerte que también propugnaba la reforma social, aunque de un modo muy diferente. Por su parte, Eduardo Cruz Coke, un médico influido por el socialismo cristiano, abogaba por un mejor servicio médico para los pobres y el término de la inflación; aunque, a diferencia de González Videla, no presentó un programa económico elaborado. Tampoco lo hizo Fernando Alessandri. Bernardo Ibáñez, el socialista, participó en la competencia más para estar presente que porque tuviera alguna expectativa real de ganar.

En la elección de septiembre de 1946, González Videla ganó el 40,1 por 100 de los votos contra un 29,7 por 100 de Cruz Coke y un 27,4 por 100 de Alessandri. Dado que no había obtenido la mayoría absoluta, el Congreso debía ratificar la elección. La negativa de Cruz Coke a conceder la impugnación obligó a González Videla a iniciar el sórdido proceso de negociar a cambio de votos en la legislatura. Con el fin de obtener el respaldo del Congreso, González Videla prometió todo tipo de cosas a todo tipo de hombres: a los liberales les ofreció puestos en el gabinete; y a la oposición, la sindicalización del campo. Cimentó su alianza con los comunistas, los defensores más estridentes de la reforma agraria, con similares promesas de cargos ministeriales. «Yo les aseguro a ustedes», dijo, «que no habrá poder humano ni divino capaz de romper los lazos que me unen al Partido Comunista y al pueblo»[8]. Esta estrategia múltiple funcionó: el Congreso lo eligió presidente por 136 votos contra 46. Al parecer, a González Videla nunca se le pasó por la cabeza que un gabinete compuesto por radicales, liberales y comunistas, todos ellos enfrentados entre sí, constituiría con dificultad una garantía de tranquilidad futura.

A finales de la Segunda Guerra Mundial y comienzos de la Guerra Fría, la situación era indudablemente complicada. El Partido Comunista retomó sin más la lucha de clases. El control del partido de los sindicatos obreros le permitía hacer un uso particularmente efectivo del arma de la huelga. Ahora sus miembros ocupaban puestos clave en el gobierno, gracias a lo cual consiguieron aumentos salariales para sus sindicatos mientras impedían que otros sindicatos votaran la huelga. Las elecciones municipales de 1947 revelaron la astucia de esas tácticas: los comunistas ganaron el 16,5 por 100 de los votos, convirtién-

[8] F. Durán Bernales, *El Partido Radical*, Santiago, Nascimiento, 1958, p. 426.

dose así en el tercer partido más popular del país (después de los radicales y los conservadores).

Las consecuencias políticas del avance comunista fueron inmediatas. Los liberales y los radicales, al ver que los comunistas estaban obteniendo los mayores beneficios de la coalición de González Videla, se retiraron del gobierno. El presidente se enfrentó de pronto a una importante crisis política. Privado del apoyo parlamentario y temeroso también de que los comunistas se hubieran vuelto demasiado poderosos, el presidente pidió la renuncia de los tres ministros comunistas (abril de 1947). Los comunistas aceptaron, con la absoluta esperanza de que González Videla los nombraría para un nuevo gabinete. No lo fueron.

Tradicionalmente, el Congreso era el principal foro de expresión del desacuerdo político. Los comunistas recurrieron entonces a métodos «extraparlamentarios» para dejar claro su punto de vista. Utilizando sus sindicatos como tropas de choque, llevaron la disputa a las calles y desafiaron abiertamente al gobierno, emulando quizá a sus contrapartidas en Europa occidental. En junio de 1947, una huelga de los conductores de autobuses de Santiago degeneró en violencia: 4 hombres murieron y 20 resultaron heridos. González Videla declaró Santiago zona de emergencia, lo que produjo predecibles diatribas en la prensa comunista.

El más violento de estos enfrentamientos ocurrió en los campamentos mineros del sur, que quedaron paralizados por las huelgas en dos ocasiones (en agosto y octubre de 1947): invierno y casi primavera, las mejores épocas para ejercer presión en un país donde el carbón era el principal combustible. En ambas ocasiones, el gobierno recurrió a los poderes de emergencia, enviando tropas incluso para restablecer el orden. El propio González Videla viajó a los yacimientos carboníferos (noviembre de 1947), donde, con ayuda socialista y sus propias expresiones de simpatía por los huelguistas, logró que retomaran el trabajo.

No obstante, apenas se hubo restablecido la paz en el sur, estalló una huelga en la mina de cobre de Chuquicamata. Los dirigentes de los trabajadores pidieron que González Videla fuera el árbitro en los puntos principales. Cuando el presidente aceptó esta petición, la Compañía aceptó a regañadientes su autoridad con el fin de solucionar la disputa. Este acuerdo podría haber significado el final de huelga, pero no fue así. Los comunistas tomaron el control en una desordenada reunión del sindicato y consiguieron que se repudiara el trato del arbitrio. Un González Videla furioso declaró el estado de sitio y encarceló al organizador local de la fuerza laboral comunista. Tras la restauración del orden, los mineros volvieron a aceptar el arbitrio y la vuelta al trabajo.

Culpando a los comunistas de fomentar la intranquilidad laboral y temiendo que el Partido, con el apoyo masivo de las embajadas soviéticas en Santiago, pudiera generar más desórdenes internos, González Videla rompió relaciones diplomáticas con los países comunistas. Y resolvió crear un gobierno fuertemente anticomunista. Esta decisión puede considerarse fundamentalmente como un medio de escape para una situación política intolerable (producida en gran medida por el propio González Videla) y también como una forma de aplacar a los Estados Unidos. El subsecretario de Estado de Estados Unidos, Spruille Braden, ya antes se había opuesto a otorgarle créditos a Chile alegando los vínculos de González Videla con los comunistas, y el presidente estaba ansioso por recuperar el generoso apoyo norteamericano.

De esta manera, la suerte estaba echada. En julio de 1948, entró en funcionamiento un «Gabinete de Concentración Nacional», formado por radicales, liberales, socialistas, conservadores y demócratas. Una de las primeras acciones del nuevo gobierno fue introducir una legislación que declaraba al Partido Comunista fuera de la ley. La llamada (con ironía presumiblemente inconsciente) Ley por la defensa permanente de la democracia prohibió el Partido Comunista, eliminó a más de 20.000 comunistas de los registros electorales y excluyó a muchos otros de participar en el movimiento sindical. (Los comunistas, y muchos otros, siempre se referían a esa ley como la «maldita ley».) González Videla, por lo menos, no repitió las tácticas del régimen de Ibáñez: el gobierno sí «relegó» a cientos de comunistas a la pampa salitrera (se abrió un campo de detención en Pisagua, un viejo puerto de embarque del salitre, ahora prácticamente una ciudad fantasma), pero no ordenó que fusilaran a ninguno de ellos. Muchos, sin embargo, se vieron obligados a esconderse, incluido Pablo Neruda, que fue expulsado del Senado. González Videla afirma haber dado orden a la policía de: «Buscarlo y no encontrarlo». Sea esto cierto o no (probablemente lo sea), Neruda pronto logró cruzar las montañas del sur rumbo al exilio, lo cual aumentó su ya creciente fama. Nunca es acertado enemistarse con grandes poetas. Gracias a Neruda, González

Videla será recordado en el futuro más por su represión de los comunistas que por ninguna otra cosa que pudiese hacer.

Se podría argumentar que los trabajadores organizados sufrían más que los comunistas proscritos. Fue un tiempo para ajustar viejas cuentas: los sindicatos fueron purgados, se prohibieron las huelgas en el sector público y se impusieron una serie de nuevos controles sindicales. El movimiento obrero no empezó a recuperarse de estas dificultades hasta comienzos de la década de 1950, con la creación en 1953 de la central Única de Trabajadores (CUT), la principal federación sindical del país hasta 1973.

El estar fuera de la ley no hizo desaparecer a los comunistas, ni tampoco concluyó su lucha. En junio de 1949, una reunión de una «organización de fachada» comunista en el Teatro Caupolicán de Santiago terminó en un intercambio de balazos que dejó a cuatro policías y veinte civiles heridos. Un episodio aún más grave ocurrió dos meses después. Algunos estudiantes de Santiago organizaron una protesta por el alza que el gobierno había impuesto en las tarifas de los autobuses. Había quienes creían que los comunistas tenían la esperanza de convertir esta manifestación en una rebelión urbana similar al Bogotazo de Colombia (abril de 1948), tras el asesinato de Luis Gaitán en abril de 1948. Aunque el gobierno llamó a la policía y las unidades locales del Ejército, la violencia estalló. Temiendo que se repitieran las sangrientas luchas callejeras de Santiago de 1905, La Moneda puso en alerta algunas unidades armadas y otros refuerzos en la capital. Ante este avasallador despliegue de fuerzas, los enfrentamientos cesaron.

La represión de los comunistas quizá alivió la presión de la izquierda sobre González Videla, pero no significó la calma política. Perturbadores signos de insatisfacción comenzaron a evidenciarse en el Ejército. En 1948, en lo que llegó a ser conocido irónicamente como el «complot de las patitas de chancho», un general retirado, Ramón Vergara Montero, secundado por algunos civiles y ciertos oficiales en el servicio activo, intentó persuadir a González Videla de que asumiera poderes dictatoriales y aplastara el «marxismo». Si González Videla se negaba, los supuestos rebeldes planeaban poner a Carlos Ibáñez en la Presidencia. Aunque posteriormente desmintió estar involucrado, Ibáñez no era en modo alguno inocente: sin duda su nombre era usado por los conspiradores con la esperanza de ganar adeptos en el interior de las fuerzas armadas. Los conspiradores (incluido Ibáñez) probablemente deberían haberse concentrado en sus patitas de chancho en vez de intentar derrocar al gobierno. La conspiración falló: una de las esposas de los supuestos rebeldes, al parecer locamente enamorada de don Gabriel, se convirtió en informante (octubre de 1948) y el complot fue desmantelado.

El triunfo de González Videla sobre los conspiradores militares no terminó con sus dolores de cabeza políticos. Enfrentado con una creciente inflación, su ministro de Hacienda, Jorge Alessandri, puso en marcha un programa de austeridad. A comienzos de 1950, cuando quedó en evidencia que el apretarse el cinturón no estaba funcionando, el gobierno congeló los salarios y los precios, jugada que enfureció a los sindicalistas del comercio. Las inevitables manifestaciones, que comenzaron con los oficinistas, se propagaron rápidamente al sector de los transportes. Incluso los empleados de los bancos, tradicionalmente elitistas, se sumaron a ellas. A medida que la presión sobre González Videla aumentaba, el apoyo de su gabinete se debilitaba y finalmente se evaporó. En febrero de 1950, el presidente pidió la renuncia de sus ministros, reemplazándolos por un «Gabinete de la Sensibilidad Social» (si no por otra cosa, la presidencia de González Videla destacó por los nombres que dio a sus gabinetes) integrado por radicales, demócratas, cristianos sociales y la Falange). A pesar de las numerosas remodelaciones, duró hasta después de las elecciones presidenciales de 1952.

No hay que dejar, en todo caso, que los traumas políticos de González Videla opaquen sus logros: su gobierno supervisó la construcción de una fábrica de acero y de una fundición; remodeló la ciudad de La Serena con un encantador estilo pseudocolonial (desde su punto de vista, guardaba similitudes con Santa Bárbara, California); amplió la cobertura de la Seguridad Social. En 1949, las mujeres finalmente obtuvieron el derecho al voto. Lamentablemente, hay un lado más sombrío, no sólo con respecto a la gestión de González Videla, sino de las tres presidencias radicales. La votación fraudulenta no había sido eliminada; La Moneda todavía daba trabajo para saldar las deudas y ganar nuevos favores. Y lo que es más nefasto, el sistema de los partidos comenzaba a desintegrarse. Dieciocho partidos, muchos de ellos facciones de organizaciones antes monolíticas, estaban multiplicando hasta el infinito los candidatos para las elecciones parlamentarias de 1949. Catorce partidos obtuvieron asientos: los liberales y los conservadores acumularon casi el 40 por 100 de los votos; los radicales, aproximadamente el 22 por 100. La izquierda, formada por tres partidos socialistas fraccionarios (con los comunistas fuera de combate), consiguió un mero 9 por 100. Los asientos restantes, casi un tercio, quedaron en manos de partidos nuevos o de grupos escindidos de los partidos tradicionales.

El nuevo Congreso de 1949 no sólo era fragmentario. Su composición tampoco reflejaba con precisión la realidad política. Desde la década de 1920, no se realizaba una redistribución de los distritos electorales. El sistema de D'Hondt siguió negándoles a los votantes una elección justa de diputados y senadores. El soborno electoral todavía era común: según las palabras de Eduardo Cruz Coke en 1952, «el mayor vicio de nuestro régimen electoral»[9]. Dado que los parlamentarios ganaban sus puestos mediante el fraude, no tenían mayor necesidad de ajustar sus ideologías (asumiendo que tuvieran alguna) para satisfacer las necesidades de sus electores. La proliferación de nuevos partidos, a menudo de corta vida, no remedió nada. Fueran cuales fueran sus intenciones, los incipientes partidos eran como bengalas que se consumían rápidamente.

En 1952, Chile parecía estar sufriendo una crisis de fe política. La derecha, sin un liderazgo intelectual fresco y obsesionada con la amenaza del «marxismo», continuaba ensalzando las virtudes de la tierra y de los campesinos, a quienes se les seguía negando el derecho al voto. En la izquierda, los comunistas esperaban, con la nariz pegada al cristal, el momento de volver a entrar en la tienda de dulces de la política. Mientras, los socialistas desperdiciaban sus energías en absurdas disputas. Los radicales habían prometido, sin éxito, salvar la brecha política. De algún modo, estaban más obsesionados con conservar el poder que con usarlo. Tras 14 años, el electorado chileno estaba harto de mala administración, corrupción y falsas promesas. Los votantes estaban listos para alguien «por encima» de la política, un padre sabio, un hombre a caballo. Ese hombre era Carlos Ibáñez.

El general de la esperanza, 1952-1958

Ibáñez nunca había dejado de soñar con volver (por las buenas o por las malas) a La Moneda. En 1952, tras dos décadas de ser un apestado político, logró su ambición. Su retorno político comenzó en 1949

---

[9] E. Cruz Coke, *Geografía electoral de Chile*, Santiago, Editorial del Pacífico, 1952, p. 55.

cuando fue elegido senador por el recién creado Partido Agrario Laborista (PAL), una amalgama de varios grupos marginales. Nuevo y por tanto inmaculado, el PAL apelaba a todos los que estaban desencantados con los partidos tradicionales. Libre de las trabas de una rígida ideología (su conferencia de 1947 apuntaba a una «democracia funcional de tipo económico»)[10], el PAL parecía de pronto la ola del futuro. Cuatro años después de su formación, sus candidatos consiguieron 14 diputados y 3 senadores en las elecciones parlamentarias de 1949.

La elección presidencial de 1952 brindó al general y a los aspirantes políticos del PAL (Partido Agrario Laborista) la oportunidad de un matrimonio de conveniencia. El PAL le dio a Ibáñez la llave de La Moneda, y con Ibáñez al mando. A la inversa, con el general como su paladín, el PAL podía transformarse en una verdadera fuerza de la política nacional. El Partido se alió con los inevitables grupos escindidos de los antiguos partidos en una nueva coalición, la Alianza Nacional del Pueblo (ANAP), y nominó al antiguo dictador como su candidato presidencial. Una oferta que Ibáñez aceptó de buena gana.

Sus posibilidades no parecían especialmente prometedoras. En 1952, la contienda estaba asegurada. Los radicales eligieron a Pedro Enrique Alfonso, que prometía fomentar la agricultura y la industria, y terminar con la inflación reduciendo los gastos, fortaleciendo el poder del Banco Central e imponiendo controles de salarios y precios. Los partidos Liberal y Conservador designaron a Arturo Matte, yerno de Arturo Alessandri y antiguo ministro con Ríos, quien afirmaba que pondría la economía en manos de tecnócratas y no de políticos. La izquierda, mientras tanto, postuló a Salvador Allende, la estrella ascendente del Partido Socialista, quien había sigo ministro de Sanidad en el gobierno de Aguirre Cerda cuando tenían 31 años. Respaldado por su sector de los socialistas (el partido se había dividido de nuevo) y por los comunistas (que no podían presentar a su propio candidato), articulaba la plataforma más radical: control estatal de las minas de cobre y de las industrias más importantes, reforma agraria, programas de obras públicas y la instauración de un sistema de impuestos progresivo.

Sus adversarios podían tener plataformas bien diseñadas, pero la ideología de Ibáñez era poco clara, por no decir oscura. Convirtió de-

---

[10] C. Garay, *El Partido Agrario Laborista 1945-1958,* Santiago, Andrés Bello, 1990, pp. 44, 53, 69.

liberadamente su falta de filosofía política coherente en una virtud, describiendo el ibañismo como una «fuerza orgánica, casi sentimental»[11]. Los chilenos, a su modo de ver, no necesitaban partidos, sino sólo «un sentimiento profundo, noble y desinteresado sobre el patriotismo y la justicia social»[12]. Esta frase era obviamente atractiva en 1952. Como señaló la revista *Topaze*, los partidarios del general, «guiados más por el instinto que por la razón, la doctrina o los valores, clamaban por Ibáñez como uno podría reclamar a gritos a un policía cuando estaba en peligro de ser atacado»[13]. Muchos políticos también lo vieron como un salvador, alguien que representaba «el comienzo de un nuevo régimen para Chile, en el que imperarían el puritanismo político, la decencia administrativa y la justicia social. Un régimen tan trascendente no podía durar el corto plazo de un periodo presidencial»[14].

Ibáñez no hizo nada para acabar con estas ilusiones y a menudo se refugió en las sombras de una vaga generalización. (No leyó su programa político hasta después de que fue publicado.) Prometió la tierra, planificación económica, centralización de la banca, reforma agraria y tributaria, control de las compañías del cobre, y el fin de la inflación. Todo lo que se necesitaba para cumplir estas promesas. Todo lo que se necesitaba, decía implícitamente, era fuerza de voluntad: «Como no acostumbro a prometer lo que no puedo cumplir», afirmó, «les declaro solemnemente que [...] detendré el encarecimiento de los medios de vida [...], porque esa es mi voluntad»[15].

Ibáñez gozó de ciertas ventajas respecto de sus adversarios. Se mostraba austero (siempre resaltaba que era muy madrugador) y la opinión pública creía sus discursos sobre la virtud. Si sus oponentes cuestionaban sus antecedentes democráticos, quienes lo apoyaban tenían una respuesta inmediata: Ibáñez sólo había asumido los poderes dictatoriales porque no había tenido alternativa. Y en 1952 había muchas personas que parecían dispuestas a perder la protección constitucional a cambio de

---

[11] Citado en D. Bray, «Peronism in Chile», *Hispanic American Historical Review* 47, 1 (1967), p. 67.

[12] R. Montero Moreno, *La verdad sobre Ibáñez*, Santiago, s.e., 1952, p. 201.

[13] *Topaze*, 12 septiembre 1952, citado en J. Grugel, «Populism and the Political System in Chile: *Ibañismo* (1952-1958)», *Bulletin of Latin American Research* 11, 2 (1992), p 176.

[14] Olavarría Bravo, *Chile entre dos Alessandri*, cit., vol. II, p. 63.

[15] *Ibid.*, vol. I, p. 390.

un gobierno honesto y de espíritu reformista. Como observó el jefe de la campaña de Ibáñez (el «generalísimo», como decían los chilenos), había quienes sinceramente creían que «sólo una dictadura sería capaz de satisfacerlos, arrollando todos los obstáculos [...]»[16]. Un periódico pro-Ibáñez expuso sentimientos similares:«[Los chilenos] quieren una dictadura, si entendemos por esto un gobierno fuerte con amplio apoyo público que pudiese purificar el país y sacarlo de su postración actual»[17].

En las elecciones de septiembre de 1952, y por las razones que fuera, Ibáñez aniquiló a sus opositores, obteniendo el 46,8 por 100 de los votos. Matte fue el segundo más votado, con el 27,8 por 100 de los votos, seguido de Alfonso, con el 19,9 por 100 (Allende obtuvo el 5,5 por 100). Era evidente que el Partido Radical había sufrido una enorme derrota. La dimensión de su victoria sorprendió incluso a Ibáñez. Entre otras cosas, había destrozado el control que los terratenientes ejercían en las provincias del sur. Por primera vez en la historia chilena, los arrendatarios se habían negado a votar como lo exigían sus patrones. Dado el alcance de su mandato popular, la ratificación del triunfo en el Congreso era una mera formalidad.

El general de la esperanza podía haberse ganado los corazones y los espíritus del pueblo, pero el Congreso era otra cosa. Sólo le apoyaron 19 diputados y tres senadores. Para reforzar su posición legislativa, Ibáñez tenía que arrasar en las elecciones parlamentarias de 1953. Pidió a sus partidarios que se uniesen. No lo hicieron. De hecho, unas 20 organizaciones políticas pretendían representar el auténtico espíritu del ibañismo en las urnas. Aunque los seguidores del general ganaron 53 asientos en la Cámara Baja y 13 en el Senado, esto no era suficiente: la oposición seguía controlando el Congreso. En su primera prueba, Ibáñez había fracasado en términos de transformar el esquema político.

El primer gabinete de Ibáñez reflejaba la naturaleza ecléctica de quienes lo apoyaban: una combinación de cuasimarxistas, agrarios y devotos de Ibáñez con poco en común. Dada la inherentemente confusa naturaleza de su coalición, y el hecho de que el mismo Ibáñez no

---

[16] *Ibid.*, vol. II, p. 120.
[17] *El Estanquero*, 19 de enero de 1952, citado en J. L. Pisciotta, *Development Policy, Inflation and Politics in Chile 1938-1958: An Essay in Political Economy*, tesis doctoral, Universidad de Texas, 1971, p. 171.

sabía claramente cómo lograría sus objetivos, sin duda tenían que surgir problemas. Inmediatamente estalló un conflicto entre Juan Rossetti, el ministro de Economía, que defendía una política de austeridad, y Guillermo del Pedregal, el ministro del Interior, que estaba a favor de un ambicioso programa de construcción. Esta disputa interna fue de gran provecho para la oposición (la derecha, la Falange y los radicales) que, en distintos grados, detestaba al presidente. Ibáñez, por su parte, odiaba a los políticos, a quienes consideraba flojos y codiciosos. Dada su antipatía mutua, sólo era cuestión de tiempo antes de que Ibáñez y los políticos llegaran a las manos —aunque sólo en términos figurados.

En 1954, una huelga en las minas de cobre se extendió a otras áreas de la economía, obligando a Ibáñez a declarar el estado de sitio, primero en el norte y luego en Santiago y Valparaíso. Poco a poco, los acontecimientos comenzaban a parecerse a los que habían llevado al derrocamiento de Ibáñez en 1931. El general reaccionó como lo había hecho en sus mejores tiempos: impuso la censura a la prensa y ordenó el arresto de sus oponentes políticos. También pidió la autorización del Congreso para suspender varias garantías constitucionales. Sin embargo, los tiempos habían cambiado: el Congreso no sólo se negó a satisfacer la petición de Ibáñez, sino que dio por terminado el estado de sitio.

Obstaculizado por los civiles, el frustrado Ibáñez volvió su mirada hacia los militares, quizá con la aspiración secreta de emular a su colega argentino famoso en el mundo entero, Juan Domingo Perón[18]. El cuerpo de oficiales (o parte de él) se mostró receptivo. Incluso antes de que asumiera el cargo, algunos oficiales del Ejército insatisfechos habían formado una logia secreta, PUMA (Por Un Mañana Auspicioso), cuyo fin era asegurarse de que los políticos no le quitaran la presidencia a Ibáñez. Los oficiales inquietos del Ejército y la Fuerza Aérea, muchos de los cuales habían jurado personalmente lealtad a Ibáñez, crearon luego otra logia militar, Línea Recta. En febrero de 1955, Ibáñez invitó a algunos miembros de la Línea Recta a tomar el té. Entre las tazas de té, el grupo explicó sus objetivos: el retiro obligado de algunos oficiales de alto rango (para dar paso a las promocio-

---

[18] Perón estuvo en Chile en febrero de 1953, donde recibió el aplauso público y una respuesta más silenciosa por parte de los políticos. Argentina ha influido en el Chile del siglo XX tanto en los modismos como, sin duda, en la música popular (tanto el tango como el «neofolclore» fueron extremadamente populares en el país), pero *nunca* en política.

nes) y poderes dictatoriales para el presidente, de manera que este pudiera restaurar el orden económico y salvar a Chile del «comunismo internacional». Como ya era típico, Ibáñez no se comprometió con el movimiento, ni tampoco lo repudió. Cuando el alto mando se enteró del té, se puso furioso. Dos generales renunciaron y otros exigieron que los miembros de la Línea Recta fueron castigados por insubordinación, una petición que Ibáñez se negó a cumplir. Todo esto llegó rápidamente a oídos de la opinión pública y el asunto pronto se convirtió en un escándalo nacional. El incidente parecía confirmar la creciente opinión de que, aunque «la mona se vista de seda, mona se queda»; o bien, «una vez conspirador, conspirador por siempre». Finalmente, los militares convocaron una corte marcial que disolvió Línea Recta y expulsó a algunos de sus miembros.

Tratar con el Ejército resultó mucho más fácil que derrotar la inflación: el principal enemigo de Chile, según Ibáñez. Quizá tal como le correspondía a un general, trató de terminar con la crisis económica ordenando el control de los salarios y los precios. Una vez más, los trabajadores tuvieron que cargar con el peso de tales medidas y pronto se produjo una ola de huelgas. Ibáñez impuso el estado de sitio, arrestó a los dirigentes sindicales y los «relegó» a un campamento en el desierto del norte. Encarcelar a la gente tampoco terminó con la inflación; meramente volvió al país contra Ibáñez. Cuando el Partido Agrario Laboral perdió las elecciones complementarias de 1955, el PAL, que ahora no deseaba que lo asociasen con el hombre que le había dado su oportunidad, se retiró del gobierno. Por una parte, quienes apoyaban a Ibáñez caían en el caos y, por otra, sus enemigos permanecían inmutables. Los radicales se opusieron a la política de partidos del programa legislativo de Ibáñez. Mientras tanto, en marzo de 1956, los partidos Socialista, Demócrata y Comunista crearon el nuevo Frente de Acción Popular (FRAP), que atrajo a su órbita a los izquierdistas que habían apoyado a Ibáñez (los pequeños partidos Socialista Popular y Democrático del Pueblo).

Así, a los cuatro años de asumir el cargo, Ibáñez vio evaporarse su apoyo. Los radicales, el FRAP y los conservadores arrasaron en las elecciones municipales de 1956, mientras el Partido Laboral Agrario sufrió enormes pérdidas. Y, lo más importante de todo, la competencia parlamentaria de 1957 confirmó el aumento de la tendencia anti-Ibáñez. Los radicales casi duplicaron su representación parlamentaria. También la Falange y los conservadores obtuvieron una buena votación. El PAL perdió la mitad de sus asientos y nunca se recuperó. Obviamente, el general de la esperanza ya no valía mucho a los ojos de los votantes.

Los últimos meses del gobierno de Ibáñez fueron turbulentos. La Federación de Estudiantes, FECH, organizó una campaña de protesta contra el aumento de las tarifas de los autobuses y el alto coste de la vida. Las manifestaciones y el contundente uso que el gobierno estaba haciendo de la policía y el Ejército, junto con los arrestos masivos, produjeron muchos desórdenes callejeros y saqueos (abril de 1957). Cuando la lucha cedió, dejaba tras de sí más de 20 muertos y sectores del centro de Santiago en escombros.

Todos los ojos se volvieron entonces hacia la próxima elección presidencial. Los partidos de centro, los radicales y los demócrata-cristianos (como se llamaba ahora la Falange) habían aumentado su popularidad, pero de todas maneras temían que la derecha pudiera ganar La Moneda. Por tanto, se aliaron con la izquierda para crear una alianza temporal en el Congreso con el fin de frustrar las expectativas conservadoras. La alianza introdujo una legislación para revocar la Ley Maldita y volver a legalizar así el Partido Comunista. También amplió el derecho político al voto, al tiempo que erradicaba las posibilidades de cometer fraudes en las votaciones. (También prohibió los «pactos electorales» en las elecciones a la Cámara: dichos pactos habían alentado siempre la proliferación de pequeños partidos oportunistas.) Esta reforma particular no sólo mejoró las oportunidades políticas de la izquierda, sino que también le dio un golpe más o menos definitivo al tradicional control de la derecha del voto de los arrendatarios. La cantidad de votantes aumentó en un 30 por 100 en las elecciones presidenciales de 1958. Muchos de los nuevos inscritos votaron a la izquierda.

Salvador Allende, el candidato del FRAP, iba por segunda vez en busca de la presidencia. Su programa incluía la nacionalización de las minas de cobre, la reforma agraria y fiscal, el fin de la inflación, el estímulo de la industrialización y una mejora global en la calidad de vida de los pobres. El recién fundado Partido Demócrata Cristiano designó como candidato al senador Eduardo Frei, quien reforzó su compromiso con la reforma agraria mientras enfatizaba la legalidad y la democracia. Los radicales, por su parte, trataron de formar una coalición con la izquierda, pero esta táctica falló. La izquierda estaba cansada de la vacía retórica del Partido Radical. Como un anatema para la derecha, los radicales se vieron obligados a presentarse solos, eligiendo a Luis Bossay como su portaestandarte.

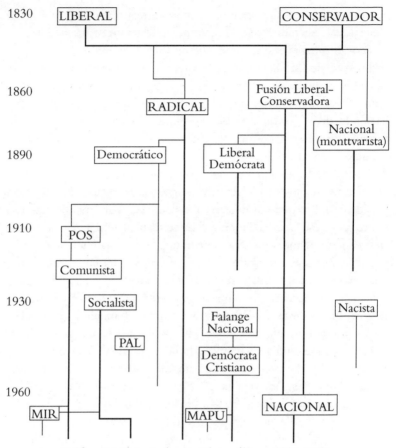

Gráfico 9.1. Principales partidos políticos, 1830-1970.

Los partidos Liberal y Conservador, sagazmente, eligieron a Jorge Alessandri. El hijo de don Arturo había alcanzado cierta fama a escala nacional gracias a las medidas antiinflacionarias que había tomado como ministro de Hacienda en 1947-1950. Al igual que Ibáñez, Alessandri tenía también una buena reputación: rectitud personal, fortalecida por sus costumbres simples y su eterna soltería. Como Ibáñez, tampoco estaba afiliado oficialmente a ningún partido político. Ingeniero y empresario, parecía el candidato ideal, un «mecánico» que podía arreglar la economía e impulsar el desarrollo.

Sin embargo, Alessandri ganó a duras penas la elección de 1958 con un mero 31,6 por 100 contra el 28,9 por 100 de Allende, un margen de alrededor de 33.000 votos. Su victoria podía deberse a un accidente. Un sacerdote expulsado, Antonio Zamorano, el «cura de Catapilco», que había entrado en la carrera presidencial con un programa vagamente radical, sacó algunos votos (41.000) que podrían haber ido a parar a Allende. Bossay, el radical, obtuvo el 15,6 por 100, menos que Frei (20,7 por 100). Aunque ellos no lo sabían, los radicales estaban a punto de ser eclipsados como partido «natural» del centro por los ambiciosos y eficientes democratacristianos.

El símbolo de su campaña en 1952 había sido una escoba: había prometido barrer la nación hasta dejarla limpia, expurgar la burocracia y terminar con la inflación, la especulación y la corrupción. La escoba nunca fue más que una fantasía. A diferencia de su gran rival Arturo Alessandri, Ibáñez no estaba en condiciones (tal vez simplemente porque era demasiado viejo) de volver a las tablas. La década de 1950 no era la de 1920. Incluso quienes votaron por él en 1952 habían terminado desilusionados con el general de la esperanza. Los votantes chilenos querían regresar al confortable mundo de los partidos, pero no del todo. No obstante, la elección de Alessandri mostró que a los votantes todavía les gustaban los hombres que supuestamente se encontraban «por encima» de la política. Ibáñez no sobrevivió mucho tiempo tras su segunda presidencia. Murió en abril de 1960.

EL SEGUNDO ALESSANDRI, 1958-1964

¡Ha ganado la elección
el hijo del León!

Así decía un grito popular de la época[19]. La elección del segundo Alessandri quizá representaba la última oportunidad que el *statu quo* tenía para reformarse. Quedaba por ver si el «Gran Ingeniero» podía hacerlo mejor que el «General de la Esperanza». El primer gabinete («independiente») de Alessandri incluía algunos tecnócratas «apolíticos» que prometieron poner su experiencia profesional al servicio del gobierno. Las elecciones municipales de 1960 parecieron aprobar pú-

---

[19] Se cree que algunos votantes, especialmente en el campo, pensaron que el propio don Arturo se estaba presentando como candidato.

blicamente el enfoque de Alessandri. Aunque los radicales obtuvieron los mejores resultados como partido, los liberales y los conservadores ganaron casi el 30 por 100 de los votos. El FRAP, que había estado tan cerca del triunfo dos años antes, sufrió pérdidas sustanciales. El Partido Demócrata-Cristiano, por su parte, aumentó su participación en los votos, llegando casi al 14 por 100. Poco después de las elecciones, sin embargo, el gobierno se vio enfrentado a una clásica catástrofe chilena: un gran terremoto (mayo de 1960) que devastó toda el área entre Concepción y Chiloé. Los maremotos asolaron la costa y al menos cinco volcanes entraron en erupción (entre ellos el volcán Osorno). En Valdivia, anegada por el maremoto, el nivel del río Calle Calle subió casi dos metros. En términos de coste en vidas (al menos varios cientos) y de daños, el desastre era comparable sin duda al de Chillán en 1939 y al de Valparaíso en 1906.

En 1961, la posición política de Alessandri había empeorado, en parte por el desorden económico (al cual había contribuido el terremoto) y por el recrudecimiento de la inflación (véase capítulo 10). El menor apoyo al presidente quedó en evidencia en las elecciones parlamentarias de ese año. Aunque la derecha y los radicales lograron ganar más de la mitad de todos los diputados, la izquierda aumentó su participación en el voto popular al 22 por 100 y la Democracia Cristiana siguió ganando terreno. Afortunadamente para Alessandri, la Cámara de Diputados (en parte gracias al sistema de D'Hondt) no reflejaba cabalmente la fuerza de la oposición. Al invitar a los radicales a formar parte de su gobierno (agosto de 1961) y abandonar así su postura previamente «independiente», el presidente logró mantener un holgado control de ambas cámaras (87 de los 147 diputados, 26 de los 45 senadores). La coalición radicales-liberales-conservadores fue formalizada después (octubre de 1961) como el Frente Democrático.

El cambio político, no obstante, *estaba* en el aire. En 1962, el Congreso aprobó otra reforma electoral, aún más importante que la de 1958. Esta dejaba fuera de la ley los «pactos electorales» para las elecciones de senadores y simplificaba tanto el registro de los votantes como las papeletas que se usaban en las votaciones. Gracias a las reformas de 1958 y 1962, el electorado aumentó de 1.156.576 en 1958 a 2.915.114 en 1964. Muchos, si no la mayoría de los nuevos votantes, eran pobres. De hecho, algunos vivían en las cada vez más abundantes barriadas de chabolas (callampas) o a la sombra de la «casa grande» de la hacienda. Esto planteaba un claro desafío a los partidos. ¿Quién atraería el nuevo voto? Lo que es más, dadas las circunstancias, los nuevos votantes planteaban nuevas demandas al sistema político.

Dichas exigencias eran difíciles de satisfacer. El resurgimiento de la inflación en 1961 enfureció a los trabajadores, que se declararon en huelga para conseguir una mejor paga en las minas de cobre del norte, en las acerías de Huachipato, en los puertos, en los bancos y en los ferrocarriles. (La oleada de huelgas fue la causa inmediata de la reestructuración del gobierno por parte de Alessandri en agosto.) Luego, en 1961, los profesores de colegio también entraron en huelga. A comienzos de 1962, el gobierno tuvo que enfrentarse a los médicos. No todas las manifestaciones de la época terminaban pacíficamente. En noviembre de 1962, para descargar su frustración, los furiosos habitantes del poblado chabolista José María Caro intentaron bloquear el ferrocarril norte-sur. Intervino la policía. Los empujones dieron paso al lanzamiento de piedras, lo que a su vez desembocó en más violencia. Cuando se disipó el gas lacrimógeno, cinco personas yacían muertas y muchas otras estaban heridas.

No obstante, la política estaba muy lejos de ser el único tema de conversación en el Chile de 1962. Este fue un año inolvidable: la obsesión nacional con el fútbol llegó a su apoteosis cuando se jugó la Copa del Mundo en Chile. El país estuvo a la altura de las circunstancias: muchos extranjeros fueron sumamente elogiosos con el modo en que se organizó el torneo. Aunque el equipo chileno venció a gigantes como la Unión Soviética, Italia y Yugoslavia, el omnipotente (en esos días) Brasil le cerró el paso a la final. Aun así, en las calles había muchos motivos de celebración. Como decía una popular tonada de la época:

> Fuimos terceros en el mundo
> y eso para nuestra tierra
> es gloria mundial…

Pocos chilenos disfrutaron nunca de tanta admiración como Eladio Rojas, que marcó el gol decisivo y al que, naturalmente, escribieron una cueca en su honor.

Pero la euforia del Mundial se disipó pronto. Las elecciones municipales de 1963 revelaron la magnitud del descontento con el gobierno

de Alessandri[20]. La alta tasa de abstención (casi un 25 por 100) bien
podía indicar el disgusto frente a los partidos políticos tradicionales y
a su actitud de hacer «las cosas como siempre». Quienes concurrieron
a las urnas, por otra parte, votaron contra la coalición de Alessandri. La
derecha (liberales y conservadores) ganó sólo el 23,6 por 100 de los
votos, una bajada sustancial con respecto a lo obtenido hacía dos años.
Los radicales fueron superados ahora (sólo) por los demócrata-cristianos (22 por 100) como el partido con la mayor votación. Los comunistas y los socialistas, los grandes batallones del FRAP (Frente de
Acción Popular), obtuvieron el 23,5 por 100 entre ambos. Claramente se estaba produciendo un cambio profundo. Las reformas electorales de 1958 y 1962 habían dado sus frutos: los demócrata-cristianos y
el FRAP controlaban ahora una fracción mayor del electorado que
los partidos del Frente Democrático.

La filosofía básicamente conservadora de Alessandri no le permitía hacer concesiones políticas importantes a la oposición. Y lo más
grave era que, a medida que se reducía su plataforma presidencial, la
oposición se volvía cada vez más abierta en sus denuncias del gobierno. Estimulados por su reciente éxito en las urnas, los demócrata-
cristianos claramente querían instalarse como el principal partido de
oposición, avance que no era visto con entusiasmo por la izquierda.

Y una vez más llegó el momento de las elecciones presidenciales.
Los liberales y los conservadores, que anhelaban preservar el *status quo*
y esperaban lograrlo con su alianza con los radicales en el Frente Democrático, aceptaron en junio de 1963, no sin recelo, al candidato radical, el potente orador Julio Durán[21]. Los demócrata-cristianos (también
en junio) eligieron al senador Eduardo Frei, entonces de cincuenta y
dos años, para que los dirigiera en la batalla. El FRAP le dio a Salvador
Allende su tercera oportunidad para la presidencia. Esta competencia
sería todavía más formidable que la de 1958. Con el respaldo de los
comunistas, el FRAP defendía un cambio radical: la nacionalización de
las mayores corporaciones monopolizadoras y de los bancos; la refor-

---

[20] Alessandri siguió siendo *personalmente* popular hasta el final. A menudo se le
veía caminando (sin guardias) entre el palacio de La Moneda y su apartamento en la
plaza de Armas, por lo general con la famosa bufanda que lo distinguía.

[21] Durán, al igual que Richard Nixon, era dado a abrir sus brazos cuando hacía
un discurso. Un irreverente sobrenombre que le habían dado era «Dolipen», desodo-
rante muy conocido en la época.

ma agraria (el Estado se quedaba con alrededor de un tercio de la tierra); una seguridad social masiva; la concesión de derechos políticos y de sufragio a los analfabetos; el derecho al voto a los dieciocho años.

A finales de 1963 daba la impresión de que en la disputa habría tres candidatos, claros representantes de bloques políticos definidos. Si se analizaban los esquemas de votación de las últimas elecciones, Durán y el Frente Democrático parecían los probables ganadores, con Allende y Frei seguramente en el segundo y tercer lugar respectivamente. El destino decidió otra cosa. En marzo de 1964, la diputación de Curicó quedó vacante tras la muerte de su representante, Óscar Naranjo. Como candidato para la elección complementaria, el Frente Democrático tomó una decisión poco afortunada: Rodolfo Ramírez, hombre asociado con las elites locales y aliado de los terratenientes. El FRAP, con mucha astucia, designó como candidato al hijo, del mismo nombre, del fallecido diputado, un joven médico conocido por sus obras de caridad. Los demócrata-cristianos, vacilantes al comienzo, finalmente se les unieron.

Dado que Curicó era un distrito rural tradicional, muchos lo consideraban un distrito ganado para los conservadores. Los radicales estaban tan seguros del triunfo que anunciaron que la elección complementaria debería ser considerada un «plebiscito nacional» sobre la política de Alessandri. Esta táctica se volvió ferozmente contra ellos. Una fuerte campaña le dio al FRAP el 39,2 por 100 de los votos contra el 32,5 por 100 de la derecha. Los demócrata-cristianos obtuvieron el 27,7 por 100, una mejora considerable con respecto a sus resultados anteriores en el distrito.

La elección complementaria de Curicó hizo que se realinearan de inmediato las fuerzas políticas. El Frente Democrático se desintegró rápidamente. Los liberales y los conservadores temían que la candidatura de Durán no fuera lo suficientemente fuerte como para evitar la victoria presidencial de Allende. Los radicales decidieron mantener a Durán como candidato, aunque sólo fuese como un «saludo a la bandera», quizá con la esperanza de que podrían obtener concesiones de Frei o bien de Allende si la elección llegaba a ser decidida en el Congreso. Para los liberales y los conservadores, el problema era elegir el mal menor: sentían poca simpatía por los ambiciosos programas reformistas propiciados por los demócrata-cristianos, pero ninguna por la visión socialista de Allende y el FRAP. Frei era «el mal menor». Se aconsejó a los votantes liberales y conservadores que lo apoyaran; Frei, a cambio, se negó a hacerle concesiones a la derecha.

La elección presidencial de 1964 fue una de las más reñidas de los últimos tiempos. Generó gran entusiasmo y no poco rencor. La campaña de la Democracia Cristiana intentaba reafirmar a la derecha resaltando las fuertes tendencias democráticas del propio Frei, mientras predecía que, de ser elegido, Allende les permitiría a los ateos comunistas robar o asesinar niños. (Esta desagradable «campaña de terror» agrió para siempre las muy cálidas relaciones personales entre Frei y Allende.) Para tratar de neutralizar esa propaganda de muy mal gusto, quienes apoyaban a Allende se acercaron a los radicales, ofreciéndoles incluso cargos ministeriales a cambio de su apoyo. Aparentemente, Durán aceptó la oferta, pero, en el último momento, se arrepintió. Hay quienes creen que Frei (y los Estados Unidos) le ofrecieron al político radical un trato mejor[22].

Con la elección en sí (septiembre 1964), se evaporaron los felices sueños de los radicales de tratos en habitaciones llenas de humo. En la elección de septiembre de 1964, Frei ganó con el 56,1 por 100 de los votos frente al 38,9 por 100 de Allende y un mero 5 por 100 de Durán. Frei salió vencedor en Santiago y Valparaíso, e incluso en bastiones de la izquierda como los distritos mineros. Fue un triunfo singular. Los chilenos discutirían durante años sobre la verdadera naturaleza de la enorme votación en favor de Frei: los demócrata-cristianos, naturalmente, se la atribuyeron a los atractivos de su filosofía; otros sospechaban que había tenido más que ver con el miedo a Allende. No obstante, una cosa era muy clara en septiembre de 1964: por primera vez en la historia de Chile, un partido nuevo y serio, con unos planteamientos también nuevos y serios, había surgido en menos de una década para romper el molde de la política tradicional. Por una vez está justificado el cliché: las cosas nunca volverían a ser iguales.

---

[22] F. Gil y C. J. Parrish, *The Chilean Presidential Election of September 4,* 1964, parte 1, Washington DC, 1965, pp. 36-39. A través de la CIA, los Estados Unidos aportaron 2,6 millones de dólares para la campaña de Frei, aparentemente sin que él lo supiera. Frei también recibió ayuda del CDU de Alemania Occidental.

10
El impulso industrial, 1930-1964

[...] un país del Nuevo mundo con la organización social de la vieja España, gente del siglo XX conservando aún una sociedad feudal; una república basada en la igualdad del hombre y, aun así, con una aristocracia de sangre azul y una clase servil tan claramente separadas como en cualquiera de las monarquías del Viejo Mundo. A través de toda la historia de Chile, se ha dado esta situación. Es la herencia social que constituye el trasfondo de los problemas actuales de la gente de Chile.

George McBride, 1936.

En la base de la competencia entre los partidos, que estuvo siempre presente durante las presidencias radicales, de Ibáñez y la segunda de Alessandri, se encontraba el tema del *desarrollo económico*. Los chilenos ya no estaban dispuestos a aceptar los limitados horizontes de sus padres y de sus abuelos. Necesitaban encontrar un lugar en Chile o enfrentarse a la perspectiva de la emigración, como esos miles que antes habían partido a las guaneras de Bolivia, los ferrocarriles de Perú, las pampas de Argentina o al Canal de Panamá de Lesseps. La «revolución de expectativas crecientes» del siglo XX había llegado hasta ellos y esperaban compartir los estilos de vida que otros ya gozaban: les llegaban imágenes del mundo «desarrollado» a través del cine. Como se ha señalado con frecuencia, Hollywood fue una verdadera fuerza revolucionaria del siglo XX.

Los radicales primero, e Ibáñez y Alessandri después de ellos, desearon completar el proceso de cambios económicos iniciado en la década de 1930, con el objetivo de modernizar la economía y elevar el nivel de vida. Las opciones para Aguirre Cerda y sus sucesores eran, sin embargo, limitadas. La Gran Minería sólo podía lograr una cosa: las minas podían generar ingresos, pero no podían absorber el creciente número de desempleados y de subempleados. Tampoco, mientras se mantuviera el sistema de las haciendas, habría forma alguna de aumentar el empleo en el campo; si tal idea hubiera sido considerada, lo que no fue el caso. La industrialización, no obstante, prometía constituirse en una importante fuente de trabajo y, además, modernizaría la economía.

Lograr un mayor desarrollo, como veremos, resultó extremadamente difícil. No había un Portales moderno que impusiera reformas y, de haberlo habido, el sistema político había cambiado de manera tan radical que tampoco se habría acomodado a Portales. El gobierno, sobre todo en las fases tempranas de la nueva «estrategia de desarrollo», tuvo que encontrar un equilibrio: establecer y satisfacer las necesidades de los intereses urbanos e industriales sin ofender a «la sociedad feudal», usando una expresión de George McBride's; en otras palabras a las elites tradicionales de la tierra, cuyo dominio político del campo aún les daba el poder necesario para vetar las reformas más importantes con las que no estuvieran de acuerdo. Esto quizá era el equivalente económico de lo que Oscar Wilde llamó la «tiranía del débil». Y en este sentido (como resultó obvio poco después) la solución de los problemas de la agricultura era crucial. Por ahí debemos comenzar entonces nuestro análisis de la economía y de las aventuras sociales desde la década de 1930 hasta la de 1960.

La economía durante el dominio radical

La agricultura de mediados de siglo

Con sólo alrededor de una treceava parte de la tierra cultivada, la lógica habría dictado que los agricultores chilenos explotasen intensivamente sus propiedades para maximizar los beneficios. En la década de 1930, sólo el 25 por 100 de los predios agrícolas eran productivos; el resto proveía forraje para el ganado o estaba en barbecho. Durante esa misma década, el estado de la agricultura chilena hizo que un visitante norteamericano lamentara que las grandes propiedades «se trabajan ahora tanto como en el periodo colonial»[1]. Fue una exageración, pero excusable dadas las circunstancias. Sin mejoras especiales, la producción agrícola aumentaba tan sólo un 2,4 por 100 al año, más lentamente que el crecimiento de la población de un 3 por 100 anual.

---

[1] G. McBride, *Chile, Land and Society*, Port Washington, NY, Kennikat Press, [2]1971, p. 178.

En cifras *per cápita*, la producción agrícola en realidad disminuyó levemente entre 1935 y 1945, mientras el déficit comercial agrícola de Chile, en otro tiempo la primera nación agrícola sudamericana de la costa del Pacífico, se multiplicó casi por seis entre 1940 y 1954.

Aunque había varias razones evidentes para esta baja (la política de precios del gobierno, la inflación y una infraestructura insuficiente), los economistas (y otros) tendían a culpar al tradicional sistema de tenencia de la tierra del estancamiento agrícola, que seguía siendo tan desigual como siempre. Un estudio de 1939 reveló que menos del 1 por 100 de todas las propiedades agrícolas abarcaban aproximadamente el 68 por 100 de la tierra. En el otro extremo del espectro, el 47 por 100 de los terrenos consistía en parcelas de menos de cinco hectáreas, unidades demasiado pequeñas para ser económicamente viables. Además, el estancamiento agrícola había empeorado las condiciones de vida en el campo. Los ingresos (incluidas las compensaciones) de los trabajadores rurales apenas daban para vivir. La paga diaria aumentó, pero la inflación se comía cualquier ganancia real. Salvo contadas excepciones, señalaba un informe, «estas dos clases de trabajadores (inquilinos y *afuerinos*) no alcanzaban con el producto de sus salarios y regalías, a subvenir ni siquiera [...] la alimentación». En algunos sectores, sólo el 16 por 100 de los campesinos de cada seis comía regularmente carne, leche y vegetales frescos; el resto no podía. Un estudio del gobierno de 1945 señaló que aquello «que representa nuestro campesinado, alrededor de un millón y medio de personas, no está en condiciones de tener una participación significativa en el proceso de consumo de productos de nuestras fábricas»[2].

En 1939, Marmaduke Grove, el líder socialista, estimó que unos 340.000 trabajadores del campo chilenos apenas recibían suficiente comida para subsistir y vivían en «ranchos que no parecen haber sido construidos para seres humanos»[3]. La solución de Grove para el problema era simple: «La tierra chilena [...] debe ser [...] el derecho natural para todos los chilenos que quieran trabajarla y que tengan capacidad para hacerlo»[4]. Exigía que los individuos *trabajaran* sus propiedades. El gobierno tenía que hacerse cargo de toda explotación que quedase en barbecho. Y, lo

---

[2] *Plan Agrario*, Santiago, Imp. Universitaria, 1945, pp. 21-22.
[3] M. Grove, *Reforma agraria*, Santiago, Secretaría Nacional de Cultura, 1939, p. 58.
[4] *Ibid.*, p. 6.

más importante, el Estado debía dividir las haciendas y redistribuir la tierra entre los campesinos. Dicha política, argumentaba «don Marma» incentivaría una mayor producción, bajaría el precio de los alimentos, impulsaría las exportaciones agrícolas y reduciría la disparidad entre «los que tienen todo» y «los que no tienen nada»[5]. La reforma del sistema de tenencia de la tierra, en resumen, transformaría a Chile:

> Ni hombre sin tierra, ni tierra sin hombres,
> es el grito del Partido Socialista.
> ¡La tierra para el que la trabaja!
> ¡Guerra al latifundio, al ausentismo, y a la explotación del campesinado![6]

La realidad política del periodo no permitió que el Frente Popular siguiera las sugerencias de Grove. Aguirre Cerda (que llegó a ser él mismo un terrateniente) se dio cuenta de que una reforma agraria le costaría el apoyo del ala derecha del Partido Radical, cuando además necesitaba el beneplácito de los conservadores y de los liberales para sacar adelante sus programas urbanos e industriales. Retrospectivamente, esta negociación puede parecer algo diabólica. La penetración de la sindicalización rural durante los años del Frente Popular fue neutralizada efectivamente por los terratenientes. Se crearon unos 200 sindicatos, la mayoría por iniciativa de los socialistas y los comunistas. Por la presión del todopoderoso SNA, que presionó a Aguirre Cerda para que suspendiera los sindicatos agrícolas. De manera similar, las acciones parlamentarias de 1944 en favor de la sindicalización fueron obstaculizadas por el presidente Ríos.

Fiel a su forma, González Videla adoptó una doble política a este respecto: impulsó a la derecha para que emitiera una Ley sindical rural restrictiva y eliminó la prohibición de Aguirre Cerda. En pocos meses se crearon más de 400 sindicatos, generalmente por el Partido Comunista, los cuales exigieron de inmediato cambios en sus contratos de trabajo. Una vez más, sin embargo, la realidad política se interpuso. La ruptura de González Videla con los comunistas despejó el camino para la nueva Ley de trabajo agrícola propuesta por la derecha (1947), que prohibía las huelgas agrícolas y limitaba seriamente el espectro de

---

[5] *Ibid.*, pp. 16, 24.
[6] *Acción*, Copiapó, abril de 1942.

la sindicalización en el campo. La posterior represión de los comunistas asestó un golpe más a los sindicatos del campo.

Sin la protección de los sindicatos, las perspectivas para los trabajadores rurales parecían pésimas. Los terratenientes continuaron burlando el Código Laboral de 1931, utilizando una amplia variedad de subterfugios: dejándose estar, buscando exenciones, a veces sobornando a los inspectores del gobierno. Aprovechando su posición en el Congreso, los terratenientes también impidieron que los organismos gubernamentales hicieran valer la ley recortando su financiación. Los arrendatarios, a menudo analfabetos, tenían pocos medios para conseguir reparaciones por parte de la burocracia. Incluso después de que se hubieron difundido los contratos escritos en las zonas rurales, la situación no cambió fundamentalmente.

No obstante, el gobierno no descuidó el campo por completo. El Estado ordenó que los inquilinos recibieran asignaciones familiares y la protección de una Ley de salario mínimo; y se encargó a los inspectores fiscales que se aseguraran de que las condiciones de vivienda eran adecuadas. Los propietarios de las haciendas, sin embargo, se las arreglaban a veces para subvertir las intenciones de la ley reemplazando a los arrendatarios por aparceros, que no estaban sujetos a la seguridad social ni recibían beneficios familiares.

Las tácticas de los propietarios de la tierra tuvieron éxito a corto plazo, pero no podía retrasarse indefinidamente el ajuste de cuentas. En términos retrospectivos, la incapacidad de los radicales para actuar parece haberse debido a una falta de altura de miras, aunque pueda parecer comprensible: un ataque a los predios habría disminuido el poder económico de los hacendados y puesto en peligro su control del voto de los arrendatarios. Los que se oponían a la reforma agraria sólo frustraron temporalmente la marcha del cambio. Una vez que las reformas electorales de las décadas de 1950 y 1960 enrolaron a los trabajadores rurales, era sólo cuestión de tiempo antes de que los partidos políticos reformistas se hicieran cargo de su causa. De esta manera, la reforma agraria se convirtió en una de las cuestiones más importantes de la década de 1960 —al igual que la propiedad extranjera de las minas de cobre.

La minería

Mucho antes de que el presidente Salvador Allende considerase el cobre «tan vital como la sangre para Chile», los presidentes radicales descubrieron muy pronto las virtudes económicas del metal rojo. En 1939, los impuestos que se cobraban a las compañías americanas de cobre, como vimos en el capítulo 8, fueron primero impuestos por Arturo Alessandri: en 1939 alcanzaban el 33 por 100. Los ingresos del gobierno por concepto de estos gravámenes (y del diferencial al cambio del dólar) pasó de 5,3 millones de pesos en 1938 a 25 millones de pesos en 1942. No es de extrañar que las compañías cupríferas se convirtieran en las favoritas del recaudador de impuestos. Siempre había quienes abogaban por ir más allá del simple cobro de impuestos.

Siempre estaban los que defendían ir más allá de la simple tributación. Ya en 1940, Jorge González von Marées sugirió que el Estado nacionalizara las minas con el fin de «libertarnos del tutelaje yanqui que hoy estamos obligados a soportar, y de adoptar actitudes decididamente nacionalistas en materia económica»[7]. Mientras que el gobierno no tenía intención de actuar de acuerdo con las propuestas de González, sus demandas en pro de la nacionalización revelaban cierta hostilidad frente al control norteamericano de la industria minera, que se iría exacerbando con los años.

Cuando el estallido de la Segunda Guerra Mundial disminuyó la venta de cobre a Europa, Aguirre Cerda –a pesar de que el Frente Popular criticaba la «explotación de *Wall Street*»– insistió en que Estados Unidos aumentara la compra de cobre y salitre chilenos. La resistencia inicial de los norteamericanos pronto fue dispersada por Pearl Harbor. A partir de ahí, Washington se convirtió en posible adquisidor, en busca de mineral chileno y bases. Se llegó a un nuevo acuerdo con Estados Unidos, en el que esta nación aceptaba comprar cobre chileno a un precio fijo de 12 centavos la libra y revocar el derecho de importación de 1932; Chile conservaría el 65 por 100 de las ganancias. Por otra parte, La Moneda seguía exigiendo que las compañías cupríferas compraran sus dólares a una tasa artificialmente alta, con lo cual los ingresos del fisco aumentaban significativamente. Los nacionalistas se quejaron entonces de que el 12 por 100 del precio de compra era demasiado poco y que Estados Unidos debía a Chile aproximadamente 500 millones de dólares.

Aunque la producción decayó después de 1945, la guerra de Corea marcó el fin de la depresión de la posguerra. En junio de 1950,

---

[7] J. González von Marées, *El mal de Chile*, Santiago, Talleres Gráficos Portales, 1940, p. 171.

Washington y las compañías cupríferas fijaron el precio del cobre en 24,5 centavos la libra. El gobierno, furioso porque no había sido consultado, exigió un nuevo contrato. El tratado de Washington de 1951 elevó el precio del cobre a 27,5 centavos la libra. El gobierno chileno obtuvo además el derecho de poner en el mercado el 20 por 100 de todo el cobre extraído en Chile al precio del mercado mundial (por entonces, de unos 54,5 centavos). Al año siguiente, el gobierno decidió unilateralmente comprar toda la producción de las minas de cobre al precio fijado por el mercado de Nueva York (entonces bastante bajo) y luego vender el metal rojo directamente a los compradores. Así, Chile cosecharía todas las ganancias generadas por la guerra.

Durante las décadas de 1940 y 1950, el cobre había reemplazado por completo al salitre como la principal fuente de ingresos para Chile. Una vez más, la prosperidad del país se equilibraba precariamente sobre la exportación de una materia prima. Como en el caso del salitre, se puede cuestionar la forma en que el gobierno invirtió las ganancias provenientes del cobre. En vez de diversificar la economía o de expandir la infraestructura del país, La Moneda utilizó más del 60 por 100 de los impuestos en financiar gastos generales o subsidiar las importaciones. A diferencia de las oficinas salitreras, las minas de cobre no ofrecían la nueva gran fuente de trabajo que una población en crecimiento necesitaba. ¿De dónde saldrían los nuevos empleos? El campo no ofrecía soluciones. En el pasado, las salitreras habían supuesto una salida, al menos para algunos pobres de las zonas rurales. Pronto se desechó cualquier expectativa de que las minas de cobre desempeñasen un papel similar. La tecnología moderna sin duda aumentaba la producción, pero al precio de reducir la fuerza de trabajo en la Gran Minería (la cual cayó de 18.390 trabajadores en 1940 a 12.548 en 1960). Realmente no sorprende el hecho de que los gobiernos radicales tuvieran puestas tantas esperanzas en la industrialización.

La industrialización

La base manufacturera de Chile, como vimos en el capítulo 8, no sólo sobrevivió a la Depresión, sino que también floreció gracias a ella. Los controles cambiarios, los elevados aranceles proteccionistas y la Segunda Guerra Mundial agotaron el flujo de importaciones y enfrentaron a los chilenos con la disyuntiva de sustituirlas por productos manufacturados a nivel nacional o bien de arreglárselas sin ellas. Claramente, la creación de la CORFO en 1939 resultó crucial en este proceso de «industrialización para sustituir las importaciones» (ISI). La CORFO se planteó tres objetivos primordiales: aumentar el suministro de energía del país para hacer funcionar las nuevas industrias y mejorar las condiciones de vida; poner en funcionamiento algunas acerías, vitales para cualquier tipo de desarrollo industrial futuro; y crear nuevas industrias.

Garantizar un amplio suministro de energía era esencial para la modernización: en la década de 1930, muchos chilenos todavía dependían de la madera como combustible y fuente de calefacción. En 1944, con el fin de producir energía a un bajo coste, la CORFO creó la ENDESA (Empresa Nacional de Electricidad), que comenzó a construir plantas hidroeléctricas (Pilmaiquén en 1946, Abanico y Sauzal, dos años más tarde) y creó las bases para una red eléctrica nacional. En 1965, la energía eléctrica satisfacía el 27,3 por 100 de la necesidad global de energía del país (desde el 11,6 por 100 en 1940); en esa época, la ENDESA suministraba energía a través de todo el territorio nacional. El Estado también incentivó la expansión de la industria del carbón, estableciendo dos nuevas compañías y distribuyendo fondos para modernizar las minas existentes. La producción de carbón aumentó durante la década de 1940 y la primera mitad de la de 1950, tras lo cual disminuyó.

Quizá el cambio más significativo producido en estos términos ocurrió en la producción de petróleo. La Segunda Guerra Mundial dejó en evidencia el peligro, así como el coste, de depender del petróleo importado. En diciembre de 1945, la CORFO descubrió grandes yacimientos petrolíferos en Magallanes. Desde 1950, la ENAP (Empresa Nacional de Petróleo), propiedad del gobierno, coordinó el desarrollo de la industria petrolífera nacional y construyó una refinería en Con Con. Gracias a la CORFO, los yacimientos petrolíferos satisfacían el 75 por 100 de las necesidades de petróleo en la década de 1960. La dependencia del petróleo extranjero se redujo así mucho y Chile empezó a exportar derivados como gas butano y propano.

Además de lograr que el país prácticamente se autoabasteciera de energía, la CORFO construyó el complejo industrial más ambicioso jamás concebido en Chile: la acería de la Compañía de Acero del Pacífico (CAP), en Huachipato, que comenzó a producir en 1950. Ubicada en la bahía de San Vicente, cerca de Concepción, tenía fácil acceso al mar (por donde llegaba el mineral de hierro del Norte Chico), y a carbón local y energía hidroeléctrica barata. Obviamente, la planta tuvo un efecto tónico en la economía de la zona y, a lo largo de los años, el área de Concepción-Talcahuano se convirtió en uno de los mayores centros industriales del país.

Con respecto a la industria manufacturera en general, el estímulo de la CORFO en términos de «sustituir las importaciones» fue considerable (aunque sus estatutos permitían en teoría el fomento de la «sustitución» sólo en bienes de capital). En 1940, por ejemplo, otorgó un préstamo a MADEMSA (Manufacturas de Metales), que fabricaba artefactos domésticos y muchos otros productos usando metales locales. MADECO (Manufacturas de Cobre), también con ayuda de la CORFO, comenzó a producir tubos de cobre, aleaciones y artículos de bronce. Los préstamos otorgados a otras compañías permitieron crear plantas productoras de alambre, artículos eléctricos, motores, radios y neumáticos, así como un par de fábricas de cemento. La CORFO también incentivó a las compañías químicas y farmacéuticas para que utilizaran productos químicos derivados de la refinería del petróleo y de la producción de acero. A una escala más modesta, creó una planta procesadora de azúcar de remolacha y amplió la industria de la carne y de las conservas de pescado, estimulando asimismo la fabricación de ropa y calzado. Aunque la prioridad de la CORFO era el desarrollo industrial, no dejó totalmente de lado el campo: entre otras cosas, creó el SEAM, que importaba y alquilaba tractores a los pequeños agricultores.

Tabla 10.1 Empleo de los chilenos por sector económico (porcentajes)

Sector	1940	1952	1960
Agricultura	35,0	29,7	27,7
Minería	5,4	4,8	3,8
Manufactura	16,9	19,1	18,0
Construcción	3,3	4,8	5,7
Transporte y comunicaciones	4,2	4,5	4,9
Servicios	24,3	23,1	24,5
Comercio	9,2	10,4	9,2
Sin especificar	1,7	3,6	6,2

Fuente: Banco Mundial, *Chile, an Economy in Transition* (Washington, D.C., 1980), p. 12.

En sus primeras etapas, la industrialización parecía exitosa. Entre 1940 y 1952, la cantidad de chilenos empleados en la industria se disparó casi en un 18 por 100. La producción de las industrias nacionales también aumentó. Por otra parte, las nuevas fábricas dependían cada vez más de las materias primas locales; en 1957, obtenían el 74,4 por 100 de sus materias primas de fuentes nacionales (de un 65 por 100 en 1940).

Aunque la sustitución de las importaciones parecía ir por buen camino (las compras de bienes de consumo extranjeros bajaron abruptamente), muy pronto quedaron patentes algunas debilidades. Sin embargo, más o menos a comienzos de la década de 1950, algunas carencias quedaron en evidencia. La base industrial estaba demasiado concentrada en los muebles, la alimentación, las ropas, los textiles y el calzado. Y tampoco todas las nuevas industrias eran necesariamente eficientes. Aún durante este periodo de máxima expansión (1940-1952), el aumento anual de la producción en el sector manufacturero no igualó al de la agricultura. Protegidos por los aranceles aduaneros y las altas tasas cambiarias, los industriales no tenían por qué temer la competencia extranjera. Por tanto, los bienes de consumo producidos en el país muchas veces resultaban más caros que los producidos en Estados Unidos o (lo que es más pertinente) en otros países latinoamericanos. A finales de la década de 1960 una cocina de fabricación chilena costaba casi tres veces más que una importada, un frigorífico seis veces más. Los bienes de producción eran igual de caros: durante el mismo periodo un motor eléctrico de construcción local costaba un 300 por 100 más y un rodillo abrasivo un 170 por 100 más que sus equivalentes extranjeros.

La industrialización tampoco trajo consigo el esperado aumento global en el nivel de vida. Mientras los industriales cosechaban ganancias sustanciales, la mayoría de sus trabajadores no lo hacía. Los trabajadores mejor pagados eran los empleados de las industrias petroleras y de metales básicos (un mero 5 por 100 de la fuerza laboral industrial). La mayoría de los trabajadores fabriles a comienzos de la década de 1950 ganaban alrededor de tres veces lo que los trabajadores rurales. Los ingresos de la clase trabajadora urbana aumentaron mucho más lentamente durante ese periodo que los de los funcionarios públicos o los profesionales.

Tabla 10.2. Gastos e ingresos del gobierno, 1919-1958
(millones de pesos [sin ajustar])

Año	Ingresos	Gastos	Superávit/Déficit
Pedro Aguirre Cerda			
1939	1.807	1.777	30
1940	2.082	2.202	−120
1941	2.496	2.761	−265
Juan Antonio Ríos			
1942	2.954	3.052	−98
1943	3.378	3.960	−222
1944	4.089	4.472	−383
1945	5.531	5.741	−210
1946	6.198	6.697	−499
Gabriel González Videla			
1947	9.979	9.611	368
1948	14.379	13.027	1.352
1949	16.395	15.416	979
1950	18.887	20.637	−1.750
1951	26.008	27.641	−1.633

Fuente: J. L. Pisciotta, *Development Policy, Inflation and Politics in Chile 1938-1958: An Essay in Political Economy,* cit., pp. 259-260.

De hecho, pese a todo los logros de los años radicales, la creación de industrias orientadas al consumo no significó un estímulo a largo plazo para la economía chilena, ni tampoco creó la anhelada fuente de empleo alternativa. El gobierno reaccionó como lo había hecho durante la República Parlamentaria: amplió la administración pública. Entre 1939 y 1953 el número de empleados del gobierno aumentó en más de la mitad. (En 1969 el Estado era el mayor empleador del país.) Si queremos ser justos, hay que reconocer que los radicales no fueron los primeros en la tradición de aumentar la burocracia: la prensa del siglo XIX lanzaba a veces invectivas contra la empleomanía, el deseo de puestos públicos. En el Congreso de 1926, por ejemplo, un diputado se quejó de que «nuestra juventud se educa para ser empleados públicos»[8]. No se

---

[8] Citado en G. Urzúa Valenzuela y A. García Barzelatto, *Diagnóstico de la burocracia chilena 1818-1969*, Santiago, Editorial Jurídica de Chile, 1971, p. 60n.

puede negar que, a mediados del siglo xx, el Estado desempeñaba una función de mayores dimensiones e importancia, que requería por su parte una burocracia más numerosa, ni tampoco que los funcionarios de la CORFO, por ejemplo, sirvieran bien a su país. Aun así persiste la sospecha de que la expansión de la administración pública era (parafraseando la famosa frase alusiva al Imperio británico) en parte una válvula de escape para la clase media chilena.

Tabla 10.3. Incremento en el coste de la vida en Santiago
(variación porcentual)

1936	8	1944	11
1937	12	1945	8
1938	4	1946	15
1939	1	1947	33
1940	12	1948	18
1941	15	1949	18
1942	25	1950	15
1943	16	1951	22

Fuente: M. I. Bohan y M. Pomerantz, *Investment in Chile* (Washington, D.C., U.S. Go. Print. Off., 1960), p. 236.

Tabla 10.4. Masa monetaria, 1952-1964 (millones de pesos)

Año	Masa monetaria	Cambio anual
1952	26,2	—
1953	37,2	+42
1954	53,4	+44
1955	91,8	+72
1956	128,8	+40
1957	164,8	+28
1958	221,5	+34
1959	293,7	+13
1960	383,4	+29
1961	431,5	+33
1962	556,7	+31
1963	746,3	+35
1964	1.129,2	+51

Fuente: Banco Mundial, *Chile, an Economy in Transition*, cit., p. 41.

El impulso industrial, 1930-1964

Tabla 10.5. Déficits gubernamentales (millones de escudos de 1969)

	Gastos	Ingresos	Déficit
1952	5.302	3.937	−2.365
1953	5.501	3.848	−1.653
1954	5.238	3.858	−1.380
1955	5.621	4.146	−1.475
1956	5.298	4.357	−941
1957	5.532	4.424	−1.108
1958	5.554	4.353	−1.201

Fuente: R. Ffrench-Davis, *Políticas económicas en Chile, 1952-1970* (Santiago, Centro de Estudios de Planificación Nacional, 1973), p. 329.

La política fiscal y la inflación

Los gobiernos radicales descubrieron rápidamente que la solicitud de préstamos al extranjero y los ingresos provenientes de los impuestos al cobre no eran suficientes para costear la normal (y ahora en expansión) industrialización y las crecientes operaciones del Estado. La Moneda invirtió los impuestos del cobre en atender sus gastos generales (incluidos los de la CORFO) o en subvencionar importaciones de productos como alimentos y combustibles. En teoría, sin duda, se podría haber gravado a los ricos con el fin de financiar las actividades fiscales, dejando los ingresos del cobre para desarrollar la economía. Esto era considerado peligroso en términos políticos. Más que aumentar los impuestos o imponer programas de austeridad, los radicales, como sus predecesores, encontraron una salida más fácil: la inflación.

La inflación se convirtió en un hábito profundamente arraigado en Chile. Entre 1939 y 1942, el volumen de circulante casi se duplicó y el coste de la vida aumentó en un 83 por 100. Estas alzas se originaban directamente en la solicitud de nuevos préstamos que el gobierno hacía al Banco Central. El 80 por 100 de los fondos se utilizó para cubrir los déficit fiscales; el resto fue empleado por entidades como la CORFO. Esto se convirtió en un patrón: no importaba cuántos ingresos recibiera el Estado, se las arreglaba para gastar aún más, con las inevitables consecuencias inflacionistas. Dado el coste de la vida en ascenso, los partidos de izquierda y de centro apoyaron una legislación que elevaba los salarios en un 20 por 100, como un medio para defenderse de la inflación y estimular el consumo y, por ende, la industrialización. Desafortunadamente, las alzas salariales en sí mismas (30 por 100 en 1941, 36 por 100 en 1942) excedieron el aumento efectivo del coste de la vida y, por ello, aceleraron la espiral inflacionaria. El gobierno virtualmente institucionalizó la inflación cuando, en 1941, creó «comisiones de salario mixto» autónomas, que aumentaban automáticamente los salarios para estar a la par con el alza del coste de la vida. El gobierno también habilitó a algunas corporaciones de desarrollo (especialmente la CORFO) para que emitieran pagarés, que los bancos podían usar como garantía con el fin de generar más préstamos. Entre 1939 y 1941, por ejemplo, los préstamos al público en general aumentaron en un 15 por 100 anual.

El gobierno de Ríos se negó a detener la inflación, temiendo que tal política pudiera limitar el crecimiento económico, aunque Ríos era menos dadivoso que su predecesor. Una enmienda constitucional (noviembre 1943) limitó en cierto grado el poder del Congreso en lo relativo al gasto público. Entonces, la Segunda Guerra Mundial, mucho más que las brujerías económicas de Ríos, trajo la renovada prosperidad de esos años. La producción minera, estimulada por la demanda norteamericana de cobre, aumentó aproximadamente en un 10 por 100; la producción del sector manufacturero, que funcionaba por primera vez sin competencia extranjera, creció prácticamente en un 50 por 100. En 1943, el PNB aumentó en un 10,4 por 100 y se mantuvo en un promedio de más del 8 por 100 durante 1944 y 1845.

González Videla corrió peor suerte que su predecesor por causa de la decreciente demanda internacional de cobre y la inestabilidad política, que tuvieron ambos efectos adversos en la economía. El PNB cayó en un 14 por 100 en 1947, pero aun así, el país logró retomar el camino del crecimiento económico. En 1951, el PNB había experimentado un alza de más de 150 millones de pesos. Lo que sí hay que reconocerle a González Videla es que fue el primer presidente chileno que trató de enfrentarse a la inflación cara a cara. Su ministro de Hacienda (1947-1950), Jorge Alessandri, concibió un plan para reducir los gastos mientras aumentaba los impuestos. Su política produjo los primeros excedentes sucesivos en el presupuesto desde mediados de la década de 1930 y redujo la inflación casi a la mitad. La subsiguiente congelación de los salarios y los precios determinado por Alessandri, sin embargo, produjo una airada reacción pública (sobre todo de los sindicatos) y su propia renuncia.

El sucesor de Alessandri, Carlos Vial, recurrió a muchas de las mismas panaceas: las restricciones en el volumen de circulante y en los gastos del gobierno, junto con la congelación de precios y salarios. El Congreso rechazó las reformas. En esta etapa semejante respuesta era por completo predecible. La fuerza laboral quería salarios más altos. Las empresas no querían impuestos más altos. Ambos tenían poderosos aliados políticos. El Congreso capituló cobardemente ante la presión pública y autorizó que los funcionarios públicos recibieran aumentos salariales muy por encima de la tasa de inflación. Esta medida, que aumentó los salarios entre un 20 por 100 y un 90 por 100, absorbió el 25 por 100 del presupuesto nacional de 1952. Claramente cierta psicología inflacionaria estaba predominando: los chilenos habían comenzado a esperar *reajustes* más y más elevados a intervalos regulares. Y el gobierno de González Videla no tuvo problemas, por cierto, para imprimir papel moneda. Debido a esta generosidad, La Moneda registró en 1950 y 1951 uno de los déficit más altos de su historia. Para ese entonces, ya muchos tenían claro que los partidos políticos no contaban con la capacidad ni con la voluntad de detener la inflación. Esta sensación fue un factor que contribuyó en la elección de Ibáñez en 1952; la idea de que sólo un «hombre fuerte» podría restablecer el orden económico se había extendido por toda la sociedad.

La economía bajo el gobierno de Ibáñez

El general de la esperanza corrió peor suerte que sus predecesores. Para ser justos, hay que reconocer que las circunstancias difícilmente lo favorecieron. El fin de la Guerra de Corea en 1953 trajo consigo una abrupta caída en los precios del cobre. La producción agrícola *per cápita* continuó disminuyendo (a un promedio anual del 0,5 por 100 entre 1945 y 1954). Además, las industrias del país no lograron satisfacer la demanda de bienes de consumo: en 1957 (exceptuando el tabaco, los textiles, los minerales no metálicos y los productos papeleros) se importaron más artículos fabricados en el extranjero que en el periodo 1945 y 1946. Las compras de calzado extranjero, por ejemplo, eran tres veces mayores que en 1945. Las exportaciones sufrieron similar suerte. Los nuevos productos para su venta en el exterior (químicos, papel de impresión y objetos metalúrgicos) no compensaron el declive de las exportaciones tradicionales (alimentos, bebidas, textiles). Entre 1953 y 1956, el crecimiento industrial anual disminuyó en un 60 por 100 si se lo compara con el periodo de tres años previo y, si bien aumentó nuevamente después de 1960, siguió por debajo del nivel de 1953.

Dado que la industria manufacturera se había estancado, la fuerza laboral industrial se redujo en alrededor de un 5 por 100. Si tomamos la década de 1950 en su totalidad, incluso la agricultura absorbió una proporción más alta de nueva mano de obra que la industria. Los trabajadores de las fábricas recién despedidos a veces podían encontrar empleo en tiendas más pequeñas (entre 1940 y 1960 la cifra de chilenos que trabajaban en talleres artesanos o en fábricas con cinco empleados o menos subió de 140.000 a 207.000) o emplearse en la construcción, cuya fuerza laboral creció cerca de un 30 por 100 en esos años. Durante la presidencia de Ibáñez, se produjo un discreto auge de la construcción, aunque sus efectos económicos no fueron nada en comparación con los que marcó el auge anterior en la década de 1930.

Aunque los ingresos disminuyeron, el gobierno se negó a reducir los gastos, estableciendo un esquema depresivamente repetitivo que puede resumirse como sigue: (1) el déficit resultante de lo anterior llevó a la devaluación del peso; (2) esto, a su vez, hizo subir el precio de las importaciones y el coste de la vida; (3) rápidamente, comenzaron las peticiones de aumentos salariales; (4) la consiguiente crisis económica obligó al gobierno a destinar más fondos para sacar de apuros a las industrias más afectadas por los aumentos salariales y la devaluación del peso; (5) estos gastos devaluaron aún más el peso. Y así la «cuenca inflacionaria» siguió y siguió, agravada por restricciones en los tipos de interés que, al caer más que la inflación, de hecho descendieron en términos reales, lo que provocó una contracción en los préstamos y créditos.

Obviamente este tiovivo económico tenía que ser detenido. Pero para hacer esto Ibáñez habría necesitado el carisma de su amigo Juan Domingo Perón (casualmente, un buen luchador contra la inflación) combinado con la sabiduría de un John Maynard Keynes. Ibáñez por lo menos lo intentó. Pero sus partidarios en el Congreso eran incoherentes y su arsenal fiscal desesperanzadoramente inadecuado. A pesar de los cambios que mencionamos en el capítulo 8, el sistema tributario seguía dependiendo fundamentalmente de dos impuestos: uno sobre las importaciones y el otro sobre el cobre exportado (que generaba aproximadamente un 40 por 100 de las divisas del país). En un comienzo, Ibáñez utilizó las leyes existentes para aumentar los ingresos, imponiendo un recargo sobre el Impuesto a la renta y reformando la tasa cambiaria de la Gran Minería. Ante la desesperada necesidad de fondos, estableció también nuevos impuestos a las ventas, aunque gran parte del dinero así obtenido fue tragado por la inflación.

El cobre siguió siendo el recurso fiscal más promisorio para Ibáñez. No obstante, los gravámenes existentes (junto con el impuesto oculto implícito en las tasas cambiarias diferenciales) se estaban volviendo prohibitivos para las propias compañías. En 1954, por ejemplo, la Compañía de los Andes (Anaconda) tuvo que pagar un 92,2 por 100 de sus ganancias al gobierno, mientras que la Kennecott pagó el 79,7 por 100. Las compañías, cada vez más insatisfechas con su parte, dudaban si modernizar las minas. Como resultado, la participación de Chile en el mercado internacional bajó del 21 al 14 por 100 entre 1948 y 1953.

Vagamente consciente de que corría el riesgo de matar la gallina de los huevos de oro, el gobierno trató de establecer un equilibrio entre las necesidades nacionales y las ganancias de las compañías. En 1955, instauró un Nuevo Trato que simplificaba en gran medida la estructura tributaria. En adelante, las compañías tendrían que traspasar al Estado el 50 por 100 de sus ganancias, sujetas a un 25 por 100 más en el caso de que la producción cayera por debajo de los volúmenes de 1949-1955. El Estado también se reservó el derecho de colocar directamente el cobre en el mercado. Teniendo que elegir el mal menor, las compañías invirtieron un promedio de entre 22 y 40 millones de dólares al año en sus empresas chilenas. La producción aumentó en cerca de un 30 por 100 entre 1953 y 1958. La Gran Minería (GMC) también empezó a adquirir más productos de fabricación local.

Los ingresos del cobre por sí solos nunca fueron suficientes; por ende, Ibáñez consideró la posibilidad de una reforma tributaria nacional. El segundo de sus ocho ministros de Hacienda, Felipe Herrera, tuvo la osadía de sugerir que «los poderosos» pagaran su cuota de contribuciones y fue retirado de su cargo. Su sucesor, Guillermo del Pedregal, autorizó un enorme aumento salarial creyendo que con ello traería la tranquilidad social y, por lo mismo, aumentaría la producción. Esta solución tuvo corta vida. Cuando la inflación alcanzó el 70 por 100 y estallaron las huelgas, Ibáñez se dirigió al líder de la Falange, Eduardo Frei, cuya fórmula (escaso dinero, fin de los reajustes automáticos de los pagos y reforma fiscal y agraria) impidió que llegara siquiera a asumir la cartera. El ministro siguiente, Jorge Prat, propuso un programa de austeridad (que incluía mayores impuestos y también la suspensión del derecho a huelga), lo que despertó una inmediata animosidad en el Congreso.

A mediados de la década de 1950, Chile parecía haber vuelto a los peores días de la República Parlamentaria: el país estaba hundido en la crisis, los políticos contemporizaban. En 1953, el coste de la vida aumentó en un 50 por 100; al año siguiente, en un 58 por 100; y en 1955, en un 88 por 100. La situación se volvía cada vez más desesperada: el desempleo casi se duplicó; la utilización de las plantas cayó a los niveles más bajos desde mediados de la década de 1930; el PNB se precipitó en un 8 por 100; se produjo una ola de huelgas, con las cuales los trabajadores trataban de protegerse; aumentó la especulación; el peso perdió el 60 por 100 de su valor en menos de un año. Los que no podían comprar dólares acumulaban mercancías.

Puesto que poco podía esperarse de los partidos políticos, Ibáñez pidió consejo a los extranjeros. A fines de 1955, la misión Klein-Saks llegó a Santiago para concebir un plan de estabilización económica. Klein-Saks era una firma consultora norteamericana, conocida por su tendencia al *laissez-faire*, que aparentemente había realizado antes un buen trabajo con la economía peruana. La firma mantenía estrechos vínculos con Washington, lo cual hacía suponer que se conseguirían préstamos norteamericanos si se seguían los consejos de la misión. El Congreso, sin embargo, sólo llevó a cabo algunas de las proposiciones de Klein-Saks. Con un margen de un voto, el Senado limitó el reajuste de 1956 al 50 por 100 del alza en el coste de la vida, aunque, para amortiguar el golpe, se autorizaron otros beneficios (incluidas mayores asignaciones familiares) y se instituyó un salario mínimo[9]. El Congreso también restringió el crédito y abolió el bizantino sistema de control cambiario. El gobierno, no obstante, no redujo sustancialmente los gastos; tampoco logró que el Congreso aprobara la urgente reforma tributaria. Aunque el Congreso se negó a aplicar el programa

---

[9] En 1937 se introdujo un salario mínimo para ciertas clases de empleados, los empleados de oficina. Tanto el sueldo vital como el salario mínimo se convirtieron, en años posteriores, en unidades para el cálculo de los aumentos salariales en lugar de los sueldos o salarios mínimos genuinos.

Klein-Saks al completo, fue suficiente para garantizar un préstamo de 75 millones de dólares y la misión logró un importante objetivo: al menos terminó con la fiebre inflacionaria de mediados de la década de 1950. Pero esto tenía un aspecto negativo: la industria de la construcción se desplomó con la contracción del mercado de bienes raíces, mientras que el fin de los controles cambiarios dejó a los fabricantes locales expuestos a los fuertes vientos de la competencia internacional. Nuevas restricciones crediticias redujeron el poder adquisitivo. Mientras que la inflación decaía (al 38 por 100 en 1956 y al 17 por 100 en 1957), el desempleo aumentaba. Los pobres, como siempre, cargaron con los costes sociales de la deflación.

Habiendo soportado estos dolorosos síntomas de repliegue económico, el gobierno retiró prematuramente el programa de austeridad. Puede que haya tenido pocas opciones: una repentina caída en el valor del cobre (de 47 a 21 centavos la libra en 1957) produjo dos déficit más elevados. Una sequía en el Valle Central elevó el coste de los alimentos. La construcción cayó a su nivel más bajo desde la década de 1930. Enfrentado a este colapso económico y al alto desempleo, el gobierno autorizó un «reajuste» del 20 por 100. Lo anterior, sumado a mayores facilidades para el otorgamiento de un crédito bancario, hizo que se recrudeciera la inflación (33 por 100 en 1958). No todos consideraron que esta fuera una pérdida. El ibañista Rafael Tarud denunció los reajustes por debajo de lo adecuado como inhumanos. La solución, sugirió, era reducir los privilegios de «los sectores minoristas, que han quedado históricamente retrasados en sus comprensiones de la dinámica social»[10]. Cada vez más chilenos se inclinaban a pensar lo mismo.

Cuando Ibáñez dejó La Moneda, tanto él como el país estaban exhaustos después del peor episodio inflacionista en la historia chilena. Economistas y políticos extrajeron distintas lecciones de este episodio. La deflación Klein-Saks (aunque incompleta y temporal) probablemente elevó más que disminuyó la creciente demanda de reformas «estructurales» y programas en los que el Estado tendría mayor influencia que en el pasado. El segundo gobierno de Ibáñez demostró cuán difícil era poner en práctica una reforma económica seria (en cualquier dirección). Los controles de precios y salarios, por ejemplo, podrían

[10] R. Tarud, *Contra el despojo de los reajustes*, Santiago, Prensa Latinoamericana, s.f., pp. 6 y 26.

haber desacelerado la espiral inflacionaria. Sin embargo, habían provocado la hostilidad tanto de los empresarios (a los que, previsiblemente, habría hecho felices el control de los salarios) como de los empleados asalariados y los trabajadores. Los dirigentes políticos del país, por tanto, se enfrentaban a una situación difícil: era imposible estabilizar la economía sin ofender a los empresarios, a los agricultores o a la fuerza de trabajo urbana. Los sucesivos Congresos y presidentes resolvieron el problema haciendo poco y nada. El resultado, como la debacle de Ibáñez indicó, se acercaba peligrosamente al caos.

LAS POLÍTICAS ECONÓMICAS DE JORGE ALESSANDRI

Jorge Alessandri representaba la última oportunidad que el sistema político tradicional tenía para remediar o, al menos, aliviar los males económicos de Chile. Quizá las iniquidades estaban demasiado arraigadas; quizá los partidos políticos carecían del valor, la imaginación o la sabiduría para resolver las cuestiones más dolorosas. Sean cuales fueran las razones, la situación económica no cambió fundamentalmente durante los seis años que duró su presidencia: los problemas que durante tanto tiempo habían obstruido el desarrollo nacional de Chile (el sistema de tenencia de la tierra poco equitativo, la dependencia respecto de los ingresos provenientes de la minería, el sistema impositivo regresivo en términos generales, la inflación crónica), todo se mantuvo obcecadamente en su lugar. A pesar de eso, el segundo Alessandri fue un buen administrador y lo hizo lo mejor que pudo.

La cuestión agraria

La presión por la reforma agraria aumentó en la década de 1950. La izquierda llevaba mucho tiempo exigiéndola (al menos en teoría) y otros grupos se sumaron ahora al coro de voces. En 1962, la Iglesia católica creó su Instituto de Promoción Agraria, que distribuyó unas cuantas propiedades de la Iglesia entre campesinos sin tierras. El gobierno de Kennedy en los Estados Unidos defendió, tanto en la reunión de Punta del Este (1961) como a través de su Alianza para el Progreso, la reforma agraria como un elemento básico en lo que Arthur Schlesinger Jr. llamó más tarde el «gran proyecto para la modernización democrática de América Latina» propuesto por la Alianza[11]. Los conservadores y los liberales (como hemos visto) habían frustrado durante mucho tiempo todos los intentos por disminuir su dominio en el campo, no tenían ningún interés en ser modernizados democráticamente; por Estados Unidos o por cualquier otro país. Sin embargo, el Partido Radical, desesperado por volver a la presidencia, comenzó a considerar la adhesión a la reforma agraria como un medio para conseguir el voto rural, y (como vimos en el capítulo 9), dado que la derecha dependía de la ayuda radical para derrotar a la izquierda y a la Democracia Cristiana, llegó a aceptar las premisas de la reforma de la tierra.

Los conservadores, los liberales y los radicales discutieron mucho el tema de la compensación. La Constitución de 1925 facultaba al Estado para expropiar, pero a cambio debía realizar pagos en efectivo. Los radicales propusieron que se pagara con una combinación de dinero en efectivo y bonos a largo plazo, y la derecha se tragó a regañadientes este concepto de «compensación postergada». En agosto de 1962, el Congreso aprobó como era debido la Ley de la reforma agraria (Ley 15.020), autorizando al Estado a comprar tierras con un pago en efectivo del 20 por 100 y bonos que devengaban intereses pagaderos a diez años. Nadie (excepto los más antediluvianos) consideró que la medida de 1962 fuera revolucionaria o punitiva. Con pocas excepciones, el Estado fue habilitado para redistribuir solamente los terrenos abandonados o cultivados de manera ineficiente, o la tierra en barbecho de propiedad corporativa, que era relativamente escasa.

Además de autorizar la reforma de la tierra, la nueva Ley significaba un serio esfuerzo por mejorar las condiciones de vida rurales. A partir de ese momento los terratenientes estarían obligados a mejorar las viviendas de los arrendatarios; los salarios agrarios reflejarían la inflación; los trabajadores tendrían contratos a largo plazo si así lo deseaban y recibirían la totalidad de su salario en efectivo (en lugar de en dinero y en especie, como ocurría antes). A la larga, lo más significativo (como veremos) fue la creación de nuevos organismos fiscales: la Corporación de Reforma Agraria (CORA), para supervisar el proceso de expropiación; el Consejo Superior de Fomento Agropecuario (CONFSA), para garantizar el aprovechamiento eficaz de las tierras

---

[11] A. Schlesinger Jr., *A Thousand Days*, Boston, Houghton Mifflin Co., 1965, p. 186.

expropiadas; y el Instituto de Desarrollo Agropecuario (INDAP), para proporcionar asistencia y crédito a los campesinos.

A pesar de sus deficiencias (elocuentemente resaltadas por la izquierda, los demócrata-cristianos e incluso expertos agrícolas de la Organización de Estados Americanos), la legislación de 1962 *realmente* estableció el *principio* de la reforma de una vez y para siempre, e impuso algunas responsabilidades mínimas a los terratenientes. En la práctica, sin embargo, apenas tocó el campo: sólo 60.000 hectáreas (más del 60 por 100 de las cuales ya pertenecían al Estado) fueron distribuidas entre alrededor de 1.000 campesinos. Tal como señaló cínicamente un observador de la época, los principales beneficiarios no fueron los sin tierra sino los burócratas contratados para administrar la nueva ley[12].

El cobre

Entre 1958 y 1964, en parte debido a que la Anaconda puso en marcha su nueva mina en línea en El Salvador (para reemplazar la entonces agotada Potrerillos), el valor de las exportaciones de cobre chilenas subió de 232 millones de dólares a 363 millones de dólares. Los ingresos por concepto de impuestos casi se duplicaron. Las mismas compañías lanzaron un programa «Compre chileno», que aumentó en gran medida las compras de productos fabricados a nivel nacional. La participación de Chile en el mercado mundial del cobre, sin embargo, se mantuvo entre el 14 por 100 y el 15 por 100, más o menos la misma cifra que cuando se estableció el Nuevo Trato de 1955. La imposibilidad de aumentar su porcentaje en el mercado fue atribuida por muchos al hecho de que las compañías no estaban realizando las inversiones adecuadas en la Gran Minería. Aunque la Anaconda y la Kennecott invirtieron 203 millones de dólares en las minas durante la presidencia de Alessandri, esto fue considerado como totalmente insuficiente por sus críticos, cada vez más ácidos, quienes comenzaron a cuestionar la utilidad del acuerdo del Nuevo Trato.

Las compañías tenían sus razones para desconfiar del Nuevo Trato. Después del terremoto de mayo de 1960, el gobierno impuso nuevos impuestos especiales en el cobre (violando el acuerdo) con el fin de financiar la reconstrucción. Dos años después, el Congreso aumentó

---

[12] *Hispanic American Report* 16, 2 (1963), p. 164.

los impuestos una vez más, lo que elevó la tasa tributaria de El Teniente y Chuquicamata a más del doble de lo que pagaban las compañías
cupríferas que operaban en Rodesia del Norte (Zambia después de
1964). Dada la invectiva política dirigida contra ellos y la presión que
sus accionistas ejercían para que diversificaran la producción globalmente, las compañías se mostraron reacias a realizar más inversiones
en Chile si no contaban con una garantía firmada por el gobierno.
Expresaron su voluntad de invertir sumas adicionales (quizá hasta
unos 500 millones de dólares) y de construir una refinería para producir cobre electrolítico pero, *quid pro quo,* pedían al gobierno que
congelara los impuestos durante 20 años y que se ciñera a las especi-
ficaciones del Nuevo Trato. Tal esquema parecía demasiado rígido
para muchos chilenos (especialmente para la izquierda), que lo vio
como una forma de privar al Estado de la flexibilidad necesaria para
llevar adelante futuros programas económicos. Algunos espíritus más
críticos consideraron que los esfuerzos de las compañías por realizar
un trueque inversiones/concesiones tributarias era una forma de ex-
torsión y defendieron el monopolio estatal del mercado.

Durante la presidencia de Alessandri no se produjeron innovaciones en la política del cobre. El gobierno buscó un enfoque «no intervencionista», tendiendo incluso a ignorar los puntos de vista de su propio Departamento del Cobre (creado en la época del Nuevo Trato para
controlar las operaciones de las compañías) cuando entraban en conflicto con los de Anaconda o Kennecott. A la larga, toda la cuestión de
la propiedad extranjera se resumió en una fusión de elementos políticos
dispares que constituyeron una falange antinorteamericana. El conservador Francisco Bulnes («el Marqués») y el socialista Salvador Allende,
por lo general, tenían pocos puntos en común, pero estaban de acuerdo
en que había llegado la hora de considerar una nacionalización total.
Por ende, este tema, al igual que la reforma agraria, quedó incluido por
derecho propio en la agenda de la política de la década de 1960.

La inflación y la política fiscal

Alessandri creía que el gobierno debía intervenir en la economía
lo menos posible. Mientras seguía activamente con sus políticas esta-
bilizadoras, también ponía sus esperanzas en el fomento de la producción agrícola e industrial, considerando que, a fin de cuentas, la infla-

ción podía ser controlada mejor si se satisfacían las demandas de los consumidores. Al parecer, en un comienzo, la inversión pública podía ser necesaria para reactivar la economía; el sector privado encabezaría así los esfuerzos por crear nuevas riquezas y dar empleo, estimulado por las adecuadas medidas liberalizadoras.

Tabla 10.6. Inflación bajo Jorge Alessandri (incremento porcentual)

1958	25,9	1962	13,9
1959	38,6	1963	44,3
1960	11,6	1964	46,0
1961	7,7		

Fuente: R. Ffrench-Davis, *Políticas económicas en Chile 1952-1970*, cit., p. 247.

Como parte de sus medidas de estímulo económico para el sector privado, Alessandri incentivó la creación de Asociaciones de Ahorro y Préstamo. Estas nuevas instituciones daban tasas de interés acordes a la inflación y también aceptaban cuentas en moneda extranjera –un incentivo (combinado con una amnistía fiscal) para repatriar el capital que se mantenía en el extranjero. Los bancos consiguieron así muchos fondos que, en teoría, podían ser canalizados hacia las empresas chilenas. En parte para que estos negocios fueran más competitivos, Alessandri redujo también muchas de las restricciones a las importaciones y simplificó los procedimientos. A partir de abril de 1959 fue posible importar prácticamente cualquier cosa, y aunque muchos productos de la antigua lista de «prohibiciones» estaban sujetos a exorbitantes depósitos, estos se redujeron en los meses siguientes y en muchos casos se eliminaron directamente. En 1959-1960, el comercio de ultramar chileno se vio menos limitado por el control burocrático que nunca antes desde el comienzo de la Depresión.

Mientras tanto, una ley excepcional (la DFL-2), puesta en vigencia en julio de 1959, brindó un fuerte estímulo a la construcción de viviendas pequeñas. Las «casas DFL-2» (como fueron conocidas) quedaron exentas de los impuestos a la propiedad y sus constructores recibían una rebaja tributaria. Al mismo tiempo, Alessandri lanzó un programa de obras públicas (que incluía la construcción de una enorme cantidad de kilómetros de carreteras). La Ley DFL-2 tuvo resultados particularmente impresionantes: la empresa inmobiliaria se cuadruplicó: en 1959 era mayor que en los cuatro años previos juntos. Aunque el ritmo de la construcción disminuyó después, se mantuvo muy por encima de las cifras de 1958. Aquí hubo sólidas ganancias.

En sus esfuerzos por estabilizar la economía del país, Alessandri ofreció lo que esperaba sería un estímulo psicológico decisivo, estableciendo una sola tasa cambiaria y una nueva unidad monetaria, el escudo (1.000 pesos), que él deseaba mantener a la par con el dólar estadounidense: en enero de 1969, de hecho, el peso quedó fijo en 1,05 dólares[13]. Para fortalecer la confianza en la nueva moneda, se retiraron todos los controles cambiarios y se permitió la apertura de cuentas en dólares en los bancos. Alessandri también dejó claro, al asumir la presidencia, que los sueldos y los salarios ya no serían «reajustados» según la inflación, sino que deberían provenir de las ganancias y de una mejor productividad. El legado de los años de Ibáñez hizo que la aplicación inmediata de este plan fuera imposible: en parte, con miras a reactivar la demanda, Alessandri autorizó un único reajuste inicial de entre el 60 por 100 y el 100 por 100.

Durante los dos primeros años de la presidencia de Alessandri (gracias en gran parte a la DFL-2), las condiciones económicas mejoraron mucho. En 1959, el presupuesto estaba equilibrado (por primera vez desde que Alessandri lo equilibró como ministro de Finanzas en 1950). El país gozaba de una balanza comercial positiva; la producción industrial aumentó en un 10 por 100; el desempleo cayó del 9 por 100 al 7 por 100 (y al 5,5 por 100 en 1963). La tasa de inflación disminuyó en la segunda mitad de 1959. La inflación, de hecho, bajo del 33 por 100 en 1959 al 5 por 100 en 1960, aumentando nuevamente al 10 por 100 en 1961. Todos estos síntomas parecían indicar que se había pasado página, que las expectativas inflacionarias se estaban moderando y que la economía estaba a punto de despegar una vez más.

Desgraciadamente, no fue así. Las expectativas de Alessandri respecto del sector privado resultaron demasiado optimistas. No hubo ninguna ola de nuevas inversiones, ni tampoco inversiones extranjeras directas, a pesar de los nuevos incentivos. Las medidas liberaliza-

---

[13] La nueva moneda (con el signo *Eo*) comenzó a usarse públicamente en 1960, aunque, al igual que en Francia tras la introducción del *franc lourd* por el presidente De Gaulle, la gente siguió hablando en términos de la antigua moneda durante años.

doras de 1959, por otra parte, produjeron una verdadera lluvia de importaciones, financiadas en gran medida por préstamos extranjeros, pero no trajeron un aumento correlativo en las exportaciones (cuyo monto, además, se vio socavado por la tasa cambiaria fija). En 1961, el déficit comercial aumentó a 153 millones de dólares. Al final de ese año, el pánico financiero llevó a suspender durante tres semanas las transacciones en moneda extranjera, a introducir (en enero de 1962) una tasa cambiaria doble (se mantuvo la tasa de 1,05 dólares para las importaciones, con una tasa menor para las transacciones en capital y el turismo) y a imponer nuevamente controles más estrictos para el comercio exterior (incluyendo, de nuevo, una «lista prohibida» para las importaciones). Temiendo el efecto inevitable que esto tendría en la inflación, Alessandri se negó a devaluar el escudo hasta octubre de 1962, cuando fue devaluado en un 38 por 100, tras lo cual se le permitió «flotar» –cuesta abajo–. La depreciación de la moneda produjo nuevos aumentos en los precios. La inflación alcanzó un 28 por 100 en 1962, un 45 por 100 en 1963 y un 40 por 100 en 1964. Alessandri tuvo un moderado éxito a la hora de frenar los reajustes, pero al precio de reducir los salarios reales aumentando así el descontento popular.

Como tantas veces en el pasado, la inflación incrementaba los problemas fiscales del gobierno. La necesidad de financiar su política de inversiones para estimular la economía junto con las demandas de reconstrucción del sur devastado por el terremoto, hicieron imposible controlar el déficit sin pedir préstamos a gran escala: esto aumentó enormemente el monto de la deuda externa, que aunque modesto para los estándares de las décadas de 1970 y 1980, parecía muy alarmante en ese momento. Aun cuando Alessandri hubiera estado dispuesto a aumentar los impuestos internos para financiar los gastos del gobierno (lo que no hizo), habría sido más fácil sacarle sangre a una piedra. El sistema tributario sumamente regresivo, que en 1962 aún obtenía el 64,6 por 100 de sus ganancias de los impuestos indirectos, pareció impermeable al cambio. (Lo que el gobierno sí hizo fue tomar medidas para mejorar la recaudación de impuestos, una hazaña en un país donde un tercio de los contribuyentes lograban evadir impuestos.) Los impuestos a las ventas habían aumentado para entonces en un 20 por 100 y, en febrero de 1964, tras largos retrasos en el Congreso, se introdujo además una importante simplificación en el Impuesto a la renta[14]. Estos cambios no tuvieron un efecto real en el déficit, que bajó un poco en 1963-1964, más bien porque, para entonces, la inversión pública se había congelado.

A fines del gobierno de Alessandri, el 75 por 100 de las reservas externas de Chile se usaban para pagar sus deudas y más de la mitad del 25 por 100 restante se gastaba en alimentos importados. Quedaba poco para financiar las operaciones ordinarias del gobierno, y para qué hablar de modernizar la economía. El gran ingeniero, al igual que el general de la esperanza, había fracasado. Había que buscar una nueva fórmula. Pero ¿sería posible encontrarla?

LA SOCIEDAD DE MEDIADOS DE SIGLO, 1930-1964

La estructura social, el nuevo papel de la mujer

Si el periodo parlamentario había sido la *Belle Époque* de la clase alta, los años posteriores a la década de 1930 vieron el florecimiento de la clase media. La industrialización, la ampliación de la educación y el desarrollo de la administración pública le abrieron nuevas oportunidades. No es que la elite terrateniente hubiera quedado al margen; en realidad, el crecimiento de la industria manufacturera permitió que la clase alta también ampliara sus intereses en forma muy notable. Durante mucho tiempo había habido importantes grupos financieros en Chile (uno de los más antiguos el Grupo Edwards) y su papel no se vio más que fortalecido por el auge industrial. Como resultado aumentó la concentración de riqueza. En un estudio muy conocido de 1961, el joven y brillante economista Ricardo Lagos identificó 11 conglomerados líder, a menudo interrelacionados, que controlaban 290 de las compañías comanditarias del país, de un total aproximado de 1.300[15].

En la política y los negocios, sin embargo, la clase alta se vio obligada desde entonces a coexistir (y a colaborar cada vez más) con una floreciente clase media, principal beneficiaria de los años del Partido

---

[14] El impuesto a la renta incluía lo que en otro lugar se llamaría impuesto de sociedades. La reforma de 1964 redujo las seis categorías de impuestos anteriores a dos: impuesto a las sociedades e impuesto a la renta personal.

[15] R. Lagos E., *La concentración del poder económico*, Santiago, Editorial del Pacífico, 1961.

Radical. Todos los sectores de la cual parecían haber mejorado su posición económica. Después de 1938, por ejemplo, la mayoría de los oficinistas fueron protegidos por las diversas leyes de seguridad social. Fue un proceso gradual, que se desarrolló por etapas a partir de la década de 1920. Todos los chilenos pueden haber sido iguales, pero definitivamente había algunos más iguales que otros: los empleados de las oficinas generalmente recibían beneficios familiares y por desempleo más altos que los de los obreros. (La distinción entre *empleado* y *obrero* era legal y estaba consagrada en el Código del Trabajo.) No obstante, la clase trabajadora, aunque pequeña para los estándares de Europa y Norteamérica, obtuvo evidentes logros después de la década de 1930, tanto gracias al acceso a la seguridad social como a la sindicalización, aunque menos por las alzas salariales. (Los beneficios fueron mucho menos llamativos en términos de los salarios reales, que estaban sometidos a desconcertantes altibajos debido a la inflación.) Entre 1932 y 1964, la cantidad de sindicatos aumentó en más del 400 por 100, al igual que sus miembros (a 270.000 en 1964). Una combinación de militancia obrera e inflación duplicó el número de huelgas en el mismo periodo.

La sociedad chilena de mediados del siglo XX era más diversa, por tanto, que nunca. Esto era aplicable en el mismo periodo para la mayoría de los países latinoamericanos de tamaño grande y medio, pero el esquema social chileno era distinto en determinados aspectos. Uno de sus rasgos más distintivos era la presencia predominante de las mujeres en las profesiones, las artes e incluso en la vida pública, algo que los visitantes extranjeros solían notar. Este es un punto que merece un breve análisis.

Había algo levemente paradójico respecto de este progreso. Salvo algunas modificaciones al Código Civil, fuertemente orientado en favor del marido (en las décadas de 1930 y 1940), la ley limitaba el papel de las mujeres casadas en diversas materias (especialmente las relacionadas con la propiedad); aunque a finales de la década de 1950, una mujer soltera de más de 21 años era «ante el derecho civil plenamente capaz»[16]. En la década de 1950 que las mujeres luciesen pantalones en público era considerado todavía un motivo de serio debate en la prensa. Sin embargo, las mujeres chilenas de las clases alta y media habían comenzado a aprovechar las oportunidades creadas por

---

[16] F. Klimpel, *La mujer chilena*, 1962, p. 51.

el decreto del ministro de Educación Miguel Luis Amunátegui, de febrero de 1877 que les abría las puertas a la educación profesional. De los más de 8.000 grados obtenidos por mujeres en la Universidad de Chile entre 1920 y 1960 (la Universidad Católica admitió a las mujeres sólo en 1932), 464 fueron en medicina; 357, en leyes; 931, en odontología; 471, en farmacia; y 67, en arquitectura. En el mismo periodo, 3.200 mujeres eran maestras de escuela. En las décadas de 1930 y 1940, la presencia femenina se había vuelto mucho más notoria tanto en las diversas profesiones como en la salud pública, la educación, las artes, el periodismo y la radio.

Era natural que, llegado el momento, las chilenas instruidas desearan invadir el terreno predominantemente masculino de la política. En una ley de 1884 habían quedado específicamente excluidas de votar, después de que varias mujeres en San Felipe introdujeran con éxito sus nombres en las listas electorales (1875), un episodio que provocó mucha indignación entre los congresistas de la época. En buena medida por esta razón, su participación en los partidos políticos tradicionales había sido menor, aunque los radicales ya habían aceptado en 1888 a las mujeres como miembros. Había habido un Partido Cívico Femenino de corta duración en la década de 1920 y el Partido Femenino de Chile, más serio, se formó en 1946, comprometiéndose a realizar una campaña para obtener el sufragio femenino en las elecciones nacionales; objetivo que se logró con la Ley de febrero de 1949. La presidencia de González Videla fue bastante notable desde este punto de vista específico: vio el primer nombramiento de una mujer para formar parte de un gabinete de ministros (Adriana Olguín en Justicia), las primeras embajadoras mujeres (en los Países Bajos y los Estados Unidos) y la creación de la Oficina de la Mujer, un organismo nacional para los asuntos de la mujer.

La obtención del voto podría haber producido una lluvia de aspirantes femeninas al Congreso (como ocurrió en el mismo periodo en Argentina). En realidad, no lo hizo: la primera mujer que entró en la Cámara de Diputados fue Inés Enríquez Frödden, una radical, en una elección complementaria de 1951. Sólo tres más la siguieron durante la década de 1950 (una «femenina», una radical y una liberal). Ya en la década de 1960, aumentó esta cifra de manera importante. Quizá de un modo algo tranquilizador, el Partido Femenino (que se disolvió en 1953) resultó tan dado al fraccionamiento como sus colegas dominados por los hombres. Las clásicas defecciones no tardaron y se formó el Partido «Femenino Progresivo» llegada la elección presidencial de 1952, cuando la mayoría del Partido apoyaba al general Ibáñez. La mujer política más destacada del momento fue la presidenta del Partido, la inspirada María de la Cruz que desplegó a fondo su cruda oratoria durante la campaña electoral de Ibáñez. Fue ella quien acuñó la frase «general de la esperanza» para Ibáñez. Elegida para ocupar el puesto que Ibáñez había dejado vacante en 1953, cayó en desgracia (y en la oscuridad) muy pronto. Esto se debió, por una parte, al ferviente entusiasmo que manifestó por el general Perón y sus ideas, y, por otra, a una acusación de estar implicada en prácticas corruptas[17], pero, especialmente, sin duda, al tradicional prejuicio masculino.

¿Por qué las mujeres chilenas (de las clases alta y media, en todo caso) asumieron tan rápidamente un papel profesional, médico y educativo? Las feministas de habla inglesa pueden encontrar ociosa esta pregunta, pero no lo es dado el trasfondo histórico y la matriz hispánica de Chile. Queremos señalar a continuación algunas sugerencias más que respuestas, ya que este tema requiere una investigación más completa. Podemos indicar el hecho de que, en países con fuertes elites terratenientes, las mujeres propietarias (aunque generalmente fueran viudas o hijas) suelen ocupar un lugar bastante notorio, y son aceptadas por sus colegas masculinos. Las imágenes de fuertes caracteres femeninos en la historia (y en el folclore) también pueden predisponer a algunas culturas a ver el liderazgo femenino como algo natural, al menos en ciertas épocas. El propio pasado de Chile incluye algunos de estos casos: en la época colonial, Inés de Suárez (la voluntariosa amante de Pedro de Valdivia) y la sádica La Quintrala; y, en el siglo XIX, Javiera Carrera (destacada defensora de sus tres hermanos durante la Independencia) y Candelaria Goyenechea, madre de Pedro León Gallo y generosa contribuyente a su rebelión de 1859 (a pura fuerza de carácter, impidió que los soldados del presidente Montt registraran su casa en Copiapó). Todas estas mujeres tienen (o, en todo caso, solían tener) un lugar propio en la memoria colectiva de Chile. Por último, podemos señalar que la educación separada por sexos, regla ge-

---

[17] Uno de sus «pecadillos» fue darle a un vendedor de relojes acceso privilegiado a los empleados del sistema ferroviario estatal a cambio de una donación de 150.000 pesos para el Partido feminista. El «asunto de los relojes» dio origen a muchas bromas en los años siguientes.

neral en Chile durante la mayor parte de su historia, parece haber incentivado los logros académicos o deportivos en las muchachas más que la coeducación, que posiblemente refuerza los estereotipos. Probablemente no sea accidental que Gran Bretaña (con su tradición aristocrática, sus imágenes históricas de reinas fuertes, como Boadicea, Isabel I y Victoria, y la difundida educación separada por sexos que tuvo antes) haya llegado a elegir a una mujer como primera ministra, mientras que Estados Unidos (sin una elite tradicional de la tierra salvo en el viejo sur, ya desaparecida hace tiempo, y con una extendida coeducación) aún no muestra signos de colocar a una mujer en la Casa Blanca.

Población, salud y educación

La población de Chile aumentó de alrededor de 4,5 millones en 1930 a, aproximadamente, 8 millones en 1964. Las ciudades de mayor tamaño, Santiago, Valparaíso (con la ciudad vecina Viña del Mar) y Concepción (con la ciudad vecina Talcahuano) conservaron y aumentaron su tradicional supremacía demográfica. Por otra parte, el colapso de la industria del salitre significó el despoblamiento relativo del Norte Grande. En 1930, los habitantes de Iquique sumaban sólo poco más que en 1907. Las ciudades del norte (con la excepción de Arica, declarada «puerto franco» a principios de la década 1950) tendieron a marchitarse. Como rezaba una pegajosa canción popular de comienzos de la década de 1960 con ritmo de *foxtrot:*

Antofagasta dormida,
tus calles están desiertas.
¿Cómo pudiera yo darte
dinamismo siglo xx?
¡Despierta de tu letargo!

Gran parte del aumento en la población nacional provino del descenso general de la tasa de mortalidad, en parte como consecuencia de las mejoras en las condiciones sanitarias. La creación del Servicio Nacional de Salud (SNS) en 1952 y la ampliación de los beneficios del sistema de seguridad social contribuyeron a mejorar los niveles de salud, como también lo hicieron las organizaciones que se preocupaban del cuidado y la alimentación de los niños. Estos servicios, junto con un mejor cuidado prenatal, la introducción de los antibióticos y fuertes programas para eliminar la tuberculosis (la mayor causa aislada de muerte), redujeron sustancialmente la tasa de mortalidad. Entre 1930 y 1952, las expectativas de vida para las mujeres aumentaron de 37,7 a 53,8 años; y para los hombres, de 35,4 a 49,8. Sobrevivir el primer año de vida todavía era difícil: proporcionalmente morían más chilenos a esa edad que a otras; el 129 por 100 en 1932, una de los peores índices de mortalidad infantil en Latinoamérica. Caería alrededor de la mitad durante los próximos 20 años.

Hasta 1925, la educación había absorbido casi todos los gastos «sociales» del gobierno. Después de esta fecha, el presupuesto incluyó cada vez más seguridad social, sanidad y gastos asociados (vivienda, mejoras urbanísticas, etc.). En 1955, la educación sólo recibía un 20,3 por 100 del gasto público social; la vivienda y las obras públicas, el 20,4 por 100. El programa de seguridad social, que constituía el 41,4 por 100 y el 51,4 por 100 del gasto público social en 1955 y en 1961, respectivamente, se convirtió en el capítulo más caro del presupuesto.

Ahora los chilenos vivían más, pero no necesariamente mejor. Todavía en 1960, casi la mitad de las casas de campo no contaban con más de dos habitaciones; más del 50 por 100 de ellas no tenían acceso al agua potable. Recientes estudios han mostrado que la proporción de familias que consumían menos de 2.000 calorías diarias era la misma en 1960 que en 1935. Así, mientras la mayoría de los chilenos tenían al nacer el mismo peso y la misma estatura que los norteamericanos, las diferencias en los ritmos de desarrollo aumentaban después rápidamente. Los niños de las clases alta y media maduraban al mismo ritmo que los estadounidenses; los de las clases media baja y trabajadora no. Las diferencias de estatura y peso entre las capas altas y bajas de la sociedad chilena eran mayores que las existentes entre norteamericanos de diferentes clases sociales. De hecho, la malnutrición siguió siendo un grave problema. En la provincia de Santiago, la más rica del país, el 60 por 100 de la población sufría de desnutrición entre 1968 y 1969. En ese periodo, sólo la mitad de todas las familias de Chile consumían 1.600 calorías diarias, mientras que alrededor de un 25 por 100 tenían una ingesta diaria de 2.100 calorías[18].

---

[18] P. Hakim y G. Solimano, *Development, Reform and Malnutrition in Chile*, Cambridge, The MIT Press, 1978, p. 8.

Los observadores extranjeros, es preciso decirlo, todavía solían quedarse impresionados por la miseria de las clases más pobres tanto en la ciudad como en el campo. El escritor norteamericano Waldo Frank, que visitó Chile en 1942, escribió: «La pobreza es impresionante; en su oscura atemporalidad, es casi oriental»[19]. Tras llegar a Santiago a los dieciocho años más o menos, el Loco Pepe, un asaltante de bancos argentino que pronto se hizo famoso por sus ingeniosos intentos de escapar de la cárcel, tuvo una «penosa impresión» cuando vio que «en el centro de la ciudad mujeres andrajosas con sus pequeños pibes en los brazos pedían limosna»[20]. Ciertamente, la Argentina de la cual había emigrado el Loco Pepe en la década de 1960 era un país mucho más próspero que Chile.

En muchas sociedades, un camino clásico para salir de la pobreza había sido siempre la educación. En Chile, los años de aporte gubernamental comenzaron a dar frutos después de 1950. El alfabetismo aumentó al 84,6 por 100 en 1960. En 1990 era de un 94 por 100. Esta cifra esconde, sin embargo, una realidad algo irregular: la mayoría de los que entraban en el sistema educativo primario permanecían en él menos de cinco años. Aún a comienzos de la década de 1960, sólo tres de cada 10 niños pasaban del sexto año de educación básica y sólo uno de cada 22 llegaba hasta el último año de educación secundaria. En la práctica, por tanto, como señaló más de un observador, el sistema educativo, aunque financiado en parte por los pobres, beneficiaba fundamentalmente a las clases media y alta.

En cierta manera, de hecho, se podría decir que el país desarrolló un sistema educativo paralelo. Las familias ricas (y muchas de la clase media alta) mandaban a sus hijos a colegios privados: en las décadas de 1940 y 1950, respectivamente, un 28 por 100 y un 35 por 100 de los niños en edad escolar iban a colegios de primaria y secundaria privados. A nivel secundario, los colegios privados eran más numerosos (122 en 1915, 453 en 1956) que los liceos estatales, aunque tenían menos alumnos. Los católicos a menudo elegían colegios religiosos para sus vástagos. Los católicos escogían colegios religiosos para sus hijos: los Sagrados Corazones Padres Franceses y el jesuita San Igna-

---

[19] W. Frank, *South American Journey*, Londres, Gollancz, 1944, p. 146.
[20] J. R. Rubio (El Loco Pepe), *La vuelta al pago en 82 años. Las memorias del Loco Pepe*, Santiago, Ráfaga, 1967, p. 116.

cio. Los de espíritu más secular, especialmente aquellos que querían que sus hijos aprendieran un idioma extranjero, podían inscribirlos en el Lycée Français, la Deutsche Schule, o (para quienes preveían la hegemonía del inglés) el Grange School, donde estaban implantadas las tradiciones británicas (incluido el rugby); o el Santiago College, este último de orientación norteamericana. Las ciudades de provincia, al igual que Santiago, a menudo contaban con estos mismos minúsculos enclaves de cultura extranjera.

El número de estudiantes universitarios también aumentaba (7.800 en 1940, 19.000 en 1956), así como la cantidad de universidades en las cuales cursaban sus estudios. A pesar de ello, en la década de 1950, el 75 por 100 de todos los estudiantes asistían a la venerable Universidad de Chile, organización monstruosa que a esas alturas estaba comenzando a sufrir una «hipertrofia» académica. Además de las otras dos universidades privadas existentes (la Católica en Santiago y su *campus* de Concepción), en la década de 1920 se establecieron dos nuevas casas de estudios en Valparaíso (la Universidad Católica de Valparaíso y la Universidad Técnica Federico Santa María). En Santiago, González Videla creó en 1947 una nueva Universidad Técnica Estatal[21], muchos de cuyos graduados encontrarían empleo en las nuevas empresas industriales auspiciadas por la CORFO. En 1954 Ibáñez aprobó la formación de un nuevo campus en Valdivia, la Universidad Austral, que sería devastada en 1960 por un terremoto, aunque fue reconstruida.

La urbanización y la vida urbana

En algún momento a finales de la década de 1930, Chile cruzó la frontera de convertirse en una nación predominantemente urbana, con la mayor parte de su población radicada en ciudades de más de 20.000 habitantes. La población de Santiago aumentaba vertiginosamente: de aproximadamente medio millón en la década de 1920 a más de 2 millones a comienzos de la década de 1960. Esto trajo consigo grandes cambios que nunca antes se habían registrado. Después de la década de 1920, en términos físicos, la capital se extendió mucho más allá de su núcleo histórico colonial y sus limitadas ampliaciones del siglo XIX, siguiendo en parte el Plan regulador diseñado por el

---

[21] Que pasó a llamarse Universidad de Santiago de Chile en la década de 1970.

urbanista austríaco Karl Brunner, contratado en 1928 para dar una asesoría sobre el desarrollo futuro de la ciudad. En ese momento, las clases alta y media habían comenzado a abandonar progresivamente sus residencias tradicionales en el centro y se estaban reubicando en los barrios cada vez más grandes de la zona oriental («el barrio alto»), que ahora avanzaba impunemente hacia la cordillera[22], con nuevos ayuntamientos, como Las Condes, La Reina y Vitacura (este último llevaba el nombre del gobernador inca de la localidad en tiempos de la conquista española). Simultáneamente surgieron otros barrios más modestos al norte del río Mapocho, mientras que la parte sur de la metrópoli se convirtió predominantemente (aunque nunca de manera exclusiva) en un área de la clase trabajadora. Si antes la distribución de las clases sociales en la ciudad había sido bastante discreta, ahora habían comenzado a aislarse unas de otras en comunas separadas. Stephen Clissold describió el Santiago de la década de 1940 como «estética y arquitectónicamente indiferenciado»[23], y no tenemos razones para dudar de esa opinión: seguramente entonces, al igual que después, los encantos de la ciudad se encontraban en sus rincones más que en su centro no muy monumental. En la década de 1960, la tecnología «antisísmica» permitió que los santiaguinos construyeran por primera vez edificios en altura, dándole un toque distintivo a la hasta entonces baja línea del horizonte de la capital.

Podríamos mencionar aquí que la expansión de Santiago continuó hasta finalizar el siglo y más adelante. Su población superó los 5 millones en 2000. Para entonces la congestión del tráfico era intensa y las restricciones programadas al uso del automóvil eran un elemento frecuente de la vida diaria. Se estandarizó el color de los autobuses (y en gran medida el tamaño). Los supermercados fueron algo usual a partir de la década de 1960. Surgieron centros comerciales en las urbanizaciones del este (y con el tiempo en todas partes) y se construyeron autopistas en los alrededores de la capital. (La carretera 68 de Santiago a Valparaíso se convirtió en autopista en 2001-2002.) El auge repentino de la construcción a finales de la década de 1970 se mantuvo (con ocasionales paréntesis) en años posteriores. Se desarrollaron nuevos distritos (por ejemplo La Florida). El principal eje de Provi-

---

[22] En la década de 1990 ya había llegado más o menos allí.
[23] *Chilean Scrapbook,* Londres, Cresset Press, 1952, p. 89.

dencia, el más antiguo de los barrios del este, se llenó de tiendas, bares y restaurantes. Vitacura se convirtió en el escenario de una impresionante concentración de altos edificios; los bloques de apartamentos proliferaron en el *barrio alto* (un término que ya no se usa demasiado). Varias calles del centro fueron «peatonalizadas» y la plaza de Armas modernizada (no al gusto de todos). Santiago se transformó en una ciudad más elegante, bulliciosa y cosmopolita de lo que jamás había sido. Pero, como muchas otras ciudades, todavía ofrecía sorprendentes contrastes como el existente entre los viejos y los nuevos concejos, algunos modernos y lujosos otros sórdidos y ruinosos.

La explosión demográfica de Santiago se debió no sólo al aumento natural de la población, sino también a la migración del interior del país, ya que miles de chilenos dejaron las haciendas o minifundios buscando trabajo en la gran ciudad. La contracción de la fuerza laboral en la Gran Minería también se sumó a lo anterior: 54.000 norteños se unieron a la marea que llegó a la capital entre la década de 1930 y el año 1952. Si antes Santiago dominaba la vida de la nación, ahora lo hacía en forma más absoluta que nunca. En 1960, el 28 por 100 de la industria manufacturera y cerca de la mitad de la fuerza laboral industrial del país se ubicaban allí. Cuatro de cada diez chilenos profesionales, técnicos y ejecutivos vivían y trabajaban en la capital, al igual que más de la mitad de las secretarias y los empleados de la nación.

Había un aspecto importante en el cual la capital era simplemente incapaz de resistir la presión de una rápida expansión. Ni la vivienda ni el empleo podían mantener el ritmo de la inundación de inmigrantes provenientes del campo. El resultado, especialmente evidente en la década de 1950 y comienzos de la de 1960, fue la formación de barriadas de pobres dentro y alrededor de la ciudad: las «callampas», como fueron conocidas. Sin electricidad, agua potable ni dotación médica, estos campamentos miserables representaban la cara oculta más oscura de la vida chilena, un verdadero «cinturón de la miseria» que rodeaba y, en algunos casos, se infiltraba en la capital. Los habitantes de las callampas, generalmente desempleados o subempleados, se defendían lo mejor que podían: en el comercio callejero, en el trabajo esporádico y en el servicio doméstico. Alrededor de medio millón de personas vivía en barrios chabolistas a mediados de la década de 1960.

El impulso industrial, 1930-1964

Mapa 6. Chile, siglo xx con las Nuevas Regiones (1974).

Santiago dejó atrás a todas las demás ciudades chilenas, aunque las grandes tenían sus propias callampas en la década de 1960. Los conjuntos urbanos Valparaíso-Viña del Mar y Concepción-Talcahuano crecieron sostenidamente en las décadas de mediados de siglo (con poblaciones de 400.000 y 300.000 habitantes, respectivamente, a mediados de la década de 1960). Los tiempos de gloria de Valparaíso como puerto ya habían quedado muy atrás. El crecimiento de Viña del Mar disminuyó su atractivo como lugar de residencia para las clases alta y media, y entonces su atmósfera se fue haciendo cada vez más «popular» y ordinaria que la de la floreciente zona que la rodeaba. Otras ciudades siguieron siendo claramente menores y, en su mayor parte, más soporíferas.

El esquema de la vida urbana (y la vida social en general) en esta mitad de la centuria necesita un estudio más serio, pues sólo es posible trazar de ella un boceto en forma muy impresionista. Aunque la Iglesia y el Estado se habían separado en 1925, la nación siguió siendo más que nominalmente católica. Sin embargo, los chilenos ya no eran muy asiduos a asistir a la iglesia, si es que alguna vez lo habían sido. En este sentido también, como en la poesía, quizá *sí* eran los «ingleses de Sudamérica» que ellos pretenden. El Estado secular aún celebraba las fiestas religiosas, aunque algunas de estas fueron eliminadas en la década de 1960 (resulta irónico que esto haya ocurrido durante un gobierno demócrata-cristiano). Quienes se casaban deprisa, a menudo lo lamentaban: aún no existía una ley de divorcio[24]. Los más adinerados podían obtener la anulación; los pobres generalmente abandonaban a sus cónyuges. No era difícil acceder a los métodos de control de la natalidad, incluida la píldora cuando salió al mercado. Los abortos eran técnicamente ilegales; sin embargo, aún terminaban con casi el 25 por 100 de los embarazos. La prostitución abundaba, como siempre lo había hecho; no así las drogas.

Los sábados y los domingos, muchos de los ricos de la ciudad aún partían hacia sus fundos o chacras, o a la costa, también muy frecuentada en verano por la clase media. A los antiguos balnearios costeros, como Viña del Mar o (a una escala mucho menor) Constitución, se

---

[24] Mientras tanto, la pena capital (aún por un pelotón de fusilamiento) permaneció en los estatutos de la nación, aunque por suerte se aplicaba relativamente poco: entre 1890 y 1967, hubo 54 ejecuciones, un promedio de 0,7 al año.

sumaban ahora una seguidilla de pequeños asentamientos a lo largo de la costa hacia el norte y el sur de Valparaíso. El turismo también se desarrolló a pequeña escala entre los maravillosos lagos y volcanes del sur, una particular meca para los pescadores en busca del abundante salmón de la región. Durante la temporada invernal, las pistas de esquí de Farellones (las montañas que hay detrás de Santiago) y Portillo atraían a un creciente número de jóvenes, para quienes, en Santiago, también había algunos clubes deportivos y estadios creados (desde la década de 1920 en adelante) por las colonias extranjeras: británicos, españoles, franceses, italianos y otros. Para las clases alta y media, el Chile de la década de 1950 y comienzos de la de 1960 era, en muchos sentidos, un país muy agradable para vivir.

La vida de la clase trabajadora urbana se encontraba mucho más circunscrita: partidos de fútbol (el fútbol estaba ahora organizado profesionalmente, con «divisiones» al estilo inglés[25]) y empanadas los fines de semana o, para los más remilgados, un paseo por el Parque Cousiño o la Quinta Normal (donde los predicadores pentecostales ofrecen sus servicios espirituales). Lamentablemente, gran número de hombres de la clase trabajadora todavía dedicaban su día-y-medio libre a emborracharse hasta la inconsciencia, y algunos sólo se recuperaban para volver a tiempo a su trabajo, generalmente miserable; otros se quedaban en casa celebrando el «San Lunes». Las «empleadas», aún universales en los hogares de clase alta y media en la década de 1960 (y después) solían disponer de los domingos por la tarde (a menudo su único descanso tras trabajar en las cocinas de sus empleadores) para ir a la peluquería, al cine o encontrarse con sus novios en unos pocos momentos furtivos.

Los medios de comunicación de masas, las comunicaciones, el transporte

Gradualmente, no obstante, los horizontes se ampliaban. Las posibilidades de entretenimiento popular cambiaron mucho en Chile a mediados del siglo xx, como lo hicieron en todas partes. La antigua

---

[25] Uno de los clubes profesionales (en Viña del Mar) se llamaba, y se llama, Everton. [*N. del E.:* el Everton Football Club es un equipo de Liverpool que compite en la Premier League.]

«cultura impresa» debía enfrentarse ahora al desafío del avance de los medios de difusión electrónica, aunque todavía no la reemplazaban: más de cuatro millones de libros (1.400 títulos) se imprimieron en Chile en 1959 y un visitante habría encontrado ese año una amplia variedad de revistas (políticas, de humor, deportivas, femeninas, de derechas, de izquierdas, católicas, masónicas) y periódicos (tabloides incluidos) disponibles en los tradicionales quioscos de las veredas. A finales de la década de 1950, *El Mercurio* (que celebraría su 150 cumpleaños en 1977) tenía una circulación diaria de unos 75.000 ejemplares, su hegemonía nacional se veía reforzada sin duda por su indispensable y completa sección de «avisos económicos».

Los más o menos 300 cines del país, por su parte, exhibían películas importadas norteamericanas y europeas o, para quienes leían los subtítulos con dificultad, las producciones de las industrias cinematográficas de Argentina (en las décadas de 1930 y 1940) o México (de la década de 1940 en adelante), florecientes a ratos. La industria cinematográfica chilena balbuceó brevemente en la década de 1940 (con el apoyo inevitable de la CORFO), pero su ímpetu no se mantuvo. En cualquier caso, muchas de las películas de entonces dirigidas por argentinos no triunfaron en el extenso mercado hispanoamericano. En los años sesenta se producían unos cinco largometrajes al año, con ayuda de las dos principales universidades y (una vez más) el Estado. Directores como Álvaro Covacevich, Patricio Kaulen, Helvio Soto y Miguel Littín tuvieron éxito de taquilla en Chile. Algunas de sus películas se hicieron famosas en el extranjero, la más conocida *El Chacal de Nahueltoro* (1970) de Littín.

En 1960, los chilenos poseían cerca de un millón de equipos de radio. Las radios y transistores se extenderían como un reguero de pólvora en la década siguiente, tanto en la ciudad como en el campo. Las aproximadamente cien estaciones de radio que transmitían ese año lanzaban al aire un inagotable flujo de música popular (correspondiente a más de la mitad del tiempo total de transmisión), noticias, transmisiones deportivas y radionovelas. La televisión hizo su entrada con mayor lentitud en la República: en 1964 había tan sólo 31.000 equipos de televisión. No empezaron a brotar antenas en número significativo hasta 1965 y aquí podemos anticiparnos un poco: en 1970 ya había 374.000 receptores. La programación, tal como se había desarrollado para finales de la década de 1960, era una combinación ecléctica: programas importados norteamericanos o europeos, y tele-

novelas argentinas y mexicanas. Los programas producidos localmente, muchos dirigidos desde la Universidad de Chile o la Universidad
Católica[26], iban desde los programas de conversación política en vivo
hasta los *shows* de variedades muy elaborados y muy poco exigentes,
como *Sábados Gigantes*, trasladado más tarde (en la década de 1990) a
la TV en español de Estados Unidos.

Los chilenos de mediados del siglo xx se estaban volviendo cada
vez más inquietos. Progresivamente desde 1920, los autobuses comenzaron a unir las principales ciudades del país y revolucionaron el transporte urbano, desplazando a la larga a los tranvías eléctricos que habían
corrido por las calles de Santiago desde 1900. A las «góndolas» (término
que hoy ya no se usa), llamadas así de forma algo inapropiada, y las «mi-
cros», se sumaron más tarde los rápidos minibuses conocidos de inmediato con mucha más propiedad como «liebres». A medida que eran más
requeridos, el tráfico de pasajeros de los ferrocarriles comenzó a decaer,
tendencia que se vio reforzada por el desarrollo de los servicios aéreos
internos. (Entre 1930 y 1960, se abrieron unos 20 aeródromos o aeropuertos regionales; Santiago contaba desde 1932 con Los Cerrillos.)
Aunque los ferrocarriles seguían siendo importantes para el transporte
de carga, también tuvieron que enfrentarse a la competencia de las empresas de camiones, de uno o dos hombres, que proliferaron desde la
década de 1930 y cuyo papel en 1972 y 1973 sería muy decisivo. A
mediados de la década de 1960, había en Chile unos 80.000 camiones
(y alrededor de 60.000 vehículos comerciales más pequeños).

En parte debido a la Segunda Guerra Mundial, la cantidad de automóviles privados aumentó lentamente desde 1940. No obstante, a
mediados de la década de 1960, la cantidad de vehículos que circulaban por las carreteras prácticamente se había triplicado (llegando a más
de 300.000). La mitad de ellos eran autos y no, como en el pasado,
camiones o autobuses; aunque en 1960 más de la mitad de los coches
tenían diez años. En Arica se establecieron una serie de plantas de
montaje de autos a comienzos de la década de 1960. Durante la década, era común ver en las calles Austin Minis y Citronetas (una adapta-

---

[26] Las primeras estaciones de televisión en Chile fueron administradas por estas
dos universidades, que también gestionaban, como siguen haciéndolo, equipos *profesionales* de fútbol, práctica denunciada en una revista universitaria de 1962 por el
historiador Claudio Véliz: sus severas críticas no surtieron efecto alguno.

ción del clásico *Dos Caballos* tan famoso en Francia un poco antes) montados en el país; ambos solían ser, de hecho, los primeros autos de los jóvenes chilenos de clase media. El aumento de la riqueza permitió que los más pudientes abandonaran el transporte público y fueran conduciendo al trabajo. De más está decir que así comenzó a empeorar el creciente problema de la congestión del tráfico en Santiago.

Más autos significaban más carreteras, aunque la mayoría de estas, incluso tras la finalización de la Carretera Panamericana norte-sur en 1970, siguieron sin pavimentar. La conducción no estaba libre de peligros. El sistema de semáforos de Santiago se instaló justo antes de la Segunda Guerra Mundial[27]. Y estos semáforos tampoco lograron controlar el ímpetu con que los conductores solían conducir. Los peatones cruzaban las calles por su cuenta y riesgo. A comienzos de la década de 1960, la tasa de accidentes de tráfico en Chile era una de las más altas del mundo. Por su parte, los chilenos desarrollaron su propio folclore automotriz. La culpa de las congestiones de tráfico, por ejemplo, recaía a menudo (de manera muy injusta) en los carabineros: *donde hay paco hay taco* era un dicho popular entre los conductores entre las décadas de 1950 y 1960; y todavía lo sigue siendo.

Las comunicaciones en general se hicieron más fáciles en todas las latitudes a finales de la década de 1950. El servicio postal funcionaba entonces de manera adecuada, aunque la recogida de los paquetes del extranjero seguía siendo un procedimiento enojosamente lento. El sistema de telefonía nacional se fue modernizando lentamente. A comienzos de la década de 1930, unos 37.000 teléfonos estaban en funcionamiento, aunque la mayoría de las llamadas requerían la asistencia de una operadora. La demanda invariablemente superaba la oferta. En 1952, había un teléfono por cada 60 ciudadanos y los aparatos siguieron siendo difíciles de conseguir durante las dos décadas siguientes. (En general se pensaba, ilusoriamente sin duda, que las conexiones políticas dictaban la rapidez con la que se instalaba el teléfono en las casas particulares.) Las llamadas internacionales podrían haber conectado Santiago con Buenos Aires ya en 1928, pero aún en la década de 1950, a veces, había que esperar 40 minutos la conexión entre Santiago y Valparaíso, cuando el viaje por carretera duraba dos horas y media. La inflación hizo necesario usar fi-

---

[27] En este sentido, Santiago se encontraba por delante de la metrópolis de Buenos Aires, de mucho mayor tamaño y que no lo hizo hasta la década de 1960.

chas en vez de monedas en los teléfonos públicos, cuando funcionaban. Solía ser recomendable pedir permiso a un tendero de buen corazón para usar el suyo. En la década de 1960, sin embargo, muchas de estas peculiaridades del sistema eran cosa del pasado.

Y para bien o para mal, Chile finalmente se hizo accesible para el resto del mundo: los aviones mitigaron su prolongado aislamiento. PA-NAGRA y Air France comenzaron a volar hasta Santiago en 1929. Ya en 1935, la línea aérea alemana Cóndor conectó Chile con Alemania, con paradas en Natal, Río de Janeiro y Buenos Aires. (Unos cuantos chilenos, entre ellos el destacado periodista Abel Valdés Vicuña, cruzaron el Atlántico en el *Graf Zeppelin* durante los años en que este voló desde y hacia Brasil.) Mientras la Segunda Guerra Mundial detenía temporalmente los vuelos provenientes de Europa, los viajes desde y hacia Estados Unidos siguieron funcionando: el viajero podía volar ahora de Santiago a Miami en tres días, pernoctando en Lima y Panamá. La British Overseas Airways comenzó a viajar a Chile a finales de la década de 1940, al igual que la KLM y otras compañías europeas que pronto se le sumaron. La aerolínea nacional, LAN-Chile, no se aventuró fuera del espacio aéreo chileno hasta 1946, cuando comenzó sus vuelos regulares a Buenos Aires, agregando Lima y Miami a sus itinerarios en 1956 y 1958, respectivamente. Poco después, una segunda aerolínea chilena, LADECO (Línea Aérea del Cobre), que en un comienzo servía a la mina de cobre Chuquicamata, comenzó a ampliar sus operaciones dentro del país; después volaría también al extranjero. Los viajes aéreos, desde y hacia Chile no fueron realmente fáciles para los europeos o los norteamericanos hasta la introducción de los aviones de reacción en la década de 1960. (Esto tuvo como consecuencia directa la disminución en la cantidad de transatlánticos que recalaban regularmente en Valparaíso; la una vez ubicua Pacific Steam Navigation Company terminó cerrando su servicio principal en 1964)[28]. En 1964, LAN-Chile adquirió sus primeros aviones de reacción (Sud-Aviation Caravelles de fabricación francesa). Podríamos decir que los aviones de reacción y el presidente Frei llegaron prácticamente juntos. Ambos representaban una nueva imagen de modernidad; ambos buscaban desalojar lo antiguo; y ambos afectarían enormemente a Chile.

---

[28] Esta fue una tendencia mundial: en el Atlántico Norte, la cantidad de viajeros en avión excedió la de los barcos por primera vez en 1958.

Una mirada a la cultura (1930-1964)

En las décadas de mediados del siglo xx, al igual que antes, la literatura chilena atrajo sobre sí la atención internacional, especialmente por su poesía. Esos fueron los años en que el poeta Pablo Neruda se afianzó como (sobre gustos no hay disputa) probablemente el principal poeta de su tiempo en idioma español y una proteica figura, que se alza en el panorama cultural del Chile del siglo xx. Al igual que Gabriela Mistral, ganó el Premio Nobel de Literatura (1971: hasta esa fecha Chile era el único país latinoamericano en obtenerlo dos veces) y nadie nunca tuvo más méritos que él para recibirlo. Era un poeta prolífico, que siguió escribiendo durante toda su vida. Supera nuestra capacidad ofrecer una valoración adecuada en un par de líneas. Para millones de lectores hispanoamericanos (no sólo para los que están enamorados) sus poemas de juventud, en especial *Veinte poemas de amor y una canción desesperada* (1924), siguen siendo los favoritos, pero la verdad es que su estatura literaria creció con cada década: con la serie *Residencias* en la de 1930, el majestuoso (aunque también irregular) *Canto general* de la de 1940 y los tres volúmenes clásicos de «Odas» de los años cincuenta, la brevedad de cuyas líneas oculta el hecho de que el ritmo subyacente sigue la tradicionales secuencias españolas de siete y once sílabas. El efecto conseguido es realmente maravilloso. Los temas de Neruda son universales: en sus páginas encuentran su lugar tanto el progreso de la humanidad como la humilde alcachofa. Nada escapa a su atención. Para los chilenos del siglo xx, él fue el maestro de maestros, «el vate», el Bardo. Y no es descabellado mencionar su nombre junto al de otro Bardo, cuyo *Romeo y Julieta* Neruda tradujo (en forma bastante libre, pero magnífica) en 1964.

La sombra de Neruda fue enorme y no sorprende que el mundo se tomara su tiempo antes de fijarse en otros autores chilenos, aunque la lista de novelistas y cuentistas locales era más que respetable en las décadas de 1950 y 1960. Desde 1930, la moda del «criollismo» de comienzos de siglo había sido abandonada en favor de otros temas más modernos y universales; tendencia que se vio fuertemente incentivada por el destacado crítico de la época, Hernán Díaz Arrieta *(Alone),* él mismo un estilista de auténtica calidad. Los temas modernos y universales, no obstante, incluían sin duda los temas sociales, muy desarrollados (a veces con un marcado sesgo político) por la llamada «generación del 38». Aunque ya antes se habían encarnado en la obra de un novelista algo anterior, Manuel Rojas, cuya obra maestra es *Hijo de ladrón* (1951), y también en una extraordinaria trilogía autobiográfica (1933-1938) del hoy injustamente olvidado Carlos Sepúlveda Leyton (1895-1941). Sin embargo, cuando a mediados de la década de 1960 se produjo el famoso «boom» de la novela hispanoamericana, ninguna de sus principales figuras era chilena. Es cierto que algunos talentos chilenos notables (especialmente algunos miembros de la «generación del 57», como José Donoso y Jorge Edwards, un poco más joven) ya eran bastante conocidos fuera de Chile. Como también lo era Nicanor Parra, poeta muy distinguido que escapó de la sombra de Neruda en parte porque abrazó la «antipoesía». No obstante, fue a mediados de la década de 1980 cuando Isabel Allende, con su hipnotizadora novela *La casa de los espíritus*, ganó el tipo de estatus de «superestrella» reservado hasta la fecha a Gabriel García Márquez, Mario Vargas Llosa y Carlos Fuentes.

Una seria tradición teatral moderna comenzó a desarrollarse en Chile en la década de 1940, inspirada en parte en las actuaciones de la compañía española de Margarita Xirgú, cuyos montajes de las obras de Lorca son aún legendarios. Tanto en la Universidad de Chile como en la Universidad Católica surgieron programas de teatro experimental (y pronto también en la Universidad de Concepción). Las semillas de la renovación así plantadas no demoraron en germinar y, en las décadas de 1950 y 1960, apareció una generación de dramaturgos chilenos de gran talento: Fernando Debesa, Egon Wolff, Sergio Vodanovic, Alejandro Sieveking y muchos otros. La tradición continuaría (especialmente con el notable Juan Radrigán) más allá del colapso de la democracia en 1973. En un nivel más liviano, sin duda, hay que mencionar *La pérgola de las flores* (1960), de Isidora Aguirre, la comedia musical más popular de los últimos tiempos en Chile. De hecho, siempre debemos recordar que, como señaló W. H. Auden:

> *The pious fable and the dirty story*
> *Share in the total literary glory*[29].

---

[29] «Letter to Lord Byron», parte III. [*N. de. E.*: «La fábula piadosa y la sucia historia / se reparten la gloria literaria».]

Las fábulas piadosas y las historias obscenas (siempre ha habido mucho de ambas en Chile, como en todas partes) quizá no han estado muy bien representadas en la literatura. No hay que ignorar tampoco a novelistas populares, como Jorge Inostrosa, autor de una evocación en cinco volúmenes de la guerra del Pacífico, *Adiós al Séptimo de Línea* (1955-1959), que luego fue llevado a una radionovela de inusual extensión[30]. Tampoco se puede omitir, ni siquiera en el resumen más simple de la cultura chilena moderna, a dos personas que contribuyeron de manera admirable a hacer la vida más llevadera: Paz y Pepo. Los libros del encantador *Papelucho*, de Marcela Paz (escritos como el diario de vida de un ingenuo niño) han deleitado hasta ahora a varias generaciones de niños chilenos (y también a gran cantidad de chilenos más crecidos). También a comienzos de la década de 1950 y gracias a la pluma genial de «Pepo» (René Ríos) los chilenos se familiarizaron con uno de los personajes de historietas más memorables que jamás hayan surgido en América Latina (o en cualquier otra parte): el inmortal Condorito. (Una publicación con ese nombre se vende ahora en toda la América hispana y muchos de los que la compran, en México, por ejemplo, suelen ser conscientes de su procedencia chilena.) Nuestra admiración aquí es incondicional. Condorito, sus amigos y parientes y los acontecimientos en el pueblo de «Pelotillehue» (y prácticamente en cualquier otro lugar en el tiempo y el espacio) son creaciones auténticas en las que se puede aprender mucho más acerca de Chile que en la mayoría de las fuentes académicas. El único rival de Condorito en época reciente en Sudamérica (y sólo duró diez años desde 1963) ha sido la encantadora Mafalda argentina.

El abandono del «criollismo» por parte de los escritores en las décadas de 1920 y 1930 tuvo sus correlatos en la pintura y en la música. (En la arquitectura, sin embargo, una tendencia contraria comenzó a producirse tras la década de 1920, con un nuevo interés por los diseños hispánicos tradicionales que reemplazaron la hegemonía europea precedente.) Los pintores del «grupo Montparnasse» o «generación del 28» (Camilo Mori quizá merezca ser destacado aquí) trataron de abrazar el fermento artístico centrado entonces en Francia, país que varios de ellos habían visitado en la década de 1920. Esta tenden-

---

[30] A finales de la década de 1950 se habían vendido 500.000 ejemplares de la misma.

cia recibió un impulso inesperado en 1929, cuando el general Ibáñez cerró la Escuela de Bellas Artes y mandó a 26 pintores y escultores (incluido el pintor Mori y el escultor Tótila Albert) a estudiar a Europa. Al regresar, su lealtad al movimiento moderno estaba naturalmente muy fortalecida. Mientras tanto, algunos pintores de la escuela de arquitectura de la Universidad Católica sucumbieron al surrealismo, entre ellos Nemesio Antúnez y Roberto Matta (quien emigró y se instaló finalmente en Italia, donde murió en 2002). Ambos son los artistas chilenos más famosos del siglo xx y ya han ocupado el lugar que les correspondía en el panteón hispanoamericano.

En lo que se refiere a la música clásica, por su parte, lo que generalmente se ha llamado «nacionalismo» (derivado de su inspiración en los estilos folclóricos locales) fue perdiendo terreno progresivamente entre los compositores chilenos ante el «internacionalismo» (la adaptación de las tendencias europeas modernas). La figura clave en este sentido (casi universal en Latinoamérica) fue sin duda el eminente Domingo Santa Cruz, cuyo colega más joven, Juan Orrego-Salas, también defendió las formas de composición modernas e internacionales. No podemos hablar de que existiera en Chile una vida musical realmente floreciente (dejando de lado la ópera) mucho antes de la década de 1940. Vale la pena recordar que las sinfonías de Beethoven no fueron escuchadas (como un ciclo) en Santiago hasta 1913; y la sociedad orquestal responsable de esos conciertos se disolvió pronto. Muchas obras excelentes fueron interpretadas por la Sociedad Bach, que fue creada en 1917 y perduró hasta 1932. Esto abrió el camino para que, en la década de 1920 (el papel de Santa Cruz merece una mención muy especial), se renovara el Conservatorio nacional (fundado, como vimos en el capítulo 4, en 1850) y se incluyera la música entre las artes estudiadas en la Nueva Facultad de Bellas Artes de la Universidad de Chile (fundada en 1929). El paso decisivo para avanzar en este rumbo fue dado en 1941, cuando el Congreso creó el Instituto de Extensión Musical de la Universidad de Chile: uno de sus primeros actos fue la formación –*¡finalmente!*– de una orquesta sinfónica nacional.

A pesar del claro fortalecimiento que significaron estas medidas para la vida musical, ninguno de los compositores chilenos más importantes puede ser colocado junto a los «tres grandes» del siglo xx iberoamericano (el brasileño Heitor Villa-Lobos, el mexicano Carlos Chávez, el argentino Alberto Ginastera). No obstante, a otro nivel, los *intérpretes* chilenos han dejado una profunda huella en el mundo de la música. El célebre barítono Ramón Vinay, en primer lugar, fue muy conocido en el circuito operístico internacional: fue uno de los favoritos de la familia Wagner en Bayreuth durante la década de 1950. No podemos dejar de mencionar tampoco a uno de los mejores pianistas a escala mundial de su época, Claudio Arrau (como Vinay, nacido en Chillán), cuya profesión eminentemente internacional lo llevó, también, a pasar gran parte de su vida en el extranjero. Al final de su larga trayectoria (falleció en 1991), sus ocasionales visitas a Chile se fueron pareciendo cada vez más a viajes oficiales de la realeza. ¿Y por qué no?

Según el escultor Rodin, el progreso existe en el mundo, pero no en el arte. A un nivel profundo, esto es cierto sin duda alguna. Sin embargo, algunos periodos sí son reconocidos como peculiarmente fértiles en la expresión artística, como *mejores* que otros. Podemos aventurar que, aun cuando el progreso económico de Chile era deficiente e incluso los problemas sociales se intensificaban, la «producción cultural» del país nunca fue más viva que en las décadas de 1950 y 1960. Y el ímpetu no se perdió en modo alguno durante los malos momentos que vendrían. Muchas cosas pueden decirse sobre los chilenos modernos, salvo que carecían de creatividad.

Quinta parte
Democracia y dictadura

Entre 1964 y 1973, dos gobiernos reformadores, con distintas formas de retórica revolucionaria, trataron de producir profundas reformas estructurales en un esfuerzo por remediar los graves problemas sociales y el lento crecimiento económico de Chile. Al margen de cuáles hayan sido sus éxitos inmediatos, ni la «revolución en libertad» de la Democracia Cristiana ni la «transición al socialismo» de los partidos marxistas lograron sus objetivos. Los políticos de todos los sectores se fueron cargando ideológicamente cada vez más, mientras el panorama de la opinión pública se polarizaba de forma creciente durante la presidencia de Salvador Allende (capítulos 11 y 12). Esta crisis en aumento llevó a la ruptura del sistema político en septiembre de 1973 y a la toma del poder por las fuerzas armadas. Bajo el severo liderazgo del general Pinochet, se impuso un programa económico neoliberal en Chile y se llevó a cabo una drástica reorganización nacional. Los resultados, inevitablemente, son mixtos. En un momento de sostenido crecimiento económico, basado de nuevo en las exportaciones, el régimen de Pinochet fue desafiado con éxito por la oposición democrática (liderada por los demócrata-cristianos y los socialistas), que, bajo la forma de una nueva y disciplinada coalición política, se hizo cargo del país en marzo de 1990 (capítulo 13). Esta coalición eligió tres presidentes consecutivamente, para intentar corregir las profundas desigualdades producidas por el régimen saliente, y acompañó a Chile en el siglo XXI (capítulos 14 y 15).

GOBIERNOS

1964-1970	Eduardo Frei
1970-1973	Salvador Allende
1973-1990	General Augusto Pinochet
1990-1994	Patricio Aylwin

1994–2000	Eduardo Frei[1]
2000–2006	Ricardo Lagos
2006–2010	Michelle Bachelet
2010–2014	Sebastian Piñera
2014–2018	Michelle Bachelet

[1] Hijo del presidente de 1964-1970.

11
Revolución en libertad, 1964-1970

Juan Verdejo[1] como un rey
si gobierna Eduardo Frei.

Eslogan de la Democracia Cristiana (*ca.* 1963).

Los reformadores sociales católicos

En cualquier país católico siempre es concebible una opción política teñida de catolicismo, aunque muchos no cuenten con ella. A inicios de la década de 1960, Chile seguía siendo en gran medida un país católico, pese a la fuerte tradición laica de los radicales y los partidos de izquierda, el medio millón aproximado de chilenos protestantes o el hecho de que sólo uno de cada siete católicos bautizados acude con regularidad a la misa dominical. Políticos de formación católica organizaron en Chile el movimiento que obtuvo la presidencia en 1964 y esto fue el primer punto de inflexión en la historia chilena desde los años treinta. El Partido Demócrata Cristiano de Chile (el PDC) fue el primero de su tipo en llegar al poder en América Latina. Internamente, resultaría el partido político más fuerte de la segunda mitad del siglo xx.

Como hemos visto, existía un vínculo tradicional entre la Iglesia católica y el Partido Conservador. La separación de Iglesia y Estado en 1925 contribuyó a reducir la antigua conexión, pero lo mismo hicieron, a lo largo de un dilatado periodo de tiempo, los cambios en el seno de la Iglesia. A mediados del sigo xix, la intransigencia del papa Pío IV respaldó la rígida oposición del arzobispo Valdivieso ante Manuel Montt. Un siglo después el panorama cambiante de la Iglesia ayudó a que cier-

---

[1] Juan Verdejo: personificación simbólica del hombre común, inventada por el caricaturista Jorge Délano («Coke») y conocida a través de las páginas de su revista *Topaze*.

tos católicos chilenos se decantasen por la reforma social. Al principio fueron sólo un puñado, en particular un grupo formado por estudiantes de la Universidad Católica, incluidos los futuros dirigentes del PDC: Eduardo Frei, Bernardo Leighton, Rafael Agustín Gumucio y Radomiro Tomic. Estos crearon primero el Partido Conservador (1932), después formaron su movimiento de juventud (1935), y finalmente crearon su propio partido, la Falange Nacional (1938).

Los falangistas se habían ganado un gran respeto por su integridad política. En 1938 Bernardo Leighton abandonó el Ministerio de Trabajo como protesta cuando el presidente Alessandri atacó a *Topaze*. Ocho años más tarde Eduardo Frei, entonces ministro de Justicia, fue el primer vicepresidente del gabinete de Duhalde en dimitir tras la sangrienta refriega en la plaza Bulnes. Pero esto no les ayudó mucho en términos electorales, al menos antes de mediados de la década de 1950. Otros «social-cristianos» (incluido el querido Dr. Eduardo Cruz-Coke) permanecieron en el redil conservador y, en 1949, formaron un nuevo Partido Conservador Social Cristiano, que durante uno o dos años obtuvo en las elecciones mejores resultados que la Falange. Dado que no tenía sentido contar con dos movimientos de esta índole en Chile, en junio de 1957 se fusionaron para formar el nuevo PDC.

Induciría a un gran error ver el desarrollo del PDC como una acción promovida activamente por la Iglesia. Dos sacerdotes de espíritu reformista, fray Fernando Vives y fray Jorge Fernández Pradel, incentivaron de alguna manera al grupo de la Falange original, pero los intereses de la jerarquía eclesiástica en términos de reforma social eran limitados en ese momento. Los reformadores programas de la Acción Católica creados en la década de 1930 (con más vocación social en Chile que en otros lugares de Latinoamérica) sólo involucraron a una pequeñísima minoría de católicos. Ya en 1947, el tan querido arzobispo de Santiago, José María Caro (el primer cardenal de Chile), denunció a los falangistas por no ser lo suficientemente anticomunistas. Este clima fue cambiando muy lentamente con la asimilación de las «encíclicas sociales» del papado (*Rerum novarum*, 1891, *Quadragesimo Anno*, 1931) y el pensamiento de filósofos católicos modernos, como Jacques Maritain. En 1947, un jesuita activo y muy respetado, fray Alberto Hurtado (famoso por sus incursiones nocturnas en una camioneta verde donde recogía a niños indigentes para llevarlos a los orfanatos que él mismo fundó) creó su Acción Sindical y Económica Chilena (ASICH), en un renovado esfuerzo por incentivar el sindicalismo comercial católico. El obispo de Talca, de gran conciencia social, Manuel Larraín (íntimo amigo del padre Hurtado) dio su apoyo al falangista Emilio Lorenzini, cuyos esfuerzos por organizar a los trabajadores vitivinícolas en los alrededores de Curicó le supusieron una pena carcelaria (1953). Tanto la Iglesia como la Falange estaban cada vez más interesadas en movilizar el campo, que todavía se encontraba casi totalmente «desorganizado».

Después de su formación en 1957, el PDC hizo muy rápidos progresos. La votación inesperadamente buena que obtuvo Eduardo Frei en las elecciones presidenciales de 1958 aumentaron su creciente importancia nacional. Gabriela Mistral lo describió como un hombre «de ideas concretas, poco sentimental, pero de naturaleza noble»[2]. Era serio, muy culto y también alto, con una nariz prominente muy apreciada por los caricaturistas de *Topaze* y con la que se ganó el apodo de Pinocho, un mote aplicado también (un tanto paradójicamente) a un personaje chileno posterior. Después de 1958, Frei y el PDC emprendieron un denodado esfuerzo por crear nuevas redes de apoyo en las universidades, en las «callampas», en el campo y, también, entre los nuevos votantes que llegaban en gran número a los registros electorales. Se afirma que los miembros del PDC se multiplicaron por cinco entre 1957 y 1964.

Pero, ¿qué significó eso? El símbolo electoral del PDC (una flecha con dos barras horizontales que atraviesan el eje vertical) simbolizaba su afirmación de que tanto el capitalismo como el socialismo podían ser trascendidas en una «sociedad comunitaria». Las definiciones de «sociedad comunitaria» nunca fueron exactamente precisas. Para algunos significaba la participación en los beneficios de empresas, para otros algún tipo de colaboración vagamente «orgánica» entre trabajadores y empleadores, para algunos más (el «ala izquierda» del PDC) el «socialismo de mercado» al estilo yugoslavo que atraía la atención en esos años. Sin embargo, a pesar de lo indefinida que haya sido esta visión del mundo, el PDC encarnaba claramente una seria aspiración de reformas sociales (y también de reforma agraria) combinada con un tenaz vínculo con la democracia. En resumen, una «revolución en libertad».

Para entonces, la Iglesia había comenzado a ver, evidentemente, con mejores ojos tales objetivos. Bajo la dirección de fray Emilio Tagle (arzobispo de Valparaíso desde 1961), el mayor de los dos seminarios del país

---

[2] Eduardo Frei, *Memorias 1911-1934*, 1989, p. 158.

estaba formando a una nueva generación de sacerdotes con una mayor conciencia de los problemas de los pobres. Entre 1955 y 1964 la mitad de los obispados en Chile cambiaron de manos: los nuevos titulares eran más favorables a las reformas, como también sucedía con Raúl Silva Henríquez, que accedió a la archidiócesis de Santiago en 1961. Además, la Iglesia puso en funcionamiento toda una serie de nuevas organizaciones para articular su creciente empuje social. Un formidable jesuita belga, fray Roger Vekemans, encabezó su propio centro de investigaciones (DESAL), y fue el ideólogo de toda una plataforma de «reformas revolucionarias» para América Latina[3]. De mayor importancia incluso (tanto para el PDC como para la Iglesia), fue la creación de los comités vecinales de base católica, los centros de madres y los clubes de jóvenes en prácticamente la mitad de todas las «callampas» que circundaban Santiago. En 1962, dos notables cartas pastorales de los obispos confirmaron el nuevo acento en la acción y la reforma sociales. Todos estos avances habían recibido los efectos producidos por la renovación internacional de la Iglesia, el *aggiornamento* producido en el pontificado de Juan XXIII y en el Concilio Vaticano II, donde los obispos chilenos causaron una buena impresión.

Frei y el PDC sin duda se beneficiaron con la autorrenovación de la Iglesia (y sus nuevos contactos), a pesar de su sincera afirmación de que el PDC no era un partido confesional. Lo anterior se evidencia en los análisis del comportamiento de los votantes. El sondeo de la opinión pública en Chile todavía estaba en pañales: el respetado (y durante muchos años solitario) pionero de estos estudios, el doctor Eduardo Hamuy, llevó a cabo su primera encuesta seria (limitada a Santiago) en 1958; se realizó otra antes de la elección de 1964. El apoyo a Frei (sin contar la contribución de la derecha en su victoria) provenía de una base social muy heterogénea: católicos, clase media urbana y parte considerable de la clase trabajadora. También parece cierto que muchos de los que se unieron al PDC en sus años de expansión eran «algo más conservadores que los miembros que llevaban mucho tiempo en el partido»[4]. La postura de Frei –entre los «reaccio-

---

[3] La personalidad enérgica de F. Vekemans ayudó a fomentar la impresión de que él era la *éminence grise* del gobierno del PDC después de 1964. Al considerar que había fracasado en salvar a Chile del comunismo, abandonó el país pocos días después de las elecciones presidenciales de 1970.

[4] M. Fleet, *The Rise and Fall of Chilean Christian Democracy*, Princeton, Princeton University Press, 1985, p. 79.

narios sin conciencia» y los «revolucionarios sin cabeza», como señaló en una reunión política en Valparaíso⁵– tenía un atractivo evidente para un amplio espectro de la opinión pública. Y, en 1964-1965, se produjo un claro brote de simpatía por el PDC que parecía un buen augurio para la «revolución en libertad».

Un «Parlamento para Frei»

Esta simpatía no era generalizada. Los partidos del FRAP pronto declararon su inmediata oposición al gobierno del PDC, al cual los socialistas le restaron importancia, en una frase ya gastada, designándolo como la nueva cara de la derecha. Dada su contribución electoral en 1964, los partidos de derecha naturalmente tenían la esperanza de que el PDC fuera menos reformador de lo que parecía. Frei los sacó pronto de su error. Sin embargo, dada su minoría en el Congreso, el PDC poco podía hacer a comienzos de su mandato para iniciar su programa legislativo. Con las elecciones parlamentarias de marzo de 1965, el PDC lo apostó todo bajo el lema «¡un Parlamento para Frei!». De manera más bien inesperada, ganó la apuesta. Con sólo un poco más del 40 por 100 de los votos populares, el PDC logró 82 asientos en la Cámara de Diputados (mayoría) y aumentó sus senadores de 3 a 13, no lo suficiente, sin embargo, para impedir que una oposición unida bloqueara su legislación⁶. El rasgo más notable de este «terremoto» electoral fue que casi eclipsó a la derecha, la cual bajó de un tercio de los votos (1961) a un octavo. Los radicales también perdieron terreno, mientras que la izquierda lo mantuvo (véase tabla 11.1). Tanto los socialistas (con vehemencia) como los comunistas (en forma más moderada) reiteraron entonces su oposición a Frei, aunque resentidos, puesto que el PDC estaba haciendo realidad su afirmación de que era el partido de la verdadera reforma, mientras los radicales consideraban una nueva alianza con la izquierda, muy a pesar de Julio Durán y sus seguidores.

---

⁵ *El Mercurio*, 1 de septiembre de 1964.

⁶ Trece mujeres fueron elegidas para el nuevo Congreso; porcentaje (6,5 por 100) que, a pesar de ser pequeño, hizo avergonzar a la Casa de los Comunes británica o *a fortiori* al Congreso norteamericano de la época.

Tabla 11.1 Porcentajes de voto popular obtenido por los cuatro principales bloques políticos, 1958-1973

Elección	DERECHA	PDC	RADICAL	MARXISTA
1958 Presid.	ALESSANDRI 31,6	Frei 20,7	Bossay 15,6	Allende 28,9
1960 Municip.	29,5	13,9	20,0	18,9
1961 Congreso	30,4	15,4	21,4	22,1
1963 Municip.	23,6	22,0	20,8	23,5
1964 Presid.	—	FREI 56,1	Durán 5,0	Allende 38,9
1965 Congreso	12,5	42,3	13,3	22,7
1967 Municip.	14,3	35,6	16,1	28,7
1969 Congreso	20,1	29,7	12,9	28,2
1970 Presid.	Alessandri 34,9	Tomic 27,8	—	ALLENDE 36,3
1971 Municip.	21,9	25,6	8,0	39,4
1973 Congreso	23,6	29,1	3,8	34,8

DERECHA: Voto combinado de los partidos Liberal y Conservador 1958-1965, voto del Partido Nacional 1967-1969, voto combinado de los partidos Nacional y Radical Democrático 1970-1973.

PDC: Voto demócrata-cristiano, excluidos aliados menores.

RADICAL: Sólo voto del Partido Radical «oficial».

MARXISTA: Voto combinado de los partidos Comunista y Socialista, excluidos aliados menores, p. ej., durante el periodo de UP, API, MAPU, IC, PSD (estos sumaron conjuntamente el 4,5 por 100 en 1973).

Desgraciadamente, después del terremoto electoral vino uno de verdad, el más serio que haya afectado a Santiago en todo el siglo. Poco después, los problemas de Frei aumentaron aún más con la crisis internacional producida por la intervención de Estados Unidos en la República Dominicana (abril de 1965). Esto provocó airadas manifestaciones en Santiago. Frei ya había afianzado la postura independiente de Chile, restaurando las relaciones diplomáticas con la Unión Soviética y con Europa Oriental (aunque no con Cuba, con la cual Alessandri había roto relaciones) y ahora volvió a hacerlo: Chile, sin el apoyo de los otros delegados de América Latina, condenó la acción del presidente Johnson ante la Organización de Estados Americanos. En un vano intento de hacer cambiar a Frei de opinión, acudió apresuradamente a Santiago al eminente mediador Averell Harriman.

Más adelante, ese mismo año, resultó que las relaciones entre Chile y Estados Unidos volvieron a tensarse por la revelación de que el Departamento de Defensa de Estados Unidos estaba auspiciando una investigación de ciencias sociales para ver el «potencial de guerra interna» de Chile. Esto fue considerado por algunos como un franco intento de espiar a la izquierda chilena y la gran molestia resultante hizo que dicha investigación, llamada grotescamente «Proyecto Camelot», fuera abandonada. Frei fue el último hombre que cayó en la retórica antiimperialista. A pesar de todo lo anterior, Estados Unidos estaba entregando a Chile cuantiosas sumas de dinero bajo la «Alianza por el Progreso» del presidente Kennedy (alrededor de 720 millones de dólares entre 1961 y 1970, la mayor cantidad, en términos *per cápita,* otorgada a cualquier país latinoamericano). Frei, sin embargo, creía en el fortalecimiento de los vínculos con Europa Oriental y viajó hacia allá en julio de 1965 para realizar una serie de visitas oficiales y de Estado. El triunfo del PDC había despertado mucho interés internacional y fue bien recibido. En Londres, *The Times* lo aclamó como «la personalidad política más importante de Latinoamérica». En París mantuvo tres largas charlas con el general Charles de Gaulle. En Roma, el papa Pablo VI trasladó su apoyo a la revolución de la libertad. A su llegada al aeropuerto Los Cerrillos de Santiago, el presidente fue aclamado por una multitud de 100.000 personas. Tanto a escala nacional como internacional, la corriente parecía fluir en su favor.

Sin embargo, ningún reformador, como Maquiavelo señaló hace mucho tiempo, puede esperar que su vida sea fácil. El ala más radical del PDC comenzó a impacientarse, porque las reformas llevaban su tiempo en el Congreso. En marzo de 1966, cuando las tropas mataron a siete trabajadores durante una huelga en la mina de cobre El Salvador, las diatribas de la izquierda ganaron credibilidad, incluso en el interior del PDC. La segunda asamblea nacional del PDC (agosto de 1966) reveló una división interna en tres facciones potencialmente seria: los «oficialistas», cuya lealtad a Frei era incondicional; los «rebeldes», que querían políticas mucho más radicales y mayor control del Partido sobre el gobierno; y los llamados «terceristas», cuyas críticas al gobierno eran más limitadas y que buscaban mayor compromiso en el interior del partido. Por el momento, los «oficialistas» no tuvieron dificultades para mantener el control.

Algunas de las dificultades del PDC, sin duda, provenían de la abrumadora dimensión de su triunfo en 1964-1965. Su decisión de gobernar por sí solo, sin aliados, era aberrante para las normas habituales de la política chilena. De haberse tratado del periodo parlamentario, se habría concertado rápidamente una alianza PDC-radicales. Las actitudes algo triunfalistas, por no decir arrogantes, de ciertos demócrata-cristianos (Radomiro Tomic y otros, incluso, hablaron de «treinta años en el poder») difícilmente iban a traerles amigos. Este partido, recién llegado y con un éxito repentino entre los partidos tradicionales (contrariados por esa razón), olvidaba los conciliatorios tratos y concesiones de la política de coalición. Para algunos chilenos, los criterios del PDC al dispensar el patronazgo parecían más partidarios, incluso más ideológicos, de lo que habían sido cuando los radicales (maestros consumados en este arte) reinaban en el gallinero. La atmósfera política estaba cambiando de alguna manera. El escritor Cristián Huneeus, al volver a su país en 1966 después de tres años en Inglaterra, se preguntó si todavía sería posible vivir en Chile «como en el siglo xix»[7]. No lo era. Tal como comentó sagazmente otro escritor en la misma época: «El poder se ha convertido en un supermercado. Antes era el almacén de la esquina»[8].

---

[7] *Autobiografía por encargo*, Santiago, Pehuén, 1985, p. 88.
[8] L. Gross, *The Last Best Hope. Eduardo Frei and Chilean Democracy*, Nueva York, Random House, 1967, p. 132.

LAS REFORMAS SOCIALES Y LAS FRUSTRACIONES ECONÓMICAS

Cuatro áreas de reforma específica tenían extrema prioridad para el gobierno del PDC: la «promoción popular», la educación y el bienestar, el campo y el cobre. La «promoción popular» (el fomento de la formación de redes de organización locales y de autoayuda, especialmente en las poblaciones «desorganizadas» de los barrios marginales) prendió con fuerza desde un comienzo y fue puesta bajo la tutela de una Conserjería nacional. Las juntas de vecinos, los centros de madres, las asociaciones de padres, los clubes para jóvenes y las asociaciones deportivas proliferaron. En 1970, según el gobierno, unas 20.000 «unidades» de este tipo habían cobrado vida, cerca de la mitad eran centros de madres con una cantidad de miembros total estimada en 450.000 mujeres. (El gobierno también aseguraba haber distribuido 70.000 máquinas de coser en esos centros.) En su último mensaje anual ante el Congreso, Frei declaró que dichas medidas habían ofrecido «esperanza y una nueva forma de vida» a cientos de miles de chilenos.

En un comienzo, la izquierda se mostró cautelosa ante la «promoción popular», considerándola un sistema paternalista con el cual el PDC podía ganar una nueva y vasta clientela, con el fin de equilibrar la sostenida preeminencia de la izquierda en el movimiento sindical. Ya en 1968, consiguió Frei que el Congreso concediera estatuto oficial a las juntas de vecinos. No obstante, allí donde el PDC se aventuraba, otros lo seguían con suma facilidad, y, a finales de la década de 1960, la izquierda había realizado importantes avances en las «poblaciones», como ahora se llamaba con más cortesía a las callampas. La izquierda también se mostraba muy a favor de impulsar las tomas de terrenos urbanos (para nuevas poblaciones) por parte de los sin hogar, algo que ocurrió regularmente durante 1969-1970 y también durante los comienzos de la década de 1970.

Tales tomas de terrenos urbanos simplemente reflejaban un problema creciente: con una población urbana en expansión (Santiago creció en 800.000 personas en la década de 1960), el gobierno no podía satisfacer la incesante demanda de vivienda. Ni siquiera consiguió cumplir sus propias metas. Aun así, entre 1964 y 1970, fueron construidas unas 260.000 nuevas casas (alrededor del 30 por 100 por la CORVI, una corporación de vivienda estatal creada en 1953) y se establecieron unas 200.000 «soluciones habitacionales» (este término particular cubría la provisión de sitios para proyectos de vivienda autogestionados). Otro programa específico, la *Operación Sitio* se encargó de alrededor del 30 por 100 de esas «soluciones». La preocupación del PDC por mejorar el servicio de salud también se vio reflejada en el hecho de que la cantidad de hospitales (y camas) se duplicó durante este periodo. La medicina chilena había sido excelente al más alto nivel. (Los cirujanos chilenos realizaban trasplantes de corazón desde poco después de que la técnica fuese probada en 1967.) Sin embargo, la atención médica seguía siendo muy desigual: en 1970 todavía había una concentración excesiva de médicos en Santiago, aunque la atención médica se estaba difundiendo por entonces, en parte gracias a la acción del gobierno.

No se podía garantizar que la reforma educativa ayudase políticamente al PDC, independientemente del efecto de mayor alcance en la movilidad social. El esfuerzo por fomentar la educación fue notable: en términos de su porcentaje dentro del gasto público, la educación subió de un 15 por 100 a un 20 por 100. El gasto militar en 1970 era de alrededor de un 12 por 100. Y, como ha sugerido Harold Blakemore, «en el periodo se produjo un extraordinario fermento en todos los niveles educacionales»[9]. Se crearon unas 3.000 escuelas: nadie que circulase por el Valle Central a finales de la década de 1960 podía dejar de advertir las nuevas construcciones que salpicaban el campo. En 1970 la educación primaria alcanzaba a un 95 por 100 de los niños del grupo de edad correspondiente. Se introdujeron una serie de nuevos e imaginativos libros de texto (sobre todo en secundaria). Los de mentalidad más conservadora quizá lamentasen que la historia formara parte de las «ciencias sociales» en el nuevo plan de estudios, pero hay que recordar que los métodos y materiales de enseñanza apenas habían cambiado en décadas. No se había visto nada comparable a estos cambios en Chile desde la década de 1960.

La reforma agraria marcó una cesura aún mayor con el pasado; en muchos sentidos, se trató de la quiebra más fuerte desde la Independencia. Para entonces, en palabras de Brian Loveman, Chile había tenido «seis años de drásticos cambios en el campo»[10]. Tanto Frei como el PDC

[9] «Chile», en N. Parkinson (ed.), *Educational Aid and National Development*, Londres, Macmillan, 1976, p. 343.

[10] *Struggle in the Countryside*, Bloomington, Indiana, University Press, 1976, p. 278.

habían estimulado con creces la sindicalización rural y comenzaron a realizar expropiaciones en la zona rural de manera sostenida. La antigua hegemonía de los terratenientes se veía así seriamente amenazada por primera vez en la historia del país.

Una simplificación en los procedimientos legales (febrero de 1965) permitió a los sindicatos comerciales del campo crecer mucho más rápidamente que antes. La cantidad de miembros de los sindicatos en su totalidad prácticamente se duplicó entre 1964 y 1970: cerca de la mitad de este aumento se debió a los nuevos sindicatos rurales, para los cuales se puso en vigor una Ley especial en abril de 1967. A mediados de 1970, había unos 500 de ellos, agrupados en tres «federaciones» (Triunfo Campesino, Libertad, Ranquil) con un total de alrededor de 130.000 miembros. La fuerza de trabajo sindicalizada todavía era una minoría en el campo, pero con el aumento del salario agrícola mínimo al mismo nivel del salario urbano, con las huelgas y las peleas, con leyes laborales a punto de entrar en vigor (aunque de manera selectiva) por primera vez, era obvio que el equilibrio del poder en el campo estaba cambiando. Al igual que con la «promoción popular», el PDC, sin duda, esperaba sacar dividendos políticos de estas acciones, pero una vez más, la izquierda aceptó el desafío: una de las tres nuevas federaciones campesinas, Ranquil, formaba parte de su red rural en expansión.

En sus primeros años, el gobierno del PDC hizo gran uso de la Ley de reforma agraria de Alessandri, ampliando tanto la CORA como la INDAP (cuyos vehículos pronto fueron una imagen familiar en los polvorientos caminos rurales) y expropiando unas 400 haciendas antes de mediados de 1967. No obstante, el gobierno naturalmente quería su propia Ley más ambiciosa. La necesaria reforma constitucional (Artículo 10.10) y la nueva Ley de reforma agraria tuvieron que soportar un prolongado paso a través del Congreso, pues ambas despertaban la ira de la derecha, en general, y de los hacendados, en particular. La Ley de reforma (Ley 16.625), firmada en julio de 1967 por Frei (durante una de esas espléndidas ceremonias públicas que tanto gustaban al PDC), hizo que todas las haciendas de más de 80 hectáreas «básicas»[11] fueran susceptibles de ser expropiadas; los propietarios te-

---

[11] Esto significó 80 hectáreas de tierra de regadío en el Valle Central. Los predios de más de 80 hectáreas pero no irrigados con las mismas condiciones podrían estar exentos de expropiación.

nían derecho a conservar una «reserva» de 80 hectáreas y a una compensación en la forma de un pequeño pago en efectivo y en bonos del gobierno a largo plazo. Las haciendas administradas de manera ineficiente fueron los primeros blancos de la expropiación (en 1968 CORA diseñó un sistema de puntos para evaluar la eficiencia). A finales del periodo presidencial de Frei, la CORA había expropiado más de 1.300 haciendas (entre el 20 por 100 y el 25 por 100 de todas las propiedades que se podían expropiar). La reforma agraria no se encontraba ni siquiera cerca de haber sido completada, pero sin duda avanzaba.

Inevitablemente hubo quienes quisieron ir más rápido, un objetivo compartido por el ala rebelde del PDC y la izquierda. Las «tomas» de los campos por los campesinos, a menudo a instancias de la izquierda o de entusiastas agentes de la INDAP, se hicieron muy frecuentes: 400 entre 1969 y 1970. No es nada sorprendente que los terratenientes a veces se resistieran. Sólo la oportuna intervención de los carabineros evitó una sangrienta batalla campal cuando a mediados de 1969 se incautaron más de 40 *fundos* en la comuna de Melipilla. El derramamiento de sangre no siempre se evitaba. El 30 de abril de 1970, Hernán Mery, encargado regional de la CORA, resultó herido mortalmente durante un enfrentamiento en una propiedad en Longaví (cerca de Linares) defendida por su combativo dueño. La reforma agraria había encontrado su mártir. En 1970, la movilización agraria ya era difícil de contener.

Una reforma agraria seria siempre plantea la pregunta sobre cómo debe organizarse después el campo. En Chile no faltaban las sugerencias. Los rebeldes del PDC (ejemplificados por Jacques Chonchol, vicepresidente de la INDAP) querían una reorganización total. Los campesinos, por su parte, no compartían los puntos de vista de los intelectuales urbanos. En un comienzo, los fundos expropiados no eran subdivididos, sino que se convertían en asentamientos trabajados por un comité electo de campesinos y la CORA. Al cabo de cinco años, los socios de cada asentamiento tenían que decidir si querían seguir trabajando colectivamente o subdividir. A finales del periodo presidencial de Frei, se habían constituido más de 900 asentamientos: entre ellos, unos 100 ya habían tomado una decisión, la mayoría eligió continuar como unidades no divididas.

Los principales beneficiarios a corto plazo de la reforma agraria fueron, de hecho, los socios de los asentamientos. Con salarios que aumentaban rapidísimamente, casi se convirtieron en una nueva clase privilegiada en el campo. Los jornaleros y los temporeros (a quienes se les negaba la condición de socio) sacaron considerablemente menos beneficios. La INDAP luchó valientemente para constituir cooperativas entre los minifundistas y los aparceros del «sector no reformado», con cierto éxito por lo demás. Los terratenientes, por su parte, respondieron ante la amenaza de extinción reorganizándose, ampliando el SNA (en 1970 abarcaba una gama de propietarios rurales mucho más amplia que con anterioridad) y promoviendo los sindicatos de empleadores y pequeños propietarios; además, mostraban así que los conservadores, al igual que los radicales, eran capaces de movilizarse. Algunos indignados granjeros (inspirados quizá en sucesos similares en Francia) a veces bloqueaban las carreteras para hacer públicas sus demandas. La producción agrícola aumentó levemente durante los años del PDC, a pesar del hecho de que 1968 conoció la sequía más desastrosa en la memoria de los chilenos. La mayor parte de este aumento provino del «sector no reformado» más que de los asentamientos, donde mucho de lo que se cultivaba o se criaba era consumido comprensiblemente por los mismos socios.

Cualquier programa de reforma ambicioso es forzosamente caro. El gasto público se duplicó entre 1964 y 1970 (de 8.453.000 a 16.161.000 escudos de 1969). Buscando otras fuentes de ingresos, era natural que Frei viera qué podía sacar de la industria del cobre. El objetivo era garantizar un mayor control sobre las compañías norteamericanas y elevar la producción, para aumentar las ganancias. Más que una nacionalización total, Frei estaba a favor de una política más cauta: la «chilenización», como se la llamó (la adquisición del 51 por 100 de las acciones de las compañías mineras). A cambio de concesiones tributarias, estas aumentarían tanto la inversión como la producción. Frei llamaba a este programa la viga maestra de su plataforma. La Kennecott (cuya filial, Braden, administraba El Teniente) estuvo inmediatamente de acuerdo con la chilenización (diciembre de 1964). La Anaconda (dueña de Chuquicamata y El Salvador) opuso mayor resistencia. Ya en 1969, tras fuertes demandas de nacionalización por parte de la izquierda (y parte del PDC), Frei renovó las negociaciones con la Anaconda, que entonces pidió ser nacionalizada con las debidas compensaciones. El trato definitivo, anunciado con muchas fanfarrias en junio de 1969, estipulaba la chilenización inmediata seguida por un traspaso final, lo que Frei llamó una «nacionalización pactada».

La chilenización no convenció a los críticos de Frei del ala izquierdista, aunque la producción aumentó y tanto la Kennecott como la Anaconda desarrollaron planes para su mayor expansión. El propio gobierno realizó entonces una serie de nuevas e inteligentes acciones. El antiguo «Departamento del Cobre» (creado en 1954) fue elevado de categoría como CODELCO (Corporación del Cobre), asignándosele nuevas tareas así como una dotación de expertos. Los chilenos se volvieron mucho más importantes en los niveles gerenciales de las minas. Chile también estaba cobrando más importancia en la refinería, con la construcción (durante el mandato de Alessandri) de una nueva planta en Las Ventanas, al norte de Valparaíso (sus enormes chimeneas contaminaron todo el entorno), para complementar las antiguas obras de Paipote, cerca de Copiapó[12]. La medida más importante, sin embargo, fue la intervención de los precios: desde 1966, el cobre se vendió a los precios que dictaba el Mercado de Metales de Londres, en ese momento el doble del precio aceptado por las compañías norteamericanas. Dado que ahora el precio del cobre estaba en ascenso, en parte debido a la guerra del Vietnam, esto significó un gran aumento en los ingresos por concepto de impuestos: entre 1966 y 1970, aumentó al doble las cifras de los años de Alessandri. El gobierno del PDC había tenido muy buena suerte. Ciertamente la necesitaba.

El título de un libro del economista Aníbal Pinto, publicado justo antes de las elecciones de 1964, describía a Chile como «una economía difícil». Continuó siendo complicada durante el mandato de Frei. El gobierno del PDC tenía que equilibrar las exigencias en conflicto de la reforma, el crecimiento y la estabilidad. Su objetivo era promover una mayor producción y permitir que la reforma se mantuviera mientras se reducía la inflación. A los equipos económicos de Frei no les fue mejor con la cuadratura del círculo que a sus predecesores. La primera etapa del régimen del PDC estuvo marcada por un momento de crecimiento total, repentino y bienvenido; sin embargo, tras este periodo, siguieron los últimos años de la década, que fueron menos impresionantes, con tasas de crecimiento más bajas y una inflación en alza, lo que significó menos recursos disponibles para los programas de reformas del PDC.

---

[12] En el Norte Chico, «Paipote» es el sobrenombre que se les da a veces a los grandes bebedores.

Tabla 11.2. Chile 1964-1970: indicadores seleccionados

	1964	1965	1966	1967	1968	1969	1970
PIB per cápita	86,4	89,6	96,4	95,5	96,7	100	101,4
Gasto público (100 = 1969)	61,8	76,6	87,4	87,9	95,6	100	118,2
Ingresos fiscales (100 = 1969)	51,4	65,0	79,5	86,4	92,2	100	113.2
Balanza de pagos (millones dólares 1969)	63,1	81,3	94,3	−31,6	109,7	80,7	91,0
Importaciones (millones dólares)	611,9	615,5	775,4	769,0	801,6	926,8	1.202,0
Exportaciones (millones dólares)	593,2	683,1	865,3	874,3	911,0	1.173,3	1.272,0
Inflación (%)	46,0	28,8	22,9	18,1	26,6	30,7	32,5
Beneficios industria (físicos) (100 = 1969)	80	87,2	95,6	96,9	98,3	100	103,5
Afiliación sindical (miles)	270,5	292,6	351,5	411,2	499,7	530,9	551,0
Sindicatos campesinos (% de la afiliación sindical total)	0,6	0,7	3,0	11,5	16,7	19,7	20,7
Huelgas	564	723	1.073	1.114	1.124	1.277	1.819

Fuente: R. Ffrench-Davis, *Políticas económicas en Chile, 1952-1970*, cit., tablas 35, 43, 44, 51 y 68; B. Stallings, *Class, Conflict and Economic Development in Chile 1958-1973* (Stanford, Stanford University Press, 1978), tablas A.4, A.5, A.6, A.13.

A pesar de lo anterior, se realizó entonces un esfuerzo consciente a favor de la racionalización y la planificación, cuyo mejor símbolo fue la creación de ODEPLAN (Oficina de Planificación Nacional). Para compensar los altibajos del comercio exterior, en abril de 1965 se puso en marcha una inteligente política de pequeñas devaluaciones regulares del escudo. Una serie de innovaciones fiscales –el aumento de los impuestos a la Renta y a las Ventas, el reajuste automático de otros impuestos específicos, la imposición de un impuesto patrimonial (sobre la fortuna) que afectaba a alrededor de 80.000 personas, la reevaluación de los valores de las propiedades, un nuevo impulso para detener la evasión de impuestos– significó la duplicación de los ingresos en concepto de impuestos directos en 1970. Esto, combinado con los mayores ingresos procedentes del cobre ya mencionados, permitió a Chile mantener un saldo favorable en su balanza de pagos y acumular reservas. Se duplicó el valor de las exportaciones, en su mayor parte gracias al cobre. Se realizaron esfuerzos para diversificar los mercados de ultramar: en 1970 Chile estaba comerciando de nuevo (a pequeña escala) con Cuba. En este sentido, hay que mencionar las iniciativas de Frei y de su afable ministro de Relaciones Exteriores, Gabriel Valdés, con el fin de promover programas de integración económica latinoamericana. Esos años fueron testigos del nuevo Pacto Andino (1969), con Chile, Perú, Bolivia, Ecuador, Colombia y, posteriormente, Venezuela. Apenas sería inexacto describir el Grupo Andino como un invento demócrata-cristiano. Sus promesas no se cumplieron, pero esa es otra historia.

Con respecto a la industria (para la que se esperaba que el Grupo Andino ofrecería nuevos puntos de venta), el gobierno siguió una política más conservadora a pesar de la proclamada creencia del PDC en las empresas «comunitarias», fuera lo que fuese eso. Aun así, la elite empresarial (sólo parte de la cual sentía simpatía por Frei) y la SOFOFA estaban lejos de apoyar sus políticas. Esto se vio reflejado por la baja de un 20 por 100 en la inversión privada que se produjo en la década de 1960. (El ritmo de inversión chilena hacía mucho tiempo que era bajo, incluso para los criterios latinoamericanos.) A raíz de ello, el Estado se vio poco menos que obligado a jugar un papel más activo. De hecho, todo el programa del PDC puede ser visto como una extensión e intensificación de la tradición intervencionista del Estado que se había desarrollado desde el primer régimen de Ibáñez de la década de 1920. Entre 1969 y 1970, el Estado era responsable de más de la mitad de todas las inversiones industriales. Tampoco descuidó las mejoras en infraestructura. La capacidad hidroeléctrica fue ampliada por el enorme proyecto de ENDESA en Rapel (cerca de Rancagua), que comenzó a producir energía en 1968. A mediados de la década de 1990, las hidroeléctricas representaban el 80 por 100 de la energía en Chile. La Empresa de Telecomunicaciones (ENTEL), una nueva entidad estatal, comenzó a funcionar en un sistema de telecomunicaciones nacional. La ENAP construyó una refinería de petróleo en Concepción y continuó haciendo prospecciones petrolíferas en el extremo austral. El transporte también se vio beneficiado con la construcción del nuevo aeropuerto internacional de Pudahuel (Los Cerrillos se había quedado pequeño), el comienzo de las obras del Metro, diseñado por los franceses para Santiago (la primera sección se inauguró en 1975 y en 2000 los vagones azules de la bien mantenida red recorrían 3 líneas y más de 50 estaciones) y la excavación del túnel Lo Prado de 2,75 kilómetros, que acortó en 45 minutos el viaje de Santiago a Valparaíso (y Viña del Mar). (Treinta años después de desdobló el túnel para hacer frente al aumento del tráfico en la autopista 68.) El Estado también se mostró activo en una serie de empresas colectivas con firmas extranjeras, especialmente el impresionante complejo petroquímico instalado en Concepción con Dow Chemical, en el que participó en términos muy favorables.

Frei y el PDC heredaron y aplicaron la legislación liberal de Alessandri sobre inversiones extranjeras. No es extraño que las corporaciones multinacionales, que en la década de 1960 ampliaron su influencia en todo el globo, progresaran en Chile. Las inversiones extranjeras (especialmente norteamericanas) en la industria manufacturera fueron bienvenidas por el gobierno. Ya fuera a través de la creación de filiales locales o de la compra de firmas nacionales establecidas (como INSA, la compañía de neumáticos), las corporaciones multinacionales se afianzaron en el sector más nuevo y dinámico de la industria: la electrónica, la farmacia, el ensamblaje de automóviles. En 1970, unas 40 de las 100 compañías chilenas más exitosas eran controladas por intereses extranjeros, punto en el que 24 de las 30 principales multinacionales norteamericanas (de acuerdo con la lista de *Fortune*) operaban en el país. En 1970, las firmas extranjeras controlaban cerca del 25 por 100 de todo el capital industrial. Dado que muchas de las nuevas industrias eran de gran densidad de capital, tenían poco impacto en los patrones de empleo. Y, aunque a finales de la década de 1960, Chile producía virtualmente todo tipo de bienes de consumo (incluidos artículos imperecederos, como equipos de televisión y lavadoras), gran parte de los bienes de capital debían ser importados. Los ventajosos términos en que operaban las firmas extranjeras, su creciente importancia en la manufactura, la repatriación de sus ganancias; todos estos aspectos se discutían mucho en la época, no menos entre los sociólogos de izquierdas, de los cuales había muchos. El nombre (desplegado en un lugar destacado de la fachada) de una fábrica de propiedad estadounidense al sudoeste de Santiago, AMERICAN SCREW CHILE (los estadounidenses joden a Chile), se prestaba al chiste fácil para quien conociese el idioma.

A pesar de los genuinos signos de progreso económico (especialmente en 1965-1966), el perenne problema de la inflación continuó rondando al gobierno del PDC. Las primeras políticas de estabilización fueron bastante exitosas; el crecimiento era alto y la inflación disminuyó. Los aumentos en los salarios iban más allá de lo que el gobierno deseaba, pero eso no supuso un problema inmediato. A largo plazo, no obstante, a Frei le resultó imposible establecer una buena relación con los sindicatos. Los sindicalistas del PDC, efectivamente, se retiraron de la CUT, controlada por la izquierda entre 1962 y 1968. Los intentos de potenciar sindicatos «paralelos» no llegaron prácticamente a ninguna parte. En 1967, Sergio Molina, el ministro de Hacienda de Frei, consciente de la baja en la tasa de inversiones, presentó un plan elegante pero absurdo en términos políticos: colocar el reajuste del 5 por 100 (para entonces el aumento anual tradicional de los sueldos y salarios) en un fondo de inversiones. Los empleados recibirían el 5 por 100 retenido en forma de bonos del gobierno a largo plazo y también prescindirían del derecho a la huelga por un año. El plan encontró inmediata resistencia. La oposición bautizó cáusticamente a los bonos a largo plazo «chiribonos» y la CUT realizó una huelga general de un día, durante la cual cuatro trabajadores y un niño fueron asesinados por la policía. El plan del «chiribono» se desvaneció.

Este episodio marcó un punto de ruptura crítico para la «revolución en libertad». La inflación aumentó nuevamente en 1968, 1969 y 1970. Con el crecimiento galopante de esta, la sequía de 1968 que hacía subir el precio de los alimentos locales e importados, y los sindicatos que exigían nuevamente mayores salarios, se hizo cada vez más difícil mantener una política equilibrada. No obstante, los peores efectos de un crecimiento más lento quedaron paliados por los altos ingresos del cobre. En su último discurso anual al Congreso, Frei denunció lo que llamó «el nuevo feudalismo»; en otras palabras, los sindicatos de trabajadores y otros intereses particulares que ejercían una presión por conseguir demandas que iba más allá de los límites de lo que el gobierno consideraba razonable. Aunque las enmiendas constitucionales aprobadas en 1969-1970 *sí* aumentaron levemente el control del poder ejecutivo en materia económica[13], había poco que Frei pudiera hacer para mantener en orden a los magnates.

En 1970, por ende, a algunos observadores les pareció que «el gobierno había perdido en medida importante el control que había logrado sobre la situación económica»[14]. Cada época tiene su sesgo, y parte del de finales del siglo XX fue que había que considerar sagradas las cifras económicas. Sin embargo, las cifras económicas no nos dicen nada. Más chilenos se sentían más cómodos en 1970 de lo que nunca antes se habían sentido. Había muchos menos mendigos en las calles de Santiago que en otros tiempos. Desde la ventajosa posición de estar a tres años de distancia, el escritor y crítico de arte Jorge Elliott pensaba que «en 1970 Chile prosperaba. Parecía estar a punto de despegar hacia el desarrollo cabal»[15]. Otros compartían su impresión. No obstante, también era cierto que algunas de las primeras promesas del gobierno del PDC se habían esfumado. Los antiguos dilemas −crecimiento lento, inflación, mala distribución de ingresos, concentración del poder económico− seguían obstinadamente allí y eran inmanejables. En este sentido, Radomiro Tomic estaba en lo correcto al insistir, como lo hizo tan a menudo en 1969-1970, en que la «profundización» del proceso de reforma sería necesaria si el PDC lograba ganar un segundo periodo de seis años en la presidencia.

RADICALIZACIÓN, POLARIZACIÓN Y MOVILIZACIÓN

En 1967, las perspectivas para una segunda presidencia del PDC no parecían muy buenas. La oposición al PDC no había disminuido.

---

[13] Estas enmiendas también permitían realizar un plebiscito en caso de desacuerdo entre el presidente y el Congreso, la creación de un nuevo Tribunal Constitucional y la ampliación del sufragio a los analfabetos.

[14] R. Ffrench-Davis, *Políticas económicas en Chile, 1952-1970*, cit., p. 183.

[15] *Chile y el subdesarrollo*, 1973, p. 8.

En enero de ese año el Senado denegó rencorosamente al presidente Frei el permiso para visitar Estados Unidos. Las elecciones municipales (abril de 1967) dieron al gobierno y a la oposición la oportunidad de medir sus fuerzas. El apoyo al PDC se había erosionado. La derecha mostró un modesto repunte, al igual que los radicales. Los partidos del FRAP lograron éxitos más estimulantes. Tanto la derecha como la izquierda sufrieron algunos cambios interesantes. Los Partidos conservador y liberal, cediendo a la lógica de la época, finalmente, se habían fundido (mayo de 1966) bajo el nombre de Partido Nacional (¡cómo deben de haber sonreído las ilustres sombras de Montt y Varas!). La «nueva» derecha adoptó una postura de combate procapitalista, expresada con especial brío en la muy amena publicación quincenal *P.E.C.* de Marcos Chamudes. A finales de la década de 1960, los «momios» –con ese apodo bautizaron a los derechistas sus adversarios– recuperaron indudablemente su antiguo temple. (El término era utilizado a veces por los contrarios a Montt en la década de 1850.)

Mientras tanto, la izquierda, al tiempo que ganaba terreno electoral, se había debilitado a causa de sus luchas internas. Es crucial recordar aquí el impacto de la revolución cubana de Fidel Castro en toda Latinoamérica. Fue la principal influencia en la década de 1960 y despertó enormes esperanzas, y enormes temores, en todo el continente. Provocó movimientos guerrilleros en una docena de países y radicalizó a grandes sectores de la opinión de izquierdas. En un país con conciencia política como Chile, sus efectos fueron absolutamente incontestables, y especialmente marcados en la izquierda. En agosto de 1965, el nuevo Movimiento de Izquierda Revolucionario (MIR) había sido fundado en la Universidad de Concepción. Sus pocos miembros activos, en su mayoría con estudios universitarios, adoptaron el enfoque guevarista respecto de la necesidad de una «lucha armada» para derrotar al capitalismo e instaurar un sistema revolucionario al estilo cubano. Un enfoque igualmente intransigente encontró aliados, por su parte, en algunos sectores del Partido Socialista. En su asamblea de Chillán en noviembre de 1967, el Partido se redefinió como marxista-leninista y declaró su objetivo de crear un «Estado revolucionario». Muchos socialistas, sin embargo, incluido Salvador Allende, continuaron defendiendo la estrategia electoral, al igual que los comunistas. Estos debates de la izquierda muchas veces llegaron a ser bastante duros: la revista de tendencia MIR *Punto Final* lanzaba invectivas con regularidad contra el «reformismo»

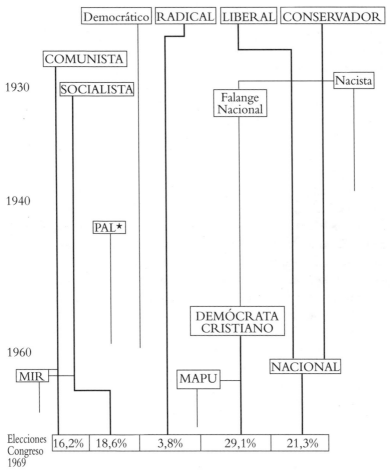

*Partido Agrario Laborista

Gráfico 11.1. Principales partidos políticos, 1930-1970.

comunista. Los comunistas respondían del mismo modo, denunciando al MIR y a facciones revolucionarias similares como grupúsculos burgueses, lo que como ejemplo de sociología inmediata no estaba ni mucho menos injustificado.

La disensión interna no estaba restringida a la izquierda. En junio de 1967, los «rebeldes» y los «terceristas» se hicieron con la dirección del PDC. Las relaciones entre Frei y su partido se volvieron de pronto muy tensas. Un comité del PDC, encabezado por Jacques Chonchol (el líder rebelde), había esbozado recientemente un informe que defendía la «vía no capitalista de desarrollo». Bajo una nube de ampulosas generalidades, este documento exigía claramente una política muy radical, incluidas las nacionalizaciones y ciertos esquemas de control de los trabajadores. Aunque los disidentes fueron expulsados de la dirección del partido en una asamblea del Comité nacional (enero de 1968) con la ayuda de una efectista aparición del mismo Frei, el descontento del ala izquierda del PDC y de su movimiento joven continuó madurando. En noviembre de 1968, durante una visita de estado de Isabel II de Inglaterra, Chonchol renunció a su cargo de vicepresidente del INDAP. La escisión del PDC parecía sólo una cuestión de tiempo.

El cambio se dejaba sentir en el aire casi en todas partes a finales de la década de 1960 y no sólo en la política. Con el continuo desarrollo de las comunicaciones globales, muchas corrientes sociales y culturales empezaron a hacerse visibles en el ámbito internacional. Las maravillosas canciones de los Beatles eran tan populares en Chile como en cualquier otro lugar del planeta. El *hippismo* de estilo norteamericano, es cierto, hizo pocos avances: unas cuantas escaramuzas entre algunos entusiastas del *rock* de pelo largo y unos «cuadrados» (Santiago, agosto de 1967) difícilmente podían agregarle mucho a la revolución de las costumbres de los jóvenes. El feminismo militante, la experimentación con drogas y el interés por las religiones orientales, tan evidentes en Estados Unidos, no afectaron en gran medida a Chile. Las barbas y el pelo largo se hicieron mucho más comunes en esos tiempos, es cierto; y los estilos de vestir, mucho más informales. Y en otros aspectos el país también compartía de pleno derecho (si bien a su manera) las pautas internacionales. En 1967-1968, las universidades fueron sacudidas por el estallido de la revolución de los estudiantes, que comenzó en la Universidad Católica de Valparaíso ya en 1967 y se extendió a la Universidad Católica de Santiago y a la Universidad de Chile. Estas y otras instituciones atravesaron un ciclo de ocupaciones, negociaciones, interminables asambleas, cambios de rectores y decanos, que se extendió a lo largo de varios meses. No había elementos muy originales en estos movimientos estudiantiles (comparados con los de Francia y los Estados Unidos). En muchos sentidos, eran (o pronto se convertirían) en una simple extensión de la competencia más general entre los partidos. Sin embargo, sí se dio una excepción:

el movimiento gremialista de derechas en la Universidad Católica de Santiago, encabezado por Jaime Guzmán, le arrebató al PDC el control de la Federación de estudiantes en 1968 –los gremialistas–, centrando su atención estrictamente en los problemas de los estudiantes. No estaban vinculados a ninguno de los principales partidos, aunque dado que hundían sus raíces en el «integrismo» católico podían ser considerados de derechas. En la Universidad de Chile, la pugna se daba entre el PDC y la izquierda, que ganó la Federación en 1969.

Sería absurdo suponer que estas manifestaciones de los jóvenes eran simplemente un eco de los movimientos de protesta norteamericanos o europeos. La oposición a la guerra de Vietnam (pese al fuerte sentimiento en contra) tampoco fue el detonante. Había un montón de reivindicaciones locales que alimentaban la militancia estudiantil. Había muchas carencias locales que podían alimentar la militancia estudiantil. Y las influencias generales latinoamericanas (importantes a la hora de conformar el perfil ideológico de la llamada Nueva Izquierda en Europa y Estados Unidos) hacían su aporte al inducir un nuevo estado de ánimo mucho más radical. El general De Gaulle puede haber despreciado el episodio de la guerrilla boliviana de 1967 («el futuro del mundo no se decidirá en Bolivia»), pero no se puede negar su impacto en Chile. (Se cuenta que al presidente Frei le afectaron mucho las fotografías en la prensa del cadáver de Che Guevara.) La radicalización también socavó el consenso «social-cristiano» que se había formado antes, en torno al PDC. En agosto de 1968, los sacerdotes y los laicos de un nuevo movimiento recién formado, la Iglesia Joven, organizaron una breve ocupación de la catedral de Santiago. Mientras la jerarquía católica continuaba apoyando en general las reformas del PDC, la revista de los jesuitas *Mensaje* desarrollaba un tono más revolucionario.

Un cambio cultural fuertemente asociado con esta radicalización fue la aparición de la llamada Nueva Canción Chilena, que después haría sentir su influencia en toda América Latina. En parte, esta tendencia constituía un rechazo consciente de la anodina música comercial popular que emanaba de las aproximadamente 130 emisoras radiofónicas del país: música popular chilena idealizada y música de origen inglés y estadounidense. (El *rock and roll* tenía sus imitadores locales, el más famoso de los cuales se hacía llamar «Danny Chilean».) Gran parte de la inspiración inicial de la Nueva Canción provino del trabajo de la folclorista Violeta Parra. La apasionada y agitada vida de esta extraordinaria mujer terminó en febrero de 1967, poco después de haber grabado su disco de *Últimas composiciones* («Son las últimas», dijo su hermana Hilda). Esas canciones perturbadoramente hermosas quizá sean el legado más preciado de la década de 1960 en Chile.

> Y su conciencia dijo al fin:
> cántale al hombre en su dolor,
> en su miseria, y su sudor,
> y en su motivo de existir.

Ángel e Isabel, hijos de Violeta, inauguraron su peña, ahora legendaria, en Santiago, en 1965. En los años siguientes, esta se convirtió en el punto focal de la Nueva Canción, con apariciones regulares de cantantes, como los mismos Parra, Rolando Alarcón, Patricio Manns y, quizá el más memorable, Víctor Jara, que más tarde encontraría un final horriblemente brutal en manos de los militares en 1973. (Por fortuna conservamos sus grabaciones, un recordatorio de la sordidez de esos años.) Además de los cantantes, también surgieron grupos instrumentales, como Inti-Illimani y Quilapayún, luego muy famosos internacionalmente, en ese terreno tan fértil en términos artísticos. La imagen de estos artistas era reconfortante, musicalmente innovadora y políticamente comprometida.

No obstante, mientras la retórica y la emoción revolucionarias se volvían cada vez más manifiestas, la izquierda no produjo una ola avasalladora en términos electorales. Con todo esto, quedaba en evidencia la polarización –entre las posturas de la derecha y la izquierda que estaban cada vez más afianzadas–. Era evidente que estaba emergiendo un nuevo periodo de «convicciones políticas», respaldado en no poca medida por la determinación ideológica del PDC. A finales de la década de 1960, también se produjo una creciente movilización generalizada, en el más amplio sentido del término. La cantidad de huelgas aumentó sostenidamente (véase tabla 11.1), en parte porque ya había muchos más sindicatos para organizarlas. La toma de los fundos aceleró su ritmo en el campo en 1969-1970, al igual que la ocupación de los terrenos urbanos a manos de los sin hogar. El MIR incentivaba activamente estos movimientos: en ciertas poblaciones («26 de julio» en Santiago, «Lenin» en Concepción) comenzaron a formar-

se rudimentarias «milicias populares». Fuertes manifestaciones estudiantiles y peleas a golpes entre grupos políticos rivales se hicieron
perturbadoramente recurrentes.

Y lo que era más serio, desde marzo de 1968 habían comenzado
a aparecer los signos de una campaña de terrorismo urbano menor:
ataques con bombas al Consulado norteamericano, a los supermercados, a la casa del popular senador del Partido Nacional Francisco Bulnes e incluso a la tumba de Arturo Alessandri (agosto de 1969). Entre
1969 y 1970, el MIR realizó una serie de asaltos a bancos («expropiaciones» en la terminología mirista) e intentó varios secuestros de
aviones, uno con éxito. Carabineros descubrió lo que se dio en llamar
«escuelas de guerrilla» en el valle del Maipó (junio de 1969) y cerca
de Valdivia (mayo de 1970). Estas nuevas historias confirmaban las
sospechas de la derecha de que el país se estaba desintegrando. No era
así, al menos de momento.

Las elecciones parlamentarias de marzo de 1969 trajeron nuevas
derrotas para el PDC. Este perdió 27 de sus puestos en la Cámara de
Diputados, aunque aumentó su delegación senatorial a 20. En comparación con 1967, la izquierda se mantuvo igual, pero la derecha recuperó el terreno que había perdido de manera espectacular en 1965: los
nacionales ocuparon su lugar como el partido más grande después del
PDC. Casi antes de que tuvieran tiempo para reflexionar sobre estos
resultados, los políticos se vieron inmersos en uno de esos trágicos
desaciertos que empañan la historia de la humanidad: Carabineros,
tratando de desalojar a los ocupantes ilegales de un terreno en la pampa Irigoin, en las afueras de Puerto Montt, mató a 8 personas e hirió a
50 más. El hecho ocasionó una de las más feroces canciones de protesta de Víctor Jara, en la cual señala con dedo acusador al duro ministro
del Interior de Frei, Edmundo Pérez Zujovic. La izquierda atacó vehementemente a Pérez Zujovic, que unos meses antes había sucedido en
el ministerio al moderado y conciliatorio Bernardo Leighton. Lo mismo hicieron las juventudes del PDC. Puerto Montt fue la última gota
para los disidentes del PDC. Al cabo de unas pocas semanas, estos decidieron crear su propio partido, el Movimiento de Acción Popular
Unitaria (el MAPU, acrónimo que correspondía además a la palabra
mapuche para «tierra») y aliarse con la izquierda.

Resultó que, en términos electorales, el PDC perdió poco con
esta escisión, pero el trauma inmediato fue muy real. Para el PDC era

de poco consuelo el hecho de que el Partido Radical también estaba en crisis. En este caso, el movimiento era en sentido opuesto: una serie de los miembros más derechistas del partido fueron expulsados. Después, en 1969, estos también fundaron su propio Partido Demócrata Radical, cuyo miembro más destacado era el franco Julio Durán. El nuevo partido aprovechó el repunte de la revitalizada derecha.

El «Tacnazo» y el triunfo de Allende

El enérgico y elocuente Radomiro Tomic, al parecer el heredero de Frei, volvió a Chile en 1968, tras pasar tres años como embajador en Washington. Tomic había anhelado durante mucho tiempo una alianza más amplia entre el PDC y la izquierda, que él denominaba *unidad popular* (según su propia expresión). Por un tiempo había condicionado a ello su candidatura presidencial. La izquierda no tenía ninguna intención de desempeñar un papel secundario al lado de Tomic. «Con Tomic ni a misa», dijo el secretario general del Partido Comunista, Luis Corvalán, en 1968, versión de un viejo dicho español usado por alguien que ni siquiera iba a misa. A mediados de 1969, Tomic cambió de idea y, el 15 de agosto, fue designado como candidato del PDC para las elecciones de 1970. En las semanas siguientes, otros partidos anunciaron sus opciones: Chonchol por el MAPU, Salvador Allende por los socialistas y Pablo Neruda por los comunistas. Nunca hubo posibilidad real de que el mayor poeta vivo en español acabase en La Moneda: su nombre era un arma de negociación, ya que aún no se había alcanzado una alianza formal de izquierdas. La derecha, mientras tanto, puso sus esperanzas en el expresidente Jorge Alessandri, cuyo nombre por sí solo era mágico. El anciano no hizo ningún gesto de aceptación. Un giro inusual de los acontecimientos lo haría cambiar de opinión.

La última cosa que nadie habría esperado en Chile en 1969 era un golpe militar. Los chilenos creían que eran inmunes a ese virus en particular. A finales de la década de 1960, sin embargo, los militares empezaron a sentirse afectados por el desarrollo de los acontecimientos. El gasto militar había disminuido drásticamente desde la década de 1950. Frei prestaba poca atención a los hombres de uniforme, pero no los había olvidado: en un discurso de septiembre de 1967, subrayó las responsabilidades cívicas de las fuerzas armadas. En abril de 1968, unos 80 bisoños oficiales del Estado Mayor presentaron su renuncia, alegando abiertamente ciertas privaciones. Presintiendo los problemas, Frei nombró a un general en retiro, Tulio Marambio, como ministro de Defensa. No obstante, los oficiales más jóvenes, en particular, no se tranquilizaron. Durante las celebraciones del «dieciocho» de 1969, un batallón del Regimiento de Yungay deliberadamente llegó tarde a la ceremonia con el fin de poner en aprietos al presidente.

Un mes después, el gobierno pasó a retiro en forma prematura al comandante de la Primera División del Ejército (Antofagasta), el general Roberto Viaux, de quien se sospechaba que estaba conspirando. Y lo estaba. El 20-21 de octubre, Viaux tomó un vuelo de LADECO a Santiago, usurpó el mando del Regimiento Tacna en Santiago y desafió al gobierno. «¡Nadie me podrá mover!», respondió el presidente Frei en La Moneda. Todos los partidos políticos (excepto los socialistas) se aliaron inmediatamente con el presidente. La CUT llamó a una huelga nacional. Los camiones basureros municipales se alinearon fuera del palacio para impedir el inevitable ataque. Este nunca se produjo. Cerca de los cuarteles de ladrillo rojo del Tacna se apostaron unidades de los regimientos de Maipó, Yungay, Guardia Vieja, Colchagua y Buin, junto con una gran multitud de curiosos con ánimo muy festivo. El general Viaux, «un milico con cara de milico», según uno de los periodistas que lo entrevistó[16], insistió en que su «movimiento» no era más que una forma de hacer pública la difícil situación del Ejército –casi el equivalente militar de una huelga o toma–. Temprano al día siguiente, Viaux se rindió. ¿Hubo algún acuerdo secreto? Como resultado del «Tacnazo» (como se apodó el episodio) la mayoría de sus demandas estilo sindicato fueron satisfechas: el general Marambio y el comandante en jefe del Ejército renunciaron, y el Congreso, con inusitada rapidez, votó un aumento sustancial en la paga de las fuerzas armadas.

Con todo su marcado elemento de farsa, el *Tacnazo* fue un suceso aleccionador. Parece que asustó al Partido Comunista: el reajuste anual se decidió mediante un acuerdo, cosa excepcional, entre el gobierno y la CUT. Dentro del Ejército, los trastornos causados por Viaux significaron meses de minucioso trabajo de reparación para el nuevo comandante en jefe, general René Schneider y su leal jefe del Estado Mayor, el general Carlos Prats. Para disipar las dudas sobre el futuro

---

[16] E. Lira Massi, *Ahora le toca al golpe,* Santiago, Te-Ele, 1969, p. 73.

papel del Ejército, Schneider declaró públicamente (mayo de 1970) que las fuerzas armadas estaban obligadas por el deber a garantizar una elección presidencial limpia y a apoyar a quien resultara electo; proposición que después fue apodada la «Doctrina Schneider». A una serie de políticos (sobre todo a Julio Durán) les pareció intolerable que el comandante en jefe pudiera hacer declaraciones como esa.

El inmediato efecto político del Tacnazo fue que Alessandri se vio forzado a salir de su mutismo. Consciente de que Viaux era visto en los círculos derechistas como un posible «hombre con destino» (ilusión que el mismo Viaux no trató de corregir al hacerse propaganda), el expresidente, entonces de 73 años, anunció su propia candidatura «independiente». Hacía caso omiso de su edad (vivió hasta los noventa). Con el PDC y la derecha en liza, la izquierda no tuvo más opción que unirse en torno a un candidato común. En octubre de 1969, se formó una nueva alianza de izquierda, que adoptó el nombre de Unidad Popular (UP) y que estaba constituida por socialistas, comunistas y radicales, y tres partidos menores: el MAPU, el nuevo Partido Social Demócrata (PSD) y la Acción Popular Independiente (API), dirigida por un antiguo ibañista, el senador Rafael Tarud. A mediados de diciembre, los partidos de la UP habían acordado un programa común, más socialista que los del FRAP en 1958 y 1964, y probablemente la plataforma más radical jamás presentada al electorado chileno. Elegir un candidato, sin embargo, resultó inesperadamente tortuoso. Salvador Allende era la opción más obvia, pero ya había perdido tres veces y siempre le había ido mal con las votantes, quizá por su reputación de mujeriego. Sus capacidades políticas, no obstante, eran reconocidas universalmente como excepcionales y, en enero de 1970, fue proclamado finalmente como el candidato presidencial de la UP.

El año de la elección estuvo marcado por una violencia menor: escaramuzas callejeras, ataques a las oficinas de los partidos, incluso algún esporádico atentado explosivo. Un intento de huelga general convocada por la CUT en apoyo de Allende (8 de julio) provocó otras alteraciones del orden público. Los tres candidatos hacían giras por el país promoviendo sus campañas para sumar partidarios y ganar votos. Conocido desde hacía tiempo como un poderoso orador, Tomic proclamó su proyecto de una «revolución nacional, popular y democrática», distanciándose (para contrariedad de muchos demócrata-cristianos) de la propuesta de Frei en un claro intento por atraerse a los votantes de Allende. Allende, en forma mucho más calmada, explicó la «transición al socialismo» expuesta en el programa de la UP. Alessandri, aún más calmado, reiteró la evidente necesidad de ley y orden, y del fin de la demagogia. Por primera vez en Chile, la televisión jugó un papel claro en la lid: ahora había 12 veces más aparatos en el país que los existentes en 1964. Alessandri y Tomic se desenvolvían mal en este nuevo medio, Allende algo mejor. En las últimas semanas de la campaña, los chilenos, una vez más, se entregaron a los alegres rituales de las elecciones: marchas y reuniones políticas, discursos, afiches, eslóganes en los muros, canciones de campaña (el himno de Alessandri fue el más pegadizo, el de Tomic el que menos). La derecha orquestó una pequeña «campaña de terror»: sus anuncios en prensa mostraban tanques rusos fuera de La Moneda y trató de socavar el atractivo de Tomic con la consigna «Pero no es Frei». El popular, e indiscriminadamente populista, *Clarín* (célebre por sus titulares injuriosos, historias de crímenes y el consultorio sentimental firmado por el «Profesor Jean de Fremisse») atacó a Alessandri sin piedad, describiéndolo como «el candidato de los ricos» (lo que era bastante cierto) y alegando que era homosexual (lo que ciertamente no era). El día de la votación *Clarín* sacó una sorprendente cabecera: LA GENTE TIENE DOS CARTAS GANADORAS: ALLENDE O TOMIC.

La competición realmente se mantenía, sin embargo, entre Allende y Alessandri. Algunos observadores supuestamente bien informados (incluidos los de la Embajada de Estados Unidos) estaban convencidos de que Alessandri ganaría. Las tendencias electorales de los últimos años indicaban otra cosa. Tan sólo 18 meses antes, los partidos que ahora formaban la UP habían ganado más del 40 por 100 de los votos. En una contienda de tres miembros, esto le daba a Allende el margen que necesitaba. Sin embargo, cuando se anunció el resultado de la elección en las primeras horas del 5 de septiembre, quedó claro que apenas había logrado derrotar a su mayor contrincante, Alessandri. El margen fue de tan sólo 40.000 votos.

La elección de un marxista confeso (a pesar de que tenía un historial democrático impecable) creó inmediata intranquilidad. Las acciones en la Bolsa de Santiago se precipitaron; hubo un asedio a los bancos sin precedentes; los que no podían permitirse comprar oro compraron bienes de consumo en cantidad: los mostradores del aeropuerto de Pudahuel registraron una actividad inusualmente intensa durante una o dos semanas. Dado que ninguno de los tres candidatos había obtenido la mayoría absoluta, el Congreso tenía que ratificar la elección de Allende. El 9 de septiembre, Alessandri anunció que si el Congreso votaba por él en vez de por Allende, renunciaría inmediatamente, allanando así el camino para nuevas elecciones. El PDC, árbitro de la situación, no escuchó este canto de sirenas. Aceptó apoyar a Allende con la condición de que la UP firmara un «estatuto de garantías democráticas» –una estipulación algo ociosa de las libertades ya expuestas en la Constitución–. El hecho de que esto haya parecido necesario, como ha señalado Arturo Valenzuela, «muestra el deterioro de la confianza entre los líderes políticos que habían estado cerca durante décadas»[17]. Las propias actitudes conciliatorias de Allende disminuyeron la tensión durante esas difíciles semanas. Cuando algunos manifestantes se encaramaron a la estatua del general Baquedano en la plaza que lleva su nombre (8 de octubre), él y la UP apoyaron de inmediato las indignadas protestas del Ejército.

La derecha, sin embargo, estaba muy desilusionada con el fracaso del PDC ante la amenaza marxista. Un movimiento organizado rápidamente y bautizado «Patria y Libertad» realizó reuniones políticas y una o dos veces lanzaron panfletos sobre Santiago desde avionetas. Algunos impetuosos derechistas colocaron bombas, pero pronto fueron atrapados por la policía. Por su parte, el futuro «hombre con destino», el general Viaux, estaba tramando fomentar un golpe de Estado para impedir que Allende asumiera el cargo. Otros generales (algunos de ellos en el servicio activo) también estaban conspirando, incentivados (e incluso abastecidos con armas) por la CIA norteamericana –una siniestra señal del trato que Allende podía esperar de la administración de Nixon, que ya se mostraba inquieta ante la perspectiva de una «segunda Cuba»–. La táctica de los conspiradores era secuestrar al despreciado constitucionalista, general Schneider, y obligar así al Ejército a entrar en acción. El grupo de Viaux se puso en marcha primero (los otros abandonaron) y estropeó el plan. Schneider se resistió al intento de secuestro y fue herido de muerte (22 de octubre). Falleció tres días después. Su sucesor, el comandante en jefe, general Prats, lo describió como un «héroe de la paz y un mártir de la democracia»[18].

---

[17] *The Breakdown of Democratic Regimes. Chile,* Baltimore, The Johns Hopkins University Press, 1978, p. 49.

[18] *Memorias. Testimonio de un soldado*, Santiago, Pehuén, [2]1985, p. 188.

El general Prats habló por todos. El asesinato estremeció a toda la nación. Nada comparable había ocurrido desde el asesinato de Portales en 1837. La opinión pública apoyó firmemente a Allende y la tradición democrática. Mientras, Schneider libraba su última batalla en el Hospital Militar, la elección de Allende fue ratificada por el Congreso con 153 votos contra 35, el Partido Nacional seguía manteniendo su oposición hasta el final. Cuando se leyó el resultado, quienes estaban escuchando la radio oyeron al diputado socialista Mario Palestro[19] dar un grito profundamente demótico: «¡Viva Chile, mierda!». Algunas personas se escandalizaron. La mayoría se rió.

---

[19] Recientemente se ha escrito de Palestro que su socialismo no era «el producto de un complicado proceso intelectual» (E. Lira Massi, *La Cámara y los 147 a dieta*, Santiago, Te-Ele, 1968, p. 62). Él y sus hermanos eran caudillos políticos al viejo y pintoresco estilo. En esa época administraban la municipalidad de San Miguel (dotada con un fuerte componente de clase trabajadora y ubicada en el sector sur de Santiago) como un feudo. Su estilo fue eminentemente populista.

12
La vía chilena hacia el socialismo, 1970-1973

Como en las tragedias del teatro griego clásico, todos saben lo que va a ocurrir, todos dicen no querer que ocurra, pero cada cual hace precisamente lo necesario para que suceda la desgracia que pretende evitar.

Radomiro Tomic al general Carlos Prats, agosto de 1973.

Nacido en una familia acomodada de Valparaíso, aunque no muy pudiente, Salvador Allende (sesenta y dos años en 1970) originalmente había querido ser médico, como su abuelo, Ramón Allende Padín, político radical y líder de la masonería. (El mismo Allende fue masón durante toda su vida.) Mientras estudiaba medicina, se vio enfrentado directamente con la espantosa situación de la salud para los pobres: malnutrición, mortalidad infantil, enfermedades congénitas. Aunque se graduó como médico, la política paulatinamente reemplazó a la medicina como su verdadera vocación. Participó activamente en el FECH y fue encarcelado durante un breve periodo por la dictadura de Ibáñez. Se hizo famoso en el bisoño Partido Socialista de la década de 1930, en 1937 fue elegido diputado por Valparaíso y, entre 1939 y 1942, estuvo al cargo del Ministerio de Salud. En 1945, obtuvo un puesto en el Senado y se mantuvo en la cámara (llegando a ser su presidente en 1966) hasta su llegada a La Moneda. Era un político de tomo y lomo.

No se puede negar el entusiasmo con el que los allendistas recibieron al nuevo gobierno y que se mantuvo vivo en muchos (si no en la mayoría) de ellos mientras duró. Por fin la izquierda tenía su propio gobierno. No era una mera «ilusión lírica». Desde el comienzo, el nuevo gobierno luchó denodadamente por llevar a cabo su programa político. Aumentó el gasto social considerablemente y realizó decididos esfuerzos por redistribuir la riqueza entre los peor pagados y los pobres. Como resultado de los mayores salarios y las nuevas iniciativas

417

en salud y alimentación, muchos chilenos más pobres comían y se vestían mejor que antes. No obstante, el Estado no sólo luchó por mejorar su bienestar material: creó gran cantidad de iniciativas culturales, en un gran esfuerzo por llevar las artes (serias y populares) a las masas. Los músicos de la Nueva Canción hicieron su propia aportación destacada a la moral de la izquierda victoriosa. Uno de los muchos programas de este tipo, recordado por Joan, esposa de Víctor Jara, «llevó presentaciones regulares de ballet, música orquestal, folclore, teatro, poesía y mimos a los barrios marginales de la clase trabajadora de Santiago en una carpa de circo o en un gran escenario móvil al aire libre»[1].Y hubo muchas otras iniciativas. Ahora que los analfabetos y los mayores de dieciocho años podían votar, la postura pública del gobierno parecía favorecer una participación masiva más amplia en la toma de decisiones, con mayor igualitarismo social en vez de las actitudes jerárquicas tradicionales. Ciertamente, el gobierno podía recurrir a las grandes reservas de idealismo de quienes lo apoyaban. Con el paso de los meses, equipos de allendistas se repartieron por el campo y las barriadas chabolistas para hacer trabajo voluntario los fines de semana. Para muchos parecía como si los sueños de Bilbao y Arcos, para no mencionar los de Balmaceda, Recabarren y Aguirre Cerda, estuvieran finalmente a punto de convertirse en realidad en el mundo socialista que se avecinaba.

Tabla 12.1. Gastos en programas sociales bajo Allende (millones de dólares)

	Media 1965-1969	1970	1971	1972	1973
Salud	139,4	154,2	211,6	247,8	237,2
Educación	281,9	362,0	473,2	524,2	354,9
Vivienda	133,7	108,6	229,0	228,3	229,9
Ayuda a la infancia	0,3	0,7	0,6	0,8	0,7
Asistencia social	6,9	7,8	8,4	10,6	5,3
Subsidios sociales	0,8	1,9	1,5	0,8	0,3
TOTAL	562,8	635,2	924,2	1.012,6	828,5
% del gasto total	32,2	28,9	33,5	34,3	21,6

[a] excluidos gastos servicio de la deuda.

Fuente: Banco Mundial, *Chile, an Economy in Transition,* cit., p. 165.

[1] J. Jara, *Victor. An Unfinished Song*, Londres, Jonathan Cape, 1983, p. 164.

Gran parte de la tragedia que vino a continuación provino del hecho de que esa visión (que sin ninguna duda tenía un lado noble) nunca fue compartida por una clara mayoría de chilenos. Casi dos de cada tres votantes habían votado en contra de Allende. Su apoyo político, aunque sustancial y entusiasta, era minoritario. La naturaleza radical de su programa ciertamente iba a despertar la oposición por parte de los intereses establecidos. Tal como resultaron las cosas, no obstante, muchas de las dificultades a las que debió enfrentarse el presidente provinieron tanto de su propia coalición como de sus adversarios. Un factor crucial en este sentido fue que, mientras Allende y muchos de sus seguidores creían sinceramente que el socialismo podía construirse sobre las sólidas bases de la tradición democrática chilena (si bien en una forma muy general), muchos de sus seguidores querían pasar por encima de esa tradición, ir más allá (o como ellos dirían «allende»). Eran los herederos de la impetuosa radicalización de la década de 1960. Tal como ha señalado Hugo Cancino en un estudio muy detallado del periodo, «un sector amplio de la izquierda chilena [...] comenzó a mediados de los años 60, un proceso de extrañamiento de la realidad chilena, asumiendo las versiones más ortodoxas, canonizadas y formalizadas del marxismo leninismo»[2]. No obstante —y Cancino también lo dijo sabiamente—, el Chile de 1970 no era la Rusia de 1917.

Esta contradicción entre los propios objetivos de Allende (la esencia de la «vía chilena al socialismo» en su único sentido trascendente) y las demandas radicales de los «ultras» que militaban en el interior (y al lado) de la coalición, capaces de movilizar importantes circunscripciones rurales y urbanas, provocarían muchos de los dilemas del gobierno de la UP. Sus objetivos revolucionarios eran utópicos y ambiciosos. Entre los más militantes había incluso quienes sostenían la creencia apocalíptica —tales creencias tienden a convertirse en profecías autocumplidas— de que, para el futuro de la izquierda y del socialismo, era *mejor* que Allende «cayera por un acto de fuerza», como algunos de ellos lo hicieron saber a un observador norteamericano en 1971: «Estamos tratando de crear una situación de desorden y caos que obligue a los reaccionarios a dar un golpe de

---

[2] H. Cancino, *Chile. La problemática del poder popular en el proceso de la vía chilena al socialismo*, Aarhus, Aarthus University Press, 1988, p. 439.

Estado»[3]. Esta es la razón de que, a pesar de su vasta experiencia política, su pericia parlamentaria y su atractiva personalidad, el presidente Allende nunca pareciera tener el control total de la situación después de su optimista primer año en el cargo –y puede señalarse que, durante su último año, estaba a punto de perder el control por completo.

Dada la posición política global de Allende, habría sido recomendable una mayor dosis de gradualismo. Quizá se podrían haber realizado esfuerzos para ampliar la base política de la UP tentando al PDC con una alianza y aislando así a la derecha obcecadamente hostil. En vez de ello, el gobierno siguió adelante impetuosa y firmemente con los programas que había anunciado (una reforma agraria acelerada, la nacionalización a gran escala) y que a la larga aislaron al PDC. Cuando se hizo evidente que Allende tenía que modificar estas políticas para sobrevivir políticamente, fue incapaz de hacerlo. Dentro de la coalición, los comunistas y los radicales estaban a favor de la moderación y del enfoque general del presidente. A diferencia de ellos, los propios socialistas de Allende (bajo el dominio de su revolucionario secretario general Carlos Altamirano), el MAPU y el MIR (fuera de la coalición) presionaban por sacar adelante su propio programa, obligando al presidente, a veces, contra su instintiva sabiduría política, a adherirse a las orientaciones políticas que, como veremos, llevaron al desastre final.

Tabla 12.2. Voto UP y anti UP, 1970-1973

	Congreso 1969	Presidencia 1970	Municipales 1971	Congreso 1973
Total voto				
UNIDAD				
POPULAR	44,2[a]	36,3	49,7	43,9
Total voto oposición	——	62,7	48,0	55,7

[a] voto 1969: votos de los partidos que más tarde formaron la coalición de Unidad Popular.

No obstante, es fácil hablar cuando los acontecimientos ya han ocurrido, por lo que no debemos anticiparnos. Durante la mayor par-

---

[3] N. Gall, «The Agrarian Revolt in Cautín, Part Two», *American Field Service Reports, West Coast South America Series* 14, 5 (1972), p. 15.

te de 1971, Allende y la UP mejoraron su posición política. En la oposición reinaba la confusión. El PDC no sabía muy bien qué hacer, pero ciertamente no deseaba colaborar con los detestados nacionales. En su primera gran prueba, la coalición de la UP ganó el 49,7 por 100 de los votos en las elecciones municipales de abril de 1971, casi dos puntos más que la oposición. (Aunque los socialistas fueron los que más ganaron, tal vez porque eran el «partido del presidente», el PDC continuó siendo el partido con más votos, un 25,7 por 100; y a los nacionales les fue mejor que a los comunistas.) Las elecciones municipales, sin embargo, aunque alentaron a la UP, no marcaron ninguna diferencia en su posición en el Congreso, donde la UP controlaba sólo el 30 por 100 del Senado y el 40 por 100 de la Cámara de Diputados. Quizá en este punto, desde una posición de fuerza, el presidente estaba en mejor situación para hacer propuestas a al menos una sección del PDC. Radomiro Tomic sugirió incluso que UP y PDC presentasen un candidato común a las inminentes elecciones parciales en Valparaíso. Allende consideró esta idea, pero la coalición la vetó.

Una posibilidad que se discutió en su momento fue que Allende llamara a un plebiscito con el fin de convocar una «asamblea del pueblo» que preparara el borrador de una nueva constitución –como estaba propuesto en el «Programa Básico» de la UP–. Dicho programa contemplaba una Presidencia más fuerte, un poder legislativo unicameral y elecciones simultáneas. Gracias a la inercia política producida por las elecciones municipales, la UP podría haber ganado tal plebiscito en 1971. (El único partido que lo propuso formalmente fue la USOPO, Unión Socialista Popular, grupo disidente de Raúl Ampuero fundado en 1967, que estaba fuera de la coalición y en cualquier caso tenía poca importancia.) Allende vaciló y al final decidió no seguir adelante. Evidentemente él mismo tendría tiempo después para reconocer que había sido un error estratégico.

En esos momentos, no obstante, la decisión no parecía demasiado importante. La victoria en las elecciones municipales, una oposición desunida y algunas cifras económicas muy positivas parecían indicar una creciente ola de popularidad para la «transición hacia el socialismo». El gobierno se atrevió a avanzar rápidamente con su programa económico. Antes de volver a los tumultuosos vaivenes políticos de los años restantes de Allende, echemos un vistazo más detallado a esto.

¿HACIA UNA ECONOMÍA SOCIALISTA?

La nacionalización del cobre

Nacionalizando el cobre
dejaremos de ser pobres.

Así rezaba un eslogan del Partido Comunista de la cosecha de 1969-1970. En diciembre de 1970, Allende introdujo una enmienda constitucional para nacionalizar la Gran Minería (aprobada unánimemente por el Congreso en julio de 1971). El PDC ya no se oponía. La derecha apoyó la medida en parte porque aún se resentía de la defensa que los norteamericanos habían hecho de la reforma agraria en la década de 1960. Para la UP, el que la Gran Minería perteneciera a dueños extranjeros era «la causa básica de nuestro subdesarrollo [...], de nuestro magro crecimiento industrial, de nuestra primitiva agricultura, desempleo, bajos salarios, nuestro bajísimo estándar de vida, la alta tasa de mortalidad infantil y [...] nuestra pobreza y retraso»[4]. El cobre era el recurso más valioso –en palabras de Allende, «el sueldo de Chile»– y proporcionaba más del 70 por 100 de las divisas extranjeras. Las enormes ganancias del cobre (mucho más de 120 millones de dólares al año) debían beneficiar ahora a la nación. Junto a su gran importancia simbólica, la nacionalización tendría un inevitable efecto vigorizante en la economía. «Con ese decreto», afirmó Luis Figueroa, dirigente de la CUT, «el presidente Allende ha hecho justicia a Chile y a su historia»[5].

Allende anunció que las acciones de la Kennecott y la Anaconda serían compradas con bonos a 30 años (con intereses de, por lo menos, el 3 por 100). Esta compensación se calculaba sumando el valor contable de los intereses financieros de las compañías, menos las deducciones por la amortización y la depreciación, a las «ganancias excesivas». Sólo Allende estaba habilitado para calcular las «ganancias excesivas» y, en septiembre de 1971, definió así cualquier beneficio que superara el 12 por 100 obtenido después de 1955. Como resultado de este cálculo, en vez de recibir una compensación, la Anaconda y la Kennecott debían

---

[4] *New York Times*, 25 de enero de 1971, citado en E. Baklanoff, *The Expropriation of U. S. Investment in Cuba, Mexico and Chile*, Nueva York, Praeger Publishers Inc., 1975, p. 96.
[5] *Ercilla*, 6-12 de octubre de 1971, p. 20.

pagarle al Estado 78 millones de dólares y 310 millones de dólares, respectivamente. Las compañías objetaron que sus beneficios no habían sido de ninguna manera tan sustanciales como Allende había estimado. Como era de prever, el presidente y la UP rechazaron las reclamaciones de las empresas. Las compañías del cobre no tenían opción de recurrir legalmente en Chile el decreto retroactivo y, como veremos, llevaron el asunto ante tribunales extranjeros.

La nacionalización de las minas no trajo consigo el cuerno de la abundancia previsto. Tanto la producción como los beneficios disminuyeron drásticamente. Los allendistas afirmaron que los Estados Unidos estaban saboteando la producción al negar el acceso a la maquinaria y los repuestos norteamericanos. Y *efectivamente* se había vuelto difícil para las minas obtener repuestos, aunque a menudo era posible comprarlos a través de terceros. (Por ejemplo, cuando los repuestos de neumáticos para los camiones de Lectra Haul dejaron de estar disponibles en Estados Unidos, se adquirieron, más baratos, en Japón.) El reemplazo de los técnicos de alto nivel (incluidos numerosos chilenos) que dejaron las minas tras la nacionalización resultó muy difícil. Algunos se fueron como una forma de protestar por las decisiones del gobierno; otros, porque ya no se les pagaba en dólares (una gratificación tradicional y una ventaja en un Chile agobiado por la inflación); otros, porque no podían adaptarse a la nueva gerencia. La partida de estos funcionarios especializados paralizó la producción, especialmente en áreas técnicas tales como la refinería.

Las disputas políticas se impusieron pronto en las minas tras la nacionalización. En las mismas minas, las rencillas entre los sindicatos del PDC y aquellos controlados por los independientes, por una parte, y los funcionarios socialistas y comunistas, por otra, llevaron a huelgas no autorizadas por los sindicatos y a la ruptura de la disciplina de la fuerza de trabajo. Mientras tanto, la fuerza laboral había aumentado: en Chuquicamata en, aproximadamente, un 30 por 100. Otro observador norteamericano señaló que muchos de los nuevos empleados eran «personal no cualificado, tales como sociólogos y psicólogos y hombres de relaciones públicas, que se habían dedicado al trabajo político por el bien de la Unidad Popular o por rivalidades infantiles entre ellos mismos»[6]. David Silberman, ingeniero en minas, comunista, que trabajaba en Chu-

---

[6] N. Gall, «Copper is the Wage of Chile», *Field Staff Reports, West Coast, South American Series* 19, 3 (1972), p. 7.

quicamata, lamentaba que la afiliación política contara más que la formación a la hora de decidir muchas contrataciones, y concluyó que «los problemas en las minas son principalmente políticos y sociales»[7]. Entre 1967-1969 y 1973, el empleo en las minas aumentó en un 45 por 100, mientras que la producción *per cápita* disminuyó al 19 por 100 (en Chuquicamata un 28 por 100).

El mismo presidente Allende, muy consciente de las dificultades, se quejó de la deficiente disciplina, la falta de entrega de los trabajadores y los paros laborales. Quienes lo apoyaban desde la militancia con más fuerza consideraron que estos desajustes eran temporales, argumentando que «nuevas formas de ejercer la autoridad [...], y, en términos generales, el desarrollo de una nueva estructura de poder» estaban cambiando inevitablemente los «esquemas tradicionales a que estaban acostumbrados tanto los mineros como el personal técnico»[8]. Sin embargo, incluso los fieles tenían sus dudas. Según Joaquín Figueroa (anterior gerente general de la mina de cobre Andina), a mediados de 1972, las minas estaban «pagando menos que en los tiempos de los imperialistas yanquis»[9].

Mientras los norteamericanos habían sido los dueños, la izquierda había apoyado consistentemente las peticiones de alzas en los salarios por parte de los mineros. Tras la nacionalización, el gobierno esperaba que se moderaran o que renunciaran a tales demandas. Los trabajadores no lo hicieron y los sindicalistas del PDC incentivaron el descontento para poner en aprietos al gobierno. Los mineros se declararon en huelga 85 veces entre 1971 y 1972. En dos ocasiones abandonaron directamente las minas. La lucha más dramática por los salarios duró desde abril hasta julio de 1973, en El Teniente, y se extendió brevemente a Chuquicamata. Las palabras que el presidente Allende dirigió a los mineros no dieron resultado. Cuando estalló la huelga en El Teniente, ordenó encarcelar a los líderes sindicales. Los carabineros se enfrentaron a los mineros en huelga en Rancagua e intentaron (en vano) evitar que marchasen hacia la capital. Allende incluso felicitó a aquellos de sus partidarios que dispararon contra los huelguistas cuando estos se manifestaron en Santiago (junio de 1973).

[7] *Ibid.*, p. 6.
[8] Baklanoff, *Expropriation*, cit., p. 258.
[9] «How Politicians Manage Mines», *Business Week*, 12 de agosto de 1972, p. 46.

Los mineros recalcitrantes no eran de ninguna manera el único problema. Kennecott demandó al gobierno en Francia, Alemania, Suecia e Italia. Tanto la Kennecott como la Anaconda iniciaron procedimientos legales en Nueva York, haciendo desistir a los compradores de cobre chileno. Dado que el gobierno de los Estados Unidos había avalado parte de los préstamos de la Kennecott, tenía intereses financieros (tantos como obviamente ideológicos) para presionar a Chile en este asunto y lo hizo por medio de una restricción crediticia. Washington se opuso a las solicitudes de préstamos que Chile había presentado en el Banco de Desarrollo Interamericano y el Banco Internacional para la Reconstrucción y el Desarrollo. También disuadió a los bancos norteamericanos de otorgarle préstamos a Chile, aunque en muchos casos apenas fue necesaria la disuasión oficial.

¿Podrían haberse evitado estos desagradables incidentes producidos por la nacionalización del cobre? El embajador de Estados Unidos en Chile, Edward Korry (que más tarde afirmó que una serie de figuras clave en Washington estaban dispuestas a buscar puntos de coincidencia con la UP), trató de negociar una avenencia[10]. Korry quería que Allende dejara que la U. S. Overseas Private Development Corporation (OPIC) avalara los bonos del gobierno chileno, permitiendo así que las compañías cupríferas vendieran los bonos de inmediato, aunque fuera con un descuento, lo que habría ahorrado a la OPIC una pequeña fortuna en cobertura de seguros. Allende consideró esta proposición seriamente, pero los ministros socialistas se opusieron. Sin embargo, aunque hubiera habido una avenencia y ninguna represalia norteamericana, no queda del todo claro que la nacionalización de la Gran Minería hubiera dado frutos inmediatos, puesto que, entre 1970 y 1973, el precio mundial del cobre cayó 35 centavos por libra. Mientras Allende, a diferencia de su predecesor, era la víctima de un destino adverso en este ámbito, no puede negarse tampoco que la forma en que se llevó a cabo la nacionalización –sus graves perturbaciones internas, su distanciamiento de las compañías y de Estados Unidos– agravó los efectos de la simple mala suerte.

---

[10] Negoció con éxito la nacionalización de la *Bethlehem Steel Company*, la *Northern Indiana Brass Company* y los *holdings* Río Blanco de Cerro Corporation.

La aceleración de la reforma agraria

Mientras que los chilenos soportaron o al menos toleraron la nacionalización del cobre, la ampliación de la reforma agraria resultó más controvertida y fue más polémica, en tanto que golpeaba más cerca del corazón del país. La UP no tenía una concepción única sobre la forma en que debía ser reorganizado el campo en el futuro. Los socialistas defendían la colectivización que se estaba llevando a cabo, viendo a los campesinos de los asentamientos como potenciales «*kulaks* reaccionarios». Los comunistas y los radicales estaban a favor de las cooperativas en que los campesinos podían trabajar sin perder el derecho a poseer parcelas privadas. En la práctica, todas estas discusiones produjeron un alto grado de confusión en el campo.

El ritmo de la reforma agraria fue acelerado sustantivamente. Jacques Chonchol, entonces ministro de Agricultura, prometió que se expropiarían todas las propiedades de más de las 80 hectáreas «básicas»[11]. Era un hombre de palabra: a finales de 1972, ya no había en Chile ningún predio que excediera ese límite básico. No fue obra sólo de Chonchol: los «ultras» de la UP y el MIR se molestaron por la dilatada y «burguesa» ley de reforma del ministro del PDC. Para acelerar el «proceso de reforma», el MIR organizó a los campesinos (y a los mapuches desposeídos) en un Movimiento Campesino Revolucionario, que se «tomó» más de 1.700 propiedades, muchas de ellas con una superficie inferior a 80 hectáreas. Las ocupaciones de tierras (las *tomas,* cuyo comienzo vimos a finales de la década de 1960, ahora se realizaban a mucho mayor escala) colocaron al presidente Allende en una difícil posición. Si Carabineros desalojaba a los campesinos, él mismo despejaba el camino para que lo acusaran de «traicionar al pueblo»; por otra parte, si toleraba las tomas, sus adversarios sin duda las utilizarían como una prueba de que la UP estaba burlando la ley. Para evitar este dilema, Allende recurrió a una provisión de la Ley de reforma poco conocida que permitía al gobierno expropiar una propiedad y nombrar a un interventor (administrador temporal) si algún obstáculo interrumpía el trabajo. El uso de esta medida aplacó a los «ultras», pero no logró suavizar demasiado el mal humor de la oposición.

[11] Véase capítulo 11, nota 11.

Bajo la ley reformista del PDC, sólo los exinquilinos (los *socios* de los asentamientos) compartían la tierra de una hacienda expropiada; los «afuerinos» (alrededor del 60 por 100 de la fuerza de trabajo rural) no recibían nada. El ala radical de la UP presionó para que se confiscaran todas las propiedades y se crearan nuevas unidades agrícolas, las «haciendas del Estado», cultivadas por exinquilinos y por afuerinos sin distinción. Los campesinos de los «asentamientos» se opusieron enérgicamente a esta propuesta. El PDC les había prometido a ellos la tierra de sus patrones y, al parecer, ahora la UP quería quitárselas. El gobierno no podía ignorarlos: la sindicalización rural se había extendido demasiado. Impulsado por el PDC, los antiguos inquilinos insistieron de manera inflexible en mantener los «asentamientos». Chonchol se vio obligado a tolerar los que ya existían, pero se negó rotundamente a formar otros nuevos. En enero de 1971, con el fin de avanzar en sus propios planes, el gobierno creó el Consejo Nacional Campesino (CNC). Esta nueva organización funcional, compuesta por representantes de diversos grupos campesinos, relegaba cuidadosamente a los campesinos a un papel asesor más que a la toma de decisiones. La táctica falló, fundamentalmente porque los sindicatos de campesinos del PDC se opusieron con tenacidad al control del gobierno.

Para completar la reforma agraria, el gobierno fusionó los predios expropiados que eran limítrofes en nuevas entidades conocidas como Centros de Reforma Agraria (CERAs). Cada CERA tenía que darle al Estado el 90 por 100 de sus ganancias. El gobierno pagaba a sus miembros (tanto exinquilinos como afuerinos) un salario y comercializaba sus productos. Las leyes que regulaban los CERAs estaban redactadas de manera tan vaga que nadie sabía precisamente qué forma debían tomar las unidades. El CERA, de hecho, parece haber sido más bien un mecanismo para evadir la legislación de la reforma agraria existente (y el asentamiento) y para promover la formación de una «sociedad sin clases en el campo»[12]. No obstante, pronto surgieron muchas críticas que atacaban el CERA como un sistema que «simplemente transfería más prerrogativas de los derechos de propiedad a manos de los burócratas, mientras quitaba a la empresa individual o al grupo de campesinos el control sobre el superávit generado en el

---

[12] B. Loveman, *Struggle in the Countryside*, cit., 1976, p. 293.

sector rural»[13]. A finales de septiembre de 1971 y nuevamente a comienzos de 1972, algunos miembros de los sindicatos agrarios opositores y otras organizaciones de campesinos exigieron que el Estado cumpliera la ley dividiendo los asentamientos en parcelas individuales. Incluso el CNC, el nuevo consejo de campesinos, se volvió ingobernable al exigir un sistema de cooperativas que concediese al menos a los campesinos el derecho a cultivar una parcela privada de tierra.

El gobierno contribuyó a complicar la situación agraria cuando, además de los CERA, estableció Centros de Producción (CEPROs), unidades propiedad del Estado creadas para tratar con formas de agricultura «excepcionales»[14]. Sus trabajadores eran empleados del Estado que recibían un sueldo y los beneficios del seguro social. Aunque sólo suponían un 2 por 100 de las granjas de tipo comunal, con el tiempo los CEPRO abarcaron aproximadamente una séptima parte de la tierra en el «sector reformado».

No obstante, más allá de que se las denominara asentamientos, CERAs o CEPROs, las nuevas unidades agrarias cambiaron la topografía rural de Chile. Los predios de 80 hectáreas o más, que todavía en 1965 abarcaban el 55 por 100 de la tierra, ya no cubrían más del 3 por 100 en 1972. Poco más de la mitad de todas las propiedades rurales consistía ahora en parcelas con una superficie de entre 5 y 80 hectáreas –comparadas con menos del 20 por 100 en 1965–. Era una alteración fundamental de la estructura de poder rural. Muchas cosas cambiarían en los siguientes años, pero la hacienda tradicional (y todo lo que ella significaba) nunca más se volvería a ver en Chile. Había desaparecido –y con sorprendente rapidez si consideramos la posición preponderante que históricamente había tenido.

El campo reprodujo muchos de los problemas que en ese momento estaban afectando a las minas de cobre, donde las rivalidades políticas jugaban una vez más un papel que llenaba de confusión y donde los objetivos del gobierno estaban en conflicto con las aspiraciones de los campesinos (especialmente con las de los exinquilinos). Los campesinos temían que el Estado tomara el lugar de sus antiguos patrones. Como señaló Emilio Lorenzini, un demócrata-cristiano que trabajó mucho tiempo en el movimiento de reforma agraria:

[13] *Ibid.*, p. 295.
[14] S. deVylder, *Allende's Chile*, Cambridge, Cambridge University Press, 1975, p. 188.

[...] no importa quién sea el dueño del capital, sino más bien quién tiene el poder de decidir, de obtener los frutos de la empresa y de orientar la producción nacional. No conseguiremos nada si sólo cambiamos el grupo que explota a los trabajadores en el sistema capitalista por [...] un interventor designado por los burócratas [...] Los trabajadores le seguirán vendiendo su trabajo a quienes controlan el capital [...] Antes eran accionistas; ahora son burócratas[15].

La combinación de agitación rural, erosión de la disciplina campesina y condiciones climáticas adversas hizo decaer la producción agrícola. Entre 1969-1970 y 1972-1973, la superficie de tierra cultivada disminuyó en, aproximadamente, un 20 por 100. Las cosechas de algunos cultivos se redujeron considerablemente: el trigo en más del 30 por 100, las patatas en más del 15 por 100, el arroz en un 20 por 100, el azúcar de remolacha en un 40 por 100, aunque otros cultivos (avena, maíz, cebada) tuvieron mucho mejor rendimiento. Algo similar ocurría con el ganado. Si bien ahora había menos vacas y ovejas, sí había más cerdos y gallinas. En general, no obstante, estas condiciones anormales produjeron incertidumbre. El temor a sufrir una toma o a ser expropiados aterró de tal manera a algunos agricultores privados, que simplemente se negaron a plantar, liquidaron su maquinaria y sacrificaron su ganado (ilegalmente), o bien mandaron sus animales al otro lado de la cordillera, a Argentina. Los campesinos del «sector reformado» se mostraron casi tan recalcitrantes como los agricultores, poniendo sus mejores esfuerzos en el cultivo de sus propias parcelas (para su propio consumo o la venta de los productos en el floreciente mercado negro) más que en el trabajo de la tierra de propiedad común. El gobierno por su parte hizo lo que pudo para elevar el grado de concienciación de los campesinos, de *concientización* por usar un término repetido con frecuencia en esa época. Era una táctica de doble filo. Muchos campesinos, a los que se les había recordado reiteradamente su antigua explotación por los terratenientes, tendían a considerar cualquier consejo del gobierno un reflejo del viejo paternalismo y a toda compensación ofrecida una indemnización por pasadas injusticias. No sólo no devolvían el dinero recibido como adelanto sobre la cosecha, sino que a menu-

---

[15] *La Prensa*, 26 de noviembre de 1971, citado en Loveman, *Struggle in the Countryside*, cit., pp. 298-299.

do aprovechaban la ayuda técnica del Estado (cuando eran informados, cosa que no ocurría siempre) para explotar sus propias parcelas.
Las dificultades todavía iban a aumentar debido a otras políticas. Una congelación de los precios combinado con aumentos en los salarios hizo subir desmedidamente el consumo de alimentos interno. Para satisfacer la demanda, el gobierno se vio obligado a importar más alimentos. En 1972, estaba gastando el 56 por 100 de los ingresos por concepto de exportaciones en compra de alimentos: el campo estaba produciendo sólo dos tercios de lo que los chilenos consumían.

La nacionalización de la industria

La UP tenía la intención de nacionalizar los elementos más significativos de la base industrial del país. Como vimos en capítulos anteriores, el Estado chileno ya poseía o controlaba buena parte del sector rentable de la economía: la industria del acero, los campos petrolíferos y las refinerías, la mayoría de los ferrocarriles, la línea aérea nacional, etc. A través de la CORFO, el Estado también era dueño parcial de varias compañías manufactureras importantes, que en 1970 controlaban alrededor del 40 por 100 de la producción nacional. Sin embargo, el gobierno de la UP siguió empeñado en erradicar *todas* las grandes corporaciones privadas –que calificaba como «los monopolios»–. Dado que atacaba intereses consolidados desde hacía mucho tiempo, sin olvidar los de los conglomerados financieros más poderosos del país, fue el aspecto del programa económico de la UP que se encontró con mayor resistencia.

Como ocurrió con las minas de cobre y el campo, la nacionalización era tema de opiniones encontradas dentro de la coalición. El «Programa Básico» de la UP contemplaba una economía con tres sectores diferenciados: (1) el Área de la Propiedad Social, más brevemente el «Área Social» (compañías propiedad del Estado); (2) el «Área Mixta» (firmas en las que el Estado era el principal accionista); y (3) el «Área Privada» (pequeños negocios). Los comunistas y los radicales sugirieron que sólo fueran consideradas en el programa aquellas empresas que ejercieran un «poder de monopolio» –un camino que podía ganar el apoyo político de la clase media–. Los socialistas y el MAPU (sin mencionar el MIR) deseaban la nacionalización inmediata de, virtualmente, todos los medios de producción. Una vez más, Allende tuvo que enfrentarse a una pugna difícil.

En octubre de 1971, el presidente propuso que se transfirieran a las Áreas Social o Mixta todas las compañías cuyo activo neto excediera los 14 millones de escudos (alrededor de 1 millón de dólares). Había unas 253 corporaciones de tales características (150 de ellas eran empresas manufactureras) y que controlaban alrededor del 90 por 100 de todos los haberes de la corporación. El gobierno aceptó comprar estas compañías mediante bonos con intereses equivalentes al valor contable de su activo de 1969. Los inversores menores recibirían un reajuste por la inflación. Los mayores accionistas obtendrían un trato menos favorable. En el Congreso, la mayoría se opuso a este plan temiendo que fuera usado para controlar los medios de comunicación[16]. En enero de 1972, las compañías consideradas para la expropiación fueron reducidas a 90; lo cual no aplacó a la oposición.

Como con la reforma agraria, el gobierno descubrió una manera de soslayar al Congreso. La República Socialista de 1932 había emitido un decreto (DFL 520) que permitía la expropiación de cualquier empresa industrial considerada «esencial» para la economía si esta infringía la ley. Cualquier infracción menor podría ser interpretada fácilmente bajo esta luz. El DFL 520 había permanecido en la penumbra hasta que fue descubierto repentinamente por un abogado de la UP. Entonces, este edicto olvidado pasó a ser uno de los instrumentos más poderosos de La Moneda, el más importante de los llamados «resquicios legales» que despertaron la ira de la oposición. Allende poseía una segunda arma de este tipo; una medida, puesta en vigor durante el Frente Popular, permitió que el Estado requisara las fábricas administradas de manera ineficiente, aunque sin transferir su propiedad formalmente al Estado. Estas dos disposiciones se convirtieron en la contrapartida industrial de las tomas rurales; las huelgas y otras alteraciones en la producción aportaron el pretexto para la instalación de interventores por parte del gobierno en las fábricas afectadas.

Aunque no en todos los casos fue necesario recurrir a este tipo de subterfugios. El gobierno no tuvo demasiadas dificultades para adqui-

[16] Una cuestión particularmente polémica en este marco fue el intento del gobierno de comprar el 51 por 100 del *holding* de la Compañía Manufacturera de Papeles y Cartones (conocida localmente como la «Papelera»), la principal fuente de papel de prensa del país y una compañía dirigida por el expresidente Jorge Alessandri. Los accionistas se negaron a la adquisición y se produjo un prolongado forcejeo, en el que el gobierno trató de extorsionar a la compañía congelando el precio del papel.

rir las acciones de los principales bancos. También aplicó cierto criterio selectivo en la nacionalización de las corporaciones de propiedad
extranjera. Como era bastante predecible, las empresas norteamericanas se convirtieron en el blanco favorito para la nacionalización: Ford,
ITT (la última con justa razón, dado su grotesco comportamiento
durante la elección de Allende)[17] y Ralston Purina pasaron a formar
parte rápidamente del Área Social. En 1973, gracias a una combinación de requisas, tomas y compras de acciones, el Estado controlaba el
80 por 100 de la producción industrial del país, más de 400 empresas
y alrededor del 60 por 100 del PNB[18].

No obstante, las fábricas nacionalizadas o «intervenidas» sufrieron
las mismas dificultades que entonces afectaban a la minería y la agricultura; y por muchas de las mismas razones. Los interventores solían
ser elegidos no tanto por sus calificaciones técnicas como por su influencia en los partidos de la coalición; los socialistas y los comunistas
recibían los mejores cargos. Algunos interventores demostraron ser
incompetentes, otros corruptos. Como la política de empleo del gobierno inflaba con frecuencia las nóminas, los trabajadores recién
contratados a veces se negaban a obedecer a sus jefes por motivos
ostensiblemente políticos. A medida que la disciplina se fue relajando,
aumentaron las dificultades: «Corrupción; robo; absentismo; costoso
descuido en el uso de la maquinaria, incluida negligencia en la mantención; simplemente el no trabajar; llevar a cabo venganzas (en parte
basadas en lealtades políticas)[19] –en particular, el absentismo, que alcanzaba entre el 10 y el 15 por 100 en algunas fábricas (y más en las
oficinas del gobierno)– reducía la productividad». Aumentaron las huelgas, en ocasiones fomentadas por la oposición. Las huelgas se hicieron
más frecuentes, a veces incentivadas por la oposición. En 1970 y 1972
las suspensiones del trabajo casi se duplicaron, lo que costó al país 162
millones de días laborables perdidos.

[17] Tanto antes como después de septiembre de 1970, la ITT ofreció dinero a la
CIA para impedir la elección y la toma de posesión del mando de Allende, un ejemplo de la «subversión corporativa» que despertó intensa indignación en Chile, no sólo
en la izquierda.

[18] A. Baltra, *La gestión económica del Gobierno de la Unidad Popular*, Santiago, Orbe,
1973, pp. 53-54.

[19] H. Landsberger y T. McDaniel, «Hypermobilization in Chile, 1970-1973»,
World Politics 28, 4 (1976), p. 529.

No obstante, aún llevó algún tiempo antes de que las implicaciones de la rápida nacionalización quedaran en evidencia. De hecho, 1971 fue un año de opulencia: con la congelación de los precios y la subida de los salarios, el poder adquisitivo (en especial para aquellos que antes tenían poco o nada) aumentó sustancialmente. El PNB se disparó en un 8,3 por 100; la producción industrial aumentó en un 12,1 por 100; el desempleo se redujo en un 3,8 por 100. Estas prometedoras cifras habían sido alcanzadas porque las fábricas pudieron explotar las existencias almacenadas, los suministros de materias primas acumulados y una capacidad industrial en desuso de casi el 25 por 100. Los buenos tiempos, desgraciadamente, no podían durar. El prolongado congelamiento de los precios hizo que, para las compañías, ya no fuera provechoso producir. A la espera de la expropiación, los dueños de las fábricas privadas se negaron a invertir. La producción industrial lentamente comenzó a bajar. A mediados de 1972, la producción todavía se mantenía levemente por encima de las cifras de 1971; durante los últimos meses del año, la caída se volvió penosamente evidente y el Área Social comenzó a endeudarse cada vez más. En 1972, el déficit llegaba a aproximadamente 22.000 millones de escudos (equivalente al 60 por 100 de los ingresos nacionales). Según palabras de Stefan de Vylder: «el Área Social se convirtió en un balde con un agujero, que echaba carbón al volumen de circulante y a la galopante tasa inflacionaria»[20].

En muchos sentidos, el proceso de nacionalización quedó fuera de control. En abril de 1971, los trabajadores de la planta textil Yarur tomaron la fábrica y exigieron que fuera incorporada al Área Social. Esta era la primera vez que los trabajadores, antes que el gobierno, tomaban una fábrica. El ejemplo fue imitado con presteza. En junio de 1972, los trabajadores de la planta enlatadora Perlak en Los Cerrillos también exigieron que fuera incluida en el Área Social. Perlak, junto con otras dos fábricas vecinas, crearon el Cordón Cerrillos, el primero de los llamados «cordones industriales» –áreas controladas por los trabajadores, efectivamente independientes del gobierno–. Cuando el gobierno no respondió, los trabajadores afectados cortaron carreteras cerca de su cordón y ocuparon el Ministerio de Trabajo. Una vez más, Allende debió afrontar una elección penosa. ¿Aceptaría las acciones de los trabajadores o devolvería las fábricas ocupadas a sus

---

[20] De Vylder, *Allende's Chile*, cit., p. 154.

dueños? Cuando La Moneda optó por lo primero, los militantes socialistas y miristas tomaron otras fábricas más, exigiendo que los trabajadores ejercieran el control. Parece evidente que la capacidad del gobierno para conducir la nacionalización a su propio ritmo se vio seriamente obstaculizada.

A medida que la producción industrial (y agrícola) decaía, Allende se vio obligado a comprar productos importados para cumplir su promesa de llegar a un nivel de vida más alto. Sin embargo, la bajada del precio del cobre redujo la capacidad del país para recaudar reservas extranjeras y, por ende, su capacidad para pagar las importaciones. Reacio a reducir el nivel de vida, pero enfrentado a una crisis económica creciente, Allende tenía que elegir (en un sentido figurado) entre pistolas y mantequilla. Una planificación seria a largo plazo (muy apropiada para una genuina «transición al socialismo») quizá habría señalado que el gobierno tenía que usar sus menguadas reservas para comprar materias primas y repuestos esenciales. Al final, los cálculos políticos triunfaron sobre el buen criterio económico y la planificación para el futuro. Allende optó por los bienes de consumo (incluidos los alimentos) antes que por los bienes de capital. A fines de 1972, la balanza comercial del país estaba absolutamente desequilibrada: las exportaciones habían disminuido en un 25 por 100 desde 1970, mientras que las importaciones habían aumentado en un 40 por 100. El déficit comercial aumentó de 18 millones de dólares a 255 millones de dólares en 1971-1972.

El fracaso de la estrategia económica de la UP

Una clave sobre la estrategia general de la UP para mejorar la fortuna de los peor pagados y los más necesitados –una estrategia «keynesiana», como se la describió a menudo en la época– era darles empleo ya fuera en las nuevas empresas nacionalizadas o en los proyectos de obras públicas. Tan sólo en 1971, por ejemplo, los fondos para las obras públicas aumentaron de 19 millones a 33.000 millones de escudos, un paso que no sólo ofrecería empleos sino que también debía estimular la economía produciendo un mayor consumo. Como todos sus predecesores, Allende prometió proteger al consumidor de la inflación «reajustando» los salarios. Durante el primer año de su mandato, los salarios aumentaron en un 55 por 100 (mucho más que la inflación del año anterior, de un 33 por 100, y muy por encima de las directrices iniciales del gobierno). Los obreros recibieron mayores aumentos para disminuir la brecha entre ellos y los empleados que, hasta entonces, habían sido los más mimados. Como se mencionó anteriormente, La Moneda también elevó sustancialmente los gastos sociales, particularmente en salud, vivienda y educación (véase tabla 12.1). Además, Allende incrementó el acceso público al sistema de seguridad social, entregando mayores beneficios fiscales así como mejores asignaciones familiares.

Las implicaciones inflacionarias de tales políticas no fueron consideradas por los funcionarios del gobierno, quienes argumentaron que los controles de precios podían ponerle una cota a la inflación hasta que la producción fuera igual a la demanda. De hecho, cuando el coste de la vida aumentó sólo el 22 por 100 en 1971, el enfoque económico de la UP pareció lógico. Este discreto aumento, sin embargo, ocultaba una presión inflacionaria soterrada. Los negocios (privados o públicos) florecieron en 1971 mediante una reducción de sus provisiones de materias primas y existencias. En 1972, los productores se vieron obligados a adquirir las reposiciones y las materias primas a precios mucho más altos. La Moneda usó sus sustanciales reservas de divisas (heredadas del periodo de Frei) con el fin de subsidiar las importaciones para el consumidor. Sin embargo, con la baja de las exportaciones, dichas reservas menguaron en un 90 por 100. A la larga, al gobierno le resultó imposible continuar suscribiendo la economía del consumidor.

Además habían comenzado a aparecer otras siniestras estadísticas: durante 1971, el volumen de circulante se duplicó y la cantidad de créditos disponibles tanto para el sector privado como para el sector público se triplicó. Los ingresos por concepto de impuestos también bajaron. Para cubrir el déficit y conseguir fondos para los bienes de consumo y de capital, el gobierno pidió préstamos extranjeros. Sabía que no obtendría buenos resultados en Washington: como ya se señaló, el gobierno de Estados Unidos estaba utilizando su poder para vetar las solicitudes chilenas a los bancos internacionales. La reducción del crédito norteamericano empeoró sin duda las dificultades económicas de Chile; en el caso de que Estados Unidos se hubiera adherido a un «bloqueo invisible», cuya existencia se solía alegar, la eficacia de esta medida puede ser cuestionada. A mediados de 1973, como el leal ministro de Relaciones Exteriores de Allende, Clodomiro Almeyda, señaló posteriormente, «Chile había logrado [...] disponer en [Europa Occidental] de líneas de crédito bancarias normales, que le permitían adquirir allí muchas de las mercancías que ya no podía comprar en Estados Unidos»[21]. Esta cantidad, además, no incluía los más de 750 millones de dólares en préstamos y créditos procedentes de China, el bloque soviético y de algunos países de América Latina. Esta ayuda económica, sin embargo, llegó demasiado tarde para detener el deterioro económico general.

Al final, las presiones inflacionarias simplemente se hicieron demasiado fuertes. Las menguantes provisiones de bienes de fabricación local junto con la aparición de un fuerte mercado negro impusieron un alza inexorable de los precios. En realidad, tampoco se realizó ningún esfuerzo serio para imponer el racionamiento. En un intento cada vez más desesperado por mantener los niveles salariales, el gobierno continuó «reajustando». Justo antes de las elecciones al Congreso de 1973, Allende ordenó pagar una bonificación de 700 escudos a todos los trabajadores en las próximas fiestas patrias. Tales medidas elevaron las proyecciones inflacionarias. Entre julio de 1971 y julio de 1972, el coste de la vida aumentó en un 45,9 por 100. La inflación se duplicó en agosto de 1972 y subió la mitad de eso una vez más en septiembre (en las mismas seis semanas, el escudo cayó en picado de 150 a 300 por dólar en el mercado negro). Al año siguiente, la inflación aumentó en más de un 300 por 100. Ignorando del control de los precios por parte del gobierno, muchas personas se lanzaron a adquirir desenfrenadamente bienes de consumo como una medida contra la inflación futura o para protegerse contra la escasez que se había vuelto demasiado común a fines del tercer año del mandato de Allende.

La estrategia económica de la UP fracasó prácticamente de modo generalizado. A mediados de 1973, la economía estaba a punto de hundirse. Las minas nacionalizadas, las granjas «reformadas» y las fábricas expropiadas dejaron de producir precisamente en el momento en el que más se las necesitaba. Después, muchos atribuirían esta debacle económica a la hostilidad de las clases media y alta, y a Estados Unidos —cuyo ataque fue real y fuerte—. Sin embargo, las principales decisiones económicas no fueron tomadas por la oposición, al margen de su culpabilidad en otros aspectos. La situación económica de los años de

---

[21] Citado en J. Fermandois, *Chile y el mundo, 1970-1973*, Santiago, Universidad Católica de Chile, 1985, p. 395.

la UP puede ser reinterpretada con razón, quizá, como una instancia clásica de «primacía de la política». Pedro Vuskovic, ministro de Economía de Allende (1970-1972), lo admitió: «La política económica está subordinada, en sus contenidos, aspecto y forma», afirmó en marzo de 1972, «a las necesidades políticas del creciente apoyo a la Unidad Popular [...]; un objetivo central es ampliar el apoyo al gobierno»[22]. Este objetivo central, simplemente, no se alcanzó.

CONFRONTACIÓN Y PARALIZACIÓN

Aunque el gobierno de Allende empezó con una nota innegablemente prometedora, que se mantuvo la mayor parte de su primer año, no pudo sostenerla indefinidamente. El deterioro de la atmósfera política reflejaba (y de alguna manera anticipaba) el empeoramiento de la situación económica. En junio de 1971, un grupo extremista, el VOP (Vanguardia Organizada del Pueblo), asesinó al antiguo ministro del Interior Edmundo Pérez Zujovic. Los terroristas eran hombres a quienes Allende había concedido una amnistía muy polémica cuando asumió la Presidencia y el PDC estaba furioso. Exigió al presidente que controlara y desarmara a los diversos grupos paramilitares «ultra», tales como el VOP y el MIR, cuyas actividades sospechaba que eran toleradas por Allende. Si bien el gobierno rápidamente aplastó al VOP, hizo poco por frenar al MIR. Los efectos electorales del asesinato se dejaron sentir en julio en una elección complementaria en Valparaíso, donde el Partido Nacional aceptó apoyar al candidato del PDC, el Dr. Óscar Marín. El PDC negó que hubiera una alianza formal, pero aceptó el apoyo del ala derecha, solicitando el apoyo en las urnas de todos quienes «repudiaran la violencia y el odio, el sectarismo y los grupos armados ilegales»[23]. La escasa victoria del Dr. Marín marcó un límite y colocó a la UP a la defensiva en términos políticos.

Las posiciones políticas se habían endurecido. El PDC se arrogaba el oponerse a cualquier intento por convertir a Chile en una «socie-

---

[22] Pedro Vuskovic, «The Economic Policy of Popular Unity Government», en J. A. Zammit (ed.), *The Chilean Road to Socialism*, Austin, Texas, University of Texas Press and Institute of Developement Studies at the University of Sussex, 1973, p. 50.
[23] Paul Sigmund, *The Overthrow of Allende*, Pittsburgh, 1977, p. 149.

dad totalitaria», y de introducir una legislación que protegiera a los pequeños comerciantes y a los terratenientes, exigiendo que el Congreso aprobara cualquier ampliación del Área Social. Algunos miembros del ala izquierda del PDC rompieron filas en este punto y formaron la nueva Izquierda Cristiana, que se unió inmediatamente a la coalición de la UP. La misma UP también sufrió la defección de un grupo de radicales, inquietos por la creciente influencia marxista en su partido, y crearon el Partido de Izquierda Radical. Esta escisión costó a la UP cinco senadores y siete diputados, lo que compensó sobradamente la deserción de Izquierda Cristiana del PDC.

Para el PDC, los meses de mediados de 1971 fueron algo así como el momento de la verdad. Cualquier intento de cooperación con la UP amenazaba al PDC con una pérdida de identidad y con conferirle el estatus de camaleón político, lo que podíamos llamar «síndrome radical». La lógica de la competencia tradicional entre los partidos lo obligó, poco menos, a adoptar una postura de oposición. En septiembre de 1971 lanzó un ataque abierto contra el gobierno. Sus diputados introdujeron formalmente (en octubre de 1971) la legislación que exigía la aprobación del Congreso para que se pudieran ampliar las Áreas Social o Mixta. También querían restringir el uso del DFL 520, limitando las requisiciones de propiedad a un periodo de seis meses y permitiendo que los dueños de las propiedades pudieran apelar ante la Corte Suprema.

La resistencia a la UP tanto dentro como fuera del Congreso fue aumentando gradualmente. Una enmienda constitucional propuesta por Allende (noviembre de 1971) para introducir la legislatura unicameral del programa de la UP chocó de inmediato con oposición. Durante una prolongada visita a Chile del primer ministro de Cuba, Fidel Castro, las amas de casa de las clases media y alta realizaron su famosa «Marcha de las Cacerolas Vacías» (1 de diciembre de 1971), desfilando por las calles de Santiago y golpeando las cacerolas para denunciar las escasez de alimentos y la inflación. Quienes apoyaban a la UP atacaron a las manifestantes, incidente que llevó a la oposición a presentar una acusación constitucional contra el ministro del Interior, José Tohá. Antes de que la acusación llegara al Senado, Allende transfirió a Tohá al Ministerio de Defensa –acto que la oposición vio como un calculado desaire al Congreso–. Más por cuestiones electorales que por filosofía, el PDC y los nacionales afianzaron aún más la alianza informal entre ellos. En enero de 1972, se realizaron dos elecciones: en O'Higgins-

Colchagua para el Senado y en Linares para la Cámara de Diputados.
Tanto el gobierno como la oposición se arrojaron con todas sus fuerzas
a la lucha. La UP perdió el escaño en el Senado frente a un demócrata-
cristiano y el cargo de diputado para el candidato nacional. La captación
del puesto en el Senado fue especialmente significativa, ya que la UP
había ganado en el distrito en las elecciones municipales de 1971.

Claramente preocupado por el creciente deterioro de la situación
política, el presidente Allende convocó a una reunión de los dirigentes de la coalición en El Arrayán (febrero de 1972). La asamblea mostró ampliamente las divisiones que asolaban a la UP. Los comunistas y
los radicales (y los propios seguidores personales de Allende entre los
socialistas) predicaban la moderación; algunos sugerían incluso un
«diálogo» con el PDC. La mayoría de los socialistas (liderados por
Altamirano) y el MAPU respondían exigiendo que el gobierno «ace-
lerara el proceso revolucionario». La reunión de El Arrayán subrayó el
dilema fundamental de Allende. Cualquier política que adoptase estaba
más o menos abocada a enemistarle con uno u otro de los principales
flancos de la coalición. Y, además de tener que luchar con sus supuestos
amigos, el presidente nuevamente tuvo que batallar con sus adversarios *reales*, cuyos ataques al gobierno se estaban volviendo cada vez
más feroces. En abril de 1972, el PDC ganó el estratégico Rectorado
de la Universidad de Chile. En julio, el Partido alegó estrepitosamente que la UP había manipulado fraudulentamente las recientes elecciones en la CUT y el Congreso logró sus objetivos al procesar a
Hernán del Canto, ministro del Interior, por permitir el contrabando
de armas a Chile a bordo de un avión cubano. Aunque la UP ganó las
elecciones complementarias en Coquimbo (también en julio de 1972),
sus resultados fueron muy poco brillantes.

Gran parte de la discusión política de la primera mitad de 1972 se
centró en un espinoso tema constitucional. En febrero de 1972, el Congreso aprobó una enmienda constitucional impulsada por el PDC que
prohibía las expropiaciones no autorizadas por el poder legislativo.
Allende vetó la propuesta y una mayoría del poder legislativo respondió votando para revocar el veto, acción que amenazaba con hundir a
la nación en una clásica crisis institucional. Allende alegó que el Congreso sólo podía revocar su veto con una mayoría de dos tercios y no
con una mayoría simple, como alegaban los parlamentarios. Esta diferencia de interpretaciones se suscitó a raíz de la enmienda constitu-

cional de enero de 1970, la cual, al establecer un mecanismo para los plebiscitos en casos de enmiendas constitucionales en disputa, había empañado esta cuestión en particular. Las discusiones se sucedían; la oposición presionaba en favor de un plebiscito; Allende insistía en que era necesaria una mayoría de dos tercios (al igual que para revocar su veto en la legislación normal) y que el asunto sólo podía ser resuelto por el Tribunal Constitucional creado por la enmienda de 1970. Por el momento, la situación quedaría sin resolver.

La UP (o parte de ella) hizo esfuerzos por alcanzar un acuerdo con el PDC, pero ninguno de ellos tuvo éxito. En marzo de 1972 uno de estos intentos se vio socavado cuando el ministro de Economía, Pedro Vuskovic, con respaldo socialista, aceleró de repente la absorción de fábricas, una medida que enfureció al PDC. Tres meses después, se rompieron las conversaciones sobre el bloqueo constitucional como resultado de la presión de la intransigente ala izquierdista de la UP, y de la ahora igual de intransigente derecha del PDC. Esto dio la medida de la creciente (y cada vez más amarga) polarización que empezaba a dominar todo el panorama político.

No obstante, la presión parlamentaria siguió aumentando. En junio de 1972, el PDC introdujo una nueva enmienda constitucional que prohibía la expropiación de los predios de menos de 40 hectáreas y que exigía que el gobierno (de acuerdo con la Ley de 1967) convirtiera los «asentamientos» en cooperativas o unidades agrícolas de explotación individual. Una vez más, los políticos estaban inmersos en la discusión de ciertos asuntos constitucionales, por lo cual el creciente conflicto entre el gobierno y la oposición llegaba ahora cada vez con mayor frecuencia a las calles: las demostraciones se habían vuelto más y más violentas, obligando a Allende a decretar el estado de emergencia en Santiago y en Concepción en agosto y septiembre de 1972. Muchos sospecharon que los «ultras», tanto de la izquierda como de la derecha, estaban convirtiendo a Chile en un campo armado. En cierta medida era el caso, aunque sigue siendo incierto hasta *qué* punto. Ante el estado de ánimo generalizado, el Congreso legisló para restringir la tenencia de armas automáticas sólo a las fuerzas armadas y a Carabineros, y también otorgó a los militares el poder para registrar (y confiscar) armas de fuego encontradas en manos de civiles. Esta nueva Ley de control de armas, debidamente firmada por Allende, entró en vigor en octubre de 1972.

Tabla 12.3. Resultados electorales por partidos, 1969-1973 (porcentaje de voto popular)

	1969 Congreso	1970 Presid.	1971 Municip.	1973 Congreso
UNIDAD POPULAR				
Partido Socialista (PS)	12,3		22,4	18,6
Partido Comunista (PC)	15,9		17,0	16,2
Partido Radical (PR)	12,9		8,0	3,8
Partido Social Demócrata (PSD)	0,9		1,3	—
MAPU	—		—	2,5
Izquierda Cristiana (IC)	—		—	1,2
API	—		—	0,8
Partido Socialista del Pueblo (PSP)	2,2	ALLENDE	—	0,3
TOTAL UNIDAD POPULAR	44,2	36,3	49,7	43,9
CONFEDERACIÓN DEMOCRÁTICA				
Partido Demócrata Cristiano (PDC)	29,7	Tomic	25,6	29,1
PADENA	1,9	27,8	0,5	0,4
Izquierda Radical (PIR)	—		—	1,8
Partido Nacional (PN)	20,1	Alessandri	18,1	21,3
Partido Radical Democrático (PRD)	—	34,9	3,8	2,3
TOTAL CONFED. DEMOCRÁTICA	—	16,5	48,0	55,7
ABSTENCIONES	26,4	16,5	25,5	18,1

La Unidad Popular no participó como tal hasta 1970; la Confederación Democrática (CODE) no participó como tal hasta 1973. La Unión Socialista Popular (USOPO): el partido escindido de Raúl Ampuero, no perteneciente formalmente a la coalición de UP.

En ese mismo mes, enfurecidos por los planes que había en el sentido de crear una empresa de transportes del Estado, un grupo de camioneros inició una huelga en la sureña provincia de Aysén y, con ello, provocó la primera gran crisis de los años de la UP. El encarcelamiento de los dirigentes de la huelga precipitó una repentina y extendida ola de paros de trabajadores. Otros grupos, especialmente los tenderos y los dueños de pequeños negocios, se sumaron a la huelga solidarizándose con los primeros y agrupándose en gremios para defender sus intereses. Bajo una organización funcional, el Frente Nacional de Defensa (después conocido como el Comando Nacional de Defensa), apoyó con todas sus fuerzas a los camioneros. Por primera vez en la historia de Chile, se produjo así una movilización masiva a la cual se sumaron a la larga entre 600.000 y 700.000 personas, incluidos campesinos, marinos mercantes, doctores, abogados y otros profesionales. En el momento más álgido del paro, había más de 23.000 camiones en la carretera. Dado su papel vital en el transporte de mercancías, el país se encontró de pronto casi paralizado. La movilización opositora estuvo acompañada por la de los radicales de la UP, quienes respondieron tomando las fábricas cerradas por sus propietarios –como una manera de solidarizarse con los huelguistas–, incorporándolas a los «cordones industriales» ya existentes y creando otros nuevos. Ahora, los «cordones» establecían «comandos comunales» para encargarse de los aspectos económicos durante las huelgas. Estas organizaciones «paralelas» (y, en cierta medida, paramilitares) se volvieron cada vez más poderosas –a mediados de 1973 había una media docena de ellas en torno a Santiago–, lo que planteó un angustioso dilema para el presidente Allende. En enero de 1973 La Moneda anunció que consideraría la devolución de algunas de las fábricas ocupadas a sus propietarios. Frente a la fuerte oposición de socialistas y miembros de los cordones, Allende retiró su propuesta.

Ansioso por restaurar el orden a tiempo para las elecciones parlamentarias de marzo de 1973, el presidente intentó desesperadamente mitigar la monumental crisis nacional. Con ese fin, invitó al general Carlos Prats, comandante en jefe del Ejército, a ocupar el cargo de ministro del Interior, al tiempo que ofrecía otras dos carteras a oficiales (2 de noviembre de 1972). Prats, masón como Allende, rápidamente se consolidó como una figura clave en una escena política cada vez más enfrentada. Rápidamente disolvió la huelga de los camioneros (noviembre de 1972), permitiendo así que se realizara la campaña para las elecciones parlamentarias en una atmósfera algo más tranquila. La importancia de esta elección era evidente. Si la oposición PDC-Nacional (ahora aliados formalmente en la «Confederación Democrática») obtenía una mayoría de dos tercios, esto le permitiría revocar los vetos presidenciales y poner en tela de juicio al presidente. En resumen, ambos bandos se lo jugaban todo.

Dada la inflación, la escasez de alimentos, las largas colas de espera en las tiendas y el floreciente mercado negro, muchos observadores externos asumieron que la UP perdería estrepitosamente. Una máxima de la política chilena sostiene que ningún partido gobernante sobrevive a un periodo de inflación alta. Sin embargo, los allendistas siguieron siendo leales, aunque con cierta ironía –como rezaba un eslogan mural de la época–: «Es un gobierno de mierda, pero es el nuestro». La UP ganó el 44 por 100 de los votos, la oposición el 55 por 100. En términos de partidos, el PDC (29 por 100) y los nacionales (21 por 100) derrotaron a los socialistas (19 por 100) y a los comunistas (16 por 100). Esto tenía poca importancia: Allende había conservado su tercio del Congreso y estaba a salvo de la acusación constitucional. Las elecciones de 1973 suscitaron gran cantidad de hostiles acusaciones y contraacusaciones de fraude electoral (por ejemplo, haber colocado votos en las urnas) y de una excesiva demora en anunciar los resultados. Las disputas eran un testimonio elocuente de la atmósfera de desconfianza que se había instalado para entonces entre el gobierno y la oposición. Y hay que decir que la misma UP había contraído un compromiso demasiado arriesgado con este resultado. Aunque el fracaso de la oposición a la hora de conseguir sus objetivos electorales acarreaba una ominosa implicación. Si los métodos parlamentarios eran ineficaces, esto dejaba medio abierta la puerta a la rebelión.

QUIEBRA Y TRAGEDIA

Quizá envalentonado por sus logros electorales, el gobierno procedió a introducir una nueva reforma educacional, la llamada Escuela Nacional Unificada (ENU). Esta medida, cuyo fin era entregar un mejor acceso a la educación, estaba concebida también para promover al «hombre nuevo», «libre para desarrollarse a cabalidad en una sociedad no capitalista y que se expresaría como una personalidad [...] consciente y solidaria con el proceso revolucionario, que sería capaz [...] de desarrollar técnica y científicamente la sociedad económica en su transición al socialismo»[24]. Esto se lograría combinando los «valores chilenos tradicionales» con el reconocimiento de «las luchas proletarias en pro de la soberanía y la independencia que prácticamente han sido ignoradas por la enseñanza tradicional, que sirve a los intereses de clase de la oligarquía»[25].

La nueva medida logró sumar a la oposición a los grupos que hasta entonces se habían mantenido neutrales. Los obispos católicos se habían mostrado bastante tolerantes con el gobierno, pero ahora criticaban a la ENU por ignorar los «valores cristianos» y por usurpar el papel de los padres en la educación. La Iglesia pidió al gobierno que postergara el plan hasta que fuera debatido con más detalle. El clero no era el único que se oponía. Los padres de los niños en colegios privados también manifestaban sus objeciones, lo mismo que unos 800 oficiales militares que, en su papel de padres, denunciaron la medida como un intento del Estado de adoctrinar a sus hijos. La ENU provocó demostraciones estudiantiles tanto a favor como en contra del proyecto; en una de ellas, un francotirador mató a un manifestante. Los políticos se sumaron al clamor: el PDC señaló que la medida era estrecha de miras y estaba mal concebida; los nacionales la describieron con más sensacionalismo como «lavado de cerebros». La izquierda denunció esta actitud como típica de una «ideología retrógrada y clasista, el egoísmo de este grupo privilegiado, su miopía intelectual y su defensa tan cerrada de los intereses de casta»[26].

Enfrentados a estas reacciones hostiles, Allende y su ministro de Educación, el radical Jorge Tapia, acordaron en abril de 1973 postergar la entrada en vigor de la ENU. No obstante, mientras Tapia se encontraba en el extranjero, uno de sus subordinados, Carlos Moreno, anunció que el gobierno seguiría adelante con una parte de la legislación. Esto encolerizó a la oposición, mientras Tapia, furioso ante este sabotaje por parte de uno de sus ayudantes, presentó la renuncia, que Allende rechazó. Aunque Tapia continúo negociando las disposicio-

---

[24] J. P. Farrell, *The National Unified School in Allende's Chile*, Vancouver, University of British Columbia Press, 1986, p. 96.

[25] *Ibid.*, p. 97.

[26] *La Nación*, 25 de abril de 1973, citado en Farrell, *The National Unified School*, cit., p. 222.

nes de la ENU con los líderes del PDC, a muchos este episodio les pareció una prueba más de que el gobierno apenas podía controlar a sus propios funcionarios.

Sin embargo, la ENU no fue la única situación que tocó las susceptibilidades políticas. Poco después de las elecciones, La Moneda anunció que expropiaría (contrariamente a lo que estipulaba la Ley de reforma agraria) los predios que tuvieran una superficie de entre 40 y 80 hectáreas. El gobierno también continuó nacionalizando las fábricas. El PDC respondió reviviendo un tema constitucional que había quedado pendiente en 1972, con la esperanza de conseguir una enmienda que limitara el Área Social. Los argumentos continuaron siendo en esencia los mismos: Allende quería que la disputa fuera juzgada por el Tribunal Constitucional (que, de hecho, se negó a arbitrar) y la oposición invocaba la necesidad de un plebiscito, que se suponía perdería Allende.

Mientras el Congreso y el presidente se enredaban una vez más en sus discusiones constitucionales, el país parecía atascarse en una parálisis creciente. Los trabajadores seguían ocupando las fábricas, extendiendo los cordones industriales. Los grupos paramilitares tanto de derecha como de izquierda se preparaban para la lucha armada que sus corazones anhelaban. Las manifestaciones callejeras se intensificaban. La retórica en ambos bandos se iba haciendo más y más estridente, al igual que la prensa, que a menudo recurría a un lenguaje soez y degradante (un periódico de izquierda describió lisa y llanamente a los jueces de la Corte Suprema como «viejos de mierda»). En los muros, proliferaban los eslóganes. Los de la izquierda amenazaban a todos los «momios» con el pelotón de fusilamiento. Los de la derecha le exigían quejumbrosamente a las fuerzas armadas que intervinieran. En algunos muros se escribía una sola palabra amenazadora: *Jakarta* —clara alusión a la masacre de Indonesia donde los militares habían matado a 300.000 comunistas ocho años antes.

En esta atmósfera, los militares comenzaron a aproximarse al centro del escenario. Muchos oficiales se sentían agraviados ahora por el gobierno que antes habían jurado proteger, aunque a las fuerzas armadas les iba presumiblemente mejor en términos materiales bajo Allende que con Frei o Alessandri. Los militares eran, cada vez más, objeto de repudio por parte de la oposición. Civiles insultaron al cuerpo de oficiales, sembrando dudas sobre su inteligencia (y, por lo general, sobre su virilidad). Mientras tanto, la izquierda le echaba leña al fuego denunciando a los oficiales, exhortando a los reclutas para que se amotinaran y haciendo una llamada a las milicias de los trabajadores para que reemplazaran a las fuerzas armadas profesionales. Ambos bandos estaban con los nervios de punta. En un incidente famoso (27 de junio de 1973), el general Prats obligó a una mujer a desviar su auto hasta la acera, después de que ella le hubiera sacado la lengua. Si una muchedumbre hostil no hubiera intervenido, él la habría arrestado.

El creciente descontento militar se hizo evidente el 29 de junio de 1973, cuando el Segundo Regimiento Blindado se rebeló. En cierto sentido, el levantamiento fue cómico. La dotación de un tanque se detuvo a echar combustible en una gasolinera (le pagaron al dependiente) y los tanques obedecieron escrupulosamente los semáforos en su camino a derrocar al gobierno. No obstante, la guardia presidencial de Carabineros se mantuvo firme. El general Prats, yendo de un tanque a otro armado con una ametralladora, ordenó a los amotinados que se rindieran. Amedrentados por su personalidad y conscientes de que otras unidades del Ejército no había logrado unírseles, lo hicieron. El golpe se colapsó. Mientras tanto, los dirigentes de los «cordones industriales», alentados verbalmente por Allende y la CUT, tomaron más de 350 fábricas, que se negaron a abandonar incluso después de que el Regimiento se hubiera rendido.

Aunque Allende sobrevivió al «tancazo» (como muy pronto se apodó la rebelión), su posición política se deterioraba rápidamente. El presidente pidió al Congreso que le otorgara poderes excepcionales, pero los legisladores rechazaron la petición. A continuación, Allende intentó aplacar a la oposición reorganizando su gabinete, pero no logró poner a los militares en ministerios importantes y esto socavó el esfuerzo de reconciliación. A estas alturas, los nacionales habían rechazado cualquier tipo de arreglo con Allende y el PDC veía la presencia militar en el gabinete como la única forma de defender la Constitución. (No hace falta decir que se equivocaban seriamente al confiar en los militares.) Allende, sin embargo, realizó entonces un último esfuerzo desesperado por llegar a un acuerdo con el PDC. Se pasó la mayor parte del 30 de julio negociando los principales puntos en conflicto con el presidente del Partido Demócrata Cristiano de entonces, el senador Patricio Aylwin, y con el vicepresidente del mismo, su vicepresidente Osvaldo Olguín, ambos senadores. Allende finalmente aceptó la demanda del PDC de que el gobierno pusiera en vigor la Ley de control de armas, discutiera la participación militar en el gabinete y considerara algunas restricciones al Área Social y a la reforma agraria. A cambio, sin embargo, él pedía al Congreso que reconociera que se requería una mayoría de dos tercios para revocar los vetos presidenciales. Ambas partes prometieron establecer comités especiales para continuar con las negociaciones. No obstante, debido a la presión ejercida por algunos intransigentes, tanto de la UP, dirigidos por Carlos Altamirano, como del PDC, los comités nunca se reunieron. El 17 de agosto, Allende y Aylwin se vieron nuevamente (en secreto) en la casa del cardenal arzobispo de Santiago, Raúl Silva Henríquez, en la calle Simón Bolívar, pero resultó imposible retomar las negociaciones. Las «conversaciones» Allende-Aylwin fueron el último esfuerzo real que ambas partes hicieron para llegar a un acuerdo.

A finales de julio, aunque todavía no se sabía, el país había entrado en los últimos días de la «transición hacia el socialismo», cuyo destino se había mostrado tan aciago. La economía, debilitada por la costosa huelga de El Teniente, se vio aún más deteriorada por la acción recurrente de los camioneros, quienes afirmaban que el gobierno estaba tratando de destruirlos retirando los repuestos del comercio. Tal como en octubre de 1972, los gremios se movilizaron en un segundo enfrentamiento decidido. Este movimiento fue aún más grande que el anterior. A los gremios y grupos profesionales, por ejemplo, se sumaron ahora los pilotos de LAN-Chile. Una vez más, a la polarización se sumaba la parálisis nacional.

Es grande la tentación de comparar la amarga lucha de 1973 con episodios similares del propio pasado de Chile: la contienda entre Manuel Montt y la Fusión Liberal Conservadora; la movilización de los partidos contra Balmaceda; incluso, quizá, la resistencia a las reformas de Arturo Alessandri. En estos tres casos, el resultado fue algún tipo de trastorno mayor: la guerra civil o la intervención militar. El enfrentamiento entre la UP y la oposición PDC-Nacional había llegado a una escala mucho mayor que cualquiera de sus predecesores. La diferencia esencial radicaba en que ocurría en la época de la política moderna y de masas, en la época —sin ir más lejos— de los medios de comunicación masivos, con lo cual difícilmente había alguien en el país que no se viera afectado o ignorara lo que estaba ocurriendo. Las familias estaban divididas; antiguas amistades habían llegado a un punto de ruptura; todo el mundo perdía la cabeza. Hubo un momento en que muchas de las virtudes chilenas tradicionales, especialmente la virtud de la convivencia, esa capacidad para respetar puntos de vista diferentes, parecían totalmente en retroceso.

Una pregunta que se suele plantear a posteriori es si la abrumadora emergencia de 1973 fue causada o bien exacerbada por la intromisión externa, específicamente por parte de los Estados Unidos. Ni el presidente Nixon ni su inútil asesor en política internacional (y pronto secretario de Estado) Henry Kissinger se preocuparon de mantener en secreto su aversión por el gobierno de la UP. Impulsados por su irreflexiva visión de la *Realpolitik,* ellos fueron sin duda los principales autores de la restricción crediticia contra Chile organizada en Washington, y de las diversas formas de «acción encubierta» empleadas por la CIA en Chile en sus esfuerzos por lograr la «desestabilización» política[27]. Las *intenciones* de Nixon eran claras como el cristal y la asignación de 8 millones de dólares a la CIA para sus operaciones contra Allende (gran parte de los cuales fueron utilizados para subsidiar a la oposición, incluido *El Mercurio*) fue por mucho tiempo de dominio público, gracias especialmente al Congreso de los Estados Unidos. No obstante, siempre queda la duda de si la CIA produjo una gran diferencia: a pesar de lo triste que pueda ser esta afirmación, la verdadera «desestabilización» de Chile fue obra de los chilenos. Tal como afirmó Patricio Aylwin, 16 años después, «a todos nos cupo responsabilidad».

En el devastador clima político de mediados de 1973, los acontecimientos desarrollaron una inercia propia ineluctable. El 26 de julio, unos atacantes desconocidos asesinaron al edecán naval de Allende, el comandante Arturo Araya. Un mes más tarde otro grupo, dirigido por un refugiado político mexicano, asesinó a un joven teniente del Ejército. Se hicieron esfuerzos por sobornar a una unidad de la FACH cerca de Viña del Mar. En una acción todavía más nefasta, el MIR, el MAPU y los militantes socialistas trataron de fomentar un motín en dos barcos de guerra anclados en Valparaíso y también en la base naval de Talcahuano. Carlos Altamirano anunció provocadoramente que sa-

---

[27] Esta horrible palabra entró en el idioma inglés dentro del contexto chileno. Ver la entrada para *«destabilization»* en el *Oxford English Dictionary,* 2ª ed. El verbo *«to destabilize»* es considerablemente más antiguo.

bía de antemano sobre el abortado motín naval y que había apoyado tales acciones. ¿Realmente pensaba que esto no dejaría secuelas en los corazones y las mentes de los militares?

A medida que la atmósfera de violencia empeoraba, Allende trató desesperadamente de mantener cohesionado a su gobierno. A comienzos de agosto, formó un nuevo gabinete, nombrando al general Prats como ministro de Defensa, al almirante Raúl Montero como ministro de Hacienda y al general de la FACH, César Ruiz, como ministro de Obras Públicas. La decisión del presidente de volver a incluir a los militares en el gobierno, obviamente concebida para reconciliarse con el PDC, llegó demasiado tarde. El país ya había entrado en un estado de limbo político. Ninguna persona o institución imponía suficiente respeto como para superar el *impasse*. Los «ultras» de la UP, dirigidos por un Altamirano siempre con tanto tacto, se negaron a negociar con los «dirigentes reaccionarios y contrarrevolucionarios o con los partidos»[28]. La oposición ventiló similares sentimientos, aunque sin la misma retórica. Una coalición de los parlamentarios del PDC y del Partido Nacional, argumentando la tolerancia del gobierno ante los grupos paramilitares armados, su uso de oscuros decretos para expropiar la propiedad y su continua negativa a cumplir las decisiones judiciales, aprobó una resolución (el 22 de agosto) que acusaba al gobierno de quebrantar la ley a todo nivel. A la coalición le faltó poco para comenzar a defender un golpe de Estado; aunque pedía a los miembros militares del gabinete «poner término a todas las situaciones de hecho referidas que infringen la Constitución y las leyes»[29]. Esto dejaba al presidente Allende virtualmente con las manos atadas. Su propuesta final para dar una solución política a la crisis –un plebiscito nacional que, posiblemente, llevaría a una asamblea constitucional– fue sometida a una seria discusión por los partidos de la UP a comienzos de septiembre, pero se vio superada por los acontecimientos.

Los militares, ante la opción de defender al gobierno y montar una rebelión, finalmente eligieron esto último. «Quien salva a su Patria no viola ley alguna» –un oficial naval citaría la frase de Napoleón

---

[28] A. Valenzuela, *The Breakdown of Democratic Regimes. Chile*, Baltimore, Johns Hopkins University Press, 1987, p. 94.

[29] *El Mercurio*, 23 de agosto de 1973.

de que la suerte, finalmente, estaba echada[30]–. Sin embargo, la decisión no fue para nada fácil. Aunque algunos oficiales habían contemplado la posibilidad de un golpe de Estado ya a mediados de 1972, esta idea tardó en prosperar. El creciente caos, las insinuaciones de la oposición, la demanda pública efectuada por los militantes de la izquierda de que el Estado reemplazara las fuerzas armadas por «milicias populares» y el abortado motín naval (con el apoyo explícito de Altamirano) –todo esto convenció finalmente a la mayoría de los oficiales de que debían retirar su apoyo al gobierno de Allende.

Antes de que los militares pudieran actuar, sin embargo, tenían que sacar del paso a las personas designadas por Allende. Cuando una delegación de generales informó a Prats de que ya no gozaba de su confianza –ya antes había sido el blanco de una manifestación impropia por parte de sus esposas–, el comandante en jefe renunció (21 de agosto). Lo reemplazó el general Augusto Pinochet, a quien Allende (y Prats) consideraba tan sólidamente «constitucionalista» como a Prats. Cambios similares ocurrieron en los otros servicios armados. Los oficiales navales, emulando a sus colegas del Ejército, lograron la deposición del comandante de la Marina, el almirante Raúl Montero, cuyo cargo fue ocupado por el almirante José Toribio Merino. El comandante de la FACH, el general César Ruiz, fue destituido por el propio Allende, en un tenso episodio. Su sucesor, el general Gustavo Leigh, no necesitaba granjearse su amistad. El camino había quedado despejado. El domingo 9 de septiembre, los dirigentes de las fuerzas armadas, con el apoyo de Carabineros, realizaron un pacto para derrocar al gobierno.

La operación no requirió muchos preparativos. El Ejército pretextó el desfile militar anual del 19 de septiembre –incluida en las fiestas patrias, casi tan antiguas como la República misma– para enmascarar el traslado de unidades a Santiago. El martes 11 de septiembre (en un comienzo, el general Pinochet había propuesto el 14 de septiembre) se fijó como fecha para la rebelión. Tal como estaba planeado, la flota zarpó de Valparaíso, supuestamente para participar en las maniobras conjuntas con la Marina norteamericana que se venían realizando desde hacía muchos años. Amparados por la noche, los buques de guerra volvieron al puerto para capturar Valparaíso. La FACH ya había ordenado a sus bombarderos que se dirigieran hacia

---

[30] F. Varas y J. M. Vergara, *Operación Chile*, Buenos Aires, 1974, p. 73.

el sur, libre de peligro. El 11 de septiembre, antes del amanecer, el Ejército entró en acción. A primeras horas de la mañana, había capturado Concepción «la Roja», mientras la Marina tomaba el control de Valparaíso sin dificultades. La lucha más encarnizada se produjo en Santiago, especialmente entre el Ejército y los francotiradores. El presidente Allende, informado de la rebelión naval en las primeras horas de la mañana, dejó su residencia para dirigirse a La Moneda. Allí se enteró de que los comandantes en jefe apoyaban el golpe de Estado y de que los carabineros que defendían el palacio se estaban retirando, dejando al presidente virtualmente sin protección.

Aunque las fuerzas armadas rápidamente redujeron a sus opositores en las provincias y en la capital, el propio Allende continuó resistiendo. Atrincherado en La Moneda con un puñado de guardias personales, rechazó el ofrecimiento de una salida segura del país. Transmitió al aire un último discurso profundamente conmovedor a través de una emisora de radio que todavía no había caído en manos de los militares. (Pronto lo hizo.) Traicionado por sus soldados, el presidente se mantuvo firme. Para realizar un ataque sorpresa, los *Hawker Hunters* de la FACH volaron desde Concepción y bombardearon en un vuelo rasante el palacio[31]; luego, la infantería asaltó La Moneda en llamas.

Nunca antes el palacio había ardido. Fue el momento más desolador y trágico de la historia moderna de Chile. Alrededor de las dos de la tarde, Salvador Allende –médico, masón, socialista y presidente de la República– se suicidó disparándose a la cabeza con una ametralladora.

---

[31] Los cohetes fueron disparados justo desde la Estación Mapocho.

13

Los años de Pinochet

No se mueve ninguna hoja de este país si yo no la estoy moviendo.

General Augusto Pinochet, septiembre de 1981.

Consolidación del régimen de Pinochet

El 11 de septiembre de 1973 –«el once», como lo apodaron los chilenos desde entonces– se produjo la peor quiebra política en la historia de la República. Quizá debido a que la desesperación nacional había alcanzado un nivel inaudito en 1973[1], las secuelas fueron mucho más prolongadas de lo que nadie hubiera podido imaginarse. A finales de julio de 1989, el general Augusto Pinochet rompió el récord de mayor permanencia en el mando entre todos los gobernantes chilenos desde 1540 –hasta entonces ostentado por el gobernador Gabriel Cano de Aponte con 15 años y 10 meses (1717-1733)–. En el momento de dejar el cargo, Pinochet había gobernado Chile ocho meses más que su predecesor colonial.

La mano dura de una represión inclemente golpeó de inmediato con el nuevo régimen. Se cerró el Congreso. Los partidos de la UP fueron prohibidos; otros, declarados «en receso» (hasta 1977, cuando también fueron prohibidos). Se impuso un estricto toque de queda nocturno que duró varios años. Los periódicos y las revistas de izquierda desaparecieron de los quioscos. La administración pública fue

---

[1] Ambos autores de manera independiente (tanto antes como después del golpe) escucharon a amigos chilenos perfectamente inteligentes y racionales expresar la idea de que anhelaban una intervención *militar* extranjera (norteamericana o europea) para terminar (en el primer caso) con la total confusión y (en el segundo) con la dictadura.

purgada concienzudamente. En la etapa inicial del régimen, prácticamente todas las instituciones nacionales importantes (incluida la Federación de fútbol) quedaron en manos de oficiales militares o navales, algunos de los cuales ya estaban en retiro y fueron llamados de nuevo al servicio. Uniformados «rectores designados» fueron puestos a la cabeza de las universidades (también purgadas con minuciosidad). De la noche a la mañana, la atmósfera en Chile se vio transformada. El primer ministro del Interior del régimen, el general Óscar Bonilla (muerto en un accidente de helicóptero en 1975) replicó a un sindicalista del comercio que lo visitaba en su oficina: «Deje de usar la palabra *exigencia;* no se olvide que esta es una dictadura»[2]. Nadie podría haberlo expresado mejor.

La ferocidad del golpe y la severidad de los primeros decretos de la Nueva Junta militar hizo que los observadores (especialmente quizá los periodistas) asumieran que la carnicería había sido enorme. Lo que Edward Gibbon llamó una vez «el cálculo melancólico de las calamidades humanas» pasó a ser en los años siguientes un juguete político. Radio Moscú informó en una transmisión memorable de que 700.000 personas habían muerto en los dos días que duró el golpe. Incluso el hecho de que se hubiera asesinado a unos cuantos miles en poco tiempo (muchos de ellos simplemente desaparecidos), ya era algo muy traumático para cualquier país pequeño, en especial para un país pequeño que no estaba acostumbrado a tales convulsiones; sólo los chilenos nonagenarios podían recordar la guerra civil de 1891. Los activistas de los partidos de la UP fueron perseguidos sin tregua hasta su captura; algunos fueron fusilados directamente; muchos otros (al menos 7.000) fueron conducidos como rebaños al estadio nacional de Santiago, el principal centro donde comenzaban los interrogatorios. Varias docenas de destacados allendistas (incluidos los ministros del gabinete) fueron enviados a los desolados parajes de la isla Dawson en el estrecho de Magallanes. Al igual que en 1948, Pisagua recibió cierta cantidad de prisioneros. Lo mismo ocurrió con la isla de la Quiriquina, en la bahía de Talcahuano, donde Bernardo O'Higgins había visto pastar alguna vez a su ganado. A todo lo largo y ancho del país se abrían campos de concentración. Los arrestos se contaban en dece-

[2] Citado en E. Ahumada *et al.*, *Chile, la memoria prohibida*, 3 vols., Santiago, Pehuén, 1989, vol. III, p. 491.

nas de miles y decenas de miles eran también los chilenos que fueron simplemente desterrados. A mediados de 1978, tan sólo los exiliados en Europa Occidental sumaban casi 30.000 chilenos. Cientos de miles ya se habían exiliado a finales del decenio. La diáspora chilena podría compararse por la vivida en España tras la Guerra Civil o la vivida por Cuba tras 1959. Sólo en la década de 1980 se les permitió a los exiliados volver a Chile y muchos (pero de ninguna manera todos) retornaron a su patria.

La paz y la calma externas, la tranquilidad tan a menudo ensalzada por la Junta y quienes estaban a cargo de promoverla, rápidamente volvieron a Chile. Con el fin de asegurar su mantenimiento, se creó sin demora un moderno Estado policial. Antes del final de 1973, una nueva policía secreta, controlada directamente por el general Pinochet, había sido formada. Se trataba de la Dirección de Inteligencia Nacional (DINA) –siniestro acrónimo que los periódicos dudaron varios meses en publicar–. Comandada por el coronel (luego general) Manuel Contreras, la DINA reclutó a la mayoría de sus agentes entre los miembros del Ejército. En 1977 contaba con una fuerza activa de alrededor de 10.000 hombres: sus informantes pagados sumaban dos o tres veces esa cantidad. A la DINA se pueden atribuir la mayoría de los horrorosos incidentes de tortura documentados por la Iglesia católica (en Chile) y por organizaciones como Amnistía Internacional (en el extranjero). Sus conocidos centros de tortura incluían la Villa Grimaldi, una mansión en La Reina (barrio en los márgenes orientales de Santiago) –que el retorcido humor de la DINA bautizó como «el palacio de la risa»–. En sus primeros meses, la DINA se puso como objetivo al MIR y al Partido Comunista, y no les dio tregua. Fuentes fidedignas señalan que el propio general Pinochet habría dicho: «Los miembros del MIR *deben* ser torturados [...] Sin tortura no cantan»[3]. Algunos cantaron; a otros, la DINA logró «convertirlos» (para usar el gráfico lenguaje del espionaje moderno).

En ciertas ocasiones, el brazo de la DINA llegó mucho más allá de las fronteras chilenas. Quienes corrían el mayor peligro eran aquellas figuras exiliadas que podían encabezar un nuevo gobierno posmilitar. En septiembre de 1974, el general Carlos Prats y su es-

---

[3] Citado en S. Cassidy, *Audacity to Believe*, Londres, Collins, 1977, p. 158.

posa (quienes se habían autoexiliado inmediatamente después del golpe de Estado) fueron asesinados con un coche bomba colocado frente a su apartamento en Palermo, Buenos Aires. En octubre de 1975, el popular político del PDC Bernardo Leighton fue tiroteado en Roma y apenas sobrevivió (falleció luego en 1995). Otro coche bomba segó la vida de Orlando Letelier (septiembre de 1976), esta vez fuera de la embajada chilena en Washington D.C., donde este distinguido y querido socialista había trabajado antes como embajador del presidente Allende. El ultraje terrorista perpetrado en la capital de su nación puso en campaña de inmediato al Departamento de Justicia norteamericano y al FBI. El rastro de las pruebas llevaba inexorablemente a Santiago y a la DINA. La presión norteamericana (ejercida hábilmente) consiguió la extradición del principal agente de la DINA responsable (casualmente un norteamericano, que luego fue encarcelado en los Estados Unidos); sin embargo, otras extradiciones, incluida la de Contreras, fueron denegadas con decisión.

La intensa conmoción nacional e internacional provocada por el caso Letelier (y las fuertes opiniones en el interior del Ejército) obligaron a Pinochet a desmantelar en cierta medida la DINA. Esta fue reemplazada (en agosto de 1977) por una policía secreta algo más reducida y conocida como la Central Nacional de Informaciones (CNI). A estas alturas, el nivel de represión había disminuido un poco. Enero de 1977 fue el primer mes tras el golpe de Estado en que no se reportó a la Iglesia católica ninguna «desaparición». Sin embargo, las desapariciones, la tortura y el asesinato siguieron ocurriendo a intervalos regulares casi hasta el final del régimen militar. Intenso furor provocó en marzo de 1985 el asesinato de tres profesionales comunistas (un profesor, un sociólogo y un artista retirado); fueron degollados y sus cuerpos abandonados en una carretera a las afueras de Santiago.

Con los partidos políticos prohibidos, las cortes de justicia vergonzosamente condescendientes y la vigilancia de la policía secreta sobre toda la sociedad, la única institución capaz de conservar alguna línea más o menos independiente era la Iglesia católica. Aproximadamente un mes después del golpe de Estado, el cardenal Raúl Silva Henríquez promovió la creación de un «Comité de la Paz» ecuménico que debía prestar ayuda legal a las víctimas de la represión y llevar un archivo de las violaciones a los derechos humanos. En noviembre de 1975 se ordenó su cierre, pero el trabajo (siempre difícil y a veces incluso heroico) continuó en una nueva Vicaría de la Solidaridad, que dependía directamente del propio cardenal (creada en enero de 1976). Pinochet y sus colegas recibían enfurecidos las críticas de la Iglesia, que esta extendió después a la política económica del régimen. Dada la posición de la Iglesia en la vida chilena resultaba imposible efectuar ningún contraataque serio. En abril de 1977, cuando un ministro de Justicia se permitió realizar comentarios desusadamente agrios sobre la Iglesia, Pinochet lo destituyó.

En los regímenes autoritarios, la política no desaparece; simplemente se torna secreta. El rasgo más notable de la política autoritaria chilena tras septiembre de 1973 fue el irrefrenable auge del general Pinochet. («¿Quién es Pinochet?», preguntó el expresidente Frei el día del golpe. «No lo conozco.») Su posición como comandante en jefe del Ejército le daba una ventaja sobre sus colegas, que él rápidamente supo reconocer. La idea original de que la presidencia de la Junta rotara entre sus miembros (el propio Pinochet; el almirante José Toribio Merino, Marina; el general Gustavo Leigh, FACH; el general César Mendoza, Carabineros) fue desechada rápidamente. A finales de 1974, Pinochet se había arrogado el título de presidente de la República, con lo cual el régimen se fue haciendo cada vez más personal. Y aunque no se llegó a constituir ningún verdadero «culto a la personalidad» de Pinochet real y sistemático, sus uniformes se fueron haciendo cada vez más espléndidos con los años y, en 1981, revivió (para su uso personal) el antiguo título colonial de capitán general. El paso siguiente, decían los ingeniosos de Santiago, era restaurar la encomienda.

Aunque en los primeros años del régimen se produjeron algunos cambios administrativos importantes –especialmente la división de la República en 12 nuevas regiones[4]–, Pinochet (al igual que Ibáñez en la década de 1920) no realizó esfuerzos serios por consolidar un movimiento político propio. Tras el trauma de 1973, tal movimiento po-

---

[4] Las nuevas regiones (1974), cada una gobernada por un intendente regional y con cierta cantidad de provincias, fueron numeradas del I al XII; Santiago y sus zonas aledañas pasaron a formar el Área Metropolitana. Veinte años después, las regiones (a las cuales generalmente se hacía referencia por sus números) estaban empezando a cobrar una identidad propia.

dría haber contado con numerosos seguidores si se hubiera organizado con suficiente rapidez, pero también habría entrado en conflicto
con el deseo de Pinochet de «despolitizar» al país por un largo periodo. Y, además, al capitán general nunca le faltó el apoyo masivo de la
población. La hostilidad contra Allende y la UP se tradujo fácilmente
en admiración por su némesis. A un nivel más profundo, la severa
imagen de Pinochet (realzada por los anteojos oscuros que solía llevar) tocaba sin duda un punto sensible en la cultura chilena. En tanto
castigaba a los indisciplinados y premiaba a los obedientes, ¿no era
acaso el representante máximo de la autoridad del patrón de fundo?
¿Acaso no tenía también algo de la astucia y del ingenio del huaso
tradicional? Puede que haya sido un dictador, pero al menos era reco-
nocible como un dictador *chileno*. Incluso algunos de los adversarios
más acérrimos sentían una irónica satisfacción al señalar esto a los
extranjeros. Para Pinochet era una fuente de fuerza. Además, tampoco
se puede negar que sus rudos llamamientos a la reconstrucción nacional y sus invocaciones a Diego Portales y Bernardo O'Higgins (quizá
incluso su autoidentificación con ellos), tocaban una fibra patriótica
en muchos corazones[5].

Propia de un huaso, la sagacidad de Pinochet le sirvió mucho para
mantener a raya a quienes desafiaban su poder personal. Cuando su colega de la FACH, el general Leigh, declaró en un periódico italiano –con
una falta total de tacto– sus esperanzas de que pronto se produjera una
«normalización» política, Pinochet rápidamente (y corriendo algunos
riesgos) lo destituyó (julio de 1978)[6]. También se mantuvo firme en el
Caso Letelier, lo cual tensó las relaciones con los Estados Unidos, cuya
política internacional se encontraba entonces en una etapa bastante atí-
pica gracias a la positiva fe del presidente Jimmy Carter en los derechos
humanos –un énfasis no compartido por el sucesor de Carter, que creía
(si la palabra no resulta demasiado fuerte) en las «dictaduras amables»–.

---

[5] Un culto oficial menor a la persona de Diego Portales se vio en los primeros
años del régimen. Este desapareció a finales de la década de 1970, probablemente por
el énfasis renovado que le dio a O'Higgins la celebración de su bicentenario (1978).

[6] Leigh fue reemplazado por el general Fernando Matthei, quien formó parte de
la Junta mientras el régimen se mantuvo. El general Mendoza, director de Carabineros, renunció (agosto de 1985) como resultado del juicio por el asesinato de tres
profesionales comunistas en marzo de 1985 y fue reemplazado por el general Rodolfo Stange.

Las restricciones norteamericanas en términos de ayuda militar (impuestas por primera vez en diciembre de 1974 y ampliadas en febrero de 1976) no tuvieron repercusiones significativas para el régimen: los países europeos, salvo ciertas prohibiciones de corta duración, estaban en condiciones (al igual que Brasil) de abastecer con armas a Chile. Además, la propia industria de armamentos del país se vio favorecida con una especie de florecimiento. Esto quedó de manifiesto con el auge de la planta de Iquique del empresario Carlos Cardoen, quien, al cabo de poco tiempo, comenzó a vender bombas de racimo a Iraq.

En términos inmediatos, más peligrosa que Jimmy Carter resultó la repentina crisis que estalló entre Chile y Argentina a raíz de una antigua disputa sobre tres pequeñas islas en el canal Beagle. La disputa ya había sido sometida a la mediación de la Corona británica (1971). En enero de 1978, Argentina rechazó la decisión de la reina Isabel II de otorgar las islas a Chile. Podemos dudar de si la fiebre guerrera chilena era tan profunda como lo había sido en 1898 o 1900, pero la tensión entre Santiago y Buenos Aires se tornó muy seria y, durante algunas semanas, la perspectiva de una guerra pareció muy real. En diciembre de 1978, el papa Juan Pablo II impuso con éxito su mediación y el peligro inmediato se esfumó. Un primer borrador del fallo papal (que confirmaba la soberanía chilena de las islas) estuvo listo a finales de 1980. No obstante, el régimen militar de Argentina seguía faltando a su deber. Entonces, Pinochet tuvo un inesperado golpe de suerte. La derrota de Argentina por parte de Gran Bretaña en la breve Guerra de las Malvinas (abril-junio de 1982) –durante la cual Chile prestó una ayuda discreta y bastante secreta a los británicos– eliminó la perspectiva de futuras acciones militares por ese lado. En mayo de 1985 se firmó el tratado correspondiente.

Para entonces, el régimen de Pinochet había entrado en una segunda etapa. En julio de 1977, el propio Pinochet anunció su intención de conducir a Chile a una nueva democracia, si bien «protegida». Un pequeño grupo de juristas conservadores ya se encontraba trabajando (a un paso bastante pausado) en una nueva Constitución. El borrador completo fue sometido al nuevo y en buena medida honorífico Consejo de Estado (instaurado en 1976). Su presidente, el octogenario expresidente Jorge Alessandri, hizo algunas sugerencias que Pinochet calificó de demasiado liberales. (Disgustado, Alessandri dimitió del Consejo.) El tenor de la versión final era marcadamente autoritario. Entre otras cosas, establecía una Presidencia de ocho años extremadamente fuerte (Pinochet quería que fuera de 16, pero fue disuadido), un Congreso con poderes más limitados que antes (y con un tercio del Senado designado, en vez de elegido) y varios mecanismos institucionales para garantizar la influencia militar en los futuros gobiernos. Además, los «artículos transitorios» (muy numerosos) seguirían vigentes por casi una década. El mismo Pinochet ocuparía el primer mandato de ocho años, al cabo del cual se realizaría un plebiscito para ratificar (o rechazar) al candidato de los militares (llegado el momento, el propio Pinochet, como era predecible) para un segundo mandato (1989-1997). Sólo entonces se podría llamar a elecciones parlamentarias –junto con elecciones presidenciales en caso de que la votación por el «no» ganara el plebiscito.

Al igual que en 1925, fue necesario realizar un plebiscito para dar a la Constitución un baño de legitimidad. El país se vio inundado por la propaganda, pero sólo de un lado. Quienes se oponían a la Constitución (el expresidente Frei fue el más expresivo) no tuvieron prácticamente ninguna oportunidad para hacer su campaña. Llegado el día (11 de septiembre de 1980), más de seis millones de chilenos votaron. En esas circunstancias, no es muy fácil determinar si el resultado (67 por 100 a favor, 30 por 100 en contra) era una expresión indiscutiblemente limpia de la voluntad popular. Seis meses después (el 11 de marzo de 1981), Pinochet comenzó su mandato de ocho años. En un gesto sumamente simbólico, trasladó su oficina al palacio de La Moneda, para entonces completamente restaurado.

LA VÍA CHILENA HACIA EL CAPITALISMO

Cuando tomaron el poder, los generales no sabían prácticamente nada de economía. Tenían que estabilizar y reactivar una economía muy caótica y necesitaban consejo urgente. Ciertos economistas estaban deseosos de darlo. Habían salido de la Universidad Católica y, algunos de ellos, del Departamento de Economía de la Universidad de Chicago –sede principal de la nueva y floreciente ortodoxia del «monetarismo» y del *laissez-faire* sin restricciones–. La figura clave de este grupo fue Sergio de Castro, el duro decano de la Facultad de Ciencias Sociales de la Universidad Católica. Al hacerse conocidos –lo que ocurrió pronto–, estos economistas chilenos «neoliberales» fueron apodados «los *Chicago Boys*». El nuevo régimen los colocó en cargos oficiales y un grupo importante entró en ODEPLAN, la oficina de planificación del Estado. Los efectos de su asesoría en materia de política económica fueron inmediatos: en octubre de 1973, se abolieron casi todos los controles de precios y el escudo fue devaluado (de 50 a 250 por dólar) con una tasa cambiaria única y unificada.

No obstante, los *Chicago Boys* no consiguieron una victoria fácil. En un momento de precios en fuerte alza y creciente desempleo, su austera visión de un capitalismo sin restricciones era considerada demasiado arriesgada por muchos militares y dirigentes empresariales. En 1974, por otra parte, Chile comenzó a sentir los efectos de la devastadora recesión internacional producida por la «primera crisis del petróleo» –los precios del petróleo se cuadriplicaron tras la guerra árabe-israelí de octubre de 1973–. A mediados del 1974, el precio del cobre comenzó a bajar de manera alarmante. Además, a pesar de los esfuerzos iniciales del régimen, la inflación parecía seguir fuera de control. Estas dificultades cada vez mayores coincidían con la consolidación del poder personal de Pinochet. Fue precisamente entonces (marzo de 1975) cuando el *gurú* norteamericano del monetarismo, el profesor Milton Friedman, consideró adecuado visitar Chile: habló con Pinochet, recalcando la necesidad de un «tratamiento de choque» para eliminar la inflación. En abril de 1975, tras escuchar los argumentos y contraargumentos de los economistas en la conferencia celebrada un fin de semana en Cerro Castillo, Pinochet mandó a paseo la cautela y se inclinó de manera decisiva en favor de los *Chicago Boys*, confiriendo poderes extraordinarios a Jorge Cauas (su ministro de Hacienda desde julio de 1974) y nombrando a Sergio de Castro como ministro de Economía. De Castro tomó el cargo de ministro de Hacienda cuando Cauas renunció en diciembre de 1976.

Los *Chicago Boys* quedaron entonces completamente a sus anchas. Su energía y dogmatismo (iguales a los de cualquier comunista de antes) no los hizo universalmente populares. Sacaron el máximo provecho de su alianza con Pinochet, dirigiendo magistralmente la reconstrucción económica más sustancial de Chile en el siglo XX. Sus objetivos eran utópicos y exhaustivos. Querían revertir por completo la línea de intervencionismo estatal que se había desarrollado en Chile desde la década de 1920, a la cual culpaban (con razón o sin ella) de haber detenido el crecimiento económico. Este podía garantizarse, sostenían, abriendo la economía e incentivando las «ventajas comparativas» del país en los mercados de exportación. Para conseguir estos objetivos, era preciso imponer a toda la sociedad un sistema de mercado; una nueva cultura empresarial reemplazaría a la habitual dependencia estatal; el Estado mismo debía confinarse desde entonces a su clásico papel de «sereno».

Cauas aplicó inmediatamente el «tratamiento de choque». El gasto fiscal fue reducido en más de un 25 por 100; el volumen de circulante, controlado férreamente; y las tasas de interés, más que triplicadas. Y ocurrió lo que era predecible: una profunda recesión con una tasa de desempleo que aumentó en casi el 20 por 100 (y los salarios reales en una bajada de hasta el 60 por 100 respecto de su monto en 1970). A finales de 1975, el PIB había disminuido alrededor de un 15 por 100; la producción industrial, un 25 por 100. Las inevitables penurias económicas llevaron al régimen a instituir un Programa de Empleo Mínimo (PEM) con un salario bajo: en 1976, financiaba a 200.000 hombres que trabajaban en la pavimentación de carreteras y otras labores similares.

A pesar de la recesión, el programa neoliberal siguió adelante con gran celo durante los siete años siguientes. Se aceleró la privatización de las más de 400 compañías pertenecientes al Estado, controladas por el Estado o «intervenidas» (iniciada en 1974), aunque un núcleo duro de grandes empresas «estratégicas» (muchas de ellas dirigidas ahora con eficiencia por militares) permanecieron en el sector público —el cual, diez años después del golpe de estado, aún era más grande de lo que lo había sido en la época del presidente Frei–. Mientras tanto, los derechos de importación bajaron de un promedio del 70 por 100 en 1974, a un 10 por 100 (uno de los más bajos del mundo) prácticamente igual para todos los artículos a finales de la década —con consecuencias bastante predecibles para la industria chilena, cuya participación en el PIB cayó en un 20 por 100 entre 1975 y 1982–. También se aprobó una legislación muy liberal para las inversiones extranjeras (1974, 1977). El sistema tributario fue renovado, con la introducción de un impuesto al valor añadido de estilo europeo (el IVA), entre otras cosas. En 1975, se reformó la moneda: 1.000 escudos se convirtieron en un peso (un millón de los pesos abolidos en 1960). En junio de 1979, en parte para neutralizar la inflación «importada», De Castro instituyó una tasa cambiaria fija de 39 pesos por dólar.

En el campo, el impacto neoliberal fue avasallador. La reforma agraria había sido detenida de golpe. El gasto del gobierno en la agricultura fue cercenado. El personal del Ministerio de Agricultura (incluidos organismos como la CORA y el INDAP) fue reducido de 27.000 funcionarios en 1973 a 5.000 en 1980. Prácticamente un tercio de toda la tierra agrícola del «sector reformado» fue devuelta a sus antiguos dueños, alrededor de la mitad fue dividida en parcelas que se entregaron a los campesinos (aunque de ninguna manera a todos ellos) y la mayor parte del resto fue rematada por la CORA. En 1979, una nueva ley incentivó a los mapuches para que subdividieran sus tierras comunitarias en parcelas privadas. Casi un tercio de las aproximadamente 3.000 comunidades habían hecho eso mismo en las décadas de 1930 y 1940. Estas diversas medidas, sin embargo, no propiciaron la restauración de la hacienda tradicional. Rápidamente, la unidad agraria fundamental pasó a ser «el campo», con importantes inversiones en capital y una explotación intensiva con fines comerciales, generalmente dedicada al mercado de exportación (la ubicación de Chile en el hemisferio sur le permitía una vez más desempeñar el papel que ya habíamos señalado en relación con los auges del trigo del siglo XIX). Por otra parte, surgieron también las plantaciones de pinos en el sur, generosamente subsidiadas por el Estado. Si bien algunos campesinos lograron sobrevivir en este nuevo medio impresionante, otros (alrededor de un tercio de los beneficiarios originales de comienzos de la década de 1980) vendieron sus parcelas y, a veces, se trasladaron a las nuevas rancherías rurales que proliferaban para buscarse la vida lo mejor que podían. Los nuevos «agronegocios» no ofrecían en modo alguno el paternalismo de la vieja hacienda, ni tampoco muchos trabajos estables. Por ende, la nueva y dinámica agricultura chilena (que el régimen militar nunca habría podido conseguir sin la expulsión del campo de la antigua clase terrateniente que supuso la reforma agraria) tuvo como coste una intensificación de la pobreza rural —los pobres pasaron a ser las víctimas de la modernización capitalista más que de la inercia y la jerarquía del pasado.

Tabla 13.1. Remuneraciones y salarios reales, 1974-1981 (1970 = 100)

1970	100	1979	82,3
1974	65,1	1980	89,3
1975	62,9	1981	97,4
1976	64,8	1982	97,2
1978	76,0		

Fuente: C. Fortín, «The political Economy of Repressive Monetarism», en C. Anglade y C. Fortín (eds.), *The State and Capitalism in Latin America,* 2 vols. (Pittsburgh, University of Pittsburgh Press, 1985, 1990), I, p. 163; y A. Foxley, «The Neoconservative Economic Experiment in Chile», en J. S. Valenzuela y A. Valenzuela (eds.), *Military Rule in Chile* (Baltimore, Johns Hopkins University Press, 1987), p. 17.

Tabla 13.2. Inflación, 1973-1989 (% de incremento)

1973	605,9	1982	20,7
1974	369,2	1983	23,2
1975	343,2	1984	23,0
1976	197,9	1985	26,4
1977	84,2	1986	17,4
1978	37,2	1987	21,5
1979	38	1988	12,7
1980	31,2	1989	21,4
1981	9,9		

Fuente: S. y A. Edwards, *Monetarism and Liberalization: The Chilean Experiment* (Chicago, University of Chicago Press, 1991), pp. 28, 213.

Tabla 13.3. Crecimiento del PIB por sectores, 1975-1982

	1975	1976	1977	1978	1979	1980	1981	1982
Agrícola y forestal	4,8	-2,9	10,4	-4,9	5,6	1,8	2,2	-2,1
Pesca	-6,7	33,9	15,4	17,9	14,3	7,5	18,1	9,4
Minería	-11,3	12,2	2,7	1,6	5,4	5,2	7,7	5,7
Industria	-25,5	6,0	8,5	9,3	7,9	6,2	2,6	-21,0
Construcción	-26,0	-16,0	-0,9	8,1	23,9	23,9	21,1	-23,8
Comercio	-17,1	2,5	24,8	20,0	11,0	12,4	4,3	-17,3
Financiero	-4,2	9,3	14,5	20,1	28,0	22,6	11,9	-5,4
Servicios públicos	1,9	5,9	1,8	-3,1	-1,2	-3,2	-1,8	-2,9

Fuente: S. y A. Edwards, *Monetarism and Liberalization: The Chilean Experiment*, cit., p. 13.

Tabla 13.4. Variación porcentual del PIB, 1971-1982
(PIB per cápita entre paréntesis)

1871	9	(7,1)
1972	−1,2	(−2,9)
1973	−5,6	(−7,1)
1974	1,0	(−0,7)
1975	−12,9	(−14,4)
1976	3,5	(1,8)
1977	9,9	(8,0)
1978	8,2	(6,4)
1979	8,3	(6,5)
1980	7,8	(6,0)
1981	5,7	(3,9)
1982	−14,3	(−14,2)

Fuente: C. Fortín, «The Political Economy of repressive Monetarism», cit., I, 207.

En términos económicos convencionales, esta dura «reestructuración» neoliberal parecía dar frutos. La inflación cayó de tres dígitos a dos y finalmente a uno (9,5 por 100 en 1981). La economía comenzó a salir de la recesión de 1975-1976, con un alza en el PIB del 7 por 100 promedio anual entre 1976 y 1981. Impulsado por un nuevo organismo de promoción de las exportaciones (Pro-Chile, 1974) –no completamente aprobado por los puristas neoliberales–, el crecimiento de las exportaciones «no tradicionales» (de los campos y bosques) resultó especialmente impresionante. Las manzanas chilenas aparecieron en los supermercados ingleses; algunos vinos chilenos de buena calidad, en las bodegas norteamericanas. A mediados de la década de 1990, las acciones de una de las viñas tradicionales clásicas, Concha y Toro[7], estaban siendo cotizadas en la Bolsa de Valores de Nueva York. Si en la década de 1960 el cobre representaba alrededor del 90 por 100 del total de las exportaciones (en promedios anuales); en la década de 1980, alcanzaba menos del 50 por 100. Era una historia de éxito obvia.

Las privatizaciones de la década de 1970, en la ciudad y en el campo, proporcionaron excelentes oportunidades a los conglomera-

---

[7] El nombre dio origen a un verbo reflexivo muy coloquial en Chile: «concha-y-torearse».

dos financieros tanto antiguos como nuevos (y especialmente a estos últimos) para construir grandes imperios empresariales en condiciones muy favorables (con efectos equivalentes a los que habría tenido un subsidio estatal). A finales de la década, unos cuantos de esos «grupos económicos» controlaban gran parte del sistema bancario y de las nuevas «financieras» (empresas de finanzas no reguladas) y, a través de sus numerosas compañías asociadas, una fracción cada vez mayor de los sectores manufacturero y agroexportador. Gracias a la recolocación de los capitales provenientes de los bancos europeos y norteamericanos tras la primera crisis del petróleo, los conglomerados solicitaron préstamos externos en gran cantidad y usaron el dinero para comprar compañías y hacer préstamos a su vez (por lo general a sus propios asociados) a las tasas locales, que eran mucho más altas. Se produjo entonces un *boom* en la construcción, alimentado por la facilidad para obtener créditos de consumo: en 1979, apareció en escena la primera tarjeta de crédito de Chile. El país pronto se vio inundado por bienes extranjeros: televisores y radios japonesas, automóviles coreanos (la cantidad de vehículos en Chile se triplicó entre 1975 y 1982), perfumes franceses y whisky escocés. Todo esto creó la poderosa ilusión de una nueva prosperidad. A pesar de la colosal deuda externa (en su mayor parte privada y por un monto de 17.000 millones de dólares en 1982), se respiraba mucho optimismo. Chile, se nos decía, se convertiría en el próximo Taiwán o Corea del Sur. En agosto de 1980, el ministro del Trabajo, José Piñera, declaró: «En 1990 Chile será un país desarrollado»[8].

Dos años después, la economía chilena simplemente implosionó, cayendo en una recesión incluso peor que la de 1975-1976. Primero se produjo otro fuerte aumento en el precio del petróleo (la «segunda crisis del petróleo», en 1979). Una vez más la economía mundial se hundió, lo que significaba una disminución en la demanda de exportaciones chilenas –a estas alturas, menos competitivas por la tasa cambiaria fija, que sobrevaloraba el peso y producía serios problemas en la balanza de pagos–. Las tasas de interés internacionales se elevaron, dado que los Estados Unidos (bajo el presidente Ronald Reagan) y Gran Bretaña (bajo la primera ministra Margaret Thatcher) también

---

[8] Citado en A. Fontaine A., *Los economistas y el presidente Pinochet*, Santiago, Zig-Zag, 1988, p. 140.

estaban adoptando duras estrategias neoliberales. En esta nueva encrucijada, los dos principales conglomerados recién establecidos, Vial (BHC) y Cruzat-Larraín, cuyo crédito internacional se hizo humo, quedaron enterrados para siempre bajo una montaña de deudas impagadas por los asociados que las habían adquirido con tanta premura. Las bancarrotas sumaron más de 800 en 1982 (habiendo alcanzado alrededor de un tercio de esa cifra entre 1977 y 1981). El PIB disminuyó en un 15 por 100; la fuerza de trabajo industrial se redujo en un 20 por 100 y el desempleo se elevó por encima de su volumen de 1975-1976. A comienzos de 1983, más de medio millón de hombres se encontraban empleados en el PEM y en un segundo programa de emergencia, el POJH (Programa Ocupacional para Jefes de Hogar). Tanto los industriales como los agricultores clamaron pidiendo protección: sus organizaciones, hasta entonces menospreciadas por los *Chicago Boys,* tendrían que ser escuchadas con mayor atención en el futuro.

A mediados de 1982, De Castro se retiró del Ministerio de Hacienda y la tasa cambiaria fija que había establecido fue abandonada cuando el propio Pinochet le dijo lisa y llanamente a su nuevo ministro: «He resuelto devaluar». Otras dos devaluaciones bajaron el valor del peso en un 88 por 100. A los deudores en moneda dura, se les asignó un dólar preferencial para amortiguar los efectos de esta medida. A comienzos de 1983, con el sistema bancario próximo a la quiebra, el régimen asumió directamente el control de los diez bancos y financieras, liquidó tres de partida y el Banco Central asumió sus deudas. Después de dos años –y no menos de cuatro ministros de Hacienda–, una nueva política económica comenzó a tomar forma. En febrero de 1985, Pinochet nombró en dicha cartera a Hernán Büchi (36 años). El hecho de que hubiera realizado sus estudios de posgrado en Columbia y no en Chicago, y de que estos hubieran sido en comercio y no en economía, no pasó inadvertido. Con su pelo largo y el entusiasmo con que trotaba y andaba en bicicleta, Büchi difícilmente tenía la apariencia de un ministro de Hacienda; sin embargo, él, más que ningún otro, simbolizaba el inteligente pragmatismo que ahora reemplazaba la versión anterior y fundamentalista del neoliberalismo.

El nuevo pragmatismo se basaba en el cuidadoso manejo de la tasa cambiaria y el volumen de circulante, aunque también (en parte

para controlar las importaciones) se autorizaron algunas medidas se-
lectivas para beneficiar a la agricultura y a la industria orientadas al
mercado interno, así como a los exportadores que ya habían sido tan
favorecidos. Los aranceles de importación fueron fijados a niveles un
poco más altos que los de 1980 y se volvieron a introducir sobretasas
para algunos artículos específicos, mientras los componentes fabricados en Chile para la industria de exportación quedaban exentos de
IVA. Esta mezcla de «sustitución de las importaciones» limitada y
promoción de las exportaciones espoleó a las industrias y los talleres
chilenos −así como a los campos del Valle Central y los bosques de
pinos del sur cada vez más numerosos−. Esto ayudó a impulsar al país
en una nueva etapa de sólido crecimiento iniciada a mediados de
1980, que afectó inevitablemente a las tasas salariales y de empleo (y
probablemente también a la política). A pesar de lo anterior, la estructura neoliberal general seguía manteniéndose y se fortalecía. Durante la década de 1980, la mayoría de los programas nacionales de
pensiones fueron transferidos a compañías privadas, conocidas como
AFPs (Administradoras de Fondos de Pensión). (A comienzos de la
década de 1990 los nuevos fondos de pensiones privados valían alrededor de 15.000 millones de dólares.) Después de 1985, además, algunas empresas estatales «estratégicas» −incluida la CAP (acero) y
SOQUIMICH (salitre y químicos)− fueron vendidas en una nueva
ronda de privatizaciones. En algunos de estos casos, los trabajadores
adquirieron un tercio del patrimonio. No obstante, incluso después
de lo anterior, el sector público seguía conservando un conjunto de
grandes corporaciones, incluida la ENAP (petróleo) y la enorme
corporación del cobre, CODELCO.

Tabla 13.5. Gasto social [1.000 millones de dólares (1981)]

1972	226,2	1977	165,8
1974	182,6	1979	191,7
1975	153,2	1981	202,1

Fuente: J. P. Arellano, «Social Policies in Chile: A Historical Review», *Journal of Latin American Studies*, 17, 2 (1985), p. 405.

Había llegado ahora el momento de reunir esfuerzos para atajar
la gigantesca deuda externa. Esto dio algunos frutos: en términos de

porcentaje respecto del PNB, esta disminuyó del 143 por 100 en 1985 al 74 por 100 en 1990. En 1970, era un mero 8 por 100 del PNB. En esta área, Chile fue uno de los pioneros en el innovador uso de la conversión de la deuda en capital (los inversores extranjeros compraban las deudas, se las vendían al Banco Central y usaban las utilidades para comprar acciones de compañías chilenas o hacer nuevas inversiones). La inversión extranjera directa, que había sido bastante menor hasta entonces, también experimentó un fuerte aumento desde 1985 (alrededor del 40 por 100 provenía de los Estados Unidos y gran parte se utilizó con fines productivos –a diferencia de lo que había ocurrido con los préstamos especulativos de fines de la década de 1970)–. La Escondida, una nueva mina de cobre de grandes proporciones y perteneciente a multinacionales norteamericanas, europeas y japonesas, comenzó a producir en 1990, con planes de crecimiento para alcanzar un volumen similar a El Teniente. Proyectos como estos hicieron que Chile apareciera con un perfil muy positivo en la prensa empresarial internacional. Para otros países de América Latina, atrapados en recesiones que ya duraban toda una década (como lo estaba la mayoría), el «modelo chileno» parecía sumamente atractivo a comienzos de la década de 1990. No por primera vez en su historia, este pequeño país parecía liderar el pelotón.

Los efectos que la revolución económica neoliberal tuvo en la sociedad chilena han sido muy discutidos y continuarán siéndolo. Como hemos visto, el crecimiento económico que se produjo desde mediados de la década de 1980 tuvo un alto coste: dos graves recesiones y una tasa de desempleo que siguió siendo alta hasta el final del periodo. La pobreza urbana y rural sin duda empeoró durante esos años. Para quienes disfrutaban de un empleo permanente, los sueldos reales de 1990 probablemente eran tan sólo levemente mejores que los de hacía 20 años, aunque una vez más estaban mejorando en forma sostenida con el renovado crecimiento económico. La distribución de los ingresos se había vuelto sumamente dispareja: gran parte de los beneficios del crecimiento eran acumulados por los más adinerados, mientras que el 40 por 100 más pobre de la población y algunos sectores de la clase media (burócratas y profesores de escuela cesantes, o quienes estaban atrapados en una espiral de deudas) tenían que vérselas con niveles de vida estáticos o en descenso.

Tabla 13.6. Desempleo, 1970-1983

%	Abierto	PEM★	Total
1970	5,7	—	5,7
1974	9,2	—	9,2
1975	14,5	2	16,5
1976	14,4	5,8	20,2
1977	12,7	5,9	18,6
1978	13,6	4,3	17,9
1979	13,8	3,5	17,3
1980	12,0	5,2	17,3
1981	10,8	4,8	15,6
1982	20,4	5,1	25,5
1983	18,6	10,3	28,9

★ PEM= Programa de Empleo Mínimo

Fuente: S. y A. Edwards, *Monetarism and Liberalization: The Chilean Experiment*, cit., p. 137; y C. Fortín, «The Political Economy of repressive Monetarism», cit., I, p. 163.

No es que el régimen militar hubiera olvidado a los pobres (aunque algunos de quienes lo apoyaban sí lo hicieron). De hecho, los pobres más pobres (quienes estaban en la «extrema pobreza») fueron una preocupación permanente de su equipo de planificación en ODEPLAN. A fines de la década de 1980, el régimen podía mostrar con justificado orgullo significativas mejoras en las viviendas de bajo costo, el alcantarillado, la pavimentación, el suministro de agua potable, las expectativas de vida (65 años en 1973, 72 en 1990), la nutrición y la mortalidad infantiles (en 1970, Chile tenía una de las tasas más altas de América Latina; en 1990, tenía la más baja). Todo esto era, sin duda, admirable. Sin embargo, en otras áreas, el proyecto económico del régimen era socialmente perjudicial. La creación de numerosos programas de salud privada (desde 1981), las ISAPREs (Institutos de Salud Previsional), tendía a beneficiar a una minoría, aunque creciente: el total de afiliados alcanzaba 1,5 millones en 1989 e iba en aumento (para cubrir alrededor del 25 por 100 de la población en 1994). Otros chilenos (especialmente los desempleados, los enfermos y los ancianos) corrían peor suerte. El gasto en los servicios de salud estatales (regionalizados en la década de 1980) fue reducido, al igual que los niveles de atención médica y servicios hospitalarios. Es posible que la descentralización de los servicios sociales (y de la educación estatal), los cuales pasaron a manos de las municipalidades en 1981, haya reducido significativamente la burocracia, pero las municipalidades más pobres no estaban en condiciones de soportar esta nueva carga.

Además, la «reestructuración» neoliberal alteró considerablemente los esquemas de empleo tradicionales. La elevada tasa de desempleo, por sí misma, tuvo efectos muy evidentes en la vida e ingresos familiares. A finales de la década de 1980, entre el 30 por 100 y el 40 por 100 de la población activa realizaba trabajos «informales», incluida la venta callejera y el servicio doméstico. Debido a una difundida práctica de subcontratación (utilizada por la industria, el campo y el mismo Estado), el empleo pasó a ser a menudo a plazo fijo o temporal –el caso más representativo es el de la recolección y empaquetado de fruta, que en la década de 1980 atrajo a miles de hombres y mujeres tanto de las ciudades como del campo–. En el campo, los trabajadores temporeros superaban a aquellos en trabajos estables por seis a uno. En las poblaciones, los masivos grupos comunales (a menudo asistidos por la Iglesia católica y por lo general dirigidos por mujeres) organizaron la producción y venta de artículos artesanales, incluidas las hermosas «arpilleras», exhibidas después en todo el mundo. Quienes no lograron insertarse en estas estrategias de supervivencia y tampoco encontraban otra salida a sus miserias, se refugiaron en el alcohol o en las ahora florecientes Iglesias protestantes (en su mayor parte pentecostales)[9]: en 1985, se estimaba que alrededor del 20 por 100 de la población era protestante, un cambio soterrado cuyas implicaciones para el futuro (de tener alguna) pocos se molestaron en evaluar.

A pesar de la enorme cara oculta de la pobreza, muchos chilenos se adaptaron –y prosperaron– en el nuevo clima económico. Una nueva raza de empresarios rudos y modernos (a menudo más bien prosaicos) ocupó su lugar junto a la generación más antigua. Los *yuppies* chilenos abundaban. Los conglomerados nuevos (y antiguos), con bases más sólidas que los de Vial o Cruzat-Larraín, crecieron de manera impresionante en la década de 1980. Las empresas más antiguas y establecidas, afecta-

---

[9] En Chile constituye prácticamente una segunda Iglesia oficial (fundada en 1910), que no está vinculada, como otras iglesias protestantes en América Central, a las sectas fundamentalistas de Estados Unidos, aunque algunas de estas también tienen iglesias hermanas en Chile.

das por las dos recesiones, se mostraron deseosas de competir con éxito en los mercados internos y, cada vez más, en los externos. Confiados en sus propias capacidades, los empresarios comenzaron a considerarse (y a proyectar a mediados de la década de 1980 una imagen de sí mismos) como puntales de la sociedad. Por su parte, y a una escala más modesta, la «revolución informática», aceptada con entusiasmo por las empresas chilenas, ofrecía nuevas oportunidades a miles de especialistas en ordenadores bien preparados. Los cursos de ingeniería comercial, derecho comercial y contabilidad proliferaron en una serie de nuevas universidades (liberadas de la pretensión investigadora) e institutos profesionales privados. En general, la educación superior tenía un aspecto marcadamente funcional a finales de la década de 1980, pero indudablemente amplió los límites de la cultura empresarial soñados por el régimen.

Los tecnócratas neoliberales probablemente no planearon un profundo cambio en la cultura nacional. La encuesta de opinión realizada por Carlos Huneeus en 1986 muestra que, mientras los bancos y conglomerados eran poco apreciados por los entrevistados, los negocios pequeños y medianos eran muy bien mirados, si bien una mayoría expresaba su deseo de que la economía fuera mixta más que completamente privatizada[10]. Los propietarios de las exitosas pequeñas empresas que se acababan de formar, los trabajadores que poseían acciones de las corporaciones recién privatizadas, los campesinos que cultivaban porotos para la exportación o verduras para el mercado de Santiago –todos ellos, quizá– sentían un creciente apego por la economía de mercado. Incluso parte de quienes trabajaban en el amplio sector «informal» podían verse a sí mismos a veces como pequeños empresarios, mientras que otros no tenían muchos deseos de volver a las fábricas.

Los autores Joaquín Lavín y Luis Larraín afirmaban en 1989 que Chile se había convertido en «una sociedad más eficiente [...], más humana, más informada, más culta»[11]. Se referían a los modernos ejecutivos de las empresas, a los centros comerciales de Santiago oriental, a los supermercados y a la pavimentación de las poblaciones, a los cursos de informática, a la diversidad de expresiones culturales, a la enorme variedad de bienes de consumo en las tiendas, al crecimiento de las exportaciones industriales –esos eran, afirmaban, los signos in-

---

[10] C. Huneeus, *Los chilenos y la política*, Santiago, CERC, 1987, pp. 116-120.
[11] J. Lavín y L. Larraín, *Chile, sociedad emergente*, Santiago, Zig-Zag, 1989, p. 17.

discutibles de una nueva sociedad emergente, de una sociedad moderna–. Mucho de lo que decían era bastante cierto. Había múltiples huellas materiales de modernización en el Chile de 1989. No obstante, una mirada diferente y menos benigna también habría reparado, ese año, no sólo en la evidente persistencia de la pobreza, sino también en cierta atomización social, en la trivialización al estilo americano de los medios de comunicación masivos, en cierta tendencia a un consumismo más bien insensato. Algo que ningún visitante podía dejar de notar en 1989 era el hecho de que, entre otros signos de deterioro ambiental, el *smog* de Santiago era uno de los más nocivos del hemisferio sur –producto, por una parte, del enorme aumento en la cantidad de automóviles (cerca de 1,5 millones en Chile a mediados de la década de 1990) y, por otra, de un aumento descontrolado en la cifra total de autobuses, en una ciudad que, para entonces, alcanzaba los cuatro millones de habitantes[12]–. A su modo, este era un símbolo elocuente de «desregulación». En resumen, el gobierno de Pinochet construyó sólidas bases para los gobiernos futuros, pero también dejó muchas cosas por enmendar. *¿Pero a quién le correspondía hacerlo?*

LA RENOVACIÓN DE LA POLÍTICA

Entre las secuelas de la crisis económica de 1982-1983, hay que señalar el surgimiento de una seria oposición al régimen de Pinochet, la cual fue desatada por el movimiento obrero. Tras 1973, con la antigua CUT disuelta, los sindicatos del comercio se habían visto seriamente impedidos tanto por la represión como por una serie de nuevas restricciones. En 1979, el régimen introdujo su propio Código laboral (Plan Laboral), que limitaba mucho el radio de acción de los sindicatos. Su afiliación disminuyó prácticamente a la mitad entre 1973 y 1983. Aun así, como observó Alan Angell «la conciencia política y de clase no podía ser abolida por decreto»[13] y la resistencia al régimen por parte de los trabajadores nunca cesó. A comienzos de la década de

---

[12] A finales de la década de 1980, Santiago se ufanaba de contar con tantos autobuses como Buenos Aires, ciudad tres veces más grande.

[13] *Cambridge History of Latin America*, L. Bethell (ed.), vol. VIII, Cambridge, Cambridge University Press, 1991, p. 371.

1980, varios dirigentes sindicales se estaban haciendo conocidos a escala nacional por su postura independiente –especialmente Manuel Bustos entre los trabajadores textiles, Rodolfo Seguel entre los mineros del cobre y Tucapel Jiménez, el más antiguo, dirigente del sindicato de empleados públicos (ANEF), quien antes había apoyado al régimen–. Claramente, la creciente popularidad de Jiménez fue vista como una amenaza: en febrero de 1982, fue brutalmente asesinado por la CNI y su cuerpo abandonado en un taxi. Rodolfo Seguel («el Lech Walesa chileno», como algunos lo llamaron) tomó la iniciativa en su lugar y convocó a una huelga general de un día para el 11 de mayo de 1983. Para sorpresa de Seguel, la huelga tuvo un amplio apoyo. Santiago quedó paralizado: el sonido de los bocinazos y el golpeteo de las cacerolas mostraron que la oposición militante había vuelto a las calles de Chile. Durante los tres años siguientes, hubo aproximadamente más de 20 días de estas «protestas», con huelgas, demostraciones y peleas a la carrera con la policía.

Aunque la iniciativa de las primeras y pocas protestas provenía de los sindicatos, esta muy pronto pasó a los partidos que ya habían comenzado a revivir. Seguel, como demócrata-cristiano, así lo quería. Tal como declaró en julio de 1983, era el deber de los partidos «asumir el papel que les corresponde en esta sociedad [...], [y] encontrar el punto en el que están de acuerdo y presentarle al pueblo un proyecto»[14]. Ni los sindicatos (que tenían sus propias peleas que dar) ni las aproximadamente mil organizaciones de base de las poblaciones (en las que, una vez más, merece la pena destacar el importante papel de las mujeres) podían articular fácilmente ese necesario «proyecto» nacional.

A pesar de que los partidos habían visto interrumpido su funcionamiento durante los diez años anteriores, nunca desaparecieron. El Partido Nacional se había desbandado patrióticamente tras el golpe y sus miembros, desde entonces, apoyaban al régimen. Los comunistas, a pesar de haber sufrido una dura represión, sabían cómo sobrevivir en la clandestinidad. En 1980, alejándose radicalmente de su histórica línea «pacífica» e inspirándose en parte en las revoluciones de Nicaragua e Irán, el Partido comenzó a desarrollar una táctica de insurrección masiva: su nuevo grupo de guerrilla urbana, el Frente Patriótico Manuel Rodríguez (FPMR), había comenzado a ejecutar acciones terroristas menores

---

[14] E. Ahumada *et al.*, *Chile, la memoria prohibida*, cit., vol. III, p. 515.

–los rodriguistas tenían especial debilidad por los atentados contra los postes del alumbrado eléctrico y por los cortes de energía eléctrica–. Las redes nacionales del Partido Socialista habían sido mucho más desarticuladas por la represión. Sus divisiones internas se habían multiplicado, especialmente entre los exiliados, cuyos debates eran interminables. A comienzos de la década de 1980, se estaban consolidando sus dos facciones principales: primero, los socialistas retrógrados que aspiraban a reeditar todo el programa allendista y, segundo, los llamados «socialistas renovados» (influidos por la Socialdemocracia europea y, según proclamaban algunos, los escritos de Antonio Gramsci), para quienes el asociarse con los demócrata-cristianos ya no era del todo impensable. El mismo PDC, brevemente desorientado por la muerte de su héroe, Eduardo Frei (en enero de 1982), cobró nuevas fuerzas bajo la dirección de un nuevo presidente, el activo y fluido Gabriel Valdés. Sus técnicas incluían distribuir masivamente a los grupos locales de partidarios del PDC casetes concebidas para subirles la moral. (Señalemos que sólo unos pocos años antes las casetes habían desempeñado su parte en la caída del sah de Irán y el triunfo del ayatolá Jomeini.)

Junto con la aparición de las primeras protestas, se formaron dos coaliciones principales organizadas en torno a algunos partidos (agosto-septiembre de 1983). La primera, la Alianza Democrática, tenía por núcleo el PDC, la llamada «Derecha republicana» (los derechistas que comenzaban a distanciarse del régimen) y los «socialistas renovados», y contaba además con un asombrosa cantidad de grupos más pequeños –algunos antiguos (como los radicales), otros nuevos (como los humanistas)–. El Partido Comunista, excluido de la Alianza, formó su propio Movimiento Democrático del Pueblo (MDP), junto a la otra facción importante de los socialistas (los «socialistas de Almeyda») y lo poco que quedaba del MIR.

La movilización masiva de 1983-1986, sin duda, desconcertó al régimen. Como era de esperar, su respuesta fue la represión: cada protesta traía su propia cuota de muertos, heridos y arrestados. A finales de 1984, la policía y las tropas montaron una serie de brutales incursiones en las poblaciones. Por iniciativa del cardenal arzobispo de Santiago, Juan Francisco Fresno, 11 partidos (casi todo el espectro menos los comunistas) firmaron en agosto de 1985 un «Acuerdo Nacional para la Transición a la Plena Democracia» –un consenso mínimo en favor de las elecciones libres, del restablecimiento de un régimen amparado por la ley y del reconocimiento de que la economía chilena debía ser «mixta»–. Aunque pudiese provocar algún examen de conciencia en las fuerzas armadas (y evidentemente hubo unos cuantos), Pinochet no podía hacer nada frente a este acuerdo. En la víspera de Navidad de 1985 le dijo lisa y llanamente al cardenal que no se metiera en política. El capitán general había celebrado hacía poco su cumpleaños número setenta y estaba en excelente forma física, lo que recordó a los chilenos en un corto de televisión donde aparecía haciendo sus legendarios ejercicios matutinos.

El último número del periódico de oposición *Fortín Mapocho* (1985) publicó un titular en letras enormes: ÉL DEBE IRSE EN EL 86. Pero no lo hizo. A pesar de las demostraciones en las calles y en las sedes universitarias, Pinochet estaba decidido a seguir su calendario personal: la victoria en el plebiscito de 1988 y un segundo mandato hasta 1997. En septiembre de 1986, sobrevivió a un serio intento de asesinato (organizado por los rodriguistas), en el cual murieron cinco de sus guardaespaldas. Su escape providencial y en gran medida también la economía finalmente revitalizada, sirvieron para fortalecer su posición. La oposición (o la mayoría de ella) comenzaba lentamente a caer en la cuenta, con cierta reticencia, de que la única táctica práctica que le quedaba era trabajar dentro del marco de la odiada Constitución de 1980. La proposición de que había que tratar la Constitución como «un hecho» fue enunciada por primera vez en 1984 por Patricio Aylwin. En agosto de 1987, cuando este volvió a hacerse cargo de la presidencia de su partido, sucediendo a Valdés, había muchas más personas preparadas para reconocer el «hecho» –aunque sólo fuera porque el propio régimen había comenzado a preparar activamente el plebiscito.

Entre febrero y marzo de 1987, se abrieron los nuevos registros electorales y a los partidos políticos no marxistas se les permitió volver a constituirse con la condición de que reunieran 33.500 firmas de votantes registrados (a nivel nacional). Ese fue el momento de la verdad para la oposición. El nuevo y joven Partido Humanista (versión local de los partidos verdes de Europa Occidental) fue el primero en comenzar su campaña de registro. El PDC y otros partidos pronto se le sumaron. En agosto de 1988, más del 90 por 100 de los votantes calificados estaban registrados. Socialistas y otros izquierdistas excluidos del sistema se sacaron oportunamente de la manga un partido: el

PPD. (Curiosamente desarrolló una identidad propia más tarde.) Finalmente, la derecha también volvió a entrar en la arena política, aunque en un estado de cierta confusión. A la larga, dividió sus fuerzas entre la tradicional y conservadora Renovación Nacional (RN), descendiente del antiguo Partido Nacional, y la tecnocrática y neoliberal Unión Demócrata Independiente (UDI), encabezada por Jaime Guzmán, exdirigente estudiantil gremialista, y uno de los más cercanos asesores de Pinochet durante años, aunque no siempre se siguiese su consejo.

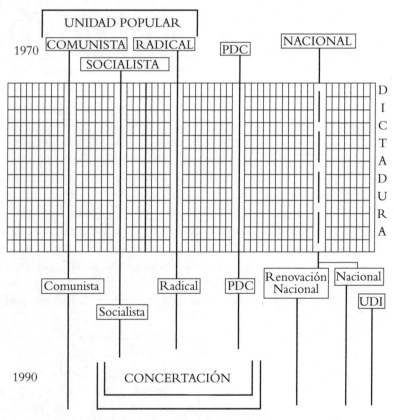

Gráfico 13.1. Principales partidos políticos, 1970-1990.

La Concertación de Partidos por el No, formada en febrero de 1988, reunió a más de 15 partidos y movimientos (sin incluir a los comunistas) en un esfuerzo mancomunado con el fin de ganar la votación por el No en el próximo plebiscito. Nos inclinamos a decir que fue la última de una serie de combinaciones políticas que se remontaban a la Fusión Liberal-Conservadora. El paralelismo con la Fusión es pertinente en un aspecto: al igual que los liberales y conservadores de la década de 1950, los grandes batallones de la Concertación, el PDC y los socialistas (que se volvieron a unir en otro partido en diciembre de 1989), se condujeron como antiguos adversarios capaces de superar sus diferencias para luchar contra un enemigo común. Asimismo, algunos demócrata-cristianos y socialistas (otra vez el paralelo con la Fusión Liberal Conservadora resulta interesante) concebían la Concertación como una coalición de gobierno a largo plazo para llevar al país a una nueva etapa: la redemocratización, una amplia aceptación de la economía de mercado y un énfasis renovado en la justicia social.

Sin embargo, el electorado recién registrado tenía que ser persuadido antes que nada para negarle a Pinochet un segundo mandato. La campaña por el No bordeó la genialidad. Hizo a un lado el acoso de las autoridades −2.000 arrestos políticos en el primer semestre de 1988−. Utilizó las herramientas que los nuevos tiempos le ofrecían: recurrió a grupos de estudio, y a ordenadores y faxes para controlar la votación[15]. Consciente de que había al menos 3 millones de aparatos de televisión en Chile, utilizó de manera brillante los 15 minutos de transmisión televisiva concedidos a regañadientes por el régimen. La votación se realizó el 5 de octubre de 1988. El No ganó el 54 por 100 de los votos; el Sí, el 43 por 100 (votó el 97 por 100 de la población registrada, el 92 por 100 de todos quienes estaban calificados). Fue un momento de inolvidable euforia para la Concertación.

El resultado enfureció a Pinochet. Mucho tiempo antes, otro plebiscito, señaló después, había elegido a Barrabás (¿qué tenía que ver

---

[15] La oposición también aprovechó los aproximadamente dos millones de dólares que le dio la Administración de Reagan. Se ha dicho que una de las razones para esta generosidad habría sido que dicha Administración, obsesionada en la década de 1980 con derrocar el régimen revolucionario de Nicaragua, quería aparecer como equilibrada en sus tratos con América Latina. Para un estudio de la política norteamericana hacia Chile desde la década de 1960 a la de 1990, véase P. Sigmund, *The United States and Democracy in Chile*, Baltimore, Johns Hopkins University Press, 1993.

esto con él?). No obstante, dejó claro que iba a cumplir su calendario y que se llevarían a cabo las elecciones presidenciales y parlamentarias como correspondía (según la Constitución de 1980). Estas se fijaron para diciembre de 1989. En este punto se reanudaron los rituales tradicionales de la política chilena. La Concertación, llena de energías gracias a su éxito, estaba lista para generar una lista de candidatos común para el Congreso y elegir un presidente. Que el candidato fuera del PDC era inevitable, así como lo había sido el candidato radical para el Frente Popular en 1938. Para disgusto del resto de la Concertación, el propio PDC condujo una dura batalla interna antes de decidirse: Gabriel Valdés quería la designación, al igual que la estrella ascendente de la joven generación, Eduardo Frei, hijo homónimo del anterior presidente y un exitoso ingeniero y empresario. Sin embargo, Valdés finalmente se retiró manifestándose públicamente a favor del candidato evidente, Patricio Aylwin, cuya importancia se había visto muy fortalecida por su papel como portavoz oficial de la Concertación durante la campaña del plebiscito. Renovación Nacional y la UDI eligieron a Hernán Büchi, confiando en que su estilo de vida poco convencional podría ser atractivo. Un tercer candidato entró a la lid. Se trataba del millonario «populista» Francisco Javier *(Fra Fra)* Errázuriz, cuyos motivos para postularse no estaban del todo claros —quizá se debiera simplemente a que, después de todo, era un Errázuriz—. Se autoproclamó un «hombre de centro», lo cual no era.

En el año que iba entre el plebiscito y la elección, la Concertación se dedicó a conseguir una serie de enmiendas a la Constitución de 1980. En este esfuerzo fue apoyada por la positiva actitud de Renovación Nacional (y de su joven dirigente Andrés Allamand) y por el hábil manejo del último ministro del Interior de Pinochet, Carlos Cáceres, quien creía que el capitán general ganaría en honorabilidad con una estricta observancia de su propia Constitución. La Concertación no consiguió todo lo que quería, pero de todas maneras se acordó a la larga un paquete de enmiendas y este fue aprobado (por el 86 por 100 de los siete millones de votantes) en un plebiscito que se llevó a cabo en julio de 1989. Dicho paquete incluía el fin de la prohibición de los partidos que estaban «contra la familia» o en favor de la «lucha de clases» (Artículo 8), el aumento de la proporción de senadores elegidos, la simplificación de los procedimientos para la enmienda constitucional y cambios en la composición del nuevo

Consejo de Seguridad Nacional (originalmente dominado por los militares). Además, como medida transitoria, se limitaba el próximo periodo presidencial a cuatro años.

Pinochet también se mostró conciliador en lo que se refería a la composición del directorio del Banco Central, a partir de entonces independiente del gobierno –un antiguo sueño de los *Chicago Boys*–. No obstante, la Concertación no consiguió cambiar el nuevo sistema de elecciones «binominales»[16] decretado entonces, ni detener el último conjunto de leyes –llamadas «leyes de amarre»– por medio de las cuales Pinochet quería atar de manos a los futuros gobiernos. Estas incluían la permanencia en el cargo de los funcionarios públicos, la inamovilidad de los comandantes en jefe y algunas privatizaciones más de último minuto. Otro punto adicional era la inamovilidad del general: fuera cual fuera el resultado de la elección, él seguiría siendo el comandante en jefe del Ejército hasta 1998.

Todo esto difícilmente parecía importar. Por primera vez en casi dos décadas, los chilenos gozaban las delicias recuperadas (y completamente desconocidas para una nueva generación) de una campaña electoral presidencial. El resultado reflejó, casi con exactitud, la votación del plebiscito. Aylwin ganó el 55 por 100 de los votos, sus dos rivales de derecha consiguieron el 43 por 100 entre ambos. En las elecciones parlamentarias, la Concertación obtuvo 72 de los 120 puestos en la Cámara de Diputados y 22 de los 38 puestos de senadores elegidos.

Una de las últimas tretas de Pinochet había sido la construcción del nuevo edificio del Congreso en Valparaíso –un engendro entre neobabilónico y posmodernista frente a la terminal de autobuses–. Esto formaba parte de un antiguo acuerdo con el almirante Merino, pero, sin duda, era considerado como un medio para bajarle los humos a los egos de los políticos que tendrían que trasladar su principal foro fuera de Santiago. Esta monstruosidad arquitectónica estaba a medio construir cuando, el 11 de marzo de 1990, Patricio Aylwin se ciñó la banda presidencial de Chile.

---

[16] Esto inclinó la balanza hacia la derecha, gracias a las zonas rurales y también a la norma de que, en los distritos con dos puestos, el partido ganador podía quedarse con ambos si contaba con el doble de los votos del partido perdedor.

★ ★ ★

En un momento especialmente desconsolador de los avatares de la República (octubre de 1975), uno de los autores de este libro le preguntó al primer Eduardo Frei si acaso él tenía razones para abrigar algunas esperanzas. Frei contesto que no tenía «razones racionales» para el optimismo, pero sí varias «razones irracionales» y que la principal de ellas era «la esencia de la historia chilena», como él mismo lo enunció –una historia que había sido liberal y democrática con ciertos momentos de reforma constructiva[17]–. La historia de Chile *ha sido* una historia de institucionalidad y, al menos en los últimos tiempos, de creciente democracia. A pesar del trauma de 1973 y sus prolongadas secuelas, esta tendencia básica parece bastante clara.

La muerte prematura de Frei en 1982, que algunos ven muy sospechosa -pudo haber sido víctima de un asesinato político-, le negó el placer de ver vindicada su confianza en la resiliencia chilena: ese segundo plebliscito de 1989 marcó el final del Capitanía general; las elecciones de 1990 restauraron la república chilena.

---

[17] Conversación con Simon Collier, Santiago, 15 de octubre de 1975.

14
Reencuentro con la historia, 1990-2002

Creo que estás un poco confuso, Heredia.
¿Quién no lo está en estos tiempos?

Ramón Díaz Eterovic, *El ojo del alma,* 2001.

Amigo de los duendes, 1990-1996

La coalición que asumió el poder en marzo de 1990 elegiría a dos presidentes más en la siguiente década: el demócrata cristiano Eduardo Frei y, tras él, el socialista Ricardo Lagos. Aunque estos gobiernos de Concertación tenían que operar dentro de las restricciones heredadas del régimen de Pinochet (la Constitución de 1980 y el «modelo» económico), se esforzaron mucho por modificar su legado. El primer presidente de la Concertación, el septuagenario Patricio Aylwin, fue el primero en la historia de Chile con un apellido inglés: uno antiguo, con el significado originario de «amigo de los duendes», o el secundario de «buen amigo». Los duendes, criaturas de la mitología nórdica más que de la latina[1], posiblemente le ayudaron. Resulta tentador compararle, a pesar de las inequívocas diferencias de actitud, con el conciliador presidente del siglo XIX José Joaquín Pérez. Su tarea fue en algunos aspectos similar, más sobrecogedora en otros. La cabeza clara de Aylwin, su paciencia, su talento para la negociación, su sonrisa irónica fueron recursos inestimables mientras el país retrocedía para mirar con perspectiva lo que el mismo Aylwin, en su emocionante discurso televisado la víspera de Año Nuevo de 1990, denominó el «reencuentro» de Chile con su historia.

---

[1] No obstante, los chilenos estaban familiarizados con ellos gracias a la traducción del éxito de ventas *El Señor de los anillos* de J. R. R. Tolkien. Las películas (2001-) rodadas a partir del libro fueron tan populares en Chile como en todas partes.

La tarea de los gobiernos de Concentración era triple: reforzar el consenso democrático y, en particular, asegurar unas tranquilas relaciones entre civiles y militares; manejar las delicadas cuestiones surgidas de los abusos de derechos humanos del periodo 1973-1990; y mantener el crecimiento económico a la vez que se ocupaba de la «deuda social» dejada por el régimen saliente. Aylwin ya advirtió de que no sería un proceso rápido. No lo fue en ningún sentido, pero contó con la actitud de los políticos, generalmente constructiva, o de la mayoría de ellos. Estaba preparado para negociar iniciativas fundamentales (como importantes leyes impositivas y laborales en 1990) con la oposición de derechas. En el Congreso, el encanto y la autoridad de Gabriel Valdés, presidente del Senado, suavizaron las relaciones entre partidos. A la vida parlamentaria en los primeros años de la década de 1990 le faltaba algo de la chispa de épocas anteriores. De hecho, el papel del Congreso era más limitado que antes de 1973. Casi toda la legislación entre 1990 y 1994 emanaba de La Moneda. La voluntad de la Concertación de consultar a la oposición procedía, en parte, de la necesidad de garantizar la reintegración de la derecha (todavía fuertemente inclinada a defender los logros del régimen militar) en la corriente política mayoritaria, para reforzar así el consenso democrático. Aunque podía parecer a algunos una nimiedad demasiado restrictiva, probablemente reflejaba los deseos de la mayoría de los chilenos en ese momento.

No había que esperar que las emociones desatadas por los años de Pinochet se esfumasen deprisa. Sólo el tiempo podría restañar las heridas. Los disturbios y manifestaciones (con frecuencia el 11 de septiembre, aniversario del golpe de 1973) fueron un rasgo común en los años noventa, aunque no a gran escala. No eran comparables a los disturbios y manifestaciones de comienzos de la década de 1970 o mediados de la de 1980. Sin embargo, el gobierno sabía que había que saldar sin demora algunas deudas de la historia reciente. En septiembre de 1990, Salvador Allende tuvo un funeral de Estado en Santiago: miles de personas saludaron el féretro que viajó por carretera desde Viña del Mar, donde el presidente había sido enterrado sin ceremonias el 12 de septiembre de 1973. La viuda de Allende describió el funeral como un momento de «reparación y reconciliación»[2]. Cinco meses antes, Aylwin

---

[2] *El Mercurio*, 5 de septiembre de 1990.

había creado una Comisión de la Verdad y la Reconciliación para hacer un balance de las violaciones de derechos humanos durante los años de Pinochet. Como admitió el presidente Nelson Mandela, sirvió de inspiración para una comisión similar en Sudáfrica en 1995. Estaba presidida por Raúl Rettig, un antiguo senador radical que 40 años antes había librado un inofensivo duelo con Allende[3]. El Informe Rettig (marzo 1991)[4] dejó al descubierto un panorama de represión, documentó más de 2.000 muertes (la cifra total era de unas 3.000) y criticó duramente al poder judicial por su aquiescencia durante el régimen de Pinochet. Esto molestó a los impenitentes jueces de la Corte Suprema, uno de los cuales fue destituido por el Senado (junio de 1993). Aylwin presentó un plan de compensación para las víctimas de la represión. Un departamento, que funcionó de 1991 a 1994, ayudó a unos 65.000 exiliados retornados. La cuestión de los procesos por acusación se dejó en manos de los tribunales. Para consternación de los grupos de derechos humanos y las familias que habían sufrido, el avance fue lento. A mediados de 1993 fracasó una propuesta de Aylwin para acelerar los juicios garantizando el anonimato a los testigos. Ese mismo año se produjo un gran avance cuando el exjefe de la DINA, el general Manuel Contreras, y su principal lugarteniente fueron condenados por su papel en el asunto Letelier de 1976-1977. El Supremo confirmó la sentencia de cárcel en mayo de 1995, que se cumplió tras una serie de vergonzosos aplazamientos.

Eran obvias las iniciales reservas a tales procesamientos. El Ejército había regresado a los cuarteles, pero conservaba un alto grado de independencia. Pese a la esperanza de la Concertación de que fuera abolido, el CNI se fusionó con la inteligencia militar (DINE). Según reveló más tarde el Ejército, los registros de ambos, CNI y DINA, fueron destruidos en un lamentable incendio. Una serie de episodios (sobre todo un escándalo de escuchas telefónicas en 1992) parecían indicar que aún existía el espionaje político. El general Pinochet permanecía insensible ante las numerosas insinuaciones de que renunciase al puesto de comandante en jefe. Estaba claro que el viejo soldado

---

[3] Véase C. Jorquera, *El Chicho Allende,* Santiago, BAT, 1990, pp. 284-305.

[4] En 1993, de acuerdo con una de las propuestas del Informe, se construyó en el Cementerio General de Santiago un monumento a las víctimas de la represión, en el que hay grabados 4.000 nombres en una pared de mármol de 30 metros.

no deseaba apagarse sin más. Escribió sus memorias (en cuatro volúmenes), que se vendieron rápidamente, pero era evidente que en ocasiones se sentía tentado a jugar el papel del elefante solitario. La investigación del Congreso y la prensa sobre escándalos financieros que implicaban a oficiales del Ejército (y a su propio yerno) le llevaron a ordenar un acuartelamiento general en diciembre de 1990, una dramática muestra de ruido de sables que provocó un breve ataque de nervios en unos cuantos políticos fácilmente excitables y la indiferencia del público. En mayo de 1993, mientras Aylwin estaba en el extranjero y su afable ministro del Interior Enrqiue Krauss ocupaba el cargo de vicepresidente, Pinochet rodeó con soldados el Ministerio de Defensa y ordenó a su Estado Mayor que luciesen uniforme de batalla. Al parecer fue poco más que un innecesario recordatorio para Chile de que seguía allí. Aylwin manejó todos estas pequeñas molestias con tacto y paciencia. Comentó al presidente Felipe González que era como si Franco siguiese vivo en España. No obstante, puede ser engañoso centrarse demasiado en la relación entre el comandante en jefe y el presidente como individuos. A otros niveles, las relaciones entre militares y civiles adquirían una base más sólida. El Congreso cultivaba los vínculos con las fuerzas armadas de forma más sistemática que antes.

Tabla 14.1. Crecimiento del PIB, inflación, paro, 1990-1994

	PIB (% crecimiento)	Inflación	Paro (%)
1990	2,1	27,3	5,7
1991	6,0	18,7	5,3
1992	10,4	12,7	4,9
1993	6,0	12,2	4,4
1994	4,3	8,9	6,0

Fuente: *Estudios Sociales*, 75 (1993), p 59. *El Mercurio*, 6 de enero de 1993; 6 de enero de 1994; 6 de enero y 2 de febrero de 1995.

El fortalecimiento del consenso democrático se vio reforzado evidentemente por el éxito económico. Los objetivos económicos de la Concertación pueden resumirse en la frase «crecimiento con equidad». Su programa aceptaba la economía de mercado como una realidad (aunque suspendió las nuevas privatizaciones) y ponía énfasis en controlar la inflación así como en seguir promoviendo las exportaciones, sumando también a sus preocupaciones la «deuda social» heredada del régimen de Pinochet. Los dos últimos años del régimen militar habían sido levemente inflacionarios, con un mayor gasto fiscal utilizado para conseguir un mayor apoyo del electorado. Alejandro Foxley, el nuevo ministro de Hacienda que era conocido internacionalmente por haber criticado el modelo neoliberal, refrenó el volumen de circulante y aumentó los impuestos corporativos y el IVA, comenzando a administrar las necesarias medidas correctivas. Este ajuste implicaba un crecimiento menor que el del primer año de Aylwin, pero después, la economía despegó con renovado vigor, con una rápida alza en las inversiones, y con el Banco Central a cargo de la modificación de la tasa cambiaria según fuera necesario. El peso se cotizaba formalmente según una «canasta» de monedas extranjeras: dólar-yen-marco alemán. A finales de 1992, año que Foxley describió como «el mejor año económico en tres décadas», Chile había gozado de ocho años de crecimiento ininterrumpido impulsado por las exportaciones. Y el crecimiento continuó en 1993 y 1994, llegando a los diez años.

Los numerosos viajes oficiales de Aylwin a países extranjeros, concebidos para restablecer las relaciones internacionales chilenas, representaban además una forma consciente de «promover las exportaciones». En 1991, Japón superó a los Estados Unidos como el país con el mayor mercado de exportaciones unitario y sus inversiones aumentaron significativamente. El gobierno japonés afirmó que Chile era el país de América Latina con el mejor coeficiente riesgo/inversión. En septiembre de 1991, Chile y México firmaron un tratado de libre comercio, que en un año duplicó el flujo entre ambas naciones. Las esperanzas a largo plazo estaban puestas ahora en un eventual acceso al proyectado Acuerdo de Libre Comercio de Norteamérica (NAFTA), ratificado por el Senado de Estados Unidos a fines de 1993, y al mercado común (MERCOSUR) que entonces se estaba creando entre Brasil, Argentina, Uruguay y Paraguay. Tales estrategias se hicieron más necesarias que nunca a mediados de la década de 1990, porque el panorama internacional en esa época no era en absoluto positivo, con Europa combatiendo una recesión, el milagro económico japonés en una fase más incierta que las anteriores, la vasta reconstrucción económica a la que se enfrentaban los antiguos países del bloque soviético y sólo un modesto crecimiento en Estados Unidos. El proteccio-

nismo agrícola (especialmente en Japón y Europa) y las probabilidades
de una renovada competencia desde el interior de América Latina
(especialmente por parte de Argentina) constituían un desafío para
quienes definían las políticas en Santiago. No obstante, los otros «modelos» parecían escasos y poco apropiados en esos tiempos. Como lo
señaló en mayo de 1993 el economista jefe del Ministerio de Hacienda: «O buscamos un crecimiento basado en las exportaciones o no
crecemos para nada»[5].

En el campo laboral, la Concertación promulgó una nueva ley
(1990) para ampliar los derechos sindicales y la negociación colectiva.
El movimiento obrero, agrupado desde 1988 en la nueva confederación sindical CUT (Central Unitaria de Trabajadores), tenía mucho
terreno que recuperar y era aún más débil que en la década de 1960.
Hubo huelgas moderadamente exitosas en El Teniente y Chuquicamata en julio y agosto de 1991. En octubre de 1992, se rebelaron los
médicos del sistema estatal de salud por los sueldos y las condiciones
de trabajo, lo que llevó a la dimisión del ingenioso ministro de Sanidad Jorge Jiménez. Estos episodios podían ser vistos como simples
síntomas de una reactivación gradual de la democracia. El intermitente terrorismo urbano de esos años –organizado por una fracción militante del ahora inactivo FPMR y un grupo rival, el MJL (Movimiento Juvenil Lautaro)– tampoco representaba una seria amenaza
para la renovada estabilidad democrática, aunque todavía asestaba golpes, en especial el asesinato del senador Jaime Guzmán, fundador, líder
y principal ideólogo de UDI, y uno de los consejeros más valorados
de Pinochet. Una ley de clemencia en septiembre de 1991 (que ofrecía a los terroristas un trato favorable si entregaban pruebas al Estado)
y la captura en julio de 1992 del principal líder lautarista (a mediados
de 1994 toda la dirección estaba entre rejas) ayudaron a la policía a
anticiparse a los violentos. (En diciembre de 1996 un audaz asalto con
helicóptero a la cárcel de alta seguridad de Santiago «liberó» a cuatro
terroristas, incluido el asesino del senador Guzmán.) En todo caso, los
violentos fueron repudiados por todos los sectores de la opinión política, incluso lo que quedaba de la izquierda, centrado en el Partido
Comunista, que permanecía al margen de la Concertación.

---

[5] Joaquín Vial, citado en *The Financial Times* (Londres), 19 de mayo de 1993, p. 31
(estudio sobre Chile).

La reforma constitucional era un objetivo imprescindible para Aylwin, pero la derecha en el Congreso (respaldada por los «senadores por designación») bloqueó sus propuestas más serias (1992-1993), que incluían la devolución al presidente del derecho a destituir al comandante en jefe y la abolición de los senadores designados. Aylwin tampoco pudo conseguir cambios en el sistema electoral «de dos términos». Su sucesor tendría dificultades similares, en buena media por idénticas razones. Incluso cuando los políticos de la derecha (principalmente de Renovación Nacional) se mostraban comprensivos con la reforma, la intransigente UDI solía rechazar las propuestas. Sin embargo, gobierno y oposición estaban de acuerdo en volver al control democrático de los más de 300 municipios del país (todavía gobernados por los alcaldes nombrados por Pinochet). En junio de 1992 se celebraron una especie de elecciones municipales. La Concertación obtuvo más del 52 por 100 y la derecha consiguió algo más del 30 por 100 de los votos. El Partido Comunista (cerca del 7 por 100) parecía cada vez más una sombra de lo que fue. Con las revoluciones en Europa del Este de 1989 y la desintegración de la Unión Soviética, el partido, en otro tiempo impresionante marco de referencia, se había desvanecido hasta el punto de desaparición. Su papel en la política de la década de 1990 sería muy limitado.

Dado que el mandato de Aylwin duraba cuatro años (los futuros periodos se fijaron en seis años en febrero de 1994), todos los precedentes en la historia chilena maniobraron para la siguiente e inevitable elección presidencial a comienzos de 1993. El segundo Eduardo Frei, que para entonces había adquirido un fuerte interés en la política del que había parecido carecer antes, presentó su nominación al PDC y también a la Concertación. Su principal rival era el inteligente y popular socialista Ricardo Lagos, poseedor de un doctorado por la Duke University de Estados Unidos, miembro muy destacado en la campaña de 1988 y más recientemente ministro de Educación con Aylwin. En lo que fue una asombrosa innovación en una coalición, y un precedente para el futuro, la Concertación acordó celebrar una elección primaria multilateral: 600.000 personas votaron (mayo de 1993). Frei obtuvo el 62 por 100, Lagos el 38 por 100. Como para subrayar las continuidades de la historia chilena, RN y UDI designaron (agosto de 1993) al senador Arturo Alessandri, nieto del León de Tarapacá. Pero en aquel momento la marea electoral estaba a favor de la Concertación. Frei triunfó (11 de diciembre de 1993) con casi el 58 por 100 del voto popular (el mayor porcentaje desde 1931) y el nieto del León se adjudicó alrededor de una cuarta parte de los votos. Por quinta vez en la historia de Chile un hijo sucedía a un padre en la presidencia. La mayoría de Frei (mejor que la de Aylwin en 1989 y la de su propio padre en 1964) era una clara reivindicación de la coalición gobernante. La ya concluida abominación arquitectónica en Valparaíso tuvo su segunda inauguración presidencial el 11 de marzo de 1994.

¿NEOLIBERALISMO CON CARA HUMANA?

Una década de progreso

Los gobiernos de Concertación siguieron la línea general del «modelo» económico neoliberal impuesto por el régimen militar, sobre todo porque estaba dando resultados. Los últimos dos años de Pinochet habían sido ligeramente inflacionarios, con un mayor gasto público diseñado para captar apoyo electoral. Alejando Foxley, ministro de Finanzas de Aylwin (con anterioridad un crítico internacionalmente conocido del neoliberalismo), se encontró administrando el necesario correctivo en la masa monetaria y aumentando los impuestos a las empresas y el IVA. Este ajuste supuso menor crecimiento durante el primer año de Aylwin, pero la economía volvió a recuperar vigor a partir de entonces. El gobierno de Aylwin completó la venta de LAN-Chile. Frei privatizó saneamiento, puertos y proyectos de autopistas. Más interesante es que los gobiernos posteriores a 1990 intentaron diversificar la base económica chilena. Es cierto que los minerales aún constituían la principal fuente de ingresos por exportaciones del país, pero su participación en el PIB cayó al 8,4 por 100 en 2001. El cobre representaba en ese momento un 36,5 por 100 de los ingresos por exportaciones, comparado con el 70 por 100 de comienzos de la década de 1970. La estatal CODELCO generaba en torno a un 0,5 por 100 de los ingresos del gobierno en 2001, aunque para entonces las minas de propiedad privada sumaban dos tercios de las exportaciones de cobre; el metal fundido refinado en el país (CODELCO fue pionera en el proceso) representaba una proporción creciente (casi dos tercios) de todo el cobre exportado.

Mientras tanto, continuaban floreciendo las llamadas exportaciones «no tradicionales», con productos de granjas, pesquerías y bosques a la vanguardia. Sólo la fruta de mesa exportada (en especial uvas) reportó más de 1.000 millones de dólares en 2001. La producción de vino se diversificó espectacularmente: en 2001 fueron clasificados 744 vinos, frente a los 165 de 1993. El mayor crecimiento fue para las cepas *chardonnay* y *merlot*. Dado que la demanda local de pescado y marisco era fácilmente satisfecha, el inmenso excedente podía ser congelado o enlatado para su venta en el exterior. Las granjas de peces, instaladas en los lagos del sur, ampliaron enormemente su rendimiento (se multiplicó por cinco entre 1992 y 2002) y Chile se convirtió en el segundo mayor exportador de salmón del mundo. (La sobrepesca y las alteraciones del clima, sin embargo, señalan un futuro más incierto para las grandes exportaciones chilenas de aceite y harina de pescado.) Una amplia gama de productos forestales –pulpa de madera, papel, pastas mecánica y química, contrachapado, laminado, fibra y hebras de madera– registraron enormes incrementos en la década de 1990, llegando a cerca de una octava parte de las exportaciones en 2001. El programa de reforestación del gobierno se había expandido para entonces a la mitad del área de repoblación.

Pese a que la producción de materias primas crecía deprisa (11 por 100 anual desde 1985 a 1995), una tendencia más significativa era el constante crecimiento de productos procesados «primarios» y «secundarios». En 1985 los recursos naturales sin procesar representaban tres cuartas partes de todas las exportaciones; 11 años más tarde eran dos tercios. Alrededor de la mitad del pescado del país, por ejemplo, se empleaba ahora para criar salmones, y cada vez se transformaba más madera en celulosa o pasta química o, de modo más tradicional, en puertas, muebles y derivados de papel (incluidos pañales). Los frutos se procesaban en forma de zumos, puré de tomate y mermeladas, de los que en 2000 se exportaron 406 millones de dólares. Tampoco dejaron de crecer durante la década de 1990 las industrias de servicios (incluyendo el turismo). A finales del siglo XX Chile había dejado de ser simplemente una «plataforma» que exportaba materias primas irreemplazables; el trabajo de su gente incrementaba cada día más el valor de sus exportaciones.

«O perseguimos el crecimiento impulsado por las exportaciones, o bien ningún crecimiento», dijo el principal economista del Ministerio de Finanzas en mayo de 1993[6]. No se pretende que el crecimiento impulsado por las exportaciones beneficiara a todo el mundo. Muchas pequeñas explotaciones, por ejemplo, no participaban en absoluto del auge de la exportación agrícola. La distribución de los ingresos seguía siendo muy desigual: ¿posiblemente, a largo plazo, el talón de Aquiles? Además, los cambios en la escena internacional marcaban una diferencia. La economía resistió el «efecto tequila», que afectó a muchos países tras la crisis de México en 1994, pero la recesión asiática pronto debilitó uno de los mercados chilenos más importantes. El ritmo ininterrumpido de altas tasas de crecimiento desde 1985 concluyó en 1999, un año de «crecimiento negativo». En los años inmediatamente posteriores sólo se experimentó una modesta expansión, aunque las exportaciones se mantuvieron. Otro desafío fue el alarmante hundimiento económico de Argentina en diciembre de 2001. Cualquier contrariedad económica limita, por supuesto, los ingresos y amenaza con perjudicar a los programas sociales. Para hacer frente a esto, el gobierno intentó mejorar el rendimiento de los impuestos (persiguiendo con energía a los defraudadores) y ampliar la incesante búsqueda de mercados exteriores, a menudo a través de acuerdos de comercio bilaterales, hacia los que los gobiernos de Concertación sentían una clara inclinación. En noviembre de 2002 Chile firmó un extenso tratado económico con la Unión Europea, el segundo gobierno latinoamericano en hacerlo. Un trato con Corea del Sur prometía nuevas salidas para productos agroindustriales como celulosa y pescado. La astuta diplomacia comercial chilena también se orientó hacia países de Asia y el Pacífico, como Nueva Zelanda y Singapur. Chile tenía ahora asegurada su pertenencia a NAFTA, postergada a mediados de la década de 1990 por la rencorosa negativa del Congreso estadounidense, controlado por los republicanos, a autorizar la negociación por la «vía rápida» al presidente Bill Clinton. Después de la debacle en Argentina, donde intereses chilenos habían adquirido numerosas compañías desde los años ochenta, los inversores comenzaron a desviar sus fondos a México, en algunos casos radicando allí sus empresas para obtener un acceso más fácil al mercado estadounidense.

---

[6] Joaquín Vial, citado en *The Financial Times*, Londres, mayo 1993, p. 31 (informe sobre Chile).

Hacer frente a la «deuda social»

Los gobiernos de la Concertación no veían el crecimiento económico como un fin en sí mismo. Se comprometieron a abordar la «deuda social» y a reparar la destrozada red de protección chilena. Prosiguieron con algunos de los programas del régimen militar, al tiempo que añadían otros propios. Por ejemplo, un nuevo «Fondo de Solidaridad e Inversión Social» (FOSIS) orientó la ayuda hacia las comunidades más pobres con sensibilidad y destreza. Las administraciones de Aylwin y Frei aumentaron los fondos para sanidad pública, vivienda, educación, infraestructuras, servicios públicos, pensiones y seguridad social. En 1999, en términos reales, La Moneda gastó casi el doble que en 1990 en viviendas públicas. En esos mismos nueve años, el número de personas que recibió prestaciones sociales directas ascendió a una quinta parte. El presidente Ricardo Lagos reforzó este compromiso evidente reduciendo la brecha entre ricos y pobres. Desde 2000 el Estado asignó el 73 por 100 de su gasto social al 40 por 100 del sector más desfavorecido de la nación. El presupuesto de Lagos en 2001 destinaba el 70 por 100 del gasto total del gobierno a educación, salud, vivienda, subsidios y coberturas.

Una preocupación especial era la atención sanitaria. El régimen militar, como hemos visto, había instaurado un esquema dual de cobertura sanitaria: el sistema estatal (FONASA) era teóricamente responsable de alrededor de un 75 por 100 de la población, mientras el privado (ISAPRE), que ofrecía un tratamiento más amplio, se ocupaba de la otra cuarta parte. Todos los empleados pagaban un pequeño impuesto para obtener cobertura sanitaria. Esto cubría (apenas) el coste de un plan básico FONASA, pero no los beneficios del ISAPRE, que sólo se podían permitir los más acomodados. El sistema dual condujo a un grave desequilibrio en la atención médica: un estudio de 2001, por ejemplo, mostraba que la mortalidad infantil en Independencia, una comuna pobre de Santiago, era siete veces más alta que en la rica municipalidad de Vitacura. De modo similar, la atención sanitaria en las áreas rurales era más precaria que en las ciudades. El avance en la resolución de estos problemas fue más lento en la década de 1990 de lo que habría deseado la Concertación. En 2002 el gobierno de Lagos introdujo un nuevo programa, el Plan AUGE, concebido para mejorar el paquete básico del FONASA, que permitía suministrar tratamiento caros (como diálisis) en el caso de algunas enfermedades y acortaba el tiempo de espera para las intervenciones a seis meses. AUGE también exigió que el ISAPRE ofreciese una única póliza médica a todos sus miembros, al margen de la edad o el sexo. (Inicialmente, ISAPRE se negaba a menudo a suscribir pólizas con las personas de más edad.) Como el gobierno no quería subir la tasa ya existente por este servicio (7 por 100), hubo que recurrir a los ingresos generales para costear la ampliación de la asistencia sanitaria. A partir de ese momento, la legislatura debía decidir el destino del Plan AUGE.

Los gobiernos de Concertación también elevaron sustancialmente los fondos para educación (el mayor incremento en gasto social en la década de 1990), en la creencia de que era uno de los medios más seguros de romper el ciclo de la pobreza. A inicios del siglo XX, virtualmente todos los niños chilenos estaban alfabetizados. No obstante, uno de cada diez no pasaba de la escuela primaria al liceo. (El número de niños apuntados en preescolar, algo que beneficiaba sobre todo a los desfavorecidos, subió un 58 por 100 entre 1990 y 2000.) El gobierno prestó atención a la previsible disparidad educativa entre la ciudad y el campo, derivando recursos a unos 900 centros de primaria en las zonas más necesitadas. Habría que señalar que se ofreció asistencia médica y dental, libros de texto gratuitos y material escolar a los alumnos más pobres. En cifras, en 2000 más de un millón de niños de enseñanza primaria recibieron menús gratis en el colegio, frente a 680.000 en 1990. El gobierno también comenzó a aplicar beneficios similares a un número importante de estudiantes de secundaria. En 2002 la Administración Lagos instauró una medida que exigía que todos los niños completasen la enseñanza secundaria, con ayudas para las familias necesitadas, para evitar que los estudiantes abandonasen por razones económicas.

A finales de la década de 1990, la Concertación tenía motivos para estar satisfecha. Sus políticas habían mejorado la salud de la gente, facilitado el acceso a la educación, rebajado el porcentaje de pobreza (38,6 de la población en 1990, 20,6 por 100 en 2000) y reducido a la mitad los *hogares* golpeados por la miseria. Dos millones de chilenos habían salido de la pobreza. Por primera vez, los menos favorecidos accedían a parte de la parafernalia de la «buena vida». Nueve de cada diez hogares pobres tenían televisores en color; tres cuartas partes tenían frigoríficos y lavadoras; y, quizá lo más sorprendente, otras dos quintas partes tenían teléfonos. Casi todos los pobres urbanos vivían en casas con agua potable y electricidad; sólo uno de cada diez hogares carecía de servicio dentro de casa. Analizando el escenario en 2000, dos observadores señalaban: «En muchos aspectos la década de 1990 puede ser considerada la de mayor rendimiento económico de Chile en este siglo. De hecho, si añadimos la evolución de la pobreza y otros indicadores sociales, el avance conseguido en esta década no tiene precedentes en la historia de la nación»[7].

Síntomas sociales del cambio de siglo

Cuando Ricardo Lagos se convirtió en presidente en marzo de 2000, había aproximadamente 15 millones de chilenos. La población había crecido no tanto como consecuencia de una aceleración en el control de nacimientos (que de hecho declinó) como de un descenso en las tasas de mortalidad, en particular entre los más vulnerables: ancianos y niños pequeños. Aquí necesitamos echar la vista atrás, a antes de 1990. En 1960 la tasa de mortalidad en niños de menos de un año era de 115 por cada mil. Las mejoras en la atención prenatal y los programas de inmunización la redujeron a 8,9 en 2001, el nivel más bajo en la historia de Chile y una cifra digna de países más «desarrollados». Dado que prácticamente todos los niños eran vacunados ahora contra tuberculosis, difteria, tétanos, tosferina, polio y paperas, la incidencia de esas enfermedades había caído, en algunos casos casi hasta cero, un increíble cambio respecto a los días en que Chile gozaba de la dudosa distinción de tener el mayor índice de mortalidad infantil del mundo. (Los niños de un año o menos representaron 36.914 de las 109.785 muertes en 1937.) También había mejorado la salud de los adultos. Los programas de purificación del agua redujeron la incidencia de la hepatitis. En 1998 hubo 1.112 casos de fiebres tifoideas; en 1982 fueron 12.000. La tuberculosis causaba un 5 por 100 de las muertes en 1953-1955, pero no más del 0,5 por 100 en 1995. El número de sifilíticos, que a finales de la década de 1930 estaba entre 370.000 y 380.000 —¡un 8 por 100 de la población![8]—, descendió a 4.705 en 2000. La espe-

---

[7] F. J. Meneses y J. M. Fuentes, «The State of Economic Processes», en *Chile in the Nineties*, Stanford, Standford University, 2000, p. 241.

[8] S. Allende, *La realidad médico-social chilena*, Santiago, TADECH, 1939, pp. 21, 89-91, 99.

ranza de vida era de sesenta años en 1970, pero una chilena nacida a comienzos del siglo XX puede esperar vivir hasta casi los setenta y nueve; un chileno en torno a setenta y cinco. A medida que más gente sucumbía ante enfermedades coronarias y cáncer, el «perfil sanitario» de Chile cada vez se parecía más al de las naciones más ricas del mundo.

Los chilenos no sólo estaban más sanos en 2000, también mejor educados. Eran más que nunca los que terminaban la enseñanza secundaria y muchos asistían a escuelas técnicas y universidades. Antes de 1981 Chile tenía ocho instituciones de educación superior. En 2002 eran 25 con una inscripción de 167.000 alumnos. Como mencionamos en el capítulo 13, abrieron sus puertas las nuevas universidades privadas (42 en 2002, con 77.000 estudiantes), junto con 69 institutos y 126 escuelas técnicas. En 1996, 262 de estos centros ofrecían a más de 350.000 estudiantes algún tipo de enseñanza avanzada.

Los medios de masas en desarrollo también jugaron un papel cada vez más importante en el estilo de vida. Al inicio del siglo XX los chilenos tenían 211 periódicos para leer. Uno de cada tres chilenos ojeaba con regularidad revistas, muchos menos que en 1990. Las publicaciones iban de las serias *Qué pasa* y *Ercilla* (más populares entre los hombres que entre las mujeres) al inolvidable *Condorito*. (El creador original de *Condorito*, Pepo, murió en julio de 2000.) La posición social y el género influían con frecuencia en la elección: las mujeres de clase alta y media leían revistas de papel cuché como *Paula* y *Variedades*, mientras que *Rock & Pop* atraía a los jóvenes de clase media y alta; las clases más pobres preferían revistas de entretenimiento como *TV Grama*. Más de ocho de cada diez chilenos escuchaban a diario una de las 864 emisoras de AM y FM del país (en 1959 eran 113). A las viejas cadenas universitaria y estatal de televisión se sumaron a partir de 1986 cinco nuevos canales privados. La TV por cable estuvo disponible en 1987 y la televisión por satélite poco después. La competencia de los canales por cable extranjeros tuvo un efecto tonificante en la TV chilena. A mediados de la década de 1990, los programas de producción chilena representaban casi dos tercios de la programación local. Los nuevos espacios atraían algunas de las mayores audiencias, pero una vez que acababan los hombres volvían a los deportes, en especial al fútbol, y las mujeres seguían los últimos episodios de sus telenovelas favoritas. A comienzos del siglo XX, como para demostrar que algunas cosas nunca cambian, los espectadores aún podían ver

Sábados gigantes, que tenía como maestro de ceremonias al rudo con corazón de oro «Don Francisco» (Mario Kreutzberger), que ahora emitía desde Miami en lugar de Santiago.

A pesar de semejantes signos, los gobiernos de la Concertación no legislaron a favor de la liberalización social que tal vez demandaba la modernidad. No promovieron la Ley de divorcio, largo tiempo aplazada, aunque la presión se elevó en la década de 1990. El aborto continuó siendo ilegal. Las películas aún podían ser censuradas y las emisoras de televisión multadas por exhibir programas «impropios». La pena de muerte, aunque no se aplicaba, permaneció en el código hasta que fue finalmente abolida (para delitos «comunes») en mayo de 2001. Una razón para este conservadurismo social pudo ser una cierta «reclericalización» de la sociedad, una consecuencia imprevista de los años de Pinochet: el papel de la Iglesia católica durante la dictadura había ganado nuevo prestigio entre el público[9]. El viejo componente laico, masónico y librepensador de la cultura chilena (tan vibrante de 1880 a 1970) parecía mucho menos dominante en la década de 1990.

Puede que mostrara ligeros signos de resurgir con la elección de un presidente abiertamente agnóstico en 2000. Aunque la Iglesia católica conservaba cómodamente la cifra de fieles más sustancial en Chile, a partir de la década de 1970 se complementó con una creciente tendencia al protestantismo, sobre todo las sectas pentecostales (las sectas fundamentalistas estadounidenses hicieron pequeños progresos) adoptadas por entre una quinta y una octava parte de la población. En 2002 la congregación Pentecostal Metodista de Osorno construyó una iglesia lo bastante grande para albergar a 2.500 fieles[10]. Había suficientes musulmanes en Chile para garantizar la celebración de una conferencia en la mezquita Bilal de Iquique en septiembre de 2002[11]. Una encuesta de opinión en 1998 señalaba la persistencia de ciertos

---

[9] El papa Juan Pablo II visitó Chile en abril de 1987. El primer santo chileno (Santa Teresa de Los Andes, una carmelita ejemplar que murió en 1920 a los noventa años de edad) fue canonizado en Roma en marzo de 1993. El jesuita favorito del PDC, el padre Alberto Hurtado, no tardaría en seguirla. Fue beatificado en octubre de 1994 y varios miles de chilenos (incluido el presidente Frei) volaron a Roma para asistir a la ceremonia. Poco después recibió el capelo rojo el arzobispo de Santiago, monseñor Carlos Oviedo, el cuarto chileno en hacerlo. La sincronización de estos acontecimientos levantaría sospechas entre los anticlericales de viejo cuño.

[10] *El Llanquihue*, Puerto Montt, 11 octubre 2002.

[11] *La Estrella*, Iquique, 21 septiembre 2002.

valores religiosos en la sociedad. El sesenta por 100 de los encuestados se mostraban tolerantes con el sexo antes del matrimonio, pero rechazaban con fuerza la infidelidad, el aborto y la homosexualidad. Aproximadamente entre el 70 y el 80 por 100 creían en la existencia de Dios, en otra vida y en los milagros (el 57 por 100 creían en el infierno). Seis de cada diez asistían a la iglesia sólo tres veces al año o menos; los protestantes lo hacían con más asiduidad que los católicos. La Iglesia católica, no obstante, tenía más éxito en la valoración de la confianza en las instituciones: 55 por 100 de los encuestados (en la encuesta de 2002). Se podía comparar esto con la fiabilidad de las emisoras de radio (57 por 100), los carabineros (52 por 100), la televisión (43 por 100), las fuerzas armadas (36-39 por 100), la prensa (34 porciento), la justicia (14 por 100), el Congreso (11-12 por 100) y los partidos políticos (4 por 100). Los pequeños hombres de negocios iban por delante de los jefes de las grandes empresas en el aprecio público, con los líderes sindicales en tercer lugar[12].

En 1938 el intelectual peruano exiliado Luis Alberto Sánchez señalaba que la población de Santiago parecía étnicamente homogénea y culturalmente provinciana. Ignoraba a las viejas colonias extranjeras (británica, alemana, francesa, italiana) de la ciudad. La mezcla varió con los años, con la llegada (en las décadas de 1930 y 1940) de los exiliados republicanos españoles y un puñado de refugiados judíos de Europa del Este. Los cambios económicos de las décadas de 1970 y 1980 llevaron a trabajar a Chile a numerosos europeos y norteamericanos y un mayor flujo de turistas, algunos de los cuales acudían en masa a la estación de esquí de Valle Nevado (de propiedad francesa) o a los ríos repletos de truchas del sur. Gracias a la expansión del comercio con Asia, los vehículos Hyundai y Daewoo se disputaban el espacio en las carreteras del país. Con los coches llegaron unos cuantos inmigrantes de Corea, China y Japón. Los grupos étnicos, viejos y nuevos, mantenían sus identidades a través de sus colegios, periódicos y organizaciones sociales, así como por medio de antiguos clubes de campo de ámbito nacional. En octubre de 2002, por ejemplo, la sociedad

---

[12] Datos de opinión del Centro de Estudios Públicos, «Estudio social y de opinión pública, junio de 1998», *Documento de trabajo* 325 (octubre 2001) y CERC (Centro de Estudios de la Realidad Contemporánea), «Informe de prensa sobre temas económicos y políticos», septiembre 2002.

Frauenverein de Puerto Montt se reunió en el salón comunal de la iglesia local luterana; en el otro extremo de Chile, las mujeres croatas se reunían en el Club Croata de Iquique. Como en otras muchas partes del mundo, la influencia extranjera más omnipresente durante esos años en las *mores* locales era la estadounidense. En octubre de 2002 las noticias informaban de que en la Escuela Italiana de Iquique se enseñaba béisbol a los alumnos. Pese a la incursión de las hamburguesas —en competencia con las infinitamente más sabrosas empanadas— hay signos de que las culturas culinarias norteamericana y chilena se están fusionando: McDonalds vende un bocadillo de vacuno chileno y palta (aguacate), comercializado como «McChurrasco», mientras que una pequeña cadena de restaurantes anuncia los *bagels* como «el pan redondo»[13]. Son múltiples los ejemplos de este tipo.

Tales influencias podrían ser interpretadas (erróneamente, desde nuestro punto de vista) como un debilitamiento de la identidad chilena. Una tendencia diferente empezaba a imponerse entre los cerca de 660.000 amerindios de Chile (86 por 100 de ellos mapuches, el mayor de ocho grupos étnicos). En 2002 algunos mapuches celebraron el Día de la Raza exigiendo al gobierno la devolución de 70.000 hectáreas de anterior propiedad india, así como que les garantizasen el derecho a «compartir los poderes del Estado»[14]. Era evidente que los grupos mapuches más radicales aspiraban al estatus independiente que disfrutaron sus ancestros en la era colonial (algo que ningún gobierno chileno podía conceder fácilmente). En 1998 iniciaron una serie de pleitos para recuperar las tierras que habían perdido. Algunos pasaron a la acción directa, quemando camiones de compañías madereras e incluso ocupando fincas. Se desató un enconado conflicto entre los indios y el Estado a lo largo del río Biobío, donde la compañía ENDESA planeaba construir una serie de presas para generar energía hidroeléctrica. La primera fue inaugurada por el presidente Frei en 1997. La segunda, en el Alto Biobío, en Ralco, provocó un coro de protestas: aunque la presa produciría 570 megavatios de energía, también crearía un lago de 2.000 hectáreas y desplazaría a 380 familias pehuenches. Los indios, que se oponían al plan con ataques a las instalaciones, comparaban su

[13] *La Estrella*, Iquique, 28 de octubre de 2002.
[14] *El Sur*, Concepción, 15 de octubre de 2002; *El Mercurio de Valparaíso*, 13 de octubre de 2002.

causa con la lucha de siglos contra los españoles. Como dijo un mapuche: «Hoy peleamos contra el gobierno, ENDESA, los colonizadores privados y las empresas madereras del mismo modo que Lautaro hizo en el pasado. ¡Lautaro vive!». En noviembre de 2002 un adolescente mapuche, Edmundo Lemún, fue asesinado mientras intentaba ocupar un fundo de propiedad privada. En cuestión de días su nombre empezó a aparecer como pintada política en las calles de Santiago, una indicación de que se había convertido en un icono de la lucha por «la liberación nacional del pueblo mapuche»[15].

Se puede considerar el asunto de Ralco como una combinación de «política identitaria» y creciente «ecoconsciencia», sintomáticas ambas de la actual modernidad. Los «verdes» chilenos, aunque poco significativos electoralmente, tuvieron éxito en la década de 1990 alertando a la opinión pública de algunos de los costes del crecimiento económico. En 1996 hubo protestas en contra de un gasoducto que atravesaba una reserva natural en el cañón de Maipó, y algaradas en 1998 por el plan de talas de la American Trillium Corporation de los rodales de roble de Magallanes en Tierra del Fuego. Tres años después, los planes de la corporación Canadian Noranda de construir un gran horno para la fundición de aluminio en Aysén (y embalses para producir energía) provocaron la hostilidad inmediata de los «verdes», incluida la *bancada verde* multipartidista en el Congreso. Los «verdes» tenían razón. Existía abundante evidencia de contaminación medioambiental. El dióxido de azufre (un subproducto de la fundición del cobre) contaminaba el suelo, los desechos industriales los ríos y la comida no consumida en las granjas de peces los lagos. La contaminación envolvía de tal manera Santiago, sobre todo en invierno, que la mayor parte del tiempo no era posible ver los Andes, mientras que la concentración de plomo en la atmósfera impedía el desarrollo intelectual de los recién nacidos. El destino de los bosques tropicales de Chile (más de una cuarta parte de todos los de las zonas templadas del mundo) y el hecho de que en septiembre de 2001 el agujero en la capa de ozono sobre la Antártida se extendía por el norte hasta Punta Arenas, eran temas que difícilmente iban a desaparecer.

La principal causa de la nociva contaminación en Santiago era el aumento de coches. El numero de automóviles privados en la

---

[15] *Ercilla* 3186, 1-14 de abril de 2002; *El Diario Austral de la Araucania*, Temuco, 15 noviembre 2002.

capital casi se duplicó en la década de 1990, mientras el de usuarios de autobuses caía a la mitad[16]. (En Chile en su conjunto, los propietarios de coches crecieron un 12 por 100 entre 1996 y 2000.) La municipalidad de Santiago tuvo mucho éxito a la hora de reducir la contaminación industrial, pero limitar las emisiones de los vehículos de particulares y el óxido nitroso resultaba más complicado. Una solución parcial podía ser la introducción de autobuses eléctricos o a gas natural y la incorporación de nuevas líneas de Metro. Se esperaba que los viajeros diarios del Metro (700.000 en 2000) se duplicasen en 2005. De hecho, el sistema de transporte y comunicaciones cambió drásticamente entre la década de 1970 y comienzos de la de 2000. El ferrocarril continuaba su prolongado descenso. El servicio de pasajeros entre Santiago y Valparaíso fue abandonado a finales de los años ochenta. Los autobuses tomaron cada vez más el relevo. Viajaban en avión más chilenos que nunca. Entre 1996 y 2001 el número anual de pasajeros nacionales creció en casi un tercio (hasta 3,1 millones), los viajeros internacionales en dos tercios (hasta 2 millones). En 1957 sólo habían volado en aviones de línea 350.000 chilenos. En el primer año del siglo xxi, 32 ciudades tenían aeropuerto, tres de ellos con vuelos internacionales además de nacionales. El aeropuerto Comodoro Arturo Merino Benítez[17] de Santiago (como fue rebautizado Pudahuel por el régimen militar) instaló una nueva terminal internacional a comienzos de la década de 1990, que desde entonces se ha ampliado.

A finales de la década de 1950, como el vuelo, los teléfonos (160.000 para una población de 7 millones) eran un indicador de cierto caché social. A mediados de los años noventa, las compañías telefónicas de larga distancia competían con ferocidad por los nuevos clientes: entre 1996 y 1999 el número creció un 38 por 100 (hasta 3 millones). Tras la introducción de los teléfonos móviles, había aproximadamente 500 aparatos (fijos o móviles) por cada 1.000 ciudadanos. Chile se convirtió en uno de los muchos países en los que era imposible escapar del irritante sonido de los móviles. El aumento de las líneas telefónicas, sin embargo, aportó un claro beneficio: permitió a los chilenos que poseían ordenadores (20 por 100 en 2000) conectarse a internet y

---

[16] *El Mercurio*, 26 de septiembre de 2002.
[17] Un distinguido pionero de la aviación (simpatizante ibañista y socialista).

usar el correo electrónico. Estas innovaciones, las más importantes a nivel global en la década de 1990 (en pañales en el momento de la restauración de la democracia en Chile) fueron abrazadas con energía, emprendimiento y entusiasmo. Ahora se podían leer en línea muchos periódicos chilenos. Como muchas innovaciones, Internet producía a veces resultados adversos. En octubre de 2002, los carabineros arrestaron en Santiago a un hombre con dos páginas web («galaxy.nude.boy» y «sex.paradises») que suministraban pornografía infantil.

Un breve vistazo a la cultura (1970-2000)

Las «generaciones» artísticas de finales del siglo xx que, esperamos, se añadirán al patrimonio cultural del Chile en el siglo xxi, tuvieron un comienzo más difícil que las generaciones anteriores. Durante varios años después de 1973 se impuso un apagón cultural. El régimen militar veía con sospecha la expresión artística novedosa. Intentó suprimir todo recuerdo de la Nueva Canción de la década de 1960. Los discos de Víctor Jara eran inencontrables. Inti-Illimani, ahora mundialmente conocidos, no volvieron a Chile hasta 1988, tras 15 años de exilio. El raudal del exiliados a partir de 1973 incluyó a otras luminarias culturales, entre ellos Ariel Dorfman, que se forjó una reputación literaria internacional. Su obra (más tarde una película) *La muerte y la doncella* (1991), aclamada en todo el mundo, fue ignorada en el Chile de comienzos de los años noventa, probablemente porque se acercaba demasiado a la verdad.

En las últimas décadas del siglo xx no se apreciaban nuevas tendencias llamativas en la pintura o la música. La cultura en general no era una prioridad del Estado (Chile no tenía Ministerio de Cultura), aunque en 1992 el gobierno Aylwin creó FONDART, un organismo que subvencionó más de 5.000 proyectos artísticos en la década siguiente. El régimen de Pinochet estaba en contra del proteccionismo en la cultura y el comercio, con resultados predecibles. En una conferencia celebrada en Santiago en junio de 1993 se escucharon quejumbrosas súplicas por la grave situación de la música popular, abrumada al parecer por la mayoritaria corriente anglosajona, globalmente dominante, (y por la española y mexicana). Se afirmaba que sólo el 8 por 100 de la música que se escuchaba en las emisoras radiofónicas del país era de origen chileno; apenas una cuarta parte de los discos y

casetes vendidos eran de música chilena[18]. Aunque existía una considerable producción musical, una buena parte en el lenguaje del *rock*
local, no había en el horizonte nada tan singular como la Nueva Canción. Pero entre la maleza de ese bosque había grupos como Congreso o el trío de jazz de Ángel Parra (por citar a dos de nuestros favoritos), que bien podían convertirse en un semillero para el futuro.

En la literatura, clásico vehículo de la cultura chilena, el panorama
era más prometedor. Poesía, prosa y teatro reflejaban (con frecuencia,
más indirecta que directamente) los traumas del pasado reciente y la
desconcertante «modernidad» a la que estos habían conducido: el
consumismo rampante, el deterioro de los viejos vínculos de comunidad, el impacto de la «globalización». Entre una serie de interesantes
dramaturgos del periodo reciente (bastante animado a partir de entonces) sería justo destacar al excelente Juan Radrigán (n. 1937). También debemos señalar que en la década de 1990 se produjo una revi-
talización del cine, con talentosos directores como Pablo Perelman,
Ricardo Larraín, Gustavo Graef-Marino y Andrés Wood. Como era
de prever en Chile, hubo una respetable producción poética. Había
mucha más poesía escrita por mujeres que antes y otra parte escrita
por una serie de poetas mapuches. ¿Cómo de buenos eran estos jóvenes poetas? «Bastante + ruido que nueces» fue el comentario del octogenario Nicanor Parra en un concurso de poesía en 1994. Sin embargo, nadie podía negar la genuina calidad del trabajo de Jorge Teillier
(1935-1996), sencillo pero profundo, a menudo centrado en nostálgi-
cas visiones de una infancia rural feliz, o el de Raúl Zurita (n. 1951),
un poeta de explosivo lirismo, innovador y experimental, a su modo
un auténtico renovador del lenguaje.

Los escritores en prosa de las décadas de 1980 y 1990 no estaban
a la altura de los mejores figuras de mediados del siglo XX. La aclamada Nueva Narrativa de los años noventa quizá era menos una verdadera evolución que una consigna de comercialización fomentada por
varios editores astutos. No obstante, era impresionante el número de
autores que estaban trabajando en los años ochenta y noventa. Sólo
podemos mencionar unos cuantos nombres: entre los hombres, Luis

---

[18] *¿Silencio en la música popular chilena? Seminario sobre los problemas actuales de la música popular en Chile*, Santiago, División de Cultura, Ministerio de Educación, 1993, pp. 21-22.

Sepúlveda (n. 1949), Pedro Lemebel (n. 1950), Jaime Collyer (n. 1955) y Arturo Fontaine (n. 1952), este último también poeta; y entre las mujeres, la productiva Marcela Serrano (n. 1951) y Diamela Eltit (n. 1950), que ganó cierta fama internacional en círculos feministas. José Donoso murió en 1996, pero otros veteranos de las viejas «generaciones» literarias aún estaban escribiendo, entre ellos Nicanor Parra y Jorge Edwards. Volodia Teitelboim, antiguo senador comunista recordado por sus emisiones para Chile desde Radio Moscú durante los años de Pinochet, añadió a su anterior reputación como novelista la de autor de las biografías de Pablo Neruda, Gabriela Mistral y Vicente Huidobro, y los volúmenes de su autobiografía. Curiosamente, en la década de 1990 también tuvo lugar un resurgir del género policíaco, no muy cultivado desde los días de las historias de Román Calvo de Alberto Edwards, a manos de dos autores: Roberto Ampuero (n. 1953) y Ramón Díaz Eterovic (n. 1956). En sus *thrillers* hay ligeras pinceladas de las «secuelas» del pasado reciente. Las investigaciones de Cayetano Brulé de Ampuero, un investigador privado cubano expatriado residente en Valparaíso, le llevan de una punta a otra de América (y a veces a lugares más remotos). El protagonista de Díaz Eterovic, Heredia (con su locuaz gato blanco, Simenon), opera principalmente en un Santiago nítidamente evocado.

Estos autores, y otros nuevos y viejos, aportaron a la escena literaria del cambio de siglo un aire de vitalidad, al menos a nivel local. La anual Feria del Libro, que se celebraba cada primavera en la estación Mapocho de Santiago, se convirtió en un imaginativo centro cultural que valía la pena recorrer, a ser posible después de una agradable comida en uno de los populares restaurantes cercanos en el antiguo (1872) mercado central.

Frei II y Lagos, 1994-2000

La gente no veía que el segundo Eduardo Frei tuviera la capacidad retórica y el talento político de su padre, pero cumplió sus tareas con el debido decoro y dignidad. Fue una suerte que la economía se comportase bien hasta el final de su sexenio y no se cerniese la amenaza de graves conflictos internacionales. De hecho, durante el término de Frei se solventaron (no sin comentarios en contra del nacionalismo recalcitrante) los problemas fronterizos existentes entre Chile y Argentina.

Estos se centraban en dos zonas (Laguna del Desierto y los terrenos helados y glaciares conocidos como Campo de Hielo Sur) en el Extremo Sur. En febrero de 1999, para sellar la amistad chileno-argentina, Frei y el presidente argentino Carlos Menem escenificaron una recreación centenaria del célebre *abrazo del Estrecho* de febrero de 1899.

La Segunda Concertación comenzó en una atmósfera de escándalo, cuando se descubrió al operador financiero de CODELCO, Juan Pablo Dávila, negociando ilegalmente con futuros irregulares en el London Metal Exchange, lo que generó unas pérdidas que rondaban los 300 millones de dólares. Para describir este tipo de fraudes, los ocurrentes santiaguinos propusieron un nuevo término, el «Davilazo». No hubo contagio y las pérdidas no causaron daño económico real. El presidente Frei creó más adelante una comisión de alto nivel para analizar los problemas de la corrupción, que se creía se estaban intensificando en ese momento. ¿Era así? El tema se convertiría en una preocupación recurrente. No obstante, hay que decir que en un índice internacional de percepción de la corrupción, muy famoso a finales de la década de 1990[19], Chile aparecía como menos corrupto que Estados Unidos, y muchísimo menos que cualquier otro país latinoamericano.

Se afianzaron las dos coaliciones que dominaban la escena política, la Concertación gobernante y el ala derechista, ahora llamada Unión por Chile, para asegurar que todo fuera bien. La historia sugiere que la fortuna chilena ha mejorado con coaliciones estables y empeorado con alianzas en continuo cambio, como en tiempos de la República Parlamentaria. La rivalidad entre partidos en la década de 1990, tan enérgica como en el pasado, se reducía en gran medida a las maniobras en el seno de la coalición. A veces se creaban alianzas *ad hoc* entre coaliciones, como en julio de 1997, cuando los diputados de la Concertación y la UDI unieron fuerzas para protestar por un supuesto encubrimiento del tráfico de drogas por parte del Tribunal Supremo. Dentro de la Concertación se producían tensiones intermitentes. Los socialistas se sintieron agraviados cuando la remodelación del primer gabinete de Frei (septiembre 1994) les arrebató la cartera de Interior. (Frei se las arregló para enfadar a todos los partidos al no consultarles sobre la reestructuración.) La repentina dimisión del director

[19] De Transparency International(http://www.transparency.org/).

del canal nacional de TV (Canal 7) en diciembre de 1994 molestó a algunos socialistas. Por su parte, los demócrata-cristianos se indignaron cuando el PS recabó el apoyo comunista para derrotar a los candidatos del PDC en las elecciones a la CUT de 1996.

Fueron tormentas en un vaso de agua, como dice la expresión española, y en realidad nunca amenazaron la estabilidad de la coalición. El voto a la Concertación (56 por 100) se mantuvo en las elecciones municipales de octubre de 1996. El desenvuelto y afable Joaquín Lavín, de la UDI, popular alcalde de la rica municipalidad de Las Condes desde 1992, fue reelegido con un asombroso 77 por 100, desafiando a Andrés Allamand (RN) como principal contendiente para liderar la derecha, donde la rivalidad en la coalición era quizá más feroz que en la Concertación. Estaba claro que la UDI aspiraba a desplazar a la RN como principal partido de derechas. Su coherencia, disciplina, mística en sentido estricto y celoso trabajo con las bases (sobre todo a nivel municipal) recordaba, a aquellos lo bastante viejos para acordarse, el dinámico empuje del PDC a principios de la década de 1960. Desde luego, la UDI demostró ser más activa que la RN a la hora de renovar la derecha durante los años noventa. En las elecciones al Congreso de diciembre de 1997, el voto a la Concertación cayó al 50 por 100 (al PS y el PPD les fue relativamente mejor que al PDC), mientras que la Unión por Chile avanzó ligeramente. El principal perdedor en estas elecciones fue Andrés Allamand. Hasta cierto punto víctima de su propio talento, no logró ser elegido para el Senado y renunció de repente a la vida política. Si la estrella de Allamand se apagó, la de Ricardo Lagos (entonces ministro de Obras Públicas de Frei) creció con más brillo. Su reafirmación para la candidatura presidencial de la Concertación en 1999 empezaba a parecer irresistible.

El gobierno de Frei se esforzó por colocar en una posición estable las relaciones entre civiles y militares. Unos pocos incidentes enturbiaban aún las aguas. Una prueba fue la solicitud de retiro del general Rodolfo Stange como jefe de los carabineros. Conseguir su salida costó cinco difíciles meses (octubre 1994). Entretanto, el general Pinochet seguía resistiéndose a todas las sugerencias de que renunciase como comandante en jefe. Por último, pasó el testigo a su sucesor, el general Ricardo Izurieta, en marzo de 1998. En una ingeniosa combinación de terminología militar y académica, el Ejército le nombró comandante en jefe emérito. Su inmediata incorporación al Senado como senador vitalicio, su derecho de acuerdo con la Constitución[20], estuvo acompañada de violentos enfrentamientos entre policías y manifestantes en el exterior del feo edificio del Congreso, y de escenas en el interior que el nuevo senador contempló con una glacial sonrisa.

Pronto se convirtió en centro de una enorme sensación internacional. El 16 de octubre de 1998, mientras se encontraba de viaje en Londres, fue arrestado a petición del juez español Baltasar Garzón, que solicitó su extradición a España para su interrogatorio y procesamiento. Pinochet quedó retenido en una casa cerca del arbolado suburbio de Virginia Water, en Surrey. «¡Dile a mis amigos que me saquen de aquí!», pidió a su esposa. Sus admiradores chilenos cruzaron el océano para verle. Se reunió para tomar el té con la anterior primera ministra británica Margaret Thatcher. El 24 de marzo de 1999, el Law Lords (Tribunal de Apelación de la Cámara de los Lores) decidió en principio, casi por unanimidad, su extradición. El secretario británico de Interior Jack Straw (tocayo de un famoso líder de la Revuelta de los Campesinos inglesa de 1381) autorizó el procedimiento legal necesario y en octubre de 1999 un magistrado londinense aprobó la extradición. El gobierno británico, sin embargo, cedió a la solicitud de los abogados y partidarios de Pinochet y le dejó libre con la excusa de su mala salud. Sus 14 meses de retención acabaron en marzo de 2000, fecha en que fue devuelto a casa.

Este drama sin precedentes provocó muchas discusiones acaloradas en todo el mundo sobre la «internacionalización» de la justicia, una idea para la que había llegado la hora. En Chile debería haber producido agitación política, pero no lo hizo. Las concentraciones en pro y en contra de Pinochet fueron pequeñas y poco estridentes. Se quemaron banderas españolas y británicas. El concejo de Las Condes, ofendido, se negó a recoger la basura de las embajadas británica y española. El Ejército se comportó con encomiable dignidad, limitándose a pedir al gobierno de Frei que fuese firme en sus reiteradas protestas contra la «interferencia» europea en los asuntos chilenos, un mensaje que provocó pequeñas tensiones en la Concertación. Muchos socialistas (y algunos demócrata-cristianos) no pudieron ocultar su entusiasmo ante la perspectiva de un juicio-espectáculo en España.

---

[20] Esto se aplicaba a expresidentes que hubieran servido seis años; Aylwin no se convirtió en senador vitalicio.

Los políticos de la derecha, mucho menos comedidos que el Ejército, fueron muy francos en sus demandas de acción contra la obviamente decadente madre patria y la pérfida Albión. No había nada que el gobierno pudiera hacer, aparte de gestos simbólicos como la suspensión de los vuelos de LAN-Chile a las islas Malvinas. Tampoco hubo ningún trastorno serio en las relaciones con España o Gran Bretaña, cuyos gobiernos (al margen de lo que dijesen los jueces o deseasen sus pueblos) consideraban el caso Pinochet una vergüenza.

La detención de Pinochet destruyó el mito de su invulnerabilidad. Para muchos chilenos fue un momento psicológicamente liberador. Se había roto el hechizo. Poco después del retorno de Pinochet desde Inglaterra el Tribunal Supremo anuló su inmunidad. Un esforzado juez, Juan Guzmán, había estado preparando un extenso caso contra él durante varios meses. Hasta ese momento se habían archivado más de 200 demandas en los tribunales. Los cambios en la organización y la composición de la Corte Suprema hacían mucho más creíble que unos años antes el enjuiciamiento por violaciones de derechos humanos, aunque no necesariamente más sencillo. La Mesa de Diálogo creada por el presidente Frei en agosto de 1999 e integrada por militares y civiles, pero que excluía a los políticos de partido, persuadió a los militares de que suministrasen información sobre el paradero de algunos «desaparecidos» durante la dictadura. La información ofrecida (enero 2001) resultó muy insatisfactoria, pero se podía considerar a la Mesa como un paso, aunque vacilante, en la dirección correcta. El gobierno siguió dejando el asunto en manos de los tribunales. En octubre de 2002 el comandante en jefe de las FACH (se descubrió que uno de sus subordinados había destruido información sobre los «desaparecidos), fue obligado a dimitir. La derecha no le apoyó. Este fue uno de los tenues indicios que anunciaban procesos más fáciles y las enmiendas constitucionales solicitadas por un creciente número de políticos.

Nunca pareció probable que Pinochet en persona se enfrentase a un juicio. En julio de 2001 se consideró que estaba demasiado gagá. Ninguno de los líderes de RN o UDI, al contrario de lo que había sido su costumbre en años anteriores, se molestó en asistir a la fiesta por su ochenta y seis cumpleaños en noviembre de 2001. En julio de 2002 el Tribunal Supremo decretó que su estado de decrepitud era «irreversible». El destino de Pinochet –como el de un artista acabado– fue más mortificante que el de muchos famosos exdictadores.

Al final, su cautiverio no tuvo una influencia real en las elecciones de 1999 –o 1999-2000–. Ninguno de los principales candidatos quiso darle importancia. En vísperas de la elección, Joaquín Lavín se proclamó adalid indisputado de la derecha, ahora bautizada Alianza por Chile. Su único rival, el ambicioso líder de la RN Sebastián Piñera, se retiró de la carrera en enero de 1999. La Concertación llevó a cabo una elección primaria (mayo de 1999) en la que Lagos fue el claro ganador con el 71 por 100; el candidato del PDC, el diminuto Andrés Zaldívar, obtuvo el 29 por 100 de los votos. La RB había intentado atraer al minúsculo Zaldívar y al ala derecha del PDC a una alianza más amplia de derechas –rápidamente acallada por la UDI– y, antes de su desventura londinense, el senador Pinochet, que en otro tiempo le había exiliado, intentó alentar discretamente las esperanzas presidenciales de Zaldívar. Las dos coaliciones se mantuvieron firmes mientras se acercaban las elecciones. Las afirmaciones de algunos demócrata-cristianos de derechas y oficiales del Ejército retirados de que el socialista Lagos devolvería a Chile a los días de la Unidad Popular carecían de credibilidad y eran totalmente absurdas. El estilo moderadamente profesoral de Lagos, de sesenta y un años, contrastaba con el brioso estilo juvenil de Lavín, de cuarenta y seis. Lavín adoptó una táctica más ligera de lo que muchos de sus partidarios de la UDI habrían probablemente deseado. La propaganda le presentaba como un administrador competente, casi como un hombre «por encima del partido», con los ojos fijos en el futuro, no en el pasado. A punto estuvo de tener éxito con este intento de atraer al centro. El suspense electoral de 1999 ocupó su lugar junto a los de 1938, 1958 o 1970. Lagos y Lavín obtuvieron el 47,95 y 47,51 por 100 respectivamente. Bajo la Constitución eso significaba, por primera vez en Chile, una segunda vuelta al estilo francés (16 de enero de 2000), que ganó Lagos con el 51,3 por 100 frente al 48,7 por 100 de Lavín. El resultado dejó al relativamente joven Lavín bien situado para el intento presidencial en 2005. No hace falta decir que los chilenos comenzaron de inmediato a especular sobre sus posibles contrincantes. Como provocación, deberíamos mencionar que el expresidente Frei tenía apenas sesenta años en 2005.

La elección podría indicar que los chilenos aún estaban indecisos, pero también demostraba que el sistema político funcionaba y que se había producido una transición del poder pacífica.

Aylwin y Frei debían gobernar bajo enormes limitaciones. El sistema de dos términos, junto con la Constitución de 1980, garantizaban que los partidos de la Concertación no conseguirían cambios importantes. Incluso después de dejar la presidencia, el general Pinochet ostentaría poder porque seguía siendo jefe del Ejército. Además, él y todos los futuros presidentes disfrutarían de un puesto vitalicio como senadores, lo que prácticamente aseguraba que los conservadores continuarían dominando la Cámara Alta. Los militares que controlaba también gozaban de un estatus protegido: la Ley Reservada del Cobre estipulaba que recibiesen un 10 por 100 de toda la venta de ese mineral. El presidente sólo disponía de poderes limitados para nombrar a los comandantes de cada rama de las fuerzas armadas, muchos de los cuales se convertían en senadores tras jubilarse. De esta manera, los oficiales constituían una fuerza dominante en el nuevo Consejo de Seguridad Nacional que asesoraba al presidente, aunque este no lo pidiese, y podían convocarlo sin la aprobación presidencial. En resumen, las fuerzas armadas reacias a los políticos civiles, a quienes culpaban del caos de las décadas de 1960 y 1970, llevaban una existencia al margen del Estado al que habían jurado proteger. Dadas estas limitaciones, quizá el mayor logro de los regímenes de Aylwin y Frei es que sobrevivieron a la transición del gobierno militar al civil. La elección de Lagos y el paso al siglo XXI tuvieron lugar el mismo año, abriendo la puerta a un nuevo milenio y la posibilidad de cambio.

Tabla 14.2. Composición del Congreso tras las elecciones
de diciembre de 2001

	Cámara de Diputados [cifras 1997]	Senado
		Elegidos
Concertación	62 [70]	20
PDC	24 [39]	12
PPD	21 [16]	3
PS	11 [11]	5
PRSD[a]	6 [4]	–
Alianza por Chile	57[40]	18
RN	22 [23]	7
UDI	35 [17]	11
		Designados
		10

[a] Partido Radical-Social Demócrata: ambos partidos se fusionaron en 1994.

Tabla 14.3. Valor añadido en millones de pesos (1996) 1985-1997

	1985	1986	1987	1988	1989	1990	1991	1992	1993	1994	1995	1996	1997
I	237,1	253,4	277,7	312,7	329,6	360,2	364,7	405,7	416,6	441,5	464,3	470,4	452,1
II	35,2	39,6	43,3	45,16	50,67	54,69	60,28	70,28	74,19	86,32	100,04	109,77	120,01
III	567,68	610,94	643,17	699,85	776,49	784,16	826,01	920,29	987,06	1.027,35	1.104,7	1.140,2	1.203,6
IV	86,46	91,75	96,76	102,2	94,20	85,99	109,18	139,29	146,04	155,11	166,94	160,67	177,60
V	149,02	163,54	178,49	193,82	215,41	237,01	233,38	265,22	327,5	324,03	356,17	386,85	416,87
VI	459,16	482,79	535,40	563,84	652,97	683,13	748,84	880,33	944,20	992,60	1.133,11	1.241,04	1.356,40

I Agricultura y Silvicultura. II Pesca. III Industria. IV Electricidad, gas, agua. V Construcción. VI Comercio, hoteles, restaurantes.

Fuente: Banco Central.

Tabla 14.4. Gasto social como porcentaje del gasto social total, 1989-2000

	Sanidad	Vivienda	S. Social	Educación	Prestaciones	Otros
1989	15,8	8,0	47,7	20,2	4,5	3,8
1990	15,3	8,1	49,0	19,5	4,6	3,6
1991	16,5	8,2	46,7	20,12	4,5	3,9
1992	17,4	8,3	44,8	21,1	4,2	4,2
1993	17,8	8,3	44,3	20,9	4,0	4,7
1994	18,5	8,2	43,2	21,4	3,9	4,8
1995	18,0	8,0	42,7	22,3	3,9	5,1
1996	17,8	8,2	41,9	23,0	3,8	5,3
1997	17,9	7,3	41,6	24,0	4,0	5,3
1998	18,0	7,0	41,0	24,8	4,2	5,0
1999	17,2	6,4	42,0	24,6	4,0	5,8
2000	17,6	5,8	41,5	25,2	3,9	6,0
IA	135,4	52,7	84,8	165,0	87,3	238,7

IA = incremento acumulado 1989-2000.

Fuente: Ministerio de Planificación y Cooperación.

Tabla 14.5. Gasto social como porcentaje del gasto total del gobierno

1989	64,8
1990	67,6
1991	67,1
1992	65,8
1993	66,9
1994	67,0
1995	67,5
1996	67,5
1997	66,7
1998	67,5
1999	68,5
2000	70,5

Fuente: Ministerio de Planificación y Cooperación.

Historia de Chile

Tabla 14.6. Crecimiento del PIB, desempleo e inflación

	Crecimiento PIB (± %)	Desempleo (%)	Inflación (± %)
1992	12,3	4,9	12,7
1993	7,0	4,7	12,2
1994	5,7	6,0	8,9
1995	10,6	6,4	8,2
1996	7,1	6,4	6,6
1997	6,6	6,1	6,0
1998	3,2	6,4	4,7
1999	−1,0	9,8	2,3
2000	4,4	9,2	4,5
2001	2,8	9,2	2,6
2002	2,0	9,0	2,8

Fuente: Banco Central de Chile, Instituto Nacional de Estadística, Fondo Monetario Internacional y Ministerio de Hacienda.

15
Tocando viejas canciones

Estamos en un momento en que la ciudadanía está más empoderada, con más conocimiento y lo que está en entredicho es la política. El cuadro que emerge no es ético (...) Todos los países tienen este tipo de situaciones, pero de aquí a esta parte ha habido un exceso de ideologismo.

Ricardo Lagos, 17 de abril de 2015.

GOBIERNA EL PROFESOR: RICARDO LAGOS 2000-2006

«¿En qué te has metido, Ricardo? ¿Por qué te andas metiendo en estos líos?», preguntó la madre de 104 años de Ricardo Lagos el día que este arrebató la presidencia a Lavín[1]. Ella tenía razón: al llegar a La Moneda se había metido en un torbellino de confusión política y económica. Obligado a elegir, Lagos decidió que era más urgente solventar los problemas partidistas que los mercantiles. El nuevo presidente despreciaba al viejo general. Cuando todavía era peligroso hablar claramente, Lagos lo había hecho: agitando el dedo, aprovechó un programa de televisión nacional para denunciar el régimen de Pinochet como uno de «ocho años de tortura, asesinato y violación de los derechos humanos»; el general lo tachó de mentiroso.

Lagos tenía muchos motivos para este odio. Tras un exilio autoimpuesto, ayudó a reconstruir el Partido Socialista y a liderar las fuerzas políticas antipinochetistas. Las actividades de Lagos atrajeron la atención de las autoridades: en 1986 la policía le encarceló como parte de una oleada de represión desatada por un intento de asesinato de Pinochet. Admitiendo que el estilo del profesor era la teoría económica, no el asesinato político, las autoridades tuvieron que soltarlo. Más tarde Lagos descubrió que la DINA había querido matarle mientras

---

[1] «Pero Ricardito… ¿para qué se anda metiendo en estos líos?», *The Clinc* online, 8 de septiembre de 2016.

estaba detenido, pero sobrevivió porque estaba custodiado por la policía, no por el servicio de inteligencia. En resumen, tuvo suerte. Estaba claro que si el recién elegido presidente quería «resolver los males que aún perduraban del siglo que terminaba» tenía que desmantelar el edificio general de la política. Por fortuna para él, contó en este desafío con un inesperado aliado: Baltasar Garzón[2].

Aunque el español no había conseguido meter a Pinochet en la cárcel, agrietó la fachada de invulnerabilidad de este, dando lugar a una serie de acontecimientos que al final socavaron la reputación del capitán general. Mientras Pinochet languidecía bajo custodia británica, en abril de 2000, un juez chileno emitió varias órdenes de detención acusando al general por su implicación en la infame Caravana de la Muerte. Y, algo peor desde la perspectiva de Pinochet, el Tribunal Supremo revocó su inmunidad. Aunque el general todavía gozaba de popularidad entre la derecha y el cuerpo de oficiales, su reputación sufrió irreparablemente cuando los reguladores bancarios de Estados Unidos, que llevaban a cabo una auditoria rutinaria, descubrieron que Pinochet, su esposa y su familia habían depositado millones de dólares estadounidenses en el Riggs Bank de Washington. Teniendo en cuenta su sueldo como oficial del Ejército, muchos, incluidos sus anteriores ministros de Defensa y de Justicia, Edmundo Pérez y Mónica Madariaga, concluyeron sabiamente que no podía haber acumulado sus millones honradamente[3]. Posteriores investigaciones revelaron que había sustraído dinero de la venta de armas, se había beneficiado del negocio de la droga o simplemente robado. Al margen de la fuente de su riqueza, la investigación demolió el mito del austero hacendado-patrón y lo mostró como un delincuente común. En el momento de su muerte, a los noventa y un años, los tribunales chilenos no sólo le habían procesado por fraude y evasión de

---

[2] «Ocho años con torturas, con asesinatos, con violación de derechos humanos… mentiroso», *BBC World*, 4 de octubre de 2013; *New York Times*, 18 de enero de 2000.

[3] M. Gutiérrez, «Northern Laundromats for Southern Fat Cats», *Global Policy*, 20 de agosto de 2004. *Cooperativa,* 19 de julio de 2004; *Emol*, 20 de julio de 2004. Es difícil determinar con precisión cuánto dinero poseían Pinochet y su familia. *Cambio 21* calculó que ascendía a 21.000.000 de dólares; al 80 por 100 de esta cantidad no se le pudo seguir la pista. Otras fuentes lo sitúan en 28.000.000 de dólares. Lo que indignó a muchos, incluido Felipe Letelier, un legislador del PPD, es que se permitiese a Pinochet, al que comparó con Al Capone, legar ese patrimonio «manchado con sangre, tortura y dolor» a su familia. *El Cambio*, Santiago, 9 de septiembre de 2009.

impuestos, sino también a su viuda, su secretario, su abogado, tres generales del Ejército y a varios parientes por apropiación indebida de fondos del gobierno[4].

Lagos aprovechó la vulnerabilidad de Pinochet para abolir los cargos de senadores designados y vitalicios en 2006, aflojando el dominio de la derecha en el Senado. También logró convencer a las fuerzas armadas de que dejasen en manos del Estado su autoasignado papel de garantes de la Constitución. Además, devolvieron el control de la cadena de mando al presidente. El Consejo Nacional de Seguridad, que englobaba organizaciones que tenían autoridad para modificar leyes ya existentes, perdió parte de su poder cuando el presidente recuperó el derecho a convocarlo. Anunció la Comisión Nacional del Informe sobre prisioneros políticos y tortura, bautizada con el nombre de su autor, el obispo Sergio Valech, que concedió beneficios económicos, educativos y sanitarios a 35.000 víctimas de Pinochet. Esto tuvo como resultado el arresto de varios miembros del personal de las fuerzas armadas y los servicios de seguridad por sus crímenes contra la humanidad. El comandante Juan Cheyre Espinosa hizo equilibrismos políticos al reconocer que se habían producido las atrocidades, para luego afirmar que era obra de oficiales aislados, no del Ejército como institución. Cheyre prometió que los militares no intervendrían en ningún proceso judicial contra aquellos que habían cometido crímenes.

La neutralización del capitán general no garantizaba el éxito político de Lagos. En las elecciones de 2001, el centro-izquierda obtuvo 62 escaños, lo que le dejó con un incómodo margen de cinco votos de ventaja sobre la oposición. El Partido Socialista del presidente sólo consiguió 10 escaños, uno menos que en las elecciones de 1997 y menos de la mitad que el PDC. Aún más descorazonador, la UDI se convirtió en el partido más importante. No obstante, Lagos había logrado reformar el Senado.

Pese a haber iniciado el proceso de reparación de la estructura política de la nación, Lagos todavía tenía que solventar la profunda crisis económica. A partir de 1997 las prometedoras economías de los

---

[4] El gobierno chileno recuperó una cantidad sustancial del dinero, la mayor parte del cual, irónicamente, fue a parar a la Fundación Salvador Allende para compensar a las víctimas de Pinochet.

tigres del Sudeste Asiático cayeron en picado, seguidas por las de Rusia, México y Brasil después de no conseguir pagar sus deudas y de devaluar sus monedas. El virus se extendió: los mercados financieros de Estados Unidos y Europa también descendieron vertiginosamente. Al final la enfermedad contagió a Chile, donde las exportaciones se estancaron, en parte debido a la caída en el precio del cobre. Entre 2001 y 2002 la tasa de crecimiento del PIB nacional, que había estado en una media del 7 por 100 entre 1985 y 1997, cayó a la mitad del nivel de 2000. La tasa de paro se elevó y pronto alcanzaría el 10 por 100. La inversión extranjera se contrajo al igual que la creación de capital interno[5]. El único sector en crecimiento de la economía era el déficit en el presupuesto del gobierno. La nación se vio atrapada en un torno económico: los precios del petróleo casi se duplicaron mientras los del cobre se estancaron a entre 71 y 81 centavos la libra. Asumiendo que las exportaciones ofrecían la salvación económica, Lagos negoció acuerdos de libre comercio con Estados Unidos, China, Corea del Sur, India, Nueva Zelanda, Singapur, Perú y Japón. Los planes del nuevo presidente funcionaron: entre 1998 y 2003 las exportaciones aumentaron casi un 500 por 100; la parte del cobre constituía un 34 por 100.

Había prometido crear 200.000 empleos al año, por lo que aumentó el gasto público y dedicó enormes sumas a construir carreteras, aeropuertos y viviendas. Cuando Bolivia se negó a vender gas natural a Chile, Lagos intentó resolver el problema energético de la nación levantando presas para generar energía hidroeléctrica. En conjunto, fue mucho lo que logró: en sus primeros años en el cargo la economía creció un 4,5 por 100, creó 100.000 puestos de trabajo y construyó 100.000 viviendas. Más importante, instauró una red de seguridad social: concibió un plan para suministrar prestaciones por desempleo; otro para alojamientos, el Chile Barrio, para sustituir a los poblados chabolistas de las ciudades, las callampas, por hogares decentes. Además, fundó Chile Solidario, un polifacético programa que aspiraba a dar respuestas y mejorar las condiciones que mantenían a la gente atrapada en la pobreza. Por último, Chile Emprende aportaba ingresos suplementarios y empleo sobre una base comunitaria. Estos progra-

[5] M. R. Agosin y A. Montecinos, «Chile en los años 2000: Evolución macroeconómica y financiera», ITF/CEDES (marzo 2011), pp. 4, 6, 9.

mas funcionaron: entre 2000 y 2006, la tasa de pobreza descendió del 14,6 al 10,5 por 100; la pobreza extrema del 5,6 al 3,2 por 100.

El logro más perdurable de Lagos estaría en el área de la atención sanitaria. En 2003, los funcionarios de sanidad determinaron que el 37 por 100 de los chilenos padecían sobrepeso y casi el 22 por 100 eran obesos; un buen número eran diabéticos, otros sufrían hipertensión. Al mismo tiempo, el presidente Lagos admitió que el sistema médico de la era Pinochet, el FONASA, no había conseguido proporcionar atención sanitaria adecuada a aquellos que no se podían permitir costear un plan de salud privado. En consecuencia, creó AUGE (Acceso Universal con Garantías Explícitas) que garantizaba tratamiento en el caso de las 56 dolencias más comunes. Gracias al mejor acceso a la sanidad proporcionado por AUGE, aumentaron las hospitalizaciones y descendieron las tasas de mortalidad de la mayoría de las enfermedades: hipertensión, 11 por 100; diabetes tipo 1, 48 por 100; epilepsia y depresión más del 98 por 100; y SIDA 56 por 100[6].

Lagos tuvo que superar tanto problemas internos como externos. Santiago llevaba décadas enemistado con sus vecinos del norte, en algunos casos por asuntos mezquinos: qué nación, Perú o Chile, es el lugar de origen de la patata y el pisco; la afirmación boliviana de que sus ciudadanos inventaron el charango, un instrumento de cuerda andino fabricado con la concha del armadillo. Un problema mucho más serio era la irredentista reclamación de Antofagasta por parte de Bolivia, una disputa diplomática que deja pequeña a la de Alsacia-Lorena, si no en ardor sí en longevidad. Como sabemos, Bolivia firmó un armisticio en 1884 y 20 años después un tratado de paz que cedía su litoral a Santiago. Los líderes bolivianos, que llevaban décadas anhelando su costa perdida, sostenían que Chile les había impuesto el tratado como resultado de la guerra: un hecho obvio y una consecuencia de la codicia, cuando no monomanía, de Daza. Los chilenos no consideraban que la devolución del litoral fuese un tema demasiado serio, pero para Bolivia, que había cedido territorio ante todos sus vecinos, se convirtió en una causa célebre, un trauma que le privaba de un punto de apoyo físico y psíquico. Según La Paz, dado que «estamos en otros tiempos, en tiempos de paz», ya no se aplican las viejas estructuras de los tratados. En resumen, Bolivia no sólo merecía un lugar bajo el sol, sino también en las costas del Pacífico.

---

[6] Ministerio de Salud, *Egresos Hospitalarios,* 2002-2006.

Lo curioso es que aunque Chile estuviera dispuesto a devolver el litoral, no podía actuar unilateralmente. Primero, porque al hacerlo truncaría su norte, haciendo que Chile se pareciese a la Alemania de Weimar dividida por el Corredor Polaco. Tampoco podía garantizar a Bolivia una porción de lo que en otro tiempo fue la provincia peruana de Arica: el Tratado de Ancón (1883) estipulaba que Lima debía acceder a cualquier transferencia chilena de su antiguo territorio a Bolivia. Y los peruanos, tercamente, se negaban a cooperar: en 1975, Pinochet se reunió con el presidente de La Paz, Hugo Banzer, para ofrecerle cambiar el derecho de paso por Arica por territorio boliviano, pero el plan fracasó porque el gobierno de Lima vetó la propuesta.

Los presidentes de la Concertación buscaron alternativas: Aylwin presentó con éxito un pacto comercial con La Paz, pero Frei no logró tentar a Bolivia con un tratado de libre comercio. Lagos perseveró, con la esperanza de negociar en secreto con el presidente Sánchez de Lozada un acuerdo que permitiese a La Paz exportar su gas natural desde un puerto chileno. Cuando los bolivianos se enteraron de esta propuesta, denunciaron a su presidente como un traidor y desataron una ola de violencia que se cobró 60 vidas y le costó el puesto a Sánchez. Su sucesor, Carlos Mesa, intentó resucitar el pacto del gas a condición de que Chile garantizase a Bolivia la soberanía sobre una franja de costa. El presidente Lagos no podía aceptar, pero los nacionalistas bolivianos se opusieron también y exigieron que el gobierno convocase un referendo para solucionar el tema. Los bolivianos votaron abrumadoramente a favor de nacionalizar las reservas de gas, aunque irónicamente un 54 por 100 del país estaba a favor del intento de Mesa de intercambiar gas por un acceso soberano al mar. Este voto decepcionó tanto a Mesa que dimitió, cediendo su lugar al más popular Evo Morales.

Sin embargo, la disputa se enconó. Incapaz de alcanzar un acuerdo bilateral, Bolivia pidió la asistencia de organizaciones internacionales, primero a la Organización de Estados Americanos y luego a Naciones Unidas. Por desgracia, desde la perspectiva de Chile, el sentimiento internacional a favor de Bolivia creció. Jimmy Carter y Kofi Annan expresaron su consternación por la petición de Bolivia y se ofrecieron como mediadores; otro tanto hicieron Brasil y Argentina. No ayudó que Hugo Chávez, presidente de Venezuela y pretendido líder de la revolución bolivariana, declarase que esperaba «nadar un día en una playa boliviana», una fantasía que Lagos desestimó rápidamente.

Un división fundamental separaba a las dos naciones. El políticamente estable Chile, vencedor de la Guerra del Pacífico y próspero como consecuencia de varios acuerdos de libre comercio, se había convertido en una destacada nación sudamericana. No es de extrañar que Ricardo Lagos se burlase de las demandas de Bolivia: «Tan absurdo como imaginar que el presidente mexicano Vicente Fox solicitase la mediación con George W. Bush para recuperar Texas y California»[7].

Bolivia, en cambio, agitada de continuo por disturbios civiles –entre 2000 y 2011 seis hombres gobernaron el país– y con graves carencias económicas, necesitaba un responsable al que culpar de su subdesarrollo. Chile se convirtió en el cabeza de turco ideal porque, como afirmó el presidente Carlos Mesa, era culpa de Santiago que Bolivia «hubiera perdido una parte esencial de sí misma, una pérdida que acarreó incalculables perjuicios y dificultades que padece aún hoy»[8]. Así, además de servir de conveniente chivo expiatorio, Chile se convirtió en «el otro», el enemigo exterior cuya mera existencia podía unificar a una Bolivia dispar. Los ánimos llegaron a tal punto que La Paz no sólo se negó a vender directamente gas natural a Chile, sino que pidió a Argentina, que había aceptado comprar el gas, que no le vendiese «ni una molécula» a Santiago.

Desafortunadamente, Lagos se enfrentaba a otro rival aparte de la hostil Bolivia: la revolución roja. En 1999 Hugo Chávez se convirtió en presidente de Venezuela. Divulgaba una segunda revolución bolivariana, en apariencia una fusión de Simón Bolívar y Karl Marx, y promovió ALBA, la Alianza Bolivariana de América, una alianza socialista opuesta al capitalismo y a Estados Unidos que buscaba una redistribución de la riqueza. Gobiernos populistas como los de la Argentina de Néstor Kirchner y el Brasil de Lula da Silva se convirtieron en aliados de la ALBA. Donde su turbia retórica populista no atraía conversos, lo hacía el abundante petróleo, en forma de subvenciones o crudo. Varios países, en particular los de América Central, se unieron a la ALBA; Castro cambió el patrocinio ruso por el venezolano.

Chile, bastión del neoliberalismo, renunció a sumarse. En lugar de eso, Lagos negoció una serie de acuerdos comerciales con estados europeos, estadounidenses y asiáticos que garantizaban su prosperidad,

---

[7] *Los Angeles Times*, 21 de marzo de 2004.
[8] *Ibid.*

atraían la inversión extranjera y evitaban su aislamiento diplomático. Del mismo modo que se plantó frente a Pinochet, Lagos demostró la independencia diplomática chilena cuando se negó a apoyar la descabellada guerra de George Bush contra Irán, incluso cuando Washington amenazó con represalias económicas.

La situación pareció relajarse momentáneamente cuando Evo Morales invitó a Lagos a su inauguración presidencial. Dado que las dos naciones no habían intercambiado embajadores desde 1978, algunos consideraron que este acto marcaba el comienzo de una era de buenas relaciones. Esta interpretación resultaría un error: Morales, un duro crítico del neoliberalismo del que Chile era epítome, alió a su nación con la ALBA. La cuestión fronteriza siguió sin resolver y Morales continuó presionando ante varias agencias internacionales, incluido el Tribunal Internacional, en busca de respaldo.

LA ELECCIÓN PRESIDENCIAL DE 2006: LA CONCERTACIÓN SE PERPETÚA

Cuando en 2006 expiró el mandato de Lagos en el cargo, se abrió la puerta a nuevas luchas intestinas políticas. La Concertación seleccionó a Michelle Bachelet como su candidata. No sólo era una socialista, sino médica, como Allende, agnóstica y alguien que parecía ignorar las costumbres sociales imperantes. Si Don Chico era un mujeriego en serie y un *bon vivant*, ella era madre de tres hijos de dos hombres diferentes, con sólo uno de los cuales se había casado. No obstante, las similitudes entre ambos tenían sus límites: ella era hija de un oficial de carrera de la Fuerza Aérea, que sirvió como agregado militar de Chile en Estados Unidos y como funcionario en el gobierno de Unidad Popular. Contrario al golpe, su padre fue encarcelado y tras un interrogatorio, que podemos suponer no fue suave, murió de un ataque al corazón.

Mientras estudiaba Medicina, Bachelet apoyó a la UP como miembro de la Juventud Socialista. Cuando su amigo socialista Jaime López le pidió que guardase unos documentos, los escondió en el congelador. Ella y su madre también suministraron ayuda a varios grupos de la oposición en Chile y Perú. Por desgracia la policía secreta, la DINA, detuvo a la mirista María Eugenia Ruiz-Tagle que en el interrogatorio reveló no sólo los nombres de sus compañeros sino los de Michelle y su madre[9]. Fueron interrogadas con dureza –Michelle fue «insultada, abofeteada»–, pero quizá gracias a la intercesión de los colegas militares de su padre no fueron sometidas a descargas eléctricas[10]. Liberadas gracias a los esfuerzos de un funcionario argentino de Naciones Unidas, ella y su madre recibieron asilo en Australia, donde ya residía su hermano Alberto.

No se quedaron mucho tiempo: «Australia era un buen país, pero me sentía demasiado alienada y preferí ir a Europa», comentó Bachelet[11]. Disgustada con el Chile de Pinochet, descrito como una nación donde «los partidos políticos estaban abolidos, el Congreso clausurado, la censura de prensa se enseñoreaba del país, los días terminaban temprano por el toque de queda y cualquier actividad partidista podía costar la vida… Había que tener cuidado con los vecinos, con los conocidos, a veces hasta con los familiares. Cundían las denuncias, los soplos, las delaciones»[12], marchó a la ciudadela de las libertades civiles: Alemania del Este. Tras su llegada recibió un trabajo, un apartamento en Postdam, clases de alemán y finalmente la oportunidad de estudiar Medicina en la Universidad Humboldt.

Cuando regresó a Chile en 1978 con un marido y un hijo, se volvió a matricular en la Escuela de Medicina de la Universidad de Chile, donde se graduó y se convirtió en pediatra. Marginada por las autoridades, trabajó para organizaciones sin ánimo de lucro prestando atención médica a niños que sufrieron a manos del gobierno militar. Durante este tiempo, la doctora Bachelet se separó de su marido y tuvo una aventura con Alex Vojkovic, un ingeniero y miembro activo del Partido Comunista y su brazo armado, el FPMR, con el cual aparentemente ella también colaboró[13]. Luego se relacionó con otro médico, el doctor Aníbal Henríquez, que antes de dejarla se convirtió en padre de su tercer hijo, Sofía.

Tras el retorno de la democracia trabajó como empleada en el Ministerio de Sanidad, además de implicarse en diversas organizaciones

---

[9] Hay algún debate sobre quién las denunció y por qué. Elizabeth Subercaseaux y Malú Sierra (Barcelona, 2005) culpan a López.

[10] «Recibí tortura psicológica esencialmente, y algunos golpes, pero no me "parrillaron"», *Infobae,* 13 de mayo de 2017.

[11] «Michelle Bachelet, la historia no contada», *Paula,* 12 de enero de 2012.

[12] E. Subercaseaux y M. Sierra, *Michelle: desde la cárcel a la presidencia de Chile,* Barcelona, RBA, 2006, pp. 69-70.

[13] *Cooperativa,* 18 de abril de 2003; *Emol,* 17 abril de 2003.

benéficas internacionales. En 1996 dio un inusual paso: sacarse un título en ANEPE, la Academia Nacional de Estudios Políticos y Estratégicos, una institución para militares de alto rango y un selecto grupo de funcionarios civiles, donde se graduó la primera de su curso. Después de asistir a la Inter-American Defense College and Chilean Army's War Academy en Estados Unidos y la Academia de Guerra del Ejército Chileno, empezó a trabajar en el Ministerio de Defensa. Logró compatibilizar sus intereses en el sector militar con una carrera política que incluía la reconstitución del Partido Socialista, en cuyo Comité Central estaba.

La futura presidenta inició su carrera política como ministra de Sanidad de Lagos. Asumió la onerosa carga de reducir las listas de espera en los hospitales públicos, una tarea formidable que consiguió resolver con brillantez. Dos años más tarde, en 2002, Lagos la nombró ministra de Defensa, la primera mujer, no sólo de Chile sino también de toda Latinoamérica, en ostentar el cargo. Supervisó varios proyectos de modernización, además de facilitar el retorno de los militares a su papel en tiempos de paz. Demostró de nuevo que era una extraordinaria administradora y, puede que gracias al apoyo de Lagos, logró ascender a lo más alto de la resbaladiza cucaña de la política chilena. La demócrata-cristiana Soledad Alvear, que retrocedía en las encuestas y en su propio partido, se retiró de la carrera para la nominación a la presidencia de la Concertación. Aunque la renuncia de Alvear abrió la puerta a Bachelet, todavía tenía que ganar a Juntos Podemos Más, una coalición ecléctica del resucitado Partido Comunista, los incluso más progresistas Humanistas, el MPMR, el MIR y varios grupos escindidos.

Como en la elección de 1970, los dos enemigos más poderosos de Bachelet en la derecha, Joaquín Lavín de UDI y Sebastián Piñera de RN, parecían más concentrados en atacarse el uno al otro que en derrotar al paladín de la Concertación. Lavín, un político al estilo Tammany Hall (demócratas estadounidenses) y miembro del Opus Dei, había ganado fama por ofrecer el equivalente moderno del pan y circo a sus electores en la comuna de Las Condes de Santiago: en su segundo intento de ganar la nominación a la Alianza, mandó llevar arena en verano para crear playas y en invierno hielo para pistas de patinaje para los pobres de la ciudad. Al parecer no funcionó porque perdió frente a Sebastián Piñera, antiguo senador y multimillonario.

Bachelet obtuvo casi un 46 por 100 del voto popular en las primarias de julio de 2005, un 2 por 100 menos que sus dos rivales conservadores. Era evidente que los socialistas tenían que atraer al 5 por 100 del electorado que había votado por el candidato humanista, Tomás Hirsch, que se oponía a las medidas económicas neoliberales que toleraban, cuando no aceptaban, sus tres rivales políticos. Gracias a los comunistas, que desafiaron la orden de Hirsch de que sus partidarios depositasen votos en blanco –así como la deserción de los votantes de Lavín–, Bachelet triunfó: consiguió el 55,4 por 100 frente al 46,5 por 100 de Piñera. (Si se tienen en cuenta los votos nulos y en blanco, otro 3,6 por 100 de los votantes no participó.)

La victoria presidencial de la Concertación se mantuvo en el contexto legislativo: la Alianza ganó 17 escaños en el Senado frente a los 20 de la Concertación. La coalición socialista, el PPD y el PRSD hicieron progresos en las elecciones a la Cámara Baja y controlaban 7 escaños. Aunque la derecha perdió la carrera presidencial, la UDI se impuso como el partido más popular de la nación; la RN ocupaba la cuarta plaza, detrás del PDC y el PPD; el PDC perdió tres diputados, lo que indicaba que el partido de Frei había entrado en un lento declive. No obstante, la alta tasa de abstención, superior al 13 por 100, señalaba un giro más agorero: el inicio de la decadencia de la democracia chilena. En el plazo de seis años, sólo un 40 por 100 de los chilenos se identificaban con un partido político; menos de la mitad tenía alguna confianza en los partidos.

La doctora: Michelle Bachelet, 2006-2010

Las metas políticas de Bachelet eran consistentes con las de Lagos: contener la inflación, reducir la pobreza, aumentar los salarios y el PIB, incrementar la matriculación estudiantil y promover los beneficios sociales. La nueva presidenta anunció una ambiciosa agenda con 36 objetivos. Entre ellos estaban la igualdad de género, la subida de las pensiones, la ampliación de la atención sanitaria y de las oportunidades educativas, la creación de los ministerios de Seguridad Pública y Medio Ambiente, la abolición del servicio militar obligatorio en favor de un ejército compuesto en su totalidad de voluntarios –aunque el peso del servicio militar nunca se repartió por igual entre todos los chilenos– y, quizá lo más importante, la reforma de un anquilosado sistema político. Como parte de su promesa para conseguir la igualdad de género, nombró un gabinete integrado a partes iguales por hombres y mujeres. En lugar de seguir confiando en las mismas viejas personalidades políticas, instituyó otro cambio político: se habían acabado los «segundos platos», el fin de la puerta giratoria política. A partir de ese momento, sólo caras nuevas y frescas –presumiblemente poseedoras de nuevas y frescas ideas– se harían cargo de las carteras del gobierno.

Lamentablemente, menos de dos semanas después del discurso inaugural de su legislatura, la presidenta Bachelet se dio de bruces con un muro de más de 800.000 airados alumnos de secundaria. Como lucían uniformes de color blanco y azul oscuro, su movimiento fue conocido como la Huelga de los Pingüinos. Exigían cambios en el sistema educativo, pases gratis para el autobús, eliminación de las tasas de acceso a los exámenes para la universidad, cambios en la jornada escolar y el final de los subsidios estatales a las escuelas municipales.

Las manifestaciones comenzaron pacíficamente, pero enseguida degeneraron en el caos. Cuando la policía respondió con cañones de agua, los estudiantes ocuparon las escuelas, entre otros una de las más venerables instituciones de la nación, incubadora de al menos 15 presidentes: el Instituto Nacional. La huelga implicó a 250 centros de diferentes niveles educativos, incluidas la Universidad de Chile y la Universidad Católica. También recibió el respaldo de otros grupos no estudiantiles, como los camioneros y el Frente Patriótico Manuel Rodríguez. La violencia se propagó por Santiago en oleadas y con el tiempo enturbió las principales ciudades de la nación. Desgraciadamente, algunos elementos dejaron de lado las protestas políticas para saquear comercios. Los carabineros respondieron con fuerza a la violencia. Al final, el gobierno cedió a algunas demandas. Reorganizó el Ministerio de Educación, creó un nuevo comité consultivo sobre educación, prometió enseñanza de calidad para todos, un aumento de los menús gratuitos en las escuelas, subvención de los transportes públicos, financiación de la solicitud de acceso a la universidad, mayor inversión en colegios, además de otra concesión que en la realidad tenía poco que ver con la educación: aumento de la prestación familiar. El gobierno de Bachelet presentó una nueva ley educativa que permitía más transparencia y control fiscal, pero por desgracia no consiguió acabar con el sistema de escuelas municipales ni con la educación con ánimo de lucro.

Aparte de su promesa de terminar con la discriminación salarial por género, Bachelet creó mecanismos para socorrer a los niños en riesgo. Amplió considerablemente el programa AUGE para que abarcase el 80 por 100 de los problemas médicos. También impulsó las pensiones para los ciudadanos más pobres de más de 65 años, sin tener en cuenta sus aportaciones al fondo de pensiones, y proporcionó una bonificación por cada nacido vivo. Fundó Crece Contigo, un programa de apoyo a los niños hasta los cuatro años y a las embarazadas, además de ampliar Chile Solidario para atender a los más empobrecidos. Para fomentar la educación, Bachelet inició otro programa que ofrecía libros de texto a las familias pobres de los alumnos de primaria. Además, autorizó la entrega de ordenadores a los estudiantes de colegios públicos con alto rendimiento. Aunque no pudo erradicar el sistema de bonos para la financiación de las escuelas o los costes educativos, presentó una legislación para regular los centros privados e intentar acabar con la discriminación en el proceso de admisión. Su gobierno se implicó también en el ciclo vital de la nación: amplió la educación sexual en los colegios, distribuyó la píldora del día después entre chicas de hasta catorce años —edad del consentimiento legal para heterosexuales— y, cuando estas medidas fracasaron, donó moisés a los niños nacidos en hospitales públicos[14].

La presidenta Bachelet gozó de un raro placer: enterrar a su némesis. Pinochet falleció en diciembre de 2006, un suceso que su gobierno se negó a lamentar públicamente, pero que quizá celebró en privado. Tres años después, en enero de 2009, inauguró el Museo de la Memoria, una institución que registraba los abusos del régimen de Pinochet; 11 meses más tarde fundó el Instituto de Derechos Humanos, dedicado a proteger las libertades civiles que Pinochet había violado con tanto vigor.

Sin embargo, la «rebelión de los pingüinos» demostraba las limitaciones de las decisiones de Bachelet. Instaurar la paridad de género y prescindir de «segundos platos» —la promesa de acceso de nuevas caras a los cargos públicos— podía sonar muy bien, pero no cuando dotaba al gobierno de funcionarios inexpertos. En segundo lugar, como la Constitución de 1980 reducía sus alternativas, trabajó en el marco no

---

[14] La edad para el consentimiento entre hombres homosexuales es de 18 años; para lesbianas de 14. Los grupos gay protestan por esta falta de igualdad.

oficial del *cuoteo*, un sistema de cuotas que asignaba puestos en el gobierno a distintos partidos políticos para equilibrar los intereses de estos. La consiguiente negociación, que se produjo entre bambalinas, revivió sin duda el recuerdo de la Unidad Popular.

En agosto de 2007, como consecuencia de las manifestaciones estudiantiles, su tasa de aceptación había descendido al 39 por 100. No sólo el público la rechazaba. Un mes antes dimitió su ministro de Interior Andrés Zaldívar, aparentemente, según sus colaboradores más próximos, porque a él y la presidenta les faltaba química personal. En realidad, «no estaba cómodo con las maneras de los asesores de Bachelet ni con el modo de resolver las cosas»[15]. A algunos chilenos les encolerizaba que la presidenta tratara mal a Zaldívar, entregado confidente demócrata-cristiano de Eduardo Frei y enemigo de Pinochet. El ministro de Educación, Martín Zilic, «cuyos días estaban contados», como predijo correctamente un político, fue arrollado por la revolución pingüina. No fueron las únicas víctimas: también cayó la ministra de Economía, Ingrid Antonijevic, «en tanto se le criticaba tener una gestión poco lúcida y falta de definiciones en los temas de su cartera»[16]. Tal vez era demasiado espiritual para el cargo: cinco años después de ser destituida, se convirtió en monja budista.

La Revolución de los Pingüinos, no fue el último problema en atormentar a la presidenta. En febrero de 2007, el reorganizado sistema de transporte de la capital, Transantiago, se inauguró para malestar universal de sus viajeros, que denunciaron el hacinamiento, los fallos en la planificación de las rutas, la inadecuada distribución de los pocos autobuses existentes y el errático horario. El imperfecto plan se originó durante el régimen de Lagos, pero los políticos de la oposición y la prensa echaron la culpa del proyecto a la presidenta Bachelet que, aunque al corriente de sus deficiencias, lo había puesto en práctica. El resultado, en opinión de Adolfo Zaldívar, «es la mayor crisis que ha habido en la historia de Chile con la gente, no conozco otra igual»[17]. No es sorprendente que las autoridades procurarán ocultar bajo la alfombra el fiasco del transporte mientras el gobierno se veía obligado

---

[15] *El Mercurio*, 18 de junio de 2006.
[16] I. Nieto, *Especiales Emol*, «Michelle Bachelet, a un año de su llegada a La Moneda», *Emol.com*, 12 de mayo de 2012, en: emol.com/especiales/michelle_bachelet_2007/conflicts.html.
[17] *Emol*, 19 de junio de 2007.

a pedir al Congreso 290 millones de dólares para concluir el proyecto. Cuando su popularidad se hundió en las encuestas, Bachelet tuvo razones para decir: «Me gustaría borrar el 10 de febrero [el día en que empezó a operar el nuevo sistema Transantiago] del calendario»[18].

Lamentablemente, Transantiago no fue la última estación de su viacrucis. En 2006 se alzaron los primeros mineros de la mina de cobre La Escondida. La CUP impulsó una huelga para exigir al gobierno que resolviera el tema de la desigualdad en los ingresos, una acción que gozó del apoyo de algunos de los colegas socialistas de la presidenta. La policía respondió con la fuerza: encarceló a casi mil manifestantes e hirió a muchos, incluido un miembro del Congreso que sufrió fractura de cráneo. Pocos meses después, los maestros de los centros públicos y los trabajadores de la sanidad abandonaron sus puestos en demanda de salarios más altos. Entre otras actividades menos violentas estuvo la huelga de hambre de dos mapuches. En aplicación de las leyes antiterroristas de Pinochet, cuatro hombres fueron condenados a prisión.

Bachelet utilizó su *bona fides* socialista para minimizar el aislamiento diplomático de Chile en un mundo de gobiernos populistas latinoamericanos: ella estaba a favor de los países y causas «progresistas», y en contra del golpe de Zelaya en Honduras. Incluso peregrinó a La Habana para conocer la Cuba de Castro –la primera en hacerlo desde Allende–, a la que defendía frente al imperialismo de Estados Unidos y a cuya reincorporación a la OEA aspiraba. Intentó atraer a Bolivia, llegando a aprovechar una ceremonia patriótica para ensalzar a Eduardo Abaroa, un destacado héroe boliviano en la guerra del Pacífico. Como parte de esta cautivadora ofensiva, Chile permitió que La Paz utilizase el puerto de Iquique para importar mercancías, así como el libre tránsito de estas hasta Bolivia. En 2006, con la esperanza de solventar sus diferencias, Bachelet y Morales acordaron un plan de 13 puntos que incluía la resolución de las disputas litorales. Morales correspondió y aprovechó las festividad del Día del Mar de 2007 –un evento que conmemora la ocupación chilena de Antofagasta– para anunciar que Bolivia deseaba mejorar las relaciones. Pero mientras la presidenta Bachelet creaba un mecanismo para que las dos na-

---

[18] *El Mercurio*, 3 de septiembre de 2008, citado en S. Borzutzky y G. B. Weeks, *The Bachelet Government*, Gainesville, University Press of Florida, 2010, p. 11.

ciones discutieran sus problemas, su ministro de Relaciones Exteriores, Alejandro Foxley, advertía que «Chile no modificará un ápice los tratados firmados con Bolivia»[19].

Bolivia también había lanzado una ofensiva de buena voluntad para ganarse a varios países latinoamericanos. Resultó un éxito no sólo con Chávez, que murió antes de hacer realidad la fantasía de bañarse en una playa boliviana –podía haberlo hecho en las orillas del lago Titicaca–, sino con Fidel Castro, que denunció a la oligarquía chilena y a Estados Unidos por someter a Bolivia a «un extraordinario agravio histórico... Le arrebataron la costa marítima y la salida al mar, además privaron a ese país... de extensos territorios muy ricos en cobre»[20]. Al parecer la denuncia de Bachelet del bloqueo estadounidense no aplacó a Fidel, que proclamó que la misma «oligarquía vengativa y fascista que propició la Guerra del Pacífico» –una acusación grotesca, dado que el fascismo se originó con Mussolini en la década de 1920– todavía controlaba Chile, una observación que precipitó la renuncia de Foxley.

La presidenta sufrió una humillación más cuando el público supo que los fondos adjudicados a una organización deportiva patrocinada por el gobierno habían terminado financiando las campañas políticas de varios candidatos de la Concertación. Esto desató la ira de Jorge Shaulsohn, miembro del PPD, que denunció «la ideología de la corrupción» que impregnaba a la Administración[21]. Se le unió Edgardo Boeninger, demócrata-cristiano muy respetado, que apuntó que parte de la izquierda toleraba esos robos: «Desde el comienzo, en la Concertación se pensó que, así como el dinero privado favorecía fundamentalmente a los partidos de derecha, no sería ilegítimo recibir financiamiento público a través de los recursos estatales para los programas sociales. Es una percepción profundamente equivocada y que facilitó conductas reprochables», afirmó[22].

A Chile le fue relativamente bien durante los años de Bachelet, sobre todo si los situamos en el contexto de la recesión mundial, cuando el desempleo ascendió al 10,5 por 100 en 2009 y el PIB bajó

---

[19] Agencia, 23 de marzo de 2006.
[20] BBC World, 13 de febrero de 2009.
[21] E. Ortíz, «Parlamento y corrupción: una historia que se repite en la historia de Chile», *El Mostrador*, 21 de abril de 2015.
[22] *Emol*, 27 de diciembre de 2006.

del 4,6 por 100 en 2007 a un 1,5 por 100 negativo. Sin duda este deterioro reflejaba la caída del 20 por 100 en el precio del cobre. Chile se libró de los estragos en gran medida por la decisión de Bachelet de utilizar los fondos ahorrados en los años dorados de la industria del cobre y depositarlos en el Fondo de Estabilización del Cobre para sostener la economía durante la recesión. En 2006 fundó también dos fondos soberanos: el Fondo de Estabilización Económica y Social y el Fondo de Reserva de las Pensiones. El primero sostuvo los precios del cobre en los malos tiempos; el segundo garantizó que los pensionistas recibieran protección en su vejez. En 2008 creó el PDC, un programa costeado por el Estado que financiaba la educación de los chilenos que deseaban obtener un doctorado en una universidad extranjera.

Bachelet iba a abandonar con una nota alta –en enero de 2010 contaba con una tasa de aprobación del 80 por 100– cuando Chile sufrió otro desastre natural: el 27 de febrero de 2010 se produjo un terremoto de magnitud 8,8, tan intenso que no sólo sintieron su impacto los habitantes de Santiago sino los de Buenos Aires. El posterior tsunami anegó los países de la zona del Pacífico hasta Canadá y Japón. También obligó a acotar Valparaíso, destrozó Talcahuano y casi borró del mapa la ciudad de Constitución. Las secuelas fueron devastadoras: más de 500 muertos o desaparecidos; 370.000 hogares inhabitables o gravemente afectados; 800.000 personas sin hogar y 30.000 millones de dólares en daños[23].

El terremoto y el tsunami desataron una oleada de pillaje, ataques a personas e incluso una fuga carcelaria. Cuando la desbordada policía no pudo contener a los delincuentes, la gente empezó a aplicar la justicia por su cuenta. Finalmente, tras tres días de caos, Bachelet declaró el estado de emergencia y envió a los militares. Varias personas la fustigaron por actuar con demasiada lentitud para hacer frente a los disturbios. Ella negó esta acusación y se quejó de que la Marina no había avisado a tiempo del tsunami, una alegación que desmintió la flota. Con el terremoto y el tsunami como despedida, puede que la presidenta Bachelet no se sintiese demasiado desdichada por dejar el cargo. Su administración no marchaba tan bien políticamente: era di-

---

[23] R. Carlin *et. al.*, «Natural Disaster and Democratic Legitimacy: The Public Opinion Consequences of Chile's 2010 Earthquake and Tsunami», *Political Research Quarterly* 67, 1 (2014), p. 6.

fícil reconciliar la igualdad de género, la participación ciudadana y la *realpolitik*. Además, se agudizaron las luchas internas: perdido su centro de gravedad –el odio por el general Pinochet– los partidos de la Concertación se volvieron los unos contra los otros. Por una vez la derecha no se regodeó en su tendencia al conflicto entre partidos, lo que le permitió su ascenso al gobierno en 2010.

El billonario Sebastián Piñera, 2010-2014

Dado su historial político, Piñera no parecía el candidato ideal a la presidencia en 2010. Anteriormente, había abandonado la carrera hacia La Moneda al verse envuelto en un escándalo de escuchas en 1992. Intentó conseguir un escaño en el Senado en 2001, pero se retiró de la campaña cuando Joaquín Lavín, de la UDI, se negó a respaldarle. Cuatro años más tarde fue designado por la RN, pero perdió frente a Bachelet por un amplio margen. Piñera obtuvo al fin la victoria ante Eduardo Frei Ruiz-Tagle, que confiaba en un segundo mandato, no sólo por su popularidad sino porque sus adversarios de izquierda parecían estar irreconciliablemente divididos. En resumen, fue una repetición, a la inversa, del triunfo de Allende en 1970: tres candidatos izquierdistas –Jorge Arrate, un comunista; Marco Enríquez-Ominami, hijo del fallecido mirista Miguel Enríquez, aparte de Frei Ruiz-Tagle–, competían entre sí. En las primarias, que ganó Frei, estos tres atrajeron un 10 por 100 más de votos que Piñera. Un sector de la izquierda se negaba a aceptar a Frei Ruiz-Tagle –Ominami, por ejemplo, pronosticaba que una administración con Frei sería de «una bajeza moral incalificable»[24]– por su sorprendente habilidad para atraer votos de los pobres y la clase media. Piñera ganó por un 3,3 por 100. Resulta significativo que un 3,3 por 100 adicional de los votantes depositasen votos en blanco o nulos. En resumen, la victoria de la derecha no fue precisamente rotunda.

El conservadurismo no era el único rasgo distintivo de Piñera. No era médico como Bachelet ni ingeniero como Frei Ruiz-Tagle, ni

[24] Citado en M. Morales Quiroga, «The Concertation's Defeat in Chile's 2009-2010 Presidential Elections», *Latin American Politics and Society* 54, 2 (verano 2012), p. 93.

siquiera abogado como la mayoría de los presidentes chilenos. Se asemeja a Lagos en que había obtenido un doctorado en Económicas por una universidad estadounidense –en su caso, fue Harvard– y había sido un vago oponente de Pinochet. A diferencia de don Ricardo, era un antiguo seguidor del PDC y un católico observante. En contraste con sus modernos predecesores, su familia incluía a un presidente, la hermana de un presidente y un obispo católico romano. Pero lo que más diferenciaba al candidato Piñera de cara larga de sus rivales era su cuenta bancaria. No era un simple millonario, sino un billonario responsable de la introducción de la tarjeta de crédito en Chile, que financiaba un equipo de fútbol, el Colo-Colo, andaba metido en televisión y en la modernización de LAN-Chile. No llegó a engrosar las filas de los billonarios sin controversia: bancarrotas, procesos judiciales y ocasionales encontronazos con el sistema legal por uso de información privilegiada y violación de la ley bancaria arruinaron su reputación en los negocios.

Su régimen no arrancó bajo buenos augurios: el impacto del terremoto de 2010, de triste fama, perturbó su llegada al cargo; la erupción de un volcán en Puyehue el año siguiente obligó a evacuar a 3.500 personas; un incendio forestal en 2012 consumió 12.000 hectáreas de reservas naturales, destruyó la vida salvaje y costó la vida a siete bomberos. Se podría pensar que si el presidente estadounidense Franklin D. Roosevelt tuvo «una cita con el destino», el presidente chileno Piñera la tuvo con el desastre natural.

Aunque sus críticos no podían, en justicia, achacar todo estos problemas al nuevo presidente, Piñera se las arreglaba para sabotearse solo. Propuso construir cinco embalses en el sur, un proyecto que anegaría 14.000 acres de tierra, pertenecientes en gran parte a los mapuches o a la red nacional de parques. La idea, a la que se opusieron un 60 por 100 de la nación y Greenpeace, provocó tal manifestación que el gobierno la abandonó en 2016[25]. Tampoco aprendió nada de la debacle de Bachelet con los pingüinos. Aunque el gobierno anterior sustituyó las leyes educativas en vigor durante el gobierno de Pinochet por la Ley de Educación General, esta no exigía al Estado la responsabilidad de financiar la educación ni abolía las escuelas con ánimo de lucro. Los estudiantes universitarios y de secundaria, a los que se sumaron

---

[25] BBC World, Cono Sur, 5, 15 de junio de 2011, 11 de enero de 2012.

sus profesores, respondieron con manifestaciones, incluido el boicot escolar, que desembocaron en violencia callejera y enfrentamientos con la policía. También hizo que la popularidad del presidente descendiese al 27 por 100.

No todas las medidas de Piñera iban desencaminadas. Quizás el punto más alto de su mandato fue el exitoso rescate de 33 mineros atrapados durante dos meses, un suceso que disparó su popularidad. Aumentó el Fondo de Reserva para las Pensiones y el Fondo de Estabilización Económica y Social, previstos para el caso de que la economía sufriese un desplome. Mejoró el sistema de pensiones y eximió a algunos de sus receptores de pagar un sobrecoste por atención médica en las prestaciones por jubilación de su Sistema de Pensiones Solidarias, una medida que aparentemente benefició a los más acomodados, pero no a los pensionistas más pobres. Promulgó una ley que aseguraba la baja de seis meses por maternidad. Para financiar esta concesión —y para las obras de reconstrucción del terremoto, un proceso que duró tres años— Piñera subió los impuestos sobre la minería, el tabaco y las empresas. Gracias a su prudencia, y a los precios más altos del cobre, Chile prosperó.

Políticamente, Piñera introdujo en 2012 un cambio radical en el sistema electoral: una nueva ley para el registro automático como votantes de todos los chilenos, de dieciocho años o más, que no hubiesen cometido un delito criminal. A diferencia del viejo sistema, la votación no era obligatoria. Esta medida tuvo consecuencias inesperadas: más del 58 por 100 de los votantes no participaron en las elecciones a la presidencia de 2013, un resultado que consternó a numerosos políticos.

Aparte de la ira de la madre naturaleza, Piñera fue repetidamente víctima de heridas autoinfligidas. En una conferencia internacional en México enfadó a varios grupos feministas al hacer un chiste sexista. Consiguió insultar tanto al presidente de Perú, cuando reivindicó a sus antepasados incas, como a Barack Obama, cuando se apropió del sillón del presidente en el Despacho Oval. Sus meteduras de pata fueron numerosas: pronunció mal el nombre de la capital de Brasil y el del autor de Robinson Crusoe; parecía confuso ante la geografía de Sudamérica; un comentario inapropiado en Alemania alusivo al pasado nazi de la nación desató un escándalo[26]. Cometió tantos errores

---

[26] *El Comercio*, Lima, 7 de diciembre de 2011.

que sus despropósitos acabaron siendo conocidos como «piñericosas».
Los chilenos coincidían en pocas cosas, pero una de ellas era que Piñera parecía manifiestamente inepto, o en palabras de un senador de
la derecha, el suyo «ha sido de los peores gobiernos en la historia de
Chile en política»[27].

Por suerte, Piñera tuvo más éxito dirigiendo la economía de la
nación. Es una ironía que el terremoto de 2010, que provocó 30.000
millones de dólares en daños, propiciase una oleada de gasto público, al
iniciar la nación el largo proceso de reconstrucción. El PIB creció por
encima del 5 por 100 en los dos primeros años, el paro descendió un 37
por 100, hasta su punto más bajo en más de una década. Aunque el
precio del cobre subió, llegando a marcar un máximo de 4 dólares por
libra, el gobierno aún tenía que superar déficits para pagar el coste de
las reparaciones, que también motivaron un incremento de la inflación.

En diciembre de 2013 la popularidad de Piñera se recuperó y
alcanzó el 45 por 100, su nivel más alto desde 2010. Logró la mayor
aprobación por su proceder en política exterior, tal vez porque no se
apoyó en las medidas de su predecesora. Juró que no comprometería
«ni el territorio [de Chile] ni su soberanía». En cierto sentido, el daño
ya estaba hecho: a pesar de los esfuerzos chilenos por resolver bilateralmente el problema, Morales convenció al Tribunal Internacional de que
arbitrase la disputa por el litoral. Estaba claro que la situación de Chile
se había vuelto más precaria. Como señaló Piñera, Bolivia no había
dejado de cultivar la imagen de un lastimado David luchando contra
el Goliat chileno y de echar la culpa de su subdesarrollo a la pérdida
de su costa. Entretanto el presidente Morales empezó a despotricar,
clamando que Chile no sólo planeaba atacar a su nación y a Perú, sino
también a Argentina[28].

Perú no buscaba deshacer el Tratado de Ancón (1883), aunque
tenía su propia agenda para remediar su anterior pérdida. Planteó ante
el Tribunal Internacional de La Haya su argumentación en demanda
de mayores derechos de pesca en un área reclamada por Chile, una
disputa que ganó Lima. Perú también se quejaba de que Chile había
vendido armas a Ecuador en 1994 y 1995, armas que Quito había usa-

---

[27] *El Litoral,* Santa Fe, 30 de enero de 2011; *El Mostrador,* 4 de marzo de 2014.
[28] Cooperativa cl., 17 de febrero de 2017; INFOBAE, 7 de abril de 2017; RPP
noticias, 15 de febrero de 2017

do para defender el territorio reclamado por Lima[29]. Chile seguía chocando con Argentina, ahora por un pequeño trozo de la Patagonia, que un mapa turístico argentino reclamaba incorrectamente como propio. En asuntos más importantes los resultados eran ambivalentes: Chile respaldó las demandas argentinas sobre las Malvinas y declaró que no permitiría que ningún barco fondeado en esas islas atracase en un puerto chileno, pero Buenos Aires se negó a extraditar a un hombre implicado en el asesinato del derechista Jaime Guzmán, uno de los fundadores de la UDI.

EL SEGUNDO PLATO: BACHELET, 2014-2018

Teniendo en cuenta el hecho de que público se identificaba más con la oposición que con Piñera, no es raro que las elecciones presidenciales de 2014 diesen como resultado la vuelta de Bachelet al poder[30]. Esta tenía que asegurarse primero la nominación de una coalición de siete partidos izquierdistas, incluidos comunistas, socialistas, PPD y PDC, que hacían campaña bajo el rótulo de Nueva Mayoría. Consiguió su objetivo, con el 73 por 100 de los votos. Su principal adversario era Evelyn Matthei de la UDI. En realidad, no sería un desafío para Bachelet. Su Alianza por Chile había seleccionado inicialmente como candidato a Pablo Longueria, anterior ministro y senador. Este renunció al poco de triunfar en las primarias de su partido, esgrimiendo su mala salud, al parecer de origen psicológico. Tres días después, la Alianza eligió a Matthei como líder. Como su rival socialista, Matthei era hija de un oficial de carrera de la fuerza aérea y miembro de la Junta de Pinochet, además de amiga de la niñez de su rival. Economista de formación y pianista clásica por vocación, Matthei había sido diputada, senadora y ministra del gobierno. Cordero sacrificial, perdió casi 25 puntos en un ámbito de nueve candidatos, lo que permitió a Bachelet iniciar su segundo mandato, que no resultaría tan auspicioso como el primero.

---

[29] Ministerio de Relaciones Exteriores del Perú, comunicado oficial RE 06-05.
[30] GFK Adimark, 15 de abril de 2017.

La cultura durante los años de la Concertación

Roberto Bolaño, *enfant terrible*, poeta y prolífico novelista, además de sucesor chileno de Mistral y Neruda, sucumbió en 2003 a un fallo hepático en España. Aunque nacido en Chile, pasó la mayor parte de su vida fuera, sobre todo en España, distanciado, al parecer deliberadamente, de su país natal. Una nueva generación de escritores, reflejo de un contexto más diverso, reemplazaron a Bolaño. *Bonsai*, la épica novela de Alejandro Zambra, es un cuento que utiliza la planta japonesa como metáfora de la relación romántica entre dos amantes, Julio y Emilia, y que termina con el suicidio de Emilia cuando su relación se va a pique. Esta historia sobre las interrelaciones entre la vida y la ficción impresionó tanto a *El Mercurio* que consideró el libro un punto de inflexión en la literatura chilena. Una obra posterior, *Formas de volver a casa*, recurría a un terremoto y al régimen de Pinochet como fondo de una historia familiar.

Diamela Eltit Meruane, receptora de numerosos premios literarios, se centra en metáforas sociales. También escribió una historia de amor, improbablemente situada en un manicomio, que describe a pacientes cuya comprensión de la realidad, por no hablar del amor, es frágil. La premiada Lina Meruane, de ascendencia palestina y residente en Estados Unidos, escribió *Sangre en el ojo*. Aparentemente es un trabajo en parte autobiográfico, cuyo principal personaje se está quedando ciego, un destino cruel para un escritor. Como Lina Meruane, la autora feminista Andrea Jeftanovic, de ascendencia serbia y judía de Europa del Este, se graduó en una universidad estadounidense. Su *No aceptes caramelos de extraños* es la historia de una joven que crece en una familia disfuncional integrada por individuos que se enfrentan a sus especiales problemas. Su *Escenario de guerra* utiliza los sufrimientos de su familia durante el Holocausto como metáfora de la violencia del régimen de Pinochet. Otra escritora de origen judío, educada en Inglaterra y antigua nuera del político socialista Carlos Altamirano, es Carla Guelfenbein, quizá la autora chilena más popular. Su *Contigo en la distancia* cuenta una historia desde la perspectiva de tres individuos, inmersos todos ellos en los últimos días de una escritora de ficción en coma, Vera Sigall.

Resulta particularmente significativo que la mayoría de estos nuevos autores sean mujeres, algunas de extracción foránea y educadas en el extranjero. Otros escritores se distinguen no sólo por su origen sino por su orientación sexual: Alberto Fuguet, un autor gay que pasó los primeros años de su vida en Encino, California, se ha erigido en uno de los protagonistas de la Nueva Narrativa chilena. Su *Mala onda* rechaza el realismo mágico de Gabriel García Márquez en favor del movimiento norteamericano McOndo –un juego de palabras con el nombre en la ficción de la ciudad del autor colombiano, Macondo–, que pone el énfasis en la dura realidad de la Latinoamérica moderna, peligrosa, urbana e influida por Estados Unidos, no en el bucólico mundo rural.

Pedro Lemebel, extravagante y polémico –se describe como una *queen* que a menudo viste como una mujer–, falleció en 2015. Durante su carrera vilipendió a una serie de personas y clases: el gobierno Pinochet, la derecha, la burguesía y la izquierda. Basada en sucesos de la vida real, como el intento de asesinato de Pinochet, su ficción *Crónicas* explora, al igual que sus novelas, el lugar de los homosexuales en la sociedad chilena.

Es irónico que algunos de los chilenos más antiguos, indios mapuches como Elicura Chihuailaf, Millahueique y David Aniñir, se hayan convertido en los autores más novedosos. Al igual que Chihuailaf, Leonel Leinlaf publicó una muy apreciada obra poética y ganó premios literarios nacionales. Aniñir, un obrero de la construcción que estudió en la escuela nocturna, ha escrito *Mapurbe*, «una corrosiva, vil, cruda… poética venganza de todo»[31]. Contrarios a la asimilación, buscan fomentar y consolidar la identidad mapuche, al tiempo que exponen su sometimiento a manos de los *winkas*, término mapudungun para los no mapuches, que primero oprimieron a los pueblos indígenas y luego ignoraron sus necesidades. Esperan resucitar los valores rurales de un pueblo para el que la ciudad es, con frecuencia, la tumba de su cultura, mientras se esfuerzan por lograr lo que bien podría ser descrito como identidad dividida: preservar su etnicismo, y en su caso la identidad racial, y coexistir con el Estado chileno. Pretenden, además, movilizar a los mapuches que han perdido la base territorial de su identidad, para enfrentarse al Estado chileno.

A pesar de que la represión de Pinochet silenció a la Nueva Canción Chilena, esta sobrevivió gracias a los esfuerzos de grupos como

---

[31] R. Wadi, «A Poetic Concept of Identity: An Interview with Mapuche Poet David Aniñir Guilitraro», *Upside Dpwn World*, 14 de octubre de 2011.

Inti-Illimani, Quilapayún y Congreso. Del mismo modo que los chilenos han aceptado la *big mac*, han acogido sus equivalencias musicales, el *rock and roll* y sus derivados, el *hip hop* y el rap. Una alternativa más melódica es la cumbia chilena, procedente del baile popular colombiano, que en ocasiones refleja la influencia de instrumentos tecno, el *hip hop* y algunos temas étnicos. La cueca −el equivalente chileno más entusiasta del tango− ha experimentado un resurgir gracias a los esfuerzos de Hernán Núñez, Raúl Lizama, Carlos Navarro y los Chileneros. La aparición de la cueca brava −para distinguirla de la cueca tradicional, rural en origen− es una mezcla ecléctica de influencias extranjeras con la música escuchada en los bares y burdeles de Santiago. Además de los Chileneros, hay otros grupos −Los Afuerinos, Los Tricolores− que sobresalen en este género.

La música clásica, personificada por Claudio Arrau, todavía florece felizmente gracias a la Semana Musical de Frutillar, un festival que se celebra en el sur de Chile. Como Venezuela, Chile ha creado una organización de jóvenes orquestas, la Fundación de Orquestas Juveniles e Infantiles, que les anima a tocar en conciertos dentro y fuera del país. Como resultado de sus esfuerzos, Chile tiene listo el relevo de intérpretes clásicos.

Como el automóvil, la televisión influyó mucho en Chile. Surgida a finales de la década de 1950 bajo los auspicios de la Universidad de Chile y la Universidad Católica, en 2004 el público podía escoger entre 125 canales en abierto o por cable. La mayoría de los chilenos, casi el 90 por 100, posee aparatos de televisión, casi todos en color. Aunque los chilenos producen dos tercios de su programación, los programas extranjeros parecen dominar el género de la famosa telenovela, el equivalente latino del *soap*. Los chilenos no siempre son espectadores pasivos de la cultura televisiva extranjera: Mario Kreuzberger, nacido en Talca e hijo de refugiados judíos que huían de Hitler, fue el creador de *Sábados gigantes*, un programa de variedades de larga vida en pantalla, que exportó a espectadores de Estados Unidos y del mundo entero.

Los chilenos ya producían cortos antes del siglo XX, así que la industria cinematográfica está profundamente arraigada en el país. Aunque prosperó subvencionada por CORFO, en Chile se produjeron pocas películas hasta la década de 1960, cuando una nueva oleada de directores chilenos, entre otros Miguel Littín, Patricio Guzmán y

Aldo Francia, comenzaron a desarrollar su oficio. Como era previsible, estos hombres, todos partidarios de la izquierda, abandonaron Chile durante la dictadura de Pinochet. A partir de 1989, una nueva generación de productores –Andrés Wood, Pablo Perelman y Gustavo Graef-Marino– debutó con su trabajo gracias a la ayuda del gobierno. Mientras, Silvio Caiozzi, formado en Estados Unidos, ganaba premios por sus películas y documentales en contra de Pinochet. Pese a que sus esfuerzos atrajeron a una cantidad cada vez mayor de espectadores chilenos, no podían rivalizar con los directores de Hollywood. Así que un buen número de directores chilenos emigraron al norte. Estos expatriados gozaron de gran éxito: Claudio Miranda, por ejemplo, que recibió dos nominaciones al Oscar –ganó por *La vida de Pi*–, el viejo baluarte Miguel Littín y el mucho más joven Pablo Larraín; el medio chileno Alejandro Amenábar, también ganó un Oscar.

La influencia extranjera, que dio forma al cine y la cultura chilenos, también invadió su cocina. En los viejos días sólo existían una cuantas cafeterías como Café Haití y Jamaica. Con el tiempo Starbucks afianzó su posición, pero los yanquis se enfrentaron a la dura oposición de los *cafés con piernas*, establecimientos de inspiración local especializados en jóvenes camareras en bikini o lencería, que mientras dispensaban café ofrecían una oportunidad de estudiar sus atributos físicos.

Por desgracia, el gordo completo, el bifé a lo pobre y la cazuela de ave ahora compiten con MacDonalds, Burger King, Ruby Tuesday, Applebees, Subway, Taco Bell –hispano sólo en el hombre–, TGI Friday, Kentucky Fried Chicken, Papa Johns, Popeyes, Dunkin Donuts y Chili's, una empresa con sede en Texas. Hooters, que dejó Chile en 2008, ha regresado a la calle Isadora Goyenecha para ofrecer una mezcla –el equivalente gustativo del café de piernas– de esmero femenino y comida rápida. Es evidente que el paladar chileno se ha vuelto más cosmopolita.

Abundan los restaurantes peruanos, de sushi, griegos, japoneses, coreanos, del este de la India y chinos, además de varios vegetarianos y, para los más conscientes de la salud, establecimientos veganos y libres de gluten. Para consuelo de los veteranos, sobreviven unos cuantos tradicionales –Palacio Danubio Azul, chino pese a su nombre, no húngaro, Pinpilinpausha, Café Roma, Le Due Torre y Da Carla– aunque se han trasladado a la parte alta de la ciudad.

Algunos chilenos crean empresas basadas en los modelos de compañías extranjeras. Homy Megacenter, el Home Depot trasplantado a

Chile, se ha establecido como rival de una inexistente IKEA. H&M, una compañía de ropa sueca, ha abierto una tienda en Santiago y tiene planes de inaugurar otras en Concepción y Coquimbo. Brooks Brothers, el tradicional guardián de la elegancia en sastrería norteamericana, se instaló en Las Condes. Bajando por la escala socioeconómica, Walmart se hizo un hueco al comprar en 2009 Distribución y Servicio, que controla 80 grandes almacenes Líder. En 2017 disponía de 363 tiendas en Chile.

Para bien o para mal, la búsqueda chilena de lo moderno incluye una creciente dependencia del consabido coche. Entre 2000 y 2015, la cifra de vehículos aumentó un 700 por 100; un 41 por 100 en sólo cuatro años desde 2010: tres cuartas partes son automóviles y el resto camiones. Chile una nación de 17 millones de habitantes, posee casi 5 millones de vehículos. Como no podía ser menos, casi 2 millones —los más nuevos, importaciones japonesas o coreanas— corresponden a la capital; 580.000 en Valparaíso y 513.000 en la región de Biobío. Santiago, una ciudad con 7 millones de personas y casi el 50 por 100 de los coches, está ahora tan contaminada con monóxido de carbono que en 2015 y 2016 las autoridades sanitarias tuvieron que prohibir la circulación de la mitad de los vehículos. Chile tiene aproximadamente 1.500.999 conductores con permiso de circulación, casi el 80 por 100 de los cuales son varones, lo que puede explicar los hábitos de conducción agresiva de los chilenos. Sorprendentemente, dado su entusiasmo, la nación tiene la tasa más baja de accidentes de Latinoamérica, casi la mitad de los mismos peatones inconscientes, o que se desplazan fascinados por sus teléfonos móviles.

Pocos chilenos viajan en trenes interurbanos: la línea entre el norte de Santiago y Perú está virtualmente clausurada; sigue parcialmente operativa en dirección sur. Estas vías férreas no pueden competir con las líneas de autobuses, que ofrecen mayor comodidad por menos dinero. Prospera, quizá demasiado, el Metro de Santiago, recientemente considerado el mejor de América: en 2014 transportó cerca de 2.300.000 pasajeros y amenaza con desbordar las cinco líneas del sistema de transporte. También hay Metro en Valparaíso y Concepción.

Con el sistema ferroviario devaluado, el avión se ha convertido en el principal medio de transporte. LAN Chile, por ejemplo, es ahora una estrella del panteón neoliberal. Históricamente, el gobierno dirigía la compañía de aviación LAN, creada a finales de la década de

1920, que se limitaba a cubrir rutas nacionales. En 1989 el gobierno vendió la línea aérea a intereses privados, que incluían al eventual presidente Sebastián Piñera. Tras la adquisición de su mayor rival nacional, LADEVO, LAN creó subsidiarias en Perú, Ecuador, República Dominicana, Argentina y Colombia. En 2010 se fusionó con la compañía brasileña TAM para formar el grupo LATAM, el mayor operador aéreo de Latinoamérica. Además de atender a los cinco principales aeropuertos nacionales, vuela a 31 ciudades de Estados Unidos, Asia y Europa. La compañía transporta 8.000.000 de pasajeros al año, incluido el 35 por 100 de los extranjeros que visitan Chile, y el 80 por 100 de la carga aérea.

El teléfono móvil, que en Chile utiliza el 45 por 100 de la nación, ha sustituido a las líneas fijas. De hecho, estas últimas se han convertido en una anomalía ahora que el número de móviles, casi 27 millones, supera a la población. No es extraño que la disponibilidad de teléfonos públicos, siempre difíciles de encontrar y de usar, haya descendido considerablemente. De manera similar, gracias a los faxes e internet, la cantidad de cartas entregadas se redujo en casi un tercio entre 2011 y 2015. Actualmente, alrededor del 80 por 100 de los chilenos, sobre todo los más ricos y la clase media que se concentran principalmente en Santiago, tienen acceso a internet, uno de los porcentajes más altos de América Latina. Desde 2000, el número de usuarios de internet ha crecido un 800 por 100, alcanzando una estimación del 64,5 de los chilenos en 2015.

Está claro que Chile ha cruzado la línea en la adquisición de bienes de consumo. Entre el 80 y el 90 por 100 posee TV en color, lavadora y frigorífico; la mitad tiene secadora y un tercio coche. Esos avances representan un incremento de los financieramente acomodados de entre el 35 y el 50 por 100. Incluso el 20 por 100 más vulnerable comparte esta riqueza, obviamente en menor grado: más del 50 por 100 de los pobres tienen televisión en color, frigorífico y lavadora, un aumento de entre el 600 y el 700 por 100 desde 1992 a 2002.

Chile está cambiando poco a poco. La población es cada vez más heterogénea, en parte debido a que aproximadamente el 2,5 por 100 de la población es inmigrante. La nación es el hogar de 1.300 coreanos y de la mayor población palestina fuera de Oriente Medio. Además de numerosos inmigrantes peruanos y bolivianos, alberga a 41.000 haitianos; el 90 por 100 de ellos permanecen en Chile de forma ilegal.

LOS AGITADOS MAPUCHES

Un ejemplo clásico de extranjeros en su propia tierra es la desastrosa situación de los habitantes originales del país: los 600.000-700.000 mapuches. Los mapuches, que viven principalmente en el sur y suelen hablar uno de los cinco grupos de lenguas que componen el mapudungun, constituyen el 95 por 100 del casi 4 por 100 de indígenas de la nación. Comparten una trágica historia: tras ser sometidos en la década de 1880, los vencedores diezmaron el ganado mapuche, base de su economía, y distribuyeron su tierra entre los «colonos», muchos inmigrantes europeos. Las consecuencias fueron terribles: los mapuches pasaron de ser los amos de la Araucanía a verse despojados, denigrados, convertidos en un «pueblo colonizado» que subsistía a duras penas en la misma tierra que en otro tiempo habían gobernado[32]. Escasamente educados, el 52 por 100 de los mapuches rurales no han completado la enseñanza primaria; sólo el 7 por 100 acaba el liceo o la enseñanza superior. Dado que desempeñan tareas mal pagadas o trabajan en la agricultura, casi un tercio vive en la pobreza, frente al 22 por 100 de los chilenos no indígenas. Muchos, puede que el 65 por 100, emigraron a las ciudades donde, a causa de la falta de formación, sólo consiguen empleos de ínfima categoría y sobreviven en alojamientos precarios.

También han pagado un precio desproporcionado por el progreso de Chile. La construcción de gigantescos proyectos hidroeléctricos –que generan energía para las zonas urbanas– ha inundado sus asentamientos. La tala extensiva ha trastocado sus vínculos con la tierra, consumido su agua. El abuso de pesticidas ha envenado su entorno. El 32,5 por 100 de la provincia de Malleco está dedicado a la explotación maderera –esta actividad representa en algunas áreas el 60 por 100 de la tierra– y los activistas acusan a las compañías madereras de «anexionarse territorio mapuche y aprovecharse de la vulnerabilidad de la que son víctimas esas comunidades y los campesinos a pequeña escala»[33].

---

[32] J. Marimán, «Cuestión mapuche: Descentralización del estado y autonomía regional», *Caravelle* 59 (1992), p. 191.

[33] P. Richards, *Race and the Chilean Miracle: Neoliberalism, Democracy, and Indigenous Rights*, Pittsburgh, University of Pittsburgh Press, 2013, p. 73: Coordinadora mapuche, 2003, citado en L. E. Meza, «Mapuche Struggles for Land and the Role of Private Protected Areas in Chile», *Journal of Latin American Geography* 8, 1 (2009), p. 155.

En lugar de tolerar pasivamente las incursiones winka, el pueblo indígena lazó un «proyecto político estratégico de resistencia y reconstrucción nacional [y de] nuestro proyecto político de liberación nacional» como parte de su oposición a «todo proceso de inversión capitalista... sistema capitalista y el Estado colonialista opresor»[34].

Los mapuches empezaron a sabotear camiones y otros equipos pertenecientes a las empresas madereras y los proyectos de energía hidroeléctrica. Han intentado volver a ocupar la tierra en disputa y han destruido propiedades de los no mapuches que viven en lo que ellos consideran su territorio ancestral. En 2008 un grupo de mapuches ocuparon la hacienda de Jorge Luchsinger, Santa Margarita, reclamándola como parte de sus tierras. En el transcurso de este suceso, los carabineros mataron a un estudiante de Agronomía mapuche, Matías Cartrileo. Al parecer, cinco años más tarde, un grupo de militantes decidió conmemorar este suceso quemando la casa de Werner Luchsinger, primo de Jorge, y Vivianne Mackay. Ambos perecieron entre las llamas. Recientemente prendieron fuego a una iglesia evangélica en un pueblo de la Araucanía porque se alzaba en tierras tribales.

El gobierno de la Concertación ha aplicado las leyes antiterroristas de Pinochet para acabar con la resistencia. Desde 2002 más de diez jóvenes que protestaban contra las compañías madereras han muerto, convirtiéndose así en *weichafe,* guerreros. El ciclo de violencia parece alimentarse a sí mismo. Las autoridades arrestaron a 11 mapuches, incluyendo a Francisca Llinconao, una machi –figura espiritual–, supuestamente implicados en las muertes de Luchsinger y Mackay. Cuando el tribunal se negó a liberar a Francisca de la cárcel para que pudiese esperar el juicio en arresto domiciliario, Llinconao declaró una huelga de hambre. Este acto, además de la detención de la machi, provocó revueltas en Santiago y en Nueva Imperial. Pedían la libertad de Francisca y de «todos los presos políticos mapuche»[35].

Presionada por la ONU y por el Tribunal Interamericano de Derechos Humanos, que había revocado la condena de varios militantes mapuches sobre la base de que el antiterrorismo chileno coartaba sus derechos, La Moneda intentó dar respuesta a algunas de las demandas. En 1989, el presidente Patricio Aylwin había prometido modificar la

---

[34] Werken Noticias, 15 de marzo de 2017.
[35] *El Pueblo*, 1 de enero de 2017.

Constitución de 1980 para incorporar las disposiciones de la Convención n.º 169 de la Organización del Trabajo, que reconocía los derechos de los pueblos indígenas. También creó la Corporación Nacional de Desarrollo Indígena (CONADI), un comité conjunto de los mapuches y el gobierno para impulsar el desarrollo de la población indígena. La Moneda demostró su compromiso con esta organización aumentando los fondos un 400 por 100 entre 1999 y 2010.

En 2010 Chile rebajó las multas fijadas por la Ley Antiterrorista. Un año después, un tribunal militar condenó a la cárcel al carabinero Patricio Jara por asesinar a Jaime Mendoza Collio, un mapuche, durante una ocupación de tierras. También estableció unidades de carabineros con personal mapuche. El gobierno garantizó hace poco a una comunidad mapuche en Chiloé el control sobre las aguas costeras; CONADI entregó tierras que el gobierno había adquirido para ellas a dos comunidades. Aunque el Estado aportará fondos adicionales para asistencia técnica, los mapuches tienen que permitir el acceso para que las torres eléctricas pasen por su territorio.

El problema entre los mapuches y el Estado no desaparecerá en un futuro próximo ni tiene fácil solución: poner remedio a un abuso de más de un siglo –lo que el antiguo académico Gonzalo Vial llamó «la deuda histórica»– es difícil si no imposible[36].

Aproximadamente el 70 por 100 de los chilenos admite que las relaciones raciales han empeorado. No apoyan el empleo de leyes antiterroristas por parte del gobierno para reprimir a los mapuches y prefieren la negociación. Mientras tres cuartas partes de los chilenos reconocen su deuda histórica con los mapuches, y admiten que deberían controlar sus tierras ancestrales, los mapuches se han vuelto cada vez más combativos[37]. En 2006 un consejero mapuche de CONADI, Hilario Huirilef, intentó impedir que la ministra de Planificación, Clarisa Hardy, participase en una reunión porque era una «racista» y que Alberto Parra se convirtiese en director de CONADI porque no era un mapuche. De hecho, algunos activistas indios, que consideraban a esos funcionarios representantes de un Estado represor, concluyeron: «Ellos [los campesinos mapuche] han comenzado a percibir que la política indígena de la Concertación es

---

[36] G. Vial, «El predicamento mapuche: ¿cuál deuda histórica?, *Perspectivas* 3, 2 (2000), p. 320.
[37] *The Santiago Times,* 3 de octubre de 2017.

una farsa. Y todavía peor, han comenzado a entender que esa política sólo busca ofrecer pequeños paliativos para mantener a la población mapuche quieta»[38]. La Moneda se enfrenta a otro problema: también hay roces con los rapa nui, la tribu indígena que habita en la isla de Pascua, por el dominio imperialista de Santiago. Citando el ejemplo del separatismo catalán, el alcalde de la isla de Pascua exigió la descolonización y amenazó con llevar el caso ante Naciones Unidas. Aunque no son tan numerosos ni poderosos como los mapuches, el asunto de los rapa nui no deja de ser otro inconveniente no deseable.

PIEDAD Y COSTUMBRES SOCIALES

Al catolicismo, en otro tiempo la religión estatal, no le ha ido bien en el libre mercado de las ideas. Tiene menos seguidores: han descendido dos puntos desde el ultimo censo, al 67,37 por 100. Sin duda, no ha ayudado la divulgación de varios escándalos sexuales por parte del clero. Los católicos chilenos también son menos rigurosos en sus obligaciones: sólo el 41 por 100 considera importante la religión, pocos rezan a diario y todavía menos, 14 por 100, van a misa. Por el contrario, los protestantes evangélicos, que ahora son el 16,62 por 100, frecuentan la iglesia más que los católicos, rezan más, contribuyen más económicamente y, cosa curiosa, ayunan más durante la Cuaresma. Ambos grupos tienden a apoyar los pilares teológicos de su fe –como la transustanciación– y todos creen en Dios. Los protestantes chilenos suelen ser más conservadores socialmente, se oponen al aborto, la homosexualidad, los matrimonios entre personas del mismo sexo, muestran mayor hostilidad hacia los mapuches y, en una proporción de casi tres a uno, son menos tolerantes con la infidelidad que sus hermanos católicos. Los mormones estadounidenses y los testigos de Jehová suman casi 250.000 almas. Judíos, budistas, ortodoxos y bahaís constituyen menos del 3 por 100 de la población. Los agnósticos y ateos, como el presidente Ricardo Lagos y Michelle Bachelet, son tan numerosos como los pentecostales.

---

[38] Citado por José Marimán en X. Cuadra Montoya, «Nuevas estrategias de los movimientos indígenas contra el extractivismo en Chile. Movilización ciudadana transnacional: Nuevas formas de activismo político», *Revista CIDOB d'Afers Internacionals* 105 (abril 2014), p. 146.

El descenso en la población católica, y quizá en su piedad, no disminuye el poder de la jerarquía eclesiástica. Una profunda división separa al clero de los laicos: la mayoría de los chilenos católicos defienden que la Iglesia debería apoyar la contracepción, el divorcio y el matrimonio de los curas; el Vaticano no está de acuerdo[39]. A pesar de las protestas de la Iglesia, está disponible el acceso al control de la natalidad y, si nos basamos en la decreciente tasa de nacimientos –una disminución del 66 por 100 desde 1973–, es claramente popular. De hecho, un reciente sondeo indica que cerca del 80 por 100 de las mujeres católicas usan algún método anticonceptivo, salvo la píldora del día después.

El aborto, sin embargo, es un tema más espinoso. Cuando los militares tomaron el poder, el aborto, legal desde 1931 aunque bajo estrictas circunstancias, volvió a ser un delito (uno que cometen 200.000 chilenas cada año). Entre un 68 y un 79 por 100 de las mujeres están a favor del aborto, pero la fuerte oposición legislativa impedía la aprobación de la ley. Esto obliga a un número incontable de ellas a someterse a intervenciones ilegales, que acaban con 33.000 mujeres hospitalizadas todos los años. Hay que admitir que las autoridades no han mostrado especial celo en perseguir a quienes realizan un aborto, ni la profesión médica denuncia a las mujeres que ponen fin a su embarazo. Finalmente, en 2017, se aprobó por escaso margen permitir el aborto en caso de violación, si el embarazo representa una amenaza para la vida de la madre o el feto no es capaz de sobrevivir fuera del útero materno. La mayoría de los chilenos, 72 por 100, estuvieron a favor de esta solución, aunque unos pocos continúan protestando contra la medida, a veces de manera violenta. Entre el 67 y el 68 por 100 apoyan el suicidio asistido y, sorprendentemente, la reinstauración de la pena de muerte. En otros temas la nación sigue siendo más tradicional: casi el 50 por 100 se oponen al sexo entre adolescentes, al consumo de marihuana y al suicidio.

Desde 1884, cuando se autorizó el matrimonio civil, Chile no permite el divorcio. Los que desean acabar con su unión tienen dos opciones: abandonar la familia o conseguir una anulación alegando en falso que uno de los miembros ha mentido en la solicitud de licencia matrimonial. Los presidentes Arturo Alessandri y Salvador Allende podían cometer adulterio con impunidad, incluso con entusiasmo, pero no las

---

[39] Pew Research Center, *Religions in Latin America*, 13 de noviembre de 2014, pp. 1-10.

mujeres. En 1915, en una recreación de la historia de Abelardo y Eloísa, los varones de una destacada familia de Santiago enviaron al convento de la Preciosa Sangre a una mujer de la alta sociedad, la hermosa y aristocrática escritora Teresa Wilms Montt, cuando descubrieron que tenía una aventura con el primo de su marido, Vicente Balmaceda. Consiguió escapar de las monjas, huyendo primero a Buenos Aires y luego a Europa. La historia no tuvo un final feliz para los implicados: profundamente deprimida porque se le negó el contacto con sus hijas, Wilms se suicidó en 1921 con una sobredosis de veronal; su marido, un libertino y conocido adúltero mientras estaba casado con ella, falleció dos años más tarde en Bolivia; Vicente, su amante, murió de sífilis.

Por suerte, generaciones posteriores de mujeres no han tenido que padecer el calvario de Wilms. Aunque un abrumador porcentaje de chilenos estaba a favor del divorcio, no fue hasta 1995 cuando un legislador introdujo una medida para su aprobación. Seis años después, pese a las objeciones de la jerarquía católica, la propuesta se convirtió en ley. Tal vez porque divorciarse es costoso y lleva tiempo, cuando no se transforma en un proceso bizantino, el número de matrimonios ha descendido un tercio desde 1993. Ahora, algo menos de un tercio de las parejas que viven juntas están casadas; el resto mantiene relaciones extramaritales. Si la Ley del divorcio molestó a la Iglesia católica, la aplicación de una medida de 2015 para permitir las uniones entre parejas del mismo sexo sin duda la escandalizó. No obstante, su indignación no disuade de vivir juntas a las aproximadamente 35.000 parejas del mismo sexo. En 2017 Bachelet introdujo la legislación igualitaria en el matrimonio; su futuro aún no está claro.

EL DESARROLLO ECONÓMICO DE CHILE: DESIGUAL PERO EXITOSO

La economía chilena no depende tanto como antes de la exportación de mineral. Gracias en parte a la ayuda de CORFO, la Fundación Chile y la bajada de tarifas, el sector exportador ha reemplazado a la sustitución de importaciones como fuerza motriz de la economía chilena. Es curioso que el gobierno no haya anulado la política, iniciada con Pinochet, de permitir a la empresa privada invertir en minas de cobre. Ahora CODELCO es un socio menor, ya que los extranjeros —australianos, canadienses, japoneses y estadounidenses— poseen la parte del león del patrimonio nacional. La contribución del metal rojo a los ingresos fiscales de la nación fluctuó entre el 2,7 por 100 en 2002 y un máximo del 34,2 en 2006. Está muy lejos del pasado, cuando el salitre o el cobre generaban el 70 por 100 de los ingresos ordinarios. Aunque no tan predominante, todavía es el producto nacional más exportado: el cobre en bruto y el mineral de cobre representan alrededor de la mitad de las exportaciones; el resto lo componen sobre todo cátodos. La caída en el valor del cobre, de 4 dólares por libra en 2011 a casi la mitad en 2016, hizo disminuir su aportación fiscal al 5 por 100 en 2012. También se redujo su proporción en el PIB[40]. En parte, este cambio refleja el valor fluctuante del cobre en el mercado mundial, ya que la producción se mantuvo relativamente constante en la pasada década.

La longitud y localización de Chile permite cosechar productos agrícolas en cinco zonas geográficas, mientras el hemisferio norte está bajo la nieve. También saca provecho de lo que muchos consideraban en otro tiempo un problema: su aislamiento en el hemisferio sur le confiere cierta protección frente a las plagas. El océano Pacífico, el desierto en el norte y los Andes, por ejemplo, protegen los viñedos chilenos de la filoxera, una enfermedad que devastó la industria viticultora europea, y permite el cultivo de la uva *carmenere* de la que derivan el *cabernet sauvignon* y otros cuatro tipos de burdeos[41]. Gracias a la introducción de tecnología —como los tanques de acero inoxidable y las nuevas barricas de roble— y métodos, algunos importados de la UC Davis (Universidad de California en Davis) en el Central Valley californiano, los viticultores chilenos pasaron de producir «tinajas» de vinos baratos a crianzas de calidad. Con 330 exportadores frente a 62 en 1995 —el 63 por 100 del vino se vende en el extranjero—, Chile es el cuarto mayor productor del mundo, la única nación no europea en ocupar ese lugar. Además, Chile produce frutas exóticas: aguacates, fresas y sobre todo arándanos, que representan una de las mayores exportaciones frutícolas.

Desde sus inicios en 2001, Chile extrae enormes beneficios de las granjas piscícolas. Gracias a la ayuda del gobierno, en 2005 superó a Escocia como productor de salmones. Esta proeza no resultó sencilla: las algas tóxicas, un brote en 2007 del virus de la anemia del salmón, El Niño, la competencia foránea y los altos costes de interés han devastado

[40] SERNACEOMIN, 2015, p. 11; *Anuario de la Minería de Chile* (2014), p. 28.
[41] Melillo, p. 150.

periódicamente las pesquerías. El alimento para los peces y los productos químicos han contaminado los lagos del sur. No obstante, Chile ha superado muchos de estos problemas: entre 2005 y 2015 la producción aumentó un 50 por 100 y generó 60.000 puestos de trabajo. Chile se convirtió en el segundo mayor productor de salmón detrás de Noruega.

Los socios comerciales de la nación han participado en el juego de las sillas. En 2015 China sustituyó a Estados Unidos como principal mercado en una proporción de dos a uno; incluso se convirtió en el mayor consumidor de vino chileno. Japón pasó a la tercera plaza seguido por Corea del Sur, que consume grandes cantidades de una nueva exportación chilena: el cerdo. Si China es el principal mercado chileno también es su principal suministrador de importaciones, 24 por 100, mientras Estados Unidos aporta el 19 por 100 de sus necesidades.

Los productos derivados de la madera, en especial virutas y tablones, representan ahora algo más del 8 por 100 de las exportaciones chilenas, un incremento de más del 50 por 100 respecto al pasado. The Arauco Company está creando una planta de celulosa y pulpa textil en Valdivia. Gracias en buena medida a las inversiones del gobierno, las subvenciones y las exenciones fiscales, empresas como CMPC y Celulosa Arauco han expandido sus posesiones de 1,9 a 2,4 millones de hectáreas. Las exportaciones, fundamentalmente pulpa primaria, madera aserrada y tableros han aumentado de 855 millones de dólares a 6,09 miles de millones. Pero la creación de estas plantaciones, el 82 por 100 de ellas en las regiones VI-IX del sur, ha tenido un alto coste: la repoblación con nuevas especies, pinos y eucaliptos, ha llevado a la destrucción de bosques nativos de especies duras. Del mismo modo que LAN se ha expandido más allá de las fronteras de Chile, Arauco ha adquirido propiedades en Brasil y Uruguay.

MIRANDO A LA SOCIEDAD CHILENA Y SU FUTURO

La mayoría de los chilenos parecen estar relativamente contentos con sus prestaciones: el 80 por 100 posee televisores, lavadoras y frigoríficos. Incluso la mitad del quintal más bajo de la población tiene televisión en color y lavadora; casi la misma cifra tiene frigorífico; una cuarta parte tiene secadora y móvil. Gracias a las medidas de sanidad pública, el aumento del gasto social y la atención médica proporcionada por el gobierno, los chilenos viven más tiempo: 84,5 y 78,6 años para mujeres y hombres respectivamente. Casi todos los chilenos tienen acceso a agua potable e instalaciones sanitarias. Aún persisten o han aumentado ciertos problemas: cerca del 40 por 100 de los hombres sufre hipertensión, una cuarta parte padece obesidad y un 44 por 100 todavía fuma. Las mujeres tienen una presión sanguínea más baja, más peso y fuman casi tanto como los hombres. Debido a la mejora de los métodos de alumbramiento y a las mayores tasas de inmunización, superiores al 90 por 100, han descendido las tasas de mortalidad infantil. Los niños que mueren antes de los cinco años lo hacen sobre todo por problemas congénitos o complicaciones como consecuencia de un parto prematuro; la tasa de muerte por diarrea, una vieja asesina, ha bajado a menos del 1 por 100. Han aumentado las muertes atribuibles a accidentes cerebrovasculares, alzheimer e hipertensión, pero han descendido las muertes por ataques al corazón, infecciones respiratorias y cáncer de estómago. La mortalidad asociada a la tuberculosis en adultos es de 34 por 1.000 y en unos pocos años la incidencia de la sífilis descendió a la mitad, para ser sustituida, desgraciadamente, por el SIDA/VIH, que contabiliza 25.000 enfermos, con casi la mitad de infectados sin diagnosticar. Un reciente escándalo, el descubrimiento de que 1,2 millones de condones chinos eran defectuosos, no ha facilitado el plan del gobierno de reducir la infección en embarazadas y las ETS (enfermedades de transmisión sexual).

La esperanza de vida y la prevalencia de enfermedades puede variar, pero ciertas preocupaciones parecen constantes: en dos tercios de los sondeos de opinión pública de 2006, 2010 y 2014, la criminalidad aparece como el mayor motivo de preocupación; la educación y la salud completan los tres primeros puestos. Las cuestiones económicas –salarios, empleos, pobreza– ocupan las plazas cuatro a seis. Curiosamente, sólo el 11 por 100 comparte la inquietud de la presidenta Bachelet por la desigualdad; los derechos humanos y la necesidad de una reforma constitucional preocupan a menos del 5 por 100.

Si los asuntos teóricos parecen abstrusos, los económicos no lo son: durante el primer mandato de Bachelet un 61 por 100 creía que la economía se estaba estancando; el 24 por 100 consideraba que estaba en declive.

La mayoría de los chilenos se declaran satisfechos con el gobierno, pero a algunos no les gustan las reformas laborales y educativas de Bachelet. Pese a que desaprueban el movimiento estudiantil, entre el

37 y el 52 por 100 de la nación defienden, no obstante, su derecho a protestar, aunque censuran abrumadoramente la ocupación de edificios. El cinismo parece haber crecido: el 50 por 100 describe como corruptos a «casi todos» los políticos, frente al 14 por 100 en 2006. Los empleados públicos apenas salen mejor librados: casi el 70 por 100 de los chilenos entrevistados piensan que son en gran medida, o totalmente, corruptos. Lo paradójico es que, al mismo tiempo, el 68 por 100 admite que ningún funcionario del gobierno les ha exigido un soborno; por otro lado, el 7 por 100 afirma que ha ocurrido algunas veces o con frecuencia[42].

En noviembre de 2014, el 24 por 100 de los chilenos aprobó a la Nueva Mayoría calificando seis puntos por debajo a la Alianza[43]. El sondeo de opinión pública de 2009 informaba de que la gente apreciaba a la policía y a las fuerzas armadas, incluso después de la debacle de Pinochet, más que al gobierno, la policía de investigación, los órganos legislativos o los sindicatos[44]. En agosto de 2015 los más admirados por los chilenos, por orden de popularidad, eran los carabineros, la policía de investigación y las fuerzas armadas. Debido a los recientes escándalos de corrupción y a una sensación de que las autoridades no combaten con eficacia la delincuencia, el público parece menos entusiasta con los pacos. Aun así, los prefiere al gobierno, con una aprobación del 15 por 100; el poder legislativo un 6 por 100; los partidos políticos en último lugar con sólo un 3 por 100[45], lo que supone un descenso, respectivamente, del 56, el 26 y el 13 por 100 en 2009[46]. De los tres pasados regímenes, Bachelet es la que puntúa más alto; Piñera el que menos. Con anterioridad a las elecciones de 2017, la delincuencia, el desarrollo económico y la salud aparecían como los tres temas más importantes, seguidos de empleo y mejora de la educación.

Reflejando quizás el cinismo dominante, al tiempo que aumentaban las personas en edad de votar el número de electores inscritos había descendido, lo mismo que la cifra de los que en realidad votaron. Es cierto que las convocatorias para cargos menores suscitaban menos interés, pero esto también se aplicaba a las contiendas naciona-

[42] I. Aninat S., «Corrupción y desconfianza», CEP, 21 de agosto de 2016.
[43] CEP, *Encuesta Nacional de Opinion Pública,* noviembre de 2014.
[44] CEP, *Encuesta Nacional de Opinion Pública,* octubre de 2009.
[45] Council on Hemispheric Affairs, 28 de abril de 2017.
[46] CEP, *Encuesta Nacional de Opinion Pública,* agosto de 2015.

les. Casi el 98 por 100 de la gente votó en el plebiscito de 1988, claramente un acontecimiento destacado. El año siguiente participó un 94,72 por 100 en las elecciones a la presidencia, el Congreso y el Senado. Sin embargo, en 2010 la implicación bajó al 42 por 100. Este acelerado descenso podía ser atribuido a la ley de 2011, que convertía en automático el registro de los votantes, aunque el ciudadano ya no estaba obligado a depositar la papeleta. En 2016, por ejemplo, sólo algo más de un tercio participó en las elecciones a las alcaldías, una convocatoria no crucial. La nueva medida distorsionó el voto: la gente de más edad siguió votando, pero no los jóvenes; lo más ricos y mejor educados lo hicieron, pero no los menos acomodados y educados. Así, a medida que fallecían los más mayores, el sistema sufría un sesgo y se hacía menos representativo y democrático.

Tabla 15.1. Participación en las elecciones a la presidencia y el Congreso

	1993	1997	1999	2001	2006	2009	2010	2014
Presidencia	90,47		90,6		87,12		86,94	41,98
Congreso	91,3	87,23		87,1	87,67	87,70		49,35

Una racha de escándalos de corrupción reforzó el escepticismo de los votantes: el MOPGate, cuando el ministro de Obras Públicas y una corporación privada desviaron fondos del gobierno para subsidios a los trabajadores; el descubrimiento de un escándalo pedófilo que implicaba a algunos políticos conservadores; los funcionarios del Ministerio de Obras Públicas que usaron dinero del gobierno destinado a un proyecto de empleo público para ofrecer «empleos brujos» (puestos de trabajo fantasma) a personas para que trabajasen para los políticos de la Concertación Laura Soto y Rodrigo González[47]. El robo no era terreno exclusivo de la izquierda: Maximiano Errázuriz Eguiguren, antiguo congresista de la RN y profesor de Derecho, fue encarcelado por fraude en 2011.

Tampoco las fuerzas armadas escapan a la deshonra. El escándalo del Milicogate implicó a un oficial y un suboficial que se apropiaron de fondos y los gastaron en «casinos, fincas, caballos y fiestas». Una auditoria reveló que un general retirado, Juan Miguel Fente-Alba, acumulaba 1.300 millones de pesos en propiedades y otras cosas, claramente una muestra

---

[47] *La Segunda Online*, 15 de febrero de 2011; *El Mercurio* 27 agosto 2006.

de codicia no de frugalidad[48]. Hasta uno de los carabineros de más alto rango, Claudio Venegas, fue enjuiciado por una serie de robos, comisiones, fraude en contratos y otras irregularidades. (En 2017, 70 pacos fueron acusados de malversar alrededor de 30 millones de dólares[49].) Los cargos por conducta impropia han llegado hasta La Moneda: recientemente el hijo y la nuera de Bachelet se vieron implicados en el uso de información privilegiada para beneficiarse en una transacción inmobiliaria.

Chile: dónde se encuentra y adónde se dirige

Los gobiernos de la Concertación, que trabajan dentro de los límites de la Constitución de 1980, recuerdan a alguien que calza unos zapatos demasiado pequeños: protegen los pies, pero restringen los movimientos. Como señalamos antes, el sistema binominal y los distritos electorales manipulados limitaban el cambio político y aislaban a la derecha de cualquier revés político. También permitieron a la derecha bloquear todo cambio que pudiera poner en peligro su riqueza o influencia. En consecuencia, la izquierda no podía alterar drásticamente el *status quo* político: podía producirse el cambio, pero como resultado de la negociación en la trastienda, no por decreto.

El sistema impositivo, como la Constitución, también limita la capacidad para actuar de la Concertación. A nadie le gusta pagar impuestos, pero los chilenos parecen especialmente hábiles a la hora de rehuirlos. De hecho, los esfuerzos de La Moneda en el cobro fiscal recuerdan a alguien que usa un colador para achicar un bote. Debido a que el impuesto sobre la renta generó sólo el 37,6 por 100 de los ingresos en 2015, Chile depende del IVA –un impuesto nacional sobre las ventas del 19 por 100– para generar el 49,5 por 100 de los ingresos del país[50]. Aunque fácil de establecer y, lo más importante, de cobrar, también recae de manera desproporcionada sobre los pobres. Como observó Ricardo Lagos, el sistema impositivo chileno «no es tanto un arma para la igualdad como una afortunada oportunidad para nuestros ricos»[51].

---

[48] *The Clinic*, 6 de octubre de 2015.
[49] *La Tercera*, Santiago, 18 de marzo de 2017.
[50] Servicio de Impuestoa Internos de Chile, 2016.
[51] R. Lagos, *The Southern Tiger*, Nueva York, St. Martin's Press, 2012, p. 179.

El impuesto de sociedades en Chile, que es del 24 por 100, tiene otro gran defecto: se recauda sobre las ganancias sólo cuando se reparten. Esta laguna legal permite a las empresas retenerlas y reinvertirlas en el negocio. Además, si reparten beneficios, el gobierno deduce la cantidad del impuesto de sociedades de la declaración individual, que paga un máximo del 40 por 100. Esta cifra es engañosa porque la combinación de evasión tributaria –la gente que cambia sus ingresos de la declaración individual a la societaria– y evasión directa equivale al «40 por 100 del total de los ingresos tributarios del gobierno»[52]. Un experto describió este sistema, no sin razón, como el pacto de Fausto: aunque productivo financieramente a corto plazo, limita la capacidad del gobierno para atender las importantes necesidades sociales de la nación. No obstante, se trata de una medida intencionada: como alardeaba un antiguo líder de la Confederación de Producción y Comercio, proempresarial: «No queremos que el Estado crezca»[53].

El sistema neoliberal sobrevive por dos sencillas razones: beneficia a poderosos intereses y satisface a las élites técnicas, porque crea un entorno de negocio que atrae la inversión extranjera. Cuando Lagos y Bachelet intentaron impulsar a Chile hacia un Estado de bienestar, se encontraron sin medios para hacerlo. La Concertación empezó por destinar ingresos del cobre para pagar distintas prestaciones y programas educativos para posgraduados. Obviamente, para que la nación reduzca el nivel de pobreza, mejore la salud y las oportunidades educativas tiene que destinar más dinero a programas sociales. Pero el gobierno no dispondrá de los fondos sin una reforma impositiva.

Aun así, Chile está bien: sobrevivió a los 36 turbulentos meses de Allende, a un golpe, a los años de represión que culminaron en una pacífica renovación del poder. A pesar de dos recesiones, ha prosperado desde 1989. Ahora está construyendo lentamente instituciones y programas que pueden conducir a la nación hacia el siglo XXI. No se trata de logros menores, lo que indica que la confianza en la capacidad de recuperación chilena no está fuera de lugar.

---

[52] Ramón López, «Fiscal Policy: Promoting Faustian Growth», en K. Sehnbruch y P. Savelis (eds.), *Democratic Chile: The Politics and the Policies of a Historic Coalition, 1990-2010,* Boulder, Lynne Rienner, 2014, p. 207.

[53] Citado en T. Fairfield, «Business Power and Tax Reform: Taxing Income and Profits in Chile and Argentina», *Latin American Politics and Society* 52, 2 (verano 2010), p. 50.

Tabla 15.2. Elecciones al Congreso

Centro Izquierda						
	1997	2001	2005	2009	2013	2017
PS	11	10	15	11	17	19
PPD	16	20	21	18	15	8
PDC	38	23	20	19	22	14
PRSD	4	6	7	5	6	8
PCCh					3	6
UCCP	2					
Independientes		3	2	1	3	
TOTAL	71	62	65	54	66	55

Conservadores						
	1997	2001	2005	2009	2013	2017
RN	23	18	19	18	19	36
UDI	17	31	33	37	29	30
Partido del Sur	1					
Independientes	6	8	2	3	1	
TOTAL	47	57	54	58	49	66

Elecciones al Senado

Centro Izquierda						
	1997	2001	2005	2009	2013	2017
PDC	16	14	6	9	6	6
PS	4	5	8	5	6	7
PPD	2	3	3	4	6	7
PRSD		2	3	1	1	1
Frente Amplio						20
Independientes					2	
TOTAL	22	24	20	19	21	41

Conservadores						
	1997	2001	2005	2009	2013	2017
RN	7	7	8	8	7	7
UDI	5	1	9	8	8	9
UCCP	1					
Independientes			2		1	
TOTAL	13	8	19	16	16	16

Apéndice

Crecimiento del PIB per cápita (% anual)

2001	2002	2003	2004	2005	2006	2007	2008	2009	2010	2011	2012	2013	2014	2015	2016	2017
2,08	1,93	2,93	6,04	4,61	5,19	3,81	2,47	-2,54	4,82	5,12	4,37	3,13	0,90	1,45	0,43	0,67

Fuente: Banco Mundial [https://datos.bancomundial.org/pais/chile].

Desempleo, total (% de la población activa total) (estimación modelado OIT)

2001	2002	2003	2004	2005	2006	2007	2008	2009	2010	2011	2012	2013	2014	2015	2016	2017
9,13	8,94	8,50	8,81	8,00	7,69	7,14	7,80	9,69	8,42	7,34	6,66	6,21	6,66	6,51	6,74	6,99

Fuente: Banco Mundial [https://datos.bancomundial.org/pais/chile].

Precio nominal del cobre Anual (¢/lb)3

2001	2002	2003	2004	2005	2006	2007	2008	2009	2010	2011	2012	2013	2014	2015	2016	2017
71,6	70,7	80,7	130,2	167,1	305,3	323,3	315,3	234,2	342	399,7	360,6	332,1	311,3	249,2	220,6	279,7

Fuente: Comisión Chilena del Cobre (COCHILCO), "Estadísticas", Ministerio de Minería, Gobierno de Chile [https://boletin.cochilco.cl/estadisticas/grafico.asp?tipo_metal=1].

El cobre como porcentaje del total de exportaciones de Chile

2001	2002	2003	2004	2005	2006	2007	2008	2009	2010	2011	2012	2013	2014
37.9	35.5	34.1	35.4	45.2	44.5	55.7	52.1	58.2	54.8	53.9	52.3	50.00	49.1

Fuente: Departamento de Estudios, Ministerio de Relaciones Exteriores, *Informe Anual*, Comercio Exterior de Chile, 2014-2015, p. 74; DIRECON, Ministerio de Relaciones Exteriores, Reporte Trimestral, Comercio Exterior de Chile, julio-diciembre de 2015, S, 2016, p. 8.

Participación de la minería del cobre en el PIB a precios constantes

2007	2008	2009	2010	2011	2012	2013	2014	2015	2016
11,9	11,01	11,30	10,90	9,60	9,60	9,80	9,80	9,60	9,20

Fuente: Anuario de estadísticas del cobre y otros minerales, 1997-2016, COCHILCO, Ministerio de Minería, Gobierno de Chile, 2017, p. 60 [https://www.cochilco.cl/Lists/Anuario/Attachments/17/Anuario-%20avance7-10-7-17.pdf].

El cobre como proporción del PIB

2006	2007	2008	2009	2010	2011	2012	2013	2014	2015	2016
14,0	11,9	11,1	11,1	11,3	10,9	9,6	9,6	9,8	9,8 (a)	9,2
1,2	2,7	-3,5	0,2	0,2	1,6	-5,8	4,3	6,4	2,7 (b)	0,1

Fuente: *Anuario de la Minería de Chile, 1997-2016*, 2016, p. 61; a) Parte del PIB a precios constantes; b) Cambio en el porcentaje anual.

Tasa de inflación (precios al consumidor) (%)

2001	2002	2003	2004	2005	2006	2007	2008	2009	2010	2011	2012	2013	2014	2015	2016	2017
3,50	2,50	2,80	2,40	3,10	2,60	4,40	8,70	1,50	1,70	3,3	3,00	1,70	4,53	4,35	4,10	2,30

Fuente: inflation.eu, Worldwide Inflation Data [http://es.inflation.eu/tasas-de-inflacion/chile/inflacion-historica/ipc-inflacion-chile-2015.aspx], e Indexmundi [https://www.indexmundi.com/g/g.aspx?c=ci&v=71&l=es].

Estadística de ingresos fiscales

2006	2007	2008	2009	2010	2011	2012	2013	2014	2015	2016
105.653	83.5452	417.214	312.473	298.558	598.790	619.150	324.577	801.647	323.507	105.653

Fuente: OECD.Stat [https://stats.oecd.org/Index.aspx?DataSetCode=LAC_REVCHL; consultada el 28 de junio de 2018].

Gasto social como porcentaje del PIB

1990	1995	2000	2005	2010	2013	2014	2015
9,8	11,0	12,7	8,7	10,5	10,0	10,5	11,2

Fuente: OECD, *Stat Fact Book,* 2016.

Situación de pobreza por ingresos (%)

		2006	2009	2011	2013	2015
	Pobreza	15,40	14,10	12,50	8,89	7,20
Hogares	Pobreza extrema	11,10	8,90	7,3	3,90	3,90
	Total	26,50	23,00	19,8	12,80	10,40
	Pobreza	16,50	15,40	14,1	9,90	8,10
Personas	Pobreza extrema	12,60	9,90	8,1	4,50	3,50
	Total	29,10	25,30	22,2	14,40	11,70

Fuente: Informe de Desarrollo Social 2017, Ministerio de Desarrollo social, p. 15
[http://www.ministeriodesarrollosocial.gob.cl/pdf/upload/IDS2017.pdf].

Iniciales y acrónimos

AFP	Administradora de Fondos de Pensión (desde 1980).
ANAP	Alianza Nacional del Pueblo (coalición electoral ibañista).
ANEF	Asociación Nacional de Empleados Fiscales.
API	Acción Popular Independiente (partido de don Rafael Tarud).
APL	Alianza Popular Libertadora (coalición ibañista).
ASICH	Acción Sindical y Económica de Chile (movimiento sindical católico).
CAP	Compañía de Acero del Pacífico.
CEPRO	Centro de Producción (unidad agraria).
CERA	Centro de Reforma Agraria (unidad agraria).
CIA	*Central Intelligence Agency* (Estados Unidos).
CNC	Consejo Nacional Campesino.
CNI	Central Nacional de Informaciones (policía secreta).
CODELCO	Corporación del Cobre.
CORA	Corporación de Reforma Agraria.
CORFO	Corporación de Fomento de la Producción.
CORVI	Corporación de la Vivienda.
COSACH	Compañía de Salitre de Chile.
COVENSA	Corporación de Ventas de Salitre y Yodo.
CTCH	Confederación de Trabajadores de Chile (confederación sindical).
CUT	(1) Central Única de Trabajadores (1953).
	(2) Central Unitaria de Trabajadores (1988).
DINA	Dirección de Inteligencia Nacional (policía secreta).
ENAP	Empresa Nacional de Petróleo.
ENDESA	Empresa Nacional de Electricidad.
ENTEL	Empresa Nacional de Telecomunicaciones.

ENU	Escuela Nacional Unificada (proyecto de reforma educacional).
FACH	Fuerza Aérea de Chile.
FECH	Federación de Estudiantes de la Universidad de Chile.
FOCH	Federación de Obreros Chilenos.
FOSIS	Fondo de Solidaridad e Inversión Social.
FPMR	Frente Patriótico Manuel Rodríguez.
FRAP	Frente de Acción Popular (coalición de izquierda).
INDAP	Instituto de Desarrollo Agropecuario.
ISAPRE	Instituto de Salud Previsional (desde 1980).
IVA	Impuesto al Valor Añadido.
LADECO	Línea Aérea del Cobre.
LAN-Chile	Línea Aérea Nacional de Chile.
MADECO	Manufactura de Cobre.
MADEMSA	Manufactura de Metales S. A.
MAPU	Movimiento de Acción Popular Unitaria.
MIDA	Movimiento Democrático Allendista.
MIR	Movimiento de Izquierda Revolucionario.
ODEPLAN	Oficina de Planificación Nacional.
PAL	Partido Agrario Laborista.
PDC	Partido Demócrata Cristiano.
PEM	Programa de Empleo Mínimo.
POJH	Programa Ocupacional para Jefes de Hogar.
POS	Partido Obrero Socialista.
RN	Renovación Nacional.
SNA	Servicio Nacional de Agricultura.
SNS	Servicio Nacional de Salud.
SOFOFA	Sociedad de Fomento Fabril.
SOQUIMICH	Sociedad Química Chilena.
UDI	Unión Demócrata Independiente.
UP	Unidad Popular.
USOPO	Unión Socialista Popular.
VOP	Vanguardia Organizada del Pueblo (grupo extremista).

Bibliografía

En esta nota hemos puesto el énfasis en libros y artículos en inglés razonablemente accesibles (aunque *no* tesis doctorales, en general menos accesibles), pero también hemos incluido títulos importantes en español (y en uno o dos casos francés). No hay que olvidar que la mayor parte de la investigación más reciente ha sido publicada en español. A aquellos interesados en temas específicos, o que quieran emprender una investigación, deberían empezar por consultar *Handbook of Latin American Studies* (editado por la Hispanic Division de la Biblioteca del Congreso, el volumen que contiene la sección de Historia aparece cada dos años), así como el «Fichero bibliográfico» en *Historia*, la destacada revista chilena editada por la Universidad Católica de Santiago que cumple cinco décadas. Todos los ficheros desde 1959 a 1996 están recogidos en *Historiografía chilena. Fichero bibliográfico 1959-1996* (2000), un libro de referencia indispensable. La obra de Julio Retamal A. y Sergio Villalobos R., *Bibliografía histórica chilena. Revistas chilenas, 1843-1978* (Santiago, 1993) es un amplio estudio sobre la prensa chilena. *Chile* (Oxford, 1988) de Harold Blakemore, en *World Bibliographical Series*, ofrece un listado muy útil y comentarios de materiales (no sólo históricos) sobre Chile en inglés. También existen ensayos bibliográficos especializados para periodos o episodios particulares, como «The Historiography of the "Portalian" Period in Chile (1830-1891)», *Hispanic American Historical Review* (a partir de ahora, *HAHR*) 57 (1977), pp. 660-690, de Simon Collier; «The Chilean Revolution of 1891 and Its Historiography», *HAHR* 45 (1965), pp. 393-421, de Harold Blakemore, y «Visions of Chile», *Latin American Research Review* 10, 2 (1975), pp. 155-175, de Arturo Valenzuela y J. Samuel Valenzuela.

Entre las obras generales sobre la historia chilena disponibles en inglés están: Brian Loveman, *Chile. The Legacy of Hispanic Capitalism*, Nueva York, [3]2001, y Leslie Bethell (ed.), *Chile since Independence*,

Cambridge, 1993; una reproducción de capítulos relevantes (por Simon Collier, Harold Blakemore, Paul Drake y Alan Angell) en Leslie Bethell (ed.), *The Cambridge History of Latin America* (Cambridge, 1984-2008). *News from the End of the Earth. A Portrait of Chile*, Londres, 1998, de John Hickman, es útil por su relato del periodo de Pinochet, durante parte del cual Hickman fue embajador británico en Santiago. El encantador *Chilean Scrapbook* de Stephen Clissold, Londres, 1952, aunque escrito hace medio siglo, es recomendable por sus episodios históricos y anécdotas, evocados en una disciplinada prosa que la mayoría de los historiadores profesionales envidiarían.

Los antecedentes coloniales

The Conquest of Chile, Nueva York, 1967, de H. R. S. Pocock, es una descripción útil. En «Urban Stratification in Colonial Chile», *HAHR* 55 (1975), pp. 421-448, Mario Góngora describe los distintos grupos sociales. William F. Sater se centra en los esclavos llevados a Chile, o que lo atravesaron de camino a Perú, en «The Black Experience in Chile», en Robert Brent Toplin (ed.), *Slavery and Race Relations in Latin America*, Westport, Conn., 1974, pp. 13-50. *Spanish Policy in Colonial Chile: The Struggle for Social Justice, 1535-1700*, Stanford, Cal., 1968, de Eugene Korth SJ incluye amplia información sobre los intentos de proteger a la población india. Sobre la frontera sur, véase Louis de Armond, «Frontier Warfare in Colonial Chile», *Pacific Historical Review* 23 (1954), pp. 125-132. La evolución del final colonial es examinada en Jacques Barbier, *Reform and Politics in Bourbon Chile, 1755-1796*, Ottawa, 1980. En español el relato clásico de la historia chilena desde la conquista a 1833 es *Historia general de Chile*, 16 vols., Santiago, 1884-1902, de Diego Barros Arana, obra maestra indiscutida de la historiografía chilena de su época o de cualquier otra.

Historia política y cultural

Para un nuevo estudio de la dimensión política de la primera república, véase Simon Collier, *Chile. The Making of a Republic, 1830-1865. Politics and Ideas*, Cambridge, 2003. Para el tema Iglesia–Estado en el siglo xix, véase del mismo autor: «Religious Freedom, Clericalism and Anticlericalism in Chile, 1820-1920», en Richard Helmstadter (ed.), *Freedon and Religion in the Nineteenth Century*, Stanford, Calif., 1997. Los cambios constitucionales (con el énfasis, debido al tema del libro, en sus elementos autoritarios) están muy bien analizados por Brian Loveman en *The Constitution of Tyranny: Regimes of Exception in Spanish America*, Pittsburgh,1993, capítulo 8. *Rethinking the Center: Party Politics in Nineteenth and Twentieth Century Chile*, Stanford, Cal., 1992, de Timothy R. Scully ofrece una interesante visión de la historia política, mejor para el periodo a partir de la década de 1920 que para etapas anteriores. Dos buenas descripciones del sistema político en el punto alcanzado en las décadas de 1950 y 1960 son los libros de Federico G. Gil, *The Political System of Chile*, Boston, 1966, y de Arturo Valenzuela, *Political Brokers in Chile,* Durham, C. Del Norte, 1977.

La obra de Simon Collier *Ideas and Politics of Chilean Independence, 1808-1833*, Cambridge, 1967, ofrece un relato detallado del periodo independentista. *Bernardo O'Higgins and the Independence of Chile*, Londres, 1968, de Stephen Clissold, es una biografía clara del mayor héroe nacional. Véase también «Kinship Politics in the Chilean Independence Movement» de Mary Lowenthal Felstiner, en *HAHR* 56, I (1976), pp. 58-80. *Diego Portales, Interpretive Essays on the Man and His Times*, La Haya, 1967, de Jay Kinsbruner, aporta ideas sobre el trabajo del «organizador de la República». Una explicación general en español del periodo que va desde la independencia a 1891 es la crónica a gran escala (y también muy idiosincrática) *Historia de Chile desde la prehistoria hasta 1891,* 20 vols., Santiago 1942-1952, vols. IX-XX de Francisco Antonio Encina. No es comparable con la gran historia de Barros Arana (anteriormente citada) del periodo colonial y la independencia, que Barros Arana prolongó con un soberbio canto de cisne: *Un decenio de la historia de Chile, 1841-1851*, 2 vols., Santiago, 1905-1906. Para la Guerra del Pacífico, véase William F. Sater, *Chile and the War of the Pacific*, Lincoln, Neb., 1986, más centrado en la evolución interna que en la historia militar *per se*. En *The Heroic Image in Chile: Arturo Prat, Secular Saint*, Berkeley, Cal., 1973, el mismo autor examina los mitos que rodearon al destacado héroe de guerra.

Harold Blakemore describe en *British Nitrates and Chilean Politics, 1886-1896: Balmaceda and North*, Londres, 1974, la presidencia de Balmaceda y los sucesos que llevaron a la guerra civil de 1891. En español, Julio Heise G., *Historia de Chile. El periodo parlamentario, 1861-1925*, 2 vols., Santiago, 1974-1982, contiene mucha información interesante. *Historia de Chile* en varios volúmenes (en curso) de Gonzalo Vial es otra obra esencial para el periodo de 1891 a la década de 1920, al que añade legibilidad su excelente empleo de la anécdota. Un práctico estudio de los tiempos «parlamentarios» (que contrasta el chileno con el de Argentina) es *Party Competition in Argentina: Political Recruitment and Public Policy, 1890-1930*, Lincoln, Neb., 1984 de Karen Remmer. Para una interesante aproximación al periodo, muy buena en el aspecto educativo, véase *Reforming Chile: Cultural Politics, Nationalism and the Rise of the Middle Class*, Chapel Hill, C. Del Norte, 2001, de Patrick Barr-Melej. Sobre el «León de Tarapacá», véase *Arturo Alessandri*, 2 vols., Ann Arbor, Mich., 1977 de Robert J. Alexander, y, en español, el absolutamente indispensable *Alessandri, agitador y demoledor*, 2 vols., Ciudad de México, 1952-1954 de Ricardo Donoso. El libro de Frederick Nunn *The Honorable Mission of the Armed Forces*, Albuquerque, Nuevo México, 1970, se centra en el colapso del régimen parlamentario y la agitación que condujeron al ascenso de Ibáñez, que aún no cuenta con un estudio en condiciones en español ni inglés. Los lectores en español encontrarán que la obra de Carlos Vicuña, *La tiranía en Chile*, Santiago, [2]1988, es una incomparable crónica anecdótica de la agitada política de la década de 1920.

César Caviedes cubre las elecciones chilenas desde 1932 a 1973 en *The Politics of Chile: A Sociographical Assessment*, Boulder, Col., 1979. Para algunas décadas cruciales de mediados de siglo centradas en la izquierda véase *Socialism and Populism in Chile, 1932-1952*, Urbana, Illl., 1978, de Paul W. Drake; *Marxism and Democracy in Chile: From 1952 to the Fall of Allende*, New Haven, Conn., 1988, de Julio Dáundez; y *The Chilean Communist Party and the Road to Socialism*, Londres, 1984, de Carmelo Furci. La segunda administración de Ibáñez es analizada en Tomás Moulián, *El gobierno de Ibáñez, 1952-1958*, Santiago, 1985. *The Rise and Fall of Chilean Christian Democracy*, Princeton, N. Jersey, 1985, de Michael Fleet ofrece una sólida cobertura de la trayectoria del PDC, aunque curiosamente el título marca la mitad de la década de 1990. Véase también *Nationalism and Communism in Chile*, Cambridge, Mass., 1965, de Ernst Halperin, y *Political Groups in Chile. The Dialogue between Order and Change*, Austin, Texas, 1970, de Ben G. Burnett. En español es muy recomendable la mastodóntica biografía de Cristián Gamnuri (con Patricia Arancibia y Álvaro Góngora), *Eduardo Frei Montalva y su época*, 2 vols., Santiago, 2000.

Buena parte de la extensa literatura sobre los años de Allende (sobre todo la publicada en los años setenta) puede ser descrita como de naturaleza tendenciosa. *The Breakdown of Democratic Regimes: Chile*, Baltimore, 1978, de Arturo Valenzuela, sigue siendo probablemente la mejor obra sobre la convulsa política de la época. Paul Sigmund ofrece una narración distanciada en *The Overthrow of Allende and the Politics of Chile*, Pittsburgh, 1978. Véase también *Crisis in Allende's Chile: New Perspectives*, N. York, 1988, de Edy Kaufman, y *Modern Chile, 1970-1988*, New Brunswick, N. Jersey, 1989, de Mark Falcoff, este último desde el punto de vista de un inteligente conservador estadounidense. En *Small Earthqueake in Chile*, Londres, 1972, se percibe algo del «sentimiento» de los primeros años de Allende captado por el inteligente conservador británico Alistair Horne. *Weavers of Revolution: The Yarur Workers and Chile's Road to Socialism*, Nueva York, 1986, de Peter Winn, es una soberbia pieza de historia social contemplada desde la perspectiva de los obreros de una importante fábrica textil. Véase también Colin Henfrey y Bernardo Sorj (eds.), *Chilean Voices: Activists Describe Their Experiences of the Popular Unity Period*, Hassocks, 1977.

Está apareciendo material útil sobre el periodo de Pinochet, aunque queda mucho por hacer. Tanto Paul Drake e Iván Jaksic (eds.), *The Struggle for Democracy in Chile, 1982-1990*, Lincoln, Neb., 1991, como J. Samuel Valenzuela y Arturo Valenzuela (eds.), *Military Rule in Chile: Distatorship and Opposition*, Baltimore, 1986, contienen una serie de espléndidos ensayos sobre diversos aspectos de Chile durante esos años críticos. Dos estudios periodísticos del periodo (que, aunque padecen las desventajas del género, a su estilo resultan muy informativos) son *A Nation of Enemies: Chile under Pinochet*, Nueva York, 1991, de Pamela Constable y Arturo Valenzuela, y *Soldiers in a Narrow Land: The Pinochet Regime in Chile*, Berkeley, Cal., 1994, de Mary Helen Spooner. A pesar de su desagradable tono amargo, también contiene material interesante *Out of the Ashes: Life, Death and Transfiguration of Democracy in Chile, 1833-1988*, Washington, D.C., 1989, de James R. Whelan. Para una sorprendente colección de fotografías de los años de dictadura, véase Susan Meiselas (ed.), *Chile from Within*, Nueva York, 1990. El papel de la Iglesia bajo Pinochet (y también durante los anteriores periodos del PDC y la UP) está bien descrito en *The Church and Modern*

Politics in Chile, Princeton, N. Jersey, 1982, de Brian Smith. Cathy
Lisa Schneider retrata vívidamente las barriadas chabolistas, o ca-
llampas, durante la dictadura en *Shantytown Protest in Pinochet's Chi-
le*, Filadelfia, 1995. Para el periodo más reciente, véase Gerardo
Munck, «Authoritarianism, Modernization and Democracy in Chi-
le», *Latin American Research Review* 29 (1994), pp. 188-211; David
Hojman, *Chile: The Political Economy of Development and Democracy in
the 1990s*, Pittsburgh, 1993; y Joaquín Fermandois y Michael A.
Morris, *Democracy in Chile: Transition and Consolidation 1987-2000*,
[Conflict Studies 279], Londres, 1995. Véase también *Chile under
Pinochet*, Filadelfia, 2000, de Mark Ensalaco. *Los zarpazos del Puma.
La caravana de la muerte*, Santiago, 1989, de Patricia Verdugo (versión
con texto de Patricia Verdugo, fotos de Gervasio Sánchez y prólogo
de José Saramago: *La caravana de la muerte. Víctimas de Pinochet*, Blu-
me, Barcelona, 2001) describe un temprano episodio durante la re-
presión inicial. Véase también Patricia Politzer, *Fear in Chile, Chilean
Lives under Pinochet*, Nueva York, 2001; Marcelo Pollack, The New
Right in Chile, 1973-1997, Nueva York, 1999, y Peter Siavelis, *The
President and Congress in Postauthoritarian Chile*, University Park, Penn.,
2000.

Las fuerzas armadas

Frederick Nunn, *The Military in Chilean History*, Albuquerque,
Nuevo México, 1976, abarca distintos aspectos de la historia de los
militares chilenos. Aparte de esto, apenas hay nada en inglés. Las obras
en varios volúmenes del Estado Mayor del Ejército chileno, *Historia
del Ejército Chileno*, Santiago, 1983-1985, y *La armada de Chile*, Santiago,
1975-1980, de Rodrigo Fuenzalida Bade describen, a veces con atroz
detalle, la evolución de esos dos pilares de las fuerzas armadas. Sobre el
cuerpo de Carabineros, «Los carabineros de Chile: historia de una policía militarizada», en *Ibero-Americana: Nordic Journal of Latin American
Studies*, 20, 3 (1990), pp. 3-31, de Carlos Maldonado. William F. Sater
y Holger Herwig, *The Grand Illusion. The Prussianization of the Chilean
Army*, Lincoln, Nebraska, 1999, desmonta algunos viejos mitos y de-
sarrolla nuestras afirmaciones del capítulo 7. En español, véase también *La influencia del Ejército Chileno en América Latina*, 1900-1950,
Santiago, 2000, del general Roberto Arancibia Clavel.

Historia diplomática

Para la historia diplomática de Chile, véase la completa obra de Mario Barros *Historia diplomática de Chile, 1541-1938*, Barcelona, 1970; una revisión reciente (1990) añade poco. Robert N. Burr, *By Reason of Force: Chile and the Balancing of Power in South America, 1830-1905*, Los Angeles, 1965, muestra que la política exterior de Chile durante el siglo XIX no era reactiva sino que seguía determinados principios. *Chile and the United States*, Athens, Ga., 1990, de William F. Sater, dibuja de un amplio panorama de las relaciones entre Chile y Estados Unidos desde la Independencia en adelante. No existen trabajos exhaustivos que traten de las relaciones chilenas con otras naciones no sudamericanas. R. A. Humphreys describe las actitud de Chile durante la II Guerra Mundial en su *Latin America and the Second World War*, 2 vols., Londres, 1981-1982, I, pp. 22-25 y 159-164, y II, pp. 105-119. Es un tema que también analiza con mucha profesionalidad Michael J. Francis en *The Limits of Hegemony: United States Relations with Argentina and Chile during World War II*, Notre Dame, Ind., 1977. Las relaciones diplomáticas del presidente Allende con Estados Unidos y el mundo están bien descritas en *The Garotte: The United States and Chile, 1970-1973*, 2 vols., Aarhus, Dinamarca, 1988, de Poul Jensen, y Joaquín Fermandois, *Chile y el mundo, 1970-1973,* Santiago, 1985. Se puede encontrar material sobre la política exterior del general Pinochet en «Chile and the Great Powers», en Michael A. Morris (ed.), *Great Power Relations in Argentina, Chile and Antarctica*, Londres, 1990, cap. 6, un excelente sumario del periodo desde la década de 1960 en adelante. *The United States and Chile – Coming in from the Cold*, Nueva York, 2001, de David Mares y Francisco Rojas, ofrece un buen resumen de las relaciones diplomáticas en el periodo posterior a Pinochet.

Historia intelectual y cultural

Los investigadores dedican cada día mayores esfuerzos a estos temas. *A Functional Past: The Uses of History in Nineteenth Century Chile*, Baton Rouge, La., 1982, de Allen Woll es un admirable estudio de historiografía sobre esta fase crítica. Para un destacado examen de la figura clave de la intelectualidad, véase Iván Jaksic, *Andrés Bello. Scholarship and Nation- Building in Nineteenth- Century Latin America*, Cambridge, 2001. Iván Jaksic (ed.), *Selected Writings of Andrés Bello*, Nueva York, 1997, es una antología en inglés de los primeros textos de Bello. «Library of Latin America» de Oxford University Press, de la que la antología es un título, también ha publicado recientemente traducciones en inglés de autores del siglo XIX como Alberto Blest Gana, José Victorino Lastarria, Vicente Pérez Rosales y José Joaquín Vallejo. *Academic Rebels in Chile: The Role of Philosophy in Higher Education and Politics*, Albany, Nueva York, 1989, de Iván Jaksic, examina el papel de los filósofos con el foco en el siglo XX. Se pueden encontrar algunos ensayos excelentes sobre el gran erudito del cambio de siglo José Toribio Medina en Maury A. Bromsen (ed.), *José Toribio Medina, Humanist of the Americas: An Appraisal*, Washington, D. C., 1960. Para la creación y desarrollo de la mayor universidad chilena, véase Sol Serrano e Iván Jaksic, «In the Service of the Nation: The Establishment and Consolidation of the University of Chile, 1842-1879», *HAHR* 70, 1 (1990), pp. 130-171, y el excelente *Universidad y nación. Chile en el siglo XIX*, Santiago, 1994 de Sol Serrano. Juan Guillermo Muñoz Correa en *La Universidad de Santiago de Chile: sobre sus orígenes y su desarrollo histórico*, Santiago, 1987, estudia la historia de la institución que comenzó como Universidad Técnica Estatal. Para la cultura chilena desde una perspectiva histórica, véase Hernán Godoy Urzúa, *La cultura chilena*, Santiago, 1982, un examen panorámico bien ilustrado. Hay disponibles en inglés y español numerosos libros de poesía de Pablo Neruda. Para algunas perspicaces ideas, véase también John Felstiner, *Translating Neruda: The Way to Machu Picchu*, Stanford, Cal., 1980. Para la literatura en general, véanse las relevantes secciones de Roberto González Echevarría y Enrique Pupo-Walker (eds.), en The Cambridge *History of Latin American Literature*, 3 vols., Cambridge, 1996. La biografía de Joan Jara de Víctor Jara, su marido cruelmente asesinado, *Victor, an Unfinished Song*, Londres, 1983, es una excelente introducción a la historia de la Nueva Canción chilena. Para un relato exhaustivo de la danza chilena (y la música asociada), véase Samuel Claro Valdés, y otros, *Chilena o cueca tradicional*, Santiago, 1994, que contiene numerosas letras de cuecas.

Historia económica y social

Hay una creciente cantidad de literatura sobre historia económica. *The Growth and Structure of the Chilean Economy*, New Haven, Conn.,

1976, de Markos Mamalakis, y su «Public Policy and Sectoral Development», en Markos Mamalakis y Clark W. Reynolds, *Essays on the Chilean Economy*, Homewood, Ill., 1965, son quizá los mejores puntos de partida. Una fuente fundamental es *Un siglo de historia económica de Chile, 1830-1930*, Santiago, 1991, de Carmen Cariola y Osvaldo Sunkel, que contiene un estudio del impacto de los nitratos en el desarrollo económico así como una bibliografía comentada (de Rafael Sagredo) que incluye casi 1.000 referencias. *Historical Statistics of Chile*, 6 vols., Westport, Conn., 1979-1989, de Markos Mamalakis, aporta valiosas estadísticas. En «Economic Policy and Growth in Chile from Independence to the War of the Pacific», de Luis Ortega, en Christopher Aber y Colin Lewis (eds.), *Latin America: Economic Imperialism and the State*, Londres, 1985, pp. 147-171, hallamos episodios concretos y periodos de la historia económica. «Economic Nationalism and Tax Reform in the Late Nineteenth Century» de William F. Slater, en *The Americas* 33 (1976), pp. 311-335 y, del mismo autor, «Chile and the World Depression of the 1870s», en *Journal of Latin American Studies* 11, 1 (1979), pp. 67-99. Y las secciones pertinentes de Bill Albert en *South America and the First World War*, Cambridge, 1988. Véase también P. T. Ellsworth, *Chile: An Economy in Transition*, Nueva York, 1945, centrado en la Depresión. Las dimensión crucial de la economía en los años de Allende está bien descrita en Stefan de Vylder, *Allende's Chile: The Political Economy of the Rise and Fall of the Unidad Popular*, Cambridge, 1976. Probablemente el mejor estudio de la economía en el periodo de Pinochet es el de Sebastián y Alejandra Edwards, *Monetarism and Liberalization: The Chilean Experiment*, Chicago, 1991. Véase también Carlon Fortín, «The Political Economy of Repressive Monetarism: The State and Capital Accumulation in Post-1973 Chile», en Christian Anglade y Carlos Fortín (eds.), *The State and Capital Accumulation in Latin America*, 2 vols., Pittsburgh, 1985-1990, I, pp. 139-209. Joseph Collins y John Lear *Chile's Free Market Miracle: A Second Look*, Oakland, Cal., 1995, es una contrapartida útil de los más fantasiosos informes de prensa sobre el reciente crecimiento económico.

Thomas C. Wright, «Origins of the Politics of Inflation in Chile, 1888-1918», *HAHR* 53, 2 (1973), pp. 239-259, y Albert Hirschman, «Inflation in Chile» en su *Journey Toward Progress*, Nueva York, 1963, pp. 161-223, comenta un problema endémico chileno. *La Historia económica de Chile,* Santiago, 1994, de René Millar, sigue la pista a la política fiscal hasta 1925, al igual que hace el clásico *Monetary Inflation in Chile,* Princeton, Nueva Jersey, 1931 de Frank W. Fetter. Paul Drake, *The Money Doctor in the Andes: The Kemmerer Missions, 1923-1933,* Durham, C. N., 1989, resulta muy útil para la década de 1920 (véanse pp. 76-124). Rory Miller, *Britain and Latin America in the Nineteenth and Twentieth Centuries,* Londres, 1993, incluye algún material excelente sobre la implicación económica de Gran Bretaña en Chile. Lo mismo hace, para periodos más específicos y obviamente de manera más detallada, John Mayo en *British Merchants and Chilean Development, 1851-1886,* Boulder, Col., 1987, y Eduardo Cavieres en *Comercio chileno y comerciantes ingleses, 1820-1880: un ciclo de historia económica,* Valparaíso, 1988. Juan Ricardo Couyoumdjian, René Millar y Josefina Tocornal, en *Historia de la Bolsa de Comercio de Santiago, 1893-1993,* Santiago, 1993, ofrecen un estudio muy pormenorizado de la Bolsa chilena. Sobre Santiago, en español, véase Armando de Ramón, *Santiago de Chile,* Santiago, 2000. Javier Martínez y Alvaro Díaz, *Chile: the Great Transformation,* Washington, DC, 1996 presentan un interesante resumen desde la década de 1970 a la de 1990. Para aspectos de la década de 1990, véase *Bulletin of Latin American Research* 21, 3 (julio 2002), un número especial sobre Chile.

El campo

Chilean Rural Society from the Spanish Conquest to 1930, Cambridge, 1975, de Arnold Bauer, es una obra clave centrada en el Valle Central a mediados del siglo XIX. Véase también de Arnold Bauer y Ann Hagerman Johnson, «Land and labour in rural Chile, 1850-1935», y Cristobál Kay, «The development of the Chilean hacienda system», en Kenneth Duncan y Ian Rutledge (eds.), *Land and Labour in Latin America,* Cambridge, 1977, cap. 4 y 5 respectivamente. Un retrato clásico de una hacienda de comienzos del siglo XX es el ofrecido en C. J. Lambert, *Sweet Waters: A Chilean Farm,* Londres, 1952, e igualmente clásica es la descripción general de la agricultura de la época en George M. McBride, *Chile: Land and Society,* Nueva York, 1936. José Bengoa, *El poder y la subordinación. Historia social de la agricultura chilena,* 2 vols., Santiago, 1984, explica el lado oscuro de la vida a la sombra de la «casa grande» (que nunca lo era demasiado para los estándares europeos). Thomas C. Wright,

Landowners and Reform in Chile: The Sociedad Nacional de Agricultura, 1919-1940, Urbana, Ill., 1982, analiza la mentalidad de la SNA, cómo funcionaba el grupo de presión de los terratenientes para hacer avanzar sus intereses; Brian Loveman, *Struggle in the Countryside: Politics and Rural Labor in Chile, 1919-1973,* Bloomington, Ind., 1976, documenta los intentos de los inquilinos y otros grupos para organizarse en sindicatos. José Garrido, Cristián Guerrero y María Soledad Valdés, *Historia de la reforma agraria,* Santiago, ²1990, se centra en el tema de la reforma agraria. Para el impacto del periodo Pinochet en el campo, véase David Hojman (ed.), *Neo-Liberal Agriculture in Rural Chile,* Londres, 1990.

Minería e industria

El sector minero, que con tanta frecuencia ha dirigido la economía, es tema de investigación creciente. Leland Pederson, *The Mining Industry of the Norte Chico, Chile,* Evanston, 1966, analiza la minería del cobre y la plata en sus emplazamientos clásicos durante el siglo XIX. Véase también Pierre Vayssière, *Un siècle de capitalisme minier au Chili, 1830-1930,* París, 1980, un valioso estudio, y los ensayos de John Mayo, «Commerce, Credit and Control in Chilean Copper Mining before 1880», y William Culver y Cornel Reinhart, «The Decline of a Mining Region and Mining Policy: Chilean Copper in the Nineteenth Century», ambos en Thomas Greaves y William Culver (eds.), *Miners and Mining in the Americas,* Manchester, 1985, pp. 29-46 y 68-81. Clark Reynolds, «Development Problems of an Export Economy», en Markos Mamalakis y Clark Reynolds, *Essays on the Chilean Economy,* Homewwod, Ill., 1965, pp. 203-398, se centra en la región del cobre en época más reciente. Thomas O'Brien, *The Nitrate Industry and Chile's Crucial Transition, 1870-1891,* Nueva York, 1982, examina la formación de la industria del nitrato, mientras que Robert Greenhill, «The Nitrate and Iodine Trades, 1880-1914», en D. C. M. Platt (ed.), *Business Imperialism 1840-1930,* Oxford, 1977, pp. 231-283, y Donald D. Crozier, «La industria del yodo, 1815-1915», *Historia* 27 (1993), pp. 141-212, habla de un subproducto, el yodo. Luis Ortega cubre la industria de la extracción del carbón en «The First Four Decades of the Chilean Coalmining Industry, 1840-1879», *Journal of Latin America Studies* 14, 1 (1982), pp. 1-32, y más detalladamente en Enrique Figueroa C., *Carbón: cien años de historia, 1848-1960,* Santiago, 1987.

Henry Kirsch, *Industrial Development in a Traditional Society: The Conflict of Entrepeneurship and Modernization in Chile*, Gainesville, Fla., 1977, pone el foco en las primeras etapas de la industrialización y es el único trabajo hasta la fecha sobre el tema en inglés. En español, véanse los importantes artículos de Luis Ortega: «Acerca de los orígenes de la industrialización chilena, 1860-1879», en *Nueva Historia* 1, 2 (1981), pp. 3-54, y «El proceso de industrialización en Chile, 1850-1930», *Historia* 26 (1991), pp. 213-245. *Chile. 100 años de industria*, Santiago, 1993, publicado por SOFOFA, y Sergio Villalobos R. (ed.), *Historia de la ingeniería en Chile*, Santiago, 1993, ambos con mucho material útil.

Robert Oppenheimer, «Chile's Central Valley Railroads and Economic Development in the Nineteenth Century», *Proceedings of the Pacific Coast Council on Latin American Studies* 6 (1977-1979), pp. 73-86, explora inteligentemente el tema de las comunicaciones. Harold Blakemore hace una crónica detallada de la historia de un ferrocarril clave en el norte en su último libro: *From the Pacific to La Paz: The Antofagasta (Chili) and Bolivia Railway Company, 1888-1988*, Londres, 1990. La construcción de la red telegráfica ha sido descrita por John J. Johnson en *Pioneer Telegraphy in Chile*, Stanford, Cal., 1948. Basil Lubbock, *The Nitrate Clippers*, Glasgow, 1932, cuenta la historia de los hermosos barcos a vela que llevaban el nitrato chileno hasta Europa. Para el desarrollo del transporte aéreo, véase R. E. G. Davies, *Airlines of Latin America since 1919*, Londres, 1984, cap. 26.

Aspectos sociales

Gabriel Salazar, *Labradores, peones y proletarios*, Santiago, 1985, analiza las cambiantes vidas de los pobres urbanos y rurales en el periodo anterior y posterior a la independencia. Vicente Espinoza, *Para una historia de los pobres de la ciudad*, Santiago, 1988, revisa la pobreza urbana en los años posteriores a 1900. El creciente interés a comienzos del siglo XX en el progreso social es inteligentemente analizado en James O. Morris, *Elites, Intellectuals and the Consensus*, Ithaca, Nueva York, 1966. Los primeros años del movimiento obrero son descritos con gráfico detalle por Peter de Shazo en su *Urban Workers and Labor Unions in Chile, 1902-1927*, Madison, Wisconsin, 1983, un estudio de primera clase que devuelve a los anarquistas el papel que les corresponde en la historia del trabajo. Véase también Charles Bergquist, *Labor in Latin America*, Stanford, California, 1986, pp. 20-80, para algunas sugerentes ideas. Alan Angell, *Politics and the Labour Movement in Chile*, Londres, 1972, es una crónica indispensable del movimiento obrero en una fase más reciente. Sobre la historia de las mujeres son esenciales tres títulos en español: Sergio Vergara Quiroz (ed.), *Cartas de mujeres en Chile, 1630-1885,* Santiago, 1987; Felicitas Klimpel, *La mujer chilena: el aporte femenino al progreso de Chile, 1910-1960*, Santiago, 1962; y Lucía Santa Cruz, Teresa Pereira, Isabel Zegers y Valeria Maino, *Tres ensayos sobre la mujer chilena*, Santiago, 1978.

Las minorías étnicas han recibido cierta atención de los historiadores. Para el grupo más importante, los «primeros chilenos» que aún quedan, véase José Bengoa, *Historia del pueblo mapuche: siglos XIX y XX*, Santiago, 1984, basado en gran parte en historia oral; la decadencia y caída de la «indomable Araucania» queda bien retratada en Jacques Rosignol, «Chiliens et Indiens Araucans au milieu du XIXe siècle», *Cahiers du Monde Hispanique et Luso-Brésilien* 20 (1973), pp. 69-98; Louis C. Faron, *The Mapuche Indians of Chile*, Nueva York, 1968, ofrece una descripción más actual. Los grupos de inmigrantes de los siglos XIX y XX están cubiertos en Jean-Pierre Blancpain, *Les allemands au Chili, 1816-1945*, Colonia, 1974, una obra monumental dentro de la moderna tradición francesa, y del mismo autor *Francia y los franceses en Chile*, Santiago, 1987; George Young, *The Germans in Chile: Immigration and Colonization, 1849-1919*, Nueva York, 1974; John Mayo, «The British Community in Chile before the Nitrate Age», *Historia* 22 (1987), pp. 135-150; Gunter Bohn, «Inmigración de judíos de habla alemana a Chile y Perú durante el siglo XIX», *Jahrbuch für Wirtschaft und Gesellschaft Lateinamerikas* 25 (1988), pp. 455-493; Mario Matus González, *Tradición y adaptación: vivencia de los sefardíes en Chile*, Santiago, 1993; Myriam Olguín Tenorio, *La inmigración árabe en Chile*, Santiago, 1990; Carlos Díaz, *Italianos en Chile. Breve historia de una inmigración*, Santiago, 1988.

Historia local

La historia local (a distintos niveles) ha gozado de gran popularidad en Chile, como en todas partes. Dos especímenes del género que valen la pena son Mateo Martinic B., *Historia de la región magallánica*, 2 vols., Punta Arenas, 1992, y Fernando Campos Harriet, *Historia de Concepción, 1550-1970*, Santiago, 1982. Están en marcha serios trabajos sobre la historia urbana de Santiago y Valparaíso y se espera que den fruto en un futuro no muy lejano.

Historias de viajeros

Merecen un atento estudio las descripciones y los recuerdos de Chile de viajeros o residentes durante periodos breves. Aquí sólo podemos mencionar unos cuantos de los libros de viaje clásicos. María Graham, *Journal of a Residence in Chile during the Year 1822*, Londres, 1824, y *Extracts from a Journal Written on the Coasts of Chile, Peru and Mexico in the Years 1820, 1821, 1822*, 2 vols., Edimburgo, 1824, del capitán Basil Hall, son dos muestras notables de comienzos de la década de 1820. Siempre vale la pena leer las páginas sobre Chile de Charles Darwin en su *Viaje del «Beagle»* (numerosas ediciones), así como el resto de ese maravilloso libros. Las descripciones en una fase más avanzada del siglo xix incluyen la del teniente J. M. Gilliss, *The United States Naval Astronomical Expedition tothe Southern Hemisphere during the years 1849-'50-'51-'52, Vol. I, Chile*, Washington, D.C., 1855, especialmente completa. La señora G. B. Merwin, *Three Years in Chile*, Nueva York, 1863; Robert Nelson Boyd, *Chili: Sketches of Chili and the Chilians during the War 1879-80*, Londres, 1881; Charles Wiener, *Chili & Chiliens*, París, 1888; William Howard Russell, *A Visit to Chile and the Nitrate Field of Tarapacá*, Londres, 1890, el relato del legendario periodista británico que acompañó al «rey del nitrato», John Thomas North a Chile en 1889; y William Anderson Smith, *Temperate Chile, a Progressive Spain*, Londres, 1899.

En el siglo xx ha habido menos literatura de viajes de calidad referida a Chile, pero podemos recomendar unos cuantos títulos: para la década de 1920, Earl Chapin May, *2000 Miles Through Chile: The Land of More or Less*, Londres, 1924; para la vida rural en el valle de Huasco durante las décadas de 1930 y 1940, E. B. Herivel, *We Farmed a Desert*, Londres, 1957; y para la década de 1940, Erna Ferguson, *Chile*, Nueva York, 1943, y las memorias de un embajador muy apreciado, Claude G. Bowers, *Chile Through Embassy Windows, 1939-1953*, Nueva York, 1958. Es difícil pensar en algo más reciente que sea la mitad de interesante que las obras de Fergusson o Bowers, aunque Sara

Wheeler, *Travels in a Thin Country. A Journey through Chile*, Londres, 1994 es una buena lectura. Quizá el siglo XXI será mejor que el XX.

Internet

Internet ha crecido tan prodigiosamente en los últimos años que carece de sentido cualquier recomendación específica sobre páginas chilenas en la red relacionadas con la historia. Con ayuda de los mejores buscadores es fácil encontrar y acceder a las del gobierno y el Congreso, todas las de los principales (y las de algunos menos importantes) partidos políticos, las fuerzas armadas (la del Ejército es excelente), las universidades y una enorme variedad de instituciones y organizaciones, sin olvidar las páginas dedicadas a figuras históricas o culturales. Como mencionamos en el capítulo 14, muchos periódicos están disponibles ahora en línea para su lectura.

Índice de mapas

Mapa 1: Nota geográfica 13
Mapa 2: Chile tardocolonial 21
Mapa 3: Principales zonas mineras 108
Mapa 4: Chile: expansión territorial 155
Mapa 5: Perú-Bolivia-Chile, enero de 1879 173
Mapa 6: Chile, siglo xx con las Nuevas Regiones (1974) 371

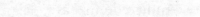

Índice de nombres

Abaroa, Eduardo 529
Abascal, Virrey José Fernando 55, 58
Abtao, batalla de 158
Aguirre Cerda, presidente Pedro 299, 300, 303, 308-312, 314, 315, 322, 335, 338, 340, 345, 418
Aguirre, Francisco de 23
Aguirre, Isidora 379
Alarcón, Rolando 408
Alberto, Tótila 381
Alessandri, Arturo (nieto) 195, 196, 259, 261, 265, 289, 291, 305, 322, 328, 329, 340, 409, 447, 489, 547
Alessandri, Fernando 266, 315, 316
Alessandri, presidente Arturo 305
Alessandri, presidente Jorge 7, 303, 306, 320, 328, 348, 354, 358, 410, 431, 459
Alfonso, Pedro Enrique 322, 324
Almagro, Diego de 14
Almeyda, Clodomiro 435, 476
Alonso, José 18, 163
Altamirano, Carlos 420, 447, 448, 537
Altamirano, Eulogio 163
Altamirano, general Luis 271
Alvear, Soledad 524
Allamand, Andrés 480, 506
Allende Padín, Dr. Ramón 163, 417
Allende, Isabel 379
Allende, Pedro Humberto 238
Allende, presidente Dr. Salvador 163, 247, 322, 327, 332, 339, 357, 383, 404, 410, 412, 417, 451, 484, 517, 547
Ampuero, Roberto 421, 441, 504
Amunátegui, Miguel Luis 139, 165, 363
Ancón, Tratado de 180, 520, 535
Andwandter, Carlos 117, 129
Angell, Alan 474
Aniñir, David 538

Annan, Kofi 520
Antonijevic, Ingrid 528
Antúnez, Nemesio 381
Araya, Capitán Arturo 448
Arcos, Santiago 38, 118, 128, 144, 418
Arica, batalla de 176-178, 180, 243, 280, 365, 375, 520
Arrate, Jorge 532
Arrau, Claudio 382, 539
Arteaga C., general Justo 77, 160, 175
Arthur, presidente Chester A. 179, 354
Aylwin, presidente Patricio 383, 446-448, 477, 480, 481, 483-487, 489, 490, 493, 502, 507, 510, 520, 544

Bachelet, Michelle 384, 522-533, 536, 546, 548, 551, 552, 554, 555
Balmaceda, presidente José Manuel 156, 164, 191, 195, 198
Balmaceda, Vicente 548
Banzer, presidente Hugo 520
Bañados Espinosa, Julio 205
Baquedano, general Manuel 177, 178, 181, 191, 192, 206, 226, 414
Barahona, Bernadino 147
Barbier, Jacques 37
Barnard, John James 67
Barrios, Eduardo 134, 226, 236, 369, 370, 393, 418
Barros Arana, Diego 25, 39, 139, 161, 170, 234, 260
Barros Borgoño, Luis 260, 266, 276
Barros Jarpa, Ernesto 248
Barros Luco, presidente Ramón 196, 197, 203, 204, 255, 256, 260
Barros, Diego Antonio 25, 39, 66, 92, 139, 161, 170, 171, 196, 197, 203, 204, 234, 248, 255, 256, 260, 266, 276

Bauer, Arnold 27, 113, 125
Bello Codesido, Emilio 273, 291
Bello, Andrés 46, 79, 84, 85, 118, 137-139, 153, 215, 231, 234, 238, 241, 273, 291, 300, 312, 322
Benavente, Diego José 91
Benavides, Vicente 59
Bennett, general Juan 272, 273
Bilbao, Francisco 65, 141, 144, 418
Bisquertt, Próspero 238
Blaine, James G. 179
Blakemore, Harold 9, 241, 394
Blanco Encalada, almirante Manuel 84, 93-95, 204
Blancpain, Jean-Pierre 129
Blanche, general Bartolomé 280, 290, 291
Blanquier, Pedro 286, 287
Blest Gana, Alberto 118, 138, 141, 236
Boeninger, Edgardo 530
Bolaño, Roberto 537
Bolívar, Simón 60, 71, 223, 447, 521
Bonaparte, Napoleón 51, 52, 96, 245, 449
Bonilla, general Óscar 454
Bossay, Luis 327, 329, 390
Braden, Spruille 318
Braden, William 210
Brulé de Ampuero, Cayetano 504
Brunet Debaines, Claude-Francois 134
Brunner, Karl 369
Buchanan, William J. 242
Büchi, Hernán 468, 480
Bulnes, Francisco 97, 357, 409
Bulnes, general Manuel 78, 95, 99, 142, 192
Bulnes, Gonzalo 271
Bunster, José 131
Bush, president George W. 521, 522
Bustos, Manuel 475

Cáceres, Andrés 179, 480
Cáceres, Carlos 480
Caiozzi, Silvio 540
Calvo, Román 235, 504
Cambiaso, Miguel José 147
Campo de la Alianza, batalla de 177, 248
Camus, Alberto 48
Cancino, Hugo 419
Canto, Hernán del 378, 414, 439
Cardoen, Carlos 459
Carlos III 33, 41

Carlos IV 51
Carrera, Javiera 364
Carrera, José Miguel (hijo) 146, 152
Carrera, José Miguel 54, 70
Carrera, Juan José 70
Carrera, Luis 70
Carter, presidente Jimmy 458, 459, 520
Cartrileo, Matías 544
Casanova, arzobispo Mariano 199, 201
Casma, batalla de 95
Castro, presidente Fidel 404, 438, 530
Castro, Sergio de 460, 461
Cauas, Jorge 461, 462
Caupolicán 18, 142, 319
Cavieres, Eduardo 9, 110, 120
Cea, José Manuel 69, 77
Cerro Grande, batalla de 153
Chávez, presidente Hugo 520, 521
Cifuentes, Abdón 82, 152, 156, 161, 203, 238
Clarisa Hardy 545
Claro, Luis 22, 46, 53, 73, 74, 102, 111, 127, 146, 154, 163, 216, 239, 242, 245, 248, 266, 278, 317, 331, 349, 359, 381, 389, 412, 413, 425, 480, 485, 501, 506, 509, 516, 535, 542, 548
Clinton, presidente Bill 492
Clissold, Stephen 48, 369
Cochrane, almirante Lord Thomas 59, 71
Colipí, Juan Felipe 97, 129
Collyer, Jaime 504
Concón, batalla de 206
Concha, Malaquías 223, 263
Congreso Constituyente de 1826 72
Constitución de 1823 71, 72
Constitución de 1828 73, 79, 80
Constitución de 1833 79-81, 159, 162, 164
Constitución de 1925 80, 275, 276, 305, 355
Constitución de 1980 80, 460, 477, 480, 483, 510, 527, 545, 554
Constitución Provisoria 54
Contreras, general Manuel 455, 485
Corvalán, Luis 410
Courcelle-Seneuil, Jean-Gustave 103
Cousiño, Matías 109, 115, 134, 373
Covarrubias, Álvaro 36, 157
Cruz Coke, Dr. Eduardo 315, 316, 321
Cruz, Anselmo de la 43

Índice de nombres

Cruz, general José María de la 77, 95, 145
Cruz, María de la 77, 95, 145, 364
Chacabuco, batalla de 58, 77, 242
Chávez, Hugo 520, 521
Cheyre Espinosa, Juan 517
Chihuailaf, Elicura 538
Chonchol, Jacques 396, 406, 410, 426, 427
Chorrillos, batalla de 178

D'Halmar, Augusto 236
D Hondt, Víctor 305, 306, 311, 321, 330
Dartnell, general Pedro Pablo 272, 273
Darwin, Charles 26, 65, 89
Dávila, Carlos 288, 505
Dávila, Juan Pablo 505
Daza, Hilarión 171, 172, 176, 191, 519
Debesa, Fernando 379
Díaz Arrieta, Hernán (Alone) 378
Díaz Eterovic, Ramón 483, 504
Domeyko, Ignacio 133, 137, 138
Donoso, José 379, 504
Donoso, Ricardo 9, 77, 235
Dorfman, Ariel 502
Duhalde, vicepresidente Alfredo 314, 386
Durán, Julio 316, 332-334, 389, 390, 410, 412

Echaurren, Francisco 133, 245, 252
Eduardo VII 243
Edwards Bello, Joaquín 234, 238, 273
Edwards, Agustín 110, 115, 255, 273
Edwards, Alberto 235, 278, 286, 504
Edwards, George 67
Edwards, Jorge 379, 504
Egaña, Juan 31, 49, 72, 79, 89
Egaña, Mariano 60, 79, 84, 85, 92
Elizalde, Juan José Julio 247
Elliott, Jorge 210, 403
Encina, Francisco Antonio 82, 118, 235, 239
Enríquez, Miguel 363, 532
Enríquez-Ominami, Marco 532
Ercilla, Alonso de 18, 19, 306, 422, 496, 500
Errázuriz Eguiguren, Maximiano 553
Errázuriz, Francisco Javier («Fra-Fra») 480
Errázuriz, Ladislao 266, 267, 273
Errázuriz, presidente Federico (hijo) 245, 246, 250
Errázuriz, presidente Federico 99, 149-151, 160, 195

Errázuriz, presidente Fernando 15, 250
Escala, general Erasmo 19, 24, 31, 32, 38, 64, 66, 87, 109, 113, 120, 124, 128, 129, 131, 175-177, 181, 183, 199, 201, 207, 225, 235, 247, 253, 279, 283, 328, 343, 360, 372, 373, 382, 391, 400, 420, 426, 447, 473, 475, 484, 541, 543
Eyzaguirre, Agustín de 50, 66

Feliú Cruz, Guillermo 9, 77, 79, 91-93, 95, 235
Fente-Alba, Juan Miguel 553
Fernández Pradel, Fray Jorge 386
Fernando VII 51, 53, 54, 57
Fierro-Sarratea, Tratado de 171
Figueroa Larraín, presidente Emiliano 196, 255, 277, 283
Figueroa, coronel Tomás de 53
Figueroa, Joaquín 424
Figueroa, Luis 196, 422
Fontaine, Arturo 467, 504
Fox, presidente Vicente 521
Foxley, Alejandro 464, 487, 490, 530
Francia, Aldo 11, 50, 60, 62, 63, 67, 88, 95, 120, 123, 130, 138, 204, 216, 224, 301, 315, 359, 376, 380, 397, 406, 425, 540
Frank, Waldo 10, 367
Frate, Mon. Celestino del 198
Frei, presidente Eduardo (hijo) 480, 483, 489, 504, 528, 532
Frei, presidente Eduardo 235, 293, 327, 332, 351, 383-388, 392, 476, 482
Freire, general Ramón 15, 71-74, 78, 92, 139
Frelinghuysen, Frederick 179
Fresno, cardenal Juan Francisco 476
Friedman, Milton 461
Frödden, Inés Enríquez 363
Fuguet, Alberto 538

Gainza, general Gabino 56
Gallo, Ángel Custodio 151, 152, 158, 160
Gallo, Pedro León 152, 157, 364
Gandarillas, Manuel José 91, 222
García Calderón, presidente Francisco 178, 179
García Carrasco, Francisco Antonio 52, 53
García Márquez, Gabriel 379, 538
García Reyes, Antonio 102, 143, 144

Garfield, presidente James 179
Garrido, Victoriano 86, 92, 147
Garzón, Baltasar 507, 516
Gay, Claudio 117, 121, 129, 527, 538
Gilliss, teniente J. M. 124, 126, 133
Godoy, Dagoberto 231
Godoy, Domingo 202, 205
Godoy, Juan 88, 126, 147
Góngora, Mario 9, 22, 246
González Errázuriz, Alberto 248, 553
González Videla, presidente Gabriel 299, 303, 315-320, 338, 345, 348, 349, 363, 368
González von Marées, Jorge 293, 299, 340
González, presidente Felipe 486
González, Juan Francisco 237
González, Marcial 128
González, Rodrigo 553
Goyenechea, Candelaria 115, 364
Goyenechea, Emeterio 121
Graef-Marino, Gustavo 503, 540
Grau, almirante Miguel 174, 175
Grove, Comodoro Marmaduke 271, 273, 284, 288, 289, 291, 292, 299, 313, 337, 338
Guelfenbein, Carla 537
Guggenheim, familia 210, 214, 281, 282
Gumucio, Rafael Agustín 267, 386
Guzmán, Jaime 407, 478, 488, 536
Guzmán, Juan 508
Guzmán, Nicomedes 238
Guzmán, Patricio 539

Halperín, Tulio 75
Hamuy, Dr. Eduardo 388
Harrison, presidente Benjamin 241
Heise González, Julio 240
Hénault, Lucien 134
Henriquez, fray Camilo 54, 64
Herrera, Felipe 351
Herrera, general Ariosto 309
Hirsch, Tomás 525
Huamachucho, batalla de 180
Huidobro, Vicente 236, 504
Huirilef, Hilario 545
Huneeus, Carlos 473
Huneeus, Francisco 248

Ibáñez, Bernardo 315, 316
Ibáñez, presidente Carlos 196, 271, 273, 276, 283, 288, 303, 305, 306, 312, 319, 321

Iglesias, presidente Miguel 70, 159, 180, 198, 472
Infante, José Miguel 53, 63, 72, 89
Inostrosa, Jorge 380
Inti-Illimani 408, 502, 539
Iquique, Combate de 174-176, 185, 200, 201, 204, 214, 240, 253, 254, 259, 365, 459, 497, 499, 529
Irarrázaval, Ramón Luis 36, 141, 142, 244
Irisarri, Antonio José de 56, 60, 68, 93, 95
Isabel II 406, 459
Isamitt, Carlos 238
Izurieta, general Ricardo 506

Jara, Joan 418
Jara, Patricio 9, 408, 545
Jara, Víctor 408, 409, 418, 502
Jaramillo, Armando 276
Jáuregui, Gobernador Agustín 28
Jeftanovic, Andrea 537
Jiménez, Dr. Jorge 488
Jiménez, Tucapel 475
Juan Pablo II 459, 497

Kemmerer, Dr. Edwin 282
Kirchner, president Néstor 521
Kissinger, Henry 448
Körner, general Emil 204, 205, 232
Korry, Edward 425
Krauss, Enrique 486
Kreuzberger, Mario 539

La Concepción, batalla de 59, 179
La Placilla, batalla de 206
Lagos, presidente Ricardo 11, 361, 373, 384, 483, 489, 491, 493-495, 500, 504, 506, 509, 510, 515, 517-522, 524, 525, 528, 533, 546, 550, 554, 555
Lambert, Charles 109
Larraín Gandarillas, Joaquín 222
Larraín, familia 37, 77
Larraín, Luis 196, 473
Larraín, obispo Manuel 387
Larraín, Pablo 503, 540
Larraín, Ricardo 503
Lastarria, José Victorino 124, 138, 143-145, 156
Latcham, Ricardo 211
Latorre, Mariano 236, 238

Índice de nombres

Lautaro 19, 70, 488, 500
Laval, Ramón 238
Lavín, Joaquín 473, 506, 509, 515, 524, 525, 532
Lazcano, Fernando 48, 148, 250, 266
Leigh, general Gustavo 450, 457, 458
Leighton, Bernardo 386, 409, 456
Leinlaf, Leonel 538
Lemebel, Pedro 504, 538
Lemún, Edmundo 500
León XIII, papa 198
Letelier, Orlando 102, 233, 456, 458, 485, 516
Lillo, Baldomero 236, 238
Lira, Pedro 237, 411, 415
Lircay, batalla de 56, 74
Lircay, Tratado de 56
Littín, Miguel 374, 539, 540
Lizama, Raúl 539
«Loco Pepe» 367
Loncomilla, batalla de 146
Longueria, Pablo 536
López, Jaime 522
Lorenzini, Emilio 387, 428
Los Ángeles, batalla de 177
Los Loros, batalla de 153
Loveman, Brian 394, 427, 429
Luchsinger, Jorge 544
Luchsinger, Werner 544
Lynch, almirante Patricio 181, 204
Llinconao, Francisca 544

Mac-Iver, Enrique 189, 238, 239, 252, 257
Mackay, Vivianne 137, 544
Madariaga, Mónica 516
Magallanes, Fernando de 12, 75, 115, 136, 147, 152, 170, 175, 181, 207, 225, 342, 454, 500
Maipó, batalla de 58, 59
Maipón, batalla de 152
Mandela, presidente Nelson 485
Manns, Patricio 408
Marambio, general Tulio 411
Marcó del Pont, gobernador Francisco Casimiro 57
Marín, Dr. Óscar 437
Maritain, Jacques 293, 386
Martínez de Rozas, Juan 53
Martínez Estrada, Ezequiel 11

Marx, Karl 292, 521
Matta, Manuel Antonio 151, 160, 163, 241
Matta, Roberto 381
Matte, Eugenio 9
Matthei, Evelyn 536
Matthei, general Fernando 458, 536
Medina, José Toribio 9, 17, 23, 234, 235, 245
Meiggs, Henry 116, 127
Melgarejo, Mariano 119
Mellafe, Rolando 9, 18, 48
Membrillar, batalla de 56
Méndez Núñez, almirante Casto 158
Mendoza, general César 457
Mendoza Collio, Jaime 545
Menem, presidente Carlos 505
Merino, almirante José Toribio 450, 457, 481, 501
Meruane, Diamela Eltit 537
Meruane, Lina 537
Mery, Hernán 396
Mesa, presidente Carlos 520, 521
Millahueique 538
Millar, René 217, 265, 266
Miraflores, batalla de 178
Miranda, Claudio 540
Miranda, Francisco de 49
Mistral, Gabriela (Lucía Godoy Alcayaga) 237, 378, 387, 504, 537
Molina, Enrique 234
Molina, Sergio 402
Montero, almirante Raúl 449, 450
Montero, presidente Juan Esteban 196, 286, 287
Montt, almirante Jorge 195, 203, 244
Montt, Ambrosio 151
Montt, presidente Manuel 94, 99, 101, 113, 142, 144, 147, 156, 158, 195, 252, 255, 278, 385, 447
Montt, presidente Pedro 146, 152, 196, 250-252, 255, 364
Monvoisin, Raymond Quinsac 138
Mora, José Joaquín de 73
Morales, presidente Evo 306, 520, 522, 529, 532, 535
Morán de Coquimbo, fray Clemente 49
Moreno, Carlos 107, 171, 323, 444
Mori, Camilo 380, 381
Muzi, fray Giovanni 64

Naranjo, Óscar 333
Navarrete, general Mariano 275
Navarro, Carlos 539
Nef, almirante Francisco 272, 273
Neruda, Pablo (Neftalí Reyes) 112, 237,
    315, 318, 378, 379, 410, 504, 537
Nixon, presidente Richard 332, 414, 448
North, John Thomas 190, 200
Novoa, general Óscar 291
Núñez, Hernán 539

O'Higgins, general Bernardo 15, 49, 51, 56,
    64, 69, 78, 142, 454, 458
O'Higgins, gobernador Ambrosio 25, 30,
    39, 42
Ochagavía, batalla de 74
Olavarría Bravo, Arturo 311, 315, 323
Olguín, Adriana 363
Olguín, Osvaldo 446
Orbegoso, general 95
Oroz, Rodolfo 48
Orrego Luco, Luis 240
Orrego-Salas, Juan 381
Ortega, Luis 9, 105, 112, 117
Ortiz de Zárate, Eliodoro 229
Osorio, general Mariano 56-58
Ossa, Ignacio 115, 118, 119, 202
Ovalle, José Ramón 107
Ovalle, presidente José Tomás 15, 77, 107
Oyanedel, Abraham 290

Pactos de Mayo 243
Palacios, Dr. Nicolás 134, 223, 239
Palestro, Mario 415
Pareja, almirante José Manuel 157
Pareja, general Antonio 55
Parra, Alberto 545
Parra, Ángel 408, 503
Parra, Isabel 408
Parra, Nicanor 379, 503, 504
Parra, Violeta 237, 408
Paz, Marcela 380
Pedregal, Guillermo del 325, 351
«Pepo» (René Ríos) 380, 496
Pereira Salas, Eugenio 9, 34, 46
Perelman, Pablo 503, 540
Pérez Rosales, Vicente 111, 129
Pérez Zujovic, Edmundo 409, 437
Pérez, Candelaria 97

Pérez, Edmundo 409, 437, 516
Pérez, presidente José Joaquín 99, 101, 154,
    483
Perón, general Juan Domingo 325, 350, 364
Philippi, Bernardo 129
Pinochet, general y presidente Augusto 383,
    450, 453
Pinto, general Francisco Antonio 15, 51, 73,
    78, 97, 141
Pinto, presidente Aníbal 165, 167, 168,
    170-172, 174, 175, 177, 189, 191, 192,
    197, 398
Piñera, José 467
Piñera, presidente Sebastián 509, 524, 532,
    542
Pío XI, papa 275
Pissis, Amado 129
Pizarro, Francisco 14, 18
Portales, Diego 69, 73-79, 81, 84-87, 89, 91-
    96, 133, 139, 141, 147, 223, 235, 278, 336,
    340, 415, 458
Pozo Almonte, batalla de 204
Prado, presidente Manuel 172, 178, 191,
    401
Prat, capitán Arturo 9, 164, 174, 193
Prat, Jorge 352
Prats, general Carlos 411, 417, 442, 455
Prieto, presidente Joaquín 15, 73, 74, 77, 84,
    91, 97, 99, 276
Puelma, Francisco 119
Puga, general Arturo 289
Punta Angamos, Combate de 175
Purapel, Tratado de 147

Quilapayún 408, 539
Quilo, batalla del 56

Radrigán, Juan 379, 503
Ramírez, Pablo 268, 278, 283
Ramírez, Rodolfo 333
Recabarren, Luis Emilio 254, 258, 268, 269,
    418
Remmer, Karen 241
Rengifo, Manuel 86-91, 96, 103, 188
Rettig, Raúl 485
Reyes, Alejandro 102, 103, 112, 143, 144,
    237, 245, 251, 255, 257
Riesco, presidente Germán 83, 195, 250,
    251, 260

Río, Arturo del 259
Ríos Lisperguer, Catalina de los 35
Ríos, presidente Juan Antonio 303, 312, 314, 345
Riquelme, Bernardo 49, 64
Rivas Vicuña, Manuel 248, 257, 267
Riveros, almirante Galvarino 175
Rodríguez Aldea, José Antonio 70
Rodríguez, Manuel 57, 70, 475, 526
Rodríguez, Zorobabel 46, 103, 159
Rojas, José Antonio de 50
Rojas, Manuel 379
Roosevelt, Franklin D. 309, 533
Ross, Gustavo 294, 297, 299, 300, 308
Rossetti, Juan 325
Rugendas, Johann Mauaritz 138
Ruiz Tagle, Francisco 15, 73, 74, 78
Ruíz, general César 449, 450
Ruiz-Tagle, María Eugenia 522, 532
Rumbold, Horace 134, 160

Saavedra, Carlos 130
Salas, Manuel de 9, 17, 32, 34, 37, 38, 40, 46, 49, 89, 277
San Francisco, combate de 176
San Martín, general José de 57-61, 70
Sánchez de Lozada, presidente Gonzalo 520
Sánchez, Luis Alberto 498
Sanfuentes, Enrique Salvador 200, 251
Sanfuentes, presidente Juan Luis 196, 251, 255, 257
Santa Cruz, Andrés 91
Santa Cruz, Domingo 238, 381
Santa María, presidente Domingo 82, 84, 99, 150-152, 156, 190, 192, 195, 197, 198, 200, 222, 247, 254, 368
Santiván, Fernando 238
Santos Ossa, José 119
Santos Salas, Dr. José 277
Sarmiento, Domingo 81, 134, 148
Schlesinger Jr., Arthur 354, 355
Schneider, general René 411, 412, 414, 415
Seguel, Rodolfo 475
Sepúlveda, Luis 379, 504
Serrano, Marcela 9, 504
Shaulsohn, Jorge 530
Sieveking, Alejandro 379
Silberman, David 423

Silva Henríquez, arzobispo Raúl 388, 447, 456
Silva Renard, general Roberto 254
Silva, Lula da 521
Silva, Waldo 203, 204
Simpson, Roberto 95
Solar, Felipe Santiago del 66
Soto, Laura 374, 553
Sotomayor, Rafael 153, 175-177
Stange, general Rodolfo 458, 506
Straw, Jack 507
Suárez Mújica, Eduardo 230
Suárez, Inés de 364
Subercaseaux, Ramón 115, 150, 225, 246, 523

Taforó, Fray Francisco de 132, 197, 198
Tagle, Fray Emilio 15, 73, 74, 77, 387
Tapia, Jorge 444
Tarud, Rafael 353, 412
Tavira, Santiago 157
Teillier, Jorge 503
Teitelboim, Volodia 504
Thatcher, Margaret 467, 507
Thomson, William Taylour 158
Tocornal, Joaquín 78, 79, 91, 97, 150
Tocornal, Manuel Antonio 143, 156, 160, 164
Tohá, José 438
Tomic, Radomiro 386, 390, 392, 403, 410, 412, 413, 417, 421, 441
Toro Zambrano, Mateo de 53
Tounens, Orélie-Antoille de 130
Tratado de 1881 181, 242
Tratado de Ancón 180, 520, 535
Tratado de Paz con Bolivia 180, 186, 243, 520
Trucco, Manuel 287

Urmeneta, Jerónimo 150, 154
Urmeneta, José Tomás 107, 118, 160

Valdés Cange, Dr. Julio (Alejandro Venegas) 239
Valdés Vergara, Francisco 246
Valdés Vicuña, Abel 377
Valdés, Gabriel 400, 476, 480, 484
Valdivia, Pedro de 17, 19, 20, 22, 29, 55, 59, 72, 75, 83, 117, 129, 145, 210, 225, 273, 330, 364, 368, 409, 550

Valdivieso, arzobispo Rafael Valentín 148, 149, 160, 197, 385
Valech, Sergio 517
Valenzuela, Arturo 307, 308, 345, 414, 449, 464
Vallejo, José Joaquín 26, 88, 138
Varas, Antonio 83, 103, 139, 144, 145, 148-150, 154, 156, 164, 171, 404, 450
Vayssière, Pierre 106
Vekemans, fray Roger 388
Velasco, Manso de 38
Venegas, Claudio 239, 240, 252, 554
Vergara Montero, general Ramón 319
Vergara, José Francisco 175, 198
Vial, Carlos 349
Vial, Gonzalo 233, 545
Vial, Manuel Camilo 142
Viaux, general Roberto 411, 412, 414
Vicuña Cifuentes, Julio 238
Vicuña Mackenna, Benjamín 69, 78, 92, 93, 111, 121, 134, 135, 139, 146, 151, 152, 165, 192, 226
Vicuña, Claudio 9, 202, 205, 206, 250
Vicuña, Manuel 85, 93, 142, 248, 267
Vicuña, Pedro Félix 142, 146
Vidaurre Leal, general Juan 93, 147, 153
Vidaurre, José Antonio 93

Villalobos, Sergio 9, 34, 94, 139
Vinay, Ramón 382
Vivaceta, Fermín 125, 134
Vives, fray Fernando 386
Vodanovic, Sergio 379
Vuskovic, Pedro 437, 440
Vylder, Stefan de 428, 433

Waddington, Guillermo 67
Waddington, Joshua 67, 113
Ward, almirante Carlos 273
Washington, Tratado de 341
Wheelwright, William 115, 116
Wilms Montt, Teresa 548
Williams Rebolledo, almirante Juan 158, 174
Wolff, Egon 379
Wood, Andrés 503, 540

Yerbas Buenas, batalla de 55
Yungay, batalla de 96

Zaldívar, Adolfo 528
Zaldívar, Andrés 509, 528
Zambra, Alejandro 537
Zamorano, Antonio 329
Zelaya, Manuel 529

Índice general

Prefacio a la segunda edición 7

Nota geográfica 11

PRIMERA PARTE. NACIMIENTO DE UNA NACIÓN-ESTADO 15

  1. LAS BASES COLONIALES, 1540-1810 17

  2. LA INDEPENDENCIA, 1808-1830 51

  3. EL NUEVO ORDEN CONSERVADOR, 1830-1841 75

SEGUNDA PARTE. EL AUGE DE UNA REPÚBLICA 99

  4. TIEMPO DE PROGRESO, 1831-1870 101

  5. EL IMPULSO LIBERAL, 1841-1876 141

  6. LA CRISIS Y LA GUERRA, 1876-1883 167

TERCERA PARTE. LA ERA DEL SALITRE 195

  7. EL PERIODO PARLAMENTARIO, 1882-1920 197

  8. EL LEÓN Y LA MULA, 1920-1938 261

CUARTA PARTE. EL DESARROLLO INDUSTRIAL Y EL NACIMIENTO DE
LA POLÍTICA DE MASAS 303

  9. LOS RADICALES, EL GENERAL DE LA ESPERANZA Y EL HIJO DEL LEÓN,
    1938-1964 305

  10. EL IMPULSO INDUSTRIAL, 1930-1964 335

QUINTA PARTE. DEMOCRACIA Y DICTADURA 383

11. REVOLUCIÓN EN LIBERTAD, 1964-1970 385

12. LA VÍA CHILENA HACIA EL SOCIALISMO, 1970-1973 417

13. LOS AÑOS DE PINOCHET 453

14. REENCUENTRO CON LA HISTORIA, 1990-2002 483

15. TOCANDO VIEJAS CANCIONES 515

Apéndice 557

Iniciales y acrónimos 561

Bibliografía 563

Índice de mapas 579

Índice de nombres 581